그림연극에서 뮤지컬 대본까지

국어 교과서 극문학

윤금선 지음

도서출판 월인

이 저서는 2010년 정부(교육부)의 재원으로 한국연구재단의
지원을 받아 수행된 연구임(NRF-2010-812-A00146)
※ 원과제명 〈국어 교과서 수록 극문학 제재 변천 양상 연구〉

책머리에

토끼 "심심한데 경주나 할까?"

거북 "그래, 하자."

토끼 "하하하, 정말이냐?"

거북 "정말이다."

토끼 "그럼, 저 산 위에 있는 나무까지 달리기로 하자."

느림보 거북님, 빨리빨리 오셔요.
엉금엉금 기다가 해가 산에 지겠네.
잠꾸러기 토끼님, 빨리빨리 깨셔요.
잠만 쿨쿨 자다가 해가 산에 지겠네.

토끼처럼 빨라도
낮잠 자지 마셔요.
거북처럼 느려도
꾸준하게 가셔요.

<토끼와 거북이>

※ 표지삽화
〈거북이와 토끼〉(『바른생활 1-1』, 문교부, 1983)

차례

Ⅰ. 들어가며

1. 연구사 검토 및 연구의 의의

문학 분야 중에서도 희곡은 텍스트로서의 문학성, 무대 위에서 공연될 것을 전제로 한 연극성을 동시에 지니며, 문학으로서의 희곡과 공연물로서의 연극이라는 이중성으로 인하여 그 연구가 타 장르보다 뒤늦게 출발되었다. 이것은 극문학으로 포괄될 수 있는 방송극이나 시나리오의 경우에서도 마찬가지라 할 수 있다. 한편 국어과 교육에 있어서도 극문학(희곡/시나리오/방송극)은 타장르에 비하여 소홀시 되어 왔다. 극장르라는 명목 하에 구색을 맞추는 식의 교육에 불과한 것이었다. 일례로 교과서에 게재된 문종 빈도수를 보면 시, 소설, 수필 등과 비교해 볼 때 극문학은 상대적으로 소수에 불과하다.[1] 이것

1) 일부 논자는 대화체에 의존한 희곡 장르의 분량이 많다는 것을 그 원인으로 들기도 한다. 즉 교과서 편찬 시 제재의 제한된 분량을 위해 원전의 길이를 조절해야 하기 때문이라는 것이다(윤여탁 외(2006), 『국어교육 100년사 I』, 서울대학교출판부, p.400). 그러나 단순히 길이 조절의 문제가 제재 빈도수를 결정했다는 것은 설득력이 높아 보이질 않는다.

은 그만큼 극문학에 대한 국어과의 교육 비중이 낮다는 것을 반영하고 있다.

그러나 최근 들어 극문학에 대한 관심이 높아지고, 연구자 층도 급속도로 확산되고 있으며 관심 영역도 보다 세분화되고 있다. 여기에 교육연극에 대한 연구도 활발해졌다. 특히 교육연극은 실용적인 학문이기 때문에 이론적인 측면보다 실제적인 측면에서 그 관심과 활용이 두드러지고 있다. 행동과 대화라는 동적인 특성으로 인해 말하기 · 듣기교육을 통한 언어교육, 시각과 청각을 이용한 입체적인 문학교육, 효과적인 수업을 위한 연극적 교수학습법 등 국어교육 분야에서 교육연극적 방법론의 연구가 비교적 활발하게 이루어지고 있다. 희곡교육 · 교육연극의 연구 동향에 대한 계량 분석의 통계 결과를 제시하면 [표 1]과 같다.2)

[표 1] 희곡교육 및 교육연극의 연구 동향-연도별/범주별/대상별 분류

분 류		학위논문		학회지		단행본		총합
	구분	희곡교육	교육연극	희곡교육	교육연극	희곡교육	교육연극	
연도별	1970년대	0	0	1	0	0	1	2
	1980년대	1	1	6	0	0	0	8
	1990년대	10	10	6	17	0	3	46
	2000년대	59	42	2	22	1	9	135
범주별	교수학습	20	30	5	3	1	2	61
	교과서	10	0	1	4	0	0	15
	말하기듣기	1	9	0	0	0	1	11
	문학교육	32	0	9	0	0	1	42
	희곡일반	7	0	0	0	0	0	7
	교육일반	0	14	0	29	0	9	52
대상별	대상일반	44	33	6	25	1	3	112
	성인교육	0	2	0	0	0	0	2
	대학교육	0	0	1	1	0	0	2
	고등교육	7	3	3	2	0	1	16

2) 윤금선(2006), 「희곡교육, 교육연극의 연구 동향」, 『국어교육』 119호, pp.487~515 참조.

	중등교육	9	2	4	3	0	0	18
	초등교육	10	15	1	8	0	9	43
	유아교육	0	1	0	0	0	0	1
합계		210	162	45	114	3	39	573

학위논문/학회지/단행본의 연구 동향을 보면 희곡교육에 관한 건수가 학위논문에서 지배적으로 높은 수치를 보이고 있으며 단행본에서 가장 적은 양을 드러내고 있다. 특별히 본 연구와 관련된 교과서 관련 연구만을 살펴보면, 학위논문의 경우 국어 교과서에 수록된 희곡 작품 연구가 증가하는 추세이다.[3] 또한 이전까지의 연구 대상이 초등학교 교재 중심이었다면, 최근 들어 중고등학교 국어 교과서 희곡 연구로 확산되는 경향을 보이고 있다. 뿐만 아니라 교육과정기의 차수가 높아질수록 방송극본이나 영화, 시나리오 등 다양한 극 장르로 연구가 확산되고 있다.

실제로 극문학은 문학성과 연극성을 동시에 지닌다는 점에서 그 연구가 타 장르에 비해 지체된 편이다. 마찬가지로 교과서의 극문학 또한 국어교육 분야와 국문학 분야의 경계선상에서 그 연구가 뒤늦은 감을 준다. 디시 말해 기존의 국어 교과서 극문학 제재 연구는 소설이나 시, 수필 등 타 문학 장르에 비해 소홀시 되어 왔다는 것이다. 이것은 교육적 차원의 국어교육계(국어교육 연구자)나 문학 차원의 국문학계(극문학 연구자) 모두 마찬가지이다. 최근 들어 이 분야의 연구가 활성화되고 있는 경향을 보이고 있기는 하나 아직도 부분적인 연구에 지나지 않고, 주로 국어교육계가 중심이 되어 실제적인 교수학습법에 치중한 연구가 지배적이다. 우리 국어교육사에 있어서나 희곡교육사에 있어서 그 전체적인 윤곽을 그리기에는 미흡한 단계에

3) 오병진(1989), 한재경(1991), 박재용(1996), 김용구(2000), 장순정(2000), 이종변(2001), 학회지의 경우 이광국(1985), 황금(1995), 황정현(2008), 김영균(2003), 박미리(2003), 이광국(2006), 한귀은(2008), 한귀은(2009), 강진우(2008) 등.

머물러 있다. 이러한 시점에서 본 연구는 '국어 교과서 수록 극문학 제재 변천 양상'을 고찰하는 데 목적을 두고 있다. 시기적으로는 해방 이후 교수요목기부터 7차 교육과정기까지, 학년별로는 초등/중등/고등학교에 걸치며, 연구 대상 자료는 국정 국어 교과서의 희곡/시나리오/방송극 등 극문학 제재 전반을 다룬다. 요약컨대 본 저술에서는 해방 이후부터 현대까지 전 시기를 총망라하여, 각 시기별 극문학 제재 변천상의 전모를 살피고자 한다.

이 연구 과정에서는 '교육적 측면에서의 국어교육사적 시각'은 물론, 희곡문학 전공자로서 국어교육계에서 간과한 '극문학적 측면에서의 가치'라는 또 다른 시각을 견지할 것이다. 이는 공교육 내의 교과서라는 특성과 문학 작품 자체로서의 '극문학' 텍스트로서의 가치의 문제를 고민하는 과정이 되기도 할 것이다. 또한 기존 연구는 연구 대상 시기나 학년별 범위가 부분에 그쳐 극문학 수록상의 전모를 드러내는 데는 미흡했다고 본다. 그러나 본 연구에서는 해방 이후부터 현재까지, 전 교육과정기에 걸친 국어 교과서 극문학을 대상으로 한다는 점에서, 그리고 단편적인 논문에 그치는 것이 아니라 통사적인 접근을 통한 저서를 집필한다는 점에서 그 의의가 크다고 하겠다. 나아가 일련의 과정 속에서 산출된 연구 결과는, 국어교육계나 희곡교육계의 연구 지평을 넓히는 한 토대로 작용할 것이라 여긴다.

2. 연구 내용 및 방법

1) 시기적 범주

교육관련 법규에 의거하여 교육부 장관이 문서로 결정하여 공포

(고시)하는 교육과정은 초·중등학교의 교육 목적과 교육 목표를 달성하기 위한 국가 수준의 교육과정 기준으로, 우리나라의 학교 교육이 나아가야 할 기본 방향을 제시하는 "교육의 기본 설계도"라 하겠다. 이 교육과정 기준에는 전국의 모든 초·중·고 학교에서 편성·운영하여야 할 학교 교육과정의 목표, 내용, 방법, 평가에 관한 국가 수준의 공통적, 일반적인 기준이 제시되어 있다.4)

우리나라는 학교 교육을 둘러싸고 있는 내외적인 환경 및 수요의 대폭적인 변화에 따라, 여러 차례에 걸쳐 기준이 바뀌어 왔다. 그 기준에 의한 교육과정기 시기 구분은 [표 2]와 같으며, 본 연구에서는 일제강점기를 벗어난 해방기, 즉 우리말 우리글로 된 국어교육이 시작되는 시기를 기점으로 하여 계획적인 공교육의 체제가 갖추어지기 시작한 현대 교육과정기까지를 시기적 범주로 설정한다.

[표 2] 교육과정기 시기별 범주

차시	시기
교수 요목의 시기	1946～1954
제1차 교육과정의 시기	1954～1963
제2차 교육과정의 시기	1963～1973
제3차 교육과정의 시기	1973～1981
제4차 교육과정의 시기	1981～1987
제5차 교육과정의 시기	1987～1992
제6차 교육과정의 시기	1992～1997
제7차 교육과정의 시기	1997～

해방 이후, 우리나라의 교육과정은 '교수요목'으로부터 일곱 차례의 제·개정을 거쳐 오늘에 이르고 있다. 1차 교육과정은 '교과 과정'이란 명칭으로 1955년에, 2차 교육과정은 1963년에, 3차 교육과정은 1973년(국민학교, 중학교)과 1974년(고등학교)에, 4차 교육과정은 1981년에, 5차 교육과정은 1987년(초등학교, 중학교), 1988년(고등학

4) 정준섭(1997), 『국어과 교육과정의 변천』, 대한교과서 주식회사, pp.36～58 참조.

교)에, 6차 교육과정은 1992년에, 7차 교육과정은 1997년에 각각 고시되었다.[5)]

각 시기별 국어과 교육과정은 그 당시 국어교육학의 수준을 반영하고 있다. 그런데 1차 교육과정에서 명시한 국어과 교육의 기본 방향은 1차에서 7차 교육과정에 이르기까지 계속 이어지고 있다. 즉 1~7차에 걸친 국어과 교육과정에서 강조한 국어과 교육의 핵심은 '언어 사용 기능'의 신장이라 할 수 있다. 그리고 제시 방법과 강조의 정도가 달랐으나 국어과 교육의 내용은 언어 사용 기능에 관한 것과 이와 밀접하게 관련되는 것으로서의 언어(문법 사항 중심)와 문학에 관한 것으로 인식되어 왔다. 1~3차 교육과정에서는 방법 중심 교과를 강조하고 있으나, 실상 내용 중심 교과(언어, 문학 영역의 강조)의 성격이 두드러지게 드러나 있다. 4차, 5차, 6차 교육과정에서는 방법 중심 교과의 성격이 잘 드러나 있고, 7차 교육과정에서는 방법 중심으로서의 성격이 분명하나, '내용'을 개념적 지식, 절차적 지식으로 확장시켜 내용 중심의 교과로서의 성격도 중시하고 있다.[6)]

본고에서는 이러한 국어과 교육과정을 배경으로 하여, 교수요목기부터 교육과정기까지의 국어 교과서 극문학 제재들을 살펴보고자 한다. 특히 교육과정기는 비로소 국어교육이 확립되기 시작하는 시기이다. 그 과정에서 극문학의 수록 양상은 어떻게 변모되어 왔는지 그 변화상에 초점을 두며 분석하고자 한다. 연구 과정 중에서는 다음과 같은 시각을 견지하였다. 첫째, 해방 이후부터 7차 교육과정기를 걸친 광범위한 기간을 다룸으로 통사적 시각을 견지하였으며, 각 시기 교육 현장에서 극문학 제재의 실태가 어떠한지, 반복된 제재가 무엇

5) 손영애(2002), 「국어과 교육과정의 통시적 고찰」, 『21세기 국어교육학의 현황과 과제』, 한국문화사, p.33.

6) 손영애(2002), 앞의 책, p.37.

인지를 검토하며 목록화 작업도 병행하였다. 둘째, 시대에 따라 제재와 관련된 학습활동의 변화 양상을 살폈다. 이것은 각 시기별 단원의 학습목표와 학습활동을 분석함으로써 드러내고자 했다. 셋째는 교육적 가치로서의 극본과, 문학적 가치로서의 극작품의 문제를 다루었다.

2) 연구 자료 및 연구 방법

본 저술은 교수요목기 및 전(全) 교육과정기에 발간된 국어 교과서 중, 특별히 공인화된 국정 교과서를 중심으로 극문학 제재 변천사를 다루고자 한다. 학년별로는 초등/중등/고등학교(인문/실업) 교과서를 연구 대상으로 하였다.

이 연구는 자료의 발굴 및 수집 과정이 병행된 것으로, 한국교육개발원, 국회도서관, 중앙국립도서관, 대한교과서박물관, 서울대학교 사범대 학술정보센터, 사이버교과서박물관(http://www.textlib.net), 국가교육과정정보센터(http://ncic.re.kr) 외 여러 유관기관 등 on-off-line을 통해 교과서 자료를 열람 및 수집하였다. 본고에서 검토한 극본 자료 수는 다음과 같이 정리된다.

[표 3] 국어 교과서 수집 자료

과정별	시기별 국어 교과서 편수
초등	[총 128편] 교수요목기 및 1차 교육과정기 36편, 2차 교육과정기 11편, 3차 교육과정기 11편, 4차 교육과정기 11편, 5차 교육과정기 16편, 6차 교육과정기 20편, 7차 교육과정기 23편
중등	[총 41편] 교수요목기 및 1차 교육과정기 13편, 2차 교육과정기 6편, 3차 교육과정기 6편, 5차 교육과정기 3편, 6차 교육과정기 3편, 7차 교육과정기 4편
고등	[총 17편] 1차 교육과정기 3편, 2차 교육과정기 2편, 3차 교육과정기 2편, 5차 교육과정기 3편, 6차 교육과정기 2편, 7차 교육과정기 3편

위에서 제시한 극본들은 이 연구에서 수집 · 분석한 자료이다. 이외 학습활동 분석을 위하여 1차 교육과정기부터 개발된 '교사용지도서'도 참고하였다.

한편 위 [표 3]의 시기별 자료는 교수요목기와 1차 자료를 함께 제시하였다. 이 시기는 해방 이후 과도기 및 전쟁기 등의 시대적 상황으로 아직 국어 교재가 정착화되지 못하여 재 · 개정판이 여럿 되며, 그럼에도 불구하고 편제만 달라졌을 뿐 대개 제재가 반복 수록되는 경우가 지배적이다. 그러므로 자료 분석에서도 이러한 점을 고려하여 각 학교별에서 모두 교수요목기와 1차 자료를 함께 다루었다.

이 저술에서는 위의 수집 자료를 대상으로 초등 · 중등 · 고등 교과서에 수록된 극문학 분야를 크게 희곡, 방송극(라디오, TV), 시나리오 등으로 나누어 분석하였다. 그런데 중등 과정과 고등 과정에서는 세 부문이 모두 수록되었으나, 초등 과정에는 희곡 및 방송극만이 실리고 있다. 이에 초등 과정에서는 시나리오 분석이 가해지지 않았다. 한편 초등 과정의 분석에서는 아래에서 제시하는 특기 사항을 고려하여 연구를 진행하였다. 즉 초등 국어 교과서의 극본 수록 양상은 중 · 고등 과정과 변별되는 다음과 같은 특기 사항을 보인다.

첫째, '그림연극'이라 일컬어지는 제재가 있어서 주목된다. 그림연극 단원은 극문학의 필수 요소인 대화와 지시문 등이 보이지 않는다. 엄격히 말하면 서사문에 속한다. 내용상 달라지는 부분에 번호 매김과 함께, 각각의 주요 장면을 그림으로 제시하고 있는 형태이다. 그러나 장면별 내용을 실감나게 '말하기(이야기)' 하는 학습활동을 보이면서 소위 '그림연극'이라는 제재로 제시되고 있다. 이러한 형태의 단원은 교수요목기부터 3차 교육과정기까지 지속적으로 수록되고 있다. 본 연구에서는 이 제재가 다름 아닌 '(그림)연극'으로 지칭되었다는 점에 주목하여 그 수록 양상을 살폈다.

둘째, 형태상 '대사'와 '지시문'을 완전히 갖추지 않은 극본이 수록되고 있다. 이러한 극본은 등장인물의 대화체를 극본의 '대사'처럼 제시하고, 인물의 행동이나 기타 사항은 서술적인 '지문'으로 나타내고 있다. 그러나 이 지문은 인물의 행동이나 표정 등을 보여주는 극본의 '지시문' 기능을 담당하고 있다. 이 유형의 단원들은 과도기적 양상을 보여주는 극본으로서, 본고에서는 대화극7)을 활용한 '유사극본'으로 분류하여 분석을 가하였다.

또한 앞서 제시한 수집 자료 중, 초등 과정 극본 수는 총 128편으로 초등, 중등, 고등 극본 전체 수 186편의 60~70%에 달한다. 초등 과정의 경우 희곡과 방송극만 수록되고 있는데, 128편 중 희곡이 98편으로 지배적인 수치를 보인다. 이에 분석의 정치성을 기하기 위하여 '희곡' 제재를 재분류하여 그 특징상 ① 국내 창작극 ② 고전 각색극, ③ 해외 번역극 등으로 재분류하여 항목별로 분석하였다.

기존의 교과서 극문학 연구에서는 극문학의 세부 장르를 구별하지 않고 교육과정기 내 극본으로 시기별 수록 현황만을 드러내는 경우가 대부분이었다. 그러나 각 유형별 극문학은 성격을 달리 하는 극본들로서 이를 분류하여 각각의 수록 양상을 살피는 것이 필요하다고 판단된다. 특히 초등 과정의 유사극본과 그림연극의 경우, 전자는 본격 극문학과 변별되는 지점을 고려하지 않은 채 극본으로 취급하는 경우가 지배적이었다. 특히 후자의 경우는 극문학이 아닌 서사문으로 다루어, 극본 활동을 간과한 경우가 대부분이다. 이 연구의 분석

---

7) '대화극'이란 극의 설법상(說法上) 분류된 극의 한 종류로, 동작보다 대사에 치중한 극을 의미한다. 여기서는 맞 이야기하는 식으로 전개된 극을 말한다. 우리나라에서는 1920년대 아동극의 한 종류로 '대화극'이라는 용어가 등장하기도 했다(金興雨(1982), 『戲曲文學論』, 유림사, p.188). 또한 2차 교육과정기 교사용 지도서에서도 이러한 형태를 '대화극이라고 칭하기도 했다(문교부(1971), 『국민학교 교사용 교과용 도서 국어 3』, 교학도서주식회사, p.187).

방법은 각 교육과정기마다 각 유형별 수록 빈도는 어떻게 나타나는지, 그리고 그 차이점은 교육과정기별 교수요목과 어떠한 상관성을 지니는지 등 그 경향성을 밝히는 데 유용한 분석틀이라 할 수 있다.

이 저술에서는 기본적으로 초등·중등·고등 모든 과정별 분석에서 희곡/방송극/시나리오 등 삼분 체제를 유지하는 것을 원칙으로 한다. 그러나 초등 과정의 경우, 극본의 특수성으로 인해 그림연극 및 유사극본/희곡/방송극 등의 분석틀로 연구를 진행하였다. 또한 앞서 언급한 바, 이 연구는 자료의 발굴 및 수집 과정이 병행된 것으로, 분석 과정에서는 자료사적인 측면에서 원본 형태 및 극본의 일부 내용을 제시하였다.[8] 아래 분석에서는 본고의 유형 설정을 통하여, 각 시기별 극문학 수록 양상 및 학습활동의 특징적인 경향을 살피고자 한다.

8) 이 자료들은 개인 소장본뿐만 아니라 한국교육개발원, 국회도서관, 중앙국립도서관, 대한교과서박물관, 서울대학교 사범대 학술정보센터 등과 대한교과서박물관, 사이버교과서박물관, 국가교육과정정보센터 외 여러 유관기관 등 on-off-line을 통해 교과서 자료를 열람 및 수집한 것이다. 이하 본 저서에서 제시한 이미지는 이러한 자료들로서, 서론에서는 개인 소장본 외에 이미지의 출처를 밝히고자 하며, 본론에서는 가독성 및 논의의 자연스러운 흐름을 위해 이를 생략하기로 하겠다.

II. 초등 국어 교과서 극문학 제재 수록 양상

1. 교육과정기별 극문학 수록 현황

1) 초등 교수요목 개관 및 시기별 극본

(1) 교수요목기 및 1차 교육과정기(1945.9~1963.2) 초등 국어과 교수요목 및 극문학

1 교수요목기~1차 교육과정기 교수요목

교수요목기(1945.9~1954.4)는 미군정기를 거쳐 제1차 교과 과정이 마련되기 직전까지를 말한다. 교육부에 의거한 교수요목기의 국어과 교수요목에서는 교수 요지를 다음과 같이 밝히고 있다. 즉 일상생활에 필요한 말과 글을 바르게 교육하여 이를 효과적으로 사용할 수 있게 하며, 아울러 지혜와 도덕을 북돋우어 국민된 도리와 책임을 깨닫게 하는 것이다. 또한 국어는 읽기, 말하기, 듣기, 짓기, 쓰기 등 5분

체재의 하위 분과로 나누어 교육하였다. 이 시기는 미군정기를 거쳐 제1차 교과과정이 마련되기 직전까지를 말한다.

한편 당시 교과서에 나타난 특징을 보면 교수요목의 제시, 국어・국사 학습 중시, 실업 교육의 중요성 대두를 들 수 있다. 교과서의 편제도 정부 수립 직후부터 단원제를 도입했을 뿐 아니라, 피교육 세대상인 철수와 영이, 순이 등의 학생상이 등장했다는 점도 특기 사항이다. 6・25 전쟁을 경험하게 되면서 전시 극복, 승공 이념 배양 등의 기조가 교과서에 반영되었다. 또 실업계 교과서의 계열화 편찬이 추진되었고, 지식 중심의 교육 과정 편성에 비중을 둔 것이 특징이다.[1)]

제1차 교육과정기(1954.4.1～1963.2)는 제1차 교육과정 제정으로부터 다음 2차 교육과정 개정까지의 약 8년간이다. 이 시기의 특징은 교육과정의 제정과 교과서의 단원 개편, 한글 파동의 종식, 학교 문법 통일 등이다. 과거 10년 간 써 오던 교수요목은 여기서 비로소 정식 교과 과정의 형태로 전환하게 되었다. 이 새로운 과정은 기존의 지식 중심에서 학생들의 경험, 생활 중심으로 중점을 옮기고, 실생활에 필요한 지식, 기능, 태도, 습관 등을 담은 것이 특색이다.[2)]

1차 교육과정기의 총체적 특색은 민주 시민을 길러 내는 생활 중심 경험주의 교육과정으로, 모든 교육을 민주 시민 생활에 초점을 맞추었기 때문에 국어과도 시민 언어생활을 위해 표준어 보급 교육과 문맹퇴치 교육에 역점을 두었다. 교과 학습의 내용은 ① 음운, ② 문자, ③ 어휘, ④ 어법, ⑤ 문학감상 등 5대 요소로 구성되었고, ① 말하기, ② 듣기, ③ 읽기, ④ 쓰기라고 하는 행동 경험 체계(166개 항)로 학습하도록 하였다.[3)]

---

1) 李鐘國(2001), 『한국의 교과서 출판 변천 연구』, 일진사, pp.126～127.
2) 이응백(1988), 『(續)國語敎育史硏究』, 신구문화사, pp.179～180.
3) 朴鵬培(1987a), 『韓國國語敎育全史』(上), 대한교과서주식회사, p.4.

2 교수요목기~1차 교육과정기 극문학

1945년 9월 30일 미군정청 학무국은 '교수요목'이란 이름으로 교육과정을 발표하였고 이에 정규 국어 교과서로 『한글 첫 걸음』,[4] 『초등국어교본』(상・중・하),[5] 『중등국어교본』(상・중・하)[6] 등을 편찬하여 한글교육을 위한 국어교육을 실시하였다.[7]

『한글 첫 걸음』은 군정청 학무국이 조선어학회(朝鮮語學會)와 진단학회(震檀學會) 등 국어와 국사를 연구하는 학회에 의뢰하여 편찬한 것으로서,[8] 해방 이후 최초의 국어 교재라 할 수 있다. 이 책은 반절식 음절 구성법을 비롯하여 철자, 단어, 문장 등의 심화 학습을 통한 한글 익히기를 지도하는 기초 국어교육 교재로서 당시 초등학교 3학년 이상을 대상으로 한 교과서였다.[9]

『초등국어교본』은 총 3권으로 상권은 초등학교 1・2학년, 중권은 초등학교 3・4학년, 하권은 초등학교 5・6학년 수준의 교본이었다. 1948년에는 소위 '바둑이' 교과서로 별칭되는 『초등국어』가, 1951년에는 『국어』가 발간되었다. 위 교과서들은 해방 직후인 미군정기에 우리말을 되찾아야 한다는 목표 하에 편찬된 학년별 정규 국어 교과서에 해당된다. 그러나 6・25 전쟁기를 겪으면서 『국어』 교재가 압축, 축소되어 난맥을 이루다가 1955년 제1차 교육과정기가 공포되고 1956년부터는 제1차 교육과정에 준거해서 『국어』 교과서가 다시금 재편되어 발간되었다. 이 시기 교과서는 전 시기의 단원을 거의 대부

4) 1945년 11월 6일 발행.
5) 상권 1945년 12월 30일에, 중권은 1946년 4월 15일에, 하권은 1946년 6월 5일에 발행.
6) 상・하권은 1946년 9월 1일에, 중권은 1947년 1월 10일에 각각 발행되었다.
7) 朴鵬培(1987a), 앞의 책, pp.510~579 참조.
8) 李鐘國(2001), 앞의 책, p.124.
9) 朴鵬培(1987a), 앞의 책, p.579.

분 재수록하고 있는 편이나 대단원과 소단원으로 구성되는 집합 단원 체제, '학습문제'를 통한 단원 운영 등 보다 체계적인 교과 체제를 갖추게 된다. 1959년도에는 제1차 교육과정 공포 이후 후기 교과서가 개정되어 공급되었는데, 이는 1-1 교과서만 증설되었을 뿐 나머지 11책의 교과서는 1956년도 판과 동일하다. 이는 교과서 재편을 시도하다가 아예 교육 과정의 개정으로 정책을 바꾸었음을 알 수 있다.[10]

위에서 제시한 교과서 중, 본고에서 연구 대상으로 삼은 것은 초등 국어 교과서인『초등국어교본』(상 · 중 · 하),『초등국어』,『국어』 등으로서, 아래에서는 각각의 교과서에 수록된 극문학 목록들을 제시하고자 한다.

가.『초등국어교본』 극문학 목록

『초등국어교본』에 수록된 극문학 관련 단원은 아래 [표 1]과 같다.

[표 1]『초등국어교본』 극문학 관련 단원 목록

제목	문종	교과서	발행연도	편저자	발행처
산술공부	유사극본	초등국어교본 상	1945	조선어학회	군정청학무국
친절한 가게	유사극본	초등국어교본 상	1945	조선어학회	군정청학무국

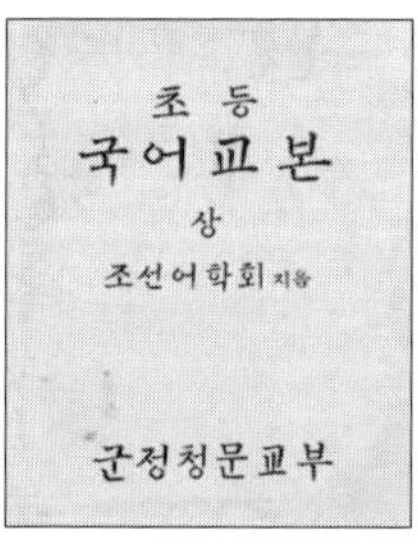

[그림 1] 교수요목기『초등국어교본 상』(조선어학회, 1948, http://www.textlib.net)

표에서 제시한『초등국어교본 상』의 '제三一과' <산술공부>와 <친절한 가게>는 대화체로만 구성된 유사극본으로서, 특히 전자는『普通學校 朝鮮語讀本 卷二』'四'과의 <산술공부>와 '十八'과 <친절한 商店>의 재수록본이기도 하다.

10) 朴鵬培(1987b),『韓國國語教育全史』(中), 대한교과서주식회사, p.4, pp.73~79.

나. 『초등국어』 극문학 목록

『초등국어』 극문학 관련 단원을 학년별로 제시하면 아래 [표 2]와 같다.

[표 2] 교수요목기 『초등국어』 극문학 관련 단원 목록

제목	문종	교과서	발행연도	편저자	발행처
개미와 매미	유사극본	초등국어 2-1	1948	문교부	조선서적인쇄
윤회	그림연극	초등국어 3-1	1948	문교부	조선서적인쇄
참새와 파리	유사극본	초등국어 3-2	1949	문교부	조선서적인쇄
동무	유사극본	초등국어 3-2	1949	문교부	조선서적인쇄
돼지의 재판	유사극본	초등국어 4-2	1948	문교부	조선서적인쇄

[그림 2] 『초등 국어 3-1』 (문교부, 1947, http:// www.textlib.net)

제시된 목록을 보면, 『초등국어』에는 그림연극인 <윤회>(『초등국어 3-1』), 유사극본인 <개미와 매미>(『초등국어 3-1』), <동무>(『초등국어 3-2』), <돼지의 재판>(『초등국어 4-2』) 등 그림연극과 유사극본 단원만 수록되었다. 특히 <개미와 매미>는 『普通學校 朝鮮語讀本 卷二』 '二十八과' <개미와 벳장이>의 내용을 극화한 경우라 주목된다.

다. 『국어』 극문학 목록

『국어』의 극문학 관련 단원을 학년별로 제시하면 [표 3]과 같다.

[표 3] 교수요목기~1차 교육과정기 『국어』 극문학 관련 단원 목록

제목	문종	교과서	발행연도	편저자	발행처
토끼와 거북	유사극본	국어 1-2	1952, 1956	문교부	대한문교서적
여우와 까마귀	유사극본	국어 2-1 국어 2-2	1957 1954	문교부	대한문교서적
윤회	그림연극	국어 3-1 국어 3-2	1953, 1953, 1956	문교부	대한문교서적
어깨동무	유사극본	국어 3-1	1955	문교부	대한문교서적
말짓기놀이	유사극본	국어 3-1	1953, 1956	문교부	대한문교서적
팔려가는 당나귀	유사극본	국어 3-2	1953, 1956	문교부	대한문교서적
나뭇군과 선녀	그림연극	국어 3-2	1954	문교부	대한문교서적
걸레	희곡	국어 4-1 국어 4-2	1952, 1956, 1953	문교부	대한문교서적
달님 이야기	그림연극	국어 4-1 국어 4-2	1952, 1956, 1953	문교부	대한문교서적
제비와 홍부	그림연극	국어 4-1 국어 4-2	1952, 1956, 1953	문교부	대한문교서적
종소리	그림연극	국어 5-1	1952, 1954	문교부	대한문교서적
심정 심청이야기	그림연극	국어 5-1 국어 6-2	1952, 1954, 1956	문교부	대한문교서적
꽃과 나비	희곡	국어 5-1	1952, 1954, 1956	문교부	대한문교서적
봄이 올 때까지	희곡	국어 6-1	1953	문교부	대한문교서적
크리스마스 송가	희곡	국어 6-2	1956	문교부	대한문교서적

[그림 3] 『초등 국어 3-1』 (문교부, 1955, http:// www.textlib.net)

제시된 [표 3]의 극본 유형을 보면, <토끼와 거북>(『국어 1-2』), <어깨동무>(『국어 3-1』), <말짓기놀이>(『국어 3-1』), <팔려가는 당나귀>(『국어 3-2』) 등은 유사극본, <윤회>(『국어 3-2』), <달님 이야기>(『국어 4-1』), <제비와 홍부>(『국어 4-1』), <행복>(『국어 4-2』), <종소리>(『국어 5-1』), 심청(『국어 5-1』) 등은 그림연극이다. 본격적인 극문학 형태는 <걸레>(『국어 4-1』), <꽃과 나비>(『국어 5-1』), <봄이 올 때까

지>(『국어 6-1』), <크리스마쓰 송가>(『국어 6-2』) 등에서 비로소 나타나고 있다.

그런데 『초등국어교본』(상・중・하), 『초등국어』, 『국어』의 극문학 관련 단원은 모두 저자가 명시되지 않은 채 수록되고 있다. 또한 1954년 이전까지 초등 국어 교과서는 단과 단원설정법이었으나, 1954년 이후부터 중간 중간에 대단원을 사용한 집합단원 형태를 띠게 되며 책의 말미에 <학습문제>란을 설정해서 'four study' 문제로 발전해 갔다.[11] 본고에서 극 학습활동 분석의 경우는 바로 이 시기 교과서의 <학습문제>란을 대상으로 한 것이다.

라. 기타 극본 관련 단원

교수요목기 및 1차 교육과정기 국어 교과서에는 위에서 제시한 극문학 외에, 기타 극문학과 관련성을 지닌 단원들이 수록되어 있어 참고할 만하다. 해당되는 단원은 『초등국어교본 상』의 <범>, 『초등국어교본 중』의 <혹 달린 노인>, <윤회>, 『초등국어 6-1』의 <크리쓰마스 송가>, 『국어 5-1』의 <행복>, 『국어 6-2』의 <그리스마스 송가> 등이다. 이 단원들은 극문학은 아니지만 교수요목기 이전 교과서 극본이나 아동극과 연관성을 지니거나, 차기 교과서에서 극문학으로의 각색 및 극화학습을 보이는 단원들이다.

먼저 『초등국어교본 상』의 <범>은 일제강점기 『普通學校 朝鮮語讀本 卷一』 '五十四'과의 내용을 재수록한 것으로, 이 설화는 1924년 ≪어린이≫지에 방정환의 아동극 <톡기의 재판>으로 발표되었다. 이 제재는 교육과정기에 다시 <토끼의 재판>으로 극화되면서 집중적으

---

11) 교육 과정・교과서 연구회 編(1990), 『韓國 敎科敎育課程의 變遷』, 大韓敎科書株式會社, p.3.

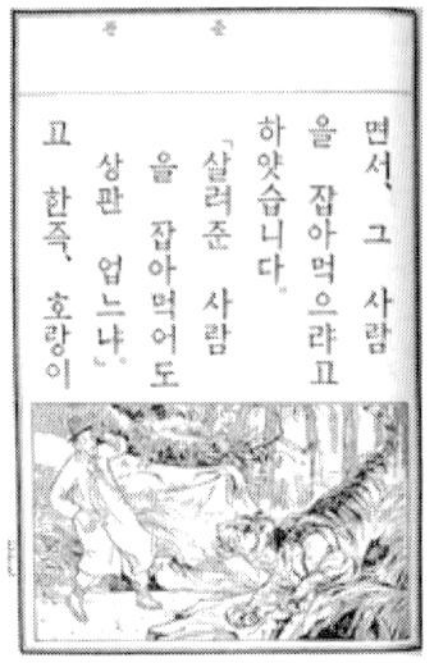
면서, 그 사람
을 잡아먹으랴고
하얏습니다.」
「살려준 사람
을 잡아먹어도
상관 업느냐」
고 한즉, 호랑이

[그림 4] 〈범〉의 원소재
(『普通學校 朝鮮語讀本 卷一』, p.79)

로 반복 수록되는 현상이 나타나는데,[12] 특히 6, 7차 교육과정기에서는 각각 3개 학년의 교과서에 중복 수록되는 현상을 보인다.[13] 이러한 잦은 빈도는 지혜담류라는 점에서 기인한 것이라 하겠다. 초등 국어 교과서를 보면, 교육과정기 전반에 걸쳐 여타 문종에서도 이러한 지혜담류가 자주 수록되고 있기 때문이다.[14]

『초등국어교본 중』의 <혹 달린 노인>은 ‘도깨비 방망이’ 설화로 1915년『普通學校 朝鮮語及漢文讀本 卷二』의 <혹 잇는 老人>, 1923년『普通學校 朝鮮語讀本 卷二』의 ‘第二十四科, 第二十五科’ <혹 쏀 이약이>, 1933년『普通學校 朝鮮語讀本 卷四』의 <혹 쏀 이야기>로 실려 있으며, 이 설화 역시 1923년 ≪어린이≫지에 방정환의 <노래주머니>로 극화된다.[15]

(1) 노래주머니(朝鮮兒童劇) 朝鮮童話로有名훈이약이를아모나ᄒᆞ쉽게童劇脚本으로숆여노흔것입니다 學校, 同窓會等에서ᄒᆞ기쉬운것입니다

<어린이>(≪每日申報≫, 1923.3.25)

---

12) 교수요목기『초등국어교본 상』(범), 4차『국어 3-1』(토끼의 재판), 5차『읽기 3-1』(토끼의 재판), 6차『쓰기 4-1』(토끼의 재판), 6차『국어 말하기 듣기 쓰기 5-2』, 6차『말하기 듣기 6-2』, 7차『국어 읽기 3-1』, 7차『국어 쓰기 3-1』, 7차『말하기 듣기 3-1』 등.

13) 민현식 외(2007),『미래를 여는 국어교육사 I』, 서울대학교출판부, p.224.

14) 이러한 유형의 단원을 몇 개 예로 들자면, <유명한 재판>(교수요목기『초등국어 교본 중』,『초등국어 3-1』) <소년과 어머니>(5차『국어 읽기 5-2』, 6차『국어 읽기 3-1, 7차『국어 읽기 3-1』), <임금님께 바친 무>(훌륭한 원님)(4차『국어 3-2』, 5차『국어 읽기 3-2』, 5차『국어 쓰기 3-3』, 6차『쓰기 3-2』, 7차『읽기 2-2), 등을 들 수 있다. 보다시피 지혜담 제재는 극본만이 아닌 서사적인 글에서도 선호되었음을 보여준다(민현식(2007), 앞의 책, pp.224～227).

15) 임지연(2009),「한국 근대 아동극 장르의 용어와 개념 고찰」,『아동청소년문학연구』 제5호, 한국아동청소년문학학회, p.76.

[그림 5] ≪어린이≫에 수록된 〈노래주머니〉 (≪每日申報≫, 1923.3.25)

아동극 <노래주머니>는 동화극으로서, 끝부분에 상연할 때 주의할 점을 상세하게 적어 놓고 있는데, 학교나 각종 모임에서 쉽게 연극으로 공연할 수 있도록 교육적으로 배려하였다. 이 작품은 처음으로 '동화극'이라는 용어를 사용한 아동극이며, 아동 잡지에 실린 본격적인 '조선 동화극' 극본이라는 점에서 의의가 크다.[16] 이 제재는 김복진의 유성기 구연동화 <혹 뗀 이야기>로 각색되어 1934년 7월부터 1936년 1월까지 일본 '콜럼비아(Columbia)' 축음기 주식회사에서 '리갈(Regal)'이라는 상표로 발매되기도 했다. 그런데 이 구연동화의 제목 또한 <혹 뗀 이야기>라는 점에서 교과서에 실린 이야기에서 영향을 받았을 가능성이 크다.[17] 이 제재는 5~7차 교육과정기에 걸쳐 재수록되고 있는데,[18] 비록 극문학은 아니지만, 등장인물의 대화체가 많고, 등장인물 및 시공간 배경 파악 등 극적인 학습활동을 보인다.

그림연극 관련 단원 중 <심청>도 근현대에 걸쳐 교과서 극문학과 관련된 제재라는 점에서 주목된다. <심청>은 이미 1920년대 『普通學校 朝鮮語讀本 卷四』에 <深靑>이라는 극본 형태로 수록되어 있는데, 고전소설 『深靑傳』을 부분적이지만 아동극 형식으로 개작한 것이다. 또한 1935년 9월 '청구 어린이서클' 주최로 <효녀 심청>이라는 어린이 라디오드라마로 방송되었는데, 당시 아동들에게 인기 높은 방송

---

16) 朴英琦(2008), 「韓國 近代 兒童劇의 形成과 展開」, 『兒童文學評論』 제33권 제3호, pp.71~74.

17) 조은숙(2008), 「유성기 음반에 담긴 옛이야기-1930년대 김복진의 구연동화 음반을 중심으로-」, 『민족문화연구』 제49집, 고려대학교 민족문화연구원, p.233.

18) 5차 『쓰기 4-1』, 『읽기 2-2』, 6차 『읽기 6-2』, 7차 『말하기 듣기 쓰기 4-2』 등.

극이었다.[19] 교수요목기 『초등국어교본 하』에도 <심청>이 실려 있다. 이 단원은 『普通學校 朝鮮語讀本 卷四』의 <深靑>을 서사 형식의 순한글로 다시 개작한 것이다. 이후 『국어』에 와서는 그림연극으로 제시되고 있는데, 보다시피 이 제재는 극 학습활동과 연관성이 깊다고 하겠다.

한편 『초등국어교본 중』의 '제一六과' <윤회>는 『普通學校 朝鮮語讀本 卷二』 '제十三'과 <尹淮>의 재수록본으로서 교수요목기 『국어』 교과서에서 '그림연극'으로 다루어지며, 차기 교육과정기 교과서에서도 자주 다루어지는 단원이다. 『초등국어 6-1』에 수록된 <크리쓰마스 송가>는 찰스 디킨즈 원작 『크리스마스 캐럴』의 번안소설이다.[20] 그러나 1차 교육과정기부터 5차까지 극문학으로 각색되어 집중적으로 반복되어 수록되는 현상을 보인다.[21] 기타 『국어 5-1』의 <행복>도 극본은 아니나 '이 글을 연극으로 고쳐 써 보자'라는 학습문제를 볼 수 있는데, '이야기글'을 극본으로 꾸며보는 각색의 문제를 다루고 있어 주목되는 단원이다.

---

19) 참고로 하나 지적하자면, 1930년대 중반부터 문화계에서 <심청전>의 인기는 절정을 이루었다. 레코드화, 영화화, 만문화, 가극화되었을 뿐 아니라 완창 공연도 간간히 행해졌는데 성황리에 관객을 모으기도 했다. 뿐만 아니라 인기에 힘입어 문학성에 대한 논의도 일었으며 심지어 소설의 판매 부수 순위에서 『심청전』이 수위를 차지하기도 했다. 특히 영화의 인기는 지속적으로 유지되었고 1938년 11월 23일자 ≪조선일보≫에서는 "각화 "베스트 10" 당선. 영화제 인기의 반영! 추첨투표 총수 5천여 매. 무성 1석 아리랑 전편 발성 1석 심청전"이라는 기사 내용을 게재하고 있는데 그 인기도를 짐작할 수 있다(윤금선(2012), 『상실과 회복 디아스포라의 무대』, 연극과인간, pp.66~67).

20) 이 제재는 1966년 12월 ≪새벗≫에 신지식의 ≪(새벗극장) 스크루우지 할아버지≫라는 극본으로도 발표된 바 있다(朴英琦(2008), 「解放 以後 韓國 兒童劇의 展開와 展望」, 『兒童文學評論』 제33권 제4호, p.89).

21) 교수요목기 『초등국어 6-1』(크리쓰마스 송가), 교수요목기 『국어 6-2』(크리스마스 송가), 1차 『국어 6-2』(크리스마스 송가), 2차 『국어 6-2』(크리스마스 송가), 3차 『국어 6-2』(크리스마스 송가), 5차 『국어 읽기 6-2』(크리스마스 송가), 5차 『말하기 듣기 6-2』(크리스마스 송가) 등.

지금까지 살펴본 단원들은 전 시기 극본과 아동극의 영향 관계, 차기 교육과정기에서 극문학으로 변용, 반복적인 수록 현상 등을 보여준다는 점에서 주시할만한 제재라 할 수 있다. 이러한 제재들이 교육과정기에는 어떤 식으로 변용되고, 그것이 어떠한 학습활동과 연관되는지 각 교육과정기별 극본 수록 양상을 통해 살펴볼 것이다.

(2) 2차 교육과정기(1963.2~1973.2) 초등 국어과 교수요목 및 극문학

1 2차 교육과정기 교수요목

제2차 교육과정기(1963.2~1973.2)는 제1차 교과 과정을 개정할 때부터 현행 교육과정을 마련할 때까지의 10년간이다. 1963년에 개정 고시된 2차 교육과정은 생활 중심, 경험 중심의 진보주의 교육 사조의 영향을 실천면에서 수용 적용하려 하였다. 2차 교육과정기 국어과의 내용은 1차 교육과정기와 대동소이하나 1차의 미비한 점과 부족한 부분을 보완하고, 불균형과 비체계를 바로잡는 등의 개선점을 보였다.[22] 또한 한글 전용의 실시에 따라 한자 교육을 폐지하고 학교문법 통일안을 확정하여 실시한 기간이라는 특색을 지닌다.

이 시기는 생활 및 경험을 강조한 교육 내용이 교과서의 내적 체재에 기간적 개념으로 반영되었다. 자주성, 생산성, 유용성을 강조했고, 일부 보통 교과의 교과서들에 박정희 정부의 '새마을 정신'이 반영되기도 했다. 또한 실업 전문 교육이 본 궤도에 올랐는데, 이것은 '국가재건'의 사회적 목표와 직결되어 있었다.[23]

이 시기 교과서 구성의 특징은 1학년 1학기 교과서 제6단원부터

22) 朴鵬培(1987a), 앞의 책, p.336.
23) 李鐘國(2001), 앞의 책, p.127.

<공부할 문제>를 설정했으며, 3학년 1학기부터는 대소 단원제를 취하고 <공부할 문제>는 대단원 말미에 설정하고 있다. 이 문제들은 지도의 방향을 반영하여 구체적이고도 다양하게 제시되고 있다.

2 2차 교육과정기 극문학

2차 교육과정기 각 학년별 『국어』의 극문학 관련 단원을 제시하면 [표 4]와 같다.

[표 4] 2차 교육과정기 『국어』 극문학 관련 단원 목록

제목	문종	교과서	발행 연도	편저자	발행처	비고
토끼와 거북	유사극본	국어 1-2	1964	문교부	국정교과서 주식회사	
라디오 놀이	유사극본	국어 2-2	1964	문교부	국정교과서 주식회사	
벌거숭이 임금님	희곡	국어 2-2	1964	문교부	국정교과서 주식회사	2차 단원
어깨동무	유사극본	국어 3-1	1964	문교부	국정교과서 주식회사	
말짓기놀이	유사극본	국어 3-1	1965	문교부	국정교과서 주식회사	
팔려가는 당나귀	유사극본	국어 3-2	1965	문교부	국정교과서 주식회사	
제비와 흥부	그림연극	국어 4-1	1964	문교부	국정교과서 주식회사	
걸레	희곡	국어 4-1	1964	문교부	국정교과서 주식회사	
새로 나온 달님	희곡	국어 5-2	1966	문교부	국정교과서 주식회사	2차 단원
그리운 노래들	방송극	국어 6-1	1965	문교부	국정교과서 주식회사	2차 단원
크리스마스 송가	희곡	국어 6-2	1966	문교부	국정교과서 주식회사	

[그림 6]『국어 1-2』
(문교부, 1966)

위의 수록 상황을 보면 2차 유사극본은 <토끼와 거북>(1-2), <라디오 놀이>(2-2), <어깨동무>(3-1), <말짓기놀이>(3-1), <팔러가는 당나귀>(3-2) 등이며, 특히 그림연극은 <제비와 흥부>(4-1) 1편으로 전 시기에 비해 감소세를 보인다. 본격적인 극문학은 희곡으로 <벌거숭이 임금님>(3-1), <걸레>(4-1), <새로 나온 달님>(5-2), <크리스마스 송가>(6-2) 등이 수록되었으며, 이 중 <벌거숭이 임금님>과 <새로 나온 달님>은 2차 신단원에 속한다. 한편 이 시기에는 방송극으로 <그리운 노래들>이 실렸다는 점이 특징적이다.

(4) 3차 교육과정기(1973.2~1981.12) 초등 국어과 교수요목 및 극문학

[1] 3차 교육과정기 교수요목

3차 교육과정기(1973.2~1981.12)는 국민교육헌장 이념 구현을 기본 방향으로 삼고 국민적 자질 함양, 인간 교육의 강화, 지식 기술 교육의 쇄신을 기본 방향으로 삼았다. 그리고 팽창하는 지식의 양에 대응하기 위하여 기본적인 개념을 구조화한 학문 중심 교육과정을 표방했다. 이에 따라 국어과 교육과정은 언어 사용 기능의 신장, 가치관 교육의 강화를 위해서 '제재 선정의 기준'을 신설하였고 국어과의 목표를 언어생활, 개인생활, 건실한 국민 육성, 문화 창조의 네 가지 측면에서 제시하였다.[24]

24) 박영순 편(2002),『21세기 국어교육학의 현황과 과제』, 한국문화사, p.31.

즉 국어과 교육과정 개정의 방향을 정리해 보면 ① 언어 사용 기능 신장과 가치관 교육의 조화, ② 언어 사용 기능 신장 지도 사항의 정선과 체계화, ③ 가치관 교육 함양을 위한 체재 선정의 기준 설정, ④ 저학년에서의 문형 교육과 언어 용법 교육의 강화, ⑤ 인격과 문화 발전을 위한 의도적인 언어 교육 중시[25] 등이다. 이를 보면 3차는 국어과 교육에서 언어 사용 기능 신장이 특히 강조되었던 시기임을 알 수 있다.[26] 또한 '민족 주체 의식 배양'에 이념적 지표를 두고자 했다. 국어, 사회, 윤리 등 보통 교과의 교과서 내용에 '국민교육헌장' 이념 구현과 '유신 이념'이 반영되었다. 한편 1979학년도에는 '연구개발형 교과서'가 편찬 발행된 것이 특징적이다.[27]

2 3차 교육과정기 극문학

3차 교육과정기 각 학년별 『국어』의 극문학 관련 단원을 제시하면 [표 5]와 같다.

[표 5] 3차 교육과정기 『국어』 극문학 관련 단원 목록

단원명	문종	교과서	발행 연도	편저자	발행처	비고
토끼와 거북	유사극본	국어 1-2	1973	문교부	국정교과서 주식회사	
라디오 놀이	유사극본	국어 2-2	1973	문교부	국정교과서 주식회사	
장난감들의 합창	희곡	국어 2-2	1973	문교부	국정교과서 주식회사	3차 단원
외다리 거위	희곡	국어 3-2	1973	문교부	국정교과서 주식회사	3차 단원
석수장이	희곡	국어 4-1	1974	문교부	국정교과서 주식회사	3차 단원

25) 朴鵬培(1987a), 앞의 책, p.3.
26) 李鐘國(2001), 앞의 책, p.127.
27) 李鐘國(2001), 앞의 책, p.127.

제비와 흥부	그림연극	국어 4-1	1974	문교부	국정교과서 주식회사	
숲 속의 대장간	희곡	국어 5-1	1974	문교부	국정교과서 주식회사	3차 단원
새로 나온 달님	희곡	국어 5-2	1974	문교부	국정교과서 주식회사	
그리운 노래들	방송극	국어 6-1	1974	문교부	국정교과서 주식회사	
크리스마스 송가	희곡	국어 6-2	1974	문교부	국정교과서 주식회사	

[그림 7] 『초등 국어 2-1』 (문교부, 1966, http:// www.textlib.net)

위의 수록 상황을 보면 3차 유사극본은 <토끼와 거북>(1-2), <라디오 놀이>(2-2) 등 2편, 그림연극 <제비와 흥부>(4-1) 1편 등으로 두 유형이 모두 줄어든 현상을 보인다. 방송극 <그리운 노래들>(6-1) 외에 모두 희곡 부문으로, 해당 단원은 <장난감들의 합창>(2-2), <외다리 거위>(3-2), <석수장이>(4-1), <숲 속의 대장간>(5-1), <새로 나온 달님>(5-2), <크리스마스 송가>(6-2) 등 본격 극문학 제재가 다수를 이룬다. 2차의 <벌거숭이 임금님>(2-2), <어깨동무>(3-1), <말짓기놀이>(3-1), <팔려가는 당나귀>(3-2), <걸레>(4-1) 등의 단원이 삭제되고, 대신 <장난감들의 합창>(2-2)이, <외다리 거위>(3-2), <석수장이>(4-1), <숲 속의 대장간>(5-1) 등의 극본들로 교체된 것이다.

(5) 4차 교육과정기(1981.12~1987.6) 초등 국어과 교수요목 및 극문학

[1] 4차 교육과정기 교수요목

4차 교육과정기(1981.12~1987.6)는 건전한 심신의 육성, 지력과 기술의 배양, 도덕적 인격의 형성, 민족 공동체 의식의 고양에 역점을 두었다. 국어과 교육과정은 국어과 특성의 명료화, 학습 내용의 적정화를 기본 방향으로 삼고 세부적으로는 언어 기능 신장의 강화, 가치관 교육의 내면화를 개정의 방향으로 삼았다. 이 시기 국어과 교육과정의 가장 큰 특징은 국어과의 배경 학문으로서 수사학, 언어학, 문학을 제시한 점과 국어과의 내용 영역을 종래와는 달리 '표현 · 이해', '언어', '문학'으로 삼분한 점이다.[28)]

특히 4차 교육과정기는 3차 교육과정이 표방한 가치관 중심교육에 대한 반성에서 출발하였다. 이에 '이해'가 국어과의 목표로 설정되었으며, 기능 중심의 교육 원리를 도입하여 학문적 배경을 갖춘 교육과정을 추구하고자 한 시기이다. 이를 토대로 4차 국어과 교육은 ① 언어 사용 기능의 신장 강화, ② 문학교육의 강화, ③ 언어 교육의 체계화, ④ 작문 교육의 강화, ⑤ 가치관 교육의 내면화를 지향하며, 영역별로는 ① 표현 · 이해, ② 언어(국어에 관한 지식), ③ 문학(문학에 관한 지식과 문학 작품의 이해 및 감상)으로 나뉜다.[29)]

또한 고도 산업 사회에의 적응과 통일 지향 등 미래 사회에 대응한 적응력 개발을 중시했다. 그 결과 1982년부터 초등학교 1, 2학년용으로 '통합적 지도를 요구하는 교과서'(통합교과서)를 발행하기 시작했다. 즉 8개 교과(도덕, 국어, 사회, 산수, 자연, 체육, 음악, 미술)를 묶어 『우리들은 1학년』(입학~입학 후 3개월), 『바른생활』(1, 2학년), 『슬기로운 생활』(1학년), 『즐거운 생활』(1, 2학년)로 펴냈다. 이 모형은 매우 중요한 진전이라 하겠다.[30)]

---

28) 손영애(2002), 「국어과 교육과정의 통시적 고찰」, 『21세기 국어교육학의 현황과 과제』, 한국문화사, p.32.
29) 김중신(2002), 「국어교육 연구에서의 '이해' 영역에 관한 연구」, 『國語教育學研究』 第14집, p.123.
30) 李鐘國(2001), 앞의 책, p.127.

2 4차 교육과정기 극문학

4차 교육과정기 각 학년별 『국어』의 극문학 관련 단원을 제시하면 [표 6]과 같다.

[표 6] 4차 교육과정기 『국어』 극문학 관련 단원 목록

제목	문종	교과서	발행 연도	편저자	발행처	비고
거북이와 토끼	유사극본	바른생활 1-1	1983	문교부	국정교과서 주식회사	
개미와 매미	유사극본	바른생활 1-1	1983	문교부	국정교과서 주식회사	
금도끼	희곡	바른생활 2-1	1987	문교부	국정교과서 주식회사	4차 단원
토끼의 재판	방송극	국어 3-1	1987	문교부	국정교과서 주식회사	4차 단원
청개구리	방송극	국어 3-2	1984	문교부	국정교과서 주식회사	4차 단원
석수장이	희곡	국어 4-1	1988	문교부	국정교과서 주식회사	
숲 속의 대장간	희곡	국어 4-2	1982	문교부	국정교과서 주식회사	
새로 나온 달님	희곡	국어 5-1	1982	문교부	국정교과서 주식회사	
날지 못하는 백조	희곡	국어 5-2	1985	문교부	국정교과서 주식회사	4차 단원
섬마을의 전설	희곡	국어 6-1	1987	문교부	국정교과서 주식회사	4차 단원
크리스마스 송가	희곡	국어 6-2	1986	문교부	국정교과서 주식회사	

위의 수록 상황을 보면 4차 극본 유사극본은 <거북이와 토끼>(1-1), <개미와 매미>(1-1) 2편 외에 모두 본격 극문학에 속한다. 희곡으로는 설화를 소재로 한 <금도끼>(2-1), 주평의 <석수장이>(4-1), 주평의 <숲 속의 대장간>(4-2), 작가 미상의 <새로 나온 달님>(5-1), 작가 미상의 <날지 못하는 백조>(5-2), 주평의 <섬마을의 전설>(6-1),

[그림 8]『바른생활 2-1』
(문교부, 1989)

찰스 디킨스의 <크리스마스 송가>(6-2) 등이, 방송극으로는 방정환의 <토끼의 재판>(3-1), 작가 미상의 <청개구리>(3-2) 등이 수록되었다.

위의 극본에서 <금도끼>, <토끼의 재판>, <청개구리>, <날지 못하는 백조>, <섬마을의 전설> 등은 4차에서 새로 수록된 단원들이며, <거북이와 토끼>는 <토끼와 거북>의 내용을 일부 각색하고 제목을 바꾼 것이다. <토끼와 거북>은 교수요목기부터 3차까지 1학년 2학기에서 다룬 극본이다. 4차에서는 통합교과서인 『바른생활』로 바뀌면서 1학년 1학기에 실려 학기별 변화상을 보인다. 같은 교과서에 실린 <개미와 매미>는 교수요목기 『초등국어 2-1』에 이미 동일한 제목으로 실렸던 제재를 재수록한 경우이다.

보다시피 4차에는 유사극본이나 그림연극 등 과도기적 극본은 거의 사라지고, 주로 희곡 방송극 등 본격 극문학이 수록되었다는 점이 주목된다. 또한 주평의 작품이 3편이나 실려 최다수 작가로 드러난다는 점, 일제강점기 방정환의 작품이 교과에 편입되었다는 점, 전 시기와 다르게 1학년 1학기부터 극본이 수록되었다는 점 등이 4차 극본의 특징적인 양상이라 하겠다.

(6) 5차 교육과정기(1987.6~1992.6) 초등 국어과 교수요목 및 극문학

[1] 5차 교육과정기 교수요목

5차 교육과정기(1987.6~1992.6)에는 기초 교육의 강화, 정보화 사회에 대응하는 교육의 강화, 교육과정의 효율성 제고 등을 지향하였다. 국어과 교육과정은 언어 사용 기능의 신장을 궁극적 목표로 하여 기능 중심 교과로서의 성격을 부각시켰다. 이에 따라 교수·학습 상황에서의 주체를 학생으로 하고 언어 사용의 결과(product)보다 과정(process)을 중시하였다. 그리고 이러한 교육과정의 정신이 보다 효율적으로 현장 교육에까지 미칠 수 있도록 하기 위하여 교수학습의 실제성을 중시하고 교육과정 '내용'의 진술 속에 구체적인 방법을 제시하고자 하였다.31)

한편 이 시기에는 그 이전까지 국어교육에서 본격적으로 다루지 않았던 표현 교육에 대해 실질적인 관심을 갖기 시작했다는 점이 특징적이며32) 건강인, 자주인, 창조인, 도덕인으로서의 가치관 배양에 중점을 두었다. 정보·경제 교육과 지역에 관한 교과 과목도 강화했으며, 특히 교과서 편찬에 있어서 1교과 다교과서제를 도입했다는 점이 주목된다. 이로써 학습 전개의 새로운 전기를 가져오게 되었다. 아울러 학생들이 교과서에 직접 그림을 그려 넣게 하고, 학습 내용을 스스로 써 넣은 응용 체재 방식도 도입되었다.33)

[표 7] 5차 2교과 다교과서 현황

국어(말하기·듣기, 읽기, 쓰기), 산수(산수, 산수 익힘책), 바른 생활(바른 생활, 바른 생활 이야기), 슬기로운 생활(슬기로운 생활, 관찰), 즐거운 생활(즐거운 생활), 도덕(도덕, 생활의 길잡이), 사회(사회과 탐구), 자연(자연, 실험·관찰), 실과(실과, 실습의 길잡이)

31) 손영애(2002), 앞의 책, p.32.
32) 최미숙(2002), 「표현교육 연구의 반성과 제언」, 『國語教育學硏究』 제14집, 국어교육학회, p.47.
33) 李鐘國(2001), 앞의 책, p.128. 아래 [표 7]도 이 자료를 참조하였다.

2 5차 교육과정기 극문학

5차 교육과정기 각 학년별 『국어』의 극문학 관련 단원을 제시하면 [표 8]과 같다.

[표 8] 5차 교육과정기 『국어』 극문학 관련 단원 목록

비고	문종	교과서	발행연도	편저자	발행처	비고
개미와 베짱이	희곡	말하기 듣기 3-1	1990	문교부	대한교과서 주식회사	13. 슬기로운 생각
토끼의 재판	방송극	읽기 3-1	1989	문교부	국정교과서 주식회사	9. 슬기로운 생각
청개구리	방송극	말하기 듣기 3-2	1989	문교부	국정교과서 주식회사	8. 우리들의 잔치
황소와 개구리	희곡	말하기 듣기 3-2	1989	문교부	국정교과서 주식회사	8. 우리들의 잔치 5차 단원
외다리 거위	희곡	읽기 3-2	1989	문교부	국정교과서 주식회사	
석수장이	희곡	읽기 4-1	1990	문교부	대한교과서 주식회사	
숲 속의 대장간	희곡	읽기 4-2	1990	문교부	대한교과서 주식회사	
우리 선생님	방송극	읽기 5-1	1990	문교부	대한교과서 주식회사	5차 단원
미상	방송극	말하기 듣기 5-2	1990	문교부	대한교과서 주식회사	13. 이야기의 중심 생각
의리없는 친구	희곡	말하기 듣기 5-2	1990	문교부	대한교과서 주식회사	13. 이야기의 중심 생각 5차 단원
월광곡	희곡	읽기5-2	1990	문교부	대한교과서 주식회사	
미상	희곡	말하기 듣기 6-1	1990	문교부	대한교과서 주식회사	5. 듣는 사람을 생각하며
닫혀진 문	방송극	읽기 6-1	1990	문교부	대한교과서 주식회사	
숲 속의 노래	방송극	읽기 6-1	1990	문교부	대한교과서 주식회사	
크리스마스 송가	방송극	말하기 듣기 6-2 읽기 6-2	1990	문교부	대한교과서 주식회사	13. 음성, 동작, 표정

[그림 9] 『읽기 1-2』 (문교부, 1990)

5차 교육과정기부터 1교과 다교과서제의 도입으로 국어 교과서는 『말하기 듣기』, 『읽기』, 『쓰기』 교과서 등 분과 체재를 보이고 있다. 위에 제시된 극본 수록 정보는 주로 『말하기 듣기』, 『읽기』에 나타난 극본 수록 상황을 정리한 것이다. 『쓰기』 교과서의 경우는 극본 형태를 써 보는 것으로서, 4차 교육과정기 <본문 공부>의 '글짓기' 문항을 확대한 형태를 보인다. 극본 정보를 보면, 5차 극본은 모두 본격 극문학이며 3학년부터 수록되었다는 점이 특징적이다. 수록 양상을 학년별로 정리해 보면, 3학년에서는 이솝우화인 <개미와 베짱이>(『말하기 듣기 3-1』), 방정환의 <토끼의 재판>(『읽기 3-1』) 외 『말하기 듣기 3-2』에서 전래동화인 <청개구리>, 이솝우화인 <황소와 개구리> 등의 극본이 수록되어 있다.

4학년 극본 수록 양상을 보면, 주평의 <석수장이>(『읽기 4-1』)와 <숲 속의 대장간>(『읽기 4-2』) 등이 4차에 이어 재수록되었다. 5학년의 경우는 새롭게 도입된 단원들이라는 점이 특징으로, 이원수의 방송극 <우리 선생님>(『읽기 5-1』), 이솝우화인 <의리 없는 친구>(『말하기 듣기 5-2』), 주평의 <월광곡>(『읽기 5-2』) 등이 실려 있다.

6학년에서는 『말하기 듣기 6-1』의 '5. 듣는 사람을 생각하며' 대단원에서는 제목이 제시되지 않은 짤막한 극본들이 학습활동의 보기로 주어져 있으며, 『읽기 6-1』에서는 김병규의 <닫혀진 문>과 <숲 속의 노래>라는 방송극본이 신단원으로 수록되어 있다. 『말하기 듣기 6-2』, 『말하기 듣기 6-2』에서는 찰스 디킨즈의 <크리스마스 송가>를 다루고 있는데, 방송극으로 개작되었다는 특징을 보인다.

위의 수록 상황을 보면, 5차 시기에는 작가 면에서나 소재 면에서나 다양성을 보이며, 특히 전 시기에 비하여 방송극이 증가했다는 점이 주목된다. 이것은 다교과서제의 도입과 방송 매체가 발달된 당대 사회 환경과 관련 있다고 보여진다.

(7) 6차 교육과정기(1992.6~1997.12) 초등 국어과 교수요목 및 극문학

① 6차 교육과정기 교수요목

6차 교육과정기(1992.6~1997.12)의 구성 방향은 첫째, 민주주의 공동체 의식 함양에 역점을 두는 교육, 둘째, 변화에 대한 창조적 대응력을 배양하는 교육, 셋째, 교육의 보편성과 특수성의 조화를 추구하는 교육, 넷째, 학습자의 경험 세계가 중시되는 교육 등 네 가지로 정리된다. 이러한 이념적 지향을 고려하면서 국어과 교육과정은 목표와 내용, 방법 및 평가에 관한 사항을 일관된 축으로 구성하여 보다 체계적인 국어과 교육을 실행하고자 하였다. 이에 따라 국어과 교육과정 구조의 체계화, 목표 체계의 구조화, 내용의 정선 및 내적 구조화, 지도 및 평가 지침의 구체화를 기본 방향으로 삼았다.[34)]

한편 6차 교육과정기는 실용 중심 교육을 지향하던 시기로서, 학문 중심 교육과정과 활동 중심 교육과정을 통합 절충하여 교육의 실용성을 강조하였다. 즉 관련 분야의 학문이 제공해 주는 지식 또는 개념을 구조화해서 가르치는 교육에 역점을 두는 한편, 국어 사용 기능을 신장시키는 교육을 강조하였다. 이에 맞추어 국어과 교육의 성격은, 언어 사용 기능의 개념을 확대 해석하고, 예술 교육으로서의 문학 교육을 언어 교육과의 상호 관련성 및 보완성을 강조하는 방향에서 통합시켰으며 위계성을 확립하였다. 이에 교과서 구성을 말하기, 듣

34) 박영순(1997), 「국어교육과 한국어교육」, 『한국어학』 6집, 한국어학회, pp.122~123.

기, 읽기, 쓰기의 언어 사용 기능 신장을 기하도록 체계화하였다. 또한 정확한 표기와 발음, 어휘력 신장을 위한 학습활동을 강조하며, 표현과 이해 과정에서의 문제 해결력 및 창의적 사고력 신장을 위한 학습활동에 역점을 두었다. 이를 위하여, 말하기, 듣기, 읽기, 쓰기 기능이 유기적인 관련 속에서 통합적으로 신장될 수 있도록 했다. 한편 국민학교 학생의 경험 세계에 적합한 문학 작품의 감상 기회를 충분히 제공함으로써 아름다운 정서와 인간성을 함양하도록 했다.35)

② 6차 교육과정기 극문학

6차 교육과정기 각 학년별 『국어』의 극문학 관련 단원을 제시하면 [표 9]와 같다.

[표 9] 6차 교육과정기 『국어』 극문학 관련 단원 목록

제목	문종	교과서	발행 연도	편저자	발행처	비고
개미와 베짱이	희곡	말하기 듣기 3-1	1996	교육부	국정교과서 주식회사	13. 내가 주인공
떡으로 빚은 선생님 얼굴	방송극	읽기 3-1	1996	교육부	국정교과서 주식회사	13. 내가 주인공
소년과 어머니	방송극	읽기 3-1	1996	교육부	국정교과서 주식회사	13. 내가 주인공
방안에 가득 차는 것	희곡	읽기 3-2	1996	교육부	국정교과서 주식회사	8. 이야기를 나누어요
쓴 약 단 약	희곡	읽기 3-2	1996	교육부	국정교과서 주식회사	8. 이야기를 나누어요
베니스의 상인	희곡	말하기 듣기 4-1	1996	교육부	국정교과서 주식회사	7. 책과의 만남
금도끼	희곡	말하기 듣기 4-1	1996	교육부	국정교과서 주식회사	7. 책과의 만남
청개구리	방송극	말하기 듣기 4-1	1996	교육부	국정교과서 주식회사	7. 책과의 만남

35) '우리나라 교육과정, 6차시기 초등학교'(국가교육과정정보센터 http://ncic.re.kr).

소와 나귀	희곡	읽기 4-1	1996	교육부	국정교과서 주식회사	8. 우리가 꾸미는 무대
브레멘의 악사	희곡	읽기 4-1	1996	교육부	국정교과서 주식회사	8. 우리가 꾸미는 무대
아름다운 싸움	희곡	읽기 4-1	1996	교육부	국정교과서 주식회사	17. 함께 의논하기
숲 속의 대장간	희곡	읽기 4-2	1996	문교부	국정교과서 주식회사	10. 올바른 판단
막둥이	방송극	읽기 4-2	1996	문교부	국정교과서 주식회사	10. 올바른 판단
현수의 하루	희곡	읽기 4-2	1996	교육부	국정교과서 주식회사	15. 또 다른 내가 되어
시험	희곡	읽기 4-2	1996	교육부	국정교과서 주식회사	15. 또 다른 내가 되어
난파선의 사람들	희곡	읽기 5-1	1997	교육부	국정교과서 주식회사	9. 생각들의 만남
우리 선생님	방송극	읽기 5-1	1997	교육부	국정교과서 주식회사	9. 생각들의 만남
어차피 죽을 몸이니	희곡	읽기 5-2	1997	교육부	국정교과서 주식회사	9. 흥겨운 놀이 마당
별주부전	희곡	읽기 5-2	1997	교육부	국정교과서 주식회사	9. 흥겨운 놀이 마당
숲 속의 노래	방송극	읽기 6-1	1996	교육부	국정교과서 주식회사	
닫혀진 문	희곡	읽기 6-1	1996	교육부	대한교과서 주식회사	
어떤 크리스마스	희곡	읽기 6-2	1996	교육부	대한교과서 주식회사	

[그림 10] 『말하기 듣기 1-1』 (문교부, 1995)

[표 9]에서 나타나듯이, 6차 또한 다교과제 교과 체제이다. 이로 인하여 각 분과 책의 극본 자료가 더해지면서 극문학의 게재 비율이 더욱 증가된 현상을 보인다.

6차 교육과정기의 극본 수록 상황은 3학년의 경우, 1학기에는 <개미와 베짱이>(『말하기 듣기 3-1』), <떡으로 빚은 선생님 얼굴>, <소년과 어머니>(『읽기 3-1』) 등과 2학기에는 <방안에 가득 차는 것>, <쓴 약 단 약>(『읽기

3-2』) 등의 극본이 수록되었다. 4학년의 경우, 1학기에는 <베니스의 상인>, <금도끼>, <청개구리>(『말하기 듣기 4-1』), <소와 나귀>, <브레멘의 악사>, <아름다운 싸움>(『읽기 4-1』) 등이, 2학기에는 <숲 속의 대장간>, <막둥이>, <현수의 하루>, <시험>(『읽기 4-2』) 등의 극본이 실려 있다. 5학년에서는 1학기에는 방송극인 <난파선의 사람들>과 <우리 선생님>(『읽기 5-1』) 극본 일부가, 2학기에는 <어차피 죽을 몸이니>, <별주부전>, <어떤 크리스마스>(『읽기 5-2』) 등이, 6학년에서는 1학기에 방송극인 <숲 속의 노래>와 <닫혀진 문>(『읽기 6-1』) 등이, 2학기에는 <어떤 크리스마스>(『읽기 6-2』)가 수록되어 있다.

이상 수록 양상을 보면, 제6차 교육과정기에는 기존 극본이 삭제되고 새로운 작품이 다수 도입된 것을 알 수 있다. 특히 신단원 중 <쓴 약 단약>, <브레멘의 악사들>, <별주부전>은 희곡, <소년과 어머니>, <방 안에 가득 차는 것>, <막둥이>, <시험>, <우리 선생님>은 방송극본으로서 이 시기에 방송극이 다수 보인다. 또한 전통적인 소재를 차용한 작품이 증가하였다. 즉 전래동화를 극본으로 재구성한 <소년과 어머니>, <쓴 약 단 약>, 고전소설을 각색한 <별주부전> 등이 바로 그 예에 해당된다. 기타 <막둥이>와 <시험>은 창작동화를 각색한 극본 등 6차 극문학은 소재의 다양성을 보인다. 또한 전 시기까지 재수록되었던 <크리스마스 송가>가 빠지고 <어떤 크리스마스>가 수록되었다는 점도 특징적이다.

한편 위의 수록 양상을 보면,『읽기』교재에는 극본의 전체를 수록하고 있으나, 그 외 교재에서는 길이가 짧은 극본을 싣고 있다. '말하기-듣기', '쓰기' 등 분과의 성격과 부합한 언어 학습과 관련된 읽기 자료로 활용되는 경우이다. 즉 극문학 장르 자체에 대한 학습이라기보다 효과적인 국어교육('말하기 듣기', '쓰기')을 위한 학습 자료로서 극본이 수록된 경우라 할 수 있다.

(8) 7차 교육과정기(1997.12～) 초등 국어과 교수요목 및 극문학

[1] 7차 교육과정기 교수요목

1997년에 개정 고시된 7차 교육과정기(1997.12～)에는 첫째, 목표 차원에서 건전한 인성과 창의성을 함양하는 기초·기본 교육의 충실, 둘째, 내용 차원에서 세계화·정보화에 적응할 수 있는 자기 주도적 능력의 신장, 셋째, 운영 차원에서 학습자의 능력·적성·진로에 적합한 학습자 중심의 교육 실천, 넷째, 제도 차원에서 지역 및 학교 교육과정 편성·운영의 자율성 확대 등 네 가지를 기본 방향으로 설정하였다. 이런 총론의 지향하는 바를 고려하면서 국어과 교육과정의 기본 방향을 학습자의 의미 있는 학습 경험 중시, 교육 내용의 사회적·개인적·학문적 적합성 추구, 국어교육의 질 향상으로 설정하였다.[36] 요약컨대 7차 교육과정기는 ① 학습자의 창의적 국어 사용 능력 배양을 중시하는 교육과정, ② 학습자의 의미있는 학습 경험을 중시하는 교육과정, ③ 교육 내용의 사회적·개인적·학문적 적합성을 추구하는 교육과정, ④ 국어교육의 질 향상에 기여하는 교육과정 등이라 할 수 있다.[37]

특히 7차 교육과정기에서는 학습자의 '자기주도적 능력'과 창의성 신장에 적합한 교과서 개발을 기본 방향으로 설정하였다. 따라서 교과서 중심의 학교 교육으로부터 교육과정 중심의 학교 교육으로 전환함으로써 수요자의 효용성을 향상시키고, 1교과 다교과서 체제를 도입하여 다양한 보완 교재를 생산 공급했다. 이와 함께, 다수의 현장 교사가 연구·집필진에 참여하여 교과서를 개발하였고, 책임있는 집

36) 손영애(2002), 앞의 책, p.33.
37) 이영택(2001), 『국어교육학의 맥』, 형설출판사, p.40.

필을 위하여 '집필자 실명제'를 도입했다. 결과적으로 제7차 교육과정기는 종래의 인습적인 교과서관인 독본 중심의 교과서를 탈피하여 여러 형식의 보완 교재(테이프 교재, 전자 교과서, 멀티미디어)가 크게 확산되었다. 이와 같은 현상은 정보화 시대의 적응과 자기 개발을 위한 방법의 모색에서 비롯된 것이라 할 수 있다.38)

2 7차 교육과정기 극문학

7차 교육과정기 각 학년별 『국어』의 극문학 관련 단원을 제시하면 [표 10]과 같다.

[표 10] 7차 교육과정기 『국어』 극문학 관련 단원 목록

제목	문종	교과서	발행연도	편저자	발행처	비고
도도와 미미	희곡	읽기 1-1	2000	교육인적자원부	대한교과서주식회사	넷째 마당. 마음을 주고 받아요
준이와 창이	희곡	읽기 1-2	2000	교육인적자원부	대한교과서주식회사	셋째 마당. 내가 만들었어요
도깨비와 개암	희곡	말하기 듣기 2-1	2000	교육인적자원부	대한교과서주식회사	함께 꾸며 보아요
나무꾼과 사슴	희곡	읽기 2-2	2000	교육인적자원부	대한교과서주식회사	둘째 마당. 이야기가 재미있어요
토끼의 재판	희곡	읽기 3-1, 말하기 듣기 3-1 쓰기 3-1	2001	교육인적자원부	대한교과서주식회사	국어교실 함께 가꾸기
소년과 어머니	방송극	읽기 3-1	2004	교육인적자원부	대한교과서주식회사	둘째 마당. 마음으로 보아요
방 안에 가득 차는 것	희곡	읽기 3-1	2004	교육인적자원부	대한교과서주식회사	둘째 마당. 마음으로 보아요
탈놀이	희곡	읽기 4-1	2001	교육인적자원부	대한교과서주식회사	넷째 마당. 오가는 정
아름다운 싸움	희곡	읽기 4-1	2001	교육인적자원부	대한교과서주식회사	쉼터

38) 李鐘國(2001), 앞의 책, p.129.

즐거운 우리집	희곡	말하기 듣기 쓰기 4-2	2001	교육인적 자원부	대한교과서 주식회사	넷째 마당. 꿈을 찾아서
요술부채	희곡	말하기 듣기 쓰기 4-2	2001	교육인적 자원부	대한교과서 주식회사	넷째 마당. 꿈을 찾아서
심청가	판소리	말하기 듣기 쓰기 4-2	2001	교육인적 자원부	대한교과서 주식회사	넷째 마당. 꿈을 찾아서
선인장 이야기	희곡	말하기 듣기 쓰기 4-2	2001	교육인적 자원부	대한교과서 주식회사	넷째 마당. 꿈을 찾아서
별주부전	희곡	말하기 듣기 쓰기 5-1	2002	교육인적 자원부	대한교과서 주식회사	국어교실 함께 가꾸기
어차피 죽을 몸이니	희곡	읽기 5-1	2002	교육인적 자원부	대한교과서 주식회사	다섯째 마당. 행복한 만남
놀부전	희곡	읽기 5-1	2002	교육인적 자원부	대한교과서 주식회사	국어교실 함께 가꾸기
한석봉과 어머니	희곡	말하기 듣기 쓰기 5-2	2002	교육인적 자원부	대한교과서 주식회사	넷째 마당. 발견하는 기쁨
베니스의 상인	희곡	읽기 5-2	2002	교육인적 자원부	대한교과서 주식회사	넷째 마당. 말과 실천
볍씨 한 톨	희곡	말하기 듣기 쓰기 6-1	2002	교육인적 자원부	대한교과서 주식회사	셋째 마당. 느낌과 표현
장 발장	희곡	읽기 6-1	2002	교육인적 자원부	대한교과서 주식회사	국어교실 함께 꾸미기
어떤 크리스마스	희곡	읽기 6-2	2002	교육인적 자원부	대한교과서 주식회사	다섯째 마당. 소중한 만남을 기억하며

[표 10]에서 나타나듯이, 7차 교육과정기 또한 5차 교육과정기 이후 실시된 다교과제 수업 체제가 유지되었다. 그런데 하나 특징적인 사항은 4~6학년의 경우 『읽기』와 『말하기 듣기 쓰기』라는 재통합 교과서가 개발된 점이다. 그리고 7차 또한 6차에 이어 다양한 소재를 다룬 다수의 극본이 수록되었다. 수록된 극본은 완결된 한편의 극본 형태도 있지만, 6차와 마찬가지로 도입부나 학습문제의 읽기자료로 짤막하게 실리기도 했다.

[그림 11] 『읽기 2-2』
(교육인적자원부, 2002)

7차 교육과정기의 극본 수록 상황을 학년별로 정리하면, 1학년의 경우 <도도와 미미>(『읽기 1-1』), <준이와 창이>(『읽기 1-2』) 등의 극본이 실려 있으며, 특히 2학기에는 <흥부와 놀부>, <구멍난 그릇> 등의 듣기자료가 제시되고 있다. 2학년에서는 <도깨비와 개암>(『말하기 듣기 2-1』), <나무꾼과 사슴>(『읽기 2-2』) 등의 극본이 실렸다.

3학년의 경우, 1학기의 『말하기 듣기 쓰기 3-1』, 『쓰기 3-1』, 『읽기 3-1』의 특화단원인 '국어교실 함께 꾸미기'에서 모두 방정환의 <토끼의 재판>을 다루고 있다는 점이 특징적이다. 그 외 <소년과 어머니>, <방 안에 가득 차는 것>(『읽기 3-1』) 등의 극본이 실렸다. 4학년에서는 <탈놀이>, <아름다운 싸움>(『읽기 4-1』), 고성욱의 <즐거운 우리집>, <요술부채>, 정호승의 <선인장 이야기>(『말하기 듣기 쓰기 4-2』) 등의 극본이 수록되어 있으며, 2학기에는 판소리 <심청가>와 <꽃나라 임금> 등의 듣기자료가 제시되고 있다.

5학년 1학기에는 <별주부전>(『말하기 듣기 쓰기 5-1』), <어차피 죽을 몸이니>, <놀부전>(『읽기 5-1』) 등이, 2학기에는 <한석봉과 어머니>(『말하기 듣기 쓰기 5-2』), 셰익스피어의 <베니스의 상인>(『읽기 5-2』) 등의 극본이 수록되어 있다. 6학년에 1학기에는 <볍씨 한 톨>(『말하기 듣기 6-1』), 빅토르 위고의 <레미제라블>을 각색한 <낯선 사나이>(『읽기 6-1』), 2학기에는 현덕의 <나비를 잡은 아버지>, <한 지붕 두 가족>(『말하기 듣기 쓰기 6-2』) 등의 극본과 판소리 <흥부가>, <저승에 있는 곳간> 등의 듣기자료가 제시되고 있으며, 고성욱의 <어떤 크리스마스>(『읽기 6-2』)가 수록되었다.

7차 교육과정기 극본 또한 6차와 마찬가지로 창작극, 전통적인 소재를 활용한 작품이 많다. 뿐만 아니라 해외 문학을 수록한 경우도 눈에 띈다. 이처럼 소재의 변화를 주어 다양성을 보이고 있는 것이 7차 교육과정기의 특징이라 할 수 있다.39) 한편 이 시기에는 출전이 된 극본과 작가의 이름을 밝히고 있다는 점도 주목된다. 여기에 교과서 말미에 '국어교실 함께 가꾸기', '함께 꾸며 보아요' 등의 특화단원을 수록하여 공연적인 측면이 강화되었다. 5차부터 6차까지 극문학 관련 수업은 주로 '효과적인 언어교육('말하기 듣기', '쓰기')'을 위한 도구적 수단으로 활용되는 경우가 많았다. 그런데 7차의 특화단원들은 이러한 문제점을 보완한 단원이라 할 수 있다.

2) 제재별 빈도 및 특징

앞에서 시기별 극본 목록을 통시적으로 정리해 보았다. 여기에서는 그림연극 및 유사극본/방송극/시나리오 등 제재별로 빈도를 통하여 수록 경향을 살피고자 한다. 각 제재별 수록 양상의 구체적인 분석은 아래 수록 양상 및 학습활동 분석에서 다룰 것이다. 본 항목에서는 주로 도표화를 통하여 특징적인 사항을 개략적으로 제시하고자 한다.40)

(1) 그림연극 및 유사극본 제재 수록 현황

1 그림연극 제재

그림연극은 총 9편으로 교육과정기별 수록 현황을 제시하면

39) 韓恩淑(2004), 「한국어린이연극의 발달과정에 관한 연구」, 성균관대학교 박사학위논문, p.156.

40) 제재별 빈도 및 특징에서는 '윤금선의 (2014), 「初等 國語 教科書의 劇本-의 類型別 題材 分析-量的 分析을 中心으로」, 『語文論文』 제42권 제4호, 韓國語文教育研會, pp.335~358'을 참고하였다.

[표 11]과 같다.

[표 11] 그림연극 제재 교육과정기별 빈도

번호	제목	교육과정기별 빈도								문종	수록 교과서
		교	1	2	3	4	5	6	7		
1	윤회	○	○							그림연극	교수요목기(초등국어 3-1, 3-2), 1차(국어 3-1, 3-2)
2	백조왕자		○							그림연극	1차(국어 3-2)
3	나무꾼과 선녀	○	○							그림연극	교수요목기(국어 3-2), 1차(국어 3-2)
4	달님이야기	○	○							그림연극	교수요목기(국어 4-1, 4-2), 1차(국어 4-1, 4-2)
5	제비와 홍부	○	○		○					그림연극	교수요목기(국어 4-1, 4-2), 1차(국어 4-1, 4-2), 3차(국어 4-1)
6	홍부와 놀부			○						그림연극	2차(국어 4-1)
7	종소리	○								그림연극	교수요목기(국어 5-1)
8	심청	○								그림연극	교수요목기(국어 5-1, 6-2)
9	심청이야기		○	○						그림연극	1차(국어 6-2)

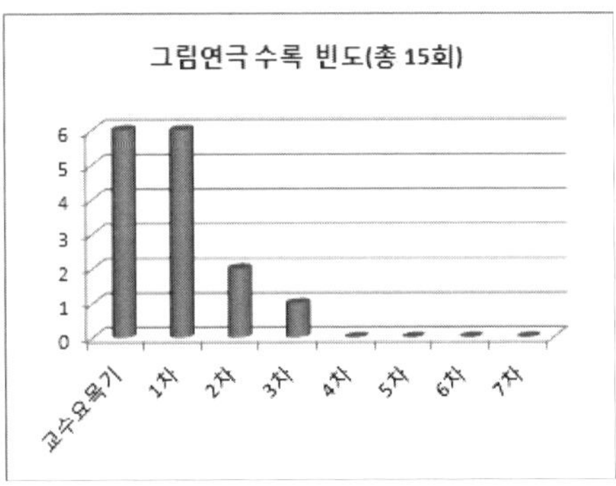

[그림 12] 그림연극 수록 빈도수

그림연극 수록 상황(재수록 포함)을 보면, 교수요목기(6편), 1차(6편), 2차(2편), 3차(1편)로 총 15회 빈도수를 보인다. 그림연극은 교수요목기와 1차 등 초기 국어 교과서에 집중 수록된 경향을 보인다. 3차 그림연극은 <제비와 홍부> 1편이며, 4차부터 그림연극 단원은 국

어 교과서에 수록되지 않는다.[41]

위 수록상에서 특징적인 것은, 전기 소재(<윤회>)나 고전 소재(<제비와 흥부>, <흥부와 놀부>, <종소리>, <심청>, <심청이야기>) 등의 단원이 지배적이라는 점이다. 특히 <제비와 흥부>(<흥부와 놀부>) 는 고전 각색극에서도 다양한 제재명으로 실렸는데, 그림연극에서도 2차례나 다루고 있어 극문학 전반 부문에서 재수록 빈도가 높은 고전 제재임을 알 수 있다.

2 유사극본 제재

초등 국어 교과서에서 유사극본은 총 12편으로, 교육과정기별 수록 현황을 제시하면 [표 12]와 같다.

[표 12] 유사극본 제재 교육과정기별 빈도

번호	제목	교육과정기별 빈도								문종 및 작가	수록 교과서
		교	1	2	3	4	5	6	7		
1	산술공부	○								유사극본	교수요목기(초등국어교본 상)
2	친절한 가게	○								유사극본	교수요목기(초등국어교본 상)
3	개미와 매미	○				○				유사극본(이솝)	교수요목기(초등국어 2-1), 4차(바른생활 1-1)
4	참새와 파리	○								유사극본	교수요목기(초등국어 3-2)
5	동무	○								유사극본	교수요목기(국어 3-2)
6	돼지의 재판	○								유사극본	교수요목기(초등국어 4-2)
7	토끼와 거북(거북이와 토끼)	○	○	○	○	○				유사극본	교수요목기(국어 1-2), 1차(국어 1-2), 2차(국어 1-2), 3차(국어 1-2), 4차(바른생활 1-1 <거북이와 토끼>)

41) 참고로 6차 교육과정기 <금도끼>(『쓰기 1-2』)를 보면, 그림연극은 아니지만, 그림을 순서대로 제시하고 장면에 맞게 이야기를 꾸미는 학습이 보여, '그림연극' 활동과 유사한 점이 흥미롭다.

8	여우와 까마귀	○	○							유사극본 (이솝)	교수요목기(국어 2-1, 국어 2-2), 1차(국어 2-1, 국어 2-2)
9	말짓기놀이	○	○	○						유사극본	교수요목기(국어 3-1), 1차 (국어 3-1), 2차(국어 3-2)
10	어깨동무		○	○						유사극본	1차(국어 3-1), 2차(국어 3-1)
11	팔려가는 당나귀	○	○	○						유사극본 (이솝)	교수요목기(국어 3-2), 1차 (국어 3-2), 2차(국어 3-2)
12	라디오놀이		○	○						유사극본	2차(국어 2-2), 3차(국어 2-2)

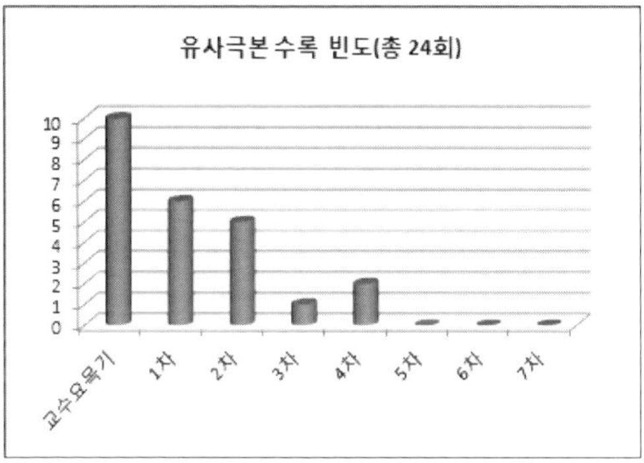

[그림 13] 유사극본 수록 빈도수

유사극본의 시기별 빈도수(재수록 포함)를 보면, 교수요목기(10편), 1차(6편), 2차(5편), 3차(1편), 4차(2편) 등으로 총 24회로 나타난다. 이를 보면 3차와 4차에도 소수 실리고 있으나, 교수요목기에 최다 빈도수를 보이며 2차까지 지배적인 수록 현상을 드러내고 있다.

특히 <토끼와 거북>은 교수요목기부터 4차까지 지속적으로 실리고 있어 재수록 빈도가 가장 높은 단원에 속한다. 한편 <토끼와 거북>, <팔려가는 당나귀>는 기존 연구사에서 본격 극문학으로 다루는 경우가 종종 있다. 그러나 형태상 대사와 지시문을 완전히 갖추지 않은 극본이다. 그래서 본고에서는 이를 유사극본으로 분류하였다. 작가별로 보면 이솝(<개미와 매미>, <여우와 까마귀>, <팔려가는 당나귀>) 우화가 여러 편 보여 국어 교과서의 작가 선호도 현상을 보인다.

(2) 희곡 제재 수록 현황

[1] 국내 창작극 제재

국내 창작극은 총 23편으로 교육과정기별 수록 현황을 정리하면 [표 13]와 같다.

[표 13] 국내 창작극(희곡) 교육과정기별 빈도

번호	제목	교육과정기별 빈도								문종 및 작가	수록 교과서
		교	1	2	3	4	5	6	7		
1	걸레	○	○	○						희곡 (최태호)	교수요목기(국어 4-1, 4-2), 1차(국어 4-1), 2차(국어 4-1)
2	꽃과 나비	○	○							희곡 (강소천)	교수요목기(국어 5-1), 1차(국어 5-1)
3	봄이 올 때까지	○								희곡 (이촌일)	교수요목기(국어 6-1)
4	새로 나온 달님			○	○	○				희곡	2차(국어 5-2), 3차(국어 5-2), 4차(국어 5-1)
5	장난감들의 합창				○					희곡	3차(국어 2-2)
6	숲 속의 대장간				○	○	○	○		희곡 (주평)	3차(국어 5-1), 4차(국어4-2), 5차(읽기 4-2), 6차(읽기 4-2)
7	석수장이				○	○	○			희곡 (주평)	3차(국어 4-1), 4차(국어 4-1), 5차(읽기 4-1)
8	외다리 거위				○		○			희곡	3차(국어 3-2), 5차(읽기 3-2)
9	섬마을의 전설					○	○			희곡 (주평)	4차(국어 6-1), 5차(국어 6-1)
10	날지 못하는 백조					○				희곡	4차(국어 5-2)
11	월광곡						○			희곡 (주평)	5차(읽기 5-2)
12	닫혀진 문						○			희곡	5차(읽기 6-1)
13	아름다운 싸움							○	○	희곡	6차(읽기 4-1), 7차(읽기 4-1)

14	현수의 하루							○		희곡	6차(읽기 4-2)
15	시험							○		희곡	6차(읽기 4-2)
17	난파선의 사람들							○		희곡	6차(읽기 5-1)
18	닫혀진 문							○		희곡	6차(읽기 6-1)
19	도도와 미미								○	희곡	7차(읽기 1-1)
20	준이와 창이								○	희곡	7차(읽기 1-2)
21	탈놀이								○	희곡	7차(읽기 4-1)
22	즐거운 우리집								○	희곡 (고성욱)	7차(말하기 듣기 쓰기 4-2)
23	선인장 이야기								○	희곡 (정호승)	7차(말하기 듣기 쓰기 4-2)
24	어떤 크리스마스								○	희곡 (고성욱)	7차(읽기 6-2)
25	나비를 잡은 아버지								○	희곡	7차(말하기 듣기 쓰기 6-2)

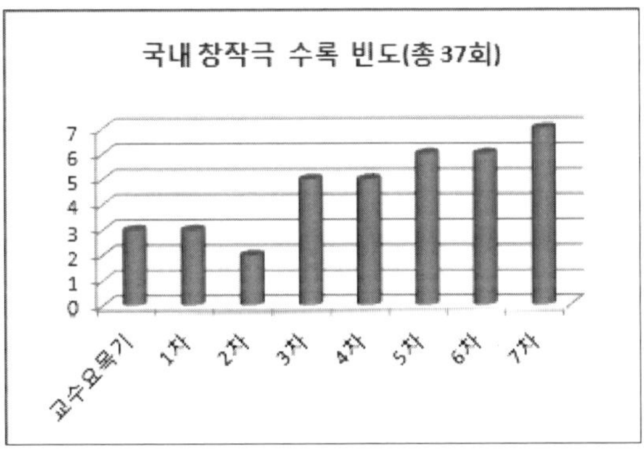

[그림 14] 국내 창작극(희곡) 수록 빈도수

가. 시기별 수록 빈도

위의 수록 상황을 교육과정기별 빈도수(재수록 포함)로 정리해 보면, 교수요목기(3편), 1차(3편), 2차(2편), 3차(5편), 4차(5편), 5차(6편), 6차(6편), 7차(7편) 등으로 총 37회의 빈도수를 보인다. 2차 교육과정기가 가장 낮은 수치이며, 7차 교육과정기가 최다수로 나타난다.

빈도수의 차이는 시기별로 유형별 극본 비율이 다소 차이지거나,

교육과정기별 지향하는 교수요목과 연관성을 갖는다. 일례로 교수요목기부터 2차까지를 보면, 아직 극본 형태가 확립되지 않은 유사극본이나 그림연극 등이 지배적인 수치를 보여, 본격적인 극문학 형태의 희곡은 상대적으로 낮은 수치를 보인다. 한편 앞서 살펴본 바, 5차 교육과정기부터 1교과 다교과서제 도입으로 『말하기 듣기』, 『읽기』, 『쓰기』 등 3책으로 분과 교육이 이루어졌다. 이로 인하여 각 분과 책의 극본 자료가 더해지면서 극문학의 게재 비율이 더 증가된 현상을 보인다. 더구나 적용학습에서 완결된 극본 형태를 수록하고, 도입학습이나 학습문제에서 읽기자료로 여러 종의 극본을 일부씩 싣기도 하여, 결과적으로 분과 이전보다 더 많은 극본 수가 실리고 있다.

보다시피 7차 시기는 5차부터 시행된 영역별 교육이 정착화된 시기로,[42] 전 시기보다 극본 수가 훨씬 상회하는 현상을 보인다. 참고로 아래에서 다룰 고전 각색극에서도 7차 시기 극본 수가 그 어느 때보다 많이 드러나는데(고전 각색극 [표 15]) 전체 교육과정기에서 7차는 극문학 제재가 가장 많이 수록된 시기이기도 하다.

나. 작가별 수록 빈도

작가별 수록 현황을 보면, 교수요목기부터 6차까지는 교과서에서 작가를 밝히지 않았으며, 7차에서만 권말 부록으로 작가가 명시되어 있다. 기타 교사용 지도서에서 일부 작가를 소개하는 경우도 있으나, 초등학교 국어 교과서에서는 극본 작가가 드러나지 않는 경우가 대부분이다. [표 14]에 정리한 작가명은 교과서와 교사용 지도서에 명시된 경우이다. 이를 보면 주로 아동 문학가들이 주를 이룬다.

---

42) 4~6학년의 경우 『읽기』와 『말하기 듣기 쓰기』라는 교재로 재통합 교과서 형태를 띠고 있다는 점도 특징적이다.

[표 14] 작가별 수록 빈도수(국내 창작극)

작가	극본	수록 시기	빈도
이촌일	봄이 올 때까지	교수요목기	1
강소천	꽃과 나비	교수요목기~1차	2
최태호	걸레	교수요목기~2차	3
주평	장남감들의 합창	3차	1
주평	석수장이	3~5차	3
주평	숲속의 대장간	3~6차	5
주평	섬마을의 전설	4~5차	2
주평	월광곡	5차	1
김병규	닫혀진 문	5차	1
고성욱	즐거운 우리집	7차	1
고성욱	어떤 크리스마스	7차	1
김진우	한지붕 두 가족	7차	1
이경	도도와 미미	7차	1
정호승	선인장 이야기	7차	1
현덕	나비를 잡은 아버지	7차	1

작가별 수록 빈도수를 보면, 1편 이상의 극본이 수록된 경우는 주평(5편)과 고성욱(2편)이며, 특히 주평의 작품은 <장난감들의 합창>, <석수장이>, <숲 속의 대장간>, <섬 마을의 전설>, <월광곡> 등 총 5편의 극본이 수록되고 있다. 또한 <석수장이>(3~5차)와 <숲 속의 대장간>(3~6차)의 경우에는 교육과정기별 재수록 빈도수에서도 높은 수치를 보이고 있다. 주평은 학교극 발전을 위해 다양한 활동상을 펼친 작가로서, 초등 국어 교과서에도 여러 편의 작품을 수록하여 국어교육적 측면에서 주목받는 작가라 할 수 있다.[43]

43) 주평은 1950년대 말부터 1970년대까지 아동극을 독자적으로 주도하며 그 발전에 기여한 인물로서, 180여 편의 아동극본을 집필할 정도로 왕성한 작품 활동을 한 작가이다. 또한 학교극 관련 이론서 및 어린이 희곡집의 발행 등 다양한 활동상을 펼쳤다(윤금선(2013), 「주평의 국어 교과서 수록 극본 연구-<석수장이>와 <숲 속의 대장간>을 중심으로-」, 『한국언어문화』 제52집, 한국언어문화학회, pp.284~285 참조).

교육과정기별로 보면, 7차에서 고성욱, 김진우, 이경, 정호승, 현덕 등 새로운 작가들이 드러나고 있다. 전 시기까지 주평의 극본이 지배적이며 반복 수록되는 양상을 보였으나, 7차에서는 오히려 주평의 극본은 삭제되고 여타 작가군들의 작품으로 확산된 경향을 보인다. 결과적으로 이 시기에 다양한 작품들이 교과서에 새로이 도입되었음을 의미한다. 그런데 이러한 현상은 7차 교과서부터 작가명이 제시되면서 파악된 측면이기도 하다. 전 시기의 경우 주로 작가를 밝히지 않아 실제 작가별 수록 현황은 몇몇을 제외하고 대부분 파악하기 힘들다. 이에 대해서는 따로 재구할 필요가 있다고 보여진다.

기타 [표 14]에서 이촌일이 주목되는데, 그의 작품 <봄이 올 때까지>는 이미 잡지에 <(극) 봄이 올 때까지>(≪소년≫17호, 1948)로 발표된 아동극이다. 이는 기존 아동 극작가의 아동극을 그대로 수록한 경우로서, 여타 작가의 작품들이 주로 교과서에 수록된 교육용 극본이라는 점과 구별된다 하겠다.

2 고전 각색극 제재

고전 각색극은 총 18편으로, 희곡 유형에서 국내 창작극 다음으로 높은 빈도를 보이는 제재이다. 교육과정기별 수록 현황을 정리해 보면 [표 15]와 같다.

[표 15] 고전 각색극(희곡) 제재 교육과정기별 빈도

번호	제목	교육과정기별 빈도								문종 및 부문	수록 교과서
		교	1	2	3	4	5	6	7		
1	금도끼					○		○		희곡(구비설화 각색극)	4차(바른생활 2-1), 6차(말하기 듣기 4-1)
2	어차피 죽을 몸이니							○	○	희곡(구비설화 각색극)	6차(읽기 5-2), 7차(읽기 5-1)

3	쓴 약 단 약							○		희곡(구비설화 각색극)	6차(읽기 3-2)
4	방안에 가득 차는 것							○	○	희곡(구비설화 각색극)	6차(읽기 3-2), 7차(읽기 3-1)
5	소와 나귀							○		희곡(구비설화 각색극)	6차(읽기 4-1)
6	흥부와 놀부							○		희곡(고전소설 각색극)	7차(읽기 1-2)
7	구멍난 그릇							○		희곡(구비설화 각색극)	7차(읽기 1-2)
8	도깨비와 개암								○	희곡(구비설화 각색극)	7차(말하기 듣기 2-1)
9	나무꾼과 사슴								○	희곡(구비설화 각색극)	7차(읽기 2-2)
10	요술부채								○	희곡(구비설화 각색극)	7차(말하기 듣기 쓰기 4-2)
11	심청가								○	희곡(고전소설 각색극)	7차(말하기 듣기 쓰기 4-2)
12	별주부전							○	○	희곡(고전소설 각색극)	6차 「읽기 5-2」, 7차(말하기 듣기 쓰기 5-1)
13	놀부전(놀부가)								○	희곡(고전소설 각색극)	7차(읽기 5-1)
14	한석봉과 어머니								○	희곡(구비설화 각색극)	7차(읽기 5-2)
15	심청전								○	희곡(고전소설 각색극)	7차(말하기 듣기 쓰기 6-1)
16	볍씨 한톨								○	희곡(구비설화 각색극)	7차(말하기 듣기 쓰기 6-1)
17	흥부가								○	희곡(고전소설 각색극)	7차(말하기 듣기 쓰기 6-2)
18	저승에 있는 곳간								○	희곡(구비설화 각색극)	7차(말하기 듣기 쓰기 6-2)

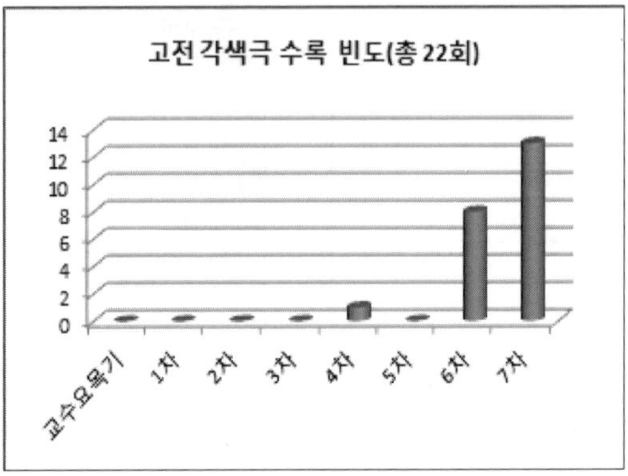

[그림 15] 고전 각색극(희곡) 수록 빈도수

고전 각색극은 고전소설과 구비설화를 각색한 경우로, [표 15]의 시기별 빈도(재수록 포함)를 보면 교수요목기부터 3차까지는 드러나지 않고 있다. 실제로 국어 교과서에서 고전 제재는 교수요목기부터 꾸준히 수록되어 왔다. 그러나 3차까지 대부분 '이야기글'로 실려 있고 희곡으로 실린 경우는 드물다.[44] 희곡 형태로 실리기 시작한 것은 4차 <금도끼>부터이다. 동시기에 수록된 <토끼의 재판>, <청개구리>도 고전 각색극이라 할 수 있으나 방송극이라는 점에서 차별된다. 5차에서도 고전 소재 희곡이 보이지 않는데, 그러나 방송극에서 <소년과 어머니>라는 고전 제재가 보인다. 기타 고전 각색극은 6차에는 8편, 7차에는 13편 등 이 시기에 높은 빈도수를 보인다.

실제로 고전에의 관심은 5차 교육과정기부터 대두된 현상이기도 하다. 그러나 5차 시기에는 방송극 등 여타 유형의 극본으로 게재되거나 혹은 서사문으로 수록된 경우로 희곡은 다루지 않았다. 6차 시기에 들어서서야 고전 제재의 희곡이 다수 실리기 시작했으며, 7차에는 그 수가 더욱 증가세를 보인다. 그런데 6~7차에는 전 학년에 걸

44) 민현식 외(2007), 앞의 책, pp.194~247.

쳐 극본 외에 여타 문종에서도 고전 제재가 다수 보여, 해방 이후 어느 시기보다 많은 고전 소재 제재가 수록되었던 시기이기도 하다.45) 이것은 당시 세계화의 물결 속에서 우리의 것을 지키고 발전시켜야 한다는 시대적 요구에 부응한 결과로 보인다. 또한 1990년대 이후 점차 활성화된 창작극 붐으로 인하여 작품의 소재를 전통적인 것으로 확산시킨 데서 기인한 현상이기도 하다.46)

고전 각색극의 유형을 보면, 대부분이 구비설화(전래동화)를 각색한 경우이며, 고전소설 각색극은 <흥부와 놀부>(<놀부와 흥부>, <놀부전>, <놀부가>, <흥부가>), <심청전>(<심청가>), <별주부전>만 해당된다. 여기에서 <흥부전>은 다양한 단원명으로 수록되고 있어 빈도가 높은 고전 제재임을 알 수 있다. 한편 7차에서는 <흥부가>, <놀부가>, <심청가> 등 판소리 극본을 다룬다는 점에서 특징적이다.

3 해외 번역극 제재

해외 번역극은 총 8편으로 교육과정기별로 수록 빈도를 정리하면 [표 16]와 같다.

[표 16] 해외 번역극(희곡) 교육과정기별 빈도

번호	제목	교육과정기별 빈도								문종 및 작가	수록 교과서
		교	1	2	3	4	5	6	7		
1	크리스마스 송가		○	○	○	○				희곡(찰스 디킨즈)	1차 (국어 6-2), 2차(국어 6-2), 3차(국어6-2), 4차(국어 6-2)
2	벌거숭이 임금님			○						희곡(안데르센)	2차(국어 2-2)

45) 이윤남(1999),「전래동화의 교재화 양상 연구-초등학교 국어교과서를 중심으로」, 인천교육대학교 교육대학원 석사학위논문, pp.44~61 참조.

46) 이윤남(1999), 앞의 글, p.61; 韓恩淑(2004), 앞의 글, p.156.

3	개미와 베짱이						○	○		희곡(이솝)	5차(말하기 듣기 3-1), 6차(말하기 듣기 3-1)
4	황소와 개구리						○			희곡(이솝)	5차(말하기 듣기3-2)
5	의리 없는 친구						○			희곡(이솝)	5차(읽기 5-2), 7차(읽기 5-1)
6	베니스의 상인							○	○	희곡(셰익스피어)	6차(말하기 듣기 4-1), 7차 (읽기 5-2)
7	브레멘의 악사							○		희곡(그림형제)	6차 (읽기 4-1)
8	장발장							○	○	희곡(빅톨위고)	7차(읽기 6-1)

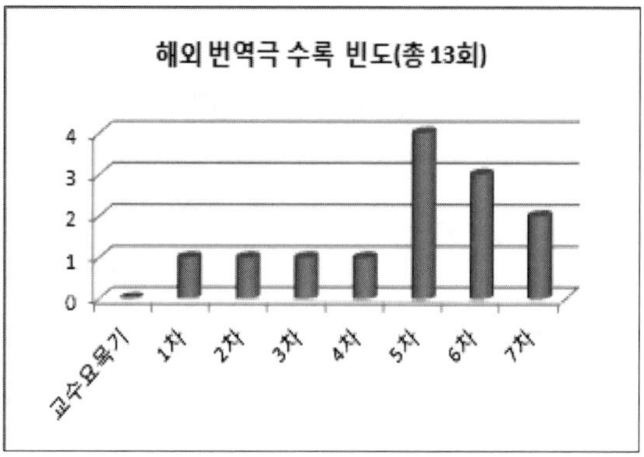

[그림 16] 해외 번역극(희곡) 수록 빈도수

가. 시기별 수록 빈도

해외 번역극을 교육과정기별 빈도수(재수록 포함)로 정리해 보면, 1차(1편), 2차(2편), 3차(1편), 4차(1편), 5차(3편), 6차(3편), 7차(2편) 등으로 총 13회의 빈도수를 보인다. 절대적으로 높은 수치는 아니나 5, 6차 시기가 최다 빈도를 보인다. 5차 시기부터는 분과 체제로 인해 다양한 유형의 극이 증가되는 현상을 보이는데, 이에서 비롯된 것이라 할 수 있다.

특히 <크리스마스 송가>는 1차부터 5차까지 꾸준히 재수록된다는 점에서 주목된다. 이 단원은 교수요목기에 이미 <크리쓰마스 송가>(<그리스마스 송가>)라는 번안소설로 수록되어 있기도 하다. 그런데 1차부터 4차까지는 희곡으로 수록되었으나, 5차에서는 방송극으로 각색되어 제시되고 있다. 또한 모두 6학년 2학기 교과서에 수록되어 있다는 점도 특기 사항이다. 6차에 이르러 이 제재는 삭제되고 국내 창작극인 <어떤 크리스마스>가 대체 극본으로 수록되고 있다. 제목에서도 드러나는 바, <크리스마스 송가>와 마찬가지로 크리스마스 즈음인 기말에 다루어진다는 시의성인 측면에서 선정된 제재로 보여진다. <베니스의 상인>은 국내 중·고등 과정[47]에서도 다루어진 희곡으로, 각급 교과서에 모두 수록된 극본이라는 점에서 특징적이다.

나. 작가별 수록 빈도

해외 번역극 작가는 국내 창작극과 달리 대개 명시되는 경우가 많은데, 수록상을 보면 [표 17]과 같이 정리된다.

[표 17] 작가별 수록 빈도수

작가	국가	극본	수록 시기	빈도
찰스 디킨즈	영국	크리스마스 송가	1~5차	5
안데르센	덴마크	벌거숭이 임금님	2차	1
이솝	그리스	황소와 개구리	5차	1
이솝	그리스	개미와 베짱이	5차, 6차	2
이솝	그리스	의리없는 친구	5차, 7차	2
그림형제	독일	브레멘의 악사	6차	1
셰익스피어	영국	베니스의 상인	6차, 7차	2
빅톨 위고	프랑스	장발장	7차	1

47) 교수요목기 <베니스의 상인>(『중등국어 2』), 1차 <베니스의 상인>(『고등국어 2』).

작가별 빈도를 보면, 1차부터 5차에 찰스 디킨즈의 <크리스마스 송가>, 2차에 안데르센의 <벌거숭이 임금님>, 5차에 이솝의 <황소와 개구리>, 5～6차에 이솝의 <개미와 베짱이>, 6차에 그림형제의 <브레멘의 악사>, 6～7차에 셰익스피어의 <베니스의 상인>, 7차에 빅톨 위고의 <장발장> 등이 실려 있어, 서구 작가 편중 현상을 보인다.

특히 이솝과 찰스 디킨즈의 작품 빈도수가 높은데, 이솝의 극본은 여러 개의 작품이 제시되고 있는 반면, 찰스 디킨즈의 극본은 <크리스마스 송가> 단 한편으로 재수록 빈도만 높다는 점에서 차별성을 띤다. 특히 이솝의 작품은 교수요목기부터 전 교육과정기에 걸쳐 극본 외에도 서사 형태 단원으로 수록되는 경우가 많다. 그의 작품이 내용상 교훈적인 요소가 강해 교육적 효과가 높다는 데서 비롯된 현상이라 할 수 있다. 한편 <벌거숭이 임금님>은 안데르센의 단편 동화를 극화한 경우인데, 이미 1936년 7월 '천도교 경성 소년부' 주최로 <발가벗은 임금님>이라는 제목의 라디오 드라마로 방송된 바 있다는 점에서 특징적이다.[48]

(3) 방송극 제재 수록 현황

방송극은 총 9편으로 수록 현황을 교육과정기별로 제시하면 [표 18]과 같다.

[표 18] 방송극 제재 교육과정기별 빈도

번호	제목	교육과정기별 빈도								문종 및 작가	수록 교과서
		교	1	2	3	4	5	6	7		
1	그리운 노래들			○	○					방송극	2차(국어 6-1), 3차(국어 6-1)

48) 韓恩淑(2004), 앞의 글, p.79.

2	토끼의 재판					○	○		○ (3)	방송극 (방정환)	4차(국어 3-1), 5차(읽기 3-1), 7차(말하기 듣기 3-1), 7차(읽기 3-1), 7차(쓰기 3-1)
3	청개구리					○	○			방송극	4차(말하기 듣기 3-2)
4	우리 선생님						○	○	○	방송극 (이원수)	6차(말하기 듣기 4-1), 7차(읽기 5-2)
5	소년과 어머니						○		○	방송극	5차(읽기 5-2), 7차(읽기 3-1)
6	숲 속의 노래						○	○		방송극	5차(읽기 6-1), 6차(읽기 6-1)
7	크리스마스 송가						○			방송극(찰스 디킨즈)	5차(읽기 6-2, 말하기 듣기 6-2)
8	막둥이							○		방송극	6차(읽기 4-2)

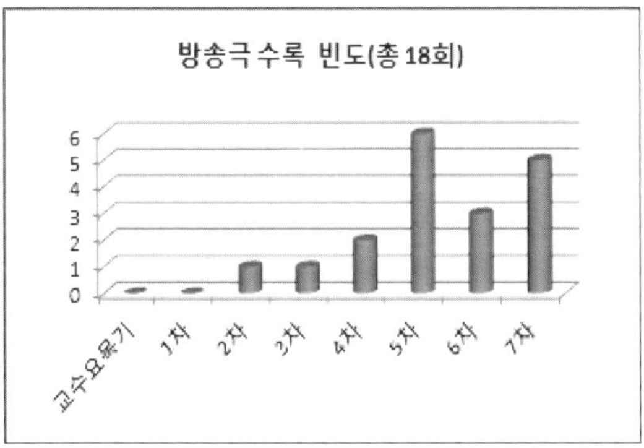

[그림 17] 방송극 수록 빈도수

방송극은 교수요목기와 1차에는 수록되지 않고 2차부터 드러난다. 교육과정기별 빈도(재수록 포함)를 보면 2차(1편), 3차(1편), 4차(2편), 5차(6편), 6차(3편), 7차(5편) 등 총 18회 수록되었으며 5차 시기가 최다수를 보인다. 5차는 앞서 다룬 4차에 이어 방송극의 증가 현상을 보이는 시기라고 할 수 있다.

위 극본은 모두 라디오 방송극이라는 특징을 지니고 있다. TV 방송극은 초등 과정에서는 다루어지지 않았으며, 7차 교육과정기 『중등국어 1-1』의 <육체미 소동>(박정화), 『고등국어 하』의 <어느 날 심장이 말했다>(진수완) 등 중 · 고등 과정에만 실리고 있다. 전학년에서 총 2편만이 실려 국어 교과서의 TV 방송극은 소수에 불과하다.

개별 작품 중 특징적인 사항은, 먼저 <토끼의 재판>은 4차부터 7차까지 5회 수록되어 재수록 빈도가 가장 높다. 4차부터 5차까지 3학년 교과서에 수록되었다가 6차에는 삭제되나, 7차에 다시 실린 극본이다. 그런데 7차의 경우에는 『읽기 3-1』, 『말하기 듣기 3-1』, 『쓰기 3-1』 등 각 영역별 교과서에서 모두 다루어졌으며,[49] 단원 학습 제재나 목표 등 학습 기능을 고려한 횡적 연계성, 반복 심화의 원리 등을 적용한 배열을 보인다. <토끼의 재판>을 통해 분과별로 말하고 듣고 읽고 쓰는, 언어활동을 유기적으로 연결시키고 있음을 의미한다.

한편 5차 <크리스마스 송가>는 1～4차까지 희곡이었던 제재를 방송극으로 개작한 것이며,[50] <토끼의 재판>, <청개구리>, <소년과 어머니> 등은 고전 소재의 방송극이라는 점에서 특징적이다. 명시된 작가는 방정환(<토끼의 재판>, 이원수(<우리 선생님>), <크리스마스의 송가>(찰스 디킨즈) 등으로 나타난다. 여기에서 찰스 디킨즈와 방정환의 작품은 소설과 희곡을 각색한 것이며, 이원수의 작품만이 방송극으로 창작된 것이라는 점에서 차별성을 띤다. 특히 이원수는 아동문학가로 주로 동시 · 동요, 동화 등을 창작한 작가이나 교과서에서 <우리 선생님>이라는 방송극이 실렸다는 점이 주목된다.

이상 초등 과정 극본인 ① 그림연극 및 유사극본 ② 희곡 ③ 방송극의 시기별 빈도 및 특징 등을 살펴보았다. 아래 제재별 수록 양상

49) 특히 각 영역별 교과서 말미에 실린 '국어 교실 함께 꾸미기'에서, 특화 단원에서는 연극 꾸미기 학습으로 제시되고 있다는 점이 특징적이다.

50) 5차에서는 『말하기 듣기 6-2』의 '13. 음성 동작 표정' 대단원 하에 수록되어, 주로 말하기 듣기 교육을 유도하고 있다. 전 시기에 주로 희곡 장르의 특성을 학습하는 '읽기'에 주안점을 둔 것과 다른 양상을 띤다.

에서는 각 유형별 극본의 수록상과 학습활동을 고찰하고자 한다. 구체적인 분석에서는 실제 극본 수록 형태와 학습문제를 그대로 제시하면서 논의를 펼치고자 한다. 그런 의미에서 본 저서는 자료사적 접근 방식을 겸하여 적용하였음을 밝히는 바이다.

2. 제재별 수록 양상 및 학습활동

1) 그림연극/유사극본의 수록 양상 및 학습활동

(1) 그림연극

1 교수요목기~3차 교육과정기 수록 양상

가. '그림연극' 단원과 일제강점기 '그림연극'[1)]

[그림 1] 한국 최초의 그림연극 '지나사변과 총후의 반도'(오오타케키요미(2004), p.8에 수록)

앞서 시기별 제재 빈도에서 드러나 바, 교수요목기부터 3차까지 '그림연극'과 관련된 단원들이 다수 보인다. 그림연극 단원은 내용상 달라지는 부분에 번호 매김과 함께, 각각의 주요 장면을 그림으로 제시하고 있는 형태로서, 극문

1) 그림연극에서는 '윤금선(2012),「初等 國語 教科書의 劇文學 關聯 題材 研究-教授要目期 教科書를 中心으로-」,『語文論文』 제41권 제2호, 韓國語文教育研究會, pp.378~383'을 참조하였다.

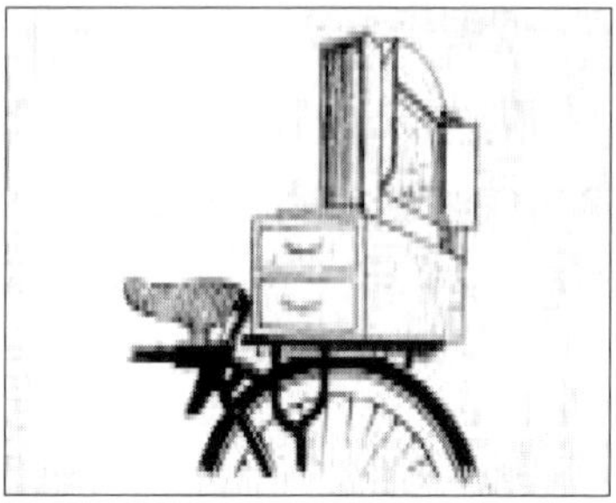

[그림 2] 자전거 뒷 부분에 설치된 무대장치 (오오타케키요미(2004), p.6에 수록)

학의 필수 요소인 대화와 지시문[2] 등이 보이지 않는다. 엄격히 말하면 서사문에 속한다고 할 수 있다. 그러나 장면별로 실감나게 내용을 '말하기(이야기)' 하는 학습 형태를 보인다.[3]

한편 '그림연극'은 일제강점기 국책연극의 일종이라는 점에서 그 개념 및 전개상을 살펴볼 필요가 있다. '그림연극'은 1920년대 후반부터 1940년대까지 일본 아동문화사를 장식했던 대표적인 아동문화재이다. 그 실연에서는 간단한 모형 무대장치에 16장 내지 28장 세트의 그림을 넣어 이것을 순차적으로 빼면서, 그에 따라 억양을 붙여 연극처럼 '대사'를 발하는 형식을 취했다. 이 무대장치는 자전거 뒷부분에 놓는 경우가 많았다. 이동에 편리하며 어린이들의 눈높이에 맞았기 때문이다. 이 그림연극은 1937년 2월 조선에도 유입되었다.

그런데 일본에서는 오락 중심의 아동문화용이었던 데 반해 식민지 조선에서는 농·산·어촌 대중을 위한 시국인식 선전, 군부 그림연극, 세금납부 인식교육, 체신국 간역생명보험(看役生命保險) 사업선전, 농·산·어촌 진흥운동 등 관료 주도의 사회교육용으로서 이용되었다. 그림연극은 신문이나 라디오 등의 문화적 설비를 갖추지 못한 지역의 일반대중에게 국책을 선전하는 데 중요한 역할을 담당하

2) 희곡계에서는 서사문의 '지문'과 변별하기 위하여 '지시대사문'이라는 용어를 일반적으로 사용하고 있다. 그러나 국어 교과서의 학습문제 등에서는 '지문', '해설', '지시문'이라는 용어를 쓰고 있다. 본고에서는 무대 배경, 인물의 행동이나 표정 등을 지시하고 있는 부분이라는 점에서 '지시문'이라는 용어를 사용하였다.

3) 이와 관련하여 1차 『국어 2-2』의 <학예회>의 내용을 보면, "진웅이의 그림연극도 퍽 잘 되었읍니다. 그림도 잘 그렸고, 설명도 썩 잘 하였읍니다."(<5. 학예회>. 『국어 2-2』, 1955, p.40)라는 내용이 보인다.

였다. 당시 한국의 농촌에서는 문맹률이 50%를 넘었기 때문에 그림을 보여주고 직접 이야기해 주는 그림연극은 가장 효과적인 방법이었다. 또한 필요한 도구는 종이에 그린 그림과 이동용 자전거뿐이기 때문에 경비도 들지 않아 부담없이 보급되었다.4) 교수요목기 교과서에 수록된 그림연극은 이와 같은 일제강점기 그림연극의 영향을 받은 것으로 추정된다.

한편 1차 교육과정기의 『국어 6-2』의 <6. 창작 이야기> 단원에서는 극문학을 '그림 연극', '영화', '라디오극', '텔레비전극' 등으로 갈래지어 각각의 극형식에 대해 다음과 같이 설명하고 있다.

> (1) 이야기를 그림으로 나타내어 계속해서 보여주는 것이 그림연극이고, 무대 위에서 사건의 움직임을 직접(直接) 보여주는 것이 연극이다. 그런데, 근대(近代)에 와서는 움직이는 사진을 보여 주는 영화가 발달(發達)되었으며, 라디오 또는 텔레비전 등의 연극까지도 나타나게 되었다. 그러나, 이러한 것들은 각기 그 표현하는 형식이 다르지만 이야기라는 점에는 근본적으로 틀림이 없다. 이야기를 글로 쓴 것을 소설이나 동화라고 한다면, 연극이 되게 꾸민 글을 희곡이라 하고, 영화가 되게 꾸민 것을 시나리오라고 한다.
>
> <창작 이야기>(『국어 6-2』, 1959, pp.43~44)

위 글에서는 극문학을 '그림 연극', '연극', '영화', '라디오극', '텔레비전극' 등으로 분류하여 설명하고 있다. 그런데 이 극들은 공통적으로 '이야기'라는 서사적 요소를 지녔다는 점에서 유사하지만, 표현매체에 따라 서로 구별된다는 점을 지적하고 있다. 특히 그림연극을

4) 오오타케키요미(2004), 「일제 전시통제하(1937~45)의 황국신민화 아동문화의 실태-그림연극, 동화집, 아동도서, 작문집의 고찰-」, 『동화와 번역』 제7집, 건국대학교 동화와번역연구소, pp.5~13.

"이야기를 그림으로 나타내어 계속해서 보여주는 것"이라고 설명한 점이 주목된다.

나. 그림연극 수록 양상 : 내용에 따른 장면별 그림 제시

교수요목기부터 3차까지 교과서에서 그림연극으로 제시된 단원을 정리하면 [표 1]과 같다.

[표 1] 교수요목기~3차 교육과정기 그림연극 단원

시기	학년	단원명	소재	내용
교수요목기	3	윤회	전기	<윤회> 윤회의 지혜담 <제비와 흥부>(<흥부와 놀부>) 욕심 많은 놀부와 착한 마음씨의 흥부 이야기 <심청>(<심청이야기>) 눈먼 아버지를 섬기는 효녀 심청이야기 <나뭇군과 선녀> 선녀와 인연을 맺은 나무꾼 이야기 <종소리> 에밀레종의 전설 <달님 이야기> 달이 본 세상 이야기 <백조왕자> 형제간의 우애. 안데르센의 동화 번안
	4	달님이야기	창작	
	4	제비와 흥부	고전	
	5	나뭇군과 선녀	설화	
	5	종소리	실화	
	6	심청	고전	
1차	3	윤회	전기	
	3	백조왕자	해외동화	
	4	달님이야기	창작	
	4	제비와 흥부	고전	
	5	나뭇군과 선녀	설화	
	6	심청이야기	고전	
2차	4	달님이야기	창작	
	4	흥부와 놀부	고전	
3차	4	제비와 흥부	고전	

위에 제시된 단원들을 보면, 대개 '이야기적' 요소가 강한 고전소설이나 설화 등이 지배적이라는 점이 특징적이다. 실제 단원들의 수록 양상의 한 예를 살펴보면, <윤회>의 경우 『초등국어교본 (중)』의 <尹淮>와 『초등국어 3-1』에 수록된 <윤회>는 3쪽 정도의 줄거리식 내용으로 윤회의 지혜담을 짤막하게 소개하는 전기문에 해당된다.

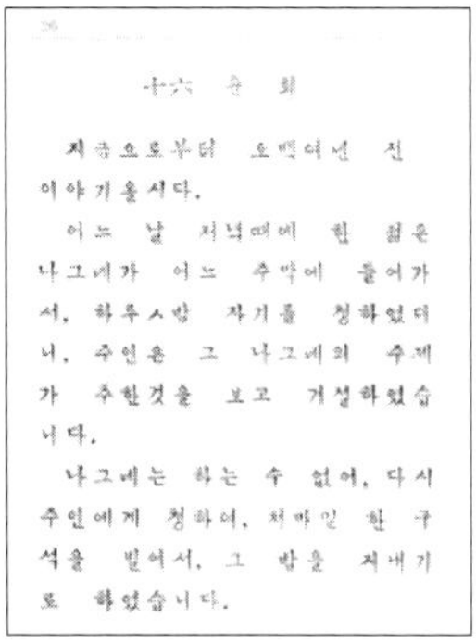

十六 윤회

지금으로부터 오백여년 전 이야기올시다.

어느 날 저녁때에 한 젊은 나그네가 어느 주막에 들어가서, 하루ㅅ밤 자기를 청하였더니, 주인은 그 나그네의 주제가 추한것을 보고 거절하였습니다.

나그네는 하는 수 없어, 다시 주인에게 청하여, 처마밑 한 구석을 빌어서, 그 밤을 지내기로 하였습니다.

[그림 3] 〈윤회〉(『초등국어교본(중)』, 1946, p.26)

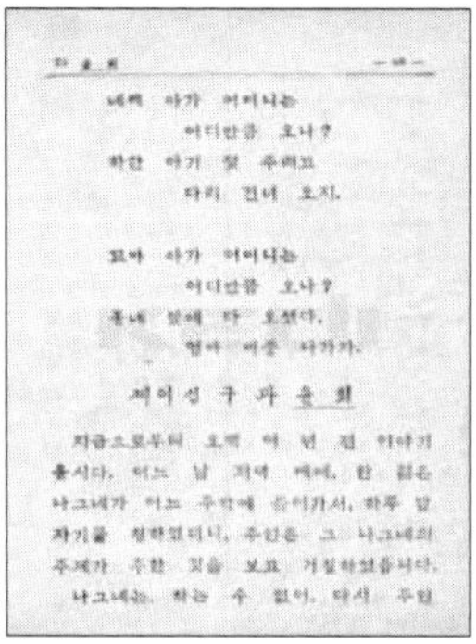

[그림 4] 〈윤회〉(『초등국어 3-1』, 1948, p.65)

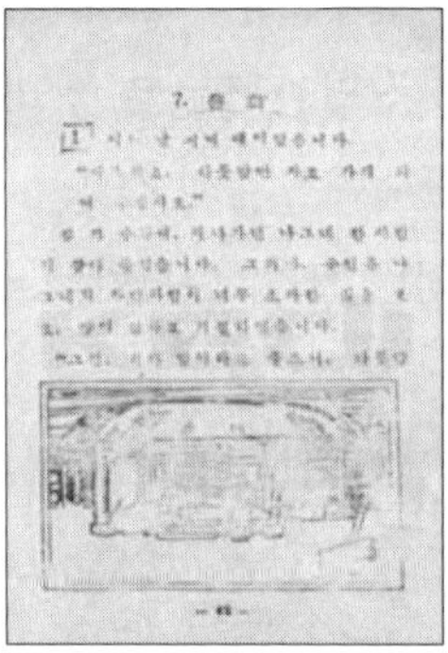

[그림 5] 〈윤회〉(『국어 3-1』, 1952, p.42)

[그림 6] 〈윤회〉(『국어 3-1』, 1954, p.42)

그러나 『국어 3-1』, 『국어 3-2』에 재수록되면서 '그림연극'이라는 제재로 다루어진다.5) 위의 [그림 5]와 [그림 6]에서 보이는 것처럼, 『국어』의 그림연극인 <윤회>는 일반적인 극본 형태를 갖추고 있지는 않다. 그러나 앞서 살핀 "이야기를 그림으로 나타내어 계속해서 보여주는 것"이라는 그림연극에 대한 설명과 같이, 이 단원은 각 사건 중심

5) 박붕배(1997)에서는 『초등국어 3-1』에 수록된 <윤회>를 '전기이야기', 『국어 3-1』에 수록된 <윤회>는 '극본이야기글'로 문종을 밝히기도 했다(朴鵬培(1997), 『國語科教育叢論(硏學稿)』, 韓國國語科教育開發硏究會, pp.548～556 참조).

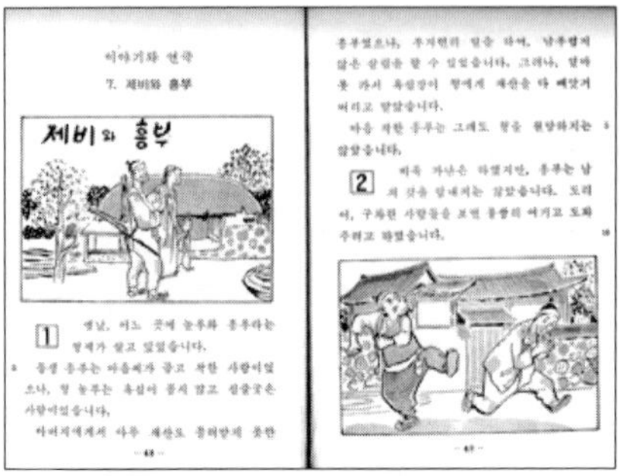

[그림 7] 〈제비와 흥부〉 (『국어 4-1』, 1972, pp.48~49)

의 장면 번호와 그림을 삽입하고 대화체를 일부 넣어 내용을 보다 생생하게 제시하고 있다. 이는 <창작 이야기>에 언급되었듯이, 『초등국어교본 중』과 『초등국어 3-1』의 <윤회>가 지닌 '이야기' 요소가 '그림 이야기'로 변화된 것이라 할 수 있다. 그 외 『국어』에 수록된 그림연극으로는 <심청>(4-1), <제비와 흥부>(<흥부와 놀부> 4-1, 4-2) <달님 이야기>(4-1) 등도 장면 번호매김과 그림을 삽입한 경우로 동일한 형태를 지닌다. 한편 『국어』 교과서에 수록된 <백조 왕자>(3-1, 3-2), <종소리>, <심청>(5-1) 등은 이야기글에 속하나 모두 '그림연극 꾸미기' 학습활동을 보이는 단원들이다.

지금까지 교수요목기부터 3차까지 '그림연극'으로 분류된 단원들을 살펴보았다. 이 단원들은 장면 번호와 그림을 삽입하고, 대화체를 넣어 내용을 보다 생생하게 제시하고 있다. 그런데 그림연극은 형식적인 측면에서 극본이라고 보기 어렵다. 그러나 장면별 그림을 제시하고 말하듯이 설명하는 학습에서 극적인 요소가 보인다. 또한 일본 '그림연극'과의 상관성, 전 시기 교과서 제재와의 관련성, 차기 교과서 극본으로의 각색 등 여러 측면에서 주목되는 제재라고 할 수 있다.

② 극본 학습활동 : 장면에 따른 극화학습

그림연극 단원의 학습활동은 이야기 전개에 따른 장면화(그림), 이에 따른 읽기(이야기)에 중점을 두고 있다.

[표 2] 그림연극 학습문제

<나뭇군과 선녀> "나뭇군과 선녀"를 그림 연극으로 꾸며 봅시다.
<학습문제>(『국어 3-2』, 1955, p.127)
<백조왕자> 재미있는 이야기를 읽고 여러 사람에게 들려 줍시다.
재미있는 이야기를 그림 연극으로 꾸며 봅시다.
<학습문제>(『국어 3-2』, 1955, p.127)
<달님 이야기> "달님 이야기"를 읽고 느낀 점을 그림 그려서 그림 연극을 꾸며 봅시다./ 외국 동화를 읽고 서로 이야기합시다.
<학습문제>(『국어 4-1』, 1952, p.1)

위의 <학습문제>를 살펴보면, 모두 이야기 글을 '그림연극'으로 꾸미는 활동이다. 또한 주로 '말하기' 교육과 연관되고 있음을 볼 수 있다. 2차 교육과정기에 수록된 <제비와 흥부>의 경우는 '이야기와 연극'이라는 대단원에 속해, 다음과 같은 그림연극 학습활동을 보인다.

[표 3] 2차 <제비와 흥부> 공부할 문제

○ '제비와 흥부'를 그림연극으로 꾸며 보자.
그림의 설명을 교과서에서 추려서 만들어 보자.
그림만 보고 이야기를 해 보자
우리 나라의 옛날 이야기를 찾아서 읽어 보고 이야기로 하자.
아버지와 아들은 몇 번이나 당나귀를 바꿔 탔나요?
<공부할 문제>(『국어 4-1』, 1972, p.78)

위의 <공부할 문제>에서 그림 내용을 설명하는 문장 찾기, 그림을 제시하면서 설명하기 등의 활동은 일종의 '그림연극'의 실연 방식을 보이고 있는 것이라 주목된다. 또한 전 시기와 마찬가지로 '설명하기'라는 말하기 학습과 긴밀히 연결되어 있음을 볼 수 있다. 3차 <제비와 흥부> 또한 동일한 형태로 제시되고 있으나, 대단원 '5. 전해 오는

이야기'에 <한석봉>과 함께 실린 단원으로 소설로서 제시되고 있으며, "<제비와 흥부>를 그림연극으로 꾸며 보자"라는 문항 외에 주로 내용 파악의 학습활동을 보인다.[6]

그런데 그림연극 제재는 3차까지 보이나, 5차 교육과정기에서도 유사한 형태를 볼 수 있어 참고할 만하다. 즉 5차 2학년의 『쓰기 2-1』의 <금도끼>와 <토끼의 재판>이 그 예에 속한다. <금도끼>는 4차 『국어 2-1』에 수록된 방송극이다. 5차에서는 '6. 옛날이야기'라는 대단원에서 그림을 제시하고 순서에 맞게 이야기해 보는 학습활동을 보이는데, 전 시기 그림연극 학습과 유사하다는 점에서 주목된다.

[표 4] 5차 교육과정기 〈금도끼〉(『쓰기 1-2』) 학습문제

・이어진 그림을 보고, 이야기를 꾸며 말하여 봅시다.
・일이 일어난 까닭을 말하여 봅시다. (『쓰기 2-1』, 1990, p.34)
・일이 일어난 차례에 맞게 그림의 순서를 정하여 봅시다, 그리고 이야기를 꾸며 말하여 봅시다. (『쓰기 2-1』, 1987, p.36)

[그림 8] 〈금도끼〉
(『쓰기 2-1』, 1987, pp.35~36)

[표 4]의 학습활동은 기존의 극본을 그림으로 제시하고 장면에 맞게 이야기를 꾸미고 있는 활동이다. 교수요목기 및 초기 교육과정기에서 그림연극이 그림을 제시하면서 그에 맞는 내용을 설명해 주는 방식이었다는 점에서 그 활동과 유사하다고 볼 수 있다.

6) <공부할 문제>(『국어 4-1』, 1974, p.80).

5차 『쓰기 2-1』의 '14. 보람 있는 생활'에 실린 <토끼의 재판>은 4차 『국어 3-1』, 6차 『읽기 3-1』에서 방송극으로 다루어졌던 극본이다. 5차에서는 다음과 같이 그림을 이야기로 꾸미는 학습활동을 보인다.

[표 5] 5차 교육과정기 〈토끼의 재판〉(『쓰기 2-1』) 학습문제

○ 그림을 보고, 이어질 이야기를 꾸며 봅시다. 어느 추운 겨울날이었습니다. 토끼가 호랑이를 구해 주었습니다. 그러나 호랑이는 오히려 토끼를 잡아먹으려고 하였습니다. 그래서 토끼는…………………………………… …………………………………………………… <토끼의 재판>(『쓰기 2-1』, 1991, p.34)

5차 <금도끼>와 <토끼의 재판>은 기존 극본들이 서사화된 경우로 모두 저학년인 1~2학년 『쓰기』에서 다루어지는데, 5차 시기에는 4차와 달리 저학년에서는 극문학의 장르를 다루지 않은 반면, 주로 『쓰기』 교과서를 통해 기존의 극본을 서사의 글로 써 보는 학습활동을 유도하고 있다. 이를 통해 저학년 교과서에서는 극화학습 이전에 서사적인 이해를 보다 중시하고 있다고 하겠다.

지금까지 살펴본 바, 그림연극 단원들의 학습활동은 이야기 글을 '그림연극'으로 꾸미거나, 그림을 중심으로 설명하듯이 읽는 것에 중점을 두는 등 '말하기' 교육과 연관되고 있음을 볼 수 있다.

(2) 대화극 활용의 유사극본

[1] 교수요목기~1차 교육과정기

극문학은 '대사'와 '지시문'의 형태로 무대 상연을 전제로 한 대본

형식을 말한다. 이와 비교하여 본고에서 지칭한 유사극본이란 형태상 '대사'와 '지시문'을 완전히 갖추지 않은 극본을 의미한다. 이러한 극본은 대화체 중심이거나, 혹은 등장인물의 대화체를 극본의 '대사'처럼 제시하고, 인물의 행동이나 표정, 기타 사항은 서술적인 '지문'으로 나타내는 형태로 되어 있다. 또한 유사극본은 내용상 첫째, 이야기 구조 없이 대화극 형식을 차용한 단순한 대화 형태, 둘째, 사건 전개의 플롯을 지닌 형태 등으로 대별된다.

유사극본의 형태는 교수요목기부터 3차까지 나타나며, 교과서의 해당 단원은 아래와 같다.

[표 6] 교수요목기~4차 교육과정기 유사극본 단원

시기	학년	단원명	소재	내용
교수요목기	초등 상	산술공부		<산술공부> 학교놀이 <친절한 가게> 점원과 손님의 물건을 팔고 사는 내용 <토끼와 거북> 토끼와 거북이의 경주 <개미와 매미> 부지런한 개미와 게으른 매미 <참새와 파리> 참새와 파리를 재판하는 황새 <동무>, <어깨동무> 친구들의 다툼과 화해 <팔러가는 당나귀> 남의 말에 지나치게 신경 쓰는 어리석은 아버지와 아들 <여우와 까마귀> 여우의 속임수에 먹이를 빼앗긴 까마귀 <말짓기 놀이> 말잇기의 대화상 <라디오놀이> 라디오 방송을 듣고 그에 대해 의견을 나누는 대화
	초능 상	진설한 사세		
	1	토끼와 거북		
	2	개미와 매미	이솝우화	
	3	참새와 파리	설화	
	3	동무		
	3	말짓기놀이		
	4	돼지의 재판	설화	
	3	팔러가는 당나귀	이솝우화	
	2	여우와 까마귀	이솝우화	
1차	1	토끼와 거북		
	2	여우와 까마귀	이솝우화	
	3	어깨동무		
	3	팔러가는 당나귀	이솝우화	
	3	말짓기놀이		
2차	1	토끼와 거북		
	2	라디오놀이		
	3	어깨동무		
	3	팔러가는 당나귀	이솝우화	
	3	말짓기놀이		

<table>
<tr><td rowspan="2">3차</td><td>1</td><td>토끼와 거북</td><td></td><td></td></tr>
<tr><td>2</td><td>라디오놀이</td><td></td><td></td></tr>
<tr><td rowspan="2">4차</td><td>1</td><td>거북이와 토끼</td><td></td><td></td></tr>
<tr><td>1</td><td>개미와 매미</td><td>이솝우화</td><td></td></tr>
</table>

교수요목기 및 1차 유사극본을 교과서별로 정리하면, 『초등국어교본 상』의 <산술공부>와 <친절한 가게>, 『초등국어 2-1』의 <개미와 매미>, 『초등국어 3-1』의 <말짓기놀이>, 『초등국어 3-2』의 <동무>, <참새와 파리>, 『초등국어 4-2』의 <돼지의 재판>, 『국어 1-2』의 <토끼와 거북>, 『국어 2-1』의 <여우와 까마귀>, 『국어 3-1』의 <어깨동무>, <말짓기놀이>, 『국어 3-1』, 『국어 3-2』에 수록된 <팔러가는 당나귀> 등이다. 이 단원들의 실제 수록 형태를 『초등국어교본』, 『초등국어』, 『국어』 등 각각의 교과서를 통해 살펴보기로 하겠다.

가. 유사극본 수록 양상

① 『초등국어교본 상』의 유사극본 : 플롯 부재의 내화극

『초등국어교본 상』의 <산술공부>와 <친절한 가게>에서 전자는 '형님, 인수, 성옥이' 등이 등장인물로서 역할극을 하는 내용이다. 즉 형님이 선생님 역을, 인수와 성옥이는 학생 역을 맡고 산수 시간을 설정한 후, 덧셈과 뺄셈 문제를 내고 답하는 일종의 '학교놀이'이다. 후자는 가게 점원과 손님이 등장인물이며 물건을 사고 파는 과정을 극화한 것이다. 이 두 단원은 2~3면의 짤막한 양으로 대화체를 대사처럼 제시하고 있다. 일례로 <산술공부>를 예로 들어보면 아래와 같은 형태이다.

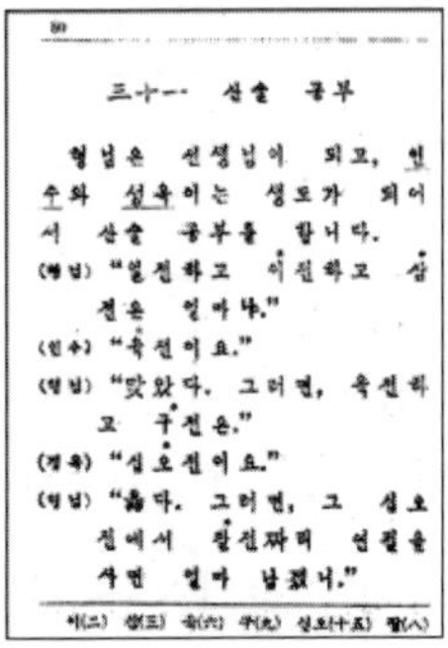
80

三十一 산술 공부

형님은 선생님이 되고, 인수와 성옥이는 생도가 되어서 산술 공부를 합니다.

(형님) "일전하고 이전하고 삼전은 얼마냐."

(인수) "육전이요."

(형님) "맞았다. 그러면, 육전하고 구전은."

(정옥) "십오전이요."

(형님) "옳다. 그러면, 그 십오전에서 팔전짜리 연필을 사면 얼마 남겠니."

이(二) 삼(三) 육(六) 구(九) 십오(十五) 팔(八)

[그림 9] 〈산술공부〉
(『초등국어교본 상』, 1946, p.80)

(2) 형님은 선생님이 되고, 인수와 성옥이는 생도가 되어서 산술 공부를 합니다.
(형님) "일전하고 이전하고 삼전은 얼마냐."
(인수) "육전이요."
(형님) "맞았다. 그러면, 육전하고 구전은."
(정옥) "십오전이요."
(형님) "옳다. 그러면, 그 십오전에서 팔전짜리 연필을 사면 얼마 남겠니."

<산술공부>(『초등국어교본 상』, 1946, pp.80～81)

위의 내용은 한 상점에서 물건을 팔고 사는 장면을 이야기의 진전 없이 단순하게 제시하는 대화극이다. 「산술공부」 또한 위와 같이 대화극을 활용하여 '셈하기' 학습을 용이하게 유도하고 있는 극으로서[7] 유사극본에 해당된다. 이 두 단원은 일제강점기 조선어 교재인 『普通學校 朝鮮語讀本 卷二』에 이미 극본 제재로 수록된 것이기도 하다. 낭대에 대화를 주고받는 것으로만 되어 있는 글을 '극담(劇談)'이라 칭했던 관례로 보아, '극(劇)'이란 대화・대사의 존재를 가리키는 용어였던 것으로 보인다.[8] 그러나 이는 기승전결의 플롯을 지니지 않아 극문학으로 보기에는 미흡한 측면이 있다. 박영기(2008)에서는 해방 이후 과도기적 정국에서 서둘러 교과서를 만들다 보니, 일제강점기 교과서의 대화극을 재수록할 수밖에 없었다고 지적하고 있다.[9] 이는 해방 직후 제대로 된 우리말 교과서조차 찾기 어려웠던 당대 실정을 보여주는 것이라 하겠다.

7) 尹錦仙(2013), 앞의 글, p.371.
8) 권보드래(2000), 『한국근대소설의 기원』, 소명출판, p.187.
9) 朴英琦(2008), 「解放 以後 韓國 兒童劇의 展開와 展望」, 『兒童文學評論』 제33권 제4호, p.87.

② 『초등국어』의 유사극본 : 플롯의 구성의 내용

『초등국어』의 유사극본을 들면, <개미와 매미>(2-1), <동무>, <참새와 파리>(3-2), <돼지의 재판>(4-2) 등이다. 이 단원들의 내용을 보면 <개미와 매미>는 이솝우화 <개미와 베짱이>에 바탕을 둔 것으로 여름 동안 노래만 부르며 게으름을 피우던 매미가 부지런히 일한 개미에게 양식을 구하는 내용이며, 개미와 매미의 대화만을 제시하고 있다. <동무>는 영철이와 대식이가 학교에서 서로 다투다가 화해한다는 일종의 생활 소재[10] 의 유사극본이다. 그 외 <참새와 파리>, <돼지의 재판> 등은 모두 우화를 소재화한 것으로 전자는 재판관 황새가 곡식 낟알을 먹어버리는 참새와 만들어 놓은 음식을 먹는 파리가 누가 더 나쁜가를 따지는 내용이며, 후자의 경우도 돼지가 곰과 늑대 중 토끼를 누가 잡았느냐를 재판한다는 내용으로 이 두 단원은 4차 교육과정기부터 등장하는 <토끼의 재판>과 유사한 이야기를 담고 있다. 이상 『초등국어』의 유사극본을 보면, 전 시기와 달리 모두 플롯을 지니고 있다는 점에서 특징적이다. 한편 제시한 단원 중 수록 형대의 일례를 들어 보면 아래와 같다.

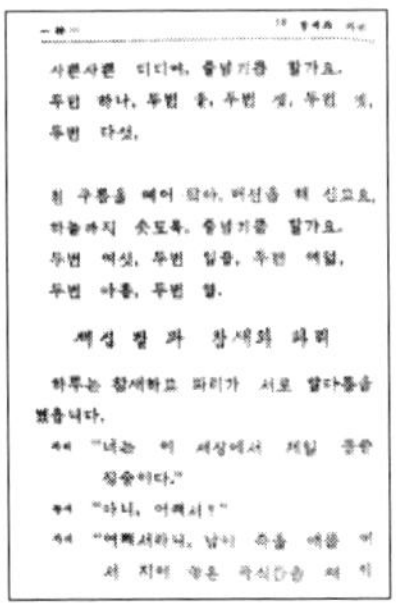

[그림 10] 〈동무〉
(『초등국어 3-2』, 1949, p.31)

(3) "이거 네 것이냐?"

영철이는 열적어서 슬그머니 그 세모본을 받아서 주머니에 집어넣고, 아무 말도 없이 돌아가려니까, 단추 한 개가 발밑에서 반짝하고 눈에 뜨입니다. 얼른 집어 들고,

영철 "너는 무얼 찾니?"

대식 "무얼 찾든지 무슨 상관이야."

영철이는 단추를 내밀면서,

10) 박붕배(1987)에서 '극본글 형식의 생활문'이라 밝히고 있어 주목된다(朴鵬培(1987), 『韓國國語教育全史 (中)』, 대한교과서주식회사, p.61).

"이 단추 네가 떨어뜨린 것이지?"
대식 "아, 거기 있었구나."

<동무>(『초등국어 3-2』, 1949, p.31)

보다시피 인용문 (3)은 앞선『초등국어교본 상』의 극본과 마찬가지로 시공간 배경이나 등장인물 정보, 행동 등의 지시문 없이 대화체를 대본 형식으로 제시한 단원이다. 그러나 사건 전개의 플롯을 담고 있는 이야기 구조를 지니고 있다는 점에서 <산술공부>나 <친절한 가게>와 차별성을 보인다. 또한 대화체 사이에 인물의 행동을 설명하는 지문이 극본의 '지시문'과 같은 기능을 담당하고 있다. 여타 유사극본도 비슷한 형태를 보이는데, 이 점에서『초등국어교본 상』과 비교하면『초등국어』의 유사극본이 보다 발전된 극본 형태를 지녔다고 할 수 있다.

③『국어』의 유사극본 : 플롯의 구성과 과도기적 형식

『국어』의 유사극본으로는 <토끼와 거북>, <여우와 까마귀>(2-1), <어깨동무>, <말짓기놀이>(3-1), <팔러가는 당나귀>(3-2) 등을 들 수 있다. 특히 <토끼와 거북>은 교수요목기부터 4차까지 지속적으로 재수록 되고 있어 빈도수가 가장 높은 단원이다. 그 내용은 경주에서 발이 빠른 토끼가 낮잠을 자다가 거북이에게 지고 만다는 우화극으로 초등 교과서 극본으로 널리 알려져 있다. 기타 <여우와 까마귀>는 이솝우화를 번안 각색한 것으로, 여우의 속임수에 먹이를 뺏기는 까마귀의 이야기를 대화극으로 극화한 경우이다. <말짓기놀이>는 교수요목기에는 첫 글자로 시작하는 말잇기, 1차 교육과정기에는 끝말잇기 놀이를 대화극 형태로 제시하고 있으며, <어깨동무>는 주요 등장인물이 영철이와 대식이로 바뀐 것 외에『초등국어 3-2』의 <동무>와 같은 내용의 생활극이다. <팔려가는 당나귀>는 이솝우화의 '당나귀를 메고 간 농부'를 번안 각색한 것으로 당나귀를 팔려가던 아버지와 아들이 주변 사람들이 하는 말만 따라 하다가 당나귀를 개울에 빠뜨리게 된다는 내용이다.[11]

제시한 단원들 중 수록 형태의 한 예를 들어보면 아래와 같다.

[그림 11] 〈팔려가는 당나귀〉 (『국어 3-2』, 1955, p.21)

(4) 아버지와 아들이 팔 당나귀를 끌고, 여인들이 물을 긷고 있는 우물가를 지나갑니다.

여인 1 (손가락질을 하면서) "저 못난 사람들 보아, 타고 가면 좋을 걸, 당나귀를 끌고 터덜터덜 걸어가는 꼴이야."

여인 2 "그러게 말이야. 아마 당나귀를 모시고 가는 모양이지?"

아버지 (머리를 긁으며) "아, 참! 듣고 보니 그렇기도 하군." (아들을 보고) "애, 너 이 당나귀 타거라."

아들은 당나귀를 타고, 아버지는 당나귀 고삐를 참고 걸어갑니다. 나무 그늘에서 노인들이 쉬고 있는 곳까지 왔읍니다.

<팔려가는 당나귀>(『국어 3-2』, 1955, p.19)

위 (3)의 수록 형태를 보면, 대화체 앞에 괄호를 두어 인물의 행동상을 지시문으로 처리하고 있다. 『초등국어』의 유사극본과 비교해 보면 보다 발전된 극본 형태라 할 수 있다. 그러나 이 외 <토끼와 거북>은 대화체와 지문으로 이루어져 있고, <여우와 까마귀>, <말짓기 놀이> 등은 지문 없이 대화체로만 제시되고 있다. 이를 보면 『국어』에 수록된 유사극본은 일부 극본에 가까운 형태도 있으나, 대부분 극

11) 민현식 외(2007)에서는 <팔려가는 당나귀>를 구비설화로 보고 있는데, 이는 이솝우화로 수정될 필요가 있다(민현식 외(2007), 『미래를 여는 국어교육사 I』, 서울대학교출판부, p.225).

본 형식을 제대로 갖추지 않고 있음을 알 수 있다.

지금까지 교수요목기부터 1차 교과서인『초등국어교본』,『초등국어』,『국어』에 수록된 유사극본들을 살펴보았다. 해당 단원들은 대화체 중심이거나 혹은 지문이 인물(동물)의 행동이나 표정, 배경 등의 정보를 제시하는 극본의 '지시문'과 같은 역할을 하고 있다.[12] 그러나 극본 형태의 필수 요소인 '대사'와 '지시문'의 형식을 완전히 갖춘 경우는 드물다. 내용면에서는 점차 플롯을 지닌 극본으로 발전하고 있으나, 제대로 갖추지 않은 경우도 있다. 그러므로 본격적인 극문학이 아닌 과도기적 양상을 띤다고 하겠다.

나. 극본 학습활동 : 극화학습과 말하기 · 읽기 교육

교과서에 학습활동이 제시되기 시작한 것은『국어』교과서부터 시작된다.『초등국어독본』,『초등국어』등의 교과서에는 단원 본문만 제시되었으나, 1950년 8월 전쟁기부터 발간된『국어』교과서는 각 단원에 대한 '학습문제'란을 설정하여 'fore study'로 발전해 간 것이다.[13]

유사극본 중 <학습문제>를 보이는 <팔려가는 당나귀>의 학습활동상을 살펴보면 다음과 같다.

[표 7] 교수요목기~1차 〈팔려가는 당나귀〉 학습문제

8. 팔려가는 당나귀 연극을 목표로 하여, 낭독(朗讀)하는 법을 지도하는 단원입니다. 여러 사람 앞

12) 기타 극본은 아니면서 대화극 형식을 갖춘 단원으로는 1차『국어 5-2』에 수록된 <어린이회>를 들 수 있다. 이 단원은 '어린이 회' 장면을 극본 형태로 제시하고 있는 점이 특징적이다. 비록 내용상 극문학이라고 볼 수 없으나 대화라는 양식에서 극형식을 취한 것이라고 볼 수 있다. 이것은 내용상 대화로만 구성된 회의록과 같은 단원의 성격에 따른 것이라 할 수 있다.

13) 朴鵬培(1997), 앞의 책, p.65.

> 에서 실연(實演)을 하게 하여 효과적으로 말하는 방법을 연구시킬 것입니다.
> <학습문제>(『국어 3-1』, 1952, p.2)
> 7. 팔러가는 당나귀
> 연극하는 글을 재미있게 읽어봅시다./ 이 글로 연극을 꾸며봅시다.
> <학습문제>(『국어 3-2』, 1956, p.84)

[표 7]에 제시된 문제 중 '낭독하는 법 연구', '재미있게 읽기' 등의 활동은 국어교육 하위 체제로 본다면 '말하기', '읽기' 등의 교육활동이 적용된 경우라 할 수 있다. 또한 실제 무대를 꾸며 보는 '연극하기' 등은 극화학습이자 장르에 대한 이해 학습과도 상관된다. 이것은 형태면에서는 아직 완벽한 극본이라 볼 수 없으나, <팔러가는 당나귀>를 극문학으로 취급하고 있음을 의미한다.

[2] 2차~4차 교육과정기

가. 극본 수록 양상 : 유사극본의 서사화

유사극본의 형태는 2차~4차 교과서 『국어』에서도 여전히 나타나고 있다. 2차 교과서 해당 단원은 <토끼와 거북>(1-2), <라디오 놀이>(2-2), <말짓기놀이>(3-1), <어깨동무>(3-1), <팔러가는 당나귀>(3-2) 등이다. 이 중 <라디오 놀이> 외에 세 단원은 1차 단원을 재수록한 경우로서 삽화가 바뀐 것 외에 형태면에서 전 시기와 동일한 양상을 보인다. 또한 내용면에서도 인과 구성의 전개상을 보이는 단원과 단지 대화체만 활용한 비(非)극적인 단원들이 혼재되어 있다. 3차의 경우는 <토끼와 거북>, <라디오 놀이> 2편으로 2차와 동일한 수록상을 보이며, 유사극본이 감소된 경향을 보인다. 이 시기에는 본격적인 극문학이 증가한 때로서 이와 상관된다고 볼 수 있다.[14)]

한편 2차 교사용 지도서에서 <토끼와 거북>의 문종에 대해서 언급한 부분이 있어 주목된다.

(토끼와 거북)

거북이가 엉금엉금 기어가고 있읍니다.

토끼가 깡총깡총 뛰어왔읍니다.

"거북아, 거북아, 느림보 거북아."

토끼가 말했읍니다.

[그림 12] 〈토끼와 거북〉
(『국어 1-2』, 1973, p.44)

(5) [저학년 : 1~2학년] 1학년에서는 극의 초보적인 대화 형식의 글을 넣었고, 2학년에서는 '그림연극'을 넣어 발전하는 토대를 삼았다.

[중학년 : 3~4학년] 4학년-고대 소설을 그림 연극으로 꾸밀 수 있도록 장면을 설정하였고, 어린이극으로 '걸레'를 실어 형식을 소개하였다.

[고학년 : 5~6학년] 6학년-어린이 시간에 방송된 방송문을 실었다.

『국민학교 교과용 도서 국어 1-2』(문교부, 1973, p.97)

인용문 (5)는 2차 국어 교과서 극본 단원 설정 취지를 밝힌 부분이다. 위에서 언급한 극본을 제시하면 1학년의 '초보적인 대화 형식의 극'은 <토끼와 거북>(1-2), 2학년 '그림연극'은 <벌거숭이 임금님>(2-2),[15] 4학년 '그림연극'은 <제비와 흥부>(4-1), 4학년 '어린이극'은 <걸레>(4-1), 6학년 '방송문'은 <그리운 노래들>(6-1) 등이다. 보다시피 <토끼와 거북>은 본격 극문학인 <걸레>와 구별하여 초보적인 대화극으로 제시하고 있다. 이는 본고의 유형별 분류와 유사점을 보이는 지점이라고 하겠다.

---

14) 3차 희곡으로는 <장난감들의 합창>(2-2), <외다리 거위>(3-2), <석수장이>(4-1), <숲 속의 대장간>(5-1), <새로 나온 달님>(5-2), <크리스마스 송가>(6-2) 등을 들 수 있다.

15) 교사용 지도서에서 이 단원을 '그림연극'이라 밝히고 있는데 실제로는 본격 극문학에 속한다. 대사면이나 지시문에서 극본 형태를 온전히 갖추고 기승전결의 플롯을 보이기 때문이다. 이 극본은 등장인물 표시나 각 이야기 전개의 주요 지점에 그림을 수록하고 있는데, 여기에서 그림연극이라 칭한 것은 '그림을 첨가한 극본' 정도의 의미라고 파악된다.

2차에 새로이 수록된 <라디오 놀이>는 라디오 프로그램의 '다람쥐 삼형제' 이야기를 듣고 '라디오 놀이'를 하는 내용이다. 이 단원의 수록 형태는 일종의 대화극 형태로 수록되어 있다.

[그림 13] 〈라디오 놀이〉
(『국어 2-2』, 1968, p.13)

(6) 방송을 듣던 우리들이, 서로 이야기를 하였읍니다.
영애 "예들아, 참 재미있지? 나는 토끼가 말할 때, 막 웃음이 나왔단다."
명호 "언제 토끼가 나왔니. 여우가 나오지 않았어?"
순이 "나는 토끼가 혼자서 먹은 것이 나쁘다고 생각해."(중략)
영애는 귓속말로 순이에게 이야기를 하였읍니다. 순이는 또 명호에게 귓속말을 하였읍니다.

<라디오 놀이>(『국어 2-2』, 1968, pp.12～14)

<라디오 놀이>는 보다시피 등장인물의 대화 내용을 극본처럼 제시하고 있으나 지시문이 없다. 뿐만 아니라 플롯을 지닌 전개가 아닌 일종의 토의하는 내용으로서, '화법' 교육을 위해 대화제를 활용한 경우로 보인다. 이에 전 시기 유사극본과 유사한 형태임을 알 수 있다.

한편 4차 유사극본으로는 <거북이와 토끼>, <개미와 매미> 등 2편이다. <거북이와 토끼>는 교수요목기부터 3차까지 지속적으로 수록되었던 <토끼와 거북>의 내용을 일부 수정한 것으로서, 제목에서도 드러나지만 거북이에게 초점을 둔 내용으로 각색되었다. 뿐만 아니라 전 시기와 다르게 서사화된 경향을 보인다. 일례로 3차와 4차의 마지막 부분을 비교해 보면 다음과 같은 차이점이 나타난다.

(7) "만세!"
거북이가 이겼습니다.

[그림 14] 〈토끼와 거북〉
(『국어 1-2』, 1974, pp.66~67)

"잠꾸러기 토끼님, 깡충깡충 뛰어서 빨리빨리 오셔요."

거북이는 노래를 불렀습니다.

토끼가 땀을 뻘뻘 흘리면서 뛰어왔습니다.

"토끼야, 내가 이겼지?"

거북이가 말했습니다.

<토끼와 거북>(『국어 1-2』, 1973, pp.66~67)

[그림 15] 〈거북이와 토끼〉
(『바른생활 1-1』, 1983, pp.86~87)

(8) 거북이가 산에 오릅니다./ 나무를 붙잡고 뒤를 돌아다봅니다./ 토끼는 아직도 잠을 쿨쿨 잤습니다./ 잠꾸러기 토끼님, 빨리빨리 깨셔요./ 잠만 쿨쿨 자다가 해가 산에 지겠네. (중략)

토끼 "내가 졌어"

거북 "낮잠을 자서 그래"

둘이 산에서 내려옵니다.

<거북이와 토끼>(『바른생활 1-1』, 1983, pp.86~87)

위 인용문은 3차 <토끼와 거북>, 4차 <거북이와 토끼>의 내용 중 결미에 해당되는 부분이다. 여기에서 4차 극본은 대화 부분보다 설명적 요소의 지문이 부가되어 극적 특성이 많이 약화된 현상을 볼 수 있다. 또한 거북이와 토끼가 서로 경쟁 관계가 아닌 협조자로서 그려지고 있다. 마지막 부분에 "토끼처럼 빨라도, 낮잠 자지 마셔요. 거북처럼 느려도 꾸준하게 가세요"라는 구절이 새로이 첨가되기도 했는데, 이를 보아도 개작 방향을 짐작할 수 있다.

<개미와 매미>는 교수요목기에 수록되었던 단원이다. 그런데 4차에 제시된 극본은 전개 시점이 다르다.

(9) 나뭇잎이 해를 가려 줍니다./ 그늘 속은 시원합니다./ 매미 두 마리가 앉아 있습니다.

첫째 매미 "아, 시원하다."

둘째 매미 "노래나 부르자."(중략)

첫째 매미 "시원한 그늘에서, 맴맴."

둘째 매미 "즐겁게 노래하자, 맴맴."

<개미와 매미>(『바른생활 1-1』, 1983, pp.100~101)

교수요목기에는 시간적 배경이 겨울로 제시되며, 매미가 개미네 집에 찾아오는 데서 시작된다. 여름내 놀기만 했던 매미가 먹을 양식이 없어 이를 구하러 오는 내용이다. 그러나 4차에서는 시간적 배경이 여름으로부터 시작되며, 노래만 부르며 일하지 않는 매미와 더위를 참고 열심히 일하는 개미, 가을이 되어 양식을 걱정하는 매미와 먹이를 나르는 개미, 겨울이 되어 양식을 걱정하는 매미들과 풍족하여 웃음 짓는 개미 등 대비되어 전개되고 있다. 교수요목기 극본은 결과적인 문제에, 4차 극본은 과정적인 문제에 중심을 둔 전개라고 할 수 있다.

형태면에 있어서도 교수요목기에는 순수 대화극이었던 데 비해, 4차에서는 설명적 요소의 지문이 추가되고 있어 차별성을 보인다. 이것은 <거북이와 토끼>와 마찬가지로 서사화 경향을 드러낸 것이라 할 수 있다. 이 두 단원은 모두 1학년 1학기에서 다루고 있는데, 아직 극본 형태에 익숙하지 않은 저학년이라는 점에서 초보적인 극본 형태를 제시한 것이라 하겠다.

한편 서사화 경향은 5차에 들어 보다 극대화된다. 일례로 5차 <토끼와 거북>은 완전한 서사 형태의 글로 개작되어 실리고 있다.

(10) "거북아, 저 산 위에 있는 나무까지 먼저 가는 쪽이 이기는 거야."

이야기를 말하듯이 읽어 봅시다.

토끼와 거북이

거북이가 엉금엉금 기어옵니다.
토끼가 깡충깡충 뛰어옵니다.
둘이 풀밭에서 만납니다.
"거북아, 안녕?"
"토끼야, 안녕?"
둘이 반갑게 인사를 합니다.

[그림 16] 〈토끼와 거북이〉
(『읽기 1-1』, 1989, p.80)

"그래 좋다."
둘이는 달리기를 시작합니다.
토끼는 깡충깡충 뛰어갑니다.
거북이는 엉금엉금 기어갑니다.
토끼가 뒤를 돌아다봅니다.
거북이가 멀리서 기어 옵니다.

<토끼와 거북이>(『읽기 1-1』, 1989, p.82)

(10)은 5차 교육과정기에 실린 <토끼와 거북>이다. 보다시피 극본의 형태를 완전히 탈피하고 있다. 또한 결말 구조도 미해결로 마무리 짓고 있어 전 시기와 차별성을 띠고 있다.

지금까지 유사극본 단원의 수록 양상을 살펴보았다. 이 제재는 형태상 '대시'와 '지시문'을 완전히 갖추지 않은 극본을 의미한다. 이러한 극본은 대화체 중심이거나, 혹은 등장인물의 대화체를 극본의 '대사'처럼 제시하고, 인물의 행동이나 표정, 기타 사항은 서술적인 '지문'으로 나타내는 형태로 되어 있다. 또한 내용상 이야기 구조 없이 대화극 형식을 차용한 단순한 대화 형태, 사건 전개의 플롯을 지닌 형태 등으로 대별된다. 유사극본은 교수요목기부터 4차까지 드러나는 제재이며, 5차부터는 이러한 형태는 보이지 않는다. 이것은 5차에야 비로소 극문학이 내용면이나 형태면에서 완전한 체제를 갖추게 되었음을 의미한다.

나. 극본 학습활동 : 극화학습과 말하기 듣기 교육

2차 교육과정기에는 매 단원마다 <공부할 문제>를 통하여 학습문제를 제시하고 있다. 이를 통해 유사극본의 학습활동을 살펴볼 수 있는데, 특히 1차 단원의 재수록본인 경우 이를 주시해 볼 필요가 있다.

먼저 <토끼와 거북>은 연극 활동과 연결시킨 학습활동이 지배적인 단원이라는 점에서 특징적이다.

[표 8] 2차 〈토끼와 거북〉 공부할 문제

1. 연극하기 (1) '토끼와 거북'의 연극을 해 봅시다. ① 선생님이 칠판에 그림을 그리셨습니다. ② 다 같이 거북이의 옷을 만듭시다. ③ 다 같이 토끼의 귀를 만듭시다. ④ 어떻게 연극을 하나 잘 봅시다. <공부할 문제>(『국어 1-2』, 1972, p.53)

이 극본은 1차에는 따로이 학습문제가 제시되지 않았다. 2차에 학습활동 부분이 부가된 것으로서, 위에 제시된 활동들을 보면 연극을 상정한 극본, 즉 장르적 특성을 이해하고 극화학습을 실행하는 내용이라 할 수 있다.

<팔러가는 당나귀> 또한 학습활동을 살펴보면 아래와 같다.

[표 9] 2차 교육과정기 〈팔러 가는 당나귀〉 공부할 문제

○ '팔러가는 당나귀'는 그림 연극으로도 할 수 있고, 연극으로도 할 수 있습니다. 연습해서 해 봅시다. · 나오는 사람은 몇이나 될까요? · 설명한 글은 어디 어디인가요? · 말하는 사람의 몸짓이나 모습을 나타낸 곳은 어디인가요? · '아버지와 아들은 몇 번이나 당나귀를 바꿔 탔나요? <공부할 문제>(『국어 3-2』, 1965, p.87)

앞서 살핀 교수요목기 및 1차에 학습문제([표 7])는 '연극하기' 등 장르에 대한 이해 학습과 '말하기'와 '읽기'를 유도하는 학습이었다. 이와 비교하여 2차의 경우는 극화학습을 전제로 등장인물의 문제, 지문에 대한 이해, 연극의 주요소인 '행동'의 파악 등의 문제를 다루고 있다. 이를 보면 2차 학습활동은 1차에 비해 극화학습 및 극본 이해 학습이 보다 구체화 되었다고 할 수 있다.

한편 <라디오 놀이>와 <말짓기놀이>의 학습활동은 극본 자체에 대한 이해가 아닌 화법교육이 지배적인 현상을 보인다.

[표 10] 2차 〈라디오 놀이〉 공부할 문제

○ 다 같이 선생님 말씀을 듣고도, 서로 다르게 생각한 일이 있습니까?
· 끝까지 들었습니까?
· 생각해 가며 잘 들었습니까?
· 무슨 이야기인지 알고 들었나요?.
○ 다음 이야기에서, 처음이나 끝을 듣지 못했으면 어떻게 될까요?
<공부할 문제>(『국어 2-2』, 1968, p.19)

위의 문항들을 보면, 상대편의 이야기를 어떻게 들어야 하는가를 학습하는 내용이다. 2차 교사용 지도서에서도 <라디오 놀이>와 <말짓기놀이>를 '언어교재'로 분류하고 음성 언어를 교육시키는 데 초점을 두고 있다.[16] 이는 대화 중심의 전개라는 극본의 특성을 '말하기 듣기' 교육에 활용한 경우라고 할 수 있다. 이 외 <어깨동무> 또한 "<어깨동무>의 이야기는 어떤 이야기일까요? 옳은 대답을 찾읍시다"[17]라는 문제를 통해 친구들 간의 대화를 통해 그들이 말한 내용이 무엇인가를 파악케 하는 '말하기 듣기' 학습을 보인다.[18] 여기에서

16) 문교부(1975), 『국민학교 교사용 교과용 도서 국어 3』, 국정교과서주식회사, p.22.
17) <공부할 문제>(『국어 3-1』, 1965, p.89).

이 단원은 극본 이해보다 '말하기 듣기' 학습을 효과적으로 실행하기 위해 대화극 형태를 제시한 것이라 할 수 있다.

3차에 재수록된 <토끼와 거북>, <라디오 놀이> 등에서는 전자만이 극본학습이 보이고 후자는 전 시기와 마찬가지로 화법교육과 관련된 학습활동만을 보이고 있다.[19] <토끼와 거북>의 경우에는 2차에 비해 극화활동이 보다 강화된 양상을 띤다. 교사용 지도서의 지도 계획을 보면, 먼저 '연극 준비' 학습으로 학생들이 공동작업으로 무대배경을 그리고 거북과 토끼의 의상 및 가면을 만들며, 배역을 정하여 연기하듯이 말하는 배역독 등의 학습활동을 보인다.

(11) ○ 대화하는 글은 실제 행동할 때와 같이 읽는다.

- "만세!" (만세 부르듯이)
- "잠꾸러기 토끼님, 깡총깡총 뛰어서 빨리빨리 오셔요."
  (운율이 있게 읽음)
- "토끼야, 내가 이겼지?"(의기양양하게 읽음)

『국민학교 교사용 교과용 도서 1-2』(문교부, 1975, p.97)

위의 활동은 내용의 흐름에 맞게 실제 말하듯이 발화하게 하는 학습으로서 일종의 대사 연습 부분에 해당된다. 이후 연극하기와 공연평 나누기 등이 이어지는데, 이것은 극화수업의 전 과정을 학습하는 과정이라 할 수 있다. 일련의 학습활동에서 3차 <토끼와 거북>은 극화학습이 주가 되는 단원임을 알 수 있는데, 교사용 지도서에서도 이 단원의 설정 이유를 다음과 같이 밝히고 있다.

---

18) 한편 박붕배(1987)에서는 <토끼와 거북>은 '우화(이야기글)'로, <말짓기놀이>, <라디오 놀이>는 '언어교재(꾸밈말 문장 학습/대화와 발표)'로, <어깨동무>는 '생활작문(생활기록문)'으로 분류하고 있어 세 단원 모두 극본으로 다루지 않고 있다는 점이 주목된다(朴鵬培(1987), 앞의 책, p.409).

19) <토끼와 거북>(『국어 1-2』, 1973, p.66), <라디오 놀이>(『국어 2-2』, 1973, p.40).

(12) 이 무렵에 각 학교에서는 극화 활동을 많이 한다. 여기 싣는 '토끼와 거북'은 극화 활동과도 관련이 깊다. 이 제재는 적절한 시기에 적절히 택한 것이다.

『국민학교 교사용 교과용 도서 국어 1-2』(문교부, 1975, p.18)

위에서 언급한 바와 같이, 이 시기의 아동극 활동은 주로 학교극을 중심으로 이루어졌다고 해도 과언이 아니다. 3차 교육과정기에 들어서 교재 학습을 위한 하나의 효과적인 지도 방안으로 아동극이 활용되었고, 각급 학교가 주관하는 학예발표회 등의 행사로 이어지기까지 했다. 이러한 활동은 전국적인 현상으로 퍼져 나갔고 각과 학습 시간에도 이른바 '극화학습'이라는 새로운 학습 형태가 등장한 것이다.[20] 인용문 (12)에 제시된 바, <토끼와 거북>은 이와 같은 교육 환경에서 채택된 제재로, 극화 활동을 목표로 하며 그 결과 극본학습이 보다 강화되었음을 알 수 있다.

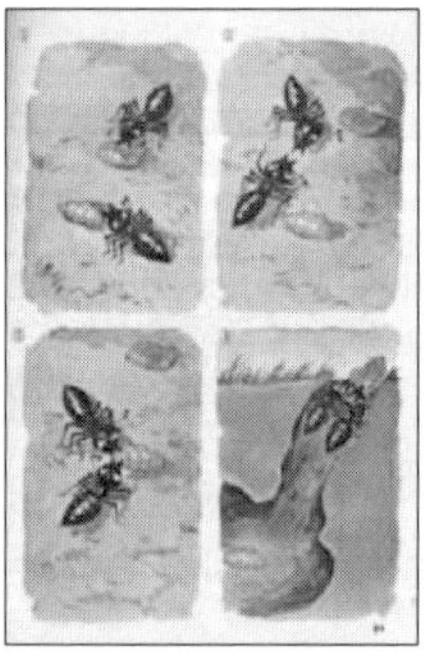

[그림 17] 〈개미와 매미〉 (『바른생활 1-1』, 1983, pp.88~89)

4차의 유사극본은 <거북이와 토끼>, <개미와 매미>로서, 앞서 극본 수록 양상에서 살폈듯이 서사화된 형태를 보이는 단원이다. 이와 함께 학습활동 또한 줄거리 이해와 주제 파악 학습이 주가 되고 있다. 즉 <거북이와 토끼>는 전 시기까지 연극하기가 주요 활동이었던 것에 비해 4차에서는 서사적인 내용을 파악하는 데 중점을 두고 있다. 이것은 앞서 살핀 수록 형태의 변화상과도 상관된다. <개미와 매미>의 학습활동 또한, 극본이라는 장르적 특성보다는 [그림 17]과 같이

20) 韓恩淑(2004), 「한국어린이연극의 발달과정에 관한 연구」, 성균관대학교 박사학위논문, p.98.

삽화를 제시하고 이야기로 말해보는 학습만을 보인다. 두 극본 모두 극화학습보다 내용 파악이 지배적임을 볼 수 있다.21)

지금까지 유사극본의 학습활동을 살펴보았다. 2~3차의 경우 <토끼와 거북>, <팔려가는 당나귀> 등 이야기 구조를 지닌 유사극본은 극화학습과 연계된 학습을 보이나, <라디오 놀이>, <말짓기놀이> 등 서사성이 없는 유사극본은 화법교육이 지배적이다. 4차에서는 <거북이와 토끼>, <개미와 매미> 등의 유사극본이 서사화되면서 학습활동 또한 내용 파악이 주가 되고 있음을 볼 수 있다.

2) 희곡 수록 양상 및 학습활동

(1) 국내 창작극 수록 양상 및 학습활동

① 교수요목기~1차 교육과정기

가. 극본 수록 양상 : 이동극본의 교과서 수록

앞서 제재별 수록 현황에서 다룬 바와 같이, 교수요목기 『초등국어교본』과 『초등국어』의 극문학은 주로 유사극본과 그림연극이 지배적인 현상을 보인다. 그러나 『국어』부터는 극문학 요소인 '대사'와 등장인물 및 시공간 배경, 인물의 행동 및 표정 등을 드러내는 '지시문'을 모두 지녔을 뿐만 아니라, 극적인 플롯까지 갖춘 본격적인 극문학이 수록되기 시작한다. 『국어』에 수록된 희곡을 제시하면 [표 1]과 같다.

---

21) <토끼와 거북>, <개미와 매미>(『바른생활 1-1』, 1983, pp.88~89).

[표 1] 교수요목기~1차『국어』국내 창작극 단원

학년	작품	지은이	주제	비고
4	걸레	최태호	함께 생활하는 사회에서의 올바른 공동체 의식을 갖는 태도를 기르기	생활극
5	꽃과 나비	강소천	미래에 대한 희망과 꿈을 가지고 밝게 생활하는 태도 갖기	동화극
6	봄이 올 때까지	이촌일	우정, 근면, 그리고 협동심 등의 교훈적인 덕목을 어린이들에게 전달하기	생활극

위에 제시된 극본은 모두 국내 창작극으로 최태호의 <걸레>(4-1, 4-2), 강소천의 <꽃과 나비>(5-1), 이촌일의 <봄이 올 때까지>(6-1, 6-2) 등 3편이다. 이 극본들은 교수요목기와 1차에 모두 수록된 제재이기도 하다. 실제 수록 양상을 들면 다음과 같다.

[그림 18]〈걸레〉
(『국어 4-2』, 1952, p.101)

(1) 나올 사람 : 순희, 명숙이, 혜영이, 창호 웅길이, 학수, 용식이/ 때 : 아침, 학교 공부 시작하기 전 곳 : 국민학교 4학년(學年) 교실(教室)

혜영이 "잘 있니? 안녕?"

순 희 "혜영아. 안녕?"

명숙이 "안녕. 혜영아, 너 걸레 가지고 왔니?"

<걸레>(『국어 4-2』, 1952, p.101)

[그림 19]〈꽃과 나비〉
(『국어 5-1』, 1952, p.55)

(2) 나올 사람 : 무궁화, 백일홍, 해바라기, 봉숭이, 따리아, 장미꽃, 국화, 코스모스, 노랑나비, 흰 나비/ 곳 : 어느 꽃동산/ 때 : 여름날 아침 (중략)

장미(잠이 깨어 기지개를 켜며) "아, 아, 잘 잤다. 벌서 햇님이 다녀갔네. 어서 세수하고 아침 먹고 벌 나비 소님들의 꿀 준비(準備)를 하여야겠네."

(풀잎에 맺힌 이슬을 손으로 받아 들면서) "우리 꽃들은 이렇게 맑은 이슬로 세수를 하기 때문에, 늙지 않고 더 예뻐지는 모양이야……" (중략)

장미 "아유, 깜짝이야."

<꽃과 나비>(『국어 5-1』, 1952, p.55)

(1) <걸레>와 (2) <꽃과 나비>의 인용문은 각각 서두 내용 일부이다. 서두에 인물 및 배경 정보의 지시문을 제시한 것은 물론, 내용에서도 서사 형태의 설명식 지문 대신, 인물의 행동이나 표정을 드러내는 지시문을 보이며, 대사 등을 모두 갖추었다. 극 전개 또한 플롯에 따라 전개된다. <봄이 올 때까지>도 마찬가지 수록상을 보이고 있어, 세 작품은 모두 본격적인 극문학 형태를 띠고 있다.

그런데 위에 제시된 희곡들은 모두 기존의 아동극본이 교과서에 실린 경우라는 점이 특징적이다. <걸레>는 최태호 극본으로 교사인 자신의 경험에 기초하여 창작한 아동극이다. 1막 1장으로 구성되어 있으며, '걸레'를 매개체로 하여 학생들 간의 우정을 주제로 삼고 있다. 교과서에 수록된 여타 극본들과 다르게 교실에서 일어난 일을 극화한 생활극의 성격이 강한 작품이다.[22)]

[그림 20] 〈봄이 올 때까지〉 공연 포스터
(박영기(2008) p.83 수록)

<꽃과 나비>는 아동문학가 강소천의 극본으로 1막 1장으로 된 단막극이다. 지시문의 배경 정보에서도 드러나지만 꽃들과 나비가 등장하여 동심의 세계를 그리고 있으며 우정, 근면, 그리고 협동심 등의 교훈적인 덕목을 전달하고 있다.[23)] 특히 <봄

22) 朴英琦(2008), 「解放 以後 韓國 兒童劇의 展開와 展望」, 『兒童文學評論』 제33권 제4호, p.89.

23) 韓恩淑(2004), 「한국 어린이연극의 발달과정에 관한 연구」, 성균관대학교 박사학위논문, p.96.

이 올 때까지>는 이촌일의 <(극) 봄이 올 때까지>가 교과서에 수록된 경우로, 추위를 이겨내는 나무 가족들을 통해 해방 이후 어려운 경제 형편에 처해 있던 어린이들에게 겨울을 이기고 봄을 기다리자는 상징적 메시지를 전하는 아동극이다.24)

앞서 지적한 바, 교수요목기 및 1차 국어 교과서인 『초등국어교본』과 『초등국어』의 극본들은 주로 그림연극과 대화극을 활용한 유사극본이 지배적이었다. 그러나 『국어』에 와서 본격적인 극문학 형태가 등장하게 된다. 해당 단원은 <걸레>, <꽃과 나비>, <봄이 올 때까지> 등이며, 이 작품들은 형태면에서 '대사'와 '지시대사문'을 모두 갖추었을 뿐만 아니라, 내용면에서도 극적인 전개상을 보인다. 그러나 3편 정도에 그치고, 그것도 기존의 아동극을 그대로 재수록하고 있다는 점에서, 이 시기에도 본격 극문학 제재는 여전히 빈약한 현상을 보인다.

나. 극본 학습활동 : 극본의 이해와 극화학습

교수요목이 체계적으로 제시되기 시작한 시기는 1차 교육과정기로서 이 시기 국어과 극본의 교육 목표는 다음과 같이 제시되고 있다.

> (3) · 10. 라디오, 영화, 연극에 취미를 갖는다.
> · 20. 간단한 연극을 한다.
> <1차 국민학교 국어과의 목표>(국가교육과정정보센터 http://ncic.re.kr)

1차 교육과정기의 국어과 교육 목표는 언어활동의 범위 내에서 26개 항을 제시하고 있는데, 그 중 극본과 관련된 내용은 위와 같다. 이

---

24) 朴英琦(2008), 앞의 글, p.84.

를 보면 극 매체에 대한 관심을 유도하고, 간단한 연극하기 등을 목표로 하고 있음을 볼 수 있다. 이러한 교수요목에 토대를 둔, 각 극본의 단원 목표를 정리하면 [표 2]와 같이 요약된다.[25)]

[표 2] 1차 국내 창작극 단원 목표

학년	작품	단원 목표
4	걸레	· 연극에 대하여 관심을 갖는다 · 읽은 내용을 연극으로 꾸밀 수 있다.
5	꽃과 나비	· 극본을 읽고, 글의 내용을 이해할 수 있다. · 읽은 내용을 연극으로 꾸밀 수 있다.
6	봄이 올 때까지	· 극본을 읽고 글의 내용을 이해할 수 있다. · 읽은 내용을 연극으로 꾸밀 수 있다.

위의 단원 목표는 국어과 교수요목을 반영한 것으로, 연극에 대한 관심과 문종의 이해, 극화학습 등으로 요약된다. 앞서 살핀 유사극본과 달리 모두 연극 수업을 목표로 삼고 있다는 점이 주목된다. 아래에서는 각 학년별로 구체적인 학습활동을 살펴보고자 한다.

[표 3] 교수요목기~1차 〈걸레〉 학습문제

<걸레>
· 이 연극의 줄거리를 간단히 적어 봅시다. / · 이 연극에 나오는 아이들의 성미를 알아봅시다./ · 웅길이는 왜 걸레를 가지고 교실을 닦기 시작하였겠습니까?/ · 여럿이 의논하여 이 연극을 하여 봅시다./ · 연극을 할 때는 어떤 점에 주의하여야 합니까? <학습문제>(『국어 4-1』, 1955, p.13)
<꽃과 나비>
· 말의 리듬에 대해 생각해 봅시다./ · 연극으로 꾸미기 위해 서로 의논합시다. ○ 무대 꾸미기와 나오는 사람의 옷차림 ○ 말하는 (또는 노래하는) 태

25) 이 표는 '1차 국민학교 국어과의 목표'(국가교육과정정보센터 http://ncic.re.kr)의 내용을 바탕으로 작성한 것이다. 이하 각 교육과정기 극문학 단원 목표도 모두 이에 의거하여 제시하겠다.

도와 몸짓. <학습문제>(『국어 5-1』, 1953, p.1) <봄이 올 때까지> · 연극에 나오는 사람의 말을, 그 성격과 경우에 따라 알맞도록 읽는 연구를 합시다./ · 이 글을 연극으로 하여 봅시다./ · 동화를 연극으로 꾸미는 연구를 합시다. <학습문제>(『국어 6-1』, 1953, p.1)

[표 3]에 제시된 내용을 보면, <걸레>는 극 내용의 줄거리 및 인물의 성격 파악, 극문학의 장르적 특성 이해, 실연을 위한 공연 기획 등의 학습활동을 보인다. <꽃과 나비>는 대사에 대한 이해와 무대, 의상, 행동 등 공연을 위한 탐구 학습을 보인다. <봄이 올 때까지> 또한 인물의 성격에 알맞게 읽기, 극화하기 등의 학습활동을 보이며, 나아가 '동화를 연극으로 꾸미는' 각색의 문제까지 다루고 있다는 점이 특징적이다.

이상 교수요목기 및 1차 국내 창작극의 학습활동을 살펴보았다. 앞서 다룬 동시기 유사극본이 주로 '말하기', '읽기'라는 교수학습에 주안점을 둔 데 비해, 본격 극문학 단원들은 극본의 이해와 극화학습에 중심을 두고 있다. 특히 장르의 특성을 살린 연극하기 학습이 강화되었다고 할 수 있다.

② 2차 교육과정기

가. 극본 수록 양상 : 교과 교육으로서의 본격 극문학

2차 교육과정기 국내 창작극은 <걸레>(4-1), <새로 나온 달님>(5-2) 등이다. <걸레>는 전 시기 극본을 재수록한 경우로 삽화가 바뀐 것 외에 동일한 내용이며, <새로 나온 달님>만이 새로이 실린 단원이다.

[표 4] 2차 『국어』 국내 창작극 단원

학년	작품	지은이	주제	비고
4	걸레	최태호	함께 생활하는 사회에서의 올바른 공동체 의식을 갖는 태도를 기른다.	생활극
5	새로 나온 달님	작가 미상	살아가는 가운데 대대로 직면하게 되는 상황을 잘 이해하고 지혜롭게 대응할 수 있는 태도를 갖는다.	동화극

<새로 나온 달님>은 1막 2장의 구성을 취하고 있는 극본으로서 그 서두의 내용을 제시하면 다음과 같다.

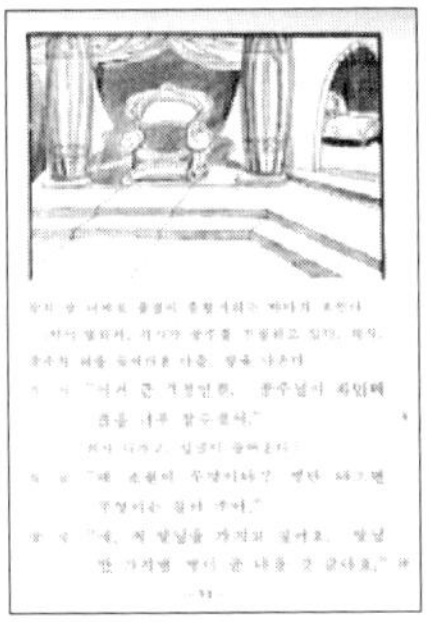

[그림 21] 〈새로 나온 달님〉 (『국어 5-2』, 1966, p.51)

(4) 나오는 일들 : 공주, 임금, 의사, 시종장, 마술사, 수학사, 광대 때 : 옛날 곳 : 어느 바닷가의 왕궁

제1장 무대 정변에는 임금의 옥좌가 보이고, 임금 방 옆에는 어린 공주의 방이 보인다. 공주의 방 안 침대에 10살쯤 되는 공주가 누워 있다. (중략)

의사 "이거, 큰 걱정인걸. 공주님이 파인애플을 너무 잡수셨어." (의사 나가고, 임금이 들어온다.)

임금 "네 소원이 무엇이냐? 병만 낫는다면 무엇이든 들어 주마."

공주 "예, 저 달님을 가지고 싶어요. 달님만 가지면 병이 곧 나을 것 같아요."

임금 "그래라, 꼭 구해주고 말고."

<새로 나온 달님>(『국어 5-2』, 1965, p.62)

<새로 나온 달님>은 병이 난 공주가 달을 가지고 싶다고 하자 슬기로운 광대가 꾀를 내어 이를 해결함으로써 공주의 병을 낫게 한다는 내용이다. 이 작품은 어린이들이 즐겨 읽는 동화나 산문소설 속에 나타나는 몽환적이면서도 시적이고, 낭만적인 특성이 두드러진 동화극이다. 시각적 공간미와 청각적 이미지 구축이 뛰어난 작품으로 평

가되고 있다.[26)]

위에 제시한 바 2차 국내 창작극은 2편으로 소수에 불과하다. 또한 1차 극본들이 모두 기존의 아동극을 편입시킨 경우였다면, 2차의 경우는 교과 교육을 위한 희곡들이 게재되고 있다는 점에서 차별성을 띤다. 그런데 2차에는 국내 창작극 외에 해외 번역극인 <벌거숭이 임금님>(2-2)과 <크리스마스 송가>(6-2) 등이 실려, 유형별 극문학 수를 모두 제시하면 전 시기에 비하여 그 수가 증가한 편에 속한다. 비록 국내 창작극의 수는 적을지라도 기타 제재의 극본 수를 고려한다면 이 시기는 극문학 교육이 보다 확대된 시기라고 할 수 있다.

나. 극본 학습활동 : 희곡 장르의 특성 및 형식의 이해

2차 교육과정기 국어과 교육 목표 중 극본 관련 내용은 1차와 동일하다. 즉 "9. 라디오, 영화, 연극에 취미를 갖는다. 10. 간단한 연극을 한다."[27)] 등으로 제시되고 있다. 이와 함께 각각의 희곡 단원 목표를 정리하면 다음과 같다.

[표 5] 2차 국내 창작극 단원 목표

학년	작품	단원 목표
4	걸레	· 흥미를 가지고 연극으로 꾸밀 수 있다. · 글을 읽어 보고 설명과 회화를 구별할 수 있다.
5	새로 나온 달님	· 흥미를 가지고 연극으로 꾸밀 수 있다 · 글을 읽어 보고 설명과 회화를 구별할 수 있다.

2차 국내 창작극의 단원 목표 역시 1차와 크게 다르지 않다. 그러나 극본의 기본적인 구성 요소인 대사와 지시문(회화와 설명) 등을 구별할 수 있도록 구체적인 목표를 제시한 점이 특징적이다.[28)] 먼저

---

26) 韓恩淑(2004), 앞의 글, p.110.
27) '2차 국민학교 국어과의 목표'(국가교육과정정보센터 http://ncic.re.kr).

전 시기에 이어 재수록된 <걸레>의 학습활동을 살펴보면 다음과 같다.

[표 6] 2차 〈걸레〉(『국어 4-1』) 공부할 문제

○ '걸레'의 글은 보통 글과 어떤 점이 다르나? 말을 읽을 때에는 어떻게 읽는 것이 좋을까? 말 속에 나타나 있는 기쁨이나 슬픔은 어떻게 읽으면 좋을까? 극을 할 때에는 말과 말 사이에 어떠한 몸짓이나 시늉을 넣어야 할까? ○ '걸레'의 글을 다음과 같이 이야기로 쓴다면 어떻게 쓰는 것이 좋을까? 언제, 어디서, 누가, 무슨 일을 하였나? <공부할 문제>(『국어 4-1』, 1964, p.79)

교수요목기 및 1차 학습활동에서는 줄거리 및 인물의 성격 파악, 연극하기 등의 활동이 학습 목표였다. 이와 비교하여 2차의 경우는 극 장르의 특징을 좀 더 구체적으로 파악하는 학습활동이라 할 수 있다. 즉 대사의 문제(말을 읽을 때에는 어떻게 읽는 것이 좋을까?), 표정(말 속에 나타나 있는 기쁨이나 슬픔은 어떻게 읽으면 좋을까?), 행동(극을 할 때에는 말과 말 사이에 어떠한 몸짓이나 시늉을 넣어야 할까?) 등의 학습활동이 보인다.

<새로 나온 달님>은 2차 신단원으로 다음과 같은 문제를 보인다.

[표 7] 2차 〈새로 나온 달님〉(『국어 5-2』) 공부할 문제

○ '새로 나온 달님'을 읽고, 연극의 재미나는 점을 알아보자. 대강의 이야기 줄거리는 무엇인가? 여느 글과 형식이 특히 다른 점은 무엇인가? 나오는 사람들을 정할 때에 주의할 점은 무엇인가?

28) 송창언(2004), 「초등학교 극본 교재에 대한 통사적 연구」, 춘천교육대학교 교육대학원 석사학위논문, pp.18~19.

> 가장 재미있는 말을 한 사람은 누구인가?
> 공주는 어떤 성격을 가진 사람인가?
> '소가 된 게으름뱅이'와 '새로 나온 달님'의 대화를 비교해 보자.
> <공부할 문제>(『국어 5-2』, 1966, p.63)

위의 문항은 '기초적인 내용 파악, 희곡의 형식적 특성 이해, 등장인물의 성격 파악, 대사의 특징 이해' 등 극문학의 특징을 이해하는 데 초점을 둔 학습문제라 할 수 있다. 특히 소설의 '대화체'와 극본의 '대사'의 차이점을 파악하는 문항은, 희곡 장르 이해를 구체적으로 도울 수 있는 문제라고 할 수 있다.

이상 2차 교육과정기 <걸레>와 <새로 나온 달님>의 학습활동은 희곡 장르의 이해와 형식적 특성을 파악하는 것이 주요 학습이라 할 수 있다. 국어과 교육 목표나 단원 학습 목표의 경우는 1차와 크게 다르지 않다. 그러나 1차와 달리 2차에서는 극화학습이 제시되지 않았다는 점이 차별된다. 상연을 전제로 한 희곡이라는 측면에서 총체적인 극본 학습으로는 미흡한 측면을 보인다고 하겠다.

[3] 3차 교육과정기

가. 극본 수록 양상 : 교과 도구로서 정착화된 본격 극문학

3차 교육과정기 국내 창작극을 학년별로 살펴보면, <장난감들의 합창>(2-2), <외다리 거위>(3-2), <석수장이>(4-1), <숲 속의 대장간>(5-1), <새로 나온 달님>(5-2) 등으로서 <새로 나온 달님> 외에 모두 신단원에 속한다.

[표 8] 3차 『국어』 국내 창작극 단원

학년	작품	지은이	주제	비고
2	장난감들의 합창	주평	상대에 대한 배려, 서로 돕고 협동하는 태도	동화극
3	외다리 거위	작가 미상	관용과 용서로 다른 사람에게 즐거움을 줄 수 있는 마음	생활극
4	석수장이	주평	주어진 일을 성실하게 행하며 항상 최선을 다하는 생활 태도	동화극
5	숲 속의 대장간	주평	어려운 처지에 있는 사람을 협동하여 도와 주려는 태도 및 자연과 사람과의 친화	동화극
5	새로 나온 달님	작가 미상	살아가는 가운데 때때로 직면하게 되는 상황을 잘 이해하고 지혜롭게 대응할 수 있는 태도	동화극

[표 8]은 3차 교육과정기에 수록된 국내 창작극들로서 5편의 희곡이 수록되고 있음을 알 수 있다. 특히 5학년의 경우는 2편이 실리기도 했다. 여기에 번안 희곡인 <크리스마스>(6-2)까지 합하면 3차 교육과정기의 희곡 수는 전 시기에 비하여 증가세를 보이고 있음을 알 수 있다. 내용면에서는 동화극이 지배적인 양상을 보인다는 점이 특징적이다.

한편 <장난감들의 합창>, <석수장이>, <숲 속의 대장간>은 모두 주평의 희곡으로서 동 시기에 한 작가의 작품이 편중되어 수록된 현상을 보인다. 주평은 1950년대 말부터 1970년대까지 아동극을 독자적으로 주도하며 그 발전에 기여한 인물로서, 180여 편의 아동극본을 집필할 정도로 왕성한 작품 활동을 한 작가이다. 그는 1960년에 '서울아동극연구회'를 조직하였으며, 1961년 이것이 '아동극협회'로 개명되면서 당시 학교극 제작에 한계를 느낀 교사들이 다수 모였다. 이 협회에서는 ≪아동극교실≫을 발행하고 어린이연극 연례강습회, 강연회 등을 개최하였으며, 학교극 관련 이론서 및 어린이희곡집의 발행 등 다양한 활동상을 펼쳤다. 이러한 활동의 중심에는 바로 주평이 있었고, 학교극의 발전에 그의 역할이 컸다.[29] 뿐만 아니라 그는 초등 국어 교과서에 여러 편의 작품을 수록하여 국어교육적 측면에서도 주목받는 작가이다. 3차 교과 과정에서 희곡 편수가 증가한 것은 바로 그를 중심으로 한 학교극의 활성화와 무관치 않다고 볼 수 있다.

아래에서는 실제 희곡 수록 양상을 저학년과 고학년 극본으로 대별하여 살피기로 하겠다.

① 저학년 극본 수록 양상 : <장난감들의 합창>, <외다리 거위>

2학년 2학기 <장남감들의 합창>의 등장인물 및 시공간 배경 및 서두 내용을 제시하면 다음과 같다.

시작하겠읍니다."
(손뼉을 치며) "좋아요."
"그래요."
"우리 모두 같이 해요."

[그림 22] 〈장난감들의 합창〉
(『국어 2-2』, 1973, p.80)

(5) 나오는 이들 : 아가씨(인형), 고양이(장난감), 곰(장난감), 개(장난감) (중략)/ 때 : 어느 해 겨울/ 곳 : 인형이 있는 방

막이 오르면 장난감이 있는 어두운 방 안으로 아기쥐들이 살금살금 나타납니다.

아기쥐 ① "모두들 조심해야 한다"

아기쥐 ② "조용한 걸 보니, 모두 잠들었나 봐."

아기쥐 ③ "여기가 어딜까? :

아기쥐 ④ "주인 아가씨의 장남감이 있는 방 아냐?"

<장난감들의 합창>(『국어 2-2』, 1973, p.74)

이 극본은 <장난감들의 합창>이라는 단원명과 같이 여러 종류의 장난감들이 의인화되어 친구로서 지내는 이야기이다. 이 단원은 초등학교 입학 후 학생들이 처음 배우는 정식 극본이다. 동시기 1학년 2학기에 수록된 <토끼와 거북>은 주로 대화체를 익히고, 연극을 실

29) 韓恩淑(2004), 앞의 글, p.245.

행해 보는 단원이지만 유사극본에 해당된다. 그러나 2학년 교과서에 본격 극문학이 수록된 것이다. 이전 교과 학습에서 주로 3인칭의 평면적인 일반 산문 작품만을 대해 오던 학생들에게는 새로운 문종에 속한다. 즉 배역 설정, 대화와 행동을 통한 내용 전개를 보여주는 최초의 극본이라고 할 수 있다.[30]

한편 3학년 2학기에 실린 <외다리 거위>는 다음과 같은 수록상을 보인다.

[그림 23] 〈외다리 거위〉
(『국어 3-2』, 1973, p.75)

(6) 나오는 이들 : 왕자, 신하, 요리사, 조수/ 때 : 옛날/ 곳 : 어느 나라 궁전

무대 한 가운데에 식탁이 놓인 식당이 있습니다. 벽 가운데 창문이 있고, 왼쪽과 오른쪽에 드나드는 문이 있읍니다. 막이 오르면, 요리사가 거위 튀김 쟁반을 들고 들어와, 맛있는 음식이 차려져 있는 식탁 위에 놓습니다.

요리사 "왕자님은 식성도 별나시지. 거위 튀김 없이는 진지를 안 드시니 말이야."

조수 "정말입니다, 참."

요리사 "식탁 위에 꽃병을 갖다 놓으란 걸 또 잊었군."

<외다리 거위>(『국어 3-2』, 1973, pp.74~75)

위 작품은 시공간 배경이 '옛날', '어느 나라 궁전' 등으로 제시되고 있는데, 교사용 지도서에서는 이러한 배경 설정은 꿈의 세계, 환상의 세계로 끌어올려 어린이들의 흥미와 의욕을 한층 돋워 주려는 데 있다고 밝히고 있다.[31] 극의 줄거리는 거위 튀김을 좋아하는 요리사가 한쪽 다리를 먹어 버리나 신하가 용서와 관용으로 대한다는 내용

30) 韓恩淑(2004), 앞의 글, p.110.
31) 문교부(1974), 『국민학교 교사용 지도서 국어 3-2』, 국정교과서주식회사, p.276.

이다. 그런데 이 단원은 '6. 우리의 잔치'라는 대단원에서 '(1)학예 발표회'라는 소단원과 함께 수록된 극본이라는 점이 특징적이다. 어린이들이 초대장과 프로그램을 만들며 자발적으로 발표회를 계획하고[32] 연습 과정을 거치는 등의 활동을 통하여 흥미롭게 학습할 수 있게 배치된 단원이라 할 수 있다.

② 고학년 극본 수록 양상 : <석수장이>, <숲 속의 대장간>, <새로 나온 달님>

고학년 극본 중 5학년 2학기 수록된 <새로 나온 달님>은 2차 재수록본으로서 동일한 내용이라 수록 양상 분석은 생략하기로 하겠다. 여기에서는 새로이 도입된 작품을 중심으로 고찰하고자 한다.

먼저 <석수장이>(4-1)는 1963년 교육과정 개편 시, 3학년 도덕 교과시에 동화로 실려 있던 내용이다. 이를 주평이 각색한 것으로 다음과 같은 수록상을 보인다.

[그림 24] 〈석수장이〉
(『국어 4-1』, 1974, pp.90~91)

(7) 나오는 이들 : 돌쇠, 돌이, 소리, 해설 때 : 옛날 곳 : 어느 시골. 막이 오르면 돌쇠와 돌이, 열심히 돌을 다듬고 있다.
돌이 "돌쇠야, 오늘 저 아래쯤으로 임금님이 지나가신대."
돌쇠 "임금님이? 아, 나도 임금이 되어 보았으면(중략)
돌이 "싫을 거야 없지만, 나는 이 석수일이 내 분수에 맞아서 더 좋은걸, 자, 딴 생각 말고 빨리 일이나 하자."

<석수장이>(『국어 4-1』, 1974, pp.90~91)

위에 제시된 무대 정보를 보면 주요 등장인물은 돌쇠, 돌이이며,

32) <우리의 잔치>(『국어 3-2』, 1975, pp.72~73).

여기에 '소리', '해설' 등의 역할이 보인다. 이 극본은 자신의 현실에 불만을 품고 계속적으로 다른 모습(임금, 태양, 구름, 바위)을 지향하는 돌쇠/자신의 일에 만족하고 성실히 살아가는 돌이 등 대비적인 인물형을 제시하여 '자신의 일의 소중함을 깨닫고 직분에 충실하자'라는 교훈을 전하는 극이다. 특히 이 극본에서는 돌이의 변모상이 플롯 전개의 동인으로 작용하고 있다.

> (8) 발단 : 자신의 일에 싫증을 느낀 돌쇠는 신세 한탄을 하며 임금이 되기 원한다./ 전개 : 임금이 된 돌쇠는 이에도 불만을 느끼며 태양이 되고 싶어 한다. 그러나 태양보다 구름이 더 강하다고 생각하여 구름이 된다. 그러나 바람에도 움직이지 않는 바위를 보자 다시 바위가 되고 싶어 한다./ 절정 : 바위가 된 돌쇠는 이 바위보다 강한 것이 바로 석수장이임을 깨닫고 다시 본래 자신의 자리로 가기를 원한다./ 결말 : 석수장이가 된 돌쇠는 열심히 일하여 큰 채석장의 주인이 된다.
>
> <석수장이>(『국어 4-1』, 1976, pp.90~99)

위의 플롯은 돌쇠의 소원이 성취되어가는 과정을 보여주는데, 무대에 등장하지 않는 '소리'가 그 소원을 이루어주고 있다. 그 결과 주인공 '돌이'의 행동은 주체적인 행동상이 아닌, 주어지는 상황에 적응해가는 피동적인 행동상이며, 갈등을 풀어 나가려는 노력이 제시되어 있지 않다. 따라서 입체적인 변화상이 없는 평면적인 전개를 보인다.33) 그러나 <석수장이>는 고학년 교과서에 실린 작품으로 위 극본과 달리 인간의 내적 갈등을 소재로 하고 있다는 점이 특징적이다.

한편 <숲 속의 대장간>(5-1) 역시 주평의 작품으로서 극본의 서두 부분을 제시하면 다음과 같다.

---

33) 김영균(1990), 「劇作家 朱萍 硏究」, 경희대학교 교육대학원 석사학위논문, p.71.

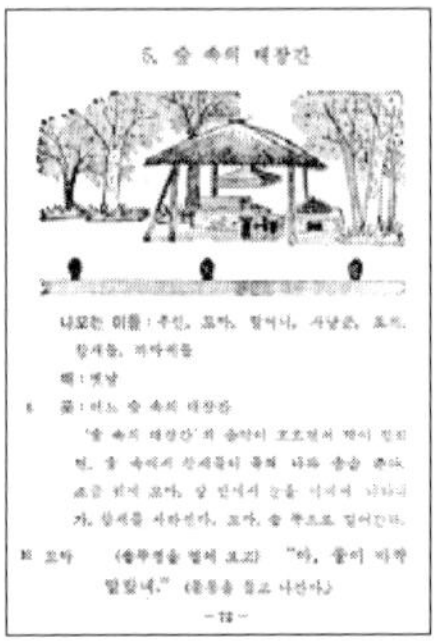
5. 숲 속의 대장간

[그림 25] 〈숲 속의 대장간〉
(『국어 5-1』, 1976, p.72)

(9) 때 : 옛날 곳 : 어느 숲 속의 대장간 나오는 이들 : 주인, 꼬마, 할머니, 사냥군, 토끼, 참새들, 까마귀들

'숲 속의 대장간'의 음악이 흐르면서 막이 열리면, 숲 속에서 참새들이 몰려 나와 춤을 춘다. (중략)

꼬마 (솥뚜껑을 열어 보고) "아, 물이 바짝 말랐네. (물통을 들고 나간다.)

할머니 (나타나서) "얘, 꼬마야!"

꼬마 (들은 척도 않고 나가려 한다.)

할머니 "얘, 꼬마야 ! 저 애가 밤사이 귀가 먹었나?"

꼬마 (되돌아와서) "왜 제 귀가 먹었단 말이어요?"

<숲 속의 대장간>(『국어 5-1』, 1976, pp.72~73)

이 극본의 등장인물은 '주인, 꼬마, 할머니, 사냥꾼, 토끼, 참새들, 까마귀들' 등이며, 때는 '옛날', 곳은 '어느 숲 속의 대장간'이다. 사냥꾼을 피해 도망 온 토끼를 구해주는 꼬마의 행동상을 그린 극본으로 사냥꾼에게 들킬 뻔한 위기감과 안도감이 몇 차례 교차되면서 플롯이 진행된다.

(10) 발단 : 여느 때와 마찬가지로 대장간 일이 시작된다. 이때 사냥꾼에게 쫓긴 토끼가 대장간으로 뛰어 들어온다./ 전개 : 대장간의 꼬마가 토끼를 숨겨주고, 뒤이어 사냥꾼이 토끼를 찾아 나타나지만, 꼬마와 참새가 힘을 합해 사냥꾼을 속인다./ 절정 : 사냥꾼의 재등장. 토끼가 숨어 있는 곳을 들킬 뻔하나 새들과 토끼의 재치로 구해낸다./ 결말 : 사냥꾼이 토끼를 포기하고 퇴장한다. 대장간 일이 시작된다.

<숲 속의 대장간>(『국어 5-1』, 1976, pp.90~117).

주평은 <숲 속의 대장간>에 대해 "도입에서 종국에 이르기까지의 이야기 전개에 있어서 파장적인 형태"34)라고 지적한 바 있는데, 등장

인물이 다양하게 등장하는 극본으로 단막극의 모범적인 짜임새를 보여주고 있다. 이에 학교극에 적합한 대표적인 작품으로 꼽히기도 한다.[35] 또한 이 극본의 두드러진 특징은 음악극으로서의 성향이 강하다는 점이다. 서두의 해설(지시문)부터 '숲 속의 대장간' 음악이 흐르고, 극 중간 중간 위기가 올 때마다 긴박감을 더해주는 효과 음악이 가미되고 있다. 뿐만 아니라 인물들이 대사 중간에 노래를 부르거나, 참새들, 까마귀들이 논평을 가하는 코러스의 역할을 수행하기도 한다.

(11) 까마귀들 (숲 속 오른쪽에 까마귀들이 나타나 합창한다.)
"대장간 주인님 호통 때문에/ 이제 겨우 칼 갈 줄 알게 됐지만,
잠꾸러기 버릇은 어쩔 수 없어./ 하하하, 숲 속의 미련퉁이야."
꼬마 (까마귀들을 보고) "아침부터 뭐야? 퉤 퉤!" (침을 뱉고 나서 독창한다.)
"나는야 대장간의 멋쟁이란다./ 나는야 숲 속의 부지럼장이.
이른 새벽부터 늦은 밤까지/ 또드락 또드락 쇠망치 소리."
참새들 "또드락 또드락 쇠망치 소리."

<숲 속의 대장간>(『국어 5-1』(1976), pp.90~117)

[그림 26] 음악 교과서의 〈숲 속의 대장간〉(『음악 1』, 1978, pp.28-29)

34) 주평(1961), 『학교극사전』, 교학사, p.203.
35) 韓恩淑(2004), 앞의 글, p.205.

위와 같이 <숲 속의 대장간>은 독창, 합창 등이 삽입되어 음악적인 요소가 강하며, 여기에 율동까지 가미되어 연극의 종합예술적인 측면이 잘 드러난 극본이라 할 수 있다.

지금까지 살핀 <석수장이>와 <숲 속의 대장간>은 주평의 작품으로서 3차 교육과정기에 최초로 수록된 제재이다. 이 두 작품은 일종의 '교육적 가치'에 의해 선정된 것이라고 할 수 있는데, 참고로 3차 문학 작품의 선정 기준을 들면 아래와 같다.

> (12) ① 정직, 책임, 근면, 진취, 협동 ② 가치에 대한 신념, 이상이나 목적을 실현하는 의지 ③ 인간 존중과 사랑 ④ 질서, 규칙, 법, 사회적 관습의 존중 ⑤ 학교, 사회, 국가의 공적인 이익을 위한 봉사 정신 ⑥ 특수한 언어와 문화를 가진 대한민국 국민으로서의 자아 인식과 민족적 자부심 ⑦ 긍정적이고 바람직한 세계관
>
> 『韓國國語教育全史 (中)』(박붕배, 1987, p.692)

국어과 교육의 제재 선정 기준에 의하면, <석수장이>와 <숲 속의 대장간>은 위의 1번 문항에 속한다고 할 수 있다. 즉 <석수장이>는 허황된 꿈을 꾸며 게으름을 피우던 한 석수장이가 임금, 태양, 구름 등이 되어 보지만, 결국 석수장이가 되어 자기 일을 열심히 하게 되었다는 내용(근면)이며, <숲 속의 대장간>은 어려운 처지에 있는 토끼를 꼬마와 까마귀, 참새가 힘을 합하여 구해 준다는 내용(협동)을 보이고 있다. 3차 교육과정기는 정치적으로 10월 유신 헌법이 선포되고 제 4공화국이 수립되었으며, 농촌의 근대화와 수출 증대를 지향하는 경제 개발 5개년 계획의 3~4차(72~81) 시기에 해당된다. 이러한 시대적 환경 속에서 <석수장이>는 '근면'을, <숲 속의 대장간>은 '협동'이라는 교육적 가치에 의해 설정된 단원이라 할 수 있다.[36] 위 두 작품은 이후 5차(<석수장이>), 6차(<숲 속의 대장간>)까지 재수록되

었으며, 내용상 변화 없이 동일한 주제 의식을 보이고 있다.

한편 <석수장이>는 내적 갈등을 다루며 평면적인 구성으로 내용이 전개되고 있다. 이러한 형태로 인해 무대 설정도 단순화되고 있음을 볼 수 있다. 즉 의상이나 소품에 의한 부분적인 설정으로도 연극이 가능한 극본이라 할 수 있다.[37] <숲 속의 대장간>은 단막극의 모범적인 짜임새를 보여주는 극본으로 극의 입체감과 긴박감이 효과적으로 제시되고 있다. 주로 문학교육적인 측면이 강조되고 읽기 위주로 제시된 여타 극본에 비하여 음악, 무용 등 연극의 종합예술적 측면이 부각된 작품이다. 이에 예능교과와의 통합적인 활동을 운영할 수 있는 작품[38]이라는 점에서 의의 있는 극본이라 할 수 있다.

3차 시기는 2차 교육과정기에 비해 희곡 제재가 증가하면서 상대적으로 생활문이나 동화, 시, 전기 등 여타 제재들은 줄어드는 현상을 보이는 시기이기도 하다.[39] 3차에 들어 희곡 교육에 대한 인식이 크게 달라졌음을 알 수 있다. 특히 이 시기에 수록된 <석수장이>와 <숲 속의 대장간>의 단원 설정은 희곡 제재가 교과 도구로서 보다 정착화되고 있음을 반영하는 것이라 하겠다.

나. 극본 학습활동 : 극본의 이해 및 극화학습의 구체화

3차 교육과정기의 국어과 교육은 기능 중심의 교육 원리를 도입하며, 학문적 배경을 갖춘 교육과정을 추구한 시기이다. 즉 ① 언어 사

36) 김태영(1998).「국어과 교재의 아동극본에 관한 연구」, 진주교육대학교 교육대학원 석사학위논문, p.58.

37) 송창언, 앞의 글, p.30.

38) 송창언, 앞의 글, p.31.

39) 2차와 비교하여 동화는 4편, 생활문은 3편, 기행문은 2편 등이 감소했으며, 극본과 소설은 75% 증가했다(김태영(1998), 앞의 글, p.38).

용 기능의 신장 강화, ② 문학 교육의 강화, ③ 언어 교육의 체계화, ④ 작문 교육의 강화, ⑤ 가치관 교육의 내면화를 지향하며, 영역별로는 ① 표현·이해, ② 언어(국어에 관한 지식), ③ 문학(문학에 관한 지식과 문학 작품의 이해 및 감상)으로 나뉜다.[40] 이러한 방침 하에 국어과 교육은 '말하기', '듣기', '읽기', '쓰기' 등의 네 영역에서 실시되었다. 그런데 위의 내용 중 '문학 교육의 강화', '문학에 관한 지식과 문학 작품의 이해와 감상'이라는 내용이 주목된다. 본고에서 다루는 단원들은 문학의 한 장르인 희곡 영역에 속한다. 국어과 교육 방침에서 보면, 3차 극본 단원들은 문학(극본) 지식의 습득과 실제 작품에 대한 이해와 감상 등에 중점이 놓여있다고 할 수 있다.

이러한 국어과 교수요목을 토대로, 3차 국내 창작극의 단원 목표는 다음과 같이 정리된다.[41]

[표 9] 3차 『국어』 국내 창작극 단원 목표

학년	작품	단원 목표
2	장난감들의 합창	· 글을 읽고 재미있다고 생각되는 부분을 찾을 수 있다. · 나오는 이들이 생각한 내용을 알 수 있다. · 연극으로 꾸밀 수 있다.
3	외다리 거위	· 어조, 성량, 속도를 의식하면서 말할 수 있도록 한다. · 여러 사람 앞에서 자연스럽게 말할 수 있도록 한다. · 글에 나오는 인물의 기분, 성격, 행동이나 글에 나타난 장면을 상상하면서 읽을 수 있다.
4	석수장이	· 극본을 이해하고 바르게 감상할 수 있다. · 극본을 읽고 각자의 느낌을 말할 수 있다. · 극본을 바르게 낭독할 수 있다. · 극화할 수 있다. · 자기에게 맡겨진 일을 소중히 생각하고 그 일을 성실히 하는 마음씨를 갖도록 힘쓴다.
5	숲 속의 대장간	· 극본을 특성을 알 수 있다. · 극본을 바르게 이해하고 감상할 수 있다. · 극본을 바르게 낭독할 수 있다.

40) 김중신(2002), 「국어교육 연구에서의 '이해' 영역에 관한 연구」, 『國語教育學研究』 第14집, 한국국어교육연구학회, p.123.

41) 문교부(1976), 『국민학교 교사용 지도서 국어 3-2』, 국정교과서주식회사, p.98.

		· 극본을 가지고 연극할 수 있다. · 가엾은 사람을 동정하며, 위험에 빠진 사람을 돕는 태도를 기른다.
5	새로 나온 달님	· 극본이 다른 글과 형식이 다른 점을 알 수 있다. · 글을 읽고 대강의 내용을 파악할 수 있다. · 재미있는 대화를 찾을 수 있다. · 등장인물의 성격을 알 수 있다.

3차 국내 창작극 단원 목표를 보면, 극본이라는 장르적 특성에 대한 이해, 낭독하기, 극화하기 등이 주요 학습임을 알 수 있다. 아래에서는 국어과 교육 방침과 단원 목표 등을 염두에 두면서, 실제 학습 활동이 어떻게 유도되고 있는지 살피고자 한다. 특히 교과서 학습 문제의 경우, 크게 5가지 문항으로 제시되는데, '1. 자세히 읽어보기(읽기 연습하기), 2. 연극하기, 3. 말익히기, 4. 읽어보기, 5. 쓰기' 등으로 나타난다. 여기에서는 그 중 극본 학습 관련 부분만을 집중적으로 고찰하고자 한다.

① 저학년 극본 학습활동 : <장난감들의 합창>, <외다리 거위>

2학년의 <장난감이 합창>의 학습활동은 나음과 같이 제시되었다.

[표 10] 3차 〈장난감의 합창〉(『국어 2-2』) 공부할 문제

1. 이야기하기 : (1) '장난감들의 합창'을 읽고, 제일 재미있다고 생각되는 데를 이야기해 봅시다./ (2) 나오는 이들이 생각한 것을 이야기해 봅시다. 2. 연극하기 : (1) '장난감들의 합창'에 나오는 사람을 정해서 연극을 해 봅시다./ (2) 누가 잘했나 말해 봅시다. 3. 알맞게 말하기 : · "어! 정말 예쁜 앞치마를 두르고 있네."/ · "고마와요, 아가씨."/ · "이렇게 예쁜 앞치마를 주셔요?"/ · "응, 그래? 고양이 말대로 착한 쥐들이로구나."/ · "괜찮아. 우리 주인 아가씨가 또 사 주실거야." <공부할 문제>(『국어 2-2』, 1974, p.20)

위의 문항을 보면 1번 '이야기하기'는 극의 내용을 파악하는 학습활동이라고 볼 수 있는데, 소항목 (2)의 '나오는 이들이 생각한 것을 이야기해 봅시다'의 경우, 극본의 성격상 대화를 통해 인물의 생각을 이해해야 한다. 그러므로 일반 산문의 내용 파악과는 다른 극문학 특유의 내용 파악이라 볼 수 있다. 2번 '연극하기'는 일반 극문학 활동으로 실제 배역을 정하고 실연해 보는 극화학습이며, 3번 '알맞게 말하기'는 대사읽기와 상관된 극적인 말하기 활동이라 하겠다.

3차 시기 『국어수업 지침서』를 참고하면,42) 이 수업은 10차시 동안 진행되는데, 9차시에는 실제 연극하기를 지도하도록 수업 방침이 정해져 있다. 지침서를 보면 위 <공부할 문제>에서 다룬 '연극하기'의 실제적인 지도 내용이 다음과 같이 제시되고 있다.

첫째는 "극본을 똑똑하게 읽기"라는 수업 목표 아래 극본을 읽을 때의 유의점을 수업 활동을 통해 익히게 하고 있다. 즉 ① 대화하는 글과 바탕글을 구별하여 읽기, ② 쉼표, 물음표, 느낌표를 바르게 읽기, ③ 등장인물의 마음과 행동을 잘 살려서 읽기 등의 구체적인 활동을 보인다. 나아가 배역독 수업과 연극하기 등을 실행하는데, 특히 연극할 때 교사의 유의 사항에는 출연자의 발음, 연기, 표정뿐만 아니라 관객으로서 보는 이의 올바른 태도를 지도하도록 되어 있다. 여기에 연극에서 쓰이는 소도구, 무대 꾸미기 등을 모두 학생들이 직접 제작하도록 명시하고 있어, 연극준비 단계부터 관극평까지 극화학습 전반에 관한 학습활동을 유도하고 있다.43)

한편 3학년의 <외다리 거위>의 극본 관련 학습활동만 제시해 보면 다음과 같다.

---

42) 한국교육개발원(1978), 『국어수업 지침서』, 교육출판사, p.92.
43) 한국교육개발원(1978), 앞의 책, p.102.

[표 11] 3차 〈외다리 거위〉(『국어 3-2』) 공부할 문제

1. 연극하기 (1) 연극을 시작하기 전에 극본의 줄거리를 알아봅시다. (2) 대화를 할 때에는 다음과 같은 점에 주의합시다. · 누구에게 말하는가?/ · 어떤 기분으로 말하는가?/ · 어떻게 말하는가? <공부할 문제>(『국어 3-2』, 1973, p.85)

위 학습활동은 극화학습으로, (1)은 극본의 줄거리를 알아보는 문제이고, (2)는 연극 대사를 발화할 때의 주의점이다. 교사용 지도서에는44) 위의 문항과 관련하여 구체적인 지도 내용이 제시되었는데, 이 단원은 총 4차시 수업으로 구성되어 있으며, 다음과 같은 지도 목표를 설정하고 있다.

(13) ○ 글의 형식을 의식하고 읽을 수 있도록 한다./ ○ 극본의 형식이 다른 글과 다름을 알게 한다./ ○ 글에 나오는 인물의 기분, 성격, 행동이나 글에 나타난 장면을 상상하면서 읽을 수 있도록 한다.(· 배역을 정하여 장면별로 대화극 형식으로 읽기/ · 대사를 읽을 때는 특히 감정을 중시해야 함을 강조한다. 그러려면 인물의 성격, 장면의 특징을 파악해야 한다.)/ ○ 어조, 성량, 속도를 의식하면서 말할 수 있도록 한다.

『국민학교 교사용 지도서 국어 3』(문교부, 1974, p.278)

위와 같은 지도 목표를 토대로, 지도서에서는 <공부할 문제>에서 다루는 문항들에 대해 다음과 같은 지도 내용을 보인다. 먼저 (1)의 극본의 줄거리를 알아보는 문제는 극적 특성인 대사에 대한 이해 학습으로서, 지도서에서는 여러 사람의 대화를 통해 극본의 줄거리를 파악하는 것은 희곡 이해의 처음 단계로서 배역을 맡은 학생이 자신이 맡은 인물의 연기만이 아니라, 연극 전체의 의미를 알기 위해 이

44) 문교부(1974), 『국민학교 교사용 지도서 국어 3』, 국정교과서주식회사, p.272.

를 살피는 것이 필수적이라고 지시하기도 했다.

(2)는 대화할 때의 유의점으로서 먼저 '누구에게 말하는가'에서는 대상을 먼저 파악하고 대화해야 한다는 것이다. 다음 '어떤 기분으로 말하는가'에는 자신이 맡은 역의 성격 파악과 직결되는 것으로, 이 항목에서는 극중 인물이 되어 그 사람의 기분을 적절히 살릴 수 있도록 지도하도록 설정되어 있다. 마지막 '어떻게 말하는가'에서는 등장인물에 맞게 말하기 학습을 유도하고 있다.[45)]

위에서 살펴본 바, 저학년 극본인 <장난감들의 합창>, <외다리 거위>의 학습활동은 희곡의 형식적인 특징, 연극적 특징(실연을 전제로 한 극본) 등을 이해하는 학습과, 실제 연극을 경험케 하는 극화학습 등으로 총체적인 극본 학습활동을 보인다.

② 고학년 극본 하습활동 : <석수장이>, <숲 속의 대장간>, <새로 나온 달님>

4학년의 <석수장이>는 고학년 극본으로서 <공부할 문제>는 다음과 같이 제시되고 있다.

[표 12] 3차 〈석수장이〉(『국어 4-1』) 공부할 문제

1. 연극하기 (1) '석수장이'의 글은 여느 글과 어떤 점이 다른가? · 대화하는 글을 읽을 때에는 어떻게 읽는 것이 좋을까? · 대화하는 글 속에 나타나 있는 기쁨이나 슬픔은 어떻게 읽으면 좋을까? (2) 실제로 연극을 하여 보자. · 연극하는 사람을 정하자./ · 탈을 만들어 쓰고 연극을 해 보자. <공부할 문제>(『국어 4-1』, 1976, p.100)

45) 문교부(1974), 앞의 책, pp.276~287 참조.

위의 학습 문제를 보면, (1)의 경우는 극본의 특징인 대사를 파악하는 문항이다. 극본은 상연을 전제로 한 문학으로, 대화체가 중심을 이룬다. 그러므로 대화체를 어떻게 읽을 것인가는 극본의 장르적 특성을 파악하는 학습이라 할 수 있다. 또한 (2)는 실제 극화학습의 문제로서, 희곡의 연극적 특징을 이해하는 심화 과정에 해당된다. <석수장이>가 한 인물의 역할이 다양하게 바뀌는 극이라는 점을 고려하여 '탈을 만들어 쓰고 연극을 해 보자' 라는 실제적인 실연 방법을 제시하고 있어 주목된다.

3차 교사용 지도서에서는 총 5차시에 걸쳐 <석수장이>를 다루고 있다. 여기에서 보다 구체적인 학습활동을 살필 수 있는데, "극본을 이해하고 감상할 수 있다. 극본을 바르게 낭독할 수 있다"46)라는 단원 개관과 함께 다음과 같은 학습 목표들이 제시되고 있다.

> (14) ・극본을 이해하고 감상할 수 있다 : ① 무대 위의 장면을 바르게 상상할 수 있다. ② 무대 위에 나타나지 않은 장면을 찾아 낼 수 있다. ③ 극이 진행됨에 따라 주인공의 생각과 모습이 바뀌는 것을 찾아낼 수 있다.(중략) ⑤ 지은이가 나타내고자 하는 중심 생각을 찾아낼 수 있다.
>
> ・극본을 바르게 낭독할 수 있다 : ① 극본의 각 대문마다 인물 및 해설(소리, 무대에 대한 설명)을 맡을 학생을 정하여 낭독하게 한다. ② 낭독할 때에는 다음 사항에 주의하게 한다 : 알맞은 크기의 목소리, 알맞은 속도, 인물의 성격과 기분에 맞는 목소리
>
> 『국민학교 교사용 지도서 4-1』(문교부, 1976, p.113)

먼저 '극본을 이해하고 감상할 수 있다'에 대한 구체적인 학습은 '대문'을 나누어 읽게 한 후, 무대 위/ 무대 밖의 장면, 인물의 '마음의 변화'를 통해 변화하는 장면 등을 파악하게 한다. 이를 통해 극의 전

46) 문교부(1976), 『국민학교 교사용 지도서 4-1』, 국정교과서주식회사, p.109.

개상과 주제를 찾는 학습활동을 보인다. 전 학년과 달리 무대 위에 나타나지 않은 장면 찾기, 즉 연극의 무대리(舞臺裏) 기법을 파악하는 활동이 제시되고 있어 특징적이다. 특히 대문을 나누어 읽히는 수업은 인물의 내적 욕망의 변화상과 연결하여 극의 플롯을 파악하게 하는 교수 내용이라 주목된다.

또한 '극본을 바르게 낭독할 수 있다'에 대한 수업에서는 극본의 각 대문마다. 학생들에게 인물 및 해설자 등의 배역을 맡게 하고, 이를 낭독하게 한다. 그리고 낭독 시에는 알맞은 크기의 목소리와 속도, 인물의 성격과 기분에 맞는 목소리 등으로 말하도록 지침을 제시하기도 했다.47) 이것은 일종의 '말하기' 학습이면서 대사에 대한 이해 학습에 속한 것이라 극본 고유의 학습을 유도한 것이라 하겠다.

한편 <숲 속의 대장간>의 극본 관련 문제는 아래와 같은 항목으로 나타난다.

[표 13] 3차 〈숲 속의 대장간〉(『국어 5-1』) 공부할 문제

1. 읽기 연습하기 (1) 다음 보기를 읽어 보고, '숲 속의 대장간'을, 띄는 곳, 쉬는 곳에 주의하여 읽어 보자./ (2) 대화하는 글과 바탕글에 주의하여 읽어 보자. 2. 연극하기 (1) 배역을 정하고 가면을 만들자. ·배역을 알맞게 정하자. ·배역에 맞게 가면을 쓰고 분장을 하자./ (2) 무대를 꾸미고 연극을 해 보자. ·자기가 맡은 배역에 맞게 대화하자. ·동작, 시늉 등에 주의하여 연극을 해 보자. <공부할 문제>(『국어 5-1』, 1976, p.100)

위 학습문제는 크게 '읽기(낭독하기)'와 '연극하기'로 대별되는데, 앞서 단원 목표([표 9])에서 밝힌 장르적 특성의 이해와 극화학습과

47) 문교부(1976), 앞의 책, p.123.

상관된다. 즉 1번의 '읽기 연습하기'는 극본의 성격상 실제 대화체를 어떻게 읽어야 하는가를 학습하는 것이라, 대사 중심의 극문학 학습과 밀접하게 연결된다. 여기에 '대화하는 글과 바탕글'을 주의하여 읽는 문제는 대사와 지시문으로 된 극본의 형식을 이해하는 학습으로 <석수장이>에서 한발 더 나아간 학습이라 볼 수 있다. 2번의 '연극하기' 활동은 배역 설정과 무대 장치, 실연에 관한 부분으로 극화 학습을 순차적으로 제시한 경우라 하겠다.

교사용 지도서에는 보다 구체적인 학습활동이 보이는데, 이 단원은 총 7차시 수업으로 계획되어 있어, 4학년의 <석수장이>의 수업 시수에 비해 많은 시간을 할애하고 있다.

<숲 속의 대장간>의 지도 내용은 다음과 같이 제시되고 있다.

> (15) ㅇ **극본의 특징을 안다.** : ① 극본은 연극을 하기 위해서 쓴 글이라는 것을 안다./ ② 극본은 나오는 이, 때, 곳을 나타낸 부분과 대화와 동작을 나타낸 부분으로 나누어짐을 안다./ ③ 대화를 나타낸 것과 동작을 나타낸 것을 구별할 수 있다. / ㅇ **극본을 바르게 이해하고 감상할 수 있다.** : ① 극본의 무대를 정확하게 상상할 수 있다./ ② 인물들이 무대에 나타나고 사라짐에 따라, 달라지는 무대 위의 장면을 상상할 수 있다./ ③ 무대 위에는 나타나지 않고 대화 속에만 나오는 인물을 알아낼 수 있다.(중략)/ ⑩ 주인공의 말과 움직임, 다른 인물들의 주인공에게 하는 말로 주인공의 성격을 알아낼 수 있다./ ⑪ 극본의 짜임을 처음, 가운데, 끝으로 나눌 수 있다./ ㅇ **인물의 동작을 몸짓으로 나타내면서 극본을 낭독할 수 있다.** : ① 극본을, 나오는 이의 성격과 상황에 맞게 낭독할 수 있다./ ② 극본에 나오는 이의 성격과 상황에 맞게 대화체로 낭독할 수 있다. ㅇ **극본과 연극을 즐겨 읽고 감상하는 태도를 기른다.**
>
> 『국민학교 교사용 지도서 국어 5-1』(문교부, 1976, p.101)

위의 내용은 극문학 이해에 대한 구체적인 지침서라 할 수 있는데,

첫째, '극본의 특징에 대한 이해'는 희곡은 연극을 전제로 한다는 점(①), 극본은 형식상 대사와 지시문으로 구성되어 있다는 점(②, ③) 등을 파악하는 학습이다. 지도서에서는 따로 '보충학습'란을 두어 지시문은 인물의 동작이나 표정을 나타낸 것으로 '연극을 하기 위해' 쓰여진 글임을 지도하도록 지시하고 있다.[48] 둘째, '극본에 대한 이해와 감상'은 희곡을 읽을 때는 무대를 상상하고(①, ②) '무대 안' 등장인물과 '무대 밖' 등장인물을 주시하며(②), 극의 플롯을 이해하고(⑩), 등장인물의 대사와 행동을 통해 인물의 성격을 파악하는(⑪) 학습이다. 일련의 학습활동은 무대를 상상하며 극본을 이해하도록 유도하고 있는데, 이런 점에서 주목되는 지도 내용이라 할 수 있다. 셋째, 등장인물의 성격과 상황에 맞게 낭독하기는, 극화학습 직전 단계에 해당되는 학습으로 학생 스스로가 등장인물이 되어 실제 연극하듯이 말해보는 수업이다.

마지막 넷째는 '희곡과 연극의 감상'에 대한 부분으로, 아리스토텔레스의 '카타르시스' 효과를 적용하여 설명한 점이 주목된다.

> (16) 극을 읽거나 보는 이는 극 속의 위험한 일이 안전하게 끝날 때 안심하게 되며, 또한 만족과 기쁨을 느끼게 된다.
>
> 『국민학교 교사용 지도서 국어 5-1』(문교부, 1976, p. 112)

앞서 살핀 바, <숲 속의 대장간>은 여타 극본에 비하여 위기감과 안도감의 장면이 반복되어 나타나는 작품이다. 그래서 위와 같이 카타르시스적 측면에서 관극 효과를 논하는 데 적절한 극본이라 할 수 있다. 이상의 <숲 속의 대장간> 학습활동은 4학년 <석수장이>에 비해 다양하고 구체화된 문항으로, 보다 심화된 학습을 유도하고 있다.

---

48) 문교부(1976), 앞의 책, p.112.

이는 5학년 상급 학년에 따른 수준별 교육에서 비롯된 것이라 할 수 있다.

<새로 나온 달님>은 2차 극본이 재수록된 경우로 3차의 극본 관련 학습만 제시하면 다음과 같다.

[표 14] 3차 〈새로 나온 달님〉(『국어 5-2』) 공부할 문제

1. '새로 나온 달님'을 읽고, 극본의 재미나는 점을 알아보자. ·대강의 이야기 줄거리는 무엇인가?/ · 여느 글과 형식이 특히 다른 점은 무엇인가?/ · 나오는 사람들을 정할 때에 주의할 점은 무엇인가? · 공주는 어떤 성격을 가진 사람인가? 2. 연극하기 : (1) 배역을 정하고 가면을 쓰고 분장을 하자./ (2) 무대를 꾸미고 연극을 하자./ · 자기가 맡은 배역에 맞게 대화하자./ · 동작, 시늉들에 주의하여 연극을 해보자. <공부할 문제>(『국어 5-2』, 1974, pp.74～75)

앞선 2차 <공부할 문제>에서는 1번의 내용만을 제시하여 줄거리 및 인물의 성격 파악, 배역 설정 시 유의점만을 다루었다.([표 7]) 그러나 3차에서는 2번의 '연극하기' 문제가 추가되어 있다. 추가된 부분은 실제 배역 분담과 분장(가면)하기, 배역에 맞는 대화하기, 실제 연기할 때 행동과 표정 등에 유의하기 등 실연과 밀접하게 관계된 활동들이다.

3차 국어수업 지침서를 보면, 이 단원은 총 4차시로 수업하도록 되어 있다. 1～2차시에는 극본의 장르적 특성인 '연극하기 위한 글', '지시대사문과 대사 형식으로 이루어진 글' 등에 대한 지도와 함께, 다음과 같이 사건의 원인을 파악하게 하는 학습을 유도하고 있다.

(17) · 극 속에는 반드시 사건이 있고, 그 사건의 원인이 있다./ · '새로 나

온 달님'에는 두 가지 문제를 중심으로 한두 가지 사건이 있다. 그리고 그 사건에는 각각의 원인이 있다./ · 첫째는 달을 구해 오는 문제를 중심으로 한 사건으로서, 이 사건의 원인은 공주의 병이다./ · 둘째는 달이 다시 떠올랐어도 공주에게 병이 또 나지 않도록 미리 막는 사건으로서, 이 사건의 원인은 임금의 걱정이다.

『국어수업지침서 5-1』(한국교육개발원, 1977, p.56)

3~4차시에는 위의 원인에 대한 각 인물들(임금, 시종장, 수학사, 마술사, 광대) 등의 해결 방식을 파악하는 것이 학습 목표로 제시되고 있다. 지도서에는 문제를 있는 그대로 보고 해결하려 하는 인물군, 공주의 생각을 알아본 후 문제를 해결해 나가는 인물로 분류하고 있다.[49] 이렇듯 문제를 해결해 가는 인물의 행동상을 주시하는 학습은, '극행동'이 중심이 되는 희곡 장르를 이해하는 데 보다 분석적인 읽기 방법이라 할 수 있다. 지도서에는 인물들 사이의 유사점과 차이점 찾기, 제목과 장면과의 관계 알기 등 기타 학습활동으로 극의 내용 파악 및 장르적 특징 등을 구체적으로 이해하도록 지시하고 있다.

지금까지 <석수장이>, <숲 속의 대장간>, <새로 나온 달님> 등의 학습활동을 살펴보았다. 이를 요약하면 극본 장르의 이해와 극화학습으로 대별된다. 그런데 한 가지 주목할 점은 극화학습 활동면에서 교과서와 지도서 내용이 차이를 보인다. 즉 세 단원 모두 교과서에서는 '연극하기' 문제가 제시되고 있으나, 실제 지도서에서는 극화학습보다 극본에 대한 이해와 감상에 주안점을 두고 있다는 점이다. 지도서에서는 무대를 꾸미고, 연극을 하는 활동은 시간 관계상, 특별 활동 혹은 과외 활동 시간 등을 활용하도록 권고하고 있기도 하다.[50] 이것은 3차 국어과 교육 목표인 '문학 교육의 강화', '문학에 관한 지식과

49) 한국교육개발원(1977), 앞의 책, p.62.
50) 문교부(1976), 앞의 책, p.112.

문학 작품의 이해와 감상'과 상관된다. 즉 이 시기에는 희곡을 문학의 한 장르로서 이해하는 데 주안점을 두고 있으며, 실연을 통해 터득할 수 있는 연극성에 대한 교육은 부차적인 것임을 확인할 수 있다.

4 4차 교육과정기

가. 극본 수록 양상 : 주제의 확산과 연극성의 강화

4차 교육과정기 국내 창작극은 <석수장이>(4-1), <숲 속의 대장간>(4-2), <새로 나온 달님>(5-1), <날지 못하는 백조>(5-2), <섬마을의 전설>(6-1) 등이다.

[표 15] 4차 『국어』 국내 창작극 단원

학년	작품	지은이	주제	비고
4	석수장이	주평	주어진 일을 성실하게 행하며 항상 최선을 다하는 생활태도	동화극
5	숲 속의 대장간	주평	어려운 처지에 있는 사람을 협동하여 도와주려는 태도 및 자연과 사람과의 친화	동화극
5	새로 나온 달님	작가 미상	살아가는 가운데 때때로 직면하게 되는 상황을 잘 이해하고 지혜롭게 대응할 수 있는 태도	동화극
5	날지 못하는 백조	작가 미상	자연보호는 인간을 살리기 위한 노력임을 알고 적극적으로 참여하는 태도	동화극
6	섬마을의 전설	주평	전설이나 전통을 수용하는 올바른 자세와 폐해를 끼치는 미신을 타파할 수 있는 태도	생활극

위의 극본 중 <석수장이>와 <숲 속의 대장간>, <새로 나온 달님>은 3차에 이어 재수록된 극본들이다. 여기에서 <석수장이>는 『국어 4-2』에 실려 3차의 5학년 1학기에서, 4차에서는 학년이 낮춰져 수록되었고, <새로 나온 달님> 또한 2차부터 3차까지 5학년 2학기에 수록

되었다가 4차에서는 한 학기 낮은 5학년 1학기 교과서에 게재되어 있다. 또한 모두 '연극하는 글'이라는 대단원명에 단독으로 실렸다. 이것은 실연의 측면이 부각된 단원 설정이라는 점에서 주목된다.

4차에 새로이 도입된 극본은 <날지 못하는 백조>와 <섬마을의 전설> 2편이다. 전자는 환경보호를 주제화한 것이고, 후자는 미신타파와 관련된 생활극이다. 기존의 희곡들에서 볼 수 없었던 사회문제를 다루고 있다는 점에서, 극본의 주제가 보다 확산된 경향을 보인다. 또한 4차에서는 4학년부터 희곡이 수록되고 있으며,51) 특히 5학년의 경우 3편의 희곡을 다루고 있다는 점도 주목된다. 아래에서는 재수록본과 새로이 실린 극본으로 나누어 수록상을 살펴보기로 하겠다.

① 재수록 극본 수록 양상 : <석수장이>, <숲 속의 대장간>, <새로 나온 날님>

[그림 27] 〈석수장이〉
(『국어 4-1』, 1986, p.58)

4차 교과서에 수록된 <석수장이>(4-1)는 주제면에서는 전 시기와 동일하나 다음과 같은 개작 양상을 보인다. 먼저 무대 정보면에서 차이가 있다. 시공간은 그대로이나 등장인물은 '돌쇠, 돌이, 소리, 해설'(3차) 등에서 '돌쇠, 돌이, 신하들(난장이, 키다리, 뚱보), 사자들(1, 2, 3), 소리'(4차) 등으로 역할들이 다양해졌다. 특히 3차의 '해설'이 4차에서 없어지고 대신 사자들(1, 2, 3)이 그 역할을 담당하고 있다는 점이 주목된다. 3차의 경우 해설자와 소리 등의 등장으로 서사적 요소가 개입된 데 반해, 4차에서는 해설자가 아닌 신하들과 사자들의 등장으로 극적인 요소가 보다 극대화

51) 3학년에서는 <토끼의 재판>(3-1)과 <청개구리>(3-2) 등 방송극본이 실리고 있다.

되고 있다.

형태면에서도 대사 부분에 표시했던 큰따옴표(" ")가 사라졌다. 구성면에서도 전 시기와 차이를 보인다. 즉 분절 없이 이어졌던 3차 극본 형태와 달리, 사건 전개의 변화에 따라 번호를 매기고 총 5경(景)으로 재구성하고 있다. 그 결과 극 전개상의 변화가 뚜렷하게 제시되고 있다. 이와 함께 장면 처리도 달라졌다. 3차의 경우, 돌쇠가 변모되기를 소원하면 '소리'가 소원을 들어주고 암전이 되었다가 다시 밝아지면서 인물이 바뀌는 형태였으나, 4차에서는 경의 분할과 함께 약간의 휴지부를 두는 형태로 장면을 분리하고 있다. 대사면에서도 3차와 비교해 보면 일부 순서가 바뀌어져 있으며, 여기에 인물의 행동이나 표정 및 기타 사항을 표시하는 지시문도 추가되어, 3차에 비해 인물의 행동상이 보다 입체적으로 제시되었다.

내용 전개와 결말 처리에서도 차이를 보인다. 3차에서는 돌쇠의 변모가 실제로 발생하고 마지막 본래의 모습으로 되돌아오는 것으로 극이 끝난다. 이와 비교하여 4차에서는 (1)경과 (5)경은 현실 장면으로, (2)~(4)경까지는 꿈의 상면으로 처리되고 있다. 2경부터 4경까지는 돌쇠가 소원대로 각각 모습이 변화되는 장면이다. 이것을 꿈으로 처리한 데서 리얼리티가 더 확보되고 있다. 결말 처리에서도 변화를 보인다. 3차의 경우 주인공이 채석장 주인이 되는 결말인데, 4차에서는 주인공이 '사람들의 마음속에 사랑과 아름다움을 심어 줄 조각품을 만들어낼' 것을 결심하는 장면으로 개작되고 있다. 현실적인 대가보다 아름다운 마음씨를 부각시키려는 교육적 의도에서 비롯된 것이라 판단된다.

한편 4차 교과서에 수록된 <숲 속의 대장간>(4-2)은 <석수장이>와 비교하면 큰 변화상을 보이지 않는다. 그러나 대사 부분의 큰따음표가 삭제되고, 3차에 비해 인물의 행동을 보여주는 지시문이 좀 더 구

[그림 28] 〈숲 속의 대장간〉
(『국어 4-2』, 1986, p.78)

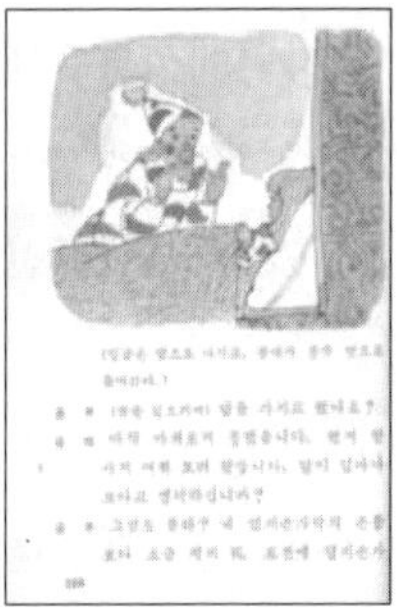

[그림 29] 〈새로 나온 달님〉
(『국어 5-1』, 1986, p.100)

체적으로 제시되었으며, 대사의 어법이 다소 달라졌다. 전반적으로 이러한 사소한 표현의 변화를 보이긴 하나 기타 전개 내용은 3차와 동일하다.

<새로 나온 달님>(5-1) 또한 3차 교과서 내용과 같으나, 지문 및 대사를 수정하고, 3차까지 대사를 표시했던 큰따옴표(“ ”)를 삭제하여 수록하고 있다. 이를 보면 4차 극본에서는 전체적으로 대사 부분의 문장부호를 모두 생략하였음을 알 수 있다. 한편 4차에서는 주요 장면을 나타내는 삽화를 추가하였다. 그러나 서두의 무대정보와 등장인물의 대사 표현이 다소 변화된 것 외에 전 시기와 동일한 수록상을 보인다.

4차 교육과정기에 수록된 <석수장이>와 <숲 속의 대장간>, <새로 나온 달림>의 수록 양상을 정리하면, 공통적으로 대사에서 문장 부호(“ ”)가 삭제된 변화를 보인다. 내용면에서 <석수장이>는 인물면, 구성면, 내용면 등에서 각각 개작이 이루어지고 있다. 그 결과 극 전개상의 변화가 뚜렷해지고 리얼리티가 확보되었을 뿐만 아니라, 무대 실연을 보다 용이하게 하는 방향으로 변화되었다. 이에 비해 <숲 속의 대장간>은 지시대사문과 대사의 어법 등 표현면에서 부분적인 수정이 이루어져 3차 극본과 별 차이를 보이지 않는다. 이것은 <숲 속의 대장간>이 초판부터 구성면이나 내용면에서 비교적 정제된 극본임을 반영한다. <새로 나온 달님> 또한 삽화의 추가와 사소한 표현 변화 외에 전 시기와 동일한 수록상을 보인다.

② 4차 신단원 극본 수록 양상 : <날지 못하는 백조>, <섬마을의 전설>

<날지 못하는 백조>(5-2)는 4차에 새로 도입된 극본이다. 서두의 수록 형태는 다음과 같이 제시되고 있다.

[그림 30] 〈날지 못하는 백조〉
(『국어 5-2』, 1985, p.100)

(18) 나오는 이들　백조 가족, (중략), 한 박사(조류 연구가), 감시원(철새 도래지 감시원), (중략)/ 무대 뒷면에는 갈대가 우거져 있고, 멀리 높이 솟은 굴뚝이 검은 연기를 뿜어내고 있다. '백조의 노래'가 들려오는 가운데 막이 열리면(중략)

아이 1　(손을 들어 바라보다가) 엄마, 모두들 고향으로 가는데, 우리는 안 가나요?

어머니　조금만 기다려 봐. 아빠가 곧 돌아오실테니까.

아이 2　아빠가 오시면 우리도 고향으로 가는 건가요?

어머니　암, 가고말고.

<날지 못하는 백조>(『국어 5-2』, 1985, p.100)

이 작품은 총 1막의 단막극으로서 (18)의 무대 정보를 보면, '검은 연기'를 뿜어내는 굴뚝과 '백조의 노래'가 서로 대비적으로 제시되고 있다. 그런데 여타 극본과 달리 지시문에 '때와 곳'의 시공간 배경은 제시되지 않고 있다. 이것은 극 내용에서 일반화된 환경오염의 문제를 다루고 있다는 것과 연관된 것이라 파악된다. 즉 이 작품은 고향으로 돌아가려던 백조 가족이 오염된 물고기로 인해 가장을 잃고 위험에 처하게 된다는 내용이다. 이 단원은 1~6차 교육과정기를 통하여 유일하게 환경문제를 다루고 있는 극본으로서 교사용 지도서의 단원 개관에서도 이 작품의 주요 전언을 '자연 보호'라고 명시하고 있다.

(19) 이 극본의 내용은 한창 사회적으로 물의를 일으키고 있는 '공해 문제'이다. 인간이 편리하게 살기 위하여 이룩한 물질 문명이 오히려 인간을 불행에 빠지게 하고 있다. 그러므로, 이 단원에 나오는 백조는 공해에 시들어 가는 인간을 상징한 것으로 이해하여야 할 것이다. 공해 때문에 죽어 가고 시들어 가는 인간을 구출하는 작업은 근본적으로 자연 보호 운동과 연관이 된다. 자연 보호가 결국 인간을 살리기 위한 노력임을 이해시키고, 이에 적극적으로 참여하고, 문제점을 발견, 처리하려는 태도를 이 단원에서 배우도록 하여야 할 것이다.

『국민학교 교사용 지도서 국어 5-2』(문교부, 1986, p.116)

위 극본은 1980년대 산업사회의 환경오염 문제를 다루고 있다는 점에서 여타 극본과 다른 주제의식을 보인다. 산업의 발달에 따른 공해 문제가 사회적으로 대두되기 시작하면서 환경 보호 교육이 절실해진 현실을 반영한다. 대부분 정신적 가치를 다루던 전 시기 작품과 달리 인간의 실생활과 당면 과제를 다룬 작품이라는 점에서 주목된다.

특히 이 극본은 시청각적 요소와 효과음의 기능이 극의 전개상 주요한 역할을 한다는 점이 주목된다.

(20) ① 100쪽 : 뒷면이 갈대밭으로 우거져 있고, 멀리 높이 솟은 굴뚝이 검은 연기를 뿜어 내고 있다. ② 106 쪽 : 백조들의 무대가 사람들의 무대로 바뀐다. ③ 109쪽 : 다시 백조들의 무대로 바뀌고, 이 장면 안에서 110쪽까지 다른 장면이 조명으로 처리되고 있다. ④ 112쪽 : 끝까지 백조와 사람들이 한 무대에 나오고 있다.

<날지 못하는 백조>(『국어 5-2』, 1985, pp.100~113)

위의 내용은 <날지 못하는 백조>의 장면 변화 지점이다. 이 극본이 '환경오염'의 문제점을 다루고 있다는 점에서, 중심 장면은 1막에 제시된 ①번으로서[52] 극의 개막 장면이 문제의식을 드러내는 장면으로

부터 시작되고 있다. 또한 이어지는 장면의 변화는 극 내용의 변화상과 긴밀히 연결된다고 할 수 있다. 즉 백조만이 등장하는 무대는 환경의 오염은 백조만의 문제이며, 사람들이 무대에 나오면서, 오염의 문제는 백조만의 문제가 아니라 사람들의 문제도 된다는 것을 의미한다.[53] 여기에서 사람들이 문제를 해결하려는 노력을 보이게 되고, 그 해결 과정을 이해하는 것이 이 극본이 전달하려는 주제의식이라 할 수 있다.

또한 이 단원에서는 '효과음과 음악'이 극적 효과에 지대한 영향을 끼치고 있다.

> (21) ⑤ 효과음, 음악의 구실 알기 : ○ 다시 한 번 차근차근 읽어 가면서 ( ) 안에 들어 있는 효과음이나 음악이 어떤 구실을 하는지 생각해 보게 한다./ · 102 : 4~6(효과음) : 아버지의 등장을 알리는 구실을 한다./ · 104 : 6~8(효과음, 음악) : 바로 뒤에 일어날 일을 예고한다./ · 109 : 8(음악) : 그 장면의 사건과 분위기를 나타낸다./ · 110 : 5~6(음악) : 그 장면의 사건과 분위기를 나타낸다./ · 112 : 17(음악) : 사건의 해결을 예시하고 있다.
>
> 『국민학교 교사용 지도서 국어 5-2』(문교부, 1986, p.101)

위의 내용과 연결하여 실제 극본의 효과음 및 음악을 제시해 보면 먼저 교과서 102쪽 4~6째 줄의 효과음은 다음과 같은 내용이다.

> (22) (이 때, 멀리서 "애들아, 이리들 오너라. 먹이를 가져왔다." 하는 소리가 들린다) (하략)
>
> <날지 못하는 백조>(『국어 5-2』, 1985, p.102)

---

52) 문교부(1986), 『국민학교 교사용 지도서 국어 5-2』, 국정교과서주식회사, pp.100~101.

53) 문교부(1986), 앞의 책, p.101.

위의 내용은 일종의 '무대리' 효과로, 아버지의 등장을 예고하는 기능을 담당하고 있다. 다음 교과서 104쪽 6~8째줄의 효과음과 음악은 다음과 같다.

(23) (아이들이 물고기를 먹기 시작하는데 기계가 돌아가는 굉음이 울리다가 격렬한 음악으로 바뀐다.)

<날지 못하는 백조>(『국어 5-2』, 1985, p.104)

인용문은 바로 뒤에 일어날 아버지의 죽음을 예고하는 효과음과 음악이라 할 수 있는데, 기계의 굉음, 격렬한 음악 등은 불길한 전조를 예감케 하는 효과를 낳고 있다. 이어지는 109쪽 8째 줄의 음악은 비극적인 분위기를 조성하는 효과로서 작용하는데, 아래와 같은 지시문이 나타나 있다.

(24) (이 때, 감시원이, 죽은 아버지 백조를 안고 들어 온다. 슬픈 음악 잠시 흐르다 뚝 그친다.)

<날지 못하는 백조>(『국어 5-2』, 1985, p.109)

위의 '슬픈 음악'은 아버지 백조의 죽음이라는 비극적인 사건과 그에 따른 슬픔의 정조를 극대화하는 효과로서 기능하고 있다.

기타 교사용 지도서의 예시에는 나타나 있지 않으나 109쪽의 9~10째 줄에도 다음과 같은 지시문이 제시되고 있으며, 다음 사건을 예고하는 효과로서 작용하고 있다.

(25) (격렬한 음악이 높아지면서 무대가 어두워지고 환한 빛 기둥이 갈대 속의 백조들만 드러낸다.)

<날지 못하는 백조>(『국어 5-2』, 1985, p.109)

위의 지시문은 음악과 조명이 함께 기능을 발휘하는 장면으로서, 비극적인 음악이 흐르는 가운데, 아버지의 주검을 앞에 둔 백조 가족이 하이라이트(high-light)를 받는 부분이다. 이러한 시각적 장치는 극의 비극성을 보다 극대화시키는 효과로 작용한다. 112쪽의 5~6째 줄의 음악 또한 극적 효과를 부각시키는 기능을 담당하는 예에 속한다.

> (26) (어머니 백조의 말이 소리로만 들리며 환상적인 조명 속에 은은한 왈츠곡 흐르고, 그에 맞춰 춤추는 백조 떼. 그 속에 어머니 백조와 아버지 백조가 있고, 잠시 후 다른 백조들 흩어지면 두 마리만 가운데서 행복한 표정으로 춤춘다)
>
> <날지 못하는 백조>(『국어 5-2』, 1985, p.109)

위의 장면은 과거 행복했던 백조 가족의 모습을 보여주는 환상 장면이다, '환상적인 조명'에 '은은한 왈츠' 음악은 과거 아버지 백조와 어머니 백조의 행복했던 시간을 부각시키는 효과를 준다. 이러한 분위기는 일종의 '희비극적 기법'으로서, 앞 뒤 대조적인 장면 사이에 배치됨으로써 극적 분위기를 더욱 비극적으로 배가시키는 효과를 낳고 있다. 마지막 112쪽 17째 줄의 음악은 사건의 해결을 예시하고 있는 효과로서, 다음과 같이 제시되어 있다.

> (27) (백조들을 부축하고 퇴장하면, 무대는 환상적인 분위기로 바뀌면서 '백조의 노래'가 흐르고, 백조들이 나와 춤을 춘다)
>
> <날지 못하는 백조>(『국어 5-2』, 1985, p.112)

위의 '백조의 노래'는 개막 장면에서도 배경 음악으로 사용되었던 곡이다. 위의 장면은 백조 가족들이 건강을 회복하여 고향으로 가게 되는 다음 장면과 연결되고 있다. 종막 장면에서 개막 장면과 같은 노래를 배치함으로써 사건 해결을 암시하고 있는 것이라 하겠다.[54] 보다시피 <날지 못하는 백조>에서는 무대 장치, 효과음과 배경 음악 등 시청각적 요소가 극의 진행에 있어서 주요한 기능을 담당함을 알 수 있다.

<섬 마을의 전설>(6-1) 또한 4차에 새로 수록된 극본으로서 주평의 대표적인 자전적 생활극이다. 총 1막 3장의 단막극으로 다음과 같이 수록되어 있다.

[그림 31] 〈섬 마을의 전설〉
(『국어 6-1』, 1987, p.152)

(28) [나오는 이들] 덕호(물에서 온 어린이), 재덕, 닻줄이, 장수, 차돌이, 순이, 복남(섬 마을에 사는 어린이) (중략) <제1장> 막이 열리면, 바닷가에 쌓아 놓은 그물과 가리 앞에서 재덕이가 삿대(해삼 잡을 때에 쓰는 창)를 고치고 있다. 파도 소리는 자장가처럼 들려 오고, 멀리서 화물선의 뱃고동 소리가 들린다. 복남이와 순이, 바구니를 들고 나타난나.

순이 (다가오며) 삿대가 망그러졌구나. (중략)
복남 왜라니? 오늘 밤 당집 제사 대에 쓸 재수란 말이야.
재덕 그렇다고 만지지도 못하니?

<섬마을의 전설>(『국어 6-1』, 1987, pp.152~153)

<섬 마을의 전설>은 허황된 전설과 이에서 빚어지는 갈등과 무지를 다룬 작품으로, 주인공 덕호가 '당집'을 태움으로써 미신을 타파한다는 내용이다. 이 극본 역시 여타 초등 교과서 극본과 달리, 현실적인 소재와 사실적인 인물이 등장하고 있다는 점이 특징적이다.

이상 살핀 바와 같이, 4차 신단원에 속하는 <날지 못하는 백조>와 <섬 마을의 전설> 등은 기존 극본과 달리 주제면에서 확산된 경향을 보인다. 도리와 예, 인간관계 등 정신적 가치만을 다룬 기존 희곡과

54) 문교부(1986), 앞의 책, p.100.

달리, 환경 보호, 미신 타파 등 현실적인 문제들을 다루고 있기 때문이다. 특히 <날지 못하는 백조>는 시청각적 요소가 부각된 연극성이 강한 희곡이라는 점에서 특징적이라 할 수 있다.

나. 극본 학습활동 : 극화학습의 강화

4차 국어과 교육과정의 가장 큰 특징은 국어과의 배경 학문으로서 수사학, 언어학, 문학을 제시한 점과 국어과의 내용 영역을 종래와 달리 '표현 · 이해', '언어', '문학'으로 삼분한 점이다.[55] 4차 교육과정기 국어과 교육은 ① 언어 사용 기능의 신장 강화, ② 문학 교육의 강화, ③ 언어 교육의 체계화, ④ 작문 교육의 강화, ⑤ 가치관 교육의 내면화 등을 지향하며, 영역별로는 ① 표현 · 이해, ② 언어(국어에 관한 지식), ③ 문학(문학에 관한 지식과 문학 작품의 이해 및 감상) 으로 나뉜다.[56] 여기에서 문학 부문 교수요목은 3차와 동일하게, '문학에 대한 지식과 문학 작품의 이해 및 감상'에 중점을 두고 있다. 이러한 국어과 교육의 교수요목 하에 4차 교과서에 수록된 희곡의 단원 목표는 다음과 같이 제시되고 있다.[57]

[표 16] 4차 『국어』 국내 창작극 단원 목표

학년	작품	단원 목표
4	석수장이	· 극본을 바르게 이해하고 감상할 수 있다. · 극본을 바르게 낭독할 수 있다. · 극화할 수 있다. · 극본을 보통 글로 고칠 수 있다. · 주어진 일을 성실하게 행하는 태도를 갖는다.

55) 손영애(2002), 「국어과 교육과정의 통시적 고찰」, 『21세기 국어교육학의 현황과 과제』, 한국문화사, p.32.

56) '4차 교육과정기 초등학교 국어과'(국가교육과정정보센터 http://ncic.re.kr).

57) 문교부(1986), 『국민학교 교사용 지도서 4-1』, 국정교과서주식회사, p.63; 문교부, 『국민학교 교사용 지도서 4-1』, 국정교과서주식회사, p.81.

5	숲 속의 대장간	· 극본의 특성을 알 수 있다. · 극본을 바르게 이해하고 감상할 수 있다. · 극본을 바르게 낭독하고 연극을 꾸밀 수 있다. · 보통 글을 극본 형식으로 고칠 수 있다. · 어려운 처지에 있는 사람을 협동하여 도와주려는 태도를 기른다.
5	새로 나온 달님	· 극본의 내용을 알 수 있다. · 내용과 관련된 것을 여러모로 생각할 줄 안다. · 극본의 특성을 안다. · 극본을 낭독할 수 있다.
5	날지 못하는 백조	· 글의 내용을 알 수 있다. · 글의 내용과 관련된 사실을 여러모로 생각할 수 있다. · 낭독을 바르게 할 수 있다. · 말하려는 내용을 바르게 말할 수 있다. · 연극을 할 수 있다. · 극본의 특성을 알 수 있다.
6	섬마을의 전설	· 극본을 읽고, 대강의 내용을 파악할 수 있다. · 극본의 내용을 알 수 있다. · 극본을 바르게 낭독할 수 있다. · 극본의 특성을 알 수 있다. · 극본을 연극으로 표현할 수 있다. · 전통문화와 전설 등에 관하여 올바른 태도를 가진다. · 보통 글을 극본으로 바꾸어 쓸 수 있다.

위의 단원 목표에서는 극본이라는 장르적 특성에 대한 이해, 낭독하기, 극화하기 등 3차와 유사한 내용을 보인다. 여기에 4차에 들어 새롭게 추가된 부분은 '극본을 보통 글로', '보통 글을 극본으로' 각색하는 문제이다.

4차에서도 위의 단원 목표 하에 실제 학습활동상을 살피기 위해, 교과서 학습문제와 교사용 지도서의 지침서를 분석하고자 한다. 4차 교과서 학습문제는 <본문공부>란에 제시되고 있는데, '1. 내용 알기, 2. 더 생각해 보기, 3. 짧은 글짓기, 4. 말하기, 5. 낭독하기, 6. 연극하기, 7. 알아두기' 등의 7개 문항과 여기에 '말익히기', '글짓기', '글씨쓰기' 등의 란까지 추가되어 다양한 문제가 제시되고 있다. 이를 보면 4차 <본문공부>는 3차 <공부할 문제>에 비해 학습문제가 다양한 내용으로 증가되었음을 볼 수 있다. 여기에서도 극본 학습과 관련된 부분만을 집중적으로 살피고자 한다.

① 재수록 극본 학습활동 : <석수장이>, <숲 속의 대장간>, <새로 나온 달님>

<석수장이>의 <본문 공부>에서 극본 학습 중 주요 항목만 제시해 보면 [표 17]과 같다.

[표 17] 4차 〈석수장이〉(『국어 4-1』) 본문 공부

1. 내용알기 : (1) 나오는 이에 관하여 알아보자./ (2) 돌쇠가 한 행동의 까닭을 알아보자./ (3) 이 글의 짜임에 관하여 알아보자.(중략) (7) 극본의 형식에 대해 알아보자.(중략)
2. 낭독하기 : (1) 극본은 실제로 말하는 것처럼 읽는다./ (2) 대화하는 글에 나타나 있는 기쁨, 자랑스러움, 노여움, 미안함 등의 느낌을 잘 나타낸다.
3. 연극하기 : (1) 배역을 정한다./ (2) 인물의 말(대사)을 한다./ (3) 배역에 맞는 가면을 만들고 배경 그림을 붙여 무대를 꾸민다./ (4) 분위기와 내용을 잘 살리고, 동작이나 시늉 등에 주의하여 연극을 해 보자.
4. 알아두기 : (1) 연극을 하기 위하여 쓴 글을 극본이라고 한다./ (2) 극본에는 형식이 있다./ (3) 극본에는 비교되는 인물들이 등장한다.
⯐ 글짓기 : 1. 다음은 (가)의 극본을 (나)의 보통 글로 바꾼 것이다./ 2. 다음 극본을 보통 글로 바꾸어 보자.
<본문 공부>(『국어 4-1』, 1986, pp.70~71)

3차와 ([표 12]) 비교해 보면, 위의 문항들은 보다 구체적이고 다양한 문제들이라 할 수 있다. 실제 <본문 공부>를 보면, '내용알기'에서는 등장인물 및 구성의 문제를 통하여 내용을 파악하는 소항목들이 제시되고 있다. 즉 인물의 성격과 그 변화에 따른 행동상(action)의 파악, 주인공과 대비되는 인물, 즉 충돌을 야기시키는 대립적 인물군 찾기 등의 문항이 설정되어 있다.58) 이것은 갈등이 보다 첨예하게 제시

되는 극문학의 특성을 이해하는 주요 학습이라 할 수 있다.

한편 구성의 문제에 있어서도 장면 나누기, 내용상의 변화 지점 파악하기, 극본의 형식 이해하기 등 다양한 문항과, '이야기의 시작—이야기의 펼쳐짐—이야기의 끝맺음'이라는 삼분법으로 극본의 플롯을 파악하는 문제들도 포함되어 있다. '연극하기'에서는 배역 설정과 대사 암기, 의상 및 무대 배경 꾸미기, 연기하기 등 구체적인 극화학습을 보이기도 한다. 특히 마지막 '글짓기' 부분에서는 극본을 보통 글로 바꾸는 '문종 바꾸기' 학습이 보인다는 점이 주목된다.[59] 이러한 학습 내용을 보면, 3차에 비하면 극본 학습이 다양해지고 심화되었음을 알 수 있다.

교사용 지도서에서는 이 단원의 설정 취지를 다음과 같이 밝히고 있다.

> (29) 4학년 학생들은 연극에 관해 강한 흥미와 호기심을 가지고 있다. 또 극본 형식의 글을 읽어 본 경험을 약간은 가지고 있어서, 이 글이 지니는 특성을 어렴풋이나마 짐작하고 있다. 이를 바탕으로, 이 단원에서는 극본의 성격과 특성을 이해하여 바르게 감상하도록 하였다. 그리고 극화과정을 거쳐 폭넓은 언어활동을 경험하도록 하였다. (중략) 글짓기에서는 극본을 보통 글로 바꾸는 학습을 통해 극본의 형식적 특성을 더욱 분명히 깨닫도록 하였다.
>
> 『국민학교 교사용 지도서 국어 4-1』(문교부, 1986, p.63)

위의 글을 정리하면, <석수장이>는 저학년에서 습득한 기초적인 극본 학습을 토대로 '올바른 감상'과 '극화과정'을 통해 언어활동을 경험하며, 문종을 바꿈으로서 극본의 형식적 특성을 깨닫는 데 목표를 둔 단원이다. 이러한 학습 목표가 <본문 공부>의 문제에 반영되어

58) <본문 공부>(『국어 4-1』, 1987, p.70).
59) <본문 공부>(『국어 4-1』, 1987, pp.70～71).

3차와 달리 극화하기 학습이 강화되고 각색의 문제가 새로이 추가된 것이라 할 수 있다. 특히 아래의 '지도상의 유의점'을 보면, 실제 실연할 수 있는 기능적인 면을 중시하고 있음을 알 수 있다.

> (30) ○ 지도상의 유의점 : 연극을 통해 종합적인 언어 기능 신장의 효과를 거둘 수 있으므로, 이 단원에서는 반드시 극화학습을 하도록 한다. 내용 연구 등의 독해력 증진의 면보다는 오히려 연극을 할 수 있는 기능적인 면의 지도에 더 많은 비중을 두어야 할 것이다. 효과적으로 극화하려면 인물들의 성격을 잘 파악하는 것이 첩경임을 알도록 지도한다.
>
> 『국민학교 교사용 지도서 국어 4-1』(문교부, 1986, p.63)

위의 글은 내용 파악 및 장르적 특성을 이해하는 데만 중점을 둔 3차의 학습 목표와 변별되는 지점을 보여준다. 이 수업은 총 7차시로 3차에 비해 교육 시간도 증가했는데,[60] 이것은 극화학습이 비중이 높아진 데서 기인한 것이라 하겠다.

교사용 지도서를 통해 극화학습의 실제를 살펴보면, 연극 지도라는 측면에서 주목되는 내용들이 제시되어 있다. 지도 단계는 '1. 낭독하기, 2. 극화학습 계획, 3. 극화학습 하기' 등으로 먼저 '낭독하기'에서는 무대 연습 과정과 연결하여 단순한 읽기가 아닌 대사로서 낭독하기를 강조하며, '극화학습 계획'에서는 배역(cast) 뿐만 아니라 분담(staff) 역할, 즉 연출, 의상 및 도구 담당, 음악 효과, 무대 장치 등을 담당하는 학생들을 정하게 하고 있다.[61]

역할 분담 후 연습이 진행되는데, '① 연습 시간, ② 연습 방법, ③ 의상 및 도구, ④ 음악 및 효과 부분, ⑤ 무대 꾸미기' 등으로 나누어 각각 계획해야 할 것을 제시하고 있다. 실제 교수 지침서에는 각각에

---

60) 문교부(1986), 『국민학교 교사용 지도서 국어 4-1』, 국정교과서주식회사, p.63.
61) 문교부(1986) 앞의 책, p.70.

대한 상세한 지침 내용을 보여 주목된다.

(31) · 의상 및 도구 : 그 인물을 상징적으로 나타낼 수 있는 간단한 도구로 의상을 대신할 수도 있다. 예를 들면, 임금 같으면 종이로 만든 왕관을 머리에 쓰는 것만으로 족할 수도 있다. 그 밖에, 종이에 등장인물을 상징하는 가면을 그려 쓰는 것만으로 의상을 대신할 수도 있다.

· 음악 및 효과 : 음악으로는, 분위기를 살릴 수 있는 곡이면 어느 방법이든지 동원할 수 있다. 카셋트 녹음기를 사용하는 방법, 하모니카, 피리 등을 무대 옆에서 불어주는 방법/효과(음향)는 간단한 소도구를 이용한다.-천둥 소리 : 큰 북 등, 적당한 소도구가 없으면, 학생 중에서 입으로 효과음을 낼 수 있는 학생을 선정할 수 있다.

『국민학교 교사용 지도서 국어 4-1』(문교부, 1986, p.71)

위의 글은 상연 시 배우의 의상과 무대 효과를 구체적으로 지도하는 내용이다. 여기에 덧붙여 일종의 연기지도 부분이라 할 수 있는 '연습지도'가 제시되고 있다.

(32) ③ 연습 지도 – 돌쇠 : (발걸음을 옮기며) 저것 봐. 콩알 만한 열매들이 눈 깜짝할 사이에 주먹만하게 커지네. 여봐라, 서쪽 나라에도 태양을 비추어라. • 평소의 걸음보다는 큼직큼직하게 걸으며 왔다 갔다 한다. 처음 말은 독백이지만 소리를 크게 해야 한다. '여봐라'에서는 방향을 바꾸며 크게 한다. / 사자 3 : 예.(머리에 천을 두른, 수염이 긴 사자가 뛰어나와 태양의 등으로 무대의 왼쪽을 비춘다. 그러나 사자 3이 든 태양의 등이 곧 꺼지고 만다.) • 대답은 크고 길게 빼도록 한다./ • 태양의 등으로는 랜턴을 사용한다. 사자의 걸음걸이는 겅중겅중 행동을 크게 하여 과장하도록 한다.

『국민학교 교사용 지도서 국어 4-1』(문교부, 1986, p.72)

위 예문은 연습하기 단계 중 일부를 인용한 것인데, 연기 및 소도구 활용 등의 지도 내용은 전 시기에서 볼 수 없는 구체적인 지도안이다. 이러한 연습 단계를 거쳐 실제 연극하기가 이어지는데, 각 분단이 연기를 하면 나머지 분단은 이를 감상하도록 되어 있다. 그리고 상연 이후에는 '연극 감상 기준표'를 작성케 하여 분석적인 감상을 유도하고 있다.

[표 18] 연극 감상 기준표(문교부, 1986, p.73)

	항목	20	18	16	14	12
1	전체적인 느낌(극본 소화 정도)	○				
2	대사 및 동작			○		
3	무대 장치 및 도구 활용			○		
4	행동하며 공연하는 태도	○				
5	관객의 감상하는 태도		○			
계		88점				
※ 특별히 잘 된 점 :		좀 아쉬운 점 :				

[표 18]과 같이 기준표를 제시하며 배역을 잘 소화했는가, 대사 및 동작은 어떠했는가, 무대 장치 및 도구들은 적절했는가 등에 관한 관극평을 점수로 매기게 하고 있다. 또한 이를 바탕으로 분단별로 상호 자유롭게 느낀 점을 발표하고 토론하는 등의 수업이 진행된다.62)

지금까지 살펴본 바, 4차 교육과정기 <석수장이>의 학습활동은 전 시기에 비해 극화학습이 보다 강화되었으며, 이전 시기보다 체계적이고 실제적인 학습활동으로 구성되어 있다. 이것은 극화학습이 국어교육적 측면에서 보다 중시되고 있음을 의미한다.

(33) 국어교육과 연극 : 학교 생활에서 산 언어생활을 주기가 무척 어려운데, 극화 활동은 이러한 점을 보완해 준다. 연출 과정이나 상연을 통해 올바

62) 문교부(1986), 앞의 책, pp.73~74.

> 른 발성과 발음을 하게 되고, 그 말이 가지는 뜻과 문장 전체가 가지는 뜻을 깨우치게 한다. 이와 같은 점은 곧 우리가 국어 공부에서 중요하게 내세우고 있는 말하기, 듣기, 읽기를 연극을 통하여 배우게 됨을 의미한다. 한편, 전기나 이름난 동화를 극본으로 꾸며 연극을 하면 책을 몇 천 번 읽어 깨우치는 힘보다 더 낫다.
>
> 『국민학교 교사용 지도서 국어 4-1』(문교부, 1986, p.74)

위의 글은 극화학습이 '말하기', '듣기', '읽기' 등 국어교육적 측면에서 어떠한 실효성을 거두는지를 보여주는 내용이다. 극문학에 대한 이러한 관점은 4차에 이르러 보이기 시작한 지도 내용이기도 하다. 극본을 문학의 한 장르로만 다루었던 전 시기의 교육 입장과는 차이를 보이는 것이라 할 수 있다.[63]

4차 <숲 속의 대장간>도 <본문 공부>에서 '내용알기, 더 생각해 보기, 낭독하기, 연극하기' 등 <석수장이>와 마찬가지로 새로운 문제 유형과 다양한 질문으로 극본 수업과 극화학습이 강화된 현상을 보인다. 즉 행동과 성격과의 관련성을 파악하는 학습, 구체적인 낭독학습(실제로 말하는 것처럼 대화, 즐거움, 노여움, 놀람 등 감정을 살려, 띄는 곳과 쉬는 곳에 유의하여) 등은 4차에 들어 새롭게 제시된 부분이기도 하다. 또한 '글짓기' 부분에서 <숲 속의 대장간>의 내용을 '보통 글'로 제시하고, 극본으로 바꾸는 각색 활동을 보여 주목된다.[64]

한편 4차 교사용 지도서를 보면, 이 단원은 총 7차시 수업으로 구성되어 있으며, 단원 개관은 다음과 같이 제시되고 있다.

---

63) 윤금선(2013),「初等 國語 教科書의 劇文學 關聯 題材 研究-教授要目期 教科書를 中心으로-」,『語文論文』 제41권 2호, 한국어문교육연구회, p.75.

64) <본문 공부>(『국어 4-2』, 1986, pp.70～71).

(34) 이 제재에서는 낭독과 연극을 지도하고 극본의 특성을 이해시켜, 극본을 독해, 감상하는 능력을 기르도록 하였다.(중략) 글짓기에서는 보통 글을 극본 형식으로 고치는 학습을 하였다. 이런 과정은 극본 창작을 지도하기 위한 것이 아니고, 극본의 형식을 이해하고 짓기 능력을 기르기 위한 것이다.

『국민학교 교사용 지도서 국어 4-2』(문교부, 1986, p.81)

위의 내용에서 이 단원은 낭독과 연극지도, 극본 형식 익히기 등이 학습 목표임을 알 수 있다. 그 구체적인 지도 내용을 살펴보면, 첫째, '낭독지도' 수업에서는 아래 예문과 같이 구체적인 읽기 연습을 유도하고 있다.

(35) • 할머니 "애, 꼬마야! ~귀가 먹었나?" —의아한 듯이/ • 꼬마 "제가~ 먹어요?" —항변하듯이/ • 할머니 "우리 칼부터 ~갈지." —칭찬, 회유하는 말투로(중략)/ • 참새들 "대장간의 도련님(합창)~" —흥겹게

『국민학교 교사용 지도서 국어 4-2』(문교부, 1986, p.89)

지도서의 기타 내용에는 위와 연결하여 '대사 익히기'에 대한 상세한 지침 내용이 나타나 있는데, 올바른 발성법, 소리의 높낮이 및 속도 조절, 뜻에 담긴 감정 살리기, 대사에 부가된 문장 부호의 의미 파악하기 등 대사에 대한 구체적인 지도안이 제시되어 있기도 하다.[65)]

둘째, '연극지도' 수업에서는, '준비하기—연극하기—평가하기' 등의 3단계로 연극 과정이 제시되어 있다. 이러한 극화 수업은 1학기 <석수장이>와 거의 유사한 형태로 이루어진다. 여기에 덧붙여 연극에 대한 정의와 극본, 인물, 연기자, 장치, 조명 등 극본 관련 이론들을 총괄적으로 지도하는 교수 지침서가 추가되고 있다.[66)]

---

65) 문교부(1986), 『국민학교 교사용 지도서 국어 4-2』, pp.91~92.

66) 문교부(1986), 앞의 책, p.92.

셋째, '극본 형식 익히기' 수업에서는 다음과 같이 구체적인 각색 과정을 보이고 있어 주목된다.

(36) 토끼가 숲 속에서 뛰어와서 꼬마에게 살려 달라고 애원하였다. 꼬마는 토끼에게 어디서 불이 났느냐고 물었다. 그러자 토끼는 사냥꾼이 쫓아온다고 대답하였다. → 토끼가 숲 속에서 뛰어나온다.(바탕글)/ 토끼가 꼬마에게 살려달라고 애원한다.(대화하는 글)/ 꼬마가 토끼에게 어디서 불이 났느냐고 묻는다.(대화하는 글)/ 토끼는 사냥군이 온다고 대답한다.(대화하는 글)

토끼 : (숲 속에서 뛰어나오며) 살려 주셔요, 살려 주셔요. 꼬마 : 왜, 그러니? 어디서 불이라도 났니? 토끼 : 사냥군이 쫓아와요.

『국민학교 교사용 지도서 국어 4-2』(문교부, 1986, p.96)

위의 글짓기는 '보통 글을 극본으로' 바꾸게 하는 지도 내용이다. 역으로 '극본을 보통 글로' 바꾸는 학습은 극본의 지시문을 지문화하고, 대사는 큰 따옴표, 말줄임표 등을 적절히 사용하면서 대화체로 바꾸게끔 지침서를 마련하고 있다.

<새로 나온 달님>의 학습 문항도 앞선 극본과 같이, '내용알기, 더 생각해 보기, 낭독하기, 연극하기' 등의 체재 하에 유사한 패턴의 학습활동을 보이나, 3차에 비해 극본을 이해하는 학습이 보다 부각된 측면을 보인다.67) 이와 관련하여 교사용 지도서에서는 다음과 같이 밝히고 있다.

(37) 극본은 4학년에서 '석수장이', '숲 속의 대장간'을 통해 배워 왔다. 이 단원에서는 4학년에서 배운 학습을 기반으로 보다 발전된 단계의 극본을 학습하도록 하기 위한 것이다. 이 단원의 학습은 최종적으로는 극본을 이해하

---

67) <본문 공부>(『국어 5-1』, 1986, pp.106~109).

고 감상하는 능력을 기르는 데 그 목표가 있다. 그러므로 사건이 무엇이며, 그 사건의 원인, 인물의 성격과 행동장면의 바뀜 등을 중점적으로 학습시키게 되며, 이러한 학습을 통해서 극본의 감상 능력이 훌륭하게 길러질 것이다.
『국민 학교 교사용 지도서 국어 5-1』(문교부, 1986, p.105)

위의 내용을 참조하면, 바로 전 학년인 4학년의 경우(<석수장이>, <숲 속의 대장간>) 극본 학습활동의 주안점은 '연극을 할 수 있는 기능적인 면'[68]을 중시했다. 그런데 상급 학년인 5학년에서는 '극본 이해 및 감상 능력'을 신장하는 것이 교육 목표이다. 이에 따라 실제 수업 지도안에서도 극화학습인 '연극하기'는 축소되고, 사건과 그 원인, 장면에 따른 성격 변화, 사건 해결 방식의 파악, 극본의 특성에 대한 지도가 중심이 되고 있다.

실제 지도에서 이 단원은 총 6차시로 진행되는데 이를 정리하면, 1차시는 사건의 원인을 파악하는 것과, 장면의 바뀜을 파악할 수 있도록 하는 것이 수업 목표이다. 또한 2차시에는 장면의 바뀜과 사건과의 관계, 인물이 생각과 사건의 관계들을 학습하게 하고 있다. 3 - 4차시에는 인물 사이의 유사점과 차이점 파악하기, 인물의 성격 이해하기, 제목과 장면과의 관계 알기 등 <본문 공부>의 문제를 해결할 수 있도록 하는 지도 내용을 보인다.[69]

특히 5~6차시는 성격과 상황에 맞게 낭독하기, 인물의 동작과 표정을 나타내며 '낭독하기' 등이 주요 학습이며, 여기에서 교사가 다음과 같이 연극의 특징을 설명하도록 지시하고 있다.

(38) ○ 아래 사항을 정리, 설명하도록 한다.
· 낭독이 라디오의 방송극과 같은 것이라면, 동작을 곁들일 때에는 TV의 극

---

68) 문교부(1986), 『국민학교 교사용 지도서 국어 5-1』, 국정교과서주식회사, p.63.
69) 문교부(1986), 앞의 책, p.105.

과 같은 것이 된다. 낭독이 청각에만 의존하는 데 비하여, 동작을 붙이면 시각까지 동원하게 되므로 그 효과가 더욱 커진다.

· 동작은 자연스럽게 해야 보는 사람이 부담을 느끼지 않는다.

· 배역을 맡은 사람은 극 속의 인물과 같은 상황에 놓여 있다고 생각해야 실감 있는 동작과 표정을 지을 수 있다.

『국민학교 교사용 지도서 국어 5-1』(문교부, 1986, p.111)

위의 내용에서 낭독을 '라디오 방송극'으로, 동작을 덧붙이는 것을 'TV 드라마'로 비유한 점이 흥미롭다. 이는 시청각적 요소가 지배적인 극문학의 장르적 특성을 학생들에게 이해하기 쉽게 설명한 것이라 할 수 있다. 이 외에도 지도서에서는 극본이 연극을 전제로 한 문학이라는 점을 설명하고, 학생들로 하여금 지문과 대사 부분을 구별하게 하며, 이를 본문에서 찾아보게 하고 있다. 기타 '발단－전개－절정－전개' 등의 플롯과 극본을 읽는 요령, 연극 용어 등을 교육 내용으로 제시하고 있는데, 이는 앞선 4학년 극본 활동과 유사하다.

지금까지 살펴본 4차 교육과정기 <석수장이>, <숲 속의 대장간>, <새로 나온 달님> 등 재수록 극본의 학습활동을 요약하면, 먼저 교과서 <본문 공부>의 학습활동은 '내용알기, 더 생각해 보기, 낭독하기, 연극하기' 등으로 3차 시기보다 문항이 다양해졌고, 각각의 항목의 질문도 구체화되었음을 볼 수 있다. 여기에 '글짓기' 부분을 새로이 추가하여, 각색의 문제를 다루면서 '극문학의 특징'을 경험적으로 파악하게 하고 있다. 특히 교사용에 지도서에는 <새로 나온 달님> 외에 연극지도가 구체적으로 제시되고 있어, 극화학습을 중시함을 볼 수 있다. 결론적으로 4차 학습활동은 극화학습이 강화되고, 극문학의 본질을 이해하는 학습이 보다 심도 있게 제시되었다고 하겠다.

② 4차 신단원 극본 학습활동 : <날지 못하는 백조>, <섬마을의 전설>

<날지 못하는 백조>는 4차에 새로 도입된 극본으로서 <본문 공부>에서는 다음과 같은 문제들을 다루고 있다.

[표 19] 4차 〈날지 못하는 백조〉(『국어 5-1』) 본문 공부

1. 내용알기 : (1) 이 극본에 나오는 인물은 몇 명인가?/ (2) 이 극본에서 장면은 몇 번 바뀌는가?(중략)/ (5) 가장 극적인 부분은 어디인가?
2. 더 생각해 보기 : (1) 무대 장면이 중심 생각을 어떻게 암시하고 있는지 생각해 보자./ (2) 조명이 극의 진행에 어떤 일을 하는지 생각해 보자.
3. 낭독하기 : (1) 대화하는 글과 바탕글을 구별하여 읽어 보자./ (2) 문장 부호에 유의하여 읽어 보자./ (3) 장면과 인물의 성격에 맞게 읽어 보자.
4. 연극하기 : (1) 배역을 나누어 맡아 연극을 해 보자./ (2) 극본에 나오는 이의 성격과 장면에 맞게 동작과 표정을 해 보자./ (3) 연극의 감상을 발표해 보자. / 5. 알아두기

<본문 공부>(『국어 5-1』, 1985, pp.114~115)

위에 제시된 '1. 내용알기'에서는 등장인물의 수와 장면 변화 지점, 극적인 부분 등을 파악하는 것으로서 극본 내용을 파악하는 학습활동이다. '2. 더 생각해 보기'에서는 무대 장면과 중심 생각과의 관계, 조명과 극의 진행상의 효과를 묻는 문제 등으로, 특히 무대 장치와 연결하여 극의 변화상을 파악케 한다는 점이 주목된다.

'3. 낭독하기'에서는 대사와 지시문을 구별하여, 문장 부호에 유의하며, 장면과 성격에 맞게 낭독하는 것으로서 일반적인 극본 학습활동이다. '4. 연극하기'에서는 배역을 나누고, 동작과 표정을 적절히 하여 연극하고, 연극 후 감상을 발표하는 등의 극화학습을 보인다.

특히 '5. 알아두기'에서는 극본의 특성을 다음과 같이 정리하고 있다.

(39) 1 극본의 구성은 사건의 발생과 그 해결 과정이 중심이 된다.
2 사건의 원인은 사회적인 문제에서 발생하기도 한다.
3 장면의 변화는 사건의 변화와 관련이 깊다.
<본문 공부>(『국어 5-1』, 1985, p.115)

위의 내용은 희곡의 구성, 갈등, 장면화 등을 정리한 내용이다. 특히 2번에서는 <날지 못하는 백조>가 사회적 갈등을 다루고 있음을 보여준다.

교사용 지도서용에서는 이 단원에 대한 개관을 다음과 같이 제시되고 있다.

(40) 이 단원은 1학기의 '새로 나온 달님'과 관련하여 관련지어 극본의 짜임을 중심으로 한 극본의 이해와 감상에 중점을 두고 구성하였다. 따라서, 전 학기까지 배운 극본에 대한 지식을 정리하고 심화하는 단계로서 이 단원을 지도하여야 할 것이다. (중략) 이 단원을 통하여 극본의 기본 형식을 알 수 있으며, 장면의 환상적 처리, 그리고 음악이나 해설자가 어떤 역할을 하는지 알 수 있을 것이다.
『국민학교 교사용 지도서 국어 6-1』(문교부, 1986, p.98)

위의 내용에 비추어 보면, 특히 이 단원에서는 극의 효과적인 측면을 주시하고 있음을 알 수 있다. 구체적인 지도안에서도 효과음, 음악 그리고 환상적인 장면이 나올 경우, 반드시 무대 장면을 연상시키면서 지도하도록 지침이 제시되어 있다.[70]

이 단원은 총 5차시에 걸쳐 학습하도록 되어 있는데, 1~2차시에는 극본의 내용 파악으로서 사건의 ① 원인 알기, ② 장면의 바뀜 알기, ③ 장면과 사건의 중요성 알기, ④ 중심 생각 알기, ⑤ 효과음, 음악의

70) 문교부(1986), 『국민학교 교사용 지도서 국어 6-1』, 국정교과서주식회사, pp.101.

구실 알기 등으로 나타난다. 1~2차시의 교수 내용은 여타 극본의 내용 파악 학습과 유사하다. 그런데 앞서 수록 양상에서도 살핀 바, 이 극본에서는 특히 무대 장면 변화와 효과음의 역할이 크다. 이에 그 기능을 파악하는 ③과 ⑤의 학습활동을 중시하고 있다.[71]

3~5차시의 수업 목표는 글의 내용과 관련 사실을 파악하기, 낭독하기, 극본의 주제 설명하기, 극본과 연극과의 관계 이해하기, 연극하기, 극본의 특성 파악하기 등이다. 이러한 활동은 크게 '극본의 내용 파악'과 '연극하기'로 나눌 수 있는데, 그 지도 내용은 일반 극화학습의 내용과 대동소이하다. 낭독학습은 '대사읽기'의 방법을 차용하여 발성법, 소리의 높낮이, 문장 부호, 발화 속도 등으로 구체적인 지도 내용을 보이며, '극본을 읽는 요령'을 통해 극본의 전반적인 이해와 관극평까지 유도하고 있다는 점이 특징적이다.[72]

<섬 마을의 전설>의 <본문 공부>도 4차 교육과정기 여타 극본 학습활동과 유사한 틀이다.[73] 그런데 직전에 다룬 <날지 못하는 백조>가 대사보다 시청각적 요소가 부각된 극이라면, 이에 반해 <섬 마을의 전설>은 인물들의 주고받는 대사가 중시되는 일종의 '화술극'이다. 이러한 특징으로 인해 여타 극본에 비해 대사에 대한 이해가 주요 학습에 속한다.

교사용 지도서를 보면, <섬 마을의 전설>은 총 7차시에 걸쳐 지도하도록 되어 있는데, 차시별 교육 내용의 특징적인 면만을 살펴보겠다. 먼저 1차시의 수업 목표는 여타 극본과 같이 내용 파악에 중점을 두고 있다. 여기에서 구체적으로 진행되는 수업 내용을 보면 극본의 구성 파악이 주요 활동에 속한다.

---

71) 문교부(1986), 앞의 책, pp.100~101.
72) 문교부(1986), 앞의 책, pp.104~105.
73) <본문 공부>(『국어 6-1』, 1987, pp.170~171).

(41) ① 극본의 구성을 알기 : ○ 학생들 나름대로 알아본 극본의 구성을 발표하게 한다. 교사는 학생들이 발표한 것을 다음과 같이 정리해 준다.

・발단 : 어느 외딴 섬 마을의 어린이들이 당집 제사 준비에 바쁘다./ ・전개 : 미신을 믿고 있는 어린이들에게 재덕이는 따돌림을 받는다. 덕호는 이 미신의 세계에 도전한다./ ・위기 : 미신을 믿게 한 낚시 할아버지에게 덕호는 완강히 저항한다./ ・절정 : 갈매 언덕으로 간 덕호와 재덕이는 바위 신령을 쓰러뜨렸다 ・결말 : 재덕이의 누명이 씻겨진다. 섬 마을 어린이들 간에 화해가 이루어지고, 미신의 속박에서 벗어난 마을은 축제를 벌인다.

『국민학교 교사용 지도서 국어 6-1』(문교부, 1986, p.145)

위의 내용에서 주목되는 점은, 극본의 구성을 5단 구성으로 정리하고 있다는 것이다. 이전까지의 극본은 '위기' 단계가 없는 주로 4단 구성이었다. 반면에 <섬 마을의 전설>의 경우는 5단 구성이 적용된 극본이라 할 수 있다. 그만큼 플롯이 탄탄한 단막극이라 볼 수 있으며, 전통적인 리얼리즘의 화술극 형태를 띠고 있다는 점을 확인하게 된다.

2~4차시에는 주로 등장인물의 성격을 파악하는 데 중점을 두고 있으며, 등장인물의 성격을 드러내는 대사를 찾아 쓰도록 지시하고 있어 주목된다.

(42) ① 등장인물의 성격을 알기 : ○ 교과서(159:12~163:9)(2장)의 글을 묵독하게 한다. 그리고 등장인물의 마음씨가 드러난 말을 쓰도록 한다.

・덕호 : 어른들이 그런 미신을 믿더라도 우리는 그런 생각을 안 했으면 좋겠어. 어머니하고 외롭게 사는 재덕이를 괴롭히지 말았으면 좋겠어.

・할아버지 : 그래야지. 올해는 불꽃이 활활 피어 오르게 해서 당집 바위 신령님의 얼굴을 환히 비춰 드려라. 그분 얼굴에 웃음꽃이 활짝 피도록 말이다. 또 무슨 변을 당할지 모르니까.

『국민학교 교사용 지도서 국어 6-1』(문교부, 1986, p.148)

위의 대사는 덕호와 할아버지의 대사로서 서로 대립적인 성격을 나타낸다. 지도서에서는 각 플롯 단계에서도 이와 같이 인물의 성격을 드러내는 대사를 정리하게 하고, 이를 통해 인물 유형을 탐색하도록 지침을 마련하고 있다.

기타 5차시 수업은 극본의 장르적 특성을 파악하는 내용으로 '낭독하기'와 '소설과의 차이'를 이해하는 활동으로 나누어진다. 특히 '낭독하기' 수업에서는 지도상의 유의점을 다음과 같이 제시하고 있다.

(43) 지도상의 유의점 : 극본의 낭독은 다른 산문의 경우와 차이가 있다. 해설, 지문, 대화를 구별하여 읽도록 적절한 낭독 지도를 해야 한다. 특히 극본에서는 주로 대화를 통하여 등장인물의 인품, 성격, 신분, 심리 상태 등이 나타나야 하므로, 대사의 억양, 크기, 속도, 특색 등에 유의해서 낭독하도록 지도해야 한다.

『국민학교 교사용 지도서 국어 6-1』(문교부, 1986, p.145)

위의 내용은 낭독하기 수업에서 교사가 유의할 점이다. 이는 극본의 형식적인 특성을 파악하며 읽기를 요구하는 것으로서, 특히 '대사'의 측면을 강조하고 있다. 이는 앞서 제시한 바, <섬마을의 전설>이 화술극의 성격이 강한 단원임을 의미한다. 이러한 단계를 거쳐 마지막 6~7차시 수업에서는 '연극하기'로서 연극의 준비 단계, 실연 단계, 평가 단계로 여타 4차 극본과 마찬가지로 극화학습이 설정되어 있다.[74]

지금까지 살핀 바와 같이, 4차에 새로 도입된 <날지 못하는 백조>와 <섬 마을의 전설> 등의 학습활동은 앞선 재수록본과 마찬가지로

74) 문교부(1986), 앞의 책, pp.152.~153.

극화학습이 실행되는 단원이다. 그러면서도 한편 극본의 성격상 시청각적 요소나, 대사 등 극적 요소들의 파악이 중시되고 있다. 이 두 단원은 고학년 교과서 극본으로서 직전까지 다져온 극본 학습을 토대로, 보다 구체적인 극문학 요소들을 다루는 심화학습 단계로 나아가고 있음을 볼 수 있다.

5 5차 교육과정기

가. 극본 수록 양상 : 다교과서제의 도입과 적용학습 극본

5차 교육과정기는 『말하기 듣기』, 『읽기』, 『쓰기』 등 다교과서제가 도입된 시기이다. 5차 국내 창작극은 주로 『읽기』 교과서에 수록된 경우로 <외나리 거위>(3-2),[75] <석수장이>(4-1)[76], <숲 속의 대장간>(4-2)[77], <우리 선생님>(5-1)[78], <월광곡>(5-2)[79], <닫혀진 문>(6-1) 등의 희곡이 이에 해당된다.

[표 20] 5차 『읽기』 국내 창작극 단원

학년	작품	지은이	주제	비고
3	외다리 거위	작가 미상	관용과 용서로 다른 사람에게 즐거움을 줄 수 있는 마음	동화극
4	석수장이	주평	자신의 일에 충실한 것이 보람임	동화극
4	숲 속의 대장간	주평	약자를 돕는 마음, 슬기로운 기지와 우애	동화극
5	월광곡	주평	어려움을 극복하려는 굳은 의지와 희망을 잃지 않는 태도	동화극

75) <8. 우리들의 잔치>(『읽기 3-2』, 1989, p.39).
76) <10. 연극하는 글>(『읽기 4-1』, 1990, p.51).
77) <4. 연극하는 글>(『읽기 4-2』, 1990, p.44).
78) <9. 우리 선생님>(『읽기 5-1』, 1990, p.42).
79) <5. 월광곡>(『읽기 5-2』, 1990, p.39).

6	닫혀진 문	김병규	전설이나 전통을 수용하는 올바른 자세와 폐해를 끼치는 미신을 타파할 수 있는 태도	생활극

위의 표를 보면, 5차에서는 3학년부터 극본을 수록하고 있다는 점이 특징적이다. 저학년에서는 오히려 기존의 극본을 서사의 글로 써보게 하는 경우가 지배적으로 나타나는데, 앞서 다룬 유사 극본의 서사화 경향의 문제에서 이미 다룬 바 있다. 5차 교육과정기에 들어서 <우리 선생님>, <월광곡>, <닫혀진 문> 등이 새로이 도입되었으며, <석수장이>와 <숲 속의 대장간>은 3차에 이어 지속적으로 재수록되고 있다. 또한 학년별 극본 수록상을 보면, 4학년과 5학년 교과서에서 1~2학기 모두 희곡을 다루고 있다. 3학년의 경우 1학기에는 방송극 <토끼의 재판>이 실렸으며, 6학년에서는 2학기에 방송극으로 개작된 <크리스마스 송가>가 수록되었다. 이를 보면 5차 실제 극본 수업은 3~6학년까지 2편씩 다루고 있는 셈이다. 아래에서는 특히 희곡 수록 양상을 재수록본과 새로이 실린 극본으로 나누어 살펴보기로 하겠다.

① 재수록 극본 수록 양상 : <외다리 거위>, <석수장이>, <숲 속의 대장간>

[그림 32] 〈외다리 거위〉 (『읽기 3-2』, 1989, p.71)

3학년의 <외다리 거위>(『읽기 3-2』)는 3차 『국어 3-2』에 실렸다가 4차에는 다루어지지 않았다. 그러나 5차에서 다시 재수록 되었다. 5차 극본에서는 기존의 극본을 내용상 4개의 경(景)으로 나누어 제시하고 있다는 점이 특징적이다. 그러나 극의 내용 및 전개상은 동일하다.

4학년 교과서에는 주평의 <석수장이>(『읽기 4-1』)와 <숲 속의 대장간>(『읽기 4-2』)이 각각

1학기, 2학기에 수록되어 있으며, 3차부터 계속 수록되고 있는 단원들이다. 5차에서는 극본 제목이 대단원명으로 제시되고 있는데, 전 시기에 '연극하는 글'이라는 장르적 특성을 드러내는 대단원 하에 실렸던 것과 비교된다.

[그림 33] 〈석수장이〉
(『읽기 4-1』, 1990, p.85)

그 수록상을 보면, 먼저 <석수장이> 는 4차와 크게 다르지 않으며, 지시문과 대사의 표현을 어법에 맞게 수정한 정도의 변화만 보인다. <숲 속의 대장간> 또한 4차 극본과 거의 동일하다. 그러나 등장인물 중 '까마귀들'이 빠지고, 대사 면에서도 부분적인 개작이 보인다. 즉 기존 극본에서 꼬마가 화난 이유는 할머니의 대사, 즉 "저 애가 밤 사이에 귀가 먹었나?"[예문 (9)]라는 신체적인 면에서의 비아냥 때문이었다. 그런데 할머니의 대사가 "애, 꼬마야! 왜, 불러도 왜 못 들은 체하지?"로 달라졌고, 주인공이 "꼬마"라는 말에 반발하는 것으로 나타난다.[80] 이것은 대사를 순화시킨 경우라 할 수 있다. 같은 맥락으로 등장인물 중 '까마귀들'도 뺀 것으로 보인다.

> (44) 참새들 (참새들, 먼저 합창한다.) 아무리 찾아도 헛일이어요./ 그대로 돌아가요, 사냥군님./ 여기엔 개미 한 마리 없으니까요.
>
> 까마귀들 (참새들에 이어 합창한다.) 천치 같은 사냥군 정말 바보야./토끼는 굴 속에서 떨고 있는데,/ 대장간 꼬마는 능청꾸러기.
>
> <숲 속의 대장간>(『국어 4-2』, 1985, p.84)

[그림 34] 〈숲 속의 대장간〉
(『읽기 4-2』, 1990, p.43)

80) <숲 속의 대장간>(『읽기 4-2』, 1985, p.72).

위 인용문은 4차 극본의 일부로, 참새들과 까마귀들의 대사(가사) 내용이 서로 대비적임을 알 수 있다. 즉 참새들의 대사는 존대어에 상냥한 어투를 보이지만, 까마귀들의 대사는 비존대어에 부정적인 표현, 불손한 어투를 드러낸다. 5차에서 까마귀가 등장하지 않은 것은 바로 이와 같이 대사가 부정적이라는데서 기인한 것으로 보인다. 5차 극본에서는 이 외에도 전반적으로 표현의 순화 및 삭제 등 부분적인 개작이 이루어졌다

지금까지 살핀 바, 5차 <석수장이>와 <숲 속의 대장간>은 전 시기 극본과 거의 유사한 형태이나 지시문과 대사의 변화, 일부 등장인물의 축소 등의 변화를 보인다. 특히 5차에서 두드러진 점은 표현이 순화되었다는 점이다.

② 5차 신단원 극본 수록 양상 : <월광곡>, <닫혀진 문>

『읽기 5-2』에는 5차에 새로이 도입된 <월광곡>이 수록되고 있다. 이 희곡 또한 주평의 작품으로, 다음과 같이 실려 있다.

> (45) 때 : 어느 가을날 저녁/ 곳 : 눈먼 소녀의 집/ 나오는 사람들 : 베토벤, 친구, 눈먼 소녀, 소녀의 오빠/ 무대 오른쪽에 소녀의 집이 있다. (중략) 절망한 듯한 표정의 베토벤은 하늘을 쳐다보고 있다,
> 베토벤 : 정말 어떻게 하면 좋지? (중략)
> 베토벤 : 하지만, 어쩌면 좋단 말인가? 귀가 안 들린단 말이야. 점점 더 심해.
> 친구 : 괜찮아. 그래도 자넨 해낼 거야. 틀림없이 해낼 수 있을 거라구.
>
> <월광곡> (『읽기 5-2』, 1990, pp.40~41)

이 극의 줄거리는 귀가 점점 멀어져 절망하던 베토벤이 자신의 곡을 연주하는 맹인 소녀를 만나 희망을 얻는다는 내용이다. 그런데 이 제재는 교수요목기(5-1), 1차(5-2), 2차(5-1), 3차(5-2)에 서사적인 글로

수록되었던 단원이다. 5차에 들어서 희곡으로 각색되어 실렸다는 점이 특징적이다.

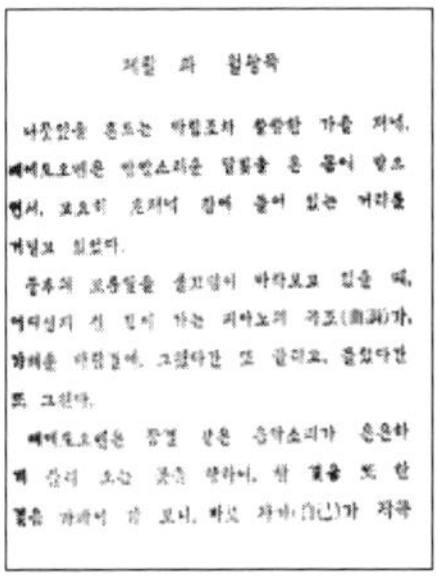

[그림 35] 〈월광곡〉
(『초등국어 5-1』, 1950, p.27)

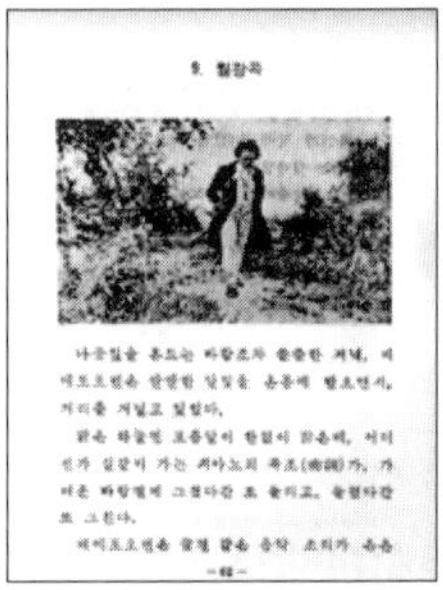

[그림 36] 〈월광곡〉
(『국어 5-2』, 1959, p.62)

[그림 37] 〈월광곡〉
(『읽기 5-2』, 1990, p.41)

『읽기 6-1』에 수록된 <닫혀진 문>도 5차 신단원에 속한다. 이 작품은 무엇이든 가질 수 있는 동굴의 문이, 불신 가득한 어른들에게는 열리지 않고 믿음이 있는 아이에 의해서 열렸다는 내용이다. 극의 전개상 신뢰라는 주제의식이 깔려있는 작품이다.

[그림 38] 〈닫혀진 문〉
(『읽기 6-1』, 1996, p.165)

(46) 때 : 현대 곳 : 어느 동굴 나오는 이들 : 여인, 농부, 상인, 과학자, 장사, 아이, 소리/ 막이 열리면 무대 정면에 동굴이 보인다. 동굴 벽면 중앙에 빨간 등이 달린 문이 하나 있다. 환상적 분위기. (중략)

여인 : 여기인가 봐요.

농부 : 그런 것 같군요.

여인 : 정말 여기에서 원하는 것을 무엇이든 얻어 갈 수 있을까요? (중략)

소리 : (울림 마이크로) 동굴 속에는 온갖 것이 다 들어 있다. 누구든 필요한 것이 있으면, 맘대로 가져가거라.

<닫혀진 문>(『읽기 6-1』, 1992, p.166)

이 희곡은 환상적인 분위기와 알레고리적 기법을 사용한 극본으로, 전 시기와 비교해 색다른 분위기를 보이는 제재라는 점에서 특징적이다.

이상 5차 국내 창작극 수록 양상을 보면, 3학년부터 6학년까지 6편에 달한다. 기존 작품의 재수록본인 <외다리 거위>, <석수장이>, <숲 속의 대장간> 등은 등장인물, 대사, 구성 등에서 일부 수정 사항이 보인다. 그러나 내용면에서는 전 시기와 크게 다르지 않다. 한편 5차에 새로이 등장한 <월광곡>과 <닫혀진 문> 등은 전 시기 '이야기글'을 극본으로 각색했다는 점, 이색적인 소재를 다루고 있다는 점에서 특징적이다. 또한 분과 체재로 인해 주로 『읽기』 교과서에 실리고 있으며, 각각의 극본은 단원 목표를 실행하는 적용학습으로 제시되고 있다. 즉 5차 희곡은 교과 성격을 반영하여 읽기, 즉 내용의 이해라는 측면이 보다 중시되고 있다. 이에 대한 구체적인 학습활동은 아래에서 살피고자 한다.

나. 극본 학습활동 : 문학으로서의 감상과 극화학습의 약화

5차 교육과정의 국어과 교육은 기능 중심 교과로서의 성격을 부각시켰다. 이에 따라 교수 · 학습 상황에서의 주체를 학생으로 하고, 언어 사용의 결과(product)보다 과정(process)을 중시하였다.[81] 이에 따라 국어과 교육의 큰 변화 중 하나가 바로 표현 교육의 강조이다. 그 이전까지 국어교육에서 본격적으로 다루지 않았던 표현 교육에 대해 실질적인 관심을 갖기 시작했다.[82] 또한 교과서 편찬에 있어 특징적인 현상은 1교과 다교과서제의 도입으로 국어 교과서가 『말하기 · 듣

---

81) 손영애(2002), 앞의 책, p.32.

82) 최미숙(2002), 「표현교육 연구의 반성과 제언」, 『國語教育學硏究』 제14집, 국어교육학회, p.47.

기』, 『읽기』, 『쓰기』 등으로 분과 체제를 갖추게 된 점이다. 앞서 살핀 바, 5차의 국내 창작극(희곡)은 모두 『읽기』 교과서에 실린 극본이라는 점에서 특징적이다. 또한 5차의 문학 교육은 “문학 작품의 짜임을 이해하고 감상하게 한다.”라는 방침이 주요소이다.83) 이러한 국어과 교육의 교수요목 하에 5차 교과서에 수록된 희곡의 단원 목표를 정리하면 다음과 같다.84)

[표 21] 5차 『국어』 국내 창작극 단원 목표

학년	작품	단원 목표
3	외다리 거위	· 극본을 바르게 낭독할 수 있다. · 극본을 읽고, 글 속의 주요 사건을 상기할 수 있다. · 인물이 앞에서 한 일의 까닭이 될 수 있다. · 인물들의 맞섬이 다음 일의 까닭이 될 수 있다. · 제목과 극 속의 사건과의 관계를 알 수 있다. · 인물의 성격을 알고 배역을 정하여 실제로 말하는 것처럼 읽을 수 있다.
4	석수장이	· 글을 읽고 인물, 사건, 배경 등에 관해서 간추릴 수 있다. · 극본의 여러 요소들을 알 수 있다. · 인물의 성격을 살려 바르게 낭독할 수 있다. · 등장인물의 성격을 알고 부분적으로 극을 꾸밀 수 있다.
4	숲 속의 대장간	· 글을 읽고 사건이 일어난 차례대로 줄거리를 말할 수 있다. · 극적인 장면을 살펴보고 느낌을 말할 수 있다. · 등장인물의 말과 행동을 통하여 성격을 알 수 있다. · 극본을 가지고 연극할 수 있다. · 등장인물의 성격에 알맞게 낭독할 수 있다.
5	월광곡	· 글의 특성을 이해한다. · 이야기의 전개 과정을 알 수 있다. · 이야기의 흐름을 잡는 주요한 대화를 찾을 수 있다. · 극본의 갈등을 찾아 낼 수 있으며, 그 갈등이 풀리는 과정을 알 수 있다.
5	닫혀진 문	· 극본에 나타난 갈등이 무엇인지 알 수 있다. · 갈등이 풀어지는 과정을 알 수 있다. · 등장인물의 성격이 어떠한지 말할 수 있다. · 등장인물의 성격이 사건의 발단이나 결말과 어떻게 연결되는지 알 수 있다.

83) ‘5차 교육과정기 초등학교 국어과’(국가교육과정정보센터 http://ncic.re.kr).
84) 문교부(1990), 『국민학교 교사용 지도서 국어 4-1』, 국정교과서주식회사, p.179.
문교부(1990), 『국민학교 교사용 지도서 국어 4-2』, 국정교과서주식회사, p.141.

위의 단원 목표는 극본이라는 장르적 특성에 대한 이해, 낭독하기, 극화하기 등으로 요약된다. 이를 보면 4차의 각색하기 활동이 사라지고, 극본의 이해와 감상 부분이 보다 강화되었음을 알 수 있다.

5차에서도 실제 학습활동을 살피기 위해, 교과서 학습 문제와 교사용 지도서의 교육 지침서를 분석하기로 하겠다. 그런데 5차 교과서 학습문제는 3, 4차와 비교하면 문항 수가 대폭 축소된 현상을 보인다. 앞선 시기에는 단원 학습 후 <공부할 문제>(3차)나 <본문 공부>(4차)란을 따로 두어 극본의 이해부터 극화하기 학습까지 다양한 문제를 보였으나, 5차에서는 따로 학습문제를 마련하지 않고, 단원 말미에 주로 내용 이해와 낭독하기 문제만을 소략하게 제시하고 있다. 이것은 5차에 들어서 교과서가 영역별로 나뉘면서, 『읽기』에 수록된 극본은 교과 성격상 이해 부분만을 다룬 데서 비롯된 현상이라 보여진다. 아래에서는 재수록본과 신단원으로 나누어 구체적인 학습활동을 살피고자 한다.

① 재수록 극본 학습활동 : <외다리 거위>, <석수장이>, <숲 속의 대장간>

3학년의 <외다리 거위>는 "나오는 사람이 한 말이나 행동의 이유를 생각하며, 실제로 말하는 것처럼" 읽어보자는 제시 하에 수록되고 있다. 그리고 극본을 읽은 후 그에 대한 학습활동을 보이는데, 다음과 같은 학습문제가 제시되고 있다.

[표 22] 5차 〈외다리 거위〉(『읽기 3-2』) 학습활동

○ 다음 물음을 생각하며 '외다리 거위'를 읽어 봅시다. (1) 이야기가 펼쳐진 곳은 어디입니까? (2) 중심이 되는 인물은 누구입니까?

(3) 거위튀김을 먹으려던 왕자는 왜 화를 냈습니까? · 나오는 사람의 역할을 나누어 맡아 실제로 말하는 것처럼 읽어 봅시다. <외다리 거위>(『읽기 3-2』, 1989, p.80)

3차 <공부할 문제>의 경우([표 11]) '내용 파악과 말하기' 학습활동으로 나뉜다. 5차 문제 역시 이와 같은 구성의 문항이라 할 수 있다. 그러나 5차의 경우 3차의 '(1) 연극을 시작하기 전에 극본의 줄거리를 알아봅시다'라는 첫째 문항을 보다 구체화하여 다양한 측면에서 내용을 파악하게 한다. 이에 비하면 3차의 '(2) 대화를 할 때에는 다음과 같은 점에 주의합시다.'라는 둘째 문항과 관련된 부분은 간략화시켰다. 이것은 분과 체재상 『말하기 듣기』 교재에서는 화법을 주로 다루고, 『읽기』 교과서에서는 '독해 학습'을 중시한다는 점에서 비롯된 것으로 보인다.

교사용 지도서를 통해 실제 교수 내용을 참고해 보면, 이 단원의 개관은 아래와 같이 나타나 있다.

(47) 이 단원에는 '외다리 거위'라는 극본을 제재로 선정하여 제시하였다. 이는 1학기에 학습한 방송극본과 연계시키기 위한 것으로서 어린이들이 스스로 계획하고 참여하는 활동을 강조하기 위한 것이다. 따라서 극본의 주요 요소와 인물들이 한 일, 그리고 그 일을 하게 된 이유를 찾아보는 활동을 통하여 극본을 바르게 이해·감상할 수 있는 기능을 신장시켜 주면서 말하기·듣기 단원과 연계시켜 바르게 낭독하기 기능의 신장도 도와주어야 할 것이다. 극본은 보통 글과 달리 연극을 하기 위하여 쓴 글이라는 점에서 실연하기를 계획할 수도 있으나, 이 단원에서는 인물들이 앞에서 한 일이 다음 일의 까닭이 되고, 다음 일은 또 그 다음 일의 까닭이 됨을 깨닫게 하는 정도로 지도하는 것이 바람직하다.

『국민학교 교사용 지도서 3-2』(교육부, 1991, p.156)

위의 내용을 보면, 이 단원 목표는 첫째, 극본의 바른 이해와 감상 능력 기능의 신장, 둘째, 말하기 · 듣기 단원과 연계시켜 바르게 낭독하는 기능의 신장 등 두 가지로 요약된다. 그런데 이러한 학습활동 외에 극화학습을 지양할 것을 권고하고 있다. 이것은 교과의 성격상 읽기 중심의 지시 내용이라 할 수 있는데, 결과적으로 전 시기에 비해 '연극하기'라는 극본 고유의 학습활동이 축소되었음을 의미한다. <외다리 거위>의 실제 수업은 3차시로 진행되는데, 1차시에는 낭독하기와 사건 파악하기, 2차시에는 사건의 원인과 결과 파악하기, 3차시에는 제목과 사건의 관계, 인물의 성격 등을 파악케 하는 것을 지도 내용으로 하고 있다.[85)]

5차 교육과정기에 수록된 <석수장이>(『읽기 4-1』)는 제목이 대단원명으로 제시되고 있다. 이는 전 시기에 '연극하는 글'이라는 대단원명에서 다루어졌던 것과 비교된다. '극본에 나오는 인물의 말과 행동에 대하여 생각하며 글을 읽어 보자'라는 지시 하에 극본이 수록되고, 단원 말미에 다음과 같은 학습문제가 소략하게 제시되고 있다.

[표 23] 5차 〈석수장이〉(『읽기 4-1』) 학습활동

○ 글을 읽고, 다음 물음에 답해 보자. 1. 돌쇠와 돌이의 행동을 비교하여 말해 보자. 2. 극본에 나오는 사건을 시간의 흐름에 따라 간추려 보자. 3. 대화글과 바탕글을 구별하여 느낌을 살려 읽어 보자. 4. 이 글의 중심 생각은 무엇인지 알아보자. <석수장이>(『읽기 4-1』, 1990, p.96)

위의 학습 문제와 4차 <석수장이> <본문 공부>([표 17])를 비교해

85) 교육부(1991), 『국민학교 교사용 지도서 3-2』, 국정교과서주식회사, pp.156～161.

보면, 극본 고유의 학습활동이 현저하게 줄어들었음을 볼 수 있다. 4차에서는 등장인물들의 관계 파악, 사건의 동인(動因)과 장면의 파악, 극본의 장르적 특성 이해, 연극하기, 각색하기 등 다양한 학습이 이루어졌다. 그러나 5차의 경우는 '3. 대화글과 바탕글을 구별하여 느낌을 살려 읽어 보자.'라는 문제를 제외하고, 내용 파악에 중점을 두고 있다. 내용 파악도 일반 서사적인 글의 이해와 별 차이를 보이지 않는다. 결과적으로 5차 학습 문제는 극본 고유의 학습활동이 거의 이루어지지 않고 있으며, 4차에서 강조되었던 극화학습은 약화된 현상을 보인다.

한편 5차 교사용 지도서에서는 <석수장이>의 단원 설정 이유를 다음과 같이 밝히고 있어 주목된다.

> (48) 이 단원에서는 한 편의 극본으로 이루어져 있다. 자기표현의 욕구가 강한 어린이들은 극본이란 형식의 글에 강한 호기심을 가지고 있다. 또, 이미 극본 형식의 글에 어렴풋이나마 짐작하고 있다. 이를 바탕으로 이 단원에서는 극본의 성격과 특성을 이해하고, 읽기 자료로서의 극본을 바르게 감상하게 하는 데 단원 설정의 이유가 있다.
>
> 『국민학교 교사용 지도서 국어 4-1』(교육부, 1990, p.89)

위의 내용에서도 극본 <석수장이>는 글의 형식과 내용에 대한 이해, 즉 '읽기' 중심의 학습으로 축소되고 있음을 알 수 있다. 이에 따라서 지도 시수도 대폭 줄어드는 현상을 보인다. 즉 이전까지 5~6차시까지 다루어졌던 극본 학습은 2차시 정도로 할애되고 있다.

1차시의 수업 활동은 '1. 글을 읽고 인물, 사건, 배경 등을 요약하기, 2. 등장인물 성격 파악하기, 3. 극본의 요소 찾기' 등으로 극본의 특징과 인물 파악이 주가 되고 있다. 2차시는 '인물의 성격에 맞게 낭독하기' 학습으로서, 무대 위를 상정하고 배역을 나누어 실감나게 읽기를 강조하고 있다.[86] 이와 같이 5차 지도서 내용 또한 4차와 달리 극화학습 지도 내용이 대폭 축소되고, 내용 파악 및 극본이라는 문종 이해가 중심이 되고 있음을 볼 수 있다.

5차 교육과정기에 수록된 <숲 속의 대장간>(『읽기 4-2』) 또한 제목이 대단원명으로 제시되고 있으며, '극본에 나오는 이들을 살펴보고, 분위기에 어울리게 낭독해 보자'라는 지시 아래 실리고, <석수장이>와 마찬가지로 극중 사건 및 등장인물의 성격 파악하기, 낭독하기 학습만이 제시되고 있다.[87] 이러한 학습과 연결하여, 5차 교사용 지도서에서는 <숲 속의 대장간> 단원 개관을 다음과 같이 제시하고 있다.

> (49) 이 단원에서는 인간과 자연이 함께 어울리는 동심의 세계를 다룬 아동 극본을 제재로 하였다. 이 극본은 쫓는 이와 쫓기는 자의 아슬아슬한 숨박꼭질을 통해 극적 효과와 흥미를 돋우고, 약자를 돕는 기지와 우애가 드러난 극본이다. 이러한 극본을 학습함으로써 극본이 다른 글과 어떤 점이 다른지를 알게 하는 데 단원 설정의 의의가 있다.
>
> 『국민학교 교사용 지도서 4-2』(교육부, 1990, p.141)

위의 내용에서 이 단원은 장르적 특성 파악과 감상에만 중점을 두고 있음을 볼 수 있다. 4차 단원 목표에서는 글의 형식 이해하기, 감상하기, 극화하기, 문종 바꾸기 등 다양한 내용을 보였다.[88] 이와 비교해 보면 5차 극본은 학습활동이 축소된 경향을 보인다. 이 단원 역시 총 2차시에 걸쳐 진행되는데, 1차시에는 줄거리 파악과 극적인 장면 찾기, 2차시에는 인물의 성격 파악과 낭독하기 등의 지도 내용을 보인다.[89] 이러한 교수 내용 역시 극화학습보다 극본의 내용 파악(읽

---

86) 교육부(1990), 『국민학교 교사용 지도서 4-1』, 국정교과서주식회사, pp.179～185.
87) <숲 속의 대장간>(『읽기 4-2』, 1990, p.52).
88) <본문 공부>(『국어 4-2』), 1986, pp. 70～71.
89) 교육부(1990), 『국민학교 교사용 지도서 4-2』, 국정교과서주식회사, pp.141～142.

기)에 중점을 둔 것이라 할 수 있다.

<외다리 거위>, <석수장이>, <숲 속의 대장간> 등의 학습활동을 정리하면, 4차에 비하여 극문학 고유의 학습활동이 다소 미흡하며, 특히 극화학습이 전혀 이루어지지 않았다. 대부분 내용 파악에 그치고 있어 무대를 상정한 극문학 단원임에도, 여타 문학 장르와 크게 변별되지 않는 학습활동을 보인다. 이것은 5차 국어과 교수요목에서 문학(희곡)을 '감상을 위주로' 다루었기 때문이다. 또한 새로이 도입된 다교과서제의 영향도 크다 하겠다. 즉 『읽기』 교과서는 독해가 중시되는 교과로서, 위에서 다룬 희곡들은 모두 이 교재에 수록된 단원들이다. 그 결과 내용 파악이 위주가 되고 극화학습은 약화된 경향을 띠고 있다. 뿐만 아니라 분과 교육에 의해 교육 시수조차 줄어든 현상을 보인다. 결과적으로 4차에서 활성화되었던 극화학습은 5차에 들어서 축소된 현상을 보인다. 희곡을 통한 연극의 이해와 실천이 제대로 이행되지 못하고 있음을 의미한다. 이와 관련하여 다음과 같은 '지도상의 유의점'도 살펴볼 만하다.

> (50) 지도상의 유의점 : ・분석적 독해 위주의 수업보다 감상을 위주로 한 문학 영역다운 수업이 되도록 하며, 특별 활동 시간을 이용해서 상연의 기회를 갖는 것도 좋을 것이다.
>
> 『국민학교 교사용 지도서 4-2』(교육부, 1991, p.141)

위에 제시된 내용에서, 이 극본은 '감상을 위주로 한 문학' 영역으로 '읽기'라는 측면에서 접근하고 있음을 알 수 있으며, 그러므로 실제 연극하기는 이 교과 내에서는 부수적인 부분이 되고 있음을 볼 수 있다. 또한 분과 영역으로 학습이 진행된다는 점에서, 현실적으로도 극화학습 진행이 어려워진 것이라 할 수 있다. 4차까지는 교과서 1책에 단원마다 제시된 학습 체제가 하나였으나, 5차부터는 같은 단원이라도 영역별 교과서에 따라 학습 체제가 각각 다르고, 교재별 수업을 모두 진행해야 했다. 이에 각 분과 교재의 교육 시수도 2~3차시에 불과하게 되었다. 그러므로 극본을 실제로 극화하는 학습이 어려워진 상황이었다. 인용문에서 드러난 바, 결국 극화학습은 특별활동이나 방과 후의 시간을 이용할 수밖에 없었던 것이다. 그런데 이러한 현상은 『말하기 듣기』, 『쓰기』 등의 분과 체제 안에서도 여전히 같은 문제로 남아, 결과적으로 5차 극화학습은 전반적으로 축소된 경향을 보인다.

② 5차 신단원 극본 학습활동 : <월광곡>, <닫혀진 문>

<월광곡>(5-2)은 '극본의 갈등이 풀리는 과정'을 주시하며 '대사를 분위기에 맞게 효과적으로 낭독'하라는 지시와 함께 실렸는데, 구체적인 학습활동은 다음과 같이 제시되어 있다.

[표 24] 5차 〈월광곡〉(『읽기 5-2』) 학습활동

○ 다음을 생각하면서 글을 읽어 보자.
1. 극본을 두 장면으로 나누어, 등장인물의 성격이 변하는 모습을 살펴보자.
2. 극본의 갈등이 풀리는 과정이 어떻게 나타났는지 생각해 보자.
3. 대사를 인물의 성격에 맞게 효과적으로 낭독해 보자.
4. 대사를 통해서 인물의 성격이 어떻게 나타나는지 생각해 보자.
<월광곡>(『읽기 5-2』, 1990, p.50)

위의 문제에서는 <월광곡>이 인물의 변화상이 대비적으로 드러난 극본이라는 점에서, 성격이 변화되는 장면을 파악하며, 이에 따라 갈등의 해결 과정을 주시하는 학습을 다루고 있다. 특히 낭독하기 학습활동을 인물의 성격 파악과 연결시키고 있다는 점이 특징적이다.

교사용 지도를 참고하면, 이 수업은 총 2차시에 걸쳐 진행되는데,

1차시 수업에서는 글의 특성과 전개 과정, 주요 대화 찾기 등의 학습에 중점을 두고 있다. 글의 특성을 파악하는 수업에서는 극본의 3요소인 '해설, 대사, 지문', 연극의 3요소인 '배우, 관객, 극본', 극본 장르인 '방송극본, 시나리오' 등의 이론 학습이 병행되고 있다. 내용 파악에서는 '해설－발단－전개－절정－결말' 등의 5단 플롯 구조를 적용하도록 했다. 앞선 재수록본과 비교하면, 일련의 학습활동은 극 이론을 적용한 지도 내용이라 할 수 있다.[90] 2차시에는 '갈등'의 해결 과정 파악과 낭독하기가 주요 학습이다. 특히 갈등 문제에서는 해결에 도움을 준 '조력자' 역할을 찾도록 유도하고 있어 주목된다.[91]

<닫혀진 문>(6-1) 역시 서두에 "갈등이 풀리는 과정을 살펴가며 글을 읽어 보자. 인물의 성격이 사건의 발단이나 결말과 어떻게 연결되는지 살펴가며 글을 읽어 보자"라는 학습 목표가 제시되고 적용학습으로 수록된 경우이다.[92] 학습활동 또한 갈등 파악이 주요 내용이다. 학습활동의 문항을 정리하면, 첫째, '극본의 갈등을 단계별'로 잦아보는 문제를 제시하고 있다. 이것은 바로 플롯의 단계로, 다름 아닌 '갈등'을 중심으로 살펴본다는 점이 특징적이다. <닫혀진 문>이 이야기 중심(story-telling)보다 상황과 갈등 중심의 극본이라는 점에 착안한 문항이라 할 수 있다.

둘째, 대조되는 성격을 파악하는 문제가 주어지고 있다. '순수한 어린이/불순한 어른'이라는 대조적인 인물군이 등장하는 극의 성격을 파악하는 문제라 할 수 있다. 마지막으로 '수수깡 안경'이 어떤 구실을 하는지를 묻는 문항이다. 이 극본에서 안경은 갈등을 해결하는 중요한 열쇠가 되는 대상으로 '혼탁한 세상을 맑게 보고 믿음을 가진

90) 교육부(1990), 『국민학교 교사용 지도서 5-2』, 국정교과서주식회사, pp.130～135.
91) 교육부(1990), 앞의 책, p.139.
92) <닫혀진 문>(『읽기 6-1』, 1992, p.176).

눈'으로 상징화되고 있다.[93] 그러므로 이 문제는 일종의 극적 상징을 찾아보는 학습활동이라 할 수 있다.

한편 교사용 지도서에서는 <닫혀진 문>의 단원 개관을 다음과 같이 밝히고 있다.

> (51) 단원의 개관 : 위의 극본은 수수깡 안경을 통해 시골 마을의 기억을 되찾으려는, 때묻지 않은 아이의 마음으로 극의 갈등이 풀어지는 과정을 보이고 있는 연극 극본이다. 이 단원은 극본에 나타난 갈등을 찾아보고, 갈등이 해소되는 과정을 살필 수 있는 힘과 인물의 성격, 행동, 배경이 사건의 발단이나 결말과 어떻게 연결되는지 살필 수 있는 능력을 기르기 위해 설정되었다.
>
> 『교사용 지도서 국어 6-1』(교육부, 1996, p.231)

위의 내용에 제시된 바, <닫혀진 문>은 "순진무구한 어린이의 마음"을 통해 갈등이 해결되는 과정을 다룬 극본이다. 이에 갈등이 무엇이며, 어떻게 해소되는가를 학습하는 것이 주요 단원 목표이다. 구체적인 지도안에는 갈등이 '인물의 성격과 행동, 사건의 발단과 결말' 등과 어떻게 연결되는지, 이를 파악하는 학습활동들이 제시되었다.

그런데 이 단원의 경우 지도서에서는 극화학습도 유도하고 있다는 점이 특징적이다.

> (52) ○ 극본은 연극을 전제로 쓴 글이며, 연극은 정서를 정화하는 예술 형식의 하나이므로 내용 파악 등의 지식을 위주로 해서는 안 되며 극화하여 감동을 체험하도록 한다. ○ 해설, 지문, 대화를 구별하여 읽도록 적절한 낭독 지도를 해야 한다.
>
> 『교사용 지도서 국어 6-1』(교육부, 1996, p.231)

---

93) 교육부(1996), 『교사용 지도서 국어 6-1』, 국정교과서주식회사, p.235.

위의 내용에서 주시되는 것은, 극본은 연극을 전제로 한다는 점에서 '지식을 위주로' 교육하는 것보다 극화를 통해 '감동을 체험'하도록 해야 한다는 지적이다. 또한 해설, 지문, 대화 등 극본 특유의 형태에 대해서도 적절히 구별하도록 교수할 것을 지시하고 있다. 이러한 사항들은 극본 이해의 근본적인 지도 내용이라 할 수 있다.

<닫혀진 문>은 총 2차시에 걸쳐 진행된다. 1차시에는 첫째, 극본의 갈등이 무엇이며, 그것이 어떻게 풀어지는가를 이해시키는 것이 수업 목표이다. 이에 <월광곡>과 마찬가지로 플롯 단계에 따른 내용 파악과 단계별 인물들의 갈등을 찾아보고, 이의 해결 과정을 찾아보는 지도 내용이 보인다. 여기에 연극에 대한 설명과 극본의 이해를 지도하고, 극본 낭독 시 유의점에 대해서도 주지시킬 것을 지시하고 있다.[94] 2차시에는 등장인물들의 성격을 찾아보고, 성격이 사건의 발단이나 결말과 어떻게 연결되는지를 이해하는 수업이 주가 되고 있다.[95] 특히 다음과 같이 인물의 성격이 잘 드러난 대사를 찾아보는 학습활동은 특징적이라 할 수 있다.

> (53) 여인, 농부, 상인, 과학자, 장사의 성격이 가장 잘 드러난 대사는 무엇인가? : · 여인 : 남을 의심하는 병!/ · 상인 : 눈 감으면 코 베어 간다는 세상에 어느 바보가 제 것을 이유 없이 다 주겠소?/ · 농부 : 나도 콩 심은 데 콩 나고, 팥 심은 데 팥 나는 것밖에 모르는 사람이었는데./ · 과학자 : 무엇이든 과학적으로 증명이 안 되면 도대체 믿을 수가 없거든요/ · 장사 : 세상엔 결국 힘쓰는 자가 필요하거든요.
>
> 『교사용 지도서 국어 6-1』(교육부, 1996, p.236)

<닫혀진 문>은 신뢰/불신이라는 대립된 갈등 요소 및 대조적인 성

---

94) 교육부(1996), 앞의 책, pp.233~234.
95) 교육부(1996), 앞의 책, p.235.

격들을 보여주는 극이다. 위의 내용은 믿음을 가진 아이와 의심이 많은 어른들의 대사로서 그들의 성격이 집약적으로 표출되고 있다. 극본은 행동과 대사에 의존해 인물의 성격을 파악할 수 있다. 이런 점에서 위의 수업 활동은 극본 이해의 필수적인 요소로서 극문학 수업으로 적절한 것이라 판단된다.

지금까지 5차에 새로이 수록된 <월광곡>과 <닫혀진 문>의 학습활동을 살펴보았다. 주지하다시피 5차 국어과 문학 목표는 4차와 마찬가지로 '문학 작품을 즐겨 읽고, 아름다운 정서를 기르게 하는 것'에 주안점을 두고 있다. 이러한 교육 방침 하에 도입된 신단원은 5차 국어과 학습 목표가 그대로 적용된 것이라 할 수 있다. 이는 재수록본의 기본 학습과도 상통한다. 그러나 새로운 극본들은 재수록본에 비해 극적 요소나 이론을 구체적으로 적용한 학습활동을 보인다. 이것은 고학년 극본이라는 점에서 보다 심화된 극본 학습을 적용한 결과라고 보여진다.

6 6차 교육과정기

가. 극본 수록 양상 : 제재의 확산과 새로운 기법의 도입

6차 교육과정기에는 4학년부터 국내 창작극을 다룬다는 점이 특징적이다. 4학년의 경우에는 <아름다운 싸움>(『읽기 4-1』), <숲 속의 대장간>(『읽기 4-2』), <현수의 하루>(『읽기 4-2』), <시험>(『읽기 4-2』) 등 다수의 극본이 실리고 있으며, 5학년에서는 <난파선의 사람들>(『읽기 5-1』)이, 6학년에서는 <어떤 크리스마스>(『읽기 6-2』) 등이 수록되어 있다. 이 외 학년에서는 고전 각색극이나 방송극이 실린 경우이다.

[표 25] 6차 국내 창작극 단원

학년	작품	지은이	주제	비고
4	아름다운 싸움	작가 미상	인물들의 정직성과 배려하는 마음	동화극
4	숲 속의 대장간	주평	약자를 돕는 마음, 슬기로운 기지와 우애	동화극
4	현수의 하루	작가 미상	부모님의 입장을 이해하며 반성하는 마음	생활극
4	시험	작가 미상	시험과 관련된 어린이들의 심리	생활극
5	난파선의 사람들	작가 미상	위기의 순간에서 이기심을 드러내는 사람들의 본성	사실주의극
6	어떤 크리스마스	고성욱	어린이들의 꿈과 사랑에 대한 존중	동화극

6차 국내 창작극 수록 상황을 보면, 특히 4학년에 희곡 자료가 집중적으로 제시되고 있으며, <숲 속의 대장간> 외에 모두 새롭게 선보인 극본으로 제재가 확산된 경향을 보인다. 이 시기에 수록된 유형별 극본을 보면, 국내 창작극 외에 고전 각색극[96]과 방송극도 다수 실리고 있다.[97] 이를 보면 6차는 극의 유형면이나 소재면에서 제재의 다양성을 보인 시기라 할 수 있다.

한편 국내 창작극의 증가는 학습 체제와도 상관된다. 즉 6차는 단원 구성의 원칙에 따라 원리학습과 적용학습, 심화학습 등으로 수업이 진행된 시기이다. 이에 따라 극본 학습도 극본을 읽는 기초적 능력을 신장시키는 원리학습을 하고 그 다음에 적용학습에 임하도록 되어 있다.[98] 각각의 학습 단계에서 모두 극본을 수록하고 있는데,

96) <방안에 가득 차는 것>(『읽기 3-2』), <쓴 약 단 약>(『읽기 3-2』), <금도끼>(『말하기 듣기 4-1』), <소와 나귀>(『읽기 4-1』) 등의 희곡과 해외 작품 번안 각색극 <개미와 베짱이>(『말하기 듣기 3-1』), <베니스의 상인>(『말하기 듣기 4-1』), <브레멘의 악사>(『읽기 4-1』) 등.

97) <떡으로 빚은 선생님 얼굴>(『읽기 3-1』), <청개구리>(『말하기 듣기 4-1』), <소년과 어머니>(『읽기 5-1』), <난파선의 사람들>(『읽기 5-1』), <막둥이>(『읽기 4-2』), <우리 선생님>(『읽기 5-1』), <어차피 죽을 몸이니>(『읽기 5-2』), <별주부전>(『읽기 5-2』), <숲 속의 노래>(『읽기 6-1』) 등.

원리학습에서는 짤막한 극본 일부만을, 적용학습에서는 기승전결을 갖춘 완결된 극본을 학습하도록 구성되어 있다. 위에 제시된 희곡에서 <시험>과 <어떤 크리스마스>만이 적용학습에 속하고, 나머지는 모두 원리학습에 속한다. 그러므로 원리학습에 해당되는 짤막한 극본들이 다수를 차지한다. 결과적으로 교과서에서 극본 수가 증가한 것은 이러한 학습 체제와도 상관된다. 아래에서는 실제 수록 양상을 학년별로 살펴보기로 하겠다.

① 4학년 극본 수록 양상 : <아름다운 싸움>, <숲 속의 대장간>, <현수의 하루>, <시험>

먼저 <아름다운 싸움>은 『읽기 4-1』의 '17. 함께 의논하기'에 수록된 것으로, 이 대단원의 적용학습은 <제17회 학급 어린이 회의>라는 대화극 형식의 회의록이며, 희곡 <아름다운 싸움>은 원리학습에 속한다.

[그림 39] 〈아름다운 싸움〉
(『읽기 4-1』, 1996, p.130)

(54) 해설자 : 고물 장수에게 억세게 재수 좋은 일이 벌어졌습니다. 헐값에 사들인 고물더미에서 금덩이를 발견한 것입니다. (중략)

고물 장수 : 고물더미에서 금덩이가 나왔어요. 전 고물을 산 것이지 금덩이를 산 게 아니니, 돌려 드리러 왔습니다. (중략)

부자 : 난 고물더미 전부를 팔아넘긴 것이오. 그러니 그 속에 무엇이 들어 있든 당신 거요.

고물 장수 : 이 금덩이는 제 것이 아닙니다.

<아름다운 싸움>(『읽기 4-1』, 1996, p.130)

98) 김태영, 앞의 글, p.46.

이 극본은 배경 정보 없이 해설자의 설명과 함께 극이 시작된다. 고물장수가 부자로부터 헐값에 사들인 고물더미에서 금덩이를 발견하고 이를 되돌려 주고자 하나, 부자는 정직한 고물장수의 행동에 감동해 이를 거절한다는 내용이다. 위의 극본은 부자와 고물 장수 각각의 상황을 생각하며 그에 알맞게 낭독해 보는 읽기 자료로 제시된 것이다.

<숲 속의 대장간>은 『읽기 4-2』의 '10. 올바른 생각'이라는 대단원에 속한 극본으로, 적용학습 단원은 방송극인 <막둥이>로서 이와 함께 제시된 원리학습 극본이다. "등장인물이 처한 상황에 어울리는 말투로 극본을 읽어 봅시다"라는 도입부의 지시 하에 극의 서두부터 꼬마가 토끼를 숨겨주는 발단 부분까지만 수록되고 있다.[99] 이 장면은 등장인물의 위급한 상황이 제시된 부분으로 상황에 알맞게 낭독하기 위한 읽기 자료로 수록된 경우이다.

<현수의 하루>와 <시험>은 『읽기 4-2』의 '15. 또 다른 내가 되어'에서 "내용과 분위기에 어울리게 극본을 읽어 봅시다"라는 단원 목표 하에 수록되었다. 여기에서 <현수의 하루>는 원리학습으로, <시험>은 적용학습으로 제시된 극본이다.

[그림 40] 〈현수의 하루〉
(『읽기 4-2』, 1996, p.124)

(55) 1 방 안에서 꾸중을 듣고 있는 현수/ 어머니 : 아유, 속상해. 너는 무슨 애가 그러니? 앞일을 생각도 못하니? 또 만화 보는 거야? 너는 왜 거짓말만 하는 거냐? (중략)/ 2 공원 의자에 앉아 어른이 되었을 때를 상상하는 현수/ 현수 아내 : (토요일에도 밤늦도록 일을 하고 돌아온 남편에게 물을 떠다 주며 안쓰러워서) 무척 힘드시죠?(중략)/ 3 공원에서 기분 좋게 돌아오는 현수/ 현수 : (혼자말로) 아버지, 어머니는 그러셨을 거야. 씩씩한 아들로, 훌륭한 아들로 나를 키우고 싶으셨을 거

99) <숲 속의 대장간>(『읽기 4-2』, 1996, p.83).

야. 그래서 스스로 책임질 줄 아는 아이로 자라게 하고 싶어 꾸중을 하셨을 거야)

<현수의 하루>(『읽기 4-2』, 1996, pp.124~125)

위에 제시된 바와 같이 <현수의 하루>는 '방안→공원→방안' 등의 공간 이동과 함께, 등장인물의 심리 변화를 보여주고 있는 희곡이다. 늘 공부하라고 꾸짖는 어머니(방 안), 미래에 아버지가 된 자신을 상상하는 현수(공원), 그래서 현수는 공부하기를 결심하나 이를 모르고 남과 비교하며 또 꾸중을 하는 어머니(방 안) 등 일상 속의 사건으로 구성되어 있다. 어린이들이 흔히 겪는 생활 속의 소재를 가지고 내용을 전개하는 일종의 '생활극본'이라 할 수 있다.

적용학습에 속하는 <시험> 또한 어린이들이 학교와 가정에서 겪는 일상적인 내용을 소재로 한 희곡이다. '1 학교에서 성적표를 받는 우석→2 성적표를 염려하며 집으로 가는 우석이와 동생 우민이→3 집에서 형의 성적을 어머니께 고자질하는 우민이' 등 장면 번호와 함께 극이 전개되고 있다.[100] 이 극본 또한 '학교-집으로 가는 길-집' 등의 공간의 변화를 보이며, 각각의 공간에서 벌어지는 일상적인 에피소드를 소재로 다루고 있다.

위에서 살핀 바, 4학년 극본에서 극 전체를 수록한 경우는, 적용학습에 제시된 <시험> 1편이며 그 외 <아름다운 싸움>, <숲 속의 대장간>, <시험> 등은 극본 일부만 실려 있다. 이 중 <현수의 하루>와 <시험>은 주로 학교와 가정 등에서 어린이들이 겪는 흔한 일상을 다룬 '생활극'이라는 점에서 주목된다. 구조상의 전개 과정이 명확하지 않고 특별하게 흥미를 줄 수 있는 사건은 벌어지지 않으나 등장인물들의 심리적인 갈등이 솔직하게 표현되어 있어 아동들의 공감대를

100) <시험>(『읽기 4-2』, 1997, p.128).

형성하기 쉬운 극본이다.101) 한편 4학년 극본들은 단원 학습 목표에 제시된 바, 모두 상황과 분위기에 알맞게 낭독하기 위하여 제시된 극본이라는 공통점을 보인다.

② 5~6학년 극본 수록 양상 : <난파선의 사람들>, <어떤 크리스마스>

<난파선의 사람들>은『읽기 5-1』의 '9. 생각들의 만남'에서 "등장인물의 갈등을 알아보며 극본을 읽어 보자"라는 단원 목표 하에 수록된 원리학습 극본으로, 적용학습인 방송극 <우리 선생님>과 함께 수록되어 있다. 난파된 배 안에서 한정된 양식을 서로 차지하려는 데서 생기는 갈등을 다룬 작품으로 인물들이 서로 다투는 장면만이 짤막하게 제시되고 있다. 위기 상황에서 인물들의 성격적 특징과 대립상등이 첨예하게 드러나고 있어 갈등을 파악하기에 적절한 극본이기도 하다.

한편 고성욱의 <어떤 크리스마스>는『읽기 6-2』에 원리 학습인 <심청전>과 함께 적용학습 극본으로 수록되었다. 1차부터 5차까지 6학년 2학기 국어 교과서에는 찰스 디킨즈의 <크리스마스 송가>가 꾸준히 실렸다. 그러나 6차에서는 빠지고 대체 극본으로 <어떤 크리스마스>가 수록된 것이다. 전자가 교훈적인 내용을 전하는 극본이라면, 후자는 극의 내용을 보고 스스로 판단하여 결정을 내리도록 하는 가치 갈등의 문제를 제기하고 있다.102) 즉 이 극본은 "중심이 되는 해결과정을 생각하며 극본을 읽는다"라는 단원 목표 하에 다음과 같은 수록상을 보인다.

---

101) 송창언, 앞의 글, p.70.
102) 송창언(2004), 앞의 글, p.74.

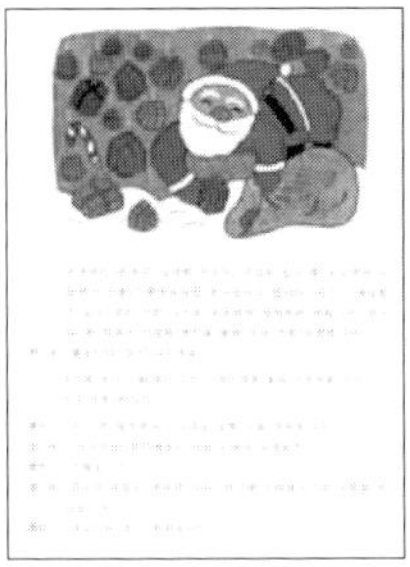

[그림 41] 〈어떤 크리스마스〉
(『읽기 6-1』, 1996, p.196)

(56) 때 : 현대, 크리스마스 전날 곳 : 재판장 나오는 사람들 : 산타클로스, 판사, 검사, 변호사, 아나운서
(중략)

아나운서 : 여기는 법원 앞입니다. 크리스마스 이브인 오늘, (중략) 산타클로스를 놓고 이색적인 재판이 열리고 있습니다.(중략)

판사 : 지금부터 재판을 시작하겠습니다.(중략)

검사 : (일어서며) 크리스마스는 온 인류가 기뻐하는 날입니다.(중략) 매년 크리스마스 이브에 어린이들에게 사랑의 선물을 전한다고 합니다. 그렇지만 불가능한 이런 약속 때문에 많은 어린이들이 크리스마스 아침에 크게 속상해합니다.(중략) 이에 본 검사는 피고를 엄벌에 처하기 위해서 기소합니다.

<어떤 크리스마스>(『읽기 6-1』, 1996, pp.194~195)

<어떤 크리스마스>는 아나운서가 일종의 나레이터 역할을 하고 있는데, 중계방송을 하는 형식으로 구성되어 있어 특징적이다. 산타클로스의 존재를 믿지 않는 검사와 실제적인 존재 여부를 떠나 어린이들의 꿈과 사랑을 존중해야 한다는 변호사의 변론이 극을 이끌어 가는 동인이다. 마지막에 어린이가 등장하여 순수하고 감동적인 증언으로, 판사가 산타클로스에게 무죄 판결을 내리면서 극의 갈등이 해결된다. 이 작품은 검사와 변호사, 어린이의 법정 토론이 각각 타당성 있게 제시되고 있어 관객들 스스로의 판단력을 요구하는 극본이다. 또한 산타의 존재 유무를 재판함으로써 아동들의 흥미를 고취시키고 재판정의 무대 설정이나, 법조인의 등장 등을 통하여 현실감과 합리적인 의사 결정의 방법을 모색할 수도 있는 서사극적 요소를 지니고 있다.[103]

103) 송창언(2004), 앞의 글, p.75.

이상 6차 5~6학년 국내 창작극인 <난파선의 사람들>과 <어떤 크리스마스>를 살폈다. 전자는 원리학습으로 일부 장면만이 제시되었지만, 갇힌 공간 속의 갈등상을 집약적으로 보여주고 있다. 특히 후자는 나레이터의 도입, 서사극적 요소 등으로 새로운 기법들을 선보인 극본이라는 점에서 주목된다.

나. 극본 학습활동 : 원리학습에서 적용학습으로 심화

6차 국내 창작극의 단원 목표를 정리하면 다음과 같다.

[표 26] 6차 국내 창작극 단원 목표

학년	작품	단원 목표
4	아름다운 싸움	· 상황에 어울리는 목소리로 글을 읽을 수 있다.
4	숲 속의 대장간	· 상황에 어울리는 목소리로 글을 읽을 수 있다.
4	현수의 하루	· 내용과 분위기에 어울리게 극본을 실감나게 읽을 수 있다.
4	시험	· 내용과 분위기에 어울리게 극본을 실감나게 읽을 수 있다
5	난파선의 사람들	· 인물의 말과 행동을 통하여 극본의 갈등을 알 수 있다.
6	어떤 크리스마스	· 중심이 되는 갈등의 해결 과정을 생각하며 극본을 읽을 수 있다. · 극본을 읽고, 중심이 되는 갈등과 그 해결 과정을 안다. · 배역을 정하여, 극본을 재미있고 실감나게 읽을 수 있다.

[표 26]의 학습 목표에서 주요 내용을 정리하면, 갈등 요소 파악하기, 갈등 해결 과정 이해하기, 상황에 맞게 읽기 등으로 요약된다. 이를 보면 5차에서도 극화 학습보다는 '문학(극본)에 대한 이해'가 중시되고 있음을 알 수 있다. 아래에서는 학년별로 실제적인 학습활동을 살피기로 하겠다.

① 4학년 극본 학습활동 : <아름다운 싸움>, <숲 속의 대장간>, <현수의 하루>, <시험>

앞서 수록상에서 살펴본 바, <아름다운 싸움>은 '극중 상황을 생각하며 읽기'라는 목표 하에 수록된 원리학습 단원에 속한다. 이 극본 말미에서는 다음과 같은 문제를 제시하고 있다.

[표 27] 6차 〈아름다운 싸움〉(『읽기 4-2』) 학습활동

1. 상황을 생각하며 '아름다운 싸움'을 읽어 봅시다.
2. '아름다운 싸움'에 나오는 고물 장수와 부자의 성격에 대하여 말해 봅시다.
3. 등장인물이 처한 상황을 생각하며 알맞은 말투로 글을 소리내어 읽어 봅시다.
4. 조를 나누어 고물 장수와 부자의 문제를 해결하여 봅시다.
<아름다운 싸움>(『읽기 4-2』, 1996, p.83)

위의 학습문제를 보면 낭독하기 외에 주로 내용 파악이 위주로 극본 고유의 학습활동이 미흡함을 볼 수 있다. 특히 4번 문제는 '함께 의논하기'라는 대단원의 원리학습이 적용된 문항이기도 하다. <숲 속의 대장간> 또한 원리학습으로 위의 문항과 유사 패턴으로 제시되고 있으며, 등장인물의 상황 파악, 낭독하기 등의 학습활동이 보인다.[104] 그런데 이 작품의 경우 교사용 지도서에서[105] 극본학습과 연계된 지도 내용을 보인다.

(57) ○ 설명하기 : · 인물이 처한 상황을 생각하며 글을 읽기라는 것은 무엇을 의미하는가?(이야기 속의 인물이 되어, 인물이 어떤 기분일까 생각하여 글을 낭독하는 것이다. 인물이 행복한 기분일 때에는 다소 들뜬 목소리로, 인물이 우울한 기분일 때에는 가라앉은 목소리로, 인물이 화가 나 있을 때에는 다소 크고 거친 목소리로 읽는 것이다.)/ · 이 글에서 사냥꾼의 역할

104) <숲 속의 대장간>(『읽기 4-2』, 1996, p.83).
105) 교육부(1996), 『교사용 지도서 국어 4-2』, 대한교과서주식회사, pp.198~199.

은 어떤 기분으로 읽어야 하는가? (자신감에 넘치고 우쭐한 기분으로)(중략)
○ 시범 보이기 : 교사가 '사냥꾼'의 역할을 하고, 다른 학생에게 나머지 역할을 맡긴 후 장면의 분위기에 어울리게 글을 낭독한다. 이 때 학생들은 특히 교사의 역할에 유의하여 듣게 한다./ · 역할을 바꾸어 교사가 '사냥꾼' 이외의 역할을 맡아 글을 낭독한다.

『교사용 지도서 국어 4-2』(교육부, 1996, pp.198~199)

위 내용은 인물의 상황을 파악하는 수업으로서 '설명하기–시범 보이기–질문하기' 등의 순서로 교육하도록 지침이 마련되어 있다. '설명하기'의 수업은 '말하기'라는 국어교육의 한 측면이면서, 한편으로는 등장인물이 어떻게 대사를 발하여야 하는가의 문제와도 상관된 학습이라 할 수 있다. 또한 '시범 보이기'는 역할을 바꾸어 낭독해 봄으로써 배역에 적절한 말하기를 유도하는 학습이다. 즉 무대 실연으로 실행될 경우 '연기하기'와도 관련되는 학습이라 하겠다.

한편 생활극인 <현수의 하루>와 <시험>에 대한 학습문제는 나음과 같다.

[표 28] 6차 〈현수의 하루〉와 〈시험〉(『읽기 4–2』) 학습활동

1. '현수의 하루'를 읽고, 물음에 답하여 봅시다.
   (1) 방 안에서 꾸중하는 어머니의 마음은 어떠하였을까요?
   (2) 희정이와 비교하는 말을 들은 현수의 마음은 어떠하였을까요?
2. 내용과 분위기에 어울리게 '현수의 하루'를 읽어 봅시다.

<현수의 하루>(『읽기 4-2』, 1996, p.125)

1. 우석이는 왜 기가 죽어 아무 말도 못하였습니까? (중략)
2. 글의 내용을 분위기에 어울리게 '시험'을 실감나게 읽어 봅시다.
3. 배역을 정하여, '시험'을 연극으로 꾸며봅시다.

<시험>(『읽기 4-2』, 1996, p.130)

위의 학습문제도 내용 파악과 낭독하기로 요약할 수 있다. 그런데 <시험>은 낭독하기 활동과 함께, 배역을 정하여 연극으로 꾸며 보는 극화학습까지 제시되고 있어 주목된다.[106] 이 극본은 내용이 짧아 간단하게 극화할 수 있으며, 상황에 따라 즉흥적으로 극의 내용을 변형시킬 수 있는 촌극적인 요소를 많이 내포하고 있다. 이러한 점[107]에서 극화학습까지 나아간 것으로 보인다.

② 5~6학년 극본 학습활동 : <난파선의 사람들>, <어떤 크리스마스>

<난파선의 사람들>의 학습활동은 원리학습에 속하여 인물들의 갈등 요소와 해결 방법을 묻는 문항과 배역독 문항으로 간단히 이루어져 있다. 이 또한 앞선 4학년 학습과 크게 다르지 않다.[108] 이와 비교하여 적용학습에 속하는 <어떤 크리스마스>의 문제는 연극으로 실연하는 단계까지 나아가고 있다.

[표 29] 6차 〈어떤 크리스마스〉(『읽기 6-2』) 학습활동

○ '어떤 크리스마스'를 읽고, 물음에 답하여 봅시다. (1) 산타클로스가 재판을 받게 된 이유는 무엇입니까? (2) 중심이 되는 갈등은 무엇입니까? 그리고 그 갈등은 어떻게 해결되었습니까? (3) 판사가 산타클로스에게 무죄를 선고한 이유는 무엇입니까? · 크리스마스를 다룬 다른 읽을거리를 찾아봅시다. 그리고 '어떤 크리스마스'와 비교하여 말해 봅시다./ · 배역을 정하여 '어떤 크리스마스'를 연극으로 꾸며 봅시다. <어떤 크리스마스>(『읽기 6-2』, 1996, p.203)

위 학습문제는 사건의 원인과 결과, 갈등 요소 등을 찾아보는 내용

106) <시험>(『읽기 4-2』, 1996, p.130).
107) 송창언, 앞의 글, p.70.
108) <난파선의 사람들>(『읽기 5-1』, 1996, p.87).

파악과, 연극하기로 대별된다. 특히 크리스마스를 다룬 여타 읽을거리를 찾아 <어떤 크리스마스>와 비교하는 문제는 새로운 유형의 문항이라 할 수 있다. 이 극본이 학습되는 시기가 크리스마스 즈음인 2학기 말 후반부라는 점에서 설정된 것으로 보인다.

지금까지 6차 국내 창작극으로 4학년의 <아름다운 싸움>, <숲 속의 대장간>, <현수의 하루>, <시험>, 5~6학년의 <난파선의 사람들>, <어떤 크리스마스> 등의 학습활동을 살펴보았다. 6차에서는 단원 구성 체계가 '도입학습→원리학습→적용학습→심화학습'으로 이루어지고, 교수·학습에서도 그 절차를 '설명하기→시범보이기→질문하기→활동하기'의 등으로 단계적으로 지도한다는 점이 특징이다. 이러한 학습체제는 극본 학습을 체계적으로 접근하게끔 유도하는 측면을 보인다. 그러나 전반적인 학습 내용은 5차와 마찬가지로 문학 감상 활동이 중심이 되고 있다. 일부 극본에서 극화학습이 이루어지기도 하지만 여전히 축소된 경향을 보인다.

7 7차 교육과정기

가. 극본 수록 양상 : 학습 도구로서의 읽기 자료

7차 교육과정기 국내 창작극은 1학년에는 <도도와 미미>(『읽기 1-1』)에 <준이와 창이>(『읽기 1-2』), 4학년의 경우에는 <탈놀이>(『읽기 4-1』), <아름다운 싸움>(『읽기 4-1』), <즐거운 우리집>(『말하기 듣기 쓰기 4-2』), <선인장 이야기>(『말하기 듣기 쓰기 4-2』), 6학년에는 <어떤 크리스마스>(『읽기 6-2』) 등으로 나타난다.

[표 30] 7차 국내 창작극 단원

학년	작품	지은이	주제	비고
1	도도와 미미	이경	겸손하고 남을 배려하는 마음	동화극
1	준이와 창이	작가 미상	형제 간의 우애	동화극
4	탈놀이	작가 미상	친구 사이에서 서로 칭찬하며 우정을 다짐	생활극
4	아름다운 싸움	작가 미상	정직성과 배려하는 마음	동화극
4	즐거운 우리집	고성욱	서로 의논하며 살아가는 가족애	생활극
4	선인장 이야기	정호승	상황에 만족하며 과욕을 경계	동화극
6	어떤 크리스마스	고성욱	어린이들의 꿈과 사랑에 대한 존중	동화극

7차 수록 상황을 보면, <아름다운 싸움>과 <어떤 크리스마스> 외에 모두 새롭게 실린 희곡이다. 또한 1학년에 2편의 국내 창작 희곡이 실려 있다는 점이 주목된다. 전 시기까지 1학년 교과서에 본격적인 형태의 극본이 실리는 경우가 드물었던 것과 비교된다. 이는 멀티미디어 시대라는 시기적 변화와 극문화에 익숙한 세대의식을 반영한다고 볼 수 있다. 또한 4학년 교과서에 다수의 희곡이 실려 6차와 마찬가지로 일부 학년에 편중된 경향을 보인다. 여타 학년에서는 고전 각색극,[109] 해외 번역극[110] 등을 주로 다루고 있다. 교재면에서 보면, 6차 희곡이 주로 『읽기』 교과서에 수록된 데 반해, 7차에서는 『말하기 듣기 쓰기』 등 통합 교과서에도 실려 있다. 또한 7차 교과서부터는 '수록 저작물 목록'을 통해 작가를 밝히고 있는데, 이경, 정호승, 고성

109) 7차 교육과정기의 고전 각색극은 <흥부와 놀부>(『읽기 1-2』), <구멍난 그릇>(『읽기 1-2』), <도깨비와 개암>(『읽기 2-2』), <나무꾼과 사슴>(『읽기 2-2』), <토끼의 재판>(『읽기 3-1』), <소년과 어머니>(『읽기 3-1』), <방 안에 가득 차는 것>(『읽기 3-1』), <요술부채>(『말하기 듣기 쓰기 4-2』), <한석봉과 어머니>(『말하기 듣기 쓰기 5-2』), <볍씨 한 톨>(『말하기 듣기 6-1』), <별주부전>(말하기 듣기 쓰기 5-1), <어차피 죽을 몸이니>(『읽기 5-1』), <놀부전>(『읽기 5-1』) 등으로서 특히 이 시기에 고전 각색극이 지배적인 수치를 보인다.

110) <베니스의 상인>(『읽기 5-2』), <낯선 사나이>(『읽기 6-1』) 등.

욱 등의 새로운 작가들이 등장하고 있다는 점이 주목된다.

7차 교과서 체재는 총 다섯 마당으로 구성되어 있다. 각 마당은 '마당 도입→소단원 1→소단원 2→한걸음 더→쉼터' 순으로 목표 중심의 학습활동이 이루어지도록 짜여 있다. 6차 희곡들이 원리학습과 적용학습에 따라 작품의 수록 정도가 다른 것처럼, 7차 희곡들도 학습 단계에 따라 그 수록 양상이 다르다. 아래에서는 학년별로 그 수록상을 살피기로 하겠다.

① 1학년 극본 수록 양상 : <도도와 미미>, <준이와 창이>

『읽기 1-1』에서는 '넷째 마당, 마음을 주고 받아요'에 <도도와 미미>가 실리고 있다. 이 단원은 '문장부호에 유의하며 읽기'라는 학습목표 아래 다음과 같이 제시되고 있다.

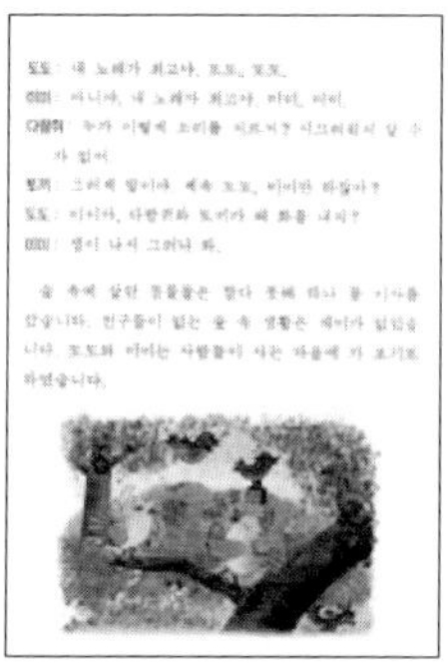

[그림 42] 〈도도와 미미〉
(『읽기 1-1』, 2000, p.119)

(58) 때 : 여름/ 곳 : 숲 속, 마을(중략)/ [숲 속에서 일어난 일] 도도와 미미는 숲 속에 사는 쌍둥이 새입니다. 도도와 미미는 목청껏 노래를 불렀습니다.(중략)

도도 : 내 노래가 최고야. 도도. 도도.

미미 : 아니야, 내 노래가 최고야. 미미. 미미.

다람쥐 : 누가 이렇게 소리를 지르지? 시끄러워서 살 수가 없어

토끼 : 그러게 말이야. 계속 도도, 미미만 하잖아.

도도 : 미미야, 다람쥐와 토끼가 왜 화를 내지?

<도도와 미미>(『읽기 1-1』, 2000, pp.118~119)

<도도와 미미>는 동물들을 의인화한 작품으로 '숲 속에서 일어난 일', '마을에서 일어난 일' 등 2개의 장으로 구성되어 있으며, 공간 변화에 따른 등장인물의 변화상을 다루고 있는 희곡이다. 자기 자랑의

노래는 다른 동물들에게 소음이 되고, 사랑을 담은 노래는 사람들을 위로한다는 내용으로 '사랑'을 주제로 삼고 있는 작품이다. 단순한 표현과 대비적인 공간 설정 등으로 1학년 신입생들의 수준을 고려한 작품이라 할 수 있다.

<준이와 창이>는 『읽기 1-2』의 '셋째 마당 내가 만들었어요'에서 심화학습('한 걸음 더 되돌아보기')으로 다루어졌다. 쌍둥이 형제 준이와 창이가 등교길에 준비물을 챙기면서 생기는 에피소드로, 어린이들이 흔히 겪는 일상을 소재로 한 '생활극'에 속한다. 이 극본은 "느낌을 살려" 읽기라는 지시 하에 플롯을 갖추지 않은 일부 대화 장면만이 제시되고 있는 경우이다.111)

② 4~6학년 극본 수록 양상 : <탈놀이>, <아름다운 싸움>, <즐거운 우리집>, <선인장 이야기>, <어떤 크리스마스>

4학년에서는 『읽기 4-1』에 작가 미상의 <탈놀이>, <아름다운 싸움>, 『말하기 듣기 쓰기 4-2』에 고성욱 작 <즐거운 우리집>, 정호승 작 <선인장 이야기> 등의 극본들이 실려 있다.

<탈놀이>는 『읽기 4-1』의 '넷째마당, 오가는 정'에서 '한 걸음 더 나아가기'라는 심화학습 부분에 수록되어 있다. "인물의 말이나 행동이 어떻게 바뀌는지 알아보며 '탈놀이'를 읽어 봅시다"라는 단원 목표 하에 다음과 같이 극본이 수록되었다.

(59) 때 : ○○년 ○월 ○일/ 곳 : 교실 (중략)

삐뚤이 탈 : 내일은 우리도 탈놀이를 하겠지? 못 생긴 녀석이 나를 쓰면 머리를 콱 박아 버려야지.

흔들이 탈 : (고개를 끄덕이며) 키가 작고 둥뚱한 놈이 내 몸에 손을 대기라

111) <준이와 창이>(『읽기 1-1』, 2000, p.75).

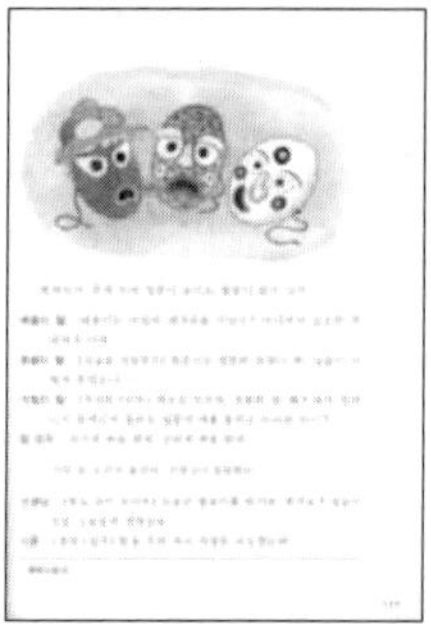
[그림 43] 〈탈놀이〉
(『읽기 4-1』, 2001, p.115)

도 하면 욕을 퍼부을거야.

까칠이 탈 : (속삭이며) 나는 얼굴에 사마귀나 주근깨 있는 녀석만 만나지 않았으면 좋겠어. 아유, 그런 녀석은 보기만 해도 입맛이 없어진다니까.

<탈놀이>(『읽기 4-1』, 2001, p.114)

<탈놀이>는 위와 같이 탈을 의인화한 극으로, 불만투성이에 욕쟁이 탈들이다. 그러나 학생들의 '칭찬하기' 행동을 보면서, 긍정적인 마음으로 변하게 된다. 이 희곡은 등장인물의 변화 과정을 뚜렷이 드러내고 있어, 단원 목표에서 제시한 인물의 말이나 행동의 변화를 살피는 데 적절한 극본이다.

<아름다운 싸움>은 6차에 이어 재수록된 희곡으로 『읽기 4-1』의 '쉼터'란에서 실려 있다. 이 부분은 혼자서 읽거나 활동을 하면서 스스로 답을 찾아가는 학습란으로서, "싸움에도 아름다운 것이 있을까요? 만약 내가 선생님이라면 어떻게 할지 생각하며, '아름다운 싸움'을 읽어 봅시다"[112]라는 지시 하에 실려 내용 파악을 위한 읽기자료에 속한다.

『말하기 듣기 쓰기 4-2』의 '넷째 마당, 꿈을 찾아서'에는 고성욱 작 <즐거운 우리집>과 정호승 작 <선인장 이야기>가 수록되고 있다. 넷째 마당에서는 "말하는 내용에 어울리는 표정과 목소리로 말할 수 있다"라는 단원 목표를 보이며, 위 두 희곡 외에 판소리 <심청가>와 유사극본 <토끼와 거북이> 등이 듣기자료로 제시되고 있다. 교과목의 성격상 '말하기 듣기'라는 측면에서 듣기자료가 다루어진 것이라 할 수 있다. 이 작품은 고성욱 극본으로, 은아가 친구 경식이 생일날 무

112) <아름다운 싸움>(『읽기 4-1』, 2001, p.152).

엇을 선물할까 고민하면서 부모님들과 대화를 나누는 내용이다. 가족 내의 화평한 한 때를 보여주고 있는 짤막한 대화 장면만이 제시되고 있다.

<선인장 이야기>는 '한 걸음 더 나아가기'라는 심화학습에 수록된 극본으로 이야기 구조가 완결된 형태로 수록되고 있다.

[그림 44] 〈선인장 이야기〉(『말하기 듣기 쓰기 4-2』, 2001, p.105)

(60) 오빠 선인장 : 이 메마른 땅, 뜨거운 태양만 이글거리고, 물이라고는 한방울도 찾아볼 수 없는 이 곳이 정말 싫어.

동생선인장 : 늘 모래바람만 불어서 나도 싫어. 아름다운 정원에 장미로 태어났더라면 얼마나 좋았을까?

아빠 선인장 : 아빠는 너희들이 장미보다 훨씬 더 보기에 좋단다. (중략)

아빠 선인장 : 너희들도 꽃을 피울 수 있단다.

<선인장 이야기>(『말하기 듣기 쓰기 4-2』, 2001, p.104)

<선인장 이야기>는 정원의 장미를 부러워하며, 사막을 벗어나고픈 남매, 사막의 눈부신 별을 사랑하는 부모 등 선인장 가족의 세대 간 갈등상을 보여주는 희곡이다. 꽃을 피우기 위해 물을 지나치게 먹은 남매의 쓰러짐을 통해 '자신의 상황을 인식하고 과욕을 경계하자'라는 전언을 지닌 우화극이다.

한편 6학년 2학기의 고성욱 작 <어떤 크리스마스>는 6차 재수록본으로 전 시기와 단원 목표가 다르다. 즉 6차에서는 갈등의 해결 과정을 탐색하는 극본으로 제시되었다면, 7차에서는 "인물의 행동을 생각하며 극본을 읽어 봅시다"라는 학습 목표로 '행동'을 주시하는 극본으로 실려 있다. 이 극본은 단원 목표 외에 6차와 동일한 극본이라 수록 양상은 생략하겠다.

이상 4~6학년의 극본 수록상을 보면, <탈놀이>, <선인장 이야기>, <어떤 크리스마스> 극본 외에 모두 대화 상황의 한 장면만이 제시되고 있다. 이것은 7차 역시 수록된 교과서의 성격상 '읽기', '말하기 듣기' 학습활동의 기능을 중시한 데서 기인한다고 볼 수 있다. 즉 극본 자체에 대한 학습이 이루어지지 않기 때문에 완결된 형태의 희곡보다는, 다양한 말하기나 읽기의 예시로서 간단한 대화상을 보여주는 극본을 활용한 것이라 할 수 있다.

나. 극본 학습활동 : 자기주도 학습의 강화

7차 국어과 교육과정은 말하기, 듣기, 읽기, 국어 지식, 문학 영역 등으로 나뉜다. 특히 문학 영역이 제6차 교육과정과 달라진 점이 있다면 '작품의 수용과 창작의 실제'를 중시하여, 전 시기까지의 '문학의 수용과 감상'에서 더 나아가 창작까지 포함시켰다는 점이다. 또한 문학 작품을 스스로 찾아 읽고 토론하는 학습활동을 중시하여 작품에 나타난 인간의 삶을 총체적으로 이해하고 문학적 상상력이 향상되도록 하는 교육 목표가 제시되었다.113) 이러한 교수요목 하에 7차 국내 창작극 단원의 학습 목표를 정리하면 다음과 같다.

[표 31] 7차 국내 창작극 단원 목표

학년	작품	단원 목표
1	도도와 미미	문장 부호의 쓰임을 알고 이에 유의하면서 글을 읽을 수 있다.
1	준이와 창이	느낌을 살려 읽을 수 있다.
4	탈놀이	인물의 말이나 행동에 대한 내 생각을 말할 수 있다.
4	아름다운 싸움	인물의 말이나 행동을 생각하며 읽을 수 있다.
4	즐거운 우리집	인물에 어울리는 표정과 목소리로 말할 수 있다.

113) '7차 교육과정기 초등학교 국어과'(국가교육과정정보센터 http://ncic.re.kr).

4	선인장 이야기	인물에 어울리는 표정과 목소리로 말할 수 있다.
6	어떤 크리스마스	인물의 행동을 생각하며 극본을 읽을 수 있다. 배역을 정하여 연극을 꾸밀 수 있다.

위에 제시된 단원 목표는 7차 학년별 교수 내용과 관계된 것으로서, 1학년에서는 '문장 부호의 쓰임과 느낌에 유의하며 글을 읽는다'는 읽기와 상관된 학습을, 4학년에서는 '인물의 말이나 내용과 상황에 어울리는 표정이나 몸짓, 어조로 말할 수 있다'는 말하기 학습을, '인물의 말이나 행동에 대한 내 생각을 말할 수 있다'는 자기주도 학습을, 6학년에서는 극화학습을 목표로 하고 있다. 아래에서는 교과서에 수록된 실제 학습문제를 학년별로 검토하고자 한다.

① 1학년 극본 학습활동 : <도도와 미미>, <준이와 창이>

1학년 교과서의 <도도와 미미>(『읽기 1-1』) 학습활동을 살펴보면 다음과 같다.

[표 32] 7차 〈미미와 도도〉(『읽기 1-1』) 학습활동

1. 문장 부호에 주의하며 '도도와 미미'를 읽어 봅시다.
2. '도도와 미미'를 읽고, 물음에 답하여 봅시다.
   (1) 숲 속 친구들은 왜 이사를 갔나요?
   (2) 도도와 미미는 어떤 점을 부끄러워 하였나요?
3. 인물의 역할을 나누어 맡아 봅시다. 그리고 문장 부호에 주의하며 '도도와 미미'를 다시 읽어 봅시다.

<도도와 미미>(『읽기 1-1』, 2000, pp.118~123)

위의 문항들은 문장 부호와 관련된 읽기, 행동의 원인과 결과 찾기, 낭독하기 등의 학습으로 요약된다. 특히 낭독하기는 전 시기와 차별성을 띤다. 즉 6차까지 낭독하기는 주로 성격이나 행동 등에 맞게 읽

는 것이 주요 학습이었다. 그러나 문항 3에서 보이듯 문장부호에 유의하며 낭독하기는 7차에서만 보이는 학습이다. 이는 1학년이라는 저학년을 대상으로 한 극본이라는 점에서, 기초적인 문장 부호를 익히게 하려는 데서 비롯된 것이라 할 수 있다.

<준이와 창이> (『읽기 1-2』) 또한 6차와 달리 '느낌을 살려' 읽기라는 교수 학습이 보인다는 점이 특징적이다. 여기에 지시에 따라 '잘 읽은 친구와 등장인물의 한 일에 대해 잘 말한 친구'를 적도록 하고 있다.114) 교사가 아닌 학생들이 평가자로 나타나고 있다는 점에서 이전 교육과정기 학습문제와 차이점을 보인다.

또한 극본 수록 전에 다음과 같은 질문을 제시하기도 했다.

> (61) 이야기에 나오는 인물이 한 말을 찾고 느낌을 살려 읽었습니다. 그리고 이야기를 읽고 인물이 한 말에 대하여 내 생각을 말하겠습니다. 내가 할 수 있는지 알아봅시다.
>
> <한 걸음 더 되돌아보기>(『읽기 1-2』, 2000, p.75)

위의 글은 작품을 단지 읽기만 하는 것이 아니라 그에 대해 학생들의 생각이 무엇인지 말하게끔 유도하는 학습 내용이다. 7차 문학 영역의 교수요목에서는 문학 작품을 스스로 찾아 읽고 토론하는 학습 활동을 중시한다. 위의 학습문제는 이를 반영한 것이라고 할 수 있다.

이상 1학년의 학습활동을 보면, 내용 파악과 문장 부호에 유의하며 읽기, 느낌을 살려 읽고 자기의 생각을 말하기 등의 내용을 보인다. 갓 입학한 저학년을 대상으로 한 극본이라 기초적인 이해에 주안점을 두고 있음을 볼 수 있다. 그러나 극본이라는 장르적 특성에 대한 학습이 이루어지지 않고 있으며, 어린이들의 내용 파악에 대화체가

---

114) <준이와 창이>(『읽기 1-2』, 2000, pp.74∼75).

용이하다는 측면에서 읽기 자료로 제시된 극본이라 할 수 있다.

② 4~6학년 극본 학습활동 : <탈놀이>, <아름다운 싸움>, <즐거운 우리집>, <선인장 이야기>, <어떤 크리스마스>

먼저 4학년의 <탈놀이>(『읽기 4-1』)는 다음과 같은 학습문제가 제시되고 있다.

[표 33] 7차 〈탈놀이〉(『읽기 4-1』) 학습활동

1. 인물의 말이나 행동이 어떻게 바뀌는지 알아보며 '탑놀이'를 읽어 봅시다. 2. 탈들의 말이나 행동이 어떻게 바뀌었는지 간단하게 정리하여 봅시다. (처음-나중) 3. 탈들의 말이나 행동에 대한 나의 생각을 써 봅시다. <탈놀이>(『읽기 4-1』, 2001, pp.114~119)

위의 문제에서는 먼저 인물의 말이나 행동이 어떻게 바뀌는지 유의하여 읽어 보고, 처음과 나중으로 나누어 그 변화상을 요약하도록 지시하고 있다. 또한 탈들의 말과 행동에 대한 자신의 생각들을 정리하게끔 유도하는 활동을 보인다. 이것은 7차 교육과정기에서 강조한 자기 주도 학습의 측면이라 할 수 있다.

앞서 제시한 바, <아름다운 싸움>은 혼자서 읽거나 활동을 하면서 스스로 답을 찾아가는 '쉼터'란에 실린 극본이다. 여기에서는 극본을 읽고 '아름다운 싸움'이란 무슨 뜻이며, 친구들과 함께 고물 장수와 부자의 문제를 해결해 보는 활동을 보이고 있다.[115] 이것은 6차에서 "조를 나누어 고물 장수와 부자의 문제를 해결하여 봅시다."([표 35])와 동일한 학습 내용이라 할 수 있다.

<즐거운 우리집>(『말하기 듣기 쓰기 4-2』)에서는 다음과 같은 학

115) <아름다운 싸움>(『읽기 4-1』, 2001, p.153).

습활동이 제시되어 있다.

[표 34] 7차 〈즐거운 우리집〉(『말하기 듣기 쓰기 4-2』) 학습활동

1. 은아네 가족이 이야기를 주고받는 장면을 떠올리며 '즐거운 우리집'을 읽어 봅시다. 2. 은아네 가족이 무엇에 대하여 이야기를 주고받고 있는지 말하여 봅시다. 3. '즐거운 우리집'에 나오는 은아, 아버지, 어머니가 되어 말하는 내용에 어울리는 표정과 목소리로 말하여 봅시다. <즐거운 우리집>(『말하기 듣기 쓰기 4-2』, 2001, p.91)

위의 학습문제는 대화를 통해 극의 내용을 파악하기, 등장인물에 적합한 표정과 목소리로 말해보기 등의 활동으로 정리할 수 있다. 특히 낭독하기 학습에서 '표정'을 유의하며 읽는 방법은 새롭게 제시된 내용이라 할 수 있다. 이 단원의 '한걸음 더 되돌아보기'에서는 <꽃나라 임금>이라는 극본 내용을 듣기자료로 제시하면서, 장미꽃, 할미꽃, 모란꽃이 말한 내용에 주의하며 듣게 하고, 각각 등장인물에 어울리는 표정과 목소리로 말해보는 심화 학습을 제시하고 있다. 그리고 이어서 모둠별로서 알맞은 표정과 목소리로 말하였는지를 검토하는 학습활동을 보인다.116) 이 또한 7차에서 강조하는 자기주도 학습을 적용한 경우라 하겠다.

기타 <선인장 이야기>(『말하기 듣기 쓰기 4-2』)는 '선인장 남매의 마음에 대해 이야기해 보기', '역할에 어울리는 표정과 목소리로 말해 보기' 등의 간단한 문항만이 제시되고 있으며, <어떤 크리스마스>(『읽기 6-2』)는 인물의 행동을 통해 갈등의 요소와 해결 과정 등을 파악하는 학습과, 극화하기가 제시되어 있다. 이는 6차와 유사한 활동상이라 할 수 있다.117)

116) <즐거운 우리집>(『말하기 듣기 쓰기 4-1』, 2001, p.101).

지금까지 검토한 바, 4학년의 극본 학습은 극문학 고유의 학습보다는 극본을 읽고, 행동상을 통하여 내용을 파악하며, 거기에서 제기된 문제의식에 대해 생각하고 해결책을 생각하는 등의 활동 등을 보인다. 교과서 마지막 부분에 '학습 용어 해설'이 실리고 있는데, 여기에서는 교과서에서 다룬 문종이나 주요 키워드에 대해 설명하고 있다. 그런데 4학년 교과서에는 '글의 종류'(문종)을 다루면서 '시', '설명하는 글', '주장하는 글' 등에 대한 설명만 있을 뿐 희곡에 대한 설명은 없다.118) 결국 극본 자체의 학습보다는 '읽기'라는 내용 파악을 위한 도구로서 활용되고 있음을 알 수 있다. 한편 6학년의 경우 갈등 양상과 해결 과정을 주목하고 있으며, 유일하게 실연하기를 유도한다는 점에 특징적이라 할 수 있다.

그런데 7차 교육과정기의 경우, 극문학 고유의 학습은 희곡이 아닌 서사 장르의 학습활동에서 활발하다는 점이 주목된다. 한 예로 『말하기 듣기 쓰기 6-2』의 '셋째 마당 삶의 무늬'에 수록된 김진우의 <한 지붕 세 가족>을 들 수 있다. 영수네와 명구네가 주인의 착오로 인해 같은 집으로 이사하게 되는데, 주인이 미국에 가 있어서 두 가족은 할 수 없이 함께 살게 된다. 그러면서 겪는 갈등과 화해를 다룬 동화로써 다음과 같은 학습활동을 보인다.

[표 35] 7차 〈한 지붕 두 가족〉(『말하기 듣기 쓰기 6-1』) 학습활동

1 '한 지붕 두 가족'을 읽고, 사건의 전개 과정을 정리하여 봅시다. 2. 극본으로 바꾸어 쓸 때, 고치고 싶은 내용을 친구들과 의논해 봅시다. 그리고 자세하게 쓸 부분과 간략하게 쓸 부분을 나누어 정리해 봅시다. 3. 각자 바꾸어 쓸 부분을 정하고, 자기가 맡은 부분을 극본으로 바꾸어 써

117) <어떤 크리스마스>(『읽기 6-2』, 2002, p.203).
118) <학습 용어 해설>(『읽기 4-1』, 2002, p.161).

봅시다.
4. 각자가 쓴 부분을 모아 한 편의 극본을 완성하여 봅시다.
5. 완성한 극본으로 친구들과 함께 연극을 하여 봅시다.
<한 지붕 두 가족>(『말하기 듣기 쓰기 6-1』, 2002, pp.77~80)

위의 학습문제는 '이야기를 극본'으로 바꾸는 문제이다. 4차 교육과정기 <본문 공부>의 글짓기 부분에서 다룬 문종 바꾸기와 동일한 학습으로서, 다교과서제가 도입된 5차에 삭제되어 6차까지 다루지 않았던 문제였으나 7차에 들어서 다시 등장했다는 점이 주목된다.

특히 각색 학습이 개인적 활동이 아닌 모둠별 활동이라는 점에서 특징적이다. 즉 친구들과 의논한 후 분담하여 각색하고, 각색한 내용을 한 편의 극본으로 완성하며, 이를 토대로 극화학습까지 실행하도록 유도하고 있다. 이와 같이 학생들이 협력하여 공동 작품을 완성하는 것은 이전까지 볼 수 없었던 극본 학습이라는 점에서 특징적이다. 위 학습활동은 주어진 텍스트가 극본이 아니면서 극본 학습의 전 과정을 다루고 있다는 점에서도 주목되는 단원이라 하겠다.

이상의 학습활동을 보면, 실제 극본을 제시한 경우에는 극본 고유의 학습이 미약하고 분과 교재의 성격상 '읽기', '말하기' 등이 지배적이다. 그러나 통합교과서로 '쓰기'를 다루면서 '이야기의 극본화'라는 각색의 문제가 대두되었고, 극화학습 활동까지 보인다. 이러한 학습은 단지 극본만이 아닌 서사 장르의 특성도 함께 파악할 수 있다는 점에서 교육적인 효과가 크다고 하겠다.

한편 위의 각색 문제와 관련하여 아래의 내용은 참고할 만하다.

(62) ・다른 갈래의 글로 바꾸어 쓰기 : 문학 작품은 몇 개의 갈래로 나눌 수 있습니다. '시', '이야기', '극본' 등은 우리가 잘 알고 있는 문학의 갈래입니다. 작품을 다른 갈래의 글로 바꾸어 쓰게 되면 작품 감상에 도움이 될 뿐

> 만 아니라, 새로운 작품을 만드는 데 따른 보람도 생깁니다. 작품을 다른 갈래의 글로 바꾸어 쓸 때에는 작품에 대한 자신의 생각이나 느낌에 바탕을 두고 바꾸어 쓰게 됩니다. 하나의 시를 이야기로 바꾸어 쓸 때, 누가 바꾸어 썼느냐에 따라 이야기의 내용이 달라지는 것은 이 때문입니다.
>
> <학습 용어 해설>(『말하기 듣기 쓰기 6-1』, 2002, p.145)

인용문에서는 문학의 갈래를 '시', '이야기', '극본' 등으로 제시하면서, 각색에 따라 작품의 느낌이 달라질 수 있다(감상)는 점을 설명하고 있다. 또한 주목되는 점은 '누가 바꾸어 썼느냐'에 따라 이야기의 내용이 달라진다는 지점을 지적하고 있다. <한 지붕 두 가족> 학습에서 공동 각색을 통하여 극본을 완성하고 이를 공연하는 일련의 과정은, 바로 이러한 교육적 효과를 기하려는 활동이라 할 수 있다.

지금까지 7차 국내 창작극을 살펴보았다. 이 시기에는 '작품의 수용과 창작의 실제'를 중시하여, 전 시기 '문학의 수용과 감상'에서 더 나아가 창작까지 학습활동에 포함시키고 있다. 또한 스스로 문제를 해결하고 토론하는 학습활동을 중시하고 있다는 점이 특징적이다. 그러나 7차 역시 이전 시기와 마찬가지로 극화학습은 여전히 미흡하며, 희곡 작품의 공연적 측면보다는 주로 문학적 측면의 이해가 지배적임을 알 수 있다. 수업 시간을 통해 실제로 실습하는 것은 등장인물에 어울리는 어조로 낭독하기가 대부분이다. 이것은 연극 제작에 대한 이해와 연극교육 수업이 여전히 부족함을 의미한다.

(2) 고전 각색극 수록 양상 및 학습활동

전래동화와 고전소설 등 고전을 제재로 한 단원은 교수요목기부터 꾸준히 수록되어 왔다. 그러나 3차까지 대부분 소설로 실려 있고 극본으로 실리는 경우는 드물다. 희곡 형태로 실리는 경우는 4차부터 나타나며, 6~7차에 그 수가 증가세를 보인다. 아래에서는 차시별로 수록 양상 및 학습활동을 살피고자 한다.

1 4차 교육과정기

가. 극본 수록 양상 : 고전 각색극의 최초 수록

4차 시기에 처음으로 등장한 고전 각색극은 <금도끼>(『바른생활 2-1』)이다. 동시기에 <청개구리>(『국어 3-2』)도 고전 각색극이라 할 수 있으나 방송극본이라는 점에서 4차 고전 각색극은 <금도끼>가 유일하다고 볼 수 있다.

[표 36] 4차 고전 각색극 단원

학년	작품	제재 내용	주제
2	금도끼	착하고 정직한 나무꾼이 나무를 하다가 연못에 빠뜨린 도끼로 인해 금, 은 도끼까지 얻게 되었다. 욕심많은 나무꾼이 흉내를 내며 거짓말을 하다 제 도끼까지 잃었다.	정직

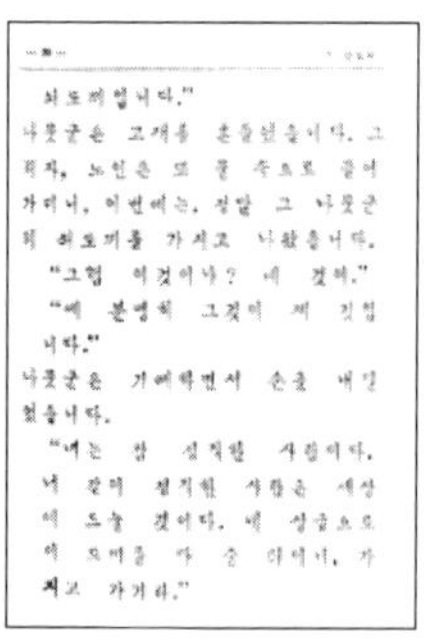

[그림 45] 〈금도끼〉
(『초등국어 2-2』, 1948, p.20)

<금도끼>는 교수요목기 『초등국어 2-2』에 동일한 제목으로 실려 있는데, 문종은 전래동화였다. 3차 『도덕 2-1』에서도 '언제나 정직하고 성실한 태도를 갖는다'119)라는 교육 목표 하에 읽기자료로 제시되기도 했다. 이를 4차에서 극본으로 각색하여 수록한 것이다.

(63) 하루는, 산으로 나무를 하러 가, 어떤 못 가에서 나무를 찍고 있었습니다. 그러다가 잘못하여, 그만

119) 한국교육개발원(1978), 『도덕수업지침서 2-1』, 교육출판사, p.33.

도끼를 못물에 빠뜨렸읍니다. (중략)
"이것이 네 도끼가 아니냐?"/ "아니올시다. 그것은 제 것이 아니올시다"/ "그러면, 네 또 찾아 보지."/ 노인은 물 속으로 들어갔읍니다. 이번에는, 은도끼를 들고 나왔습니다./ "그러면, 이것이 네 것이냐?"

<금도끼>(『초등국어 2-2』, 1948, pp.19~20)

[그림 46] 〈금도끼〉
(『바른생활 2-1』, 1987, p.84)

(64) 때 : 먼 옛날/ 곳 : 어느 숲 속 (중략)
신령 "(금도끼를 내보이며) 이것이 네 도끼냐?"
나뭇군 "(고개를 저으며) 아닙니다."
신령 "(은도끼를 내보이며) 그럼, 이것이냐?"
나뭇군 "아닙니다. (신령이 옆구리에 끼고 있는 쇠도끼를 가리키며) 이 쇠도끼가 제 도끼입니다."

<금도끼>(『바른생활 2-1』, 1987, pp.84~85)

인용문 (63)은 교수요목기의 동화, (64)는 4차 교육과정기 희곡의 일부이다. 기존의 동화 내용이 신령과 나무꾼의 대화체가 지배적인 형태라, 극본으로 각색하는 것이 보다 용이했을 것으로 보인다. 그런데 교수요목기 <금도끼>는 정직한 나무꾼과 신령과의 이야기만 다루고 있으나, 4차 극본 <금도끼>는 '욕심장이'가 등장한다는 점이 다르다. 정직한 나무꾼과 부정직한 욕심장이를 대비시켜 정직한 자가 복을 받게 된다는 주제의식을 부각시킨 각색이라 할 수 있다.

나. 극본 학습활동 : 극본 이해와 낭독하기

4차 <금도끼>의 단원 목표를 제시하면 아래와 같다.

[표 37] 4차 고전 각색극 단원 목표

학년	작품	단원 목표
2	금도끼	· 그림을 보고 이야기를 꾸며서 말할 수 있다. · 글을 바르게 읽을 수 있다. · 글을 읽고 무대 위의 모습을 바르게 상상할 수 있다. · 극본에 맞추어 대사와 동작을 함께 표현할 수 있다.

위의 단원 목표 하에 <금도끼>의 학습문제에서는 희곡의 장르적 특성, 등장인물의 특징 등을 파악하는 문항과, 무대를 상상하며 배역 독하는 문항을 보인다.120) 교사용 지도서에서는 이러한 학습과 관련하여 구체적인 지도 내용이 제시하고 있어 참고할 만하다.

먼저 이 단원에 대한 지침에서는 극본 교재에서 가장 중요한 것은 교재 내용을 극화하는 것이며, 그러므로 학습 전체 계획이 극화로 정점을 이루도록 짜여져야 한다는 내용을 보인다.121) 이러한 단원 목표를 지향하며 아래와 같은 지도안이 제시되고 있다.

(65) 1 그림을 보고 이야기를 꾸며서 말할 수 있다.(중략) 4 글을 바르게 읽을 수 있다. · 글을 똑똑한 발음으로 낭독할 수 있다. · 극본은 나오는 이, 때, 곳을 나타낸 부분과 대화, 동작을 나타낸 부분이 있음을 안다.)/ 5 글을 읽고 무대 위의 모습을 바르게 상상할 수 있다.(중략)/ 7 글을 읽고 인물의 행위의 원인을 밝힐 수 있다.(중략)/ 9) 극본에 맞추어 대사와 동작을 함께 표현할 수 있다.

『국민 학교 교사용 지도서 바른생활 2-1』(문교부, 1987, p.135)

4차 시기에는 1학년 교과서에 <거북이와 토끼>, <개미와 매미> 등이 수록되었으나 유사극본으로 정식 극본 형태가 아니다. 그러므로

120) <학습문제>(『바른생활 2-1』, 1987, p.82).
121) 문교부(1986), 『국민 학교 교사용 지도서 바른생활 2-1』, 국정교과서주식회사, p.135.

2학년 1학기에 실린 <금도끼>는 초등 국어 교과에서 다룬 최초의 희곡에 해당된다. 이에 지도서 내용도 극에 대한 기초적인 이해를 바탕으로 하고 있다.

<금도끼>는 총 11차시에 걸쳐 교수하도록 제시되고 있다. 주요지도 내용을 살펴보면, 먼저 1차시는 '그림 보고 이야기하기' 수업 활동으로 무대 장면은 어떤 곳이며, 관객들은 어떻게 하고 있으며, 나무꾼은 어떤 마음이었을까 등을 이야기하도록 학생들을 지도한다. 이러한 극 내용 파악 후, 연극을 본 경험을 서로 나누는 '말하기' 학습으로 이어진다. 2~5차시까지의 수업 내용은 '글을 바르게 읽기' 학습으로 대사에 감정을 넣어 '입체적'으로 읽어보기, '어느 때, 어느 곳에, 누가 나오는가, 막이 오르면 누가 어떻게 하는가' 등을 파악하는 학습활동이다. 마지막 6차시에는 실제 대사와 동작을 함께 해 보는 '실연하기' 활동을 하는데, 이러한 일련의 학습활동은 희곡의 장르적 특징(문학적 특징)과 극화학습(연극하기) 등 극문학 고유의 학습을 모두 실행하는 지도안이라 할 수 있다.

2 6차 교육과정기 고전 각색극 수록 양상 및 학습활동

가. 극본 수록 양상 : 고전에 대한 관심과 고전 각색극의 증가

5차에는 <토끼의 재판>(『읽기 3-1』)과 <청개구리>(『읽기 3-1』) 등 방송극 외에 고전을 각색한 희곡은 수록되지 않았다. 그러나 전래동화는 대폭 증가한 시기이기도 하다. 전체 학년의 수록 상황을 살펴보면 『말하기 듣기』 교과서에는 모두 18편, 『읽기』 교과서에는 17편, 『쓰기』 교과서에는 13편 등 전래동화의 제재가 다수 실려 있다.

그러나 6차부터 전통적인 소재를 각색한 희곡들이 여럿 등장하였다. 즉 <방안에 가득 차는 것>(『읽기 3-2』), <쓴 약 단 약>>(『읽기 3-2』), <금도끼>(『말하기 듣기 4-1』), <소와 나귀>(『읽기 4-1』), <어차피 죽을 몸이니>(『읽기 5-2』), <별주부전>(『읽기 5-2』) 등이 수록되었다.

[표 38] 6차 고전 각색극 단원

학년	작품	제재 내용	주제
3	방안에 가득 차는 것	백 원짜리 동전 하나로 방안을 가득 채울 수 있는 물건을 사오라고 하자 양초를 사와 불빛이 방안에 가득 차게 한다.	지혜
3	쓴 약 단 약	병든 호랑이에게 사슴은 쓴 약을, 여우는 단약을 먹게 한다. 사슴이 쫓겨난 후 임금이 여우의 계략을 알고 사슴을 찾으러 나선다.	경청
4	소와 나귀	약싹 빠른 나귀가 꾀부리지 않고 성실한 소를 미련하다고 비웃는다.	성실
5	어차피 죽을 몸이니	대감이 아끼던 술병 한 개를 깬 청소하는 할멈이 마님의 지혜로 나머지 술병까지 깨며 그 까닭을 대감에게 말하자 대감이 용서해 준다.	지혜
5	별주부전	용왕의 병을 고치기 위해 자라는 토끼를 용궁으로 데려오나, 토끼는 꾀를 내어 위기를 극복한다.	지혜

7차 극본도 5~6차와 마찬가지로 원리학습 극본은 읽기 자료로 간단히 제시되고, 적용학습의 극본만이 완결된 형태로 수록되었다. 아래에서는 각각의 수록 양상과 학습활동이 어떻게 드러나고 있는지 학년별로 살피기로 하겠다.

① 3학년 극본 수록 양상 : <방 안에 가득 차는 것>, <쓴 약 단 약>

『읽기 3-2』에 수록된 <방 안에 가득 차는 것>, <쓴 약 단 약>은 '8. 이야기를 나누어요' 대단원에서 "등장인물의 성격에 어울리게 극본을 읽어 봅시다"라는 단원 목표 하에 수록되고 있다. 전자는 원리학습으로 무대 배경 및 인물 정보 없이 대화 상황만 짤막하게 수록되고 있으며, 후자는 적용학습으로 플롯을 갖춘 완결된 극본 형태를 지니고 있다.

먼저 <방 안에 가득 차는 것>의 등장인물은 예진, 진수, 은태 등 어린이들로서, 예진이가 백 원짜리 동전으로 '방안에 가득 차는 것'으로 무엇을 살 수 있는지 라는 문제를 낸다. 그런데 은태가 양초를 사서 불을 밝혀 온 방을 채웠다는 이야기이다. 친구들 사이에서 일어난 에피소드로 생활극의 형태를 띠고 있다는 점이 특징적이다.

적용학습으로 실린 <쓴 약 단 약>은 기승전결을 갖춘 완결된 극본으로 다음과 같이 수록되고 있다.

[그림 47] 〈쓴 약 단 약〉
(『읽기 3-2』, 1996, p.64)

(66) 때 : 옛날　곳 : 숲 속의 동물 나라, 나오는 사람들 : 호랑이, 사슴, 여우, 산양, 너구리 (중략)

사슴 : 대왕님은 여러 날째 앓고 계십니다. 때를 놓치면 안 됩니다.

호랑이 : 꼭 약을 먹어야 한다고? 그렇다면 할 수 없지 이리 다오. (사슴, 걱정스런 눈길로 바라본다.)

호랑이 : (약사발을 입에서 떼며) 아니, 무슨 약이 이다지도 쓴가?

사슴 : 황공하옵니다. 좋은 약은 본디 입에 쓴 법입니다.

호랑이 : 좋은 약은 입에 쓰다고?

<쓴 약 단 약>(『읽기 3-2』, 1996, pp.64~65)

이 작품은 충직한 사슴과 권력을 탐하는 여우 등 대비적인 인물의 등장으로 선악 구도가 뚜렷이 드러나는 극본이다. 사슴은 대왕 호랑이의 건강을 생각하여, 쓰지만 회복에 좋은 약을 권한다. 그러나 여우는 달지만 건강을 악화시키는 약을 권한다. 진실을 모르는 호랑이는 사슴을 쫓아내나, 결국 사슴의 충심을 알게 되면서 그를 다시 찾는다는 내용이다.

이상 살핀 바, 3학년 고전 각색극은 <방 안에 가득 차는 것>과 <쓴 약 단 약>으로서, 전자는 원리학습으로 후자는 적용학습으로 제시된 극본이다. 6차에 최초로 수록된 고전 각색극이라는 점에서 주목된다.

② 4~5학년 극본 수록 양상 : <소와 나귀>, <아름다운 싸움>

4학년에서는 『읽기 4-1』에 <소와 나귀>, <아름다운 싸움> 등이 실려 있다. 『말하기 듣기 4-1』에서 <금도끼>를 다루고 있으나, 그림 자료로 제시되고 이를 통해 낭독하기 학습을 유도하고 있는 정도이다. 극본으로 제시된 경우는 <소와 나귀>, <아름다운 싸움> 뿐이다. 이 두 작품은 대단원 '8. 우리가 꾸미는 무대'에서 "등장인물의 성격을 파악하여 극본을 읽어 봅시다"라는 학습 목표 아래 수록되었다. 여기에서 <소와 나귀>는 원리학습 자료로 전래동화를 각색한 짤막한 극본이다.[122] 등장인물은 우직하고 인정 많은 소, 게으름만 피우는 당나귀 등으로서, 자신의 먹을 것까지 나누는 소와 그의 선한 심성을 이용하여 먹이까지 탈취하는 나귀를 대비적으로 보여주는 극본이다. 인물의 성격을 파악하며 읽어야 하는 읽기 자료로서 적절한 극본이라 할 수 있다.

5학년에서는 『읽기 5-2』의 '9. 흥겨운 놀이 마당'에 <어차피 죽을 몸이니>와 <별주부전> 등 구비설화 및 고전소설 각색극이 실려 있다. "사건의 전개 과정을 알아보며 극본을 읽어 보자"라는 단원 목표 아래 전자는 원리학습으로, 후자는 적용학습으로 활용되고 있다. <어차피 죽을 몸이니>는 할멈이 대감이 아끼던 술병을 실수로 깨뜨림으로써 위기에 처하게 되는데, 지혜로운 마님의 꾀로 이를 벗어나게 된다는 내용이다. 조상들의 슬기와 재치를 보여주는 고전을 짤막한 소극으로 구성한 것으로, 위기 극복의 과정이 흥미롭게 제시되고 있다.

<별주부전>은 총 6개의 장으로 구성되어 있으며, 적용학습에 속하

---

122) 적용학습 극본은 해외 번역극인 <브레멘의 악사>로서 이 극본은 해외 번역극 항목에서 살펴보기로 하겠다.

여 극본 전체가 모두 제시된 경우이다.

[그림 48] 〈별주부전〉
(『읽기 5-2』, 1997, p.85)

(67) 때 : 옛날/ 곳 : 바닷속/ 용궁과 숲 속(중략)

상어 대신 : (수염을 쓰다듬으며) 어허, 이거 큰일이군요. 용왕님 병환이 점점 심해지고 있으니 무슨 방법이 없겠소 ?

문어 장군 : 벌써 한달이 넘었으니, 이러다가 정말 큰일 치르겠구려.

꽃게 대신 : (왔다 갔다 하는 문어 장군을 가리키며) 이봐요. 문어 장군, 가만히 좀 계시오. 정신 사납소.

<별주부전>(『읽기 5-2』, 1997, p.83)

<별주부전>은 우리 고전의 해학성이 잘 드러난 작품으로, 상황마다 슬기롭게 대처하는 등장인물들의 재치가 돋보이는 극본이다. 총 6개의 장으로 구성되어 있으며, 용왕의 발병으로 인한 사건의 발단, 자라가 토끼를 유인하여 용궁으로 데려가는 전개, 토끼의 능란한 재치로 인한 사건의 반전, 토끼가 다시 육지로 돌아가는 결말 등의 플롯을 보인다. 이 제재는 초등학교뿐만 아니라 고등학교 고전학습을 위한 교과서에도 수록되기도 하였으며, 등장인물들이 주고 받는 대화의 묘미를 잘 살려 고전의 우수성을 보여주는 작품이다.[123)]

이상 5학년의 고전 각색극으로 <소와 나귀>, <어차피 죽을 몸이니>, <별주부전> 등을 살펴보았다. 이 작품들은 '성실'과 '지혜'를 보여주는 고전에 토대를 두고 있어, 주제면에서 교육적 가치를 지닌 극본이라 할 수 있다.

123) 송창언(2004), 앞의 책, p.71.

나. 극본 학습활동 : 문학에 대한 이해와 감상 능력의 중시

6차 교육과정기 국어과에서는 언어기능으로서의 말하기, 듣기, 읽기, 쓰기, 언어, 문학의 6개 영역으로 지도 내용을 구분하고 체계화하였다. 특히 문학 영역의 교육 목표는 "문학 작품을 즐겨 읽고 아름다운 정서와 풍부한 상상력을 기르게 한다"이다.124) 이러한 교육 목표 아래서 고전 각색극의 학년별 단원 목표는 다음과 같이 제시되고 있다.

[표 39] 6차 고전 각색극 단원 목표

학년	작품	단원 목표
3	방안에 가득 차는 것	· 극본을 읽고 낭독할 수 있다.
3	쓴 약 단 약	· 등장인물의 성격을 알아보며 극본을 읽을 수 있다. · 극본을 읽고, 대강의 내용을 안다. · 등장인물의 성격을 안다. 배역을 정하어, 등장인물의 성격에 어울리게 극본을 읽을 수 있다.
4	금도끼	. 내용과 상황에 어울리는 목소리로 말할 수 있다.
4	소와 나귀	· 등장인물의 성격을 파악할 수 있다. · 등장인물의 성격에 어울리게 낭독할 수 있다.
5	어차피 죽을 몸이니	· 극본을 읽고 사건의 전개 과정을 알 수 있다.
5	별주부전	· 사건의 전개 과정을 생각하며 극본을 읽을 수 있다. · 극본을 읽고 사건의 전개 과정을 정리할 수 있다.

위의 단원 목표를 보면 낭독하기, 사건의 전개와 성격 파악하기에 중점을 두고 있음을 볼 수 있다. 전반적인 내용을 보면 문학 일반적인 내용 파악에 중심을 두고 있음을 알 수 있다. 실제 학년별 학습활동을 살펴보면 아래와 같다.

① 3학년 극본 학습활동 : <방안에 가득 차는 것>, <쓴 약 단 약>

<방 안에 가득 차는 것>는 원리학습으로 간단한 대화 상황을 보여

124) '6차 교육과정기 초등학교 국어과'(국가교육과정정보센터 http://ncic.re.kr).

주는 극본이다. 교사용 지도서에서는 이 단원의 학습 목표를 다음과 같이 밝히고 있다.

(68) 이 단원에서는 극본의 주요 요소와 등장인물들이 한 일, 그리고 그 일을 하게 된 이유, 등장인물들의 성격 등을 알아보는 활동으로 학습이 이루어진다. (중략) 극본은 보통 글과는 달리 연극을 하기 위하여 쓰여진 글이지만, 여기서는 어디까지나 이야기를 이해하고 감상하는 능력을 기르도록 하는 데 초점이 있다. 따라서 극본 읽기는 배역을 정하여 실감나게 낭독하는 정도로 하고, 앞의 사건이 다음 사건이 일어나는 까닭이 됨을 알아보는 학습으로 이끌어 나가는 것이 바람직하다.

『교사용 지도서 국어 3-2』(교육부, 1996, p.172)

<방 안에 가득 차는 것>은 1차시 수업으로 계획된 것으로서, 위의 학습 목표를 반영하여 교과서 학습문제 또한 주로 극본의 내용 파악과 배역을 정하여 인물의 성격에 어울리게 읽는 학습활동을 보이고 있다.[125] 특히 이 극본은 '읽기' 교과서에서 수록된 것으로서 '이해와 감상'에 초섬을 누고 있음을 알 수 있다.

<쓴 약 단 약>의 학습문제 또한 다음과 같이 나타나고 있다.

[표 40] 6차 〈쓴 약 단 약〉(『읽기 3-2』) 학습활동

(1) 이야기가 펼쳐진 곳은 어디입니까?/ (2) 중심이 되는 인물은 누구누구입니까?/ (3) 사슴과 여우는 호랑이에게 각각 어떤 약을 바쳤습니까? (4) 등장인물의 성격은 각각 어떻습니까? □ 배역을 정하여 등장인물의 성격에 어울리게 '쓴 약 단 약'을 소리내어 읽어 봅시다. <쓴 약 단 약>(『읽기 3-2』, 1996, p.70)

125) <방 안에 가득 차는 것>(『읽기 3-2』, 1996, p.63).

위의 학습문제 역시 등장인물의 성격 이해와 낭독하기로 이루어져 있다. 교사용 지도서에서 <쓴 약 단 약>은 총 2차시로 구성되었는데, 1차시는 '극본 읽기' 지도이다. 여기에서 지문과 대사를 구분하여 읽힘으로써 극본 고유의 형태를 파악케 한다는 점이 주목된다.[126] 2차시에는 '이야기의 전개 과정 알아보기', '등장인물의 성격 알기', '극본 읽기' 등의 지도안이 보이는데 이야기의 전개 과정을 장면별로 정리하고 있다는 점이 특징적이다.

> (69) 첫째 장면 : 병이 난 호랑이에게 사슴이 쓴 약을 줌→둘째 장면 : 여우는 호랑이에게 단 약을 줌→셋째 장면 : 사금이 귀한 약초를 달여 만든 약을 주자, 호랑이는 내팽개치고 사슴을 쫓아냄→넷째 장면 : 호랑이가 여우와 너구리의 대화를 우연히 듣고, 속았다는 사실을 알게 됨→다섯째 장면 : 호랑이가 사슴이 준 약이 좋다는 것을 알고, 내쫓은 사슴을 찾아 나섬.
> 『교사용 지도서 국어 3-2』(분교부, 1996, p.176)

위의 장면별 요약은 일종의 극의 플롯에 따른 정리라는 점에서 주목된다. 이와 연결하여 장면별로 주요 등장인물을 중심으로 성격을 파악한 후 배역독 학습을 지도하도록 설정되어 있다.[127]

② 4~5학년 극본 학습활동 : <금도끼>, <소와 나귀>, <별주부전>, <아름다운 싸움>

<금도끼>(『말하기 듣기 4-1』) 는 극본이 아닌 그림 자료만 제시된 경우이나, 이 또한 '내용과 상황에 어울리는 목소리로 말하여 봅시다.', '이야기 속의 인물이 되어, 내용과 상황에 어울리는 목소리로 말하여 봅시다.' 등의 문제로 교재의 성격상 '말하기' 학습과 연관되고

126) 교육부(1996), 『교사용 지도서 국어 3-2』, pp.175~176.
127) 교육부(1996), 앞의 책, p.181.

있다. <소와 나귀>(『읽기 4-1』)는 "말과 행동을 통해 등장인물의 성격 알아보기", "인물의 성격에 어울리는 목소리로 낭독하기" 등의 학습 활동을 보인다. 이 두 단원도 앞선 단원들의 학습활동과 유사하나 "내용과 상황", "말과 행동" 등을 통해 등장인물을 이해한다는 점에서 다소의 차별점을 보인다. 이러한 학습활동을 정리하면, 4학년의 극본 학습은 말하기-듣기 교재에서는 주로 '인물의 상황에 어울리게', '극본의 인물이 되어' 말하는 것이 중심이며, 읽기 교재에서는 '등장인물의 성격이 어떠한가' 파악하는 것이 주요 학습임을 알 수 있다.

5학년의 <어차피 죽을 몸이니>는 사건의 발생과 원인 등을 파악하고 그 전개 과정을 정리하는 데 중점을 두고 있다. 이 또한 플롯의 전개를 주시하며 읽기라는 점에서 주목된다. 교사용 지도서에서도 이와 관련하여 사건 전개를 극본의 구성 단계인 '발단-전개-절정-위기-결말' 등 플롯에 적용하여 지도하도록 되어 있다.[128]

적용학습에 속하는 <별주부전>의 학습활동은 다음과 같이 제시되고 있다.

[표 41] 6차 〈별주부전〉(『읽기 5-2』) 학습활동

(1) 자라가 육지로 가게 된 까닭은 무엇인가?/ (2) 토끼는 왜 자라를 따라 용궁으로 가게 되었는가?/ (3) 용궁에 도착한 토끼에게 어떤 일이 생겼는가?/ (4) 토끼는 어떻게 위기를 벗어났는가? · 답한 내용을 바탕으로 하여, '별주부전'에 나타난 사건의 전개 과정을 정리하여 보자./ · 배역을 정하여 '별주부전'을 낭독하여 보자. <별주부전>(『읽기 5-2』, 1997, p.94)

128) 교육부(1996), 『교사용지도서 국어 5-2』, 국정교과서주식회사, p.183.

위의 학습문제는 먼저 사건의 원인과 결과를 파악하는 것이 우선시되고 있다. 이를 통해 앞서 제시된 <어차피 죽을 몸이니>와 마찬가지로 사건의 전개 과정을 파악하는 것이 주요 문제이다.

교사용 지도서에서는 위의 학습활동과 관련하여, 이 단원의 특성을 다음과 같이 밝히고 있다.

> (70) 단원의 특성 : 이야기의 전개 방식을 많이 생략함으로써 과정을 상상해 보도록 하였으며, 도입 부분에 제시된 이야기를 통해 이야기의 전개 과정을 충분히 습득하도록 구성하였다. 따라서, 이야기의 원인과 결과에 대한 상호 밀접성을 알도록 지도해야 하며, 아울러 고전에 대한 흥미와 그 안에 담겨져 있는 교훈적 내용도 찾을 수 있도록 지도해야 한다.
>
> 『교사용 지도서 국어 5-2』(교육부, 1996, p.182)

위에서 언급한 선개 과정에서 원인과 결과를 파악하는 것은, 결국 극본의 플롯 단계를 파악하는 것이라 할 수 있다. <별주부전>은 총 2차시 수업으로 할애되어 있다. 먼저 1차시 수업 목표는 '극본의 구성 살피기', '극본 읽기', '사건의 전개 과정 알아보기'로 형성되어 있다. 극본의 구성 살피기에서는 등장인물이 누구구이며, 공간적 배경은 어디이며, 총 몇 장으로 이루어져 있는가를 지도하는 내용이다. 이를 통해 인물, 행동, 배경이라는 극본의 구성 요소라는 것을 파악하도록 유도하고 있다. 또한 극본 읽기에서는 인물의 성격을 중심으로 조별로 배역을 정하여 장면별로로 낭독하게 하고, 최종적으로 극본을 사건의 전개 과정에 따라 정리하도록 하고 있다.

2차시 수업 목표는 1차시 사건 전개 파악 학습의 심화 단계로 사건의 전개 과정을 '발단－전개－절정－위기－결말' 등 플롯의 단계로 요약 정리하게끔 유도하고 있다. 또한 '소연극 꾸미기'라 하여 조별로 한 장면씩 선택하여 짤막한 연극으로 실연해 보는 극화학습을 유

도하고 있어 주목된다.129)

또 하나 특징적인 것은 이 단원에서는 다음과 같은 평가 문제를 제시하고 있다는 점이다.

> (71) □ 다음 글을 읽고, 극본의 형식에 맞추어 사건의 전개 과정을 정리하여 보자. (중략) 평가척도 상 : 사건의 전개 과정을 앞 부분과 연결하여 말하거나 쓸 수 있다. 중 : 사건의 전개 과정은 대강 파악했지만 연결 과정이 어색하다. 하 : 극본의 전개 과정 파악 및 서술이 부족하다. □ 위의 극본을 읽고, 배역을 정하여 실감 있게 표현해 보자. 평가척도 상 : 사건의 전개 상황에 비추어 실감 있게 표현한다. 중 : 대사는 잘 읽으나 실감이 부족하다. 하 : 대사와 표현 방식이 서투르다.
>
> 『교사용 지도서 국어 5-2』(교육부, 1996, p.190)

위의 내용은 정확한 이야기의 전개 과정을 알고 이것을 직접 표현하는 과정을 평가하는 척도로서, 이를 보면 <별주부전>은 극본 장르에 대한 학습보다는 올바른 '읽기'와 발표력을 중시하는 단원으로 설성된 것임을 알 수 있다.

지금까지 6차 고전 각색극의 학습활동을 살펴보았다. 학년별 학습활동은 다음과 같이 요약된다. 첫째, 3학년은 등장인물의 말과 행동을 생각하여 그에 어울리는 목소리로 극본을 읽는다. 둘째, 4학년은 등장인물이 처한 상황을 파악하여 극본의 분위기에 어울리는 목소리로 읽는다. 셋째, 5학년은 극본의 전개 과정을 이해하고 배역을 정하여 극본을 읽는다 등이다. 구체적인 학습 활동에서는 극본의 내용에 대한 학습자의 능동적인 반응과 비판을 유도하는 문항을 제시하고 있다. 그러나 극본 고유의 학습이라기보다 문학 일반의 이해와 크게 차이가 없다. 극화학습은 7차에서도 미흡한 현상을 보인다.

---

129) 교육부(1996), 앞의 책, p.188.

7 7차 교육과정기

가. 극본 수록 양상 : 고전 각색극의 증가와 매체의 확산

7차 교과서에는 <도깨비와 개암>(『말하기 듣기 2-1』), <나무꾼과 사슴>(『읽기 2-2』), <방 안에 가득 차는 것>(『읽기 3-1』), <요술부채>(『말하기 듣기 쓰기 4-2』), <별주부전>(『말하기 듣기 쓰기 5-1』), <어차피 죽을 몸이니>(『읽기 5-1』), <놀부전>(『읽기 5-1』), <한석봉과 어머니>(『말하기 듣기 쓰기 5-2』), <볍씨 한 톨>(『말하기 듣기 6-1』) 등 다수의 고전 각색극이 수록되어 있다. 이 외에도 7차에는 학습활동에서 듣기자료로 <흥부와 놀부>(『읽기 1-2』), <구멍난 그릇>(『읽기 1-2』), <심청가>(『말하기 듣기 쓰기 4-2』), <흥부가>(『말하기 듣기 쓰기 6-2』), <저승에 있는 곳간>(『말하기 듣기 쓰기 6-2』) 등을 다루고 있어, 전 교육과정기 중 가장 많은 고전 각색극이 수록된 시기이다.

[표 42] 7차 고전 각색극 단원

학년	작품	제재 내용	주제
2	도깨비와 개암	나무꾼이 쇠도끼를 물에 빠뜨린다. 그의 정직성으로 신령에게서 금도끼와 은도끼를 받는다.	정직
2	나무꾼과 사슴	가난한 나무꾼이 산에서 함정에 빠진 사슴을 구해주고 사슴이 가르쳐 준 산삼을 캐어 부자가 된다.	보은
3	방안에 가득 차는 것	백 원짜리 동전 하나로 방안을 가득 채울 수 있는 물건을 사오라고 하자 양초를 사와 불빛이 방안에 가득 차게 한다.	지혜
4	요술부채	빨간 부채를 부치면 코가 길어지고, 파란 부채를 부치면 코가 짧아지는 요술부채를 소재로 한 내용	과욕의 경계
5	어차피 죽을 몸이니	대감이 아끼던 술병 한 개를 깬 청소하는 할멈이 마님의 지혜로 나머지 술병까지 깨며 그 까닭을 대감에게 말하자 대감이 용서해 준다.	지혜
5	별주부전	용왕의 병을 고치기 위해 자라는 토끼를 용궁으로 데려오나, 토끼는 꾀를 내어 위기를 극복한다.	지혜

5	놀부전	부러진 까치의 다리를 고쳐준 흥부는 까치가 가져다 준 박시로 복을 받는다. 이에 욕심이 난 놀부는 까치의 다리를 일부러 부러뜨리고 고쳐 보내나 오히려 화를 입게 된다.	과욕의 경계
5	한석봉과 어머니	어머니가 한석봉의 글공부를 시험하기 위해, 불을 끄고 자신은 떡을 썰고, 석봉에게는 글을 쓰게 한다.	지혜
6	볍씨 한톨	효성이 지극한 나무꾼은 착하고 고운 마음씨로 인하여 복을 받으나, 욕심이 많은 나무꾼은 오히려 벌을 받는다.	권선징악

위에서 보다시피 7차는 전 학년에 고르게, 다수의 고전 각색극이 수록된 시기이다. 이것은 우리 조상의 얼과 생활 모습 및 사상을 배우고 익힌다는 측면에서 매우 고무적인 현상이라 할 수 있다. 이렇듯 고전의 각색화는 세계화의 물결 속에서 우리의 것을 지키고 발전시켜야 한다는 당대 사회상을 반영한 것이기도 하다. 또한 7차에 이르러 고전 각색극이 문학교육의 한 영역으로 완전히 자리매김한 것을 의미한다.130) 아래에서는 학년별로 구체적인 수록상을 살피기로 하겠다.

① 2~4학년 극본 수록 양상 : <도깨비와 개암>, <나무꾼과 사슴>, <방 안에 가득 차는 것>, <요술부채>

2학년에서는 1학기 『읽기 2-1』, 『말하기 듣기 2-1』에 <도깨비와 개암>이, 『읽기 2-2』에는 <나무꾼과 사슴> 등의 극본이 수록되어 있다. 먼저 <도깨비와 개암>은 책의 말미에 실린 특화단원인 <함께 꾸며 보아요>에 실려 있다. '인물의 말과 행동을 생각하며 '도깨비와 개암'을 읽어 봅시다'라는 지시문 하에 다음과 같이 극본을 제시하고 있다.

---

130) 이윤남(1999), 「전래동화의 교재화 양상 연구-초등학교 국어교과서를 중심으로」, 인천교육대학교 교육대학원 석사학위논문, pp.57~58.

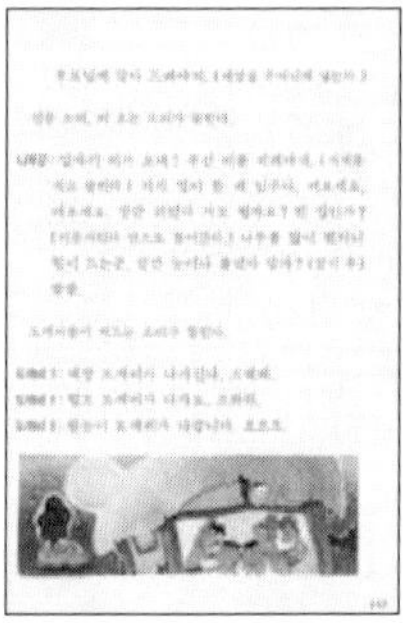

[그림 49] 〈도깨비와 개암〉
(『읽기 2-1』, 2000, p.143)

(72) 때 : 옛날/ 곳 : 숲 속, 산골 마을/ 나오는 사람들 : 나무꾼, 욕심쟁이, 도깨비 1, 2, 3, 4, 5(중략)
나무꾼 : (지게를 지고 두리번거리며) 여기서 나무를 해야겠구나. (중략) 어? 개암이 있네! 부모님께 갖다 드려야지.(개암을 주머니에 넣는다).(중략)
도깨비 1 : 대장 도깨비가 나가신다. 으헤헤.
도깨비 2 : 털보 도깨비가 나가신다. 으하하.
<도깨비와 개암>(『읽기 2-1』, 2000, pp.143～145)

위에 제시된 희곡은 '정직한 나무꾼'/'욕심 많은 나무꾼' 등의 대조적인 인물들이 각각 '복'과 '화'를 받는다는 내용이다. 저학년 학생들에게 친근감을 주는 도깨비를 소재로 한 전래동화를 현대적인 감각에 맞게 재구성한 극본이라 할 수 있다. 특히 이 극본은 <함께 꾸며 보아요>라는 특화 단원에 수록되고 있다는 점이 특징적이며, 7명의 등장인물이 설정되어 있어 모둠별로 활동하기 편하게 꾸며졌다.[131]

『읽기 2-2』에는 '둘째 마당, 이야기가 재미있어요' 단원의 '한 걸음 더 나아가기'에 <나무꾼과 사슴>이라는 극본이 실려 있다. 이 극본은 '글을 읽고, 이어질 내용을 상상하여 봅시다'라는 학습 목표 하에 제시되고 있는데, 나무꾼이 사냥꾼에게 쫓기는 사슴을 구해주자 이에 사슴이 은혜를 갚는다는 내용이다. 전래동화로 잘 알려진 <선녀와 나무꾼>을 각색한 극본이기도 하다. 『읽기 3-1』에는 <방 안에 가득 차는 것>이 수록되어 있다. 6차 재수록본으로 전 시기와 마찬가지로 일부 장면만이 제시되어 있으며, 학습 목표 또한 동일하여 '인물의 성격을 생각하며 낭독하기'로 제시되고 있다.

『말하기 듣기 쓰기 4-2』의 '넷째 마당, 꿈을 찾아서'에서는 심화학

131) 송창언, 앞의 글, p.128.

습(한 걸음 더 나아가기)으로 <요술부채>가 수록되어 있다. 이 극본은 '이야기를 듣고, 말하는 내용에 어울리는 표정과 목소리로 말하여 봅시다'라는 학습 목표 아래 수록되어 있다. 빨간 부채를 부치면 코가 길어지고, 파란 부채를 부치면 코가 짧아지는 요술부채를 소재로 한 내용으로, 일부 내용만을 제시하고 이하 내용은 듣기 자료로 제시되고 있다는 점이 특징적이다.132)

이상 <도깨비와 개암>, <나무꾼과 사슴>, <방 안에 가득 차는 것>, <요술부채> 등의 고전 각색극의 수록상을 살펴보았다. 이를 보면 읽기 교과에서는 극 내용이 지닌 교육적 가치로서, 말하기 듣기 교과에서는 화법교육의 도구로서 수록된 경향을 보인다.

② 5~6학년 극본 수록 양상 : <어차피 죽을 몸이니>, <한석봉과 어머니>, <볍씨 한톨>, <별주부전>, <놀부전>

고학년 극본이라 할 수 있는 5~6학년 희곡은, 저학년 극본과 마찬가지로 교과목에 따라 내용 이해와 화법교육을 위한 활동 자료로 제시된 경우도 있으나, 극본 고유의 장르적 특성을 파악하거나, 극화학습을 목적으로 수록하는 경우가 지배적인 현상을 보인다.

먼저 교과목에 따라 내용 파악(읽기)과 화법교육(말하기)의 도구로서 수록된 경우는 <어차피 죽을 몸이니>와 <한석봉과 어머니>를 들 수 있다. 『읽기 5-1』에 수록된 <어차피 죽을 몸이니>는 '이어질 내용을 예측하며 이야기를 읽어 보는 것'이 주요 학습 목표이다. 결말 부분을 남겨둔 채, 주어진 극본을 읽고 일의 순서와 원인을 바탕으로 뒷부분을 예측하도록 제시된 극본이다. 6차 재수록본으로, 7차에서는 한 학기 낮춰져 수록되고 있다. 문맥상 자연스럽게 어휘가 바뀌고 순

132) <요술부채>(『말하기 듣기 쓰기 4-2』, 2001, pp.102~103).

화된 표현 등으로 개작되었으나 내용은 동일하다. 김현수 작 <한석봉과 어머니>는 『말하기 듣기 쓰기 5-2』의 '둘째 마당, 발견하는 기쁨'에서 심화학습(한방 더 나아가기)으로 제시된 극본으로 어법교육을 목적으로 수록되었다. 교과서에 제시된 장면은 한석봉의 글공부를 시험하기 위해, 어머니가 불을 끄고 자신은 떡을 썰고, 석봉에게는 글을 쓰게 하는 부분이다.[133] 이 극본에서는 '표준어를 사용한 예/방언을 사용한 예'를 찾아 역할극을 하도록 유도하고 있다.

한편 극본 장르에 대한 이해와 극화학습을 목표로 수록된 경우는, <볍씨 한 톨>, <별주부전>, <놀부전> 등이다. 먼저 <볍씨 한 톨>은 『말하기 듣기 쓰기 6-1』의 '셋째 마당, 느낌과 표현'에서 '극본의 특징을 생각하며 읽기'라는 지시문 하에 수록되었다.

[그림 50] 〈볍씨 한 톨〉(『말하기 듣기 쓰기 6-1』, 2002, p.72)

(73) 시아버지 : (혼자말로) 젊었을 때 농사를 땀나게 지어서 이제 이만큼 먹고 살만한데, 이렇게 늙어 버렸으니 살림을 누구에게 물려주나? (중략)

맏며느리 : (화를 내어 혼자말로) 아유, 나는 금은보화라도 되는 줄 알았네, 겨우 볍씨 한 톨을 주시면서 (중략)

둘째 며느리 : (실망한 표정으로 돌아서서 볍씨를 깐다.) 아이고, 아버님이 장난도 심하셔. (중략)

막내 며느리 : (고개를 기웃거리며) 아버님께서 이것을 주실 때에는 분명 무슨 뜻이 있으신가 본데,

<볍씨 한 톨>(『말하기 듣기 쓰기 6-1』, 2002, pp.70~71)

<볍씨 한 톨>은 '지혜로운 며느리 이야기'로, 시아버지가 살림을 물려주려고 세 명의 며느리에게 '볍씨 한 톨' 씩을 주면서 그들을 시험한다. 첫째와 둘째 며느리는 이를 하찮게 여겨 버리지만 마지막 셋

133) <한석봉과 어머니>(『말하기 듣기 쓰기 5-2』, 2002, pp.60~61).

째 며느리는 시아버지의 뜻이 있으리라 여겨 이를 쓰임새 있게 사용한다는 내용이다. 이 극본은 동일 내용의 <볍씨 한 톨의 의미>라는 '이야기글'과 함께 수록되어, 희곡과 이야기글 등 문종의 차이점을 파악하는 학습 목표 아래 실려 있다.

한편 7차 고학년 교과서 말미에서는 특화단원인 <국어교실 함께 가꾸기>를 통해 극화학습 극본을 수록하고 있다. <별주부전>과 <놀부전>이 바로 그 예에 속한다. 먼저 <별주부전>은 『말하기 듣기 쓰기 5-1』의 <국어교실 함께 가꾸기>에 실려 있는데 6차의 재수록본으로서 7차에서는 "장면을 생각하며 '별주부전'을 연극으로 꾸며 봅시다"라는 극화학습 자료로 제시되고 있다. 6차와 마찬가지로 총 6장으로 이루어져 있으며, 극의 내용은 동일하게 전개되나 인물 이름에 관직명이 부가되고, 순화된 표현과 어법에 맞게 개작된 점에서만 차이를 보인다. <놀부전>은 7차에 새로 수록된 극본으로 『읽기 5-1』의 <국어교실 함께 가꾸기>에 극화학습 극본으로 실려 있는데, "장면을 생각하며 '놀부전'을 연극으로 꾸며 봅시다"라는 지시문과 함께 수록되어 있다.

[그림 51] 〈놀부전〉
(『읽기 5-1』, 2002, p.226)

(74) 함께 : 옛날 한 옛날에/ 흥부 놀부 살았다네./ 맘씨 좋은 동생 흥부/ 제비다리 고쳐주고/ 복바가지 얻었다네./ 푸짐한 복 받았다네. (중략)

해설자 : (판소리의 아니리처럼) 제비다리 고쳐 주고 큰 복을 받은 흥부를 본 심술쟁이 놀부, 그 심정은 과연 어떠하였을까요? (중략) (여러 악기가 어우러져 흥겨운 가운데, 해설자가 부채를 펴들고 무대를 한 바퀴 돈다.) (중략)

놀부 : 그래, 박은 모두 몇 통이나 열렸더냐?

흥부 : 수도 없이 많이 열렸습니다. 그런데 그 가운데

유별난 박이 세 통 있었습니다.

<놀부전>(『읽기 5-1』, 2002, pp.228～229)

<놀부전>은 흥부가 아닌 놀부의 행동상에 중점을 두고 각색한 극본으로서, 판소리 <놀부가>를 듣고 이를 토대로 각색한 희곡의 예이기도 있다. 판소리는 고수의 추임새와 함께 소리(창)와 아니리, 발림(어름새), 춤으로 연출되는 극예술이다.[134] 위의 합창은 '소리'에 해설은 판소리의 '아니리'에 해당되는 부분이라 하겠으며, 기타 마을사람들의 춤과 추임새 등도 판소리의 형태를 극화시킨 요소들이라고 볼 수 있다.

지금까지 <어차피 죽을 몸이니>, <한석봉과 어머니>, <볍씨 한톨>, <별주부전>, <놀부전> 등의 수록상을 살펴본 바, 7차 고학년 교과서에는 읽기와 화법교육을 위한 도구로서 수록된 경우도 있으나, 극본의 이해나 극화학습을 목적으로 실리기도 했다. 특히 교과서 <놀부전>은 '판소리'를 토대로 각색한 희곡으로, 판소리를 극본에 도입한 경우는 7차에서야 볼 수 있는 현상이다. 또한 여기에 듣기자료도 함께 활용한다는 점이 주목된다. 이는 멀티미디어가 다양해진 당대의 시기적 특성과 부합된 수록상이라고 할 수 있다.

한편 <볍씨 한톨>과 <별주부전>의 경우, 조선족의 국어 교과서인 『조선어문』과 상관성을 지닌다는 점에서 주목할 만하다. 조선족 교육계는 최근 2007년도에 새롭게 '조선어문과정표준'을 개정하고, 이와 함께 『조선어문』 개정판을 편찬했다. 이 교재는 변화된 사회 환경과 조선어 교육의 현실을 반영하며,[135] 여기에 한국의 제7차 국어교

---

134) 장한기(1986), 『한국연극사』, 동국대학교출판부, p.192.

135) <편집설명>」(『(의무교육조선족학교교과서) 조선어문 교수참고서』 1학년 상권, p.1).

육과정을 참고로 하여 편찬된 것이다.136) 바로 이 교과서에서 <볍씨 한톨>은 <벼씨 한알>로, <별주부전>은 <토끼전>으로 동일한 극본이 제목만 다르게 수록되었고, 학습활동 또한 유사하게 이루어지고 있다.137) 국내 교과서 고전 제재 극본과 조선족 모국어 교육 제재와의 영향 관계를 보여준다 하겠다.138)

나. 극본 학습활동 : 극본 이해 및 낭독하기, 극화학습의 활성화

7차 교육과정기에는 듣기, 말하기, 읽기, 쓰기, 국어지식, 문학의 6개 영역별로 학년별 '내용'을 제시하고 그 '내용'에 대한 '수준별 학습활동의 예'를 제시하여 '내용'의 성취도를 판단하기 위한 구체적인 자료로 활용하도록 하였다. 이에 7차 극본은 학습활동을 위한 문학 작품의 한 예로 다루어지고 있는 경우이다. 이러한 교수요목과 함께 7차에 수록된 극본의 단원 목표는 다음과 같이 정리할 수 있다.

[표 43] 7차 고전 각색극 단원 목표

학년	작품	단원 목표
2	도깨비와 개암	· 말과 행동에 어울리는 목소리로 글을 소리내어 읽을 수 있다.
2	나무꾼과 사슴	· 읽고, 이어질 내용을 상상할 수 있다.
3	방안에 가득 차는 것	· 말과 행동을 통해 성격을 파악하고 그에 어울리게 낭독할 수 있다.
4	요술부채	· 이야기를 듣고 말하는 내용에 어울리는 표정과 목소리로 말할 수 있다.
5	어차피 죽을 몸이니	· 이야기를 읽고, 인물의 말이나 행동에 대한 내 생각을 말할 수 있다.

136) 김화(2014), 「중국 조선족 고급중학교 조선어문 교재 연구-개편 전후 문학작품의 비교를 중심으로」, 동국대학교 석사학위논문, p.11.

137) <벼씨 한 알>(『(의무교육조선족교과서) 조선어문』 5학년 하권, p.139), <토끼전>(『(의무교육조선족교과서) 조선어문』 5학년 하권, p.154).

138) 윤금선, (2014), 「조선어문 제재 수록 양상 연구-극문학 제재 현황을 중심으로」, 『한국극예술연구』 제45집, 한국극예술학회, pp.229~230.

5	별주부전	· 극본을 읽고, 등장인물의 성격과 장면의 순서를 알 수 있다. · 인물의 성격을 생각하며, 알맞은 표정과 목소리로 극본을 실감나게 읽을 수 있다. · 인물의 성격을 살려 연극을 꾸밀 수 있다.
5	놀부전	· 장면을 생각하며 극본을 읽을 수 있다. · 갈등이 풀리는 과정을 생각하며 극본을 읽을 수 있다. · 인물의 성격을 살려 연극을 꾸밀 수 잇다.
6	볍씨 한톨	· 극본의 특징을 생각하며 읽을 수 있다. · 극본을 이야기로 바꾸어 쓸 수 있다.

위의 단원 목표를 요약하면, 인물의 말과 행동에 맞게 '낭독하기', 극 내용 및 극본의 특성을 파악하며 '읽기', '극화하기', '각색하기' 등이라 할 수 있다. 이를 보면 7차 고전 각색극 단원에서는 '극화학습'이 주요 학습 목표로 제시되고 있음을 볼 수 있다.

7차에서는 위의 단원 목표를 고려하면서, 극본 수록 후 제시된 학습문제를 중심으로 학년별 학습활동을 살필 것이며, 한편 특화단원(<함께 꾸며 보아요>, <국어교실 함께 가꾸기>)은 극화학습을 위해 설정된 단원이라는 점에서, 항목을 달리하여 학습활동을 살피고자 한다.

① 2~4학년 극본 학습활동 : <나무꾼과 사슴>, <방 안에 가득 차는 것>, <요술부채>

먼저 2학년 극본인 <나무꾼과 사슴>(『읽기 2-2』)은 다음과 같은 학습 활동을 보이고 있다.

[표 44] 7차 〈나무꾼과 사슴〉(『읽기 2-2』) 학습활동

1. 일이 일어난 차례를 생각하며 '나무꾼과 사슴'을 읽어 봅시다.
2. □와 □ 부분에 어떤 대화가 이어지면 좋을지 상상하여 봅시다. 그리고 친구들과 함께 이야기를 하여 봅시다.
3. '나무꾼과 사슴'에 나오는 인물이 되어 인물이 한 말을 실감나게 읽어 봅시

다. 그리고 친구들과 함께 역할극을 하여 봅시다.

<나무꾼과 사슴>(『읽기 2-2』, 2000, pp.56~59)

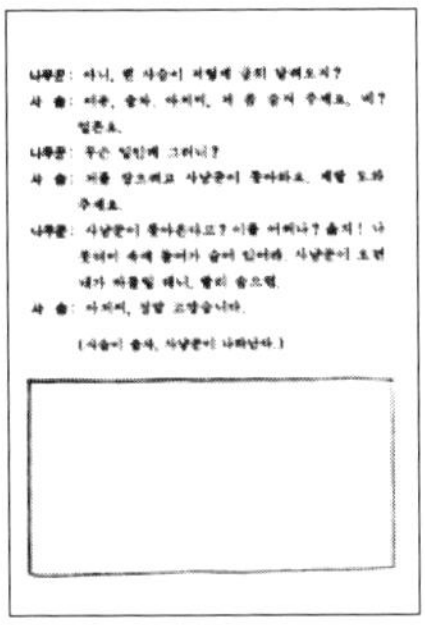

[그림 52] 〈나무꾼과 사슴〉
(『읽기 2-2』, 2000, p.57)

위 문제들은 내용 파악, 낭독하기, 역할극 하기 등으로 요약되는데 여기에서 특징적인 것은 문항 2에서 [그림 52]와 같이 극본의 내용 일부를 공백으로 두고, "어떤 대화가 이어지면 좋을지 상상하여 봅시다"라는 문제를 제시하고 있다는 것이다.139) 이러한 학습활동은 7차 교육과정에서 명문화된 '문학의 창작'과 관련된다. 즉 미완성의 극본을 제시하고 어린이들의 문학작품에 대한 능동적인 반응을 이끌어내려는 학습 목표에서 비롯된 것이라 할 수 있다. 또한 이러한 과정을 거치고 난 후 등장인물이 한 말을 "실감나게" 읽어 보고 역할극을 하는 극화학습을 유도하고 있다. 이렇듯 학습자 스스로가 연극 대사를 만들고 이를 실연해 보는 것은 '교육연극적' 요소로서, 이를 도입한 학습활동이라는 점에서 주목된다.140)

3학년의 <방 안에 가득 차는 것>(『읽기 3-1』)은 6차의 재수록본으로서, 전 시기에는 인물의 '말과 행동'을 통해 성격을 파악하고 그에 어울리게 낭독하는 학습이 주가 되었다.141) 이와 비교하여 7차에서는 "역할을 나누어 읽은 후, 실감나게 읽은 친구와 그렇게 생각하는 까닭도 말하여 봅시다"142)라는 문항이 더 추가되었다. 이것은 학생들 스스로가 평가자가 되는 주도적인 학습을 유도하는 것이라 할 수 있다.

139) <나무꾼과 사슴>(『읽기 2-2』, 2000, p.59).
140) 송찬언(2004), 앞의 책, p.85.
141) <방 안에 가득 차는 것>(『읽기 3-2』, 1996, p.63).
142) <방 안에 가득 차는 것>(『읽기 3-1』, 2004, p.51).

4학년의 <요술부채>(『말하기 듣기 쓰기 4-2』)는 앞서 살펴본 바와 같이, 일부 극본만 제시되고 나머지 이어지는 부분은 '듣기자료'를 통해 들려주는 극본이다. 학습활동은 극본 전체의 내용을 듣고난 후, 모둠별로 나누어 친구들과 역할을 정하고 '착한 할아버지가 욕심쟁이 할아버지를 찾아가 보리를 꾸는 장면', '초라한 차림의 노인이 착한 할아버지와 할머니를 찾아오는 장면', '욕심쟁이 할아버지가 착한 할아버지에게서 부채를 빼앗는 장면' 등을 알맞은 표정과 목소리로 이야기하는 것이다.[143] 이를 보면, 듣기자료로 극본을 제시한 것은 극문학 자체의 교육이 아닌 말하기 듣기 등 화법교육을 위한 도구로서 활용된 것임을 알 수 있다.

<나무꾼과 사슴>, <방 안에 가득 차는 것>, <요술부채> 등의 학습활동을 살펴본 결과, 대화의 흐름을 파악하는 학습으로 대사를 만들어 보거나, 말과 행동을 통해 인물의 성격을 파악하기 위한 학습으로 역할극하기 등의 활동이 드러났다. 특히 역할극은 극화활동을 활용한 언어교육이라는 점에서 교육연극적 요소가 반영된 것이라 할 수 있다. 또한 학습활동 과정에서 학생들 스스로가 참여하는 주도적인 학습을 유도하고 있다는 점이 특징적이라 하겠다.

② 5~6학년 극본 학습활동 : <어차피 죽을 몸이니>, <볍씨 한톨>

5학년의 <어차피 죽을 몸이니>(『말하기 듣기 쓰기 5-1』) 또한 6차에 이어 재수록된 경우로서 6차 학습활동이 주로 사건의 전개 과정을 파악하고 이를 정리하는 데 초점을 두었다면,[144] 7차에서는 이어질 내용을 예측하는 문제를 주요 학습문제로 다루고 있다.[145] 이와 관련

143) <요술부채>(『말하기 듣기 쓰기 4-2』, 2001, pp.102~103).
144) <어차피 죽을 몸이니>(『읽기 5-2』, 1997, p.83).
145) <어차피 죽을 몸이니>(『읽기 5-1』, 2002, pp.204~206).

하여 교과서 '학습 용어 해설'에서는 다음과 같은 내용을 수록하고 있어 참고할 만하다.

(75) ※ 이어질 내용 예측하기 : 이야기를 읽고, 이어질 내용을 예측하려면 일이 일어난 순서를 파악하여야 합니다. 그리고 일이 일어난 원인이 무엇인지 살펴보고, 결과를 예측하여 보아야 합니다. 또, 그 일과 관련된 경험을 떠올려 볼 수도 있습니다. 이어질 내용을 예측하여 이야기를 읽으면 더 재미있게 읽을 수 있습니다.

<학습 용어 해설>(『읽기 5-1』, 2002, p.239)

앞서 6차의 주요 학습활동은 극본의 사건 전개 과정을 파악하는 것이었다. 이것은 위에서 지적한 '일의 순서'를 파악하는 학습에 해당된다. 그런데 7차에서는 사건의 '원인과 결과'를 이해하고, 나아가 극의 전개를 예측하는 학습까지 유도하고 있다. 6차보다 심화된 학습활동이라 볼 수 있다.

한편 6학년의 <볍씨 한 톨>(『말하기 듣기 쓰기 6-1』)에 대한 학습활동은 다음과 같이 제시되고 있다.

[표 45] 7차 〈볍씨 한 톨〉(『말하기 듣기 쓰기 6-1』) 학습활동

1. 극본의 특징을 생각하며 '볍씨 한 톨'을 읽어 봅시다./ 2. 극본과 아야기의 차이를 생각하며 '볍씨 한 톨의 의미'를 읽어 봅시다.(중략) 4. '볍씨 한 톨'과 '볍씨 한 톨의 의미'를 비교하며 읽고, 극본과 이야기의 차이점을 찾아 간단하게 적어 봅시다. 5. 극본을 이야기로, 이야기를 극본으로 바꾸어 쓰는 방법을 알아봅시다. 6. '볍씨 한 톨'이나 '볍씨 한 톨의 의미'에 이어질 내용을 극본이나 이야기로 꾸며 봅시다. <볍씨 한 톨>(『말하기 듣기 쓰기 6-1』, 2002, pp.70~77)

위의 학습문제에서는 극본 <볍씨 한 톨>과 소설 <볍씨 한 톨의 의미>을 서로 비교해 보는 것이 주요 학습활동이다. '극본을 이야기로, 이야기를 극본으로 바꾸어 쓰는 방법'에 대해서는 다음과 같은 유의 사항을 덧붙이기도 했다.

(76) ○ 극본을 이야기로 바꿀 때 : · 해설을 이야기에서는 무엇으로 나타낼 수 있습니까?/ · 인물의 대사를 이야기에서는 어떻게 표현할 수 있습니까?/ · 극본을 이야기로 바꿀 때에 더 고려할 점은 무엇입니까?

○ 이야기를 극본으로 바꿀 때 : · 인물의 모습과 배경 등을 극본에서는 어떻게 나타냅니까?/ · 인물의 표정이나 몸짓 등을 극본에서는 어떻게 나타냅니까?/ · 사건의 흐름을 극본에서는 무엇을 통하여 나타냅니까?/ · 이야기를 극본으로 바꿀 때에 더 고려할 점은 무엇입니까?

<볍씨 한 톨>(『말하기 듣기 쓰기 6-1』, 2002, p.75)

위의 내용은 극본을 이야기로 각색할 때, 특히 해설, 대사 등을 어떻게 처리할 것인지, 또한 이야기를 극본으로 바꿀 때 인물의 모습과 배경, 표정이나 몸짓, 사건의 흐름 등을 어떻게 드러낼 것인지에 대한 주의 사항이기도 하다. 이를 토대로 극본을 실제 써 보게 하는데, 이러한 학습 과정은 학습자 스스로가 극본이나 이야기를 만들어 내는 경험적인 학습활동이라 할 수 있다. 이 단원에서는 <볍씨 한 톨> 외에, 모둠별로 여타 이야기나 극본을 찾아, 인물의 성격, 사건, 배경을 정리하게 하고 '극본을 이야기로, 이야기를 극본으로' 바꾸어 쓰는 활동을 보이기도 한다.[146] 전 시기와 다르게 다양한 극본 학습이 이루어지고 있음을 의미한다.

<어차피 죽을 몸이니>, <볍씨 한톨> 등의 학습활동을 살펴본 결과, 지시문과 대사의 이해, 원인과 결과를 생각하며 이어질 내용을 예측

146) <볍씨 한 톨>(『말하기 듣기 쓰기 6-1』(2002), pp.77~78).

하기, 이야기글을 극본으로 각색하기 등 다양한 학습활동이 이루어짐을 알 수 있다. 앞서 살핀 저학년 극본학습이 역할극 등의 교육연극적 요소를 도입한 데 비해, 고학년 극본에서는 극문학 에 대한 이해 학습이 중시되고 보다 심화된 양상을 띠고 있다.

③ 특화단원의 극화학습 : <도깨비와 개암>, <별주부전>, <놀부전>

[그림 53] 『말하기 듣기 2-1』, 2000, p.98)

7차에 들어 교과서에는 <함께 꾸며 보아요>나 <국어교실 함께 가꾸기> 등의 특화단원에서 극화학습을 유도하고 있다는 점이 특징적이다. 그 예로는 <도깨비와 개암>, <별주부전>, <놀부전> 등을 들 수 있다. 먼저 2학년 극본인 <도깨비와 개암>은 『읽기 2-1』에 수록되어 있을 뿐 아니라, 『말하기 듣기 2-1』에서도 다루어졌다. 읽기 교재 학습문제에서는 내용 파악과 함께 사건을 순서대로 요약해 보는 학습과 '말과 행동에 맞게 읽어보는' 활동이 제시되었다.[147]

그런데 말하기 듣기 교재에서는 책 말미에서 <함께 꾸며 보아요>라는 특화학습에서, 모둠별로 역할극 활동을 유도하고 있어 주목된다.

[표 46] 7차 〈도깨비와 개암〉(『말하기 듣기 2-1』) 학습활동

1. 그림을 보고, 누가, 언제, 어디에서, 무엇을 하고 있는지 살펴봅시다. 2. 읽기 교과서에서 '도깨비와 개암'이라는 글을 읽었습니다. '도깨비와 개암'에 나오는 인물들의 역할을 나누어 맡아 봅시다. 3. 일곱 명이 한 모둠이 되어 각자 맡은 역할을 연습하여 봅시다.

147) <도깨비와 개암>(『읽기 2-1』, 2000, pp.148～149).

4. '도깨비와 개암'을 실감나게 읽고, 다 함께 녹음하여 봅시다.
5. 녹음한 내용을 친구들과 함께 들어 봅시다.

<도깨비와 개암>(『말하기 듣기 2-1』, 2000, pp.98~101)

위 학습 문항을 보면, '읽기'와 '말하기 듣기' 교과목 간의 연계 학습을 볼 수 있는데, 즉 읽기 교재에서 극본 이해에 중점을 두었다면 말하기 듣기 교재에서는 실제 말하고 듣는 역할극으로 이어지고 있다. <도깨비와 개암>은 등장인물이 7명으로서, 모둠별 활동으로 적절한 인원이라 할 수 있다. 위 학습문제에서는 먼저 서사적인 요소들을 파악케 한 후, 모둠별로 역할극 연습을 하고 이를 녹음하는 과정을 보인다. 나아가 이를 함께 감상해 보는 등, 소규모 극화학습의 활동상을 보인다.

교사용 지노서에도 이 단원과 관련하여 "연극활동은 이야기의 세계에 뛰어들어 간접 경험을 할 수 있는 가장 좋은 문학작품 감상활동이다. 이는 등장인물이 처한 상황과 배경을 충분히 이해하고 몰입할 수 있어야 실감나는 연기를 할 수 있기 때문이다."라는 점을 강조하고 있다. 뿐만 아니라 초등학교에서 처음 해 보는 연극활동으로 교사들의 지도가 필요하며, 학습의 느낌보다는 자유로운 언어활동을 바탕으로 놀이와 같이 흥미롭게 극화할 것을 권고했다. 지도서에서는 이를 반영하여 역할을 정하고 녹음하는 등의 활동에 이어, 배역을 정하고, 무대 꾸미기 등의 준비 과정 이후 공연하기를 실행하며, 이후 관극평이 이어지는 등 '연극준비－연극하기－관극평' 등 극본 학습의 전 과정을 지도하도록 지침을 마련하고 있다.148)

5학년 극본인 <별주부전>은 <국어교실 함께 가꾸기>에 실린 특화 단원으로 다음과 같은 학습활동을 보인다.

148) 교육부(1996), 『교사용 지도서 국어 5-2』, 국정교과서주식회사, p.72.

[표 47] 7차 〈별주부전〉(『말하기 듣기 쓰기 5-1』) 학습활동

1. 인물과 배경에 주의하며 '별주부전'을 읽어 봅시다. 2. '별주부전'에 나오는 인물들의 성격을 알아봅시다. 3. 알맞은 표정과 목소리로 다음을 실감나게 읽어봅시다.(중략) 4. '별주부전'을 연극으로 꾸미기 위하여 할 일을 정하여 봅시다.(배역 정하기, 무대 꾸미기) 5. 친구들과 '놀부전'을 연극으로 꾸며 봅시다. 그리고 어떤 점이 잘 되었는지 이야기를 주고받아 봅시다. <별주부전>(『말하기 듣기 쓰기 5-1』, 2002, pp.142～154)

앞서 살핀 바, 이 단원의 서두에서는 "장면을 생각하며 '별주부전'을 연극으로 꾸며봅시다"라는 단원 목표를 명시하고 있다. 이 제재는 6차 재수록본으로, 6차의 경우 사건의 원인과 결과를 파악하고, 그 전개 과정을 살피는 것이 중심이 되었으며, 여기에 배역을 정하여 '낭독하기' 등의 활동을 보였다.[149] 이와 비교하여 7차 학습문제는 극본 내용의 기초적인 이해 학습으로 '배경', '인물의 성격' 등을 파악하는 것과, 배역독과 연극하기, 평가하기 등으로 요약될 수 있다.[150] 특히 '알맞은 표정과 목소리로 낭독하기'(문항 4)에서는 다음과 같은 예문을 제시하고 있기도 하다.

(77) ○ 문어 장군 : (음흉한 표정을 지으면서) 마마, 꽃게 대신이라면 갈 수 있을 것이옵니다. 저번에도 꽃게 대신이 육지로 나들이를 다녀왔다고 들었사옵나이다./ ○ 토끼 : (어깨를 으쓱하며) 하기야, 육지에서는 나를 몰라보는 이가 없소이다마는, 용궁에까지 소문이 났다 하니 조금은 놀랍소./○ 용왕 : (감격하며) 오, 정말 기특한지고! 그대에게 높은 벼슬을 내리겠노라.

<별주부전>(『말하기 듣기 쓰기 5-1』, 2002, p.153)

149) <별주부전>(『읽기 5-2』, 1997, p.94).
150) <별주부전>(『말하기 듣기 쓰기 5-1』, 2002, pp.142～143).

위의 예문은 지시문을 유의하여 대사를 읽도록 하는 문제로서, 극화학습의 직전 단계에 속한다고 할 수 있다. 이러한 과정을 거쳐 극화학습단계까지 나아가는데, 이에서 <별주부전>은 '연극 준비(내용파악, 배역독)－연극하기－관극평' 등 극본학습의 전반적인 단계를 보여준다 하겠다.

<놀부전>(『읽기 5-1』) 또한 <국어교실 함께 가꾸기>라는 특화단원에서 다루어진 극본이다. 학습문제는 앞선 <별주부전>과 마찬가지로 '극의 배경과 인물의 성격 파악', '실감나게 읽기', '연극준비(배역 설정/무대 꾸미기)', '연극하기와 관극평' 등으로 제시되어 있다.[151] 특히 극화학습의 준비 단계인 '실감나게' 읽어보는 활동에서는, 극본의 성격상 판소리를 기초로 하고 있다는 점에서 주목된다.

(78) ○ 함께 : 옛날 한 옛날에/ 흥부 놀부 살았다네./ 맘씨 좋은 동생 흥부/ 제비다리 고쳐주고/ 복바가지 얻었다네./ 푸짐한 복 받았다네.(p.236)

○ 해설자 : 아, 그런데 이 놀부란 놈 행실 보쇼. 제비집에 손을 넣어 새기제비의 다리를 '뚝' 분질러 놓고 그 다리 고쳐 준다? 놀부란 놈의 심술보는 도대체 어떻게 생겨 먹었을까요?(p.237)

○ 놀부 : 여보 마누라, 우리 지붕에 매달린 그 달덩이 같은 박을 보았소?/ 놀부 아내 : 물론이지요. 보다마다요.(중략)/ 놀부 : 이제 며칠만 있으면....(중략)/ 놀부 아내 : 오호호호호.(p.237)

<놀부전>(『읽기 5-1』, 2002)

위 예시에서 '함께(합창)' 부분은 '소리(창)'에, 해설자의 말은 '아니리'에 해당된다. 여기에 놀부와 놀부 아내 대사에 속하는 부분 등, <놀부전>을 공연할 때 각각의 부분들은 그 성격상 달리 읽어야 된다는 점에서 색다른 낭독 수업이라 할 수 있다.

---

151) <놀부전>(『읽기 5-1』, 2002, pp.226~237).

한편 마지막 부록으로 실린 '학습 용어 해설'에서는 이 단원과 관련하여 '인물의 성격과 사건의 전개'라는 해설을 싣고 있는데, 다음과 같은 내용을 보인다.

(79) ※ 인물의 성격과 사건의 전개 : 인물의 성격은 한 인물이 지니고 있는 독특한 성격을 말합니다. 이야기에 나오는 인물의 성격은 그 인물의 말이나 행동으로 나타납니다. 또, 사건은 이야기에서 벌어지는 온갖 일들을 말합니다. 그런데 인물의 성격은 사건의 전개에 영향을 끼칩니다. 인물의 성격이 다르다면 사건의 전개가 달라질 수 있기 때문입니다. 예를 들어, '흥부전'에서 흥부의 성격이 놀부와 같았다면 사건은 전혀 다르게 전개되었을 것입니다.

<학습 용어 해설>(『읽기 5-1』, 2002, p.240)

위의 내용은 극본 장르만의 특성이 아닌, 서사적인 글에 모두 적용되는 내용이기는 하나, <흥부전>이 아닌 <놀부전>이라는 각색의 문제를 감안해 보면, <놀부전>의 이해 및 극화학습에 있어서 이해해야 할 필수적인 요소임을 알 수 있다.

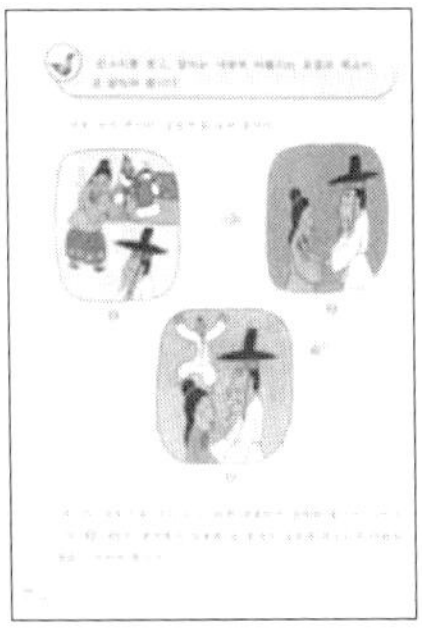

[그림 54] 〈심청가〉
(『말하기 듣기 쓰기 4-2』, 2001, p.88)

위에서 지적한 바 이 극본은 판소리를 토대로 한 극본이라는 점이 특징적이라 할 수 있는데, 7차에서는 이 외에도 판소리를 활용한 학습활동이 활발했다는 점이 주목된다. 『말하기 듣기 쓰기 4-2』의 '넷째 마당, 꿈을 찾아서'에서는 도입부에서 판소리 <심청가>를 듣기자료로 제시하면서 심청전에서 심청이가 인당수에 빠지는 장면을 극본으로 바꾸는 학습활동을 보이며,[152] 『말하기 듣기 쓰기 6-1』의 '셋째 마

152) <심청전>(『말하기 듣기 쓰기 4-2』, 2001, pp.88~89).

당, 느낌과 표현'에서는 '배경인 인당수에 대한 설명을 해설'로 써 보기, 뱃사람들의 '표정이나 몸짓을 지문'으로 써 보기, 심청이가 인당수에 빠지는 사건을 '심청이와 뱃사람의 대사'로 써 보기 등의 문종 바꾸기 학습을 보인다.[153] 또한 『말하기 듣기 쓰기 6-2』의 '셋째 마당, 삶의 무늬'에서도 판소리 <흥부가>를 듣고 등장인물의 '말과 행동'을 주시하며 '이야기'로 바꾸는 학습문제 등을 다루고 있다.[154]

지금까지 특화단원인 <도깨비와 개암>, <별주부전>, <놀부전> 등을 살펴보았다. 이 희곡들은 모두 극화학습을 실행하는 극본이라는 점에서 주목된다. 4차에 활성화되었던 극화학습은 5차부터 6차까지 다교과서 도입으로 대폭 축소된 현상을 보였다. 이것은 문학 감상에 주안점을 둔 교수요목에서 비롯된 것이지만, 각 분과책의 수업 시수가 정해진 상태에서 연극 수업 시간까지 확보하기 어려운 상황도 작용한 것이라 할 수 있다. 그런데 7차의 경우 <함께 꾸미기>, <국어교실 함께 가꾸기> 등의 특화학습을 통해 전 시기 미진했던 극화학습이 다시 활성화된 경향을 보인다. 또한 무엇보다 주목되는 바는 특화단원에서 모두 고전 각색극을 다룬다는 점이다.

한편 교과서 극본 관련 단원 중 '판소리'를 활용한 학습활동은 7차에서 처음 보이는데, 이는 고전 각색극의 범주가 보다 확산되었음을 의미한다. 특히 듣기자료를 통해 해결하도록 유도한다는 점이 주목되는데, 멀티미디어가 다양해진 시대적 특성을 반영한 결과라 하겠다.

(3) 해외 번역극 수록 양상 및 학습활동

초등 국어 교과서에 수록된 희곡 부분 중 해외 번역극 수록상을 보

---

153) <심청전>(『말하기 듣기 쓰기 6-1』, 2002, pp.79~81).
154) <흥부전>(『말하기 듣기 쓰기 6-2』, 2002, pp.67~69).

면 다음과 같다. 1차부터 5차까지 찰스 디킨즈의 <크리스마스 송가>155), 2차 안데르센의 <벌거숭이 임금님>156), 5~6차 이솝의 <개미와 베짱이>157), 5차 이솝의 <황소와 개구리>158), 6차 셰익스피어의 <베니스의 상인>159), 6차 그림형제의 <브레멘의 악사>160), 7차 빅톨 위고의 <장발장>161) 등으로서 <크리스마스 송가>는 교육과정기 전반에서 재수록 빈도가 가장 높다는 점에서, 기타 번역극들은 주로 6~7차에 주로 수록되었다는 점에서 특징적이다.

[표 48] 해외 번역극 단원

학년	제목	작가	내용	비고
2	벌거숭이 임금님	안데르센	좋은 옷을 지나치게 탐하는 임금 벌거벗었음에도 사람들이 함부로 말을 못하나, 한 아이가 이를 지적함으로써 모두 진실을 이야기하게 된다.	2차
3	개미와 베짱이	이솝	열심히 일한 개미는 겨울에 양식을 마련하고 즐겁게 지내나 놀기만 한 베짱이는 헐벗은 겨울을 지낸다.	5~6차
3	황소와 개구리	이솝	개구리가 황소의 크기를 흉내내려다 점점 배가 불러 화를 당한다.	5차
4	브레멘의 악사들	그림형제	늙어서 주인에게 쓸모없어진 동물들이 역경을 뚫고 브레멘 음악대원이 되면서 새로운 삶을 찾는다.	6차
5	베니스의 상인	셰익스피어	고리대금 빚으로 법정에서 선 인물이 위기를 겪으나 지혜로운 판결에 의해 위험으로부터 벗어난다.	6~7차
5	의리 없는 친구	이솝	두 명의 친구가 여행 중 곰을 만나게 되는데, 그 중 한 명은 무 위로 기어 올라가 몸을 숨기고, 미처 피하지 못한 한명은 죽은 체하여 위기를 모면한다.	5차

155) 1~4차 『읽기 6-2』, 5차 『말하기 듣기 6-2』.
156) 2차 『국어 2-2』.
157) 5~6차 『말하기 듣기 3-1』.
158) 5차 『말하기 듣기 3-2』.
159) 6차 『말하기 듣기 4-1』, 7차 『읽기 5-2』.
160) 6차 『읽기 4-1』.
161) 7차 『읽기 6-1』.

6	장발장	빅톨 위고	배고픔 때문에 방을 훔친 인물이 수감 생활을 마치고 사회로 복구하지만 사람들로부터 냉대를 받는다.	7차
6	크리스마스 송가	찰스 디킨즈	구두쇠 주인공이 혼령들을 만난 뒤, 사랑과 봉사 등 변화된 삶을 살게된다.	1~5차

해외 번역극은 일부 시기에 집중되었다는 점과 거의 전 교육과정기에 반복 수록된 극본이 있다는 점에서, 검토 대상을 다음과 같이 분류하였다. 첫째, 시기별로 도입된 학년별 극본, 둘째, 전 교육과정기에 걸쳐 재수록된 극본(<크리스마스 송가>) 등이다. 이러한 분류 체계로 아래에서는 그 수록 양상 및 학습활동을 살필 것이며, 특히 재수록 빈도가 높은 극본은 차시별 변화상에 초점을 두고 분석하고자 하고자 한다.

1 해외 번역극 학년별 수록 양상 및 학습활동

가. 저학년 해외 번역극

① 극본 수록 양상 : <벌거숭이 임금님>, <개미와 베짱이>, <황소와 개구리>

2학년의 <벌거숭이 임금님>은 2차 『국어 2-2』에 수록된 희곡으로서, 덴마크 안데르센의 단편 동화를 극화한 경우이다. 이 작품은 1936년 7월 '천도교 경성 소년부'에 의해 '발가벗은 임금님'이라는 제목의 라디오 드라마로 방송된 바 있기도 하다.[162)]

(80) (생략) 임금님은 언제나 이상하고 좋은 새 옷을 만들게 하였읍니다. 어느 날, 먼 나라에서 이상한 옷감 장수가 왔습니다. (중략)

162) 韓恩淑(2004), 앞의 글, p.79.

[그림 55] 〈벌거숭이 임금님〉
(『국어 2-2』, 1964, pp.60~61)

임금님 "너희들은 이상한 옷감을 짠다는데 어떤 옷감이냐?"

옷감 장수 "아름다운 무늬와 빛깔의 옷감입니다. 또, 이 옷감은 마음이 나쁜 사람은 볼 수가 없는 옷감입니다."

임금님 "어! 그거 재미있구나. 그럼, 얼른 내 옷감을 짜라. 돈은 얼마든지 주마."

<벌거숭이 임금님>(『국어 2-2』, 1964, pp.60~61)

<벌거숭이 임금님>은 좋은 옷을 탐하는 임금님이 옷감장수들에게 옷을 짓게 하는데, 이들이 지어준 옷은 "눈에 보이지 않는 옷"이었다. 임금님이 이 옷을 입고 길거리에서 행차를 하자 사람들은 거짓으로 칭송을 하나, 한 아이가 "임금님이 벌거벗었다"는 진실을 말한 뒤에야 진실을 이야기하기 시작했다는 내용이다.

[그림 55]을 보면, 이 극본은 등장인물들이 그림으로 제시되고 있다는 것이 특징적이다. 이것은 저학년 교과서 극본이라는 점에서 보다 쉽고도 흥미롭게 수록하려는 의도로 보인다. 그런데 교사용 지도서에서 이 단원을 '그림연극'이라 밝히고 있는데[163] 인용문에 제시된 바와 같이 본격 극문학에 속한다. 대사면이나 지시문에서 극본 형태를 온전히 갖추고 기승전결의 플롯을 보이기 때문이다. 그러나 지적한 바와 같이, 등장인물 표시나 각 이야기 전개의 주요 지점에 그림을 수록하고 있다는 특징을 지닌다. 그러므로 지도서에서 그림연극이라 칭한 것은 '그림을 첨가한 극본' 정도의 의미로 파악할 필요가 있다.

3학년 교과서에는 이솝 우화를 각색한 <개미와 베짱이>, <황소와

163) 문교부(1973), 『국민학교 교과용 도서 국어 1-2』, 국정교과서주식회사, p.97.

개구리> 등이 수록되어 있다. 이솝의 작품은 교수요목기부터 7차까지 국어 교과서에서 즐겨 다루는 제재이기도 하다. 주로 동화 형태로 수록된 경우가 대부분이나, 위 두 작품은 희곡으로 수록된 경우이다. <개미와 베짱이>는 5차와 6차에 모두 수록된 극본으로, 5차에서는 『말하기 듣기 3-2』의 '13. 슬기로운 생각'에 실려 있다. "나오는 사람을 정하여 개미와 베짱이에 어울리는 목소리로 말하여 봅시다"라는 단원 목표 하에 다음과 같이 수록되었다.

[그림 56] 〈개미와 베짱이〉(『말하기 듣기 3-1』, 1996, p.72)

(81) 개미 ① : (문을 여는 시늉을 하며) 웬 일인가요, 베짱이님?

베짱이 ② : 부끄럽지만, 우리는 거지가 다 되었어요.

개미 ② : (놀라는 듯) 아니! 지금도 노래를 부르며,

개미 ③ : 재미있게 지내는 줄 알았는데?

베짱이 ④ : 너무나 춥고 배가 고파서,

베짱이 ⑤ : 먹을 것을 좀 얻으러 왔어요.

<개미와 베짱이>(『말하기 듣기 3-1』, 1990, p.73)

이 작품은 이미 4차 『바른생활 1-1』에 <매미와 개미>라는 유사극본으로 실리기도 했던 제재이다. 5차에서는 '매미'를 '베짱이'로 바꾸었을 뿐 동일한 내용이다. 그런데 4차의 경우에는 지문이 많고, 행동이나 표정을 나타내는 지시문이 없는 유사극본의 형태였다. 그러나 위의 개작본은 극본 형태를 완전히 갖추고 있음을 볼 수 있다. 이 극본은 6차에서도 『말하기 듣기 3-1』의 '13. 내가 주인공' 단원에서 "몸짓과 표정을 알맞게 지어가며 말하기"라는 단원 목표 하에 동일한 수록 형태를 보인다. 한편 <황소와 개구리>는 5차 『말하기 듣기 3-2』의 '8. 우리들의 잔치'에 "등장인물을 정하고 어울리는 목소리로 말해 보자"라는 단원 목표 아래 제시되고 있다.

이 작품은 황소의 크기를 흉내내다가 배가 점점 불러 화를 당하는 엄마 개구리의 이야기로서, 교과서에서는 배를 계속 부풀리는 과정만을 보여주고 있다.

이상 저학년의 해외 번역극 수록 양상을 살펴보았다. 보다시피 안데르센 동화와 이솝 우화를 소재로 한 경우가 지배적이다. 특히 이솝의 작품은 교수요목기부터 전 교육과정기에 걸쳐 희곡 외에도 서사형태 단원으로 수록된 경우가 많다. 그의 작품이 내용상 교훈적인 요소가 지배적이라는 점에서 비롯된 현상이라 할 수 있다.

② 극본 학습활동 : <벌거숭이 임금님>, <개미와 베짱이>, <황소와 개구리>

저학년 고전 각색극의 단원 목표를 정리하면 아래와 같다.

[표 49] 저학년 해외 번역극 단원 목표

학년	제목	단원 목표
2	벌거숭이 임금님	· 나오는 사람들의 사람들의 마음을 알 수 있다. · 그림연극을 만들 수 있다./ 연극으로 꾸밀 수 있다.(4차)
3	개미와 베짱이	· 인물에 어울리는 목소리로 말할 수 있다.(5차) · 몸짓과 표정을 알맞게 지어가며 말할 수 있다.(6차)
3	황소와 개구리	· 인물에 어울리는 목소리로 말할 수 있다.(5차)

위의 단원 목표를 보면, 4차 <벌거숭이 임금님>은 극화학습이 지배적이며, <개미와 베짱이>, <황소와 개구리>는 낭독하기가 주요 학습 목표임을 알 수 있다. 구체적인 학습문제들을 살펴보면, 먼저 2학년의 <벌거숭이 임금님>은 아래와 같은 문항들이 제시되어 있다.

[표 50] 2차 〈벌거숭이 임금님〉 공부할 문제

○나오는 사람들의 그림을 보고, 그 사람들의 마음을 생각해 봅시다. ○그림들을 만들고, 그림을 그려서 그림연극을 해 봅시다.

○나오는 사람을 정해서 간단한 극을 해 봅시다./ 말하는 사람의 마음에 맞도록 다음 말을 해 봅시다. <공부할 문제>(『국어 3-1』, 1964, p.71)

위의 <공부할 문제>에는 인물(성격) 파악과 그림연극 활동, 연극하기 등 극 장르의 특성을 이해하고 실연해 보는 활동이 중심이며, 한편 "말하는 사람의 마음에 맞도록 다음 말을 해 봅시다"와 같이 화법과 관련된 학습을 유도하고 있다. 이것은 극본의 '대사'가 실제 말하기의 형태로 제시된다는 점에서 비롯된 것이라 할 수 있다.

<개미와 베짱이>는 5, 6차의 말하기 듣기 교과에 수록된 극본으로 5차의 학습활동은 정확한 발음, (인물에 어울리는) 알맞은 크기와 속도의 목소리, 몸짓과 태도의 적절함 등을 고려한 낭독하기 수업으로[164] 교과목의 성격과 부합되는 '말하기 듣기'에 초점을 두고 있다. 6차 또한 교재의 성격상 주로 화법교육과 상관된 학습활동을 보인다. 즉 '역할을 정하여 인물에 어울리는 목소리로 말해 보기, 몸짓과 표정을 알맞게 지어 가며 인물에 어울리는 목소리로 말해 보기' 등의 문제들이 제시되고 있다.[165] 특히 6차 교사용 지도서를 보면, 이 단원에 대한 지도 내용에서 '나오는 인물을 정하여 역할 놀이하기' 등의 극화학습이 보인다.[166] 그러나 극화학습은 공연적 측면보다는 <공부할 문제>에서 제시한 문항들을 적용한, 효과적인 의사소통 관련의 언어교육이 주가 되고 있다.

<황소와 개구리> 또한 5차 『말하기 듣기 3-2』에 실려, 극본을 읽고 무대를 상상하며, 배역을 정하여 몸짓, 표정, 목소리로 말해 보는 학

164) <개미와 베짱이>(『말하기 듣기 3-1』, 1990, p.74).
165) <개미와 베짱이>(『말하기 듣기 3-1』, 1996, pp.72~73).
166) 교육부(1996), 『초등학교 교사용 지도서 국어 3-1』, 대한교과서주식회사, p.271.

습활동을 보인다.167) 그런데 이 극본의 경우, 교사용 지도서에서 구체적인 극화학습을 유도하고 있다는 점이 특징적이다. 즉 이 수업은 총 2차시에 걸쳐 진행되는데, 1차시의 수업 목표는 "첫째, 말을 하지 않고, 표정과 몸짓으로만 자기의 생각을 말할 수 있다. 둘째, 나오는 사람을 정하여 어울리는 목소리로 말할 수 있다"로서 등장인물의 표정과 행동을 파악하는 것과 낭독하기가 주가 된다.

2차시에는 "나오는 사람을 정하여 알맞은 몸짓, 표정, 목소리로 말할 수 있다"라는 수업 목표 아래 사건의 상황 파악하기와 '역할놀이하기'라는 극화학습을 제시하고 있다.

> (82) □ 배역을 정하여 역할 놀이하기 : · 교과서 41쪽의 글을 인물에 어울리는 목소리로 읽게 하기/ · 조별로 배역 정하여 공연해 보기/ · 시범을 보일 수 있는 조의 발표 감상하기/ · 조별로 배역 정하여 공연해 보기
>
> 『국민학교 교사용 지도서 국어 3-2』(교육부, 1991, pp.154~155)

지도서의 세부 내용에서는 '어울리는 목소리로 읽기'라는 항목에서 배역을 정하여 인물에 어울리는 동작과 표정, 목소리로 공연하며, '조별감상'에서는 시범을 본 후 조별로 역할 놀이를 하고, 마지막 '조별 공연하기'에서는 교과서의 지문에 알맞은 표정, 몸짓과 인물에 어울리는 목소리로 역할극을 하는 등의 극화 단계들을 제시하고 있다. 이러한 '역할놀이'는 실제 무대를 상정하고 공연한 것은 아니지만 표정과 몸짓을 동반한 대사의 발화와 상관되어 일종의 극화학습이라는 점에서 주목된다.

지금까지 5, 6차에 수록된 <개미와 베짱이>, <황소와 개구리>를 살펴보았다. 이 극본들은 모두 3학년 『말하기 듣기』 교과서에 수록되고

167) <황소와 개구리>(『말하기 듣기 3-2』, 1989, p.41).

있는데 교재의 성격상 극본의 일부만이 제시되고 있다. 일부 극본에서 낭독하기나 역할놀이 등이 보이지만, 전반적으로는 화법교육이 중심이다. 아래 내용은 바로 이를 방증하는 자료이기도 하다.

> (83) 지금까지의 말하기 · 듣기는 주로 말할 내용의 선정 및 인간의 의사소통 과정에서 내용의 정확성을 주된 목표로 한 활동이었다고 할 수 있다. 그러나 실제적인 언어 활동 상황에서 보면, 내용의 정확성 못지않게 중요한 것은 내용의 효과적인 전달도 매우 중요하다는 것을 알 수 있다. (중략) 이 단원에서는 이러한 점을 고려하여 역할을 나누어 맡아 인물에 어울리는 효과적인 표현 활동을 강조함으로서 의사소통의 보조 수단으로서의 몸짓과 표정 사용의 필요성을 인식시키고자 한다.
>
> 『국민학교 교사용 지도서 3-2』(교육부, 1991, pp.150~151)

위의 내용은 5차 <황소와 개구리>에 대한 지도서 내용이다. 이를 보면, '말하기 듣기'라는 교과목 성격과 부합된 화법교육이 중시된 것을 알 수 있다. 또한 몸짓과 표정 등이 의사소통 과정의 보조 수단이라는 점을 강조하기 위하여 극본 형태를 활용한 경우라고 할 수 있다.

나. 고학년 해외 번역극

① 극본 수록 양상 : <베니스의 상인>, <브레멘의 악사>, <장발장>, <의리 없는 친구>

셰익스피어의 <베니스의 상인>은 6차 『말하기 듣기 4-1』와 7차 『읽기 5-2』에서 다루어진 극본이다. 6차의 경우는 극본이 수록되지 않고 만화로 제시되고 있다는 점이 특징적이다. 여기에서는 "이야기 속의 인물이 되어, 내용과 상황에 어울리는 목소리로 말하여 봅시다"

[그림 57] 〈베니스의 상인〉 『말하기 듣기 4-1』, 1996, pp.41~42)

라는 지시 하에 '법정장면'이 6컷의 만화로 제시되고 있다.168)

7차에서는 『읽기 5-2』의 '넷째 마당, 말과 실천'에서 심화학습 '한발 더 나아가기'에 수록된 극본으로, "사실과 의견을 구별하며 글을 읽자"라는 학습 목표 하에 수록되고 있다.

[그림 58] 〈베니스의 상인〉 (『읽기 5-2』, 2002, pp.165~166)

(84) 공작 : (포셔를 쳐다보며) 아, 저 사람이 그 판사인가 보군. (포셔에게) 어서 오시오. 벨라리오 박사께서 추천하신 분이오?(중략)

공작 : 잘 왔소. 자리에 앉으시오. (시종이 포셔를 공작 옆에 잇는 책상으로 안내한다.) 현재 이 법정에서 심의 중인 소송 사건에 대해 들어 보았소?

포셔 : 소상히 들었습니다. 어느 쪽이 상인이고, 어느 쪽이 유대인입니까?

공작 : 안토니오와 샤일록, 앞으로 나오게나.

<베니스의 상인>(『읽기 5-2』, 2002, p.165)

<베니스의 상인> 은 총 5막으로 구성된 희곡이나, 교과서에서는 위와 같이 4막 1장의 '법정 장면'만이 실리고 있다. 극 내용을 요약하면, 유대인 고리대금업자인 샤일록에게 돈을 꾼 안토니오가 이를 기한 내에 갚지 못해 계약한대로 그의 가슴살 1파운드를 베어낼 위기에 처하게 된다. 그러나 피 한 방울 흘리지 말고 실행하라는 포셔의 현

168) <베니스의 상인>(『말하기 듣기 4-1』, 1996, pp.41~42).

명한 판결로 목숨을 구하게 된다는 것이다.

이 단원의 주요 학습 목표는 사실과 의견에 유의하여 극본을 읽는 것이다. 교과서 수록 부분은 등장인물들이 법정에서 자신들의 행위와 의견에 대한 정당성을 주장하는 장면들로 위기와 반전의 순간이 극적으로 제시되고 있다. 그러므로 학습 목표와 부합되는 장에 해당되기도 한다. 이 작품은 교수요목기부터 초등 과정, 중등 과정, 고등 과정 등 각급 교과서에서 다루어져 재수록 빈도가 높은 극본이다.[169] 뿐만 아니라 2007년에 개정된 『조선어문』에서도 이를 도입하여 수록하고 있어,[170] 국내 극본 제재와의 영향 관계를 보이기도 한다.[171]

<브레멘의 악사>는 그림형제의 작품으로, 6차 『읽기 4-1』의 '8. 우리가 꾸미는 무대' 단원에 수록된 희곡이다. "등장인물의 말과 행동을 생각하며 극본을 읽어 봅시다"라는 단원 목표와 함께 다음과 같은 수록상을 보인다.

[그림 59] 〈브레멘의 악사〉 (『읽기 4-1』, 2001, p.63)

(85) 합창 1 : 어떤 일이 생길까요, 동물이 지치고 늙게 되면? (중략)

당나귀 : 히힝, 나는 이제 기운이 없어서 농장일을 할 수가 없어. 그래서 주인은 나를 팔아버리려고 하지. (중략)

합창 2 : (속삭이며) 달아나요. 달아 나.(중략)

고양이 : 야옹. 어이, 당나귀 친구, 어디로 가는 건가?

당나귀 : 나는 브레멘으로 가서 악사가 될 생각이야.

<브레멘의 악사>(『읽기 4-1』, 1996, pp.62～63)

---

169) 교수요목기 『중등국어 2』, 1차 『고등국어 2』, 6차 초등 『말하기 듣기 4-1』, 7차 초등 『읽기 5-2』.

170) <베니스의 상인>(『의무교육 조선어문』 9학년 하권, p.112).

171) 윤금선(2014), 앞의 글, pp.240～242.

<브레멘의 악사>는 그림 형제가 발간한 『어린이와 가정 동화』(1819)에 실린 동화로서, 이를 극본으로 각색한 경우이다. 이 작품에는 네 마리의 동물, 즉 수탉, 고양이, 개 그리고 당나귀가 등장한다. 이들은 모두 늙어서 주인에게 쓸모없어져 죽을 운명에 처한다. 하지만 이들은 탈출에 성공하고 우연히 함께 만나서 브레멘 음악대원이 된다. 이와 같이 <브레멘의 악사>는 고난과 역경을 뚫고 새로운 삶을 살게 된 동물들을 통해서 희망을 잃지 않고 끝까지 노력하는 모습을 그린 희곡이다. 특히 극에 등장하는 합창단은 해설의 수단도 되고 극의 분위기 조성에도 주요한 역할을 하고 있다. 이 작품은 일반적인 뮤지컬의 형태는 아니지만 수시로 합창과 대사가 어우러짐으로써 어린이들의 흥미를 유발할 수 있는 극본에 속한다.172)

6학년에 수록된 <장발장>은 빅톨 위고의 <레미제라블>을 각색한 희곡으로, 7차 『읽기 6-1』의 <국어교실 함께 가꾸기>에서 다루어졌다. "극본의 특성을 생각하며 읽어봅시다"라는 학습 목표 아래 실린 경우로, 소설에서 '장발장'이 출옥하여 갈 곳이 없어 방황하는 장면을 극화한 것이다. 단원 서두에서 시간과 장소, 인물의 등장, 무대 상황, 인물의 갈등상 등을 해설로 제시한 후, 각색의 예로써 제시되고 있다.

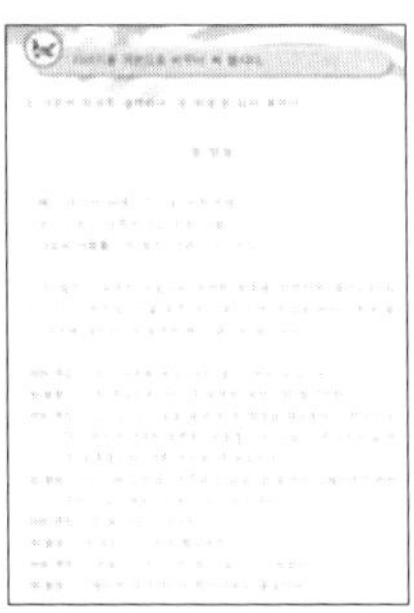

[그림 60] 〈장발장〉
(『읽기 6-1』, 2002, p.232)

(86) 장발장 : (지친 목소리로) 여기서 하룻밤 묵었으면 합니다만...

여관 주인 : 그러십시오. (말을 끝낸 뒤 장발장을 쳐다본다. 그러고는 안색이 변하며 냉정한 말투로) 죄송합니다. 오늘은 여기서 쉬실 수가 없겠습니다.(중략)

장발장 : (혼자말로) 사람들이 내가 전과자라는 것을 알

172) 송창언, 앞의 글, p.68.

아버렸으니, 오늘 밤은 어디서 쉬어야 하지?(마을 성당 돌계단에 배낭을 베개삼아 쪼그리고 눕는다)

<장발장>(『읽기 6-1』, 2002, pp.232~233)

위와 같이 교과서에 수록된 부분은 장발장이 출옥한 직후의 상황으로서 하룻밤 묵을 곳을 찾지만, 그가 교도소에서 출옥한 '장발장'임을 알고 모두들 이를 거절하는 내용이다. 이 부분은 장발장과 마을 사람 간의 갈등이 드러나는 부분이기도 하다.

기타 고학년 극본으로는 이솝 우화의 <의리 없는 친구>가 일부 각색되어 수록되었다. 이 극본은 5차 『말하기 듣기 5-2』의 '13. 이야기의 중심 생각'에 제시된 짤막한 극본이다. 그 내용을 보면, 두 명의 친구가 여행 중 곰을 만나게 되는데, 그 중 한 명은 나무 위로 기어 올라가 몸을 숨기고, 또 한명은 죽은 체하여 위기를 모면한다. 이 작품은 제목 그대로 위험한 순간에 혼자만 살려고 하는 '의리 없는 친구'에 대한 이야기이다. 이 극본은 내용상 중심 생각이 무엇인지를 파악하는 읽기 자료로 제시된 경우이다.

지금까지 고학년 해외 번역으로 <베니스의 상인>, <브레멘의 악사>, <장발장>, <의리없는 친구> 등의 수록상을 살펴보았다. <베니스의 상인>과 <브레멘의 악사>는 비교적 기승전결의 전개상을 드러내는 장막극 형태로 수록되어 있으며, 전자는 극 내용을 통해 '사실과 의견의 구별하며 읽기', 후자는 '인물의 말과 행동에 유의하며 읽기'라는 단원 목표 하에 수록된 경우이다. 그에 비해 <장발장>과 <의리 없는 친구>는 주요 장면만을 제시한 짤막한 길이의 극본이다. 전자는 극본의 특성을 파악하는 것, 후자는 중심 생각을 찾는 것을 목표로 수록되었다. 저학년 극본이 화법교육의 도구로서 수록된 경우라면, 고학년 극본은 극본에 대한 이해를 목표로 실린 경향을 보인다.

② 극본 학습활동 : <베니스의 상인>, <브레멘의 악사>, <장발장> 고학년의 학습활동을 학년별로 정리해 보면 다음과 같다.

[표 51] 고학년 해외 번역극 단원 목표

학년	제목	단원 목표
4	베니스의 상인	· 글을 읽고, 사실과 의견을 구별할 수 있다.(6차) · 사실과 의견에 주의하여 연극을 꾸밀 수 있다.(7차)
4	브레멘의 악사들	· 성격을 알고 부분적으로 극을 꾸밀 수 있다.(7차)
6	장발장	· 이야기를 극본으로 바꾸어 쓸 수 있다.(7차)

위의 단원 목표를 보면, 극의 내용과 인물의 성격 파악, 문종 바꾸기(각색)와 함께 '연극하기' 수업이 목표로 설정되어 있다. 이러한 학습 목표 하에 구체적인 학습활동을 살펴보면 아래와 같다.

먼저 <베니스의 상인>은 6차 『말하기 듣기 4-1』에서 '내용과 상황에 어울리는 목소리로 말하기'가 주된 학습으로, 이를 위해 먼저 인물의 행동과 마음, 사건의 전개 등을 파악하고, 역할을 정하여 낭독하는 학습을 보인다.173) 이와 비교하여 7차에서는 『읽기 5-2』에 수록되어 다음과 같은 학습활동을 제시하고 있다.

[표 52] 7차 〈베니스의 상인〉(『읽기 5-2』) 학습활동

1. (1) 안토니오가 바사니오의 빚을 대신 갚은 것을 후회하지 않겠다고 말한 까닭은 무엇입니까?/ (2) '베니스의 상인'에 나타난 다음 등장인물을 정리하여 봅시다. 그리고 그것이 사실에 따라 어떻게 바뀌었는지 알아 봅시다.
2. (1) '베니스의 상인'을 읽고, 등장인물에 대하여 친구들과 의견을 주고 받아 봅시다.(중략)/ (2) 역할을 정하여 '베니스의 상인'을 연극으로 꾸며 봅시다.

<베니스의 상인>(『읽기 5-2』, 2002, p.176～177)

173) <베니스의 상인>(『말하기 듣기 4-1』, 1996, pp.41～42).

위의 학습문제는 먼저 인물의 행동을 중심으로 그 원인과 결과를 파악하게 한다. 그리고 등장인물들의 의견이 정확한 사실을 바탕으로 하고 있는지 알아보는 '판단' 학습과, 이에 따라 자신의 의견을 펼치는 활동을 유도하고 있다. 극 내용이 '법정 장면'으로서 판결을 중심으로 하고 있다는 점에서, 이 극본은 '사실과 의견'을 파악하는 학습과 잘 부합된 것으로 보인다. 또한 이 단원에서는 연극으로 꾸며보는 극화학습까지 나아간다는 점이 주목된다. 위의 학습활동의 체계는 4학년의 <브레멘의 악사>에도 그대로 적용되는데, 여기에서도 인물들의 행동상에서 그 원인과 결과, 성격 등을 파악하고 연극으로 실연하는 학습활동을 보인다.174)

5학년의 <장발장>은 6차 읽기 교과에 수록된 경우로, 여기에서는 소설을 인물의 '말과 행동을 주시하며 읽게 하고, 이를 극본으로 바꾸는' 학습이 주요 활동에 속한다.

> (87) ○ 이야기를 극본으로 바꾸어 쓰는 방법을 알아봅시다 : 극본은 무대에서 공연하는 것을 목적으로 쓴 연극의 대본입니다. 극본은 연극을 할 때에 필요한 무대의 배경과 등장인물에 대한 해설, 등장인물의 대사, 등장인물의 행동을 지시하는 지문 등으로 이루어져 있습니다. 이야기를 극본으로 바꿀 때에는 시간이나 장소가 달라지거나 새로운 인물이 등장하는 것과 같은 무대 상황의 변화를 생각해 보아야 합니다. 그리고 연극은 인물의 마음 속 갈등이나 인물들 사이의 갈등을 해결해 나가는 과정을 보여 줌으로써 감동을 주는 것을 목적으로 하기 때문에, 이야기에서 갈등과 그 해결 과정에 초점을 두고 바꾸어 쓰는 것이 좋습니다.
>
> <국어교실 함께 가꾸기>(『읽기 6-1』, 2002, p.228)

위의 글은 각색 활동 이전에, 기초학습으로 극본의 장르적 특성을

---

174) <브레멘의 악사>(『읽기 4-1』, 1996, p.68).

설명한 부분이다. 즉 공연을 목적으로 한 장르라는 전제 하에, 무대 배경, 인물 정보, 대사와 지문 등 극본의 형식 등을 밝히고 있다. 나아가 '이야기를 극본으로 바꿀 때' 고려해야 할 사항들에 대해 설명하고 있다. 특히 연극은 갈등이 핵심임으로 갈등의 파악과 그 해결 과정을 중시해야 한다는 점을 지적하고 있어 주목된다. 이러한 학습 후에 다음과 같은 학습문제가 제시되고 있다.

[표 53] 7차 〈장발장〉(『읽기 6-1』) 학습활동

1. 극본의 특성을 생각하며 '장발장'을 읽어 봅시다. 2. 인물의 말과 행동을 생각하며 '장발장과 신부'를 읽어 봅시다. 3. '장발장과 신부'를 읽고, 극본으로 바꾸어 써 봅시다. <장발장>(『읽기 6-1』, 2002, p.235)

위의 문항은 극본의 특성을 주시하며 <장발장>을 읽고, 이를 참조로 하여 <장발장과 신부>라는 소설을 각색하도록 지시하는 내용이다. 이렇듯 <장발장>은 문종 바꾸기 수업을 통해 극본의 특징을 이해하는 학습활동을 보인다.

기타 5차 『말하기 듣기 5-2』에 수록된 <의리 없는 친구>는 방송극을 꾸미는 것이 주요 학습활동이라, 희곡 분석을 목표로 하는 본 항목에서는 제외시켰다. 이는 방송극 학습활동에서 살피고자 한다.

2 <크리스마스 송가> : 교육과정기별 수록 양상 및 학습활동

<크리스마스 송가>는 교수요목기 『초등국어 6-1』에 번안소설로 최초 수록되었다. 이 작품은 찰스 디킨즈 소설 『크리스마스 캐럴』이 원작이다. 이후 『국어 6-1』, 『국어 6-2』에 <그리스마스 송가>로 재수록되었다.175) 그러나 1차 교육과정기 『국어 6-2』부터 극본으로 각색

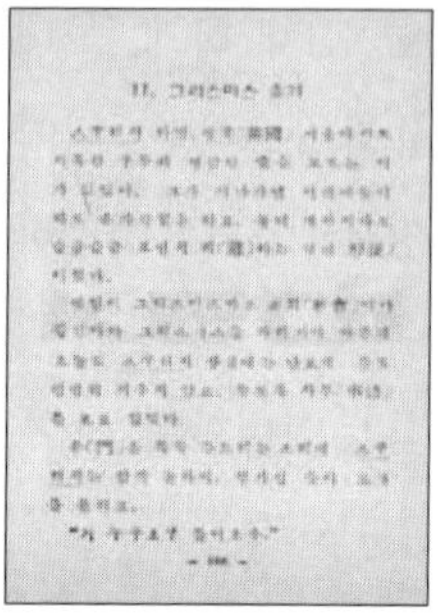

[그림 61] 〈크리스마스 송가〉 『국어 6-1』, 1953)

되어 수록되었다. 이는 교과서에 실린 해외 작품 번역극으로서는 최초의 것이기도 하다.

이 제재는 1~4차까지 『국어 6-2』에 희곡 형태로 지속적으로 실리다가, 5차 『말하기 듣기 6-2』, 『읽기 6-2』에서 방송극으로, 6차에는 『읽기 6-2』에서 원리학습의 삽화 형식으로 실려 있어, 거의 전 교육과정기에 걸쳐 다루어진 극본이다. 또한 모두 6학년 2학기 교과서에 수록되어 있다는 점도 특기사항이다. 이와 관련하여 다음과 같은 지도서 내용이 주목된다.

> (88) 이 단원의 본문은 한 편의 다른 나라 극본이 그 제재가 되어 있다. 돈과 일밖에 모르는 구두쇠가 크리스마스 전날 밤부터 이튿날 아침 사이에 잘못을 뉘우치고 새 사람이 되는 과정을 극본으로 쓴 글이다. 크리스마스를 앞두고 불우 이웃 돕기의 자선 남비가 거리에 울려 퍼질 무렵에 어린이들이 학습하기 알맞은 단원이다.
>
> 『국민학교 교사용 지도서 국어 6-2』(문교부, 1986, p.123)

인용문은 4차 교사용 지도서의 단원 개관으로서, 학년말 크리스마스 시즌과의 연관성을 보여주고 있는 내용이다. 6차에 이르러 이 제재는 삭제되고 국내 창작극인 <어떤 크리스마스>(고성욱)가 대체 극본으로 수록되고 있다. 제목에서도 드러나는 바, 이 또한 크리스마스 즈음에 다룰 제재라는 점을 고려한 단원 설정이라 할 수 있다.

<크리스마스 송가>는 교육과정기별로 비교해 볼 때 등장인물의

175) 이 제재는 1966년 12월 ≪새벗≫에 신지식의 ≪(새벗극장) 스크루우지 할아버지≫라는 극본으로도 발표된 바 있다(朴英琦(2008), 「解放 以後 韓國 兒童劇의 展開와 展望」, 『兒童文學評論』 제33권 제4호, p.89).

변화, 구성, 삽화의 배치 등에 다소의 차이를 보이나, 내용면에서는 유사한 수록 양상을 보인다. 아래에서는 1~4차까지 희곡 극본을 중심으로 구체적인 수록 양상 및 학습활동을 살피고자 한다.

가. 1~2차 교육과정기

① 극본 수록 양상 : 장막극 형태의 최초 수록

1차~2차 수록 양상을 정리하면 다음과 같다.176)

[표 54] 〈크리스마스 송가〉 수록 양상(1차~2차)

차시	단원	구성
1차	이야기와 연극 <8. 크리스마스 송가>	· 4막 6장으로 구성 · 총 19명의 등장인물 · 과거의 회상 장면의 생략 생략됨 · 4막 2장 제시-스크루우지가 교회에 기부금도 내고 거지에게 적선함
2차	명작을 읽고 <8. 크리스마스 송가>	· 구성은 1차와 같음 · 의문 종결형 어미의 변화 · 외래어 표기법의 변화

1차에 수록된 <크리스마스 송가>는 초등 국어 교과서에 실린 최초의 장막극에 속한다. 1차 수록상을 살펴보면, 이 희곡은 『국어 6-2』에 '이야기와 연극'이라는 대단원에 수록되고 있다. 총 4막 6장으로 기존의 여타 단막극에 비해 길이도 길고, 극본의 구성면에서도 발단, 전개, 절정, 결말 등의 플롯에 따라 짜임새 있게 전개되고 있다. 지속적으로 재수록된 것은 이와 같은 탄탄한 구조와도 상관된 것이라 할 수 있다.

176) [표 62]와 이하 [표 65]는 김태영(1998), 「국어과 교재의 아동극본에 관한 연구」(진주교육대학교 교육대학원 석사학위논문), p.52를 참조하여 제시하였다.

[그림 62]
〈크리스마스 송가〉
(『국어 6-2』, 1959, p.62)

(89) 나올 사람 : 스크리지(구두쇠 영감), 조카, 그의 아내, 아들 1, 2, 3, 보브(그의 서기), 신사(동정금 모집원), 마레의 영혼, 제1영(과거의 영혼), 제2영(현재의 영혼)(중략)/ 때 : 크리스마스 전날부터 크리스마스날까지(중략)

스크리지 "자넨 이 방이 춥다고 생각하나?"

보브 "(깜짝 놀라며) 아, 아, 아니올시다. 주인님?(중략)

신사 "그렇지만, 이 불행한 사람들에게 조금이라도 즐거운 크리스마스를 맞이하게 해주어야 하지 않겠읍니까?(중략)

스크리지 "난 그런 건 모르오."

<크리스마스 송가>(『국어 6-2』, 1959, pp.59~62)

<크리스마스 송가>의 내용을 살펴보면, 등장인물은 "스크리지, 조카, 그의 아내, 아들, 마레의 영" 등을 포함하여 총 19명이 등장한다. 제시된 일부 장면에서도 드러나지만, 주인공 스크루지는 구두쇠에 이기적인 인물의 표상이다. 이에 반해 서기, 조카 및 동정금 모금원들은 박애정신이 강하며 이타적인 인물들이다. 그러므로 주인공과 갈등 관계가 형성된다. 그러나 현재, 미래의 영들이 등장하면서 스크루지는 이기적인 삶에서 이타적인 삶을 살게 되고, 이들과의 갈등 관계도 해소된다. 이러한 내용의 전개 속에서 이웃을 사랑할 줄 아는 마음을 가지고 실천하자는 교훈이 내포된 작품이기도 하다.

2차에는 6학년 2학기 '명작을 읽고'라는 대단원 아래 수록되었으며, 종결형 어미, 외래어 표기법 등 어법상의 변화만 있을 뿐 1차와 동일한 수록 양상을 보인다.

② 극본 학습활동 : 극본 이해 학습

1차~2차 시기 <크리스마스 송가>의 단원 목표를 제시하면 다음과 같다.

[표 55] 1~2차 〈크리스마스 송가〉 단원 목표

차시	단원 목표
1차	· 극본을 읽고 글의 내용을 이해할 수 있다. · 읽은 내용을 연극으로 꾸밀 수 있다.
2차	· 연극의 대사를 듣고 글의 내용을 이해할 수 있다. · 연극에 흥미를 느끼며 감상할 수 있다. · 읽은 내용을 연극으로 꾸밀 수 있다.

위의 내용은 크게 극본의 이해와 감상, 연극하기 등으로 요약될 수 있다. 이러한 학습 목표를 토대로 차시별 학습활동을 살피면, 먼저 1차의 경우에는 " ① 희곡의 형식을 살펴 봅시다. ② 이 희곡은 우리에게 무엇을 말하여 줍니까? ③ 이 희곡을 연극으로 꾸며 봅시다."[177] 등으로 나타나고 있다. 이것은 위 단원 목표에서 제시한 것과 마찬가지로 희곡 갈래에 대한 이해, 주제 파악, 실연하기 등의 학습활동이라 할 수 있다. 이와 비교하여 2차 <공부할 문제>는 다음과 같이 제시되고 있다.

[표 56] 2차 〈크리스마스 송가〉 공부할 문제

○ '크리스마스 송가'를 읽고, 희곡에 대하여 알아보자. · 이 글은 여느 글과 그 형식이 어떤 점이 다른가? · 이 글은 우리에게 무엇을 가르쳐 주나? · 나오는 사람들은, 말을 할 때 어떤 점에 주의하여야 하나? · '심청 이야기'와 '크리스마스 송가'는 어떻게 다른가? <공부할 문제>(『국어 6-2』, 1966, p.101)

위의 문항들은 희곡의 형식적 특성, 극 내용의 이해, 대사의 특징

177) <크리스마스 송가>(『국어 6-2』, 1959, p.82).

파악 등과 관련된 학습이다. 이것은 1차와 마찬가지로 극문학의 특징을 이해하는 것이 주요 학습활동이라 할 수 있다. 그러면서도 희곡의 특성을 '이야기글'과 비교하면서, 타 장르와의 차이점을 파악케 한다는 점이 차별된다. 한편 1차에서는 극화학습 문제가 제시된 데 반해, 2차 교과서에는 이 부분이 빠져 있음을 볼 수 있다. 그런데 2차 단원 목표에 연극 감상과 연극하기 등이 모두 드러나 있다는 점에서 과외 활동으로 진행될 수 있는 여지를 보이고 있다.

지금까지 살펴본 바, 1~2차 시기 학습활동은 희곡에 대한 이해와 연극하기 등으로 요약된다. 그럼에도 불구하고 구체적인 문항들에서는 문종의 이해가 지배적인 현상을 보인다고 하겠다.

나. 3~4차 교육과정기

① 극본 수록 양상 : 단막극 형태로의 개작

3~4차 수록 양상을 정리하면 다음과 같이 요약된다.178)

[표 57] 3차~4차 〈크리스마스 송가〉 수록 양상

차시	단원	구성
3차	<8. 크리스마스 송가>	· 여러 막을 없애고 7경으로 나눔 (1막→1경 2막→2, 3경 3막→4, 5, 6경 4막→7경) · 과거 소년시절의 장면 제시 · 4막 2장 생략 · 인물의 성격을 부각시키기 위한 대화글의 강조
4차	7. 연극하는 글 <(1) 크리스마스 송가>	3차와 동일

<크리스마스 송가>는 3~4차 시기에도 『국어 6-2』에 수록되었으며, 전 시기와 마찬가지로 동일한 사건 전개상을 보인다. 그러나 구성

178) 이 표는 김태영(1998), 「국어과 교재의 아동극본에 관한 연구」(진주교육대학교 교육대학원 석사학위논문), p.52를 참조하여 정리하였다.

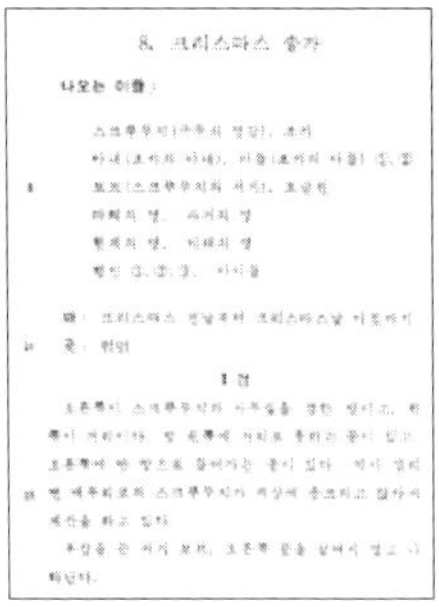
8. 크리스마스 송가

[그림 63] 〈크리스마스 송가〉
(『국어 6-2』, 1974, p.132)

에서는 변화상을 보이고 있다. 즉 막 대신 7개의 경으로 이루어져 있다. 1~2차와 비교해 보면 '1막→1경, 2막→2·3경, 3막→4·5·6경, 4막→7경' 등으로 구성을 달리하였다. 기존의 4막 구성의 형식을 바꾸어 전체 장면을 6장면으로 재구성한 것이다. 이와 함께 기존 극본에 제시되었던 4막 2장의 내용이 생략되었다.

내용적인 측면에서 보면 '1경(실제)－2경(꿈 속)－3경(꿈 속)－4경(꿈 속)－5경(꿈 속)－6경(꿈 속)－7경(실제)' 등으로 나타나 액자식 구성이 돋보인다. 2경에서 6경까지 대부분의 내용은 스크루지가 영들을 만나는 꿈속의 시간이다. 그러므로 현실과 환상(꿈 속) 장면을 구분하는 것이 이 작품의 이해에서 주요한 요소에 해당된다. 한편으로는 극화학습과 관련하여, 이러한 형태는 장면 전환이 용이하다는 이점이 있다. 또한 3차 극본은 기술적(記述的)인 측면에서도 변화를 보인다. 즉 대사의 양이 줄었으며 전개 과정이 명확해졌다. 기타 등장인물들의 이름도 당대 외래어 표기법에 맞추어 수정하였으며, 4차부터는 전 시기와 달리 대사 부분에 표시되었던 따옴표(" ")가 삭제되기도 했다.

② 극본 학습활동 : 극화학습의 강화

3~4차 시기 단원 목표는 다음과 같이 설정되어 있다.

[표 58] 3~4차 〈크리스마스 송가〉 단원 목표

차시	단원 목표
3차	·극본의 특징을 알 수 있다. ·등장인물의 성격을 알 수 있다. ·극본에서 시간의 흐름을 알 수 있다.

	· 실제의 사건과 꿈속의 일을 구별할 수 있다. · 주인공의 변화된 성격을 알 수 있다. · 줄거리에 따른 주인공의 마음씨의 변화 과정을 알 수 있다. · 극본의 줄거리를 한 글월로 요약할 수 있다. · 극본의 사회적 배경을 우리의 환경과 비교할 수 있다. · 연극 공연 계획을 세울 수 있다. · 연극 감상을 발표할 수 있다.
4차	· 극본을 읽고, 대강의 내용을 파악할 수 있다. · 극본의 내용을 알 수 있다. · 극본을 바르게 낭독할 수 있다. · 극본의 특성을 알 수 있다. · 극본에 따라 연극을 공연할 수 있다. · 사랑과 봉사의 정신으로 남과 협동하는 태도를 기른다. · 보통 글을 극본으로 바꾸어 쓸 수 있다.

3~4차의 단원 목표 또한 1~2차와 마찬가지로 '극본의 이해'와 '연극하기'로 요약되는데, 앞선 시기에 비해 보다 다양한 학습 목표를 보인다. 그러면서도 한편 3차에서는 연극 감상 부분이, 4차에서는 극본 각색의 부분이 제시되고 있다는 점이 차별된다. 이는 차시별 교육 목표와 상관된 것으로서 문학감상을 중시했던 3차와, 표현교육을 지향했던 4차 시기의 특성을 반영한 것이라 할 수 있다.

구체적인 학습활동을 보면, 먼저 3차 <공부할 문제>는 다음과 같은 문항이 제시되었다.

[표 59] 3차 〈크리스마스 송가〉 공부할 문제

1. 글을 읽고 이야기하기 : (1) 이 글이 동화, 전기, 소년 소설 등과 다른 점은 어떠한 점인가? · 등장인물의 행동의 변화는 어떠한가?/ (2) 극본을 쓸 때에 유의할 점을 알아보자. · 누구 누구가 등장하느냐를 정한다. · 등장인물은 어떻게 행동하는가를 상상하면서 쓴다. · 몇 장면으로 나누기도 한다.
2. 연극하기 : (1) 배역을 정하고 극본을 읽어보자./ (2) 실제로 연극을 꾸며보자. · 나오는 사람들은, 말을 할 때에 어떤 점에 주의해야 하나? · 연극을 하고 나서 반성해 보자.

<공부할 문제>(『국어 6-2』, 1974, p.146)

위의 문제는 크게 '글을 읽고 이야기 하기'와 '연극하기'로 정리할 수 있는데, 전자에서는 장르적 특성 및 대사를 통한 성격 파악의 문제와 함께 '극본 쓰기'의 유의점을 제시하고 있다는 점이 특징적이다. 특히 '연극하기'의 경우, 연극 준비와 공연, 평가하기 등 극화학습의 전 과정을 유도하고 있다는 점이 주목된다.

한편 3차 교사용 지도서를 보면 수업 목표와 학습 내용들을 보다 구체적으로 살필 수 있다. 먼저 단원 개관에서는 극문학 학습에서 주시할 사항을 다음과 같이 제시하고 있다.

> (90) ② 희곡에서는 글쓴이의 의도가 무대 위에서 등장인물의 말과 행동을 통해서 표현된다. 주인공의 성격이나 생각도 설명에 의해서가 아니라 표정, 동작, 대화 등에 의해서 나타난다. 그리고 대화는 문어체가 아니라 구어체이어서, 일반 문장과는 다른 면도 있다. 이 같은 희곡의 특징을 분석하고 이해하여 하나의 문학 형식으로서의 희곡을 감상할 수 있도록 한다.(중략)
>
> ④ 교실 안에서 간소하나마 무대를 꾸며 놓고 실제로 연극을 공연하는 시간을 가지도록 한다. 그리고 글짓기 과제로서는 남의 말을 인용하는 글을 지을 수 있게 한다.
>
> 『국어수업지침서 6-2』(한국교육개발원, 1977, p.85)

위의 지침서에는 작가의 주제의식이 '말과 행동'으로 표현된다는 점, 인물의 성격도 표정, 동작, 대화 상황에서 드러나며, 대화가 구어체로 제시된다는 점 등 극본의 특징을 보다 구체적으로 설명하고 있다. 또한 글짓기 과제로 '남의 말'을 인용하는 글을 짓도록 유도하여 대사 쓰기의 일부를 실행하기도 한다.

<크리스마스 송가>는 총 6차시 수업으로, 내용 파악하기(1차시), 대화와 바탕글(대사와 지시문) 구별하기(2차시), 각 장면 낭독하기(3차시), 등장인물의 성격 파악하기, 시간의 변화 지점 지적하기, 현실

과 꿈 사건 구별하기(4차시), 주인공 마음의 변화 파악하기, 극본의 사회적 배경과 우리의 환경을 비교하기(5차시) 등의 지도 내용이 제시되고 있으며, 특히 6차시는 연극 지도 차시로서, 공연 계획(소도구와 무대 꾸미기, 배역 설정)과 공연하기의 단계로 제시되고 있다. 이와 같은 지도서 내용은 극본 이해부터 연극하기 학습활동까지 실제적인 교육 내용을 구체적으로 파악할 수 있게 한다.

한편 4차 <본문 공부>도 극본 학습 및 극화학습의 문제로 대별되는데, 3차와 비교하면 보다 다양하고 구체적인 문제가 제시되고 있다. 즉 '1. 내용알기→2. 더 생각해 보기→3. 연극하기→ 4. 알아두기' 등의 순서로 각 항목에는 구체적인 소항목들이 다수 제시되고 있다.

[표 60] 4차 〈크리스마스 송가〉 본문 공부

1. 내용알기 : (1) 등장인물을 중심 인물과 주변 인물로 나누어 보자./ (2) 중심 인물의 갈등이 가장 심하게 나타난 곳은 어디인가?/ (3) 중심 인물의 갈등이 해결되는 곳은 어디인가? / (4) 등장인물의 대화를 통하여 인물의 성격을 알아보자.
2. 연극하기 : (1) 배역을 정하고 극본을 읽어 보자. · 인물의 성격이나 신분을 잘 나타낼 수 있도록 배역을 정한다./ · 대화 내용을 외도록 한다./ (2) 무대를 구미고 연극을 하여 보자. · 우리의 힘으로 무대를 꾸며 본다. · 배역에 맞도록 분장한다. · 경우와 분위기에 맞게 연기를 하도록 힘쓴다. · 극본의 내용에 유의하여 동작과 시늉을 알맞게 한다./ · 연극을 하고 나서 반성의 기회를 가진다.
3. 알아두기 : (1) 극본은 주로 연극의 상연을 위하여 쓰여지는 글이다./ (2) 극본에는 갈등이 나타나 있다./ (3) 극본의 줄거리는 갈등과 이 갈등의 해결로 이루어진다.
<본문 공부>(『국어 6-2』, 1986, p.162)

위의 '1. 내용알기'에서는 주로 인물을 중심으로 내용을 파악케 하고 있다. 즉 중심인물과 주변 인물로 분류하고, 특히 '갈등'의 문제를 주시하여 갈등이 극대화되는 부분과 해결 지점을 묻고 있다. 또한 극본의 필수 요소인 대사를 통해 성격을 파악하는 문제를 다루고 있다.

'2. 연극하기'와 '3. 알아두기'는 극화활동 및 극본 이론을 정리한 것이라 할 수 있는데, 3차 교육 과정기와 비교해 보면, 2번 문항의 경우, 3차와 달리 배역 설정, 무대 꾸미기, 연극하기 등의 활동이 보다 구체적으로 제시되고 있다. 뿐만 아니라 3번 문항에서는 극본의 특징을 정리하고 있기도 하다. 위와 같은 학습활동 이후 '글짓기'를 통해 서사를 극본으로 바꾸는 학습까지 병행되고 있다. 이를 보면 4차 전 시기에 비해 다양하고 구체적인 학습활동을 보인다고 할 수 있다.

4차 교사용 지도서에서는 <크리스마스 송가>에 대한 '지도상의 유의점'을 다음과 같이 제시하고 있다.

> (91) 4. 지도상의 유의점 : 1) 이 단원을 학습하는 동안에 가정 학습을 통하여 한두 편의 극본을 구하여 읽도록 함으로써 소설이나 극본 같은 긴 문장을 읽는 방법이나 습관을 길러 주어, 극본의 문학 형식에 친숙할 수 있도록 유도해야 한다. 2) 연극에 보다 친숙감을 느끼고, 연극 공연에 적극성을 가지고 참여할 수 있도록 지도에 유의하여야 한다. 3) 40분 수업 동안 '계획 -공연 연습 -공연 -감상 -발표'의 전 과정을 다 거쳐가기는 어렵다. 따라서 1주일 정도 앞당겨 공연 계획을 세워 준비물과 배역을 정하여 주고, 학습활동과 병행해서 공연 연습을 하도록 한다. 또 학교의 모든 여건을 충분히 활용하여 학생 전원이 함께 참여할 수 있는 기회를 가지는 것도 좋을 것이다.
>
> 『국민학교 교사용 지도서 국어 6-2』(문교부, 1986, p.124)

위의 글에서는 이 희곡이 초등학교 중 가장 고학년 대상의 극본이라는 점에 주목하고 있다. 그러므로 직전 학년까지 배웠던 짤막한 극본 읽기에서 나아가, 장막극을 읽게끔 유도하고 있다. 특히 이 극본은 계획을 세우고 연극으로 실연할 것을 적극 권장하고 있다는 점에서 주목된다.

교사용 지도서에서 <크리스마스 송가>는 총 7차시 수업으로 짜여져 있으며, 1~2차시에는 기초 학습으로 내용 파악이 주요소이다. 여기에서는 주인물과 부수적인 인물로 분류하거나 인물과의 관계, 인물의 성격 파악 등에 관한 학습이 보이며, 또한 줄거리를 발단, 절정, 결말 등의 플롯으로 정리하게 하는 지도 내용이 제시되어 있다. 3~4차시에는 실제의 사건과 꿈속의 사건을 구별하는 것이 첫 번째 수업 활동으로 나타나 있다. 이 시기 극본에서 1경과 7경만이 현실이고, 2경~6경까지 대부분의 내용이 꿈 사건이라는 점에서 내용을 이해하는 학습에 해당된다.

또한 경의 변화에 따른 주인공의 변화 과정을 파악하는 것도 주요 학습활동으로 제시되어 있다.[179] <크리스마스 송가>의 경의 변화는 인물의 성격 변화 과정과 일치한다. 그런 점에서 이와 같은 학습은 인물 파악에 있어서 적절한 지도 내용이라 할 수 있다. 6차시에는 극본 낭독과 극본의 특성을 소설과 비교하여 이해하는 학습이며, 7차시에는 실제 연극으로 실연해 보는 차시이다. 특히 연극하기 수업 내용을 보면, 크게 ① 연극 공연 계획하기 ② 배역에 따라 대사를 연습하기 ③ 공연하기 ④ 정리, 확인하기 등으로 3차 극화학습과 동일하다.

지금까지 1차부터 4차까지 꾸준히 수록되었던 <크리스마스>의 수록 양상 및 학습활동의 변화상을 살펴보았다. 6학년 2학기는 가장 고학년에 속한다. 살펴본 바와 같이 <크리스마스 송가>는 장면의 변화, 그에 따른 인물의 성격 변화가 뚜렷하고, 교훈적 내용이 부각된 단원

---

179) 문교부(1986), 『국민학교 교사용 지도서 국어 6-2』, 국정교과서주식회사, pp.127~128.

으로 이러한 특징으로 인하여 지속적으로 교과서에 수록된 것으로 보인다. 학습활동은 극본 이해와 극화학습으로 대별되는데, 특히 4차 시기의 학습활동이 보다 다양하고 구체적으로 이루어지고 있음을 볼 수 있다. 이는 앞서 살핀 국내 창작극 학습활동에서도 살펴본 바, 극본 학습의 활성화를 지향한 4차 교수요목을 반영한 것이라 할 수 있다. 또한 고학년 대상의 극본이라는 점에서 보다 심화된 수업 목표와 학습활동을 보인다고 하겠다.

3) 방송극 수록 양상 및 학습활동

1차부터 3차까지는 주로 무대 상연 형식의 극본뿐이었으나 4차부터 방송극도 중요하게 다루어지기 시작했다. 4차에서는 각종 시청각 교재의 발달과 함께 방송극의 교재적 가치에 주목하였다. 즉 방송극이 아동들의 집중력, 상상력을 신장시키고 듣기 학습에 따른 언어사용 능력을 길러 줄 수 있다는 점에서, 그 교육적 가치가 크다고 여긴 것이다. 교과서에 수록된 방송극 단원을 정리하면 아래와 같다.

[표 1] 방송극 단원

학년	제목	작가	주제 및 내용	비고
3	토끼의 재판	방정환	한 가지 일에 관하여 생각하는 바가 여러모로 다르다는 것과 받은 은혜를 고맙게 생각하는 태도 갖기	4~5차 7차
3	청개구리	작가 미상	부모에게 효도하는 마음 갖기	4~6차
3	소년과 어머니	작가 미상	어른을 존경하며 부모님께 효도하는 마음과 슬기로운 생각은 경험에서 나옴	6~7차
4	막둥이	작가 미상	신중하게 생각하고 행동하며 남의 의견을 들어줄 줄 아는 태도	6차
5	우리 선생님	이원수	선생님에 대한 감사한 마음	5~6차
6	그리운 노래들	작가 미상	우리나라 아동 음악사	2~4차

6	숲 속의 노래	작가 미상	관찰학습에서 본 새들의 특징을 방송을 통해 소개	6차
6	크리스마스 송가	찰스 디킨즈	사랑과 봉사의 정신으로 남과 협동하는 태도 갖기	5차

위의 수록상을 보면, 실제 '방송대본'이라 하여 방송극을 제시한 경우는 2차 교육과정기부터이다. 즉 <그리운 노래>(2~4차 『국어 6-1』)가 그 경우이다. 그러나 이 극본은 나레이터의 해설로만 진행되는 경우로 본격적인 방송극으로 보기는 어렵다. 위의 목록에서 6차의 <숲 속의 노래>(『국어 6-1』)도 이와 유사한 수록 형태를 보인다. 그러나 방송극의 과도기적 양상이라 여겨 이에 대해서도 살피고자 한다.

본격적인 방송극이 교과서에 대두되기 시작한 것은 4차 시기 <토끼의 재판>[180]과 <청개구리>[181] 부터이다. 이 시기부터 인물 및 무대 정보나 기승전결의 사건이 제시된 방송극이 보이기 시작한다. 이후 5차 이후에도 <소년과 어머니>(6, 7차 『읽기 3-1』), <막둥이>(6차 『읽기 4-2』), <우리 선생님>[182], <크리스마스 송가>(5차 『읽기 6-2』) 등의 방송극이 꾸준히 수록되고 있다.

방송극본은 다른 극본과는 차이가 있다. 즉 시청각적 요소를 통해 내용을 전달하는 여타 극본과 달리, 소리만을 통하여 내용을 전달한다는 특징을 지닌다.

(1) 방송극과 연극의 차이점 : ① 인물이나 배경을 보여줄 수 없으므로 해설자가 극의 진행을 맡는 구실을 한다./ ② 방송극본은 대사, 음악, 음향효과의 세 가지 요소로 표현된다. 그 중 극의 시작이나 장면 변화 극의 끝을 알리는 구실은 음악에 의해 이루어진다./ ③ 방송극본은 어린이들의 집중력, 상

180) 4차 『국어 3-1』, 5차 『읽기 3-1』, 7차 『말하기 듣기 3-1』, 7차 『읽기 3-1』, 7차 『쓰기 3-1』.

181) 4차 『국어 3-2』, 5차 『말하기 듣기 3-2』, 6차 『말하기 듣기 4-1』.

182) 5차 『읽기 5-1』, 6차 『읽기 5-2』.

상력을 신장시키고, 듣기 좋은 언어 사용 능력을 길러 준다.

『초등학교 국어과 교사용 지도서』(교육부, 1993, p.180)

위의 내용은 지도서에 제시된 방송극과 연극의 차이점이다. 방송극본의 3대 요소는 '언어', '음악', '음향 효과'이다. 이 중에서 이야기의 대부분은 언어, 즉 대사로 전달된다. 순전히 귀로만 들으면서 인물의 모습, 동작, 정경 등을 머릿속에 그려야 하기 때문에 대사가 갖는 비중이 다른 어떤 장르보다 크다고 볼 수 있다. 인물의 성격 또한 대사만으로 표현되어야 하기 때문에 읽을 때 주의를 요하는 극본이다. 위의 글에서는 이러한 점에서 방송극이 어린이들의 집중력과 상상력을 신장시키고, 언어사용 능력을 길러 주는 측면에서 교육적 효과가 크다고 보았다.

앞서 제시한 바 방송극은 크게 두 가지 유형으로 대별되는데, 나레이터의 해설로만 진행되는 방송 대본과 내용상 기승전결의 플롯을 지닌 본격 방송극으로 나눌 수 있다. 아래에서는 유형별로 대별하여 살펴보고자 한다.

(1) 방송 대본의 수록 양상 및 학습활동

[1] 극본 수록 양상 : 해설 중심의 방송 대본

방송 대본에 속하는 제재는 <그리운 노래들>과 <숲 속의 노래>로서 전자는 2~4차에 걸쳐 재수록 되었으며, 후자는 6차에 속한 단원이다.

먼저 2차 <그리운 노래들>(『국어 6-1』)은 대단원 '우리 노래'에 실린 소단원에 속한다. 이 대본은 어린이 시간에 방송된 방송문으로서,

전 시기까지 실리지 않았던 '방송 대본'이 처음으로 수록된 것이다.

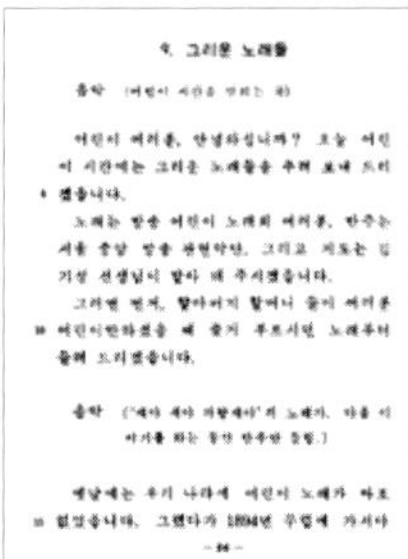

[그림 64] 〈그리운 노래들〉 (『국어 6-1』, 1965, p.86)

(2) 음악 (어린이 시간을 알리는 곡) 어린이 여러분, 안녕하십니까? 오늘 어린이 시간에는 그리운 노래들을 추려 보내 드리겠습니다. 노래는 방송 어린이 노래회 여러분, 반주는 서울 중앙 방송 관현악단, 그리고 지도는 김기성 선생님이 맡아 해 주시겠습니다.(중략) 옛날에는 우리나라에 어린이 노래가 따로 없었습니다. 그랬다가 1894년 무렵에 가서야 '새야 새야 파랑새야' 라는 노래가 어린이들입에 오르내리게 되었습니다. (중략) 어린이 여러분! 내일 이 시간까지 안녕히 계십시오. 케이, 비이, 에스.

<그리운 노래들>(『국어 6-1』, 1965, pp.86~97)

위에 제시된 내용을 보면, 노래를 들려주는 방송 프로그램으로서 우리의 아동 음악사를 음악과 나레이터로 진행하는 형식을 보인다. 인물 및 무대 정보나 기승전결의 사건이 부재한 경우로 본격적인 방송극으로 보기는 어렵다. 그러나 지시문과 대사의 형식을 지니면서 방송극의 한 형태로 다루어져 있다. 이 단원은 3차에서도 '5. 우리 노래', 4차에서는 '6. 방송 대본'이라는 대단원 하에 수록되고 있으며, 동일한 수록 양상을 보인다.

6차『읽기 6-1』에 수록된 <숲 속의 노래> 또한 나레이터가 관찰학습에서 본 새들의 특징을 소개하는 내용으로서, 해설과 음악, 음향 효과들로 구성된 방송 대본이다. 이는 <그리운 노래들>과 동일한 형태로, 정보 전달을 주요 내용으로 하고 있다.

2 극본 학습활동 : 방송 화법의 이해

2~4차 <그리운 노래들>과 6차의 <숲 속의 노래> 단원 목표는 다음과 같이 요약된다.

[표 2] 2~4차, 6차 방송대본 단원 목표

학년	제목	단원 목표
6	그리운 노래들	[2~3차] · 어려운 낱말, 구절의 뜻을 이해할 수 있다. · 글을 바르게 낭독할 수 있다. · 가사에서 운율의 규칙적인 짜임을 알 수 있다. · 노래 속에는 그 노래가 지어진 시대의 정신이 들어 있다는 것을 안다. [4차] · 글을 읽고 내용을 알 수 있다. · 방송 대본을 바르게 낭독할 수 있다. · 방송 대본의 특성을 알 수 있다. · 고난과 역경을 슬기롭게 극복해 온 조상의 얼을 본받도록 한다.
6	숲 속의 노래	· 제목을 보고, 그 내용을 상상할 수 있다. · 글의 분위기를 살려 읽을 수 있다. · 다른 종류의 글과 다른 점을 파악할 수 있다.. · 글의 내용을 알 수 있다.

위의 단원 목표를 보면, 주로 방송대본의 이해와 낭독하기가 지배적이다. 그러나 이 제재들은 해설 중심의 방송 대본으로서, 학습활동 면에서 극본 학습과 차이를 보인다.

먼저 2차 <그리운 노래들>은 대단원 '우리 노래'에 실려 노래를 이해하고 가사를 파악하며, 시대정신을 학습하는 활동이 주가 되고 있다. 이와 함께 부수적으로 방송 진행의 방법, 방송 화법 등을 이해하는 학습활동을 보인다.[183] 3차 <공부할 문제> 또한 비슷한 내용으로 아래와 같은 문항들을 보이고 있다.

183) <공부할 문제>(『국어 6-1』, 1965, p.99).

[표 3] 3차 〈그리운 노래들〉 공부할 문제

1. 방송하기 (1) '그리운 노래들'을 학교 방송이나 학급 방송으로 해 보자. 다음에 유의하여 방송을 해 보자./ · 나오는 사람의 수 · 마이크를 쓸 때 주의할 점 · 나오는 음악이나 음악을 방송하는 방법 (2) 방송을 할 때 기분은 어떠하였나? <공부할 문제>(『국어 6-1』, 1974, p.101)

위의 문항들은 2차와 유사한 경우로, 화법교육에 중심을 둔 것임을 알 수 있다. 수업 지침서에서도 주로 낭독과 관련된 '말하기' 수업내용이 지배적이며, 방송극으로서의 특징보다는 시기별 노래들에 대한 이해가 중심이다.[184] 이것은 극의 플롯이나 인물의 갈등상이 드러나지 않은 방송 대본이라는 점에서 비롯된 것으로 보인다. 4차의 경우도 '방송 대본'이라는 대단원명으로, 방송의 특징을 이해하고 바르게 낭독하기라는 단원 목표를 보인다. <본문 공부> 또한 위와 유사한 학습활동을 보인다.[185]

6차 <숲 속의 노래>는 "제목을 보고, 그 내용을 상상해 보자. 글의 분위기를 살펴 읽어 볼 수 있다."라는 학습 목표 하에 '1. 제목을 보고 상상했던 것과, 실제 읽고 난 후에 다르다고 생각한 점 말해보기, 2. 장면의 분위기를 생각하며 실감나게 읽기, 3. 이 글과 여타 문종 글과의 차이점 파악하기, 4. 대본에 나타난 노래들의 공통점 찾기' 등의 학습활동을 보인다.[186] 이는 앞선 <그리운 노래들>과 마찬가지로 내용 파악과 방송 대본의 특징을 파악하는 학습이라 할 수 있다.

184) 문교부(1987), 『국민학교 교사용 지도서 국어 6-2』, 국정교과서주식회사, pp.110~122).
185) <본문 공부>(『국어 6-1』, 1989, pp.138~139).
186) <숲 속의 노래>(『읽기 6-1』, 1996, p.86).

이상 살핀 바와 같이, <그리운 노래들>과 <숲 속의 노래>는 내용 파악과 방송 대본의 이해, 이에 따른 '말하기(낭독)' 수업이 지배적인 학습활동을 보인다. 실제 극의 플롯이나 인물의 갈등상이 드러나지 않은 방송 대본이라는 점에서 극본 고유의 학습이 이루어지지 않고 있다.

(2) 본격 방송극의 수록 양상 및 학습활동

앞서 제시한 바, 기승전결의 플롯을 지닌 본격적인 방송극은 4차의 <토끼의 재판>과 <청개구리> 등에서 보이기 시작한다. 이후 <소년과 어머니>(5차, 7차), <우리 선생님>(5~7차), <크리스마스 송가>(5차), <막둥이>(7차) 등의 방송극이 실려 점점 증가율을 높아지고 있다. 이렇듯 4차 이후부터 본격적인 방송극이 도입된 것은 TV의 보급 등 전 대에 비하여 방송 매체가 보다 발달된 사회적 상황과 관련이 있다. 뿐만 아니라 이 시기는 각종 시청각 교재의 발달로 인하여 교재 가치가 제고되기 시작하던 때로, 매체교육에 대한 관심도 증가된 데 한 원인이 있다. 특히 방송극은 아동들의 집중력과 상상력을 신장시키고 듣기 학습을 통해 언어사용 능력을 길러 줄 수 있다는 점에서 그 교육적 효용성에 주목한 것으로 보인다.[187] 아래에서는 시기별 수록 양상 및 학습활동을 구체적으로 살피고자 한다.

① 4차 교육과정기

가. 극본 수록 양상 : 본격 방송극의 최초 수록

4차는 방송극이 최초로 등장하였던 시기로, 3학년에서만 다루고

187) 韓恩淑(2004), 「한국어린이연극의 발달과정에 관한 연구」, 성균관대학교 박사학위논문, p.175.

있다는 점이 특징적이다. 즉 1학기에 <토끼의 재판>(『국어 3-1』)이, 2학기에는 <청개구리> 등이 수록되었다. 이 두 작품은 본격적인 라디오 드라마로서, 모두 전래동화에서 소재를 가져온 극본들이다. 그 수록상을 살펴보면 아래와 같다.

먼저 <토끼의 재판>은 방정환의 <톡기의 재판>을 라디오 방송극으로 각색한 것으로, 1924년 국내 최초의 어린이 잡지였던 ≪어린이≫지에 수록되었던 작품이기도 하다.

[그림 65] 〈토끼의 재판〉
(『국어 3-1』, 1987, p.100)

(3) 때 : 옛날/ 곳 : 어느 산 속(중략)/ 음악, 즐거운 음악 나왔다 사라지면 소리(중략)

해설 "옛날, 아주 먼 옛날의 일입니다. 한 나그네가 산길을 가고 있었습니다."

나그네 "길도 참 험하군. 좀 쉬었다가 가야겠는걸."

해설 "나그네는 잠시 쉬었다 가려고 바위 위에 앉았습니다. 바로 그때였읍니다.

호랑이 "(멀리서) 살려 줘요, 나 좀 살려 줘요!"

<토끼의 재판>(『국어 3-1』, 1987, pp.100~101)

<토끼의 재판>의 등장인물은 호랑이, 소, 소나무, 토끼 등으로 은혜를 모르는 호랑이를 풍자한 우화극이다. 즉 목숨을 구해준 사람을 오히려 잡아먹으려던 호랑이가, 토끼의 지혜로운 재판으로 다시 함정에 빠지게 된다는 이야기이다.

한편 <청개구리>는 3학년 2학기 교과서 첫 부분인 1단원에 실리고 있는데, 문학 장르 중 타 장르에 비해 부수적으로 다루어졌던 극본, 특히 방송극본이 주목되는 위치에 자리잡은 것이라 할 수 있다. 앞서 언급한 바와 같이 시청각 매체의 확산과 그에서 비롯된 극문학(방송극)에 대한 사회적 관심이 이러한 교과 배치를 유도한 것으로 보인다.

이 제재 또한 널리 알려진 전래동화를 각색한 방송극이다. 이전 교육과정에서 도덕과 교과서에 수록되었던 이야기로, 극적인 효과와 흥미를 더하기 위하여 여러 가지 사건을 가미하여 방송극본으로 꾸민 것이다. 이 또한 청개구리, 독뱀, 개구리 등을 의인화하여 어머니의 말을 잘 듣지 않던 청개구리가, 어머니가 죽고 나자 불효를 깨달았다는 이야기로 효도에 관한 전언을 내포하고 있다.

위에서 살펴본 <토끼의 재판>, <청개구리>는 4차에 처음으로 등장한 본격 방송극으로, 둘 다 잘 알려진 전래동화를 각색한 경우이다. 청각에 호소하는 라디오 드라마라는 점에서, 희곡 극본과 달리 음악과 효과 음향, 해설 등이 부가된 극본이라 할 수 있다.

나. 극본 학습 활동 : 방송극의 이해와 극화 학습

<토끼의 재판>과 <청개구리>의 단원 목표는 다음과 같이 정리할 수 있다.

[표 4] 4차 방송극본 단원 목표

학년	제목	단원 목표
3	토끼의 재판	· 방송극본의 내용을 알 수 있다. · 방송극본을 바르게 낭독할 수 있다. · 방송극본의 특성을 알 수 있다. · 방송극본의 내용이 말하고자 하는 점을 말할 수 있다. · 방송극으로 꾸며 할 수 있다.
3	청개구리	· 글을 바르게 읽을 수 있다. · 어려운 낱말의 뜻을 알 수 있다. · 어려운 구절을 쉬운 말로 바꿀 수 있다. · 글의 내용을 알 수 있다. · 방송극본의 특성을 알 수 있다. · 글을 읽고 난 느낌을 똑똑한 목소리로 말할 수 있다. · 방송극을 할 수 있다. · 부모에게 효도하는 마음을 갖는다.

위의 단원 목표는 방송극의 장르적 특성의 이해와 낭독하기, 극화하기 등으로 대별된다. 아래에서는 교과서의 <본문 공부>를 통해 구체적인 학습활동을 살펴보기로 하겠다.

① <토끼의 재판> 학습활동

<토끼의 재판>은 다음과 같은 학습문제를 보이고 있다.

[표 5] 4차 〈토끼의 재판〉(『국어 3-1』) 본문 공부

1. 내용알기 (1) 나오는 이에 대하여 알아봅시다.(중략)/ (2) 나오는 이가 한 일의 까닭에 대하여 알아봅시다. (중략)/ (3) 장소에 대하여 알아봅시다. (중략) 2. 더 생각해 보기(중략) 3. 낭독하기 (1) 나오는 이를 나누어 맡아 '토끼의 재판'을 낭독해 봅시다./ (2) 극본을 낭독할 때에는 실제로 말하는 것처럼 합시다. 4. 알아두기 (1) 이 글은 라니오 방송극을 하기 위하여 쓴 극본입니다./ (2) 동화와 같이 극본에도 나오는 이와 장소가 나타나 있습니다./ (3) 나오는 이가 하는 일에는 까닭이 있습니다. <본문 공부>(『국어 3-1』, 1987, pp.110~111)

제시된 항목들의 학습활동을 정리해 보면, '내용 파악하기', '낭독하기', '방송극의 이해' 등으로 요약할 수 있다. 이를 보면 방송극의 특징을 파악하는 문항 외에 대부분 기존의 극문학 학습활동과 유사함을 알 수 있다.

4차 교사용 지도서를 보면, 이 단원은 총 8차시 수업으로 진행되며 지침 내용을 보면 크게 '방송 극본 내용의 이해', '방송극본의 낭독', '방송극본의 특성 파악', '방송극 꾸미기' 등으로 나눌 수 있다.[188] 특히 '방송극본의 특성 파악'에서는 방송극의 형식, 해설의 역할, 효과

188) 문교부(1986), 『국민학교 교사용 지도서 국어 3-1』, 국정교과서주식회사, p.140.

음의 기능, 방송극본과 여타 극본과의 차이점 등을 파악케 하는 구체적인 내용이 보인다. 지도 내용에서는 방송극이 청각에만 호소하는 장르라는 점에서 등장인물들의 대사가 보다 실감나게 발화되어야 하고, 효과음도 세밀하게 사용되어야 극적 효과를 거둘 수 있다고 지적한다. 이에 장면을 전환할 때나, 중요한 장면에서 효과음의 구실이 무엇인가를 지도하는 내용이 중심을 이룬다.189)

또한 '방송극 꾸미기'는 실제 극화학습으로서 준비단계, 연습단계, 방송극 실연단계, 감상 발표 단계 등의 순차적인 지도 방침이 제시되었다.

> (4) ① 연극을 하기 전에 미리 계획하고 준비할 사항 알기 [연극 전에 준비할 것 이야기] 출연자 정하기, 효과음 · 노래 녹음하기, 대사 익히기, 마이크 준비하기 [실제 연습할 사항 알기] 인물의 성격을 파악하여 낭독하기(알맞은 목소리 크기와 속도, 인물의 성격, 기분, 행동에 맞게)
> ② 방송극 연습하기/ ③ 방송극 하기 [연극할 때 주의점] 출연자의 태도(정확한 발음, 적절한 억양과 말씨, 성격에 맞게) 보는 이의 대도(공연 중 올바른 태도, 종막 후 박수로 격려)/ ④ 감상 발표하기 : 대사의 속도와 높낮이, 대화의 적절성, 성격에 맞는 배역, 주제 전달면, 음향효과의 적절성
> 『국민학교 교사용 지도서 국어 3-1』(문교부, 1986, pp.139～150)

위의 지도서 내용을 보면, 대부분 일반 극화학습과 유사하다. 그러나 방송을 위한 기자재의 준비 등은 방송극 학습의 특징을 지닌다. 또한 출연자(배우) 뿐만 아니라 관객(보는 이)의 태도에 대해서 다루고 있다는 점이 주목된다. 여기에 관극 후 대사의 속도와 높낮이, 대화의 적절성, 성격에 맞는 배역, 주제 전달, 음향효과의 적절성 등을 검토해 보는 학습은 연극 감상의 방향성을 제시해 주는 구체적인 학

189) 문교부(1986), 앞의 책, pp.139～150.

습활동이라 할 수 있다.

② <청개구리> 학습활동

<청개구리> 학습활동 또한 <토끼의 재판>과 같은 문항 구성을 보이는데, 1. '내용알기'에서는 마음이나 장소가 변화하는 지점과 그에 따른 내용 변화를 파악하는 문항을 보인다. 이것은 일종의 플롯을 이해하는 학습이기도 하다. 또한 2. '낭독하기'에서는 극본이라는 특성상, 대사읽기의 방법론에 대해서 묻고 있다. 한편 5. '알아두기'에서는 라디오 드라마의 청각적 요소를 설명하고 있다.[190]

교사용 지도서에서는 <청개구리>의 단원 목표를 다음과 같이 밝히고 있다.

> (5) 본 단원에서는 극본을 구성하는 문학의 기본 요소를 모두 찾아내고 각 요소 사이의 관계를 밝히는 활동을 하게 된다. 아울러 방송 매체를 이용, 학습에 대한 흥미와 관심을 높임으로써 말하기 능력을 기를 수 있으며, 연극 감상의 기초를 기르는 데 적합한 단원이다. 또한 내용 학습을 통하여 우리의 고유한 전통적인 가치 의식의 하나인 '효'를 자연스럽게 내면화 할 수 있도록 한다.
>
> 『국민학교 교사용 지도서 국어 3-1』(문교부, 1985, p.16)

이 단원의 학습 목표는, 학생들에게 방송극을 구성하는 극적 요소를 이해시키고, 학습에 대한 흥미와 관심을 높임으로써 말하기 능력을 신장시키며, 연극 감상의 기초를 길러주는 데 있다. 지도서 내용에는 실제 방송극을 실연해 보는 활동도 제시되었는데, 계획 단계, 연습 단계, 실연 단계, 감상 발표 단계로 짜여 있으며, 앞서 살펴본 1학기 <토끼의 재판>의 '방송극 하기'와 동일한 지도 내용을 보이고 있다.

---

190) <본문 공부>(『국어 3-2』, 1984, p.23).

3학년 1~2학기 국어 교과서에 수록된 <토끼의 재판>과 <청개구리>는 4차 교육과정기에서 처음 등장한 본격 방송극이다. 일반 극본 학습에 머문 전 시기와 비교하면 극문학 범주가 확장된 것이라고 볼 수 있다. 방송극은 청각에 호소하는 극이다. 그러므로 낭독하기, 효과음향이나 음악에 대한 이해가 주요 학습활동이다. 특히 청각적 요소의 파악은 방송극 감상 방법을 익히는 학습이라고도 할 수 있다. 한편 극화학습에서는 '무대 공연의 극본'과 변별되는 '방송 실연의 극본'이라는 특성을 주시하며 실행하도록 유도하고 있다.

[3] 5차 교육과정기

가. 극본 수록 양상 : 재수록본의 지배적 현상과 생활극의 등장

5차 방송극은 총 4편으로 해당 단원은 <토끼의 재판>(『읽기 3-1』), <청개구리>(『말하기 듣기 3-2』), <크리스마스 송가>(『읽기 6 2』), <우리 선생님>(『읽기 5-1』) 등이다. 이를 보면 5차에 새로이 도입된 방송극은 <우리 선생님>(『읽기 5-1』) 1편에 불과하다. 또한 <크리스마스 송가>는 전 시기까지 희곡으로 수록되었던 제재로 5차에서 방송극으로 개작된 경우라는 점이 특징적이다. 구체적인 수록 양상은 재수록본, 각색극, 신단원으로 나누어 살피고자 한다.

① 재수록본 수록 양상 : <토끼의 재판>, <청개구리>

재수록본인 <토끼의 재판>과 <청개구리>의 수록 양상을 보면, <토끼의 재판>은 『읽기 3-1』의 '13. 슬기로운 생각'에 수록되었으며, 대사나 지문의 어법이 다소 달라진 것 외에 4차와 동일한 극본 형태로 실리고 있다. <청개구리> 또한 『말하기 듣기 3-2』의 '8. 우리들의 잔치'에 재수록 되었으나 극본 전체가 아니라, 청개구리들이 물가에서 노는 일부 장면만이 제시되어 있다.[191] 이 두 제재는 모두 '읽기'와 '말하기 듣기' 교과에 실렸으며, 내용 이해와 낭독하기 등 연계학습 단원으로 다루어지고 있다.

② 각색극 수록 양상 : <크리스마스 송가>

방송극 <크리스마스 송가>는 『읽기 6-2』와 『말하기 듣기 6-2』에 모두 수록되었는데, 읽기 교과에서는 제목이 대단원명으로 제시되었다. 말하기 듣기 교과에서는 대단원 '13. 음성, 동작, 표정'에 속해 있다.

[그림 66] 〈크리스마스 송가〉(『말하기 듣기 6-2』, 1990, p.82)

(6) 때 : 크리스마스 전날부터 크리스마스날 아침까지/ 곳 : 런던/ 나오는 이들 : 스크루지(구두쇠 영감), 조카, 아들(조카의 아들), 보브(스크루지의 서기), 말리의 영, 행인(1,2)/ 성탄의 분위기가 담긴 음악, 상쾌하게 흐르다 멈추면, 문 두드리는 소리(중략)

스크루지 : 변했지. 변했고말고! 난 지금 마치 다시 태어난 것 같은 기분이다. 자, 어서 교회에 가자. 성탄 예배도 드리고, 돌아오는 길에 빈민 구제소에 들러 기부금도 좀 내자.(중략)

경쾌한 크리스마스 음악이 흘러 나온다. 문 여닫는 소리, 지나가던 아이들 메리 크리스마스를 외친다. 스크루지 유쾌하게 웃으며 '메리 크리스마스'라고 말한다. 음악, 즐겁고 평화스럽다.

<크리스마스 송가>(『읽기 6-2』, 1990, pp.118～127)

이 제재는 방송극으로 재구성되면서 막과 경을 음악으로 대체하였으며, 등장인물도 기존 희곡의 총 19명에서 7명으로 줄어들었다.

191) <청개구리>(『말하기 듣기 3-2』, 1989, p.41).

특히 '과거, 현재, 미래의 영'(희곡)을 '말리의 영' 1명으로 축소시킨 점이 특징적이다. 인용문은 『읽기 6-2』에 제시된 내용이며, 『말하기 듣기 6-2』에서는 극본 일부만 학습 자료로 실려 있다.

③ 신단원 수록 양상 : <우리 선생님>

5차에 새로이 도입된 방송극은 아동문학가 이원수의 작품인 <우리 선생님>(『읽기 5-1』)으로서, "극본에서 갈등이 풀리는 과정을 살피면서 읽어 보자"라는 단원 목표 하에 다음과 같이 수록되었다.

[그림 67] 〈우리 선생님〉
(『읽기 5-1』, 1990, p.77)

(7) 때 : 현대/ 곳 : 어느 작은 도시(중략)/ 음악 : 흥겹게 나왔다 사라지면서/ 소리 : 새 소리, 풀벌레 소리, 바람 소리(중략)

영국 : 맞아, 여기에 오니까 아프던 머리가 다 낫는 것 같다.

은식 : 아, 숙제 걱정만 없다면....

영국 : 그러기에 말이야. 우리 선생님은 정말 너무하셔.

은식 : 열심히 가르쳐 주시는 것도 좋지만, 쉴 틈도 주셔야지. 거기다 숙제는 왜 그리 많은지....

<우리 선생님>(『읽기 5-1』, 1990, pp.78~79)

이 방송극은 학교생활에서 교사와 학생들 간에 일어날 수 있는 갈등 요소를 소재화한 것으로, 갈등의 얽힘과 풀림이 잘 드러나 있는극본이다. 이 극에 등장하는 담임 선생님은 학생들을 열심히 가르치는 인물상으로 제시된다. 반면에 학생들은 과제량으로 인해 불만이 많다. 그러나 과로로 선생님이 쓰러지자 학생들이 반성하게 되면서 갈등이 해소된다. 보다시피 이 극본은 교사와 학생들 간의 갈등과 그 해결 과정을 보여주는데, 학교 교실에서 일어나는 일상적인 내용을 소재로 한 '생활극본'의 전형성을 보여 주고 있다.

지금까지 살펴본 바와 같이, 5차 방송극은 4차 재수록본인 <토끼의 재판>와 <청개구리>, 전 시기 희곡을 각색한 <크리스마스 송가>, 신단원인 <우리 선생님> 등 총 4편이다. 재수록본과 각색극은 분과 책의 성격에 따라, 내용 이해나 화법교육을 위한 읽기 자료로 제시된 경우이다. 한편 <크리스마스 송가>는 기존의 희곡이 방송극으로 개작되면서 구성이나 인물 등이 간략화된 경향을 보이며, <우리 선생님>은 내용상 생활극본이라는 점에서 특징적이다.

나. 극본 학습 활동 : 극본의 내용 파악과 낭독하기

5차 방송극 단원 목표를 정리하면 다음과 같이 요약된다.

[표 6] 5차 방송극 단원 목표

학년	제목	단원 목표
3	토끼의 재판	· 나오는 사람이 한 말이나 행동의 이유를 생각하며 글을 읽을 수 있다. · 방송극본의 줄거리를 간추려 말할 수 있다. · 읽은 글의 내용으로 미루어 보아 앞으로 일어날 일을 상상할 수 있다.
3	청개구리	· 이야기 속에 나오는 이에 어울리는 몸짓과 표정으로 말하여 봅시다. · 알맞은 몸짓과 표정으로 말하여 봅시다.
5	우리 선생님	· 대강의 내용과 줄거리를 조리있게 말할 수 있다. · 극본의 중심 생각을 알 수 있다. · 갈등이 풀리는 과정을 알 수 있다. · 등장인물의 말과 행동의 까닭을 알 수 있다. · 가장 극적인 부분을 찾아 느낌을 말할 수 있다. · 방송극본을 실감있게 낭독할 수 있다.
6	크리스마스 송가	· 이야기의 전개 과정을 알 수 있다. · 이야기의 흐름에 나타난 중요한 대화를 찾아낼 수 있다. · 극본의 갈등을 찾아낼 수 있다. · 극본의 특성을 알 수 있다. · 극본에 따라 연극을 공연할 수 있다. · 극본의 갈등이 풀리는 과정을 들어볼 수 잇다. · 극본을 재미있게 방송극으로 꾸밀 수 있다.

위의 단원 목표는 방송극의 장르적 특성의 이해와 낭독하기 등이 중심이다. 이를 보면 4차에 비해 극화하기 학습이 상대적으로 축소되었음을 볼 수 있다. 아래에서는 실제 학습활동을 살펴보기로 하겠다.

① 재수록본 학습활동 : <토끼의 재판>, <청개구리>

재수록본 학습활동을 보면, 5차의 <토끼의 재판>은 분과 체제상 읽기 교과서에 수록된 극본이다. 그 결과 학습 문제 또한 '읽기', 즉 내용 이해가 우선시되고 있다.

[표 7] 5차 〈토끼의 재판〉(『읽기 3-1』) 학습활동

○ 다음 물음을 생각하며 '토끼의 재판'을 읽어 봅시다. (1) 이 글에 나오는 이는 누구누구입니까?/ (2) 이 이야기는 어디서 벌어졌습니까?(중략)/ (5) 토끼는 왜 호랑이의 편을 들지 않고 나그네를 구해 주었습니까?(중략) ○나오는 사람들의 역할을 나누어 맡아 '토끼의 재판'을 실제로 말하는 것처럼 읽어 봅시다. <토끼의 재판>(『읽기 3-1』, 1989, p.124)

위 문항은 등장인물이 누구이며, 어떠한 사건이 전개되는지 파악하는 학습과 낭독하기로 대별된다. 4차에서 다루었던 방송극의 이해나 극화학습 등이 삭제되었으며, 문항 수도 전 시기에 비해 대폭 축소된 경향을 띤다. <청개구리> 또한 등장인물의 행동을 통해 성격을 파악하고, 그에 맞게 낭독하는 학습만이 간략하게 제시되어 있다.[192)]

② 각색극 학습활동 : <크리스마스 송가>

5차에 방송극으로 개작된 <크리스마스 송가>는 말하기 듣기 교재

---

192) <청개구리>(『말하기 듣기 3-2』, 1989, pp.40~41).

에 수록되어 다음과 같은 학습활동을 보인다.

[표 8] 5차 〈크리스마스 송가〉(『말하기 듣기 6-2』) 학습활동

○ 나오는 인물과 상황에 맞게 다음 극본을 알맞은 음성으로 낭독하여 보자. 그리고 동작이나 표정도 적절하게 나타내어 보자. (중략) ○ 음성, 동작, 표정은 전달하려는 내용은 물론, 말하는 이의 감정을 섬세하게 나타나는 데도 도움을 주므로, 말을 할 때에는 상황에 맞게 알맞은 음성, 동작, 표정을 써서 생각을 효과적으로 나타내도록 하자. ○ 극본을 낭독할 때에 주의하여야 할 점을 생각하여야 보자. ○ 발음 연습 홀소리, 긴소리, 짧은 소리, 말소리의 길이 <크리스마스 송가>(『말하기 듣기 6-2』, 1990, pp.81~84)

위의 학습활동은 '말하기 듣기'라는 교과와 연결하여 극본을 활용한 것이라 할 수 있다. 즉 극본을 낭독한 후, 이를 통해 음성, 동작, 표정 등이 효과적으로 잘 드러나고 있는기를 검토하는 학습이다. 특히 위 학습 내용 중 주목되는 내용은 '발음연습'을 유도하고 있다는 점이다. 전 시기에는 주로 '사건의 상황과 성격에 맞게 낭독하기'가 중심이었다. 이와 달리 5차에서는, 홀소리, 긴소리, 짧은 소리 등 말소리의 길이를 유의하며 낭독하는 학습을 보인다는 점에서 특징적이다. 또한 [표 8]의 첫 번째 항목에서 생략한 부분에서는 아래와 같은 지시로 낭독 학습을 유도하고 있기도 하다.

(8) (1) 너, 노래 참 잘 한다.
○ (노래를 못 한다는 뜻으로) : ________________
○ (노래를 잘 한다는 뜻으로) : ________________
(2) 그 옷, 아주 멋있다.
○ (멋있다는 뜻으로) : ________________
○ (빈정거림의 뜻으로) : ________________
<크리스마스 송가>(『말하기 듣기 6-2』, 1990, p.78)

위의 문항에서는 말하는 이의 의도에 따라 말하기가 다르다는 점을 주목한 것으로, 낭독하기 학습이 보다 구체적으로 제시되고 있음을 볼 수 있다.

③ 신단원 학습활동 : <우리 선생님>

5차에 새로이 수록된 <우리 선생님>은 "극본에서 갈등이 풀리는 과정을 살피면서 읽어 보자, 방송극본의 특성을 알고 낭독해 보자"라는 학습 목표가 제시된 극본으로 학습활동 또한 이를 반영하고 있다.

[표 9] 5차 〈우리 선생님〉(『읽기 5-1』) 학습활동

○ 글을 읽고, 다음 물음에 답해 보자. 1. 배경으로 나오는 장면을 차례에 따라 말해 보자. 2. 선생님의 성품에 대해서 알아보자. 3. 은식이와 영국이의 생각의 변화를 알아보자. (중략) 5. 방송극본은 어떤 글인지 알아보자. 6. 느낌을 살려 방송극본을 낭독해 보자. <우리 선생님>(『읽기 5-1』, 1990, p.88)

위의 학습활동은 장면 변화와 그에 따른 인물들의 변화, 갈등의 얽힘과 풀림, 방송극본의 문종 이해와 낭독하기 등으로 요약할 수 있다.[193] 특히 이 단원의 경우는 극본 내용을 반영하여 갈등의 문제를 다루고 있다는 점이 특징적이다.

지금까지 5차 방송극인 <토끼의 재판>, <청개구리>, <크리스마스 송가>, <우리 선생님> 등의 학습활동을 살펴보았다. 4차의 경우 방송극 학습은 <본문 공부>를 통해 '내용알기', '더 생각해 보기', '낭독하

193) <우리 선생님>(『읽기 5-1』, 1990, p.88).

기', '알아두기' 등의 단계를 통해 다양한 학습활동을 보였다. 이와 비교하여 5차는 4차 학습 중 '내용알기', '낭독하기' 등의 문항만을 다루고 있으며, 극화학습이 이루어지지 않는다는 점이 차별적이다. 또한 국어교육 하위 분과 체제면에서 '말하기' 교육과 연계된 학습활동이 지배적이다.

③ 6차 교육과정기

가. 극본 수록 양상 : 방송극본의 다양화

6차 교육과정기 방송극은 <떡으로 빚은 선생님 얼굴>(『읽기 3-1』), <소년과 어머니>(『읽기 3-1』), <청개구리>(『말하기 듣기 4-1』), <막둥이>(『읽기 4-2』), <우리 선생님>(『읽기 5-1』) 등 4편이며, 이 중 <떡으로 빚은 선생님 얼굴>, <소년과 어머니>가 6차에 새로이 도입된 단원이다. 아래에서는 재수록본과 학년별 신단원 극본으로 분류하여 그 수록상을 살펴보기로 하겠다.

① 재수록본 수록 양상 : <청개구리>, <우리 선생님>

재수록본에 속하는 <청개구리>는 『말하기 듣기 4-1』의 '7. 책과의 만남'에 수록되고 있는데, "내용과 상황에 어울리는 목소리로 말하여 봅시다"라는 단원 목표로 극본 일부의 내용을 삽화로 제시하고 있다는 특징을 지닌다. <우리 선생님> 또한 5차 방송극이 재수록된 경우로 『읽기 5-1』의 '생각들의 만남'에서 "등장인물의 갈등을 생각하며 극본을 읽어 보자"라는 단원 목표를 보인다. 이 극본은 갈등 양상이 뚜렷하다는 점에서 5차와 마찬가지로 갈등에 초점을 둔 읽기를 유도하고 있다. 그 내용은 전 시기와 동일하나 시간 배경이 '현대'에서 '화창한 봄날'로 구체화되었으며, 인물명이 일부 바뀐 변화상을 보인다.

② 3학년 신단원 수록 양상 : <떡으로 빚은 선생님 얼굴>과 <소년과 어머니>

6차에 새로이 등장한 <떡으로 빚은 선생님 얼굴>과 <소년과 어머니>는 『읽기 3-1』의 '13. 내가 주인공' 대단원에서 "등장인물의 말과 행동에 어울리는 목소리로 극본을 읽어 봅시다."라는 학습 목표 하에 수록되었다. 전자는 원리학습으로 극본의 일부 장면만 제시되어 있으며, 후자는 적용학습으로 극본 전체가 실려 있다.

먼저 <떡으로 빚은 선생님 얼굴>은 다음과 같은 수록상을 보인다.

[그림 68]
〈떡으로 빚은 선생님 얼굴〉
(『읽기 3-1』, 1996, p.103)

(9) 선생님 : 자, 이번 시간에는 찰흙으로 자기가 만들고 싶은 얼굴을 빚도록 하겠어요. 색을 넣고 싶은 사람은 물감을 칠해도 좋아요.

석준 : (코를 킁킁대며 익살스럽게) 아카시아 냄새를 섞어도 되지요?

선생님 : 생각이네요. 좋은 생각이네요. 아카시아 향기가 나는 얼굴을 빚을 수 있겠어요?

석준 : (벌떡 일어서며) 선생님 얼굴을 빚을 거예요. 그럼 아카시아 향기가 날걸요.(중략)

<떡으로 빚은 선생님 얼굴>(『읽기 3-1』, 1996, p.104)

위 극본은 윤일숙의 동화를 각색한 것으로, 찰흙으로 얼굴을 빚는 학습활동 중 일어난 에피소드를 다룬 극이다. 1경 정도의 간단한 내용으로 일종의 '생활극'에 속한다. 등장인물의 성격이 확실하게 구분되어 있어서 각 등장인물의 특징에 맞게 낭독하는 수업에 적절한 극본이라 할 수 있다. 방송극본은 표정이나 동작 없이 대화만으로 모든

상황을 알려주어야 하기 때문에 특히 그 점에 유의하여 읽어보는 것이 이 단원의 주요 학습 목표이다.194)

적용학습 극본인 <소년과 어머니>는 5차 『읽기 5-1』의 <지혜로운 어머니>라는 전래동화를 방송극으로 각색한 경우이다.

[그림 69] 〈소년과 어머니〉
(『읽기 3-1』, 1996, p.107)

(10) 음악 : 조용한 배경 음악, 깔렸다 사라진다.
소리 : 시냇물 흐르는 소리, 산새 지저귀는 소리
해설 : 부모가 늙으면 산에 버려야 하는 법이 있었던 아주 먼 옛날에, 한 소년이 산 속 동굴에 어머니를 숨겨 놓고 매일매일 음식을 날랐습니다.
소년 : (조심스러운 목소리로) 어머니, 저예요.
어머니 : 오냐, 나 때문에 내가 고생이 많구나.
소년 : 아니에요. 전 이렇게 매일매일 어머니를 뵐 수 있어서 참 기뻐요.

<소년과 어머니>(『읽기 3-1』, 1996, p.106)

<소년과 어머니>는 '효'라는 주제의식을 지닌 극본으로, 주인공 소년은 '고려장'의 법규를 어기고 몰래 어머니를 섬기는 인물이다. 그런데 이때 나라가 위기에 처하는 상황이 된다. 이는 중국 사신이 세 가지 문제를 내고 이를 풀지 않으면 나라를 침략하겠다고 선전포고를 하였기 때문이다. 그러나 지혜로운 어머니가 소년에게 그 해답을 가르쳐 주어 나라를 구하게 되고, 이에 고려장이라는 악법이 폐지되었다는 이야기이다.

이 작품은 착하고 효성스런 소년, 위엄 있는 임금님, 거만한 중국 사신, 평범한 동네 사람들, 객관적인 입장을 취하고 있는 해설자 등 등장인물들의 성격이 잘 구분되어 있어 각 인물들을 파악하기 쉽고,

194) 교육부(1996), 『초등학교 교사용 지도서 국어 3-1』, 국정교과서주식회사, p.140.

저학년 극본에 맞게 간결하며 흥미롭게 구성된 작품이다.[195)]

③ 4학년 신단원 수록 양상 : <막둥이>

<막둥이>는 『읽기 4-2』의 '10. 올바른 판단'에서 "등장인물이 처한 상황에 어울리는 말투로 극본을 읽어 봅시다"라는 지시와 함께 수록되고 있다.

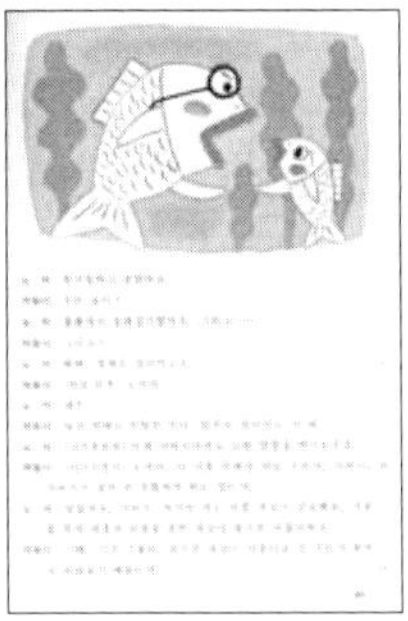

[그림 70] 〈막둥이〉
(『읽기 4-2』, 1996, p.85)

(11) (가벼운 음악이 흘러 나왔다가 사라진다.)

아내 : 여보, 노마 때문에 정말 걱정이에요.

막둥이 : 내버려 두어요. 사내아이는 모험심도 있어야 해요.

아내 : 참 당신도, 지금 무슨 말씀을 하세요? 당신이 어재서 여기 와서 살게 되었는지 벌써 잊으셨어요? 그 모험심 때문에 부모님과 고향을 떠난 분이.....

막둥이 : .....

아내 : 노마 좀 불러다가 주의를 주세요.

<막둥이>(『읽기 4-2』, 1996, p.84)

<막둥이> 또한 주제적인 측면에서 '효'를 다루고 있는 작품으로, 물고기를 등장인물로 한 우화극에 속한다. 물속에 사는 노마는 바깥세상에 대한 호기심이 강한 아들로 등장한다. 그러나 아버지 막둥이는 이를 만류한다. 과거 무모한 모험심에 바깥세상으로 나갔다가 위험에 처했던 아픈 기억이 있기 때문이다. 그럼에도 노마는 미끼의 유혹을 이기지 못한 채 바깥세상으로 나가려다 낚시에 걸려버린다는 내용이다. '현재-회상-현재'라는 장면 변화를 잔잔한 음악, 문 여닫

195) 송창언(2004), 「초등학교 극본 교재에 대한 통사적 연구」, 춘천교육대학교 교육대학원 석사학위논문, p.66.

는 소리 등 음악과 음향을 사용하여 효과적으로 드러내고 있으며, 여기에 노마의 떠남이라는 비극적인 결말 등이 인상 깊게 제시된 방송극이다.[196]

이상 6차 방송극으로 재수록본인 <청개구리>와 <우리 선생님> 등과 신단원인 <떡으로 빚은 선생님 얼굴>, <소년과 어머니>, <막둥이> 등을 살펴보았다. 재수록본의 경우 <청개구리>는 극본 형태가 아닌 삽화 형식으로 제시되었고, <우리 선생님>은 배경과 인물명 등 사소한 차이 외에, 전 시기와 동일한 수록상을 보인다. 신단원에 속하는 <떡으로 빚은 선생님 얼굴>, <소년과 어머니>, <막둥이> 등은 각각 생활극, 고전 소재극, 우화극 등으로 소재면에서 다양성을 보이며, 공경과 효도라는 주제의식을 드러내고 있다.

나. 극본 학습활동 : 극본의 구성 요소 이해와 낭독하기

6차 방송극 단원 목표는 다음과 정리된다.

[표 10] 6차 방송극 단원 목표

학년	제목	단원 목표
3	떡으로 빚은 선생님 얼굴	· 등장인물이 처한 상황에 어울리는 말투로 극본을 읽을 수 있다.
3	소년과 어머니	· 등장인물의 말과 행동을 생각하며 극본을 읽을 수 있다. · 글의 줄거리를 간추릴 수 있다. · 읽고, 등장인물의 성격을 알 수 있다. · 등장인물이 한 말이나 행동에 어울리게 극본을 읽을 수 있다.
4	막둥이	· 등장인물이 처한 상황에 어울리는 말투로 극본을 읽을 수 있다. · 방송극본을 방송극으로 꾸밀 수 있다.
4	청개구리	· 내용과 상황에 어울리게 읽을 수 있다.
5	우리 선생님	· 등장인물의 갈등을 생각하며 극본을 읽을 수 있다. · 등장인물의 갈등 상황이 해소되는 과정을 알 수 있다. · 배역을 정하여 극본을 낭독할 수 있다.

196) 교육부(1996), 『초등학교 교사용 지도서 국어 3-1』, 대한교과서주식회사, p.140.

위의 단원 목표는 주로 내용 이해와 낭독하기가 중심이며 부분적으로 극화학습을 유도하는 경우도 보인다. 아래에서는 재수록본과 신단원으로 분류하여 구체적인 학습활동을 살피고자 한다.

① 재수록본 학습활동 : <청개구리>, <우리 선생님>

<청개구리>(『말하기 듣기 4-1』)는 "내용과 상황에 어울리는 목소리로 말하여 봅시다.", "이야기 속의 인물이 되어, 내용과 상황에 어울리는 목소리로 말하여 봅시다." 등의 문항 하에 주로 '말하기 듣기' 학습활동을 보인다.[197] <우리 선생님>(『읽기 5-1』)은 "등장인물의 갈등은 무엇인가?"를 파악하는 것이 주요 학습으로 그에 상응하여 학습문제 또한 갈등의 원인이 어디에서 비롯되었으며, 그 해결의 단서가 무엇이며, 결국 어떻게 갈등이 해결되는가를 파악하는 문항들을 제시하고 있다.[198] 이와 관련하여 교사용지도서에서는 갈등 과정을 파악하기 위해 플롯 단계부터 정리하도록 지침서를 마련하고 있다. 보다시피 재수록본은 '말하기 듣기' 교재에서는 화법교육이, '읽기' 교재에서는 내용 이해가 중점임을 알 수 있다.

② 3학년 신단원 학습활동 : <떡으로 빚은 선생님 얼굴>, <소년과 어머니>

5차에 새로이 수록된 <떡으로 빚은 선생님 얼굴>(『읽기 3-1』)은 원리학습 극본으로, 크게 내용 파악과 낭독하기로 분류할 수 있다. 특히 낭독하기에서는 등장인물에 따라 어떻게 읽어야 하는가를 써 보게 하는 활동을 제시하고 있어 특징적이다.[199]

---

197) <청개구리>(『말하기 듣기 4-1』, 1996, p.40).
198) <우리 선생님>(『읽기 5-1』, 1997, p.96).
199) <떡으로 빚은 선생님 얼굴>(『읽기 3-1』, 1996, p.74).

참고로 교사용 지도서를 살펴보면, 이 '단원의 특성'은 다음과 같이 제시되고 있다.

> (12) 이 단원은 학생들 스스로가 계획하고 참여하는 중에 다양한 학습 효과를 거둘 수 있는 라디오 방송극본으로 구성하였다. 방송극본은 학생들이 이 단원에서 처음 대하게 되는 글이므로, 우선 다른 글과 비교하여 방송 극본의 특징을 파악하게 하고, 방송극본을 읽는 기초적 능력을 신장시키는 데 중점을 두어야 할 것이다.
>
> 『초등학교 교사용 지도서 국어 3-1』(교육부, 1996, p.273)

위에 제시된 내용을 보면, 이 단원은 방송극의 이해를 목표로 하고 있음을 알 수 있다. 방송극은 청각적 요소에 의해서만 인물의 성격이나 행동 및 상황을 파악할 수 있는 장르이다. 그러므로 지도서에서는 소리를 통해 내용을 파악하는 것이 주요한 지도 내용이다.

또한 방송극이 청각에 호소하는 극본이라는 점에서, 어떻게 낭독하는가에 대한 지도 사항도 구체적으로 제시되고 있다. 즉 교과서의 '등장인물의 말과 행동에 어울리게 읽기'라는 학습활동을 확대하여 실제 방송극에 나오는 인물처럼 역할극을 하도록 지침을 마련하였다.[200] 여타 부문의 극본과 달리 무대장치나 실제 등장인물을 시각적으로 제시하지 않는 방송극이라는 점에서, 배역독 및 역할극 학습은 보다 주요한 학습활동이라 할 수 있다.

한편 적용학습에 속하는 <소년과 어머니>의 학습 문항은 다음과 같이 제시되고 있다.

---

200) 교육부(1996), 앞의 책, p.273.

[표 11] 6차 〈소년과 어머니〉(『읽기 3-1』) 학습활동

○ '소년과 어머니'를 읽고, 물음에 답하여 봅시다. (1) 소년은 왜 어머니와 함께 살 수 없었습니까?/ (2) 중국 사신이 낸 세 가지 문제는 무엇입니까?/ (3) 소년이 중국 사신에게 왜 그런 쉬운 문제를 가지고 왔느냐며 핀잔을 준 까닭은 무엇일까요? ○ 등장인물의 성격에 대해 말해 봅시다. 그리고 서로 역할을 정하여 '소년과 어머니'를 말하듯이 자연스럽게 읽어 봅시다. <소년과 어머니>(『읽기 3-1』, 1996, p.112)

위의 학습문제 또한 내용 파악, 등장인물의 성격 이해, 낭독하기 등으로 요약할 수 있다. 교사용 지도서를 참고하면 위의 학습활동과 관련하여 2차시 수업이 진행된다. 1차시에는 '등장인물의 말과 행동을 생각하며 읽기', '글의 줄거리 간추리기' 등에 대한 지도가 중심이다. 이 중 특히 주목되는 내용은 극본에 삽입된 그림을 보고 '시장터→산 속 동굴→궁궐→소년의 집' 등 공간 변화에 따라 소년의 달라진 상황들을 이야기하는 부분이다. 이것은 장면 중심의 내용 파악이면서 인물의 행동의 변화상을 살피는 학습이기도 하다. 한편 이러한 활동은 교수요목기 및 2차에서 활발했던 '그림연극' 학습과 유사하다는 점에서 주목된다.201) 2차시에는 '등장인물의 성격 파악하기', '등장인물의 말이나 행동에 어울리게 읽기' 등을 지도 내용을 보인다. 구체적인 지침 내용에서는 음악과 음향효과를 사용하며 실제 역할극을 실행하고, 녹음을 하는 등 실연까지 나아가고 있다.202)

한편 지도서에서는 교수 시 유의해야 할 사항을 다음과 같이 제시하기도 했다.

201) 교육부(1996), 앞의 책, pp.274~275.
202) 교육부(1996), 앞의 책, pp.276~277.

(13) ○ 방송극본의 특징 : 방송극본은 여타의 극본과 다른 특징이 있다. 즉, 소리를 통하여 이야기의 주제를 재미있게 전달할 수 있어야 한다. 방송극본의 3대 요소인 소리의 종류는 다음과 같다 .-언어-음악-음향효과. 이 중에서 이야기의 대부분은 언어, 즉 대사로 전달된다. 순전히 귀로만 들으면서 인물의 모습, 표정, 동작, 정경 등을 머릿속에 그려야 하기 때문에 대사가 갖는 비중이 다른 어떤 장르보다도 크다고 하겠다. 따라서 인물의 성격이 가장 잘 나타나게 읽어야 한다. 분위기에 맞게 자연스럽게 소리내어 읽을 자료로 방송극본이 적합하다고 하겠다.

『초등학교 교사용 지도서 국어 3-1』(교육부, 1996, p.277)

위의 내용은 이 단원의 교수 시 유의해야 할 보충자료에 속한다. 보다시피 '소리', 즉 청각적 요소에만 의존하는 방송극본의 특성상 대사가 보다 중시되며 이에 낭독하기 수업이 주요 학습이라 할 수 있다. 또한 따로이 시각적 요소들을 필요로 하지 않기 때문에 실연이 보다 용이하다는 점에서 극화학습까지 이루어진 것이라 판단된다.

그런데 하나 더 주목되는 점은 이 지도서에서 표현력 지도를 위해 다음과 같은 참고자료를 제시하고 있다는 점이다.

(14) (1) 연극에서의 표현 수단 : 연극의 표현 수단에서 가장 중요한 것은 언어와 몸짓이다. 언어는 대사를 통해 드러나고 몸짓은 연기를 통해 수행된다. 이것은 인간이 지니고 있는 감정과 의사소통의 가장 기본적인 요소이다.(.....) 특히 정확한 Speech는 국어 과목의 말하기에 해당하는 것으로, 단순히 글을 읽는 것에서 그치는 것이 아니라 내용에 따라 적절한 발성과 음조, 리듬, 템포 등을 고려하여 자신이 지니고 있는 감정이나 의사를 상대방에게 정확하게 전달할 수 있어야 한다. 이러한 훈련은 교과서만으로는 부족하다. 왜냐하면 연극적 상황이 전제되고 그것에 따른 감정이 동반됨으로써 가능한 것이기 때문이다.

『초등학교 교사용 지도서 국어 3-2』(교육부, 1996, p.285)

위 자료에서는 연극의 표현 수단을 대사와 몸짓으로 규정하고, 특히 대사 부분은 국어 과목의 '말하기'와 유사하다고 지적하고 있다. 그러므로 대사에서 감정이나 의사 전달시 적절한 발성, 음조, 리듬, 템포 등이 필요한 것처럼 이를 국어교육의 수단으로 활용할 수 있다는 논지이다. 또한 이 글에서는 이러한 교육은 교과서 학습만으로는 부족하며, 교과 외 '연극적 상황'이 전제됨으로써 효과를 볼 수 있다고 지적하고 있다. 그러나 이러한 주장과 달리 6차 역시 극화학습은 부진한 현상을 보인다. 다교과서제 도입으로 다양한 극본이 다수 실렸지만 극문학 자체에 대한 교육도, 실제적인 연극 수업도 부족했다는 점이 역설적이다.

③ 4학년 신단원 학습활동 : <막둥이>

『읽기 4-2』에 수록된 <막둥이>는 여타 극본과 같이 내용 파악 및 낭독하기 학습활동과 더불어 방송극으로 꾸며보는 극화학습이 덧붙여지고 있다.

[표 12] 6차 〈막둥이〉(『읽기 4-2』) 학습활동

○'막둥이'를 읽고, 물음에 답하여 봅시다. (1) 노마가 생각하는 바깥세상의 모습은 어떠합니까?/ (2) 막둥이는 어떻게 해서 저수지에 와서 살게 되었습니까?/ (3) 막둥이와 노마가 닮은 점은 무엇입니까?(중략) ○ 등장인물이 처한 상황을 생각하며 '막둥이'를 실감나게 읽어 봅시다. ○ 음악과 소리를 넣어 '막둥이'를 방송극으로 꾸며 봅시다. <막둥이>(『읽기 4-2』, 1996, p.90)

교사용 지도서에서 <막둥이>는 총 2차시 수업으로 계획되어 있는

데, 위의 학습문제와 관련하여 구체적인 지도 내용을 보여준다. 즉 1차시 학습에서는 방송극의 내용 파악이 중심이 된다. 즉 시공간 배경, 등장인물, 막둥이와 노마의 성격 등을 파악하는 수업이다. 2차시에는 낭독하기와 방송극 실연 단계이다.

> (15) ○ 방송 극본 '막둥이'를 실감나게 낭독하기 : · 조별로 희망하는 학생들을 중심으로 역할을 나누어 맡은 뒤 낭독하게 한다. 또는 사전에 역할이 정해졌으면 그대로 낭독하게 한다.(중략) · 교사는 사전에 준비한 음악, 음향 효과를 극본 전개에 맞추어 틀어 준다.(중략) · 모든 낭독이 끝나면 학생들에게 느낌을 말하게 한 뒤, 각 조에서 맡은 역할을 가장 실감나게 수행한 학생을 추천받는다. 이들을 중심으로 방송극을 꾸민다.
>
> ○ 방송극 감상하기 : · 최종적으로 선발된 어린이들에 의해서 만들어진 방송극을 녹음한 뒤, 감상하고 느낌을 말하게 한다.
>
> 『초등학교 교사용 지도서 국어 4-2』(교육부, 1996, pp.200~201)

위의 활동은 방송극 실연 단계를 보여주고 있는데, 개별 및 조별 읽기, 배역 선정, 녹음 등 순차적인 실연 과정을 보여주고 있다. 또한 방송극을 녹음한 뒤 감상을 서로 나누는 활동도 주목된다. 결과적으로 <막둥이>는 내용 파악 및 낭독, 극화학습, 관극평 등 일련의 학습 활동을 통해 극본 학습의 전 과정을 실행하는 단원이라 할 수 있다.

지금까지 6차 방송극으로 <청개구리>, <우리 선생님> 등 재수록본과 <떡으로 빚은 선생님 얼굴>, <소년과 어머니>, <막둥이> 등 신단원의 학습활동을 검토했다. 분석 결과를 정리하면 내용 파악, 낭독하기, 극화하기 학습 등으로 요약된다. 이러한 학습 내용은 여타 유형의 극본 학습과 유사하다고 볼 수 있다. 그럼에도 방송극이 청각적인 요소가 지배적이라는 점에서, 음향효과, 음악, 언어(대사)에 대한 이해를 보다 강조하고 있다고 하겠다.

7 7차 교육과정기

가. 극본 수록 양상 : 방송극의 감소와 극화학습의 특화단원

7차 방송극은 <소년과 어머니>, <토끼의 재판> 등 총 2편으로 전 시기와 비교하면 감소된 수치이다. 또한 모두 재수록본으로 각각 6차, 4차~5차에서 다루어졌던 극본이기도 하다. 한편 <토끼의 재판>은 『읽기 3-1』, 『말하기 듣기 3-1』, 『쓰기 3-1』 등 국어 교과서 각 영역에 모두 수록되어 있으며, 교과서 말미의 <국어 교실 함께 가꾸기>라는 특화단원에 속한다는 점이 특징적이다. 구체적인 수록상을 살펴보면 아래와 같다.

먼저 <소년과 어머니>는 『읽기 3-1』의 '둘째 마당, 마음으로 보아요'에 수록되었으며, "인물의 성격을 생각하며" 읽는 것이 단원 목표에 해당된다. 수록상을 보면 표현이 문맥에 맞게 수정되었을 뿐 6차와 동일한 내용이다. 한편 <토끼의 재판>은 특화단원으로 각 분과책에 모두 수록되어 있어, 교과별로 그 수록상을 살필 필요가 있다.

<토끼의 재판>은 4차부터 5차까지 3학년 교과서 방송극으로 수록되었던 것으로 6차에는 삭제되었다가 다시 7차에 재수록된 극본이다. 그런데 7차에서는 기존의 방송극을 희곡으로 각색하여 싣고 있다는 점이 특징적이다.[203] 먼저 『읽기 3-1』의 <국어 교실 함께 꾸미기>에서는 "인물의 성격을 생각하며 글을 실감나게 읽어 봅시다"라는 학습 목표와 함께 다음과 같이 그 수록되었다.

---

203) 7차 <토끼의 재판>을 국내 창작극(희곡)에서 다루지 않고 여기서 검토하는 것은, 방송극으로부터 출발한 작품의 성격을 고려하며 그 변화상을 보기 위함이다.

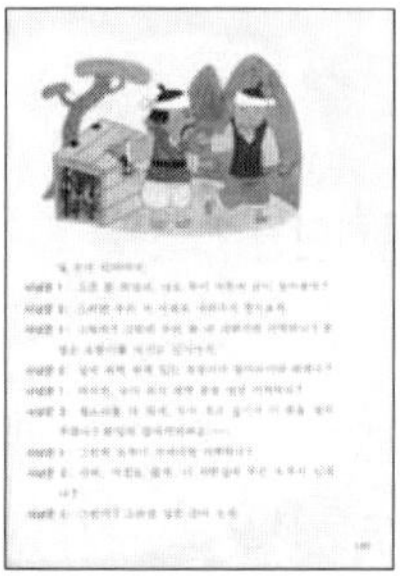

[그림 71] 〈토끼의 재판〉
(『읽기 3-1』, 2004, p.149)

(16) 막이 열리면 산 속 외딴길에 나무가 한 그루 서 있다. 커다란 호랑이를 넣은 궤짝이 놓여 있고, 나무 밑에서 사냥꾼 1은 땀을 씻고 있다. 사냥꾼 2는 구석으로 돌아 서서 무엇인가를 찾고 있다.(중략)

사냥꾼 1 : 그것 잘 되었네. 나도 목이 마른데 같이 찾아 볼까?(중략)

사냥꾼 2 : 설마 궤짝 속에 있는 호랑이가 달아나기야 하겠나?(중략)

호랑이 : (반가운 목소리로) 나그네님!

나그네 : 누가 나를 부르나? (사방을 둘러본다.)

호랑이 : 나그네님, 저를 좀 구해 주십시오.

<토끼의 재판>(『국어 3-1』, 2004, pp.148~150)

전 시기 극본과 비교해 보면, 4, 5차에 등장했던 '해설자'가 빠지고 대신 사냥꾼이 1, 2가 등장하며, '소' 대신 '길'이 나타나고 있다. 특히 이전 극본에서는 호랑이가 '함정'에 빠진 것으로 제시되었는데, 7차에서는 '궤짝' 속에 갇힌 것으로 개작되었다. 특히 토끼의 재판 장면은 다음과 같이 재담이 더해져 흥미를 부각시켰다.

[그림 72] 〈토끼의 재판〉
(『말하기 듣기 3-1』, 2001, p.99)

(17) 토끼 : 그럼, 그리로 가 봅시다. 재판을 잘 하려면 처음부터 차근차근 따져 보아야 하니까요.?(중략)

토끼 : 아, 바로 그 함정이군, 그런데 호랑이 아저씨가 어떻게 하고 있었는데, 이 나그네가 구해 주었나요? 아무래도 사람이 구해준 것 같지가 않아요. 그대로 한번 해 보세요.

<토끼의 재판>(『읽기 3-1』, 1989), pp.121~122)

(18) 토끼 : (귀를 기울이고 한참 생각하다) 누가 누구를 살려 주었어요? 누가 누구를 잡아먹으려 해요?

아, 당신이 호랑이를 잡아먹으려 해요?(중략)

토끼 : 네 알았습니다. 그러니까 이 호랑이하고 당신이 이 궤짝 속에 갇혀 있었다고요?(중략)

토끼 : 하하, 궤짝 속에 내가 갇혀? 아니지요. 호랑이가 이 양반 속에 갇혔는데 궤짝이 지나가다 보니까... 아이고, 모르겠네, 왜 이렇게 알 수가 없을까? (중략) 눈으로 보면 쉽게 알 수 있겠는데...

<토끼의 재판>(『읽기 3-1』, 2004, p.154)

(17)과 (18)은 각각 5차와 7차에 수록된 <토끼의 재판> 중 재판 장면이다. 5차와 비교해 보면 7차의 경우는 토끼의 재담이 더해져 읽기의 재미를 느끼게 한다. 또한 이것은 방송극에서 희곡으로 재구성하면서, 무대를 고려한 각색이라 할 수 있다.

<토끼의 재판>은 『말하기 듣기 3-1』도 <국어교실 함께 가꾸기>에서 다루어지며, 여기에서는 연극수업 극본으로 제시되고 있다. 앞서도 살펴본 바, 5차 이후 다교과서에 도입으로 극화학습은 시간상 실연하기가 어려웠다. 이것은 극본 학습의 미흡한 측면이기도 했다. 그런데 7차에 들어 특화단원을 마련하고, 미진했던 극화학습을 실행하고 있다는 점에서 주목된다. 활동 전에는 "읽기 시간에 인물의 성격에 어울리는 목소리로 실감나게 읽었습니다. '토끼의 재판'을 연극으로 재미있게 꾸며볼까요?"204)라는 지시와 함께 극본 대신 그림으로만 극 내용을 제시하고 있다. <토끼의 재판>은 『쓰기 3-1』의 <국어교실 함께 가꾸기>에서도 삽화만으로 제시되고 있으며, "<토끼의 재판>을 읽고, 느낀 점을 글로 써 봅시다"라는 학습 목표와 함께 쓰기 수업을 실행하고 있다.

위에서 살펴 본 바와 같이, <토끼의 재판>은 『읽기 3-1』, 『말하기

204) <토끼의 재판>(『말하기 듣기 3-1』, 2001, p.98).

듣기 3-1』, 『쓰기 3-1』 등에 실려 연계학습이 이루어지는 단원이다. 즉 단원 학습 제제와 각 교과의 목표를 고려하여 횡적 연계성을 가지고 있다. 이는 각 분과 활동을 통해 말하고 듣고 읽고 쓰는 언어활동을 유기적으로 연결시키고 있음을 의미한다.205)

나. 학습 활동 : 영역별 교과서의 연계학습

7차 방송극 단원 목표는 아래와 같이 정리된다.

[표 13] 7차 방송극 단원 목표

학년	제목	단원 목표
3	소년과 어머니	· 등장인물의 말과 행동을 생각하며 극본을 읽을 수 있다. · 글의 줄거리를 간추릴 수 있다. · 글을 읽고, 등장인물의 성격을 알 수 있다. · 등장 인이 한 말이나 행동에 어울리게 말하듯이 극본을 읽을 수 있다.
3	토끼의 재판	· 성격을 생각하며 실감나게 읽을 수 있다.(읽기) · 실감나게 연극을 꾸밀 수 있다.(말하기 듣기) · 방송극을 읽고, 느낀 점을 글로 쓸 수 있다.(쓰기)

위 단원 목표를 보면, <소년과 어머니>는 읽기 교재에 수록되어 인물을 파악하며 읽기, 줄거리를 요약하기, 낭독하기 등의 학습이 중심이다. 한편 <토끼의 재판>은 각 교과에서 연계 학습으로 다룬다는 점에서, 내용 파악과 낭독하기, 극화하기와 감상 쓰기 등 극본 학습의 전 과정을 실행한다는 점에서 주목된다. 아래에서는 각 단원의 학습 활동을 구체적으로 살피고자 한다.

① <소년과 어머니> 학습활동

7차의 <소년과 어머니>는 다음과 같은 학습활동을 보인다.

205) 송창언, 앞의 책, p.78.

[표 14] 7차 〈소년과 어머니〉(『읽기 3-1』) 학습활동

○ 소년에 대한 중국 사신의 생각이 어떻게 변하여 갔을지 써 봅시다. ○ 소년의 성격을 알 수 있는 말과 행동을 찾아봅시다. 그리고 소년의 말과 행동을 바탕으로 하여 소년의 성격을 써 봅시다. ○ 친구들과 역할을 나누어 '소년과 어머니'를 실감나게 다시 읽어 봅시다. ○ 내가 어머니라면 세 가지 문제를 어떻게 풀었을지 말하여 봅시다. <소년과 어머니>(『읽기 3-1』, 2004, p.49)

위의 내용은 크게 '사신의 생각의 변화와 성격 파악하기, 낭독하기, 생각해 보기'로 정리할 수 있다. 이러한 활동 중 특히 '생각의 변화와 성격 파악하기' 문항은 6차 학습활동과 비교된다. 즉 6차의 경우 소년을 중심으로 사건의 전개 과정을 살펴보고, 이에 따른 인물의 성격을 파악하는 것이었다. 그런데 7차에서는 '소년에 대한 중국 사신의 생각의 변화'를 묻고 있다는 점이 특징적이다. 또한 소년의 성격을 알 수 있는 '말과 행동'을 찾아보는 학습도 주목된다. 극본에서 등장인물의 성격은 '말과 행동'에서 나타난다고 할 때, 극본의 특성을 고려한 학습활동이라고 할 수 있다. 또한 7차에서는 "내가 어머니라면" 이라는 가정 아래 자신의 생각을 말해보는 학습이 보인다. 이는 7차에 들어서 새롭게 부가된 문제로, 자기주도적인 학습활동이라 할 수 있다.

② <토끼의 재판> 학습활동

앞서 살폈듯이, <토끼의 재판>은 말하기 듣기, 읽기, 쓰기 등 영역별 교과서 전반에 걸쳐 수록되고 있다. 각각의 영역에서 어떠한 학습활동을 보이는지 살펴보면, 먼저 읽기의 경우는 다음과 같이 제시되고 있다.

[표 15] 7차 〈토끼의 재판〉(『읽기 3-1』) 학습활동

1. 인물의 성격을 생각하며 '토끼의 재판'을 읽어 봅시다. 2. '토끼의 재판'에 나오는 인물의 성격을 말하여 봅시다. 3. 인물의 성격이 잘 드러나도록 '토끼의 재판'을 실감나게 읽어 봅시다 <토끼의 재판>(『읽기 3-1』, 2004, pp.148～157)

직전 5차의 학습활동은 주로 사건 전개 과정을 파악하는 것과 '실제로 말하는 것처럼' 낭독하기가 주요 학습이었다.206) 이와 비교해 7차 학습활동은 주로 인물의 성격에 초점을 맞춘 '읽기'를 요구하고 있다. 『읽기 3-1』 말미 부분에 '학습 용어 해설'이 제시되기도 했는데, 위의 학습활동과 관련하여 '실감나게 읽기', '인물의 성격'을 키워드로 하여 다음과 같은 설명이 가해졌다.

(19) ・실감나게 읽기 : 실감나게 읽기는 실제로 경험하듯이 느낌을 살려 읽는 것을 말합니다. 인물의 성격이나 말하는 이의 마음, 글의 분위기와 장면 등을 머리에 떠올리며 그것에 어울리게 읽는 것을 말합니다.

・인물의 성격 : 인물의 성격은 한 인물이 지니고 있는 독특한 성질을 말합니다. 이야기에는 여러 인물이 나오는 경우가 많습니다. 이야기에 나오는 인물은 각각 그 인물만의 성격을 지니고 있습니다. 인물의 말이나 행동을 주의 깊게 살피면서 읽으면 인물의 성격을 쉽게 알 수 있습니다.

<학습 용어 해설>(『읽기 3-1』, 2004, p.160)

위의 내용을 정리하면 실감나게 읽기는 '실제로 경험하듯이 느낌을 살려 읽는 것'이며, 인물의 마음, 분위기와 장면 등을 상상하며 읽는 것이다. 또한 인물의 성격은 한 인물이 지니고 있는 독특한 성질로 인물의 '말이나 행동'을 주시해야 파악할 수 있다는 지적이다. [표

206) <토끼의 재판>(『읽기 3-1』(1989), p.124).

15]에 제시된 문항들은 이러한 설명을 토대로 실행하는 학습활동이라 할 수 있다.

한편 『말하기 듣기 3-1』의 <토끼의 재판>에서는 "<토끼의 재판>을 실감나게 연극으로 꾸며 봅시다"라는 학습 목표를 보이는 데, 기존의 방송극을 연극으로 실연하고 있다는 점이 특징적이다.

[표 16] 7차 〈토끼의 재판〉(『말하기 듣기 3-1』) 학습활동

1. 읽기 시간에 인물의 성격에 어울리는 목소리로 '토끼의 재판'을 실감나게 읽었습니다. '토끼의 재판'을 연극으로 재미있게 꾸며 볼까요?
2. '토끼의 재판'을 연극으로 꾸미려면 무엇이 필요한지 친구들과 이야기하여 봅시다.
3. '토끼의 재판'에 나오는 인물의 역할을 나누어 맡아 봅시다. 그리고 각 인물의 성격에 알맞은 대사와 표정, 동작으로 '토끼의 재판'을 연습하여 봅시다.
4. 친구들 앞에서 '토끼의 재판'을 발표하여 봅시다.
5. '토끼의 재판'을 준비하고 발표하면서 재미있었던 일, 어려웠던 일, 그리고 느낀 점 등을 이야기하여 봅시다.

<노끼의 재판>(『읽기 3-1』, 2001, pp.98~101)

위의 극화 과정을 정리하면 첫째, '읽기' 교과서에서는 성격에 부합하는 목소리로 '실감나게' 읽어 본 후, 연극 제작 과정을 친구들과 의논한다. 둘째, 역할을 정하고 등장인물의 성격에 맞는 대사, 표정, 동작 등의 연습을 한다. 셋째, 공연을 하고, 이후 연극 실연 과정상의 경험들을 나누는 시간들을 갖는다. 이러한 일련의 학습 과정은 연극 준비와 실연하기, 공연담(관극평) 등 연극의 전 과정을 체험해 보는 활동이라 할 수 있다. 한편 『쓰기 3-1』에서의 <토끼의 재판> 학습은 크게 세 가지 활동으로 요약된다. 첫째, 극본을 '실감나게' 읽어보기, 둘째, 그림을 보며 극 내용을 정리하여 말하기, 셋째, 각 등장인물의

행동에 대해 요약해 보기, 넷째 느낀 점을 글로 써 보기 등이다. 이것은 감상문 쓰기 과정이라 할 수 있다.[207]

지금까지 7차 방송극을 살펴보았다. 방송극본은 여타 부문의 극본과 달리 언어, 음향, 음악 등 청각적 요소가 중요하다. 특히 귀로만 들으면서 인물의 모습, 표정, 동장, 정경 등을 머릿속에 그려야 하기 때문에 대사가 갖는 비중이 다른 어떤 장르보다도 크다고 할 수 있다. 이에 실제 학습활동에서도 낭독하기 학습이 중시되고 있다. 한편 일부 극본은 각 영역별 연계학습으로 수업이 진행된다는 점이 특징적이다.

3. 맺음말 : 초등 국어 교과서 극문학 수록 경향

지금까지 초등 국어 교과서의 극문학 수록 양상 및 학습활동을 검토하였다. 마지막 결어로서 각 교육과정기별로 그 경향을 정리하며 마치고자 한다.

먼저 교수요목기 및 1차 교육과정기에는, 이 시기에 발간된 『초등국어교본』(상 · 중 · 하), 『초등국어』, 『국어』 등 초등 국어 교과서를 중심으로 극문학 관련 제재 및 학습활동 등을 고찰하였다. 극본 유형은 그림연극, 유사극본, 희곡 등으로 나눌 수 있다. 각 제재들의 분석결과를 요약하면 다음과 같다.

첫째, 그림연극은 『국어』 교과서에 주로 수록되었으며, "이야기를 그림으로 나타내어 계속해서 보여주는 것"이라는 특성을 지닌다. 그래서 이 단원들은 중심되는 사건의 장면 번호와 그림을 삽입하고, 대

207) <토끼의 재판>(『쓰기 3-1』, 2001, pp.106~109).

화체를 일부 넣어 보다 생생하게 내용을 제시하고 있다. 『국어』 교과서에서 그림연극으로 다루어지거나 그림연극 학습활동을 보이는 단원은 <윤회>(3-1, 3-2), <백조왕자>(3-2), <흥부와 놀부>(3-2), <달님 이야기>(4-1), <종소리>, <심청>(5-1) 등이다. 그런데 '그림연극'은 일본 아동연극의 한 종류로 일제강점기 국책연극에 속한다. 교수요목기 교과서에 수록된 그림연극은 일제강점기의 그림연극의 영향선상에 있는 것으로 추정된다. 또한 이 단원들의 <학습문제>를 살펴보면, 주로 이야기글을 '그림연극'으로 꾸미거나, 그림을 중심으로 설명하듯이 이야기하는 학습활동을 보인다. 이것은 주로 '말하기' 교육과 연관되고 있음을 보여준다

둘째, 유사극본은 등장인물의 대화를 극본의 '대사'와 같은 형태로 제시하고 있으며, 서술적인 '지문'이 인물의 행동이나 표정 등을 나타내는 극본의 '지시문' 기능을 대신하고 있다. 혹은 플롯의 전개가 없는 단순한 대화체의 나열인 경우도 있다. 극문학은 형태면에서 무대 상연을 전제로 한 대본 형식, 즉 '대사'와 '지시문'의 형식을 갖추고, 내용 전개면에서는 기승전결의 플롯을 갖춘 경우라 할 수 있다. 그러한 관점에서 본다면 위의 단원들은 정식 극본이라 보기 어렵다. 그럼에도 불구하고 이 단원들은 극본과 유사한 형태나 전개상을 보이며, 극화학습이 실행되는 등 과도기적 양상을 띤다. 해당 단원은 『초등국어교본 상』의 <산술공부>와 <친절한 가게>, 『초등국어』의 <개미와 매미>(2-1), <동무>, <참새와 파리>(3-2), <돼지의 재판>(4-2), 『국어』의 <토끼와 거북>(1-2), <여우와 까마귀>(2-1), <팔러가는 당나귀>(3-1. 3-2) 등이다. 셋째, 희곡은 『국어』의 <걸레>(4-1, 4-2), <꽃과 나비>(5-1), <봄이 올 때까지>(6-1, 6-2) 등이다. 그런데 이 단원들은 모두 아동극본이 교과서에 실린 경우라는 점이 특징적이다.

교수요목기 및 극문학 단원의 학습활동은 극본의 내용 이해, 장르

적 특성 파악, 극화하기, 낭독하기, 각색하기 등으로 나타난다. 국어 교육 하위 분과 체제면에서 보면 '읽기', '말하기', '쓰기' 학습활동이라 할 수 있다. 이중 극본 학습에서는 말하기(낭독하기) 학습이 중시되고 있는데, 이것은 실연을 전제로 한 극본의 '대사'가 일상 대화와 유사하다는 특성에서 비롯된 것이라 할 수 있다. 이후 교육과정기의 극문학이 '말하기 듣기' 교육과 긴밀히 연계되는 것도 이와 관련된다고 할 수 있다.

한편 이 시기 초등 국어 교과서에는 극문학은 아니지만, 이전 교과서 극본이나 아동극과 연관성을 지니거나, 차기 교과서에서 극문학으로 각색되는 단원들이 보인다는 점이 특징적이다. 즉 『초등국어교본 상』의 <범>, 『초등국어교본 중』의 <혹 달린 노인>, 『초등국어교본 하』의 <심청>, 『초등국어 6-1』의 <크리쓰마스 송가>, 『국어 5-1』의 <행복>, 『국어 6-2』에 수록된 <그리스마스 송가> 등이 그 예에 속한다. 본고에서는 이러한 제재들이 각 교육과정기별로 어떤 식으로 변용되며, 어떠한 학습활동과 연관되느냐의 문제를 살피기도 했다.

2차 교육과정기 극문학은 대부분 1차 교육과정기 재수록본에 속한다. 이 시기에는 유사극본, 희곡이 대부분이며 그림연극은 감소되었다. 대신 방송 대본이 등장했다는 특징을 보인다. 그 수록 양상 및 학습활동을 살펴보면 다음과 같다.

첫째, 그림연극은 『국어 4-1』[1]에 <제비와 홍부>가 실려 있는데, 교수요목기 및 1차에 다수를 차지했던 이 제재는 2차에서 대폭 줄어들었음을 볼 수 있다. 둘째, 유사극본에 해당되는 단원은 『국어』의 <토끼와 거북> (1-2), <라디오 놀이>(2-2), <말짓기놀이>(3-1), <어깨동무>(3-1), <팔러가는 당나귀(3-2) 등이다. 이 중 <라디오 놀이> 외에

---

1) 이하 4차까지는 모두 『국어』에 수록된 극본으로 교과명은 생략하고 단원과 학년만을 표시하겠다.

세 단원은 1차 교육과정기 단원을 재수록한 경우이다. 학습활동은 <토끼와 거북>에서만 나타나며 내용 파악하기, 낭독하기, 연극하기 등으로 나타난다.

셋째, 희곡은 <벌거숭이 임금님>(2-2), <팔러가는 당나귀>(3-2), <걸레>(4-1), <새로 나온 달님> (5-2), <크리스마스 송가>(6-2) 등으로서 <벌거숭이 임금님>, <새로 나온 달님>만이 이 2차에 새로이 수록된 단원이며, 그 외 단원은 1차 재수록본이다. 넷째, 방송 대본은 <그리운 노래들>(2-2)로서 플롯 전개의 이야기 구조가 아닌, 나레이터의 노래 해설과 정보 전달이 지배적이다. 이에 아직 본격 방송극으로 보기 힘든 형태이다.

3차 교육과정기 극문학 유형에서도 그림연극은 소수이며, 유사극본과 희곡이 주를 이룬다. 그림연극은 <제비와 흥부>(4-1) 단 한편으로 그림연극 학습 단원은 전 시기에 이어 소수만이 실려 있다. 유사극본은 <토끼와 거북>(1-2), <라디오 놀이>(2-2), <어깨동무>(3-1), <말짓기놀이>(3-1), <팔러가는 당나귀>(3-2), <여러 사람의 생각>(4-1), 등이며, 희곡은 <장난감들의 합창>(2-2), <외다리 거위>(3-2), <석수장이>(4-1), <숲 속의 대장간>(5-1), <새로 나온 달님>(5-2), <크리스마스 송가>(6-2) 등으로 <장난감들의 합창>, <석수장이>, <숲 속의 대장간> 등 주편의 작품이 3편이나 도입되었다는 점이 특징적이다. 방송 대본은 2차에 이어 <그리운 노래들>(6-1)이 수록되었다. 한편 3차 학습활동을 보면, 그림연극, 유사극본, 방송 대본은 극본 학습보다는 '말하기'와 관련된 화법 학습이 지배적이며, 희곡의 경우에는 앞선 시기와 마찬가지로 내용 이해하기, 낭독하기, 극화하기 학습활동을 보인다.

4차 교육과정기 극문학 유형을 보면, 그림연극은 사라졌으며 유사극본, 희곡, 방송극으로 대별된다. 유사극본은 <거북이와 토끼>, <개

미와 매미>(『바른생활, 1-1』), 2편으로 그림연극에 이어 축소된 경향을 보인다. 희곡은 전시기에 주평의 작품이 여럿 실렸는데 전 시기에 이어 <석수장이>(4-1), <숲 속의 대장간>(4-2) 등이 실렸고 새로이 <섬마을의 전설>(6-1)이 수록되었다. <새로 나온 달님>(5-1)과 찰스 디킨즈의 <크리스마스 송가>(6-2) 등도 3차 재수록본에 해당되며, <날지 못하는 백조>(5-2)가 새로이 도입되었다. 방송극은 <금도끼>(『바른생활』, 2-1), 방정환의 <토끼의 재판>(3-1), <청개구리>(3-2) 등 2편으로 초등 국어 교과서에서 처음 등장한 방송극본이라는 점에서 주목된다. 4차 극본의 수록상을 정리하면 작가면 · 유형면 · 제재면에서 다양성을 보인다고 하겠다. 학습활동은 전 시기와 마찬가지로 유사 극본에서는 화법교육 중심이며, 희곡과 방송극은 내용 파악, 낭독하기, 극화학습 등을 보인다.

5차 교육과정기는 1교과 다교과서제가 도입으로 『말하기 듣기』, 『읽기』, 『쓰기』 교과서로 분과 체재를 보인다. 각 교재에서는 원리학습과 적용학습 체제로 극본들을 여럿 다루고 있어 극본 수가 다수 증가한 시기이다. 적용학습 단원에서는 완결된 극본을 수록했으며, 원리학습 단원의 경우는 극본 일부만을 짤막하게 제시하였다. 극문학 유형은 희곡과 방송극이 대부분을 차지한다. 그런데 이 시기에는 3학년부터 극문학이 수록된다는 특징을 보인다. 학년별로 수록 상황을 보면, 먼저 희곡 단원은 <개미와 베짱이>(3-1), <황소와 개구리>(3-2), 주평의 <석수장이>(4-1)와 <숲 속의 대장간>(4-2), <월광곡>(5-2) <의리 없는 친구>(5-2), 찰스 디킨즈 작 <크리스마스 송가>(6-2) 등 7편이 실렸으며, 방송극은 4차에 이어 방정환의 <토끼의 재판>(3-1)이, <청개구리>(3-2) 등이 재수록 되었고, 이원수의 <우리 선생님>(5-1)새로이 도입되었고, 기존에 희곡으로 수록되었던 찰스 디킨즈의 <크리스마스 송가>(6-2)가 방송극으로 개작되어 실렸다. 여기에 방송 대본으로 김병규의 <숲 속의 노래>(6-2)가 새로이 수록되었다.

이상 5차 교육과정기 수록 상황을 보면, 극본이 보다 다양해졌으며, 특히 전 시기에 비하여 방송극의 증가 현상을 보인다는 특징을 드러낸다. 이것은 다교과서제의 도입과 방송 매체가 발달된 사회적 상황과 관련된다고 할 수 있다. 5차 시기에는 다교과서제의 도입으로 각 교과별 교육 목표에 따라 극 내용의 이해(읽기), 화법교육(말하기 듣기), 각색하기(쓰기) 등의 학습활동 등을 보이며, 극화학습은 축소된 경향을 보인다.2)

6차 교육과정기 또한 다교과서제의 적용과 희곡, 방송극 등이 다수 수록되었다. 6차 또한 3학년부터 극문학이 수록되고 있는데, 희곡은 <개미와 베짱이>(3-1), <방안에 가득 차는 것>, <쓴 약 단 약>(3-2), 셰익스피어의 <베니스의 상인>(3-1), <금도끼>(4-1), 그림 형제의 <브레멘의 악사귀>(4-1), <아름다운 싸움>(4-1), 주평의 <숲 속의 대장간>(4-2), <현수의 하루>(4-2), <시험>(4-1), <난파선의 사람들>(5-1), <어차피 죽을 몸이니>(5-2), <별주부전>(5-2), <현수의 하루>(4-2), <시험>(4-1), <난파선의 사람들>(5-1), 김병규의 <닫혀진 문>(6-1) 등으로 다수의 희곡을 다루고 있다. 방송극은 <떡으로 빚은 선생님 얼굴>(3-1), <소년과 어머니>(3-1), <청개구리>(4-1), <막둥이>(4-2), <우리 선생님>(5-1) 등이며, 5차에 이어 방송 대본 <숲 속의 노래>(6-1)가 수록되었다.

이상의 수록상을 보면 기존의 극본에 새로이 도입된 단원들도 상당수에 이른다. 6차에서도 적용학습 외에 원리학습에서 여러 편의 극본을 다루고 있는 데서 비롯된 현상이다. 또한 고전 각색극이 다수 차지하며, 해외 번역극 등도 수록하여 제재의 확산을 가져왔다. 작가

2) 요약적인 정리 차원에서, 이하 5~7차 교과서 『말하기 듣기』, 『읽기』, 『쓰기』, 『말하기 듣기』 등의 교과목명은 생략하고 당원과 학년만을 밝히기로 하겠다.

면에서도 셰익스피어, 그림 형제 등 해외 작가들과 김병규 등 새로운 작가들이 등장했다는 점이 주목된다. 한편 6차 학습활동 또한 내용 파악, 낭독하기, 극화학습 등으로 요약되는데, 특히 화법교육과 문학적 측면의 이해가 중심을 이룬다. 극화학습이 부분적으로 이루어지고 있으나 5차에 이어 여전히 미흡한 현상을 보인다.

7차 또한 5차 이후 실시된 다교과제 수업 체제가 유지되었다. 그런데 하나 특징적인 사항은 4~6학년의 경우는 『읽기』와 『말하기 듣기 쓰기』라는 교재로 재통합 교과서 형태를 띠고 있다는 점이다. 7차에서도 다양한 소재를 다룬 다수의 극본이 보인다. 유형면에서도 희곡과 방송극으로 대별되는데, 먼저 희곡은 <도도와 미미>(1-1), <준이와 창이>(1-2), <도깨비와 개암>(2-1), <나무꾼과 사슴>(2-2), <토끼의 재판>(3-1), <탈놀이>, <아름다운 싸움>(4-1)이, 고성욱 작 <즐거운 우리집>, <요술부채>, 정호승 작 <선인장 이야기>(4-2), <별주부전>, <어차피 죽을 몸이니>, <놀부전>(5-1), <한석봉과 어머니>, 셰익스피어 원작 <베니스의 상인>(5-2), <볍씨 한 톨>, 빅토르 위고의 <낯선 사나이>(6-1), 현덕의 <나비를 잡은 아버지>, <한 지붕 두 가족>, 고성욱의 <어떤 크리스마스>(6-2) 등을 들 수 있다.

특히 7차에서는 희곡 학습에서 듣기자료를 활용한다는 점이 주목된다. 1학년 2학기에는 <흥부와 놀부>, <구멍난 그릇>, 4학년 2학기에는 판소리 <심청가>와 <꽃나라 임금>, 6학년 2학기에는 판소리 <흥부가>, <저승에 있는 곳간> 등의 듣기자료가 제시되고 있다. 방송극은 <소년과 어머니>, <방 안에 가득 차는 것>(3-1) 등 2편으로 6차보다 감소된 경향을 보인다. 한편 전 시기까지 방송극으로 수록되었던 방정환의 <토끼의 재판>(3-1)은 7차에서 희곡으로 재구성되고 있다는 점이 특징적이다.

위의 극본 수록상에서, 7차 시기에는 희곡이 주를 이루며, 학년별로 고루 배치되었음을 볼 수 있다. 또한 6차와 마찬가지로 창작극 및 전통적인 소재를 이용한 작품이 많다. 이것은 소재의 변화를 주어 다양성을 보이고 있음을 의미한다. 뿐만 아니라 해외 문학을 수록한 경우도 눈에 띄며, 해외 작가 및 신예 작가의 작품들이 증가했다는 특징을 보인다. 한편 학습활동은 전 시기와 유사하나 <함께 꾸며 보아요>, <국어교실 함께 가꾸기>라는 특화단원을 수록하여, 전 시기까지 미흡했던 공연적인 측면을 강화시키고 있어 주목된다. 5차부터 6차까지 극문학 관련 수업은 '효과적인 국어교육('말하기 듣기', '쓰기')을 위한 도구적 수단으로 활용되는 경우가 많았다. 7차의 특화단원은 이러한 문제점을 보완하는 것이라 할 수 있다.

Ⅲ. 중등 국어 교과서 극문학 제재 수록 양상

1. 교육과정기별 극문학 수록 현황

1) 중등 교수요목 개관 및 시기별 극본

(1) 교수요목기 1차 교육과정기(1945.9~1963.2) 중등 국어과 교수요목 및 극문학

① 교수요목기~1차 교육과정기 교수요목[1)]

'교수요목'은 1946년 11월에 미군정 당국이 마련한 과정이다. 이 교수요목은 정부 수립 이후에 의미를 잃었으나, 정부 수립 후 별도의 교육 과정이 마련되지 않았으므로, 제1차 교육 과정이 마련되는 1955년 이전의 시기가 모두 교수요목기에 해당된다. 교수요목의 짜임은

1) 아래 교수요목 및 1차 교육과정기 교수요목은 '교육부(1991), 『중학교 교사용 지도서 3-1』, 대한교과서주식회사, pp.12~21'를 토대로 정리하였다.

국민 학교나 중학교가 동일하게 (1) 교수 요지, (2) 교수 방침, (3) 교수 사항, (4) 교수의 주의로 되어 있으며, 끝에 각 학년 교수 시간 배당 표준이 제시되어 있는데, 이는 학년별 목표와 내용이 없을 뿐 현재의 교육 과정 구성과 유사하게 되어 있다.

중학교의 국어과 '교수 요지'는 "국어를 잘 알고 잘 쓰게 하며, 우리의 문화를 이어 확충 창조케 하고, 겸하여 지덕을 열어 건전한 국민정신을 기르는" 것이다. 이에 국어과 교육 목표는 국어 사용 능력의 신장, 문화 창조, 국민정신 함양이라는 세 가지 내용으로 요약되는데, 문화 창조 이외에는 국민학교 목표와 동일하다.

그런데 당시로서는 한글 깨치기가 최대 급선무였다. 일제강점 하에서 일본어로만 생활하였으므로, 대다수의 국민들이 우리말과 우리글을 잊고 있었던 것이다. 따라서 한글 깨치기와 맞춤법 익히기가 당시 국어 교육의 전부라고 할 수 있을 정도였다. 결과적으로 중학교에서는 읽기, 말하기, 짓기, 쓰기, 문법, 국문학사 중에서 문법과 국문학사가 크게 중시되어, 실제로는 국어 사용 기능 교육은 도외시되었다.

제1차 교육 과정은 1955년 8월 1일, 문교부령 제44호로 국민학교 교육 과정이, 제45호로 중학교 교육 과정이, 제46호로 고등학교 교육 과정이 동시에 제정, 공포되었다. 군정기가 끝나고 대한민국 정부가 수립되자 정부는 서둘러 교육법을 제정하였고, 제정된 교육법에 더하여 교육 과정 제정 작업이 추진되었다. 그러나 6·25사변으로 지체되다가 1955년에야 확정, 공포하게 되었던 것이다. 이 교육 과정은 진보주의 교육 사조의 영향 속에서 마련되었으며, 피교육자의 생활이 교육 과정의 핵심을 차지하게 되었고, 생활 중심 교육이 강조되었다. 따라서 국어과 교육에서는 언어생활이 중시되었다. 이것은 종래의 국어교육이 국어 지식을 부여함으로써 언어 기능과 감상·창작 능력 신장에 치중한 것에 대한 반작용이기도 하다.

중학교 국어과 교육 과정에서도 위의 방침이 반영되었다. "새로운 국어교육은 무엇보다도 현대인의 언어생활의 실제를 대상으로 하여야 하며, 학생들의 언어생활의 모든 면이 국어교육의 목표 달성에 이용되어야 할 것이다. 그렇게 함으로써 학생들로 하여금 일상생활에 필요한 국어를 정확하게 이해하며 사용할 수 있는 능력을 갖추게 하고, 국어교육이 그들의 사회생활의 필요에 응하는 것이 되게 할 수 있는 것이다."라는 교육 목표를 보여 주고 있다. 또한 당시의 국어 교육 과정은 생활 경험을 중시하는 진보주의 교육 사조의 영향과 도구로서의 언어 기능을 내세웠다.

2 교수요목기~1차 교육과정기 극문학

교수요목기 및 1차 교육과정기에서 검토한 국어 교과서는 『중등국어』 및 『중학국어』로서, 여기에 수록된 극문학 관련 단원을 제시하면 [표 1]과 같다.

[표 1] 교수요목기 및 1차 『중등국어』, 『중학국어』 극문학 단원

단원명	문종	교과서	발행연도	편저자	발행처	비고
이준과 안중근	희곡	중등국어 1-2	1952	문교부	대한교과서 주식회사	역사극
소년의 노래	시나리오	중등국어 1-2	1952	문교부	대한교과서 주식회사	최태호
목란의 종군	희곡	중등국어 3	1948	문교부	조선교학도 서주식회사	역사극 작가미상
원술랑	희곡	중등국어 3-2	1952	문교부	대한문교서 적주식회사	역사극 유치진
베니스의 상인	희곡	중등국어 5	1950	문교부	조선교학도 서주식회사	해외 번역극 셰익스피어/ 최정우 역
느티나무 있는 언덕	방송극	중학국어 1-2	1960	문교부	대한교과서 주식회사	최요안

바다	시나리오	중학국어 2-1	1953	문교부	대한교과서 주식회사	오영진 <사나이의 길> 원작
장님의 지혜	방송극	중학국어 2-1	1953	문교부	대한교과서 주식회사	최요안
강가의 소년	방송극	중학국어 2-1	1956	문교부	대한교과서 주식회사	최요안
장미꽃 피는 날	방송극	중학국어 2-1	1959	문교부	대한교과서 주식회사	작가 미상
무제 (씨나리오 예)	시나리오	중학국어 2-1	1959	문교부	대한교과서 주식회사	작가 미상
원술랑	희곡	중학국어 3-2	1954	문교부	대한교과서 주식회사	역사극 유치진
사육신	희곡	중학국어 3-2	1956	문교부	대한교과서 주식회사	역사극 유치진

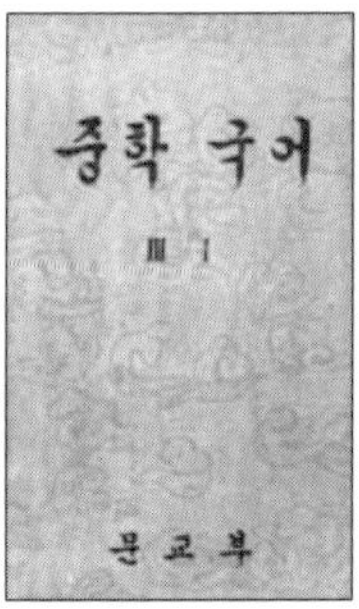

[그림 1] 『중학국어 3-2』 (문교부, 1956)

[표 1]의 목록을 보면, 장르 면에서 희곡, 방송극, 시나리오 등 다양한 분야의 극본이 실려 있음을 볼 수 있다. 희곡의 경우는 총 5편이 수록되고 있으며 역사소재극이 지배적이다. 즉 작가 미상의 <이준과 안중근>(『중등국어 1-2』), <목란의 종군>(『중등국어 3』), 유치진의 <원술랑>(『중등국어 3-2』, 『중학국어 3-2』)과 <사육신>(『중학국어 3-2』) 등 4편이 모두 역사적인 내용을 다루고 있다. 여기에 해외 번역극으로 셰익스피어의 <베니스의 상인>(『중등국어 5』) 1편이 수록되어 있다.

시나리오와 방송극은 희곡의 역사소재극과 비교하면 주로 현실소재극이라 할 수 있다. 먼저 시나리오는 최태호의 <소년의 노래>(『중등국어 1-2』), 오영진의 <바다>(『중학국어 2-1』), 작가 미상의 <씨나리오의 예>(『중학국어 2-1』) 등이 수록되었다. 방송극은 총 4편으로, 작가 미상의 <장미꽃 피는 날>(『중학국어 2-1』) 외에 모두 최요안의 작품이다. 즉 <느티나무 있는 언덕>(『중학국어 1-2』), <장님의 지혜>(『중학국어 2-1』), <강가의 소년>(『중학국어 2-1』) 등을 들 수 있는데,

한 작가의 작품이 집중 수록되었다는 점이 주목된다.

위의 수록상에서 희곡 5편, 방송극 4편, 시나리오 3편 등 총 12편의 극본들이 중학교 교과서에 실려 있음을 볼 수 있다. 무대를 전제로 한 희곡 수보다, 매체를 전제로 한 방송극과 시나리오 극본 수가 우세한 경향을 띤다. 이것은 당대 극본 유형의 선호도라 할 수 있는데, 라디오와 영화가 각광 받던 해방 전후의 상황을 반영하는 것으로 보인다.

(2) 2차 교육과정기(1963.2～1973.2) 중등 국어과 교수요목 및 극문학

① 2차 교육과정기 교수요목[2)]

제2차 교육 과정은 1963년 2월 15일 공포되었다. 이 시기 교육 과정에서는 중학교 국어과의 성격을 "국민으로서 필요한 품성과 자질을 기르는 동시에, 그들에게 사회에서 필요한 직업에 관한 지식과 기능을 가지게 하고, 감정을 바르게 하며, 공정한 비판력을 기르도록 하여야 한다"고 밝혔다. 따라서 "국어과의 교육 과정도 널리 사회생활의 필요에 응하는 것"이 되어야 한다고 보았다.

제2차 교육 과정에서도 1차와 마찬가지로 국어과의 영역을 말하기, 듣기, 읽기, 쓰기의 네 가지 언어 기능 영역으로 나누었고 특히 언어 사용 기능 교육을 강조하였다. 즉 국어 학습에 있어서 본질적인 것은 언어를 사용하는 기능이며 능력이라고 보았다. 종래의 국어 교육은 언어, 문자에 관한 지식이나 이해에 중점을 두어 왔기 때문에 말하기, 듣기, 읽기, 쓰기가 모두 언어 사용의 기능으로서 학습되지

---

2) 아래 2차 교육과정기 교수요목은 '교육부(1991), 『중학교 교사용 지도서 3-1』, 대한교과서주식회사, pp.12～21'를 토대로 정리하였다.

못하였던 것이다. 그러한 폐단을 시정하기 위하여 국어교육에서는 언어를 사용하는 습관, 태도, 기능 및 능력을 기르며 국어에 대한 지식과 이해 및 감상력이 지도되도록 했다. 이와 함께 제2차 교육 과정은 구성 체제의 측면에서도 몇 가지 특징을 지니고 있다.

첫째, 목표가 ① 교육 목적과 국어 교육, ② 국어과의 목표로 나누어 진술되었다. 즉, 국어과의 성격을 학교 교육 목적이라는 보다 큰 테두리 속에서 규정하였다. 둘째, 국어과의 목표를 학년 구분 없이 말하기, 듣기, 읽기, 쓰기의 네 영역에 걸쳐 진술하고 있다. 셋째, 학년 목표는 각 학년별로 지도 목표가 말하기, 듣기, 읽기, 쓰기의 네 영역에 따라 비교적 상세히 제시되고 있다. 이것은 언어 기능과 이를 성취하기 위한 교육적 소재, 교육 방법을 명료히 구분하고 있음을 보여준다. 넷째, 지도의 내용은 학년 구분 없이 언어 기능 신장 교육을 위한 소재 제시를 중심으로 구성되었다.

2 2차 교육과정기 극문학

2차 교육과정기 『국어』를 대상으로, 각 학년별의 극문학 관련 단원을 제시하면 [표 2]와 같다.

[표 2] 2차 교육과정기 『중학국어』 극문학 단원

단원명	문종	교과서	발행 연도	편저자	발행처	비고
잘 사는 길	희곡	중학국어 1-1	1973	문교부	대한교과서 주식회사	김승규
별	희곡	중학국어 1-2	1971	문교부	대한교과서 주식회사	역사극 유치진
누가 우리를 지켜줄 것인가	방송극	중학국어 2-1	1973	문교부	대한교과서 주식회사	학생작품
사육신	희곡	중학국어 2-2	1971	문교부	대한교과서 주식회사	역사극 유치진

등대	시나리오	중학국어 2-2	1971	문교부	대한교과서 주식회사	김승규
고구마	희곡	중학국어 3-2	1972	문교부	대한교과서 주식회사	차범석

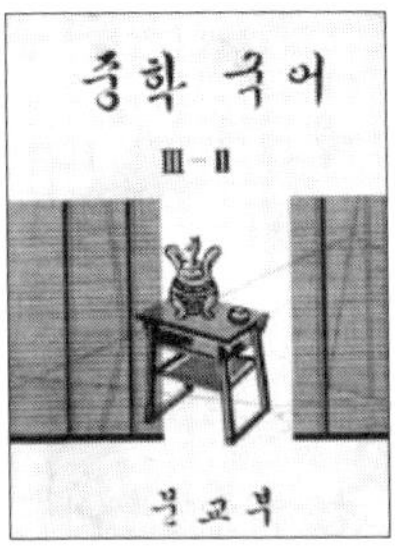

[그림 2] 『중학국어 3-2』 (문교부, 1972)

2차 교육과정기 수록 상황을 보면, 전 시기와 마찬가지로 희곡, 시나리오, 방송극 등이 고루 실렸다. 희곡은 유치진의 <별>(『중학국어 1-2』)과 <사육신>(『중학국어 2-2』), 차범석의 <고구마>(『중학국어 3-2』) 등 3편이다. 유치진 작품은 전 시기와 마찬가지로 2편이 수록되었는데, <사육신>은 1차 단원의 재수록본에 속한다.

방송극은 무명의 학생 작품인 <누가 우리를 지켜줄 것인가>(『중학국어 2-1』) 1편으로, 작가가 아닌 학생 작품이 실렸다는 점이 특징적이다. 시나리오는 김승규의 <잘 사는 길>(『중학국어 1-1』과 <등대>(『중학국어 2-2』) 등 동일 작가의 작품이 2편이나 실려 있다. 위에 제시한 희곡, 방송극, 시나리오 등의 주제적인 측면을 보면, 유치진의 역사극 외에 검약, 반공, 문맹퇴치 등 계몽성이 강한 작품들이다. 새마을 운동이 전개되었던 당대 상황을 반영한 것이라 할 수 있다.

(3) 3차 교육과정기(1973.2~1981.12) 중등 국어과 교수요목 및 극문학

[1] 3차 교육과정기 교수요목[3)]

제3차 중학교 국어과 교육 과정은 1973년에 공포되었다. 교육 과정

3) 아래 3차 교육과정기 교수요목은 국가교육과정정보센터(http://ncic.re.kr)의 '3차 국민학교 국어과 교육과정'을 참조하여 정리하였다.

을 개정하게 된 배경에는, 1968년 우리나라 최초의 교육 지표라고 할 수 있는 '국민교육헌장'이 제정되었고, 지식 · 정보의 양이 폭발적으로 증가하면서, 교육 사조의 변화로 구체적인 교육 과정, 기본 원리와 기본 기능을 중시하는 교육 과정, 학문의 구조를 탐구, 발견하는 새로운 교육 과정이 요구가 있었던 것이다.

제3차 교육 과정은 국민교육헌장의 정신을 구현한다는 기본 방향하에 국민적 자질의 함양, 인간 교육의 강화, 지식 · 기술 교육의 쇄신을 기본 방침으로 삼았다. 당시, 개정된 중학교 국어과 교육 과정의 교과 목표는 다음과 같다. 첫째, 일상생활에 필요한 국어 사용의 기능을 신장하고 성실한 태도를 길러서, 효과적인 언어생활을 영위할 수 있게 한다. 둘째, 국어를 통하여 지식과 경험을 넓히고, 문제를 해결하는 힘을 길러서, 발전하는 사회에 적응하고 스스로 앞길을 개척할 수 있게 한다. 셋째, 국어를 통하여 바르게 시고하고 자주적으로 판단하는 힘과 풍부한 정서와 아름다운 꿈을 길러서, 원만하고 유능한 개인과 건실한 국민으로 자라게 한다. 넷째, 국어 존중의 뜻을 높이고, 국어로 표현된 우리 문화를 사랑하게 하여, 민족 문화 발전에 이바지하려는 마음을 굳게 하도록 한다 등이다.

위의 목표 진술에서도 나타나듯이, 제3차 교육 과정에서는 언어의 사용을 사고(思考)의 차원으로 올려 강조하고 있으며, 또한 국어 교육을 통한 가치관 교육도 강조되고 있다. 이에 국어과 교육 과정에서는 첫째로 언어 능력을 길러 국어 생활을 원활하게 할 수 있어야 하며, 둘째 사고력을 길러 건전한 사회인으로서 성장하도록 하여야 할 것이고, 셋째 언어를 매개로 하여 전달되는 내용의 가치를 통하여 바람직한 인간을 형성할 수 있어야 한다는 방침을 세웠다.

한편 중학교 국어 교과서는 당대 문교부의 '국어과 목표, 내용, 지도상의 유의점'에 기초를 두고 첫째, 말하기, 듣기, 읽기, 쓰기 등의 언어 기능, 둘째, 넓은 범위의 지식과 경험, 셋째, 바른 사고력과 자주적 판단력, 넷째, 국어와 국어로 표현된 문화에 대한 올바른 태도 등을 향상시키는 방향으로 편찬되었다. 국어 교과서에 포함된 단원, 소단원, 제재 속의 요소들은 앞에서 말한 상위의 기능, 지식, 태도를 발달시키는 데 필요한 자료로서 주어진 것이다.

교과서 단원은 학년마다 각각 10단원으로 구성되었으며, 각 단원은 4~5개의 소단원으로 이루어졌다. 각 소단원은 대체로 한 편의 글(제재, 또는 주요 형식)로 구성되었으나 특수한 경우(제재가 시, 편지, 짧은 인용문 등)에는 여러 편의 글이 한 소단원으로 다루어지기도 했다. 각 단원은, 3차 국어과 교육 과정 '제재 선정 기준'에 제시된 '가치'를 반영하며, 이 '가치'는 각 소단원에 실린 글 속에 소재나 주제로서 포함되었다. 각 소단원 뒤에는 '공부할 문제'가 주어졌는데, 당대 중학교 국어과 교육 과정 지도 사항과 관련되는 문제, 소단원과 관계되는 문제, '가치'와 관계있는 문제들로 이루어졌다.

2 3차 교육과정기 극문학

3차 교육과정기 각 학년별 『중학국어』의 극문학 관련 단원을 제시하면 [표 3]과 같다.

[표 3] 3차 교육과정기 『중학국어』 극문학 단원

단원명	문종	교과서	발행 연도	편저자	발행처	비고
잘 사는 길	시나리오	중학국어 1-1	1981	문교부	대한교과서 주식회사	김승규
삼층밥	방송극	중학국어 1-2	1977	문교부	대한교과서 주식회사	작가미상
원술랑	희곡	중학국어 2-1	1976	문교부	대한교과서 주식회사	역사극 유치진

누가 우리를 지켜줄 것인가	방송극	중학국어 2-2	1976	문교부	대한교과서 주식회사	학생작품
등대	시나리오	중학국어 2-2	1976	문교부	대한교과서 주식회사	김승규
고구마	희곡	중학국어 3-2	1975	문교부	대한교과서 주식회사	차범석

[그림 3]『중학국어 2-1』(문교부, 1976)

[표 3]의 극문학 단원 수록 양상을 보면 희곡의 경우는 유치진의 <원술랑>(『중학국어 2-1』), 차범석의 <고구마>(『중학국어 3-2』) 등 2편이며, <원술랑>이 새로이 도입되고, <고구마>는 1차에 이어 재수록되고 있다. 방송극은 작가 미상의 <삼층밥>(『중학국어 1-2』), 학생 작품인 <누가 우리를 지켜줄 것인가>(『중학국어 3-2』) 등 2편이다. 이 중 <삼층밥>이 신단원에 속한다. 시나리오로는 김승규의 <잘 사는 길>(『중학국어 1-1』), <등대>(『중학국어 2-2』) 등 2편으로 1차 재수록본들이다.

위의 극본 수록 양상을 보면, 새로운 극본은 희곡 <원술랑>과 방송극 <삼층밥> 등이고, 나머지는 모두 전 시기의 단원들을 재수록한 경우라고 할 수 있다.

(4) 4차 교육과정기(1981.12~1987.6) 중등 국어과 교수요목 및 극문학

[1] 4차 교육과정기 교수요목4)

제4차 국어과 교육 과정의 특색은 교육 과정에 진술된 목표와 내

4) 아래 4차 교육과정기는 교수요목은 국가교육과정정보센터(http://ncic.re.kr)의 '4차 국민학교 국어과 교육과정'을 참조하여 정리하였다.

용, 그리고 교과서의 구성 체계에 분명하게 나타나 있다. 먼저 중학교 교육 과정에 나타난 교과 목표를 보면 다음과 같다. 첫째, 말과 글을 통하여 생각과 느낌을 효과적으로 표현하고 이해하며, 합리적인 판단력을 기른다. 둘째, 국어에 관한 체계적인 지식을 가지게 한다. 셋째, 문학에 관한 기초적인 지식을 습득시키고, 문학 작품 감상력과 상상력을 기르며, 삶의 다양한 모습을 이해하게 한다 등이다. 이러한 교육 목표는 세 개의 세부 목표로 되어 있다. 세부 목표의 제1항은 '언어 기능'에 관한 목표이고, 제2항과 제3항은 각각 '언어'와 '문학'에 관한 목표이다. 목표에 제시된 영역 구분은 다시 내용의 구분에도 반영하여, 국어과의 내용 영역을 '표현 · 이해', '언어', '문학'으로 3분하고 있다.

제4차 국어과 교육 과정의 목표나 내용이 '표현 · 이해', '언어', '문학'의 세 영역으로 나뉘어 있음에도 불구하고, 교육 과정 내용을 구현한 교과서에는 각 단원의 읽기 자료 뒤에 '공부할 문제'(표현 · 이해), '문법'(언어학적 지식), '작문'(쓰기)의 세 가지 학습 과제를 제시하고 있다. 교육 과정의 영역 구분과 교과서의 연습 문제의 성격을 보면, 4차 국어과 교육 과정에서는 1~3차에서 '언어 기능'을 강조한 것과는 달리, '언어'와 '문학'과 '작문'을 더 강조하고 있음을 볼 수 있다. 이전 교육과정기 국어과 교육 과정에서 국어과 교육의 궁극적 목표로 설정되었던 언어 기능의 신장이 제4차에 이르러 바뀌게 된 이유는 크게 두 가지이다. 하나는, 그 동안 강조해 왔던 언어 기능 교육이 실제 교육에서는 제대로 전개되지 못하였다는 점이고, 또 다른 하나는 국어과 교육의 특성을 명료화한다는 취지였다. 국어과 고유의 영역을 언어 기능과 함께 언어(국어지식)와 문학(문학 지식과 문학 작품의 이해 및 감상)에서 찾고자 했던 것이다.

2 4차 교육과정기 극문학

4차 교육과정기 각 학년별『국어』의 극문학 관련 단원을 제시하면 [표 4]와 같다.

[표 4] 4차 교육과정기『중학국어』극문학 단원

단원명	문종	교과서	발행연도	편저자	발행처	비고
고구마	희곡	중학국어 1-1	1984	문교부	대한교과서 주식회사	차범석
등대	시나리오	중학국어 1-2	1984	문교부	대한교과서 주식회사	김승규
원술랑	희곡	중학국어 2-1	1984	문교부	대한교과서 주식회사	역사극 유치진
포로들	희곡	중학국어 2-2	1985	문교부	대한교과서 주식회사	이재현
빌헬름 텔	희곡	중학국어 3-1	1986	문교부	대한교과서 주식회사	실러/강두식 역
청춘은 조국과 더불어	희곡	중학국어 3-2	1985	문교부	대한교과서 주식회사	유치진

[그림 4]『중학국어 2-1』(문교부, 1986)

4차 극본 수록 양상의 특징적인 면은, 총 6편의 극문학 중 5편이 희곡, 1편이 시나리오로 나타난다는 점이다. 전 시기까지 수록되었던 방송극은 실리지 않았는데, 이는 시기적 특성에서 비롯된 것으로 보인다. 즉 이 시기는 대부분의 가정에 텔레비전이 보급되었던 때로서, 라디오 드라마 시대가 아니라는 점이다. 이에 따라 교재의 수록 빈도가 낮아진 것으로 보인다.

[표 4]의 희곡 수록 상황을 학년별로 살펴보면, 차범석의 <고구마>(『중학국어 1-1』), 유치진의 <원술랑>(『중학국어 2-1』), 이재현의 <포로들>(『중학국어 2-2』), 실러의 <빌헬름 텔>(『중학국어 3-1』), 유치진의 <청춘은 조국과 더불어>(『중학국어 3-2』) 등 5편이다. 시나리

오는 김승규의 <등대>(『중학국어 1-2』) 1편이 실렸다. 이상의 수록상을 보면 새로운 희곡은 <포로들>과 <빌헬름 텔> 등 2편이고, 나머지 3편은 재수록본에 속한다. 또한 해외 번역극이 실리고 있다는 점도 주목된다.

(5) 5차 교육과정기(1987.6~1992.6) 중등 국어과 교수요목 및 극문학

1 5차 교육과정기 교수요목[5)]

제5차 국어과 교육 과정의 기본 정신은 총론에서 지향하는, 교육을 통해 기르고자 하는 바람직한 인간상과 부합하면서 국어과 교육 고유의 성격과 목표를 포괄할 수 있는 방향에서 구성되었다. 즉 ① 성숙한 자아의식, ② 자율적인 의사 결정, ③ 기본적인 학습 능력, ④ 합리적인 문제 해결력, ⑤ 독창적인 표현력, ⑥ 풍부한 정서 등을 갖춘 인간을 기를 수 있도록 구성되었으며, 국어과 교육 고유의 목표인 말과 글을 통하여 생각과 느낌을 바르고 정확하고 효과적으로 표현하고, 이해할 수 있는 인간을 기를 수 있도록 구성되었다. 이 같은 기본 정신 하에 제5차 국어과 교육 과정의 기본 방향은 다음과 같다.

첫째, 국어과 교수 - 학습 상황에서의 주체를 교사가 아닌 학생으로 삼았다. 이는 교사가 학생들에게 지식이나 원리 또는 개념들을 주입식으로 넣어 주는 것이 아니라, 학생들로 하여금 자기 자신의 이해의 폭을 넓히고, 정보를 전달하고 기록하며, 보고와 평가 및 설득하는 과정을 '자신의 언어'로 할 수 있는 기회를 가지도록 하였다.

둘째, 언어 사용의 결과보다는 언어 사용의 과정을 중시하였다. 이

5) 아래 5차 교육과정기 교수요목은 '교육부(1991), 『중학교 교사용 지도서 3-1』, 대한교과서주식회사, pp.12~21'을 토대로 정리하였다.

에 교사는 학생들의 언어 · 자료를 교수 - 학습의 일차적인 자료로 삼으면서 학생들이 실제로 어떻게 글을 읽고 쓰는지, 그리고 말하기, 듣기, 읽기, 쓰기에는 어떤 장애 요인들이 있으며, 학생들이 두려워하는 것은 무엇인지를 학생들과 함께 고민하고 해결하도록 했다. 이러한 의미에서 국어과의 언어 학습 과정은 사고 학습 과정이었다. 즉, 효과적인 표현과 이해 활동을 잘하기 위하여 학생 자신이 언어를 어떻게 사용하고 있으며, 어떻게 사용하여야만 하는가에 대해 지각할 수 있게 돕는 일이 국어과 교육의 목표가 되었다.

셋째, 교실에서 일어나는 교수 - 학습이 다른 교과 학습과 실제 생활에 효과적으로 활용될 수 있도록 교수 - 학습 내용의 실제성을 강조하였다. 즉 '효과적인 국어교육('말하기 듣기', '쓰기') 학습의 결과를 실제의 언어생활에 효율적으로 적용하기 위해서, 교실 내에서의 수업 내용과 학습활동을 실제 생활의 상황과 유사하게 구싱하였다.

② 5차 교육과정기 극문학

5차 교육과정기 각 학년별 『국어』의 극문학 관련 단원을 제시하면 [표 5]와 같다.

[표 5] 5차 『중학국어』 극문학 단원

단원명	문종	교과서	발행 연도	편저자	발행처	비고
원술랑	희곡	국어 1-2	1990	문교부	대한교과서 주식회사	유치진
빌헬름 텔	희곡	국어 2-1	1992	문교부	대한교과서 주식회사	실러/강두식 역
마지막 잎새	시나리오	국어 3-2	1992	문교부	대한교과서 주식회사	오 헨리/이진섭 각색

[표 5]의 수록 양상을 보면, 극문학은 총 3편으로 이 중 2편이 희곡,

[그림 5] 『국어 13-2』
(문교부, 1990)

1편이 시나리오로 나타난다. 전 시기에 비하여 감소세를 보이는데, 이 시기에는 국정 교과서 외에 다양한 출판사의 교과서가 출판되었고, 이를 선택적으로 사용하게 된 데서 기인한 것으로 볼 수 있다. 또한 3편의 극문학 중 2편은 재수록본이며, 시나리오 1편만이 새로 도입된 단원이다. 해당 단원을 제시하면, 희곡으로는 유치진의 <원술랑>(『중학국어 1-2』), 실러의 <빌헬름 텔>(『중학국어 2-1』) 등이고, 시나리오는 번역 각색극인 오헨리의 <마지막 잎새>(『중학국어 3-2』) 등이다. 3편의 극문학 중 2편이 해외극에 속한다.

(6) 6차 교육과정기(1992.6~1997.12) 중등 국어과 교수요목 및 극문학

1 6차 교육과정기 교수요목6)

제6차 중학교 국어과의 '성격'은 언어 사용 기능을 신장시키고, 국어에 관한 기본이 되는 지식을 가지게 하며, 문학의 이해와 감상 능력을 길러 주는 데 있다. 또한, 국어과는 국어의 발전과 민족의 언어 문화 창조에 이바지하려는 뜻을 세우고, 올바른 민족의식과 건전한 국민 정서를 함양하는 데 두었다. 국어과는 언어 사용 기능, 언어, 문학의 세 영역으로 구성된 교과로서 언어 사용 기능 영역에서는 의사 교환 기능으로서의 표현 기능과 이해 기능을 길러 주며, 이를 통하여 합리적이며 창의적인 사고력을 길러 주는 데 목표가 있다.

이를 위하여, 표현 기능과 이해 기능 신장의 기저가 되는 원리 및

6) 아래 5차 교육과정기는 교수요목은 국가교육과정센터(http://ncic.re.kr)의 '3차 국민학교 국어과 교육과정'을 참조하여 정리하였다.

절차에 관한 지식을 학습시키고, 실제적인 표현 및 이해 학습활동을 통하여 언어 사용 기능을 신장시키는 학습을 중시했다. 그리고 언어 현상을 이해하는 데 필요한 기초적인 지식을 학습시키고, 표현 및 이해 활동을 바르게 하도록 했다. 또한, 문학 작품을 이해하고 감상하는 데 바탕이 되는 기초적인 지식을 학습시켜, 문학 작품을 바르게 이해하고 감상할 수 있는 능력을 함양시키도록 하였다. 이러한 중학교 국어과의 성격을 토대로 국어 생활을 바르게 하고, 국어와 민족의 언어 문화에 대한 이해와 관심을 가지게 하는 데 최종 교육 목표를 두었다.

이에 다음과 같은 세부 항목이 제시되기도 했다. 즉 첫째, 말과 글을 통하여 생각과 느낌을 정확하게 표현하고 이해하게 한다. 둘째, 국어에 관한 기초적인 지식을 익히고, 국어를 바르게 사용하게 한다. 셋째 문학에 관한 기초적인 지식을 갖추고, 작품 감상력과 상상력을 기르게 한다 등의 내용이다.

2 6차 교육과정기 극문학

6차 교육과정기 각 학년별 『중학국어』의 극문학 관련 단원을 제시하면 [표 6]과 같다.

[표 6] 6차 『중학국어』 극문학 관련 단원 목록

단원명	문종	교과서	발행년도	편저자	발행처	비고
원술랑	희곡	국어 1-1	1995	문교부	대한교과서주식회사	유치진
빌헬름 텔	희곡	국어 2-1	1995	문교부	대한교과서주식회사	실러/강두식 역
들판에서	희곡	국어 3-1	1997	문교부	대한교과서주식회사	이강백

[그림 6] 『국어 1-2』 (문교부, 1990)

위의 수록 양상을 보면, 6차에는 총 3편의 희곡만이 수록되고 있음을 볼 수 있다. 전 시기와 다르게 여타 극문학 부문이 보이지 않는다는 점이 특징적이다. 해당 단원을 제시하면, 유치진의 <원술랑>(『중학국어 1-1』), 실러의 <빌헬름 텔>(『중학국어 2-1』), 이강백의 <들판에서>(『중학국어 3-2』) 등이다. <원술랑>과 <빌헬름텔>은 재수록본이며 새로이 <들판에서>가 도입된 것을 볼 수 있다.

(7) 7차 교육과정기(1997.12~) 중등 국어과 교수요목 및 극문학

[1] 7차 교육과정기 교수요목7)

7차 중학교 국어과에서는 교육 목표를 다음과 같이 제시하였다. 즉 국어가 사용되는 맥락과 목적과 대상을 종합적으로 고려하면서 정확하고 비판적으로 이해할 수 있는 능력, 사상과 정서를 효과적이고도 창의적으로 표현할 수 있는 능력, 언어와 국어에 대한 기본적인 지식과 활용 능력 등을 함양하는 것이다. 그리고 문학에 대한 기본적인 지식을 바탕으로 문학 작품을 읽고 인간의 다양한 삶을 총체적으로 이해하는 능력과 심미적 정서를 기르는 것이다.

실제 국어과 학습에서는 학습 능력과 성취 수준을 고려하여, 정확하고 해석적이며, 비판적이고 창의적인 수준으로 확대되도록 하는데 중점을 두었다. 이와 함께 다음과 같은 구체적인 학습 목표를 두었다. 첫째, 언어 활동과 언어와 문학에 대한 기본적인 지식을 익혀,

7) 아래 7차 교육과정기는 교수요목은 국가교육과정정보센터(http://ncic.re.kr)의 '7차 초등학교 국어과 교육과정'을 참조하여 정리하였다.

이를 다양한 국어 사용 상황에서 활용하는 능력을 기른다. 둘째, 정확하고 효과적인 국어 사용의 원리와 작용 양상을 익혀, 다양한 유형의 국어 자료를 비판적으로 이해하고 사상과 정서를 창의적으로 표현하는 능력을 기른다. 셋째, 국어 세계에 흥미를 가지고 언어 현상을 계속적으로 탐구하여, 국어의 발전과 국어 문화 창조에 이바지하려는 태도를 기른다 등이다.

한편 7차 국어 교과서가 『국어』와 『생활국어』 두 권으로 나뉘어진 점이 특징적이다. 『국어』는 '읽기'와 '문학' 영역을 중심으로, 『생활국어』는 '듣기', '말하기', '쓰기', '국어 지식' 영역을 중심으로 구성하였다. 『국어』는 모두 7개 단원으로 구성하였으며, 각 단원에는 학습 목표를 구체적으로 제시하였다. 그리고 이 학습 목표를 성취하기 위한 자료로 여러 종류의 문예문과 비문예문을 실었고, 이에 따라 학습 활동들을 다양하게 전개하였다. 구체적인 체계는 '대단원→ 단원의 길잡이→ 소단원 읽기 전 활동(읽기 전에), 읽기 후 활동(학습 활동)→ 생각넓히기→ 보충 · 심화 → 한자 공부 → 이 단원을 마치며' 등으로 구성되었다. 이것은 국어 교과서가 활동 중심으로 짜여졌음을 의미한다. 한편 『생활국어』의 교과서 체계는 '단원의 길잡이 →소단원 →생각 넓히기 →보충 심화 →학습 내용과 원리의 정리' 등 『국어』와 유사한 구성을 취하고 있다.

2 7차 교육과정기 극문학

7차 교육과정기 각 학년별 『국어』 및 『생활국어』의 극문학 관련 단원을 제시하면 [표 7]과 같다.

[표 7] 7차 『중학국어』 극문학 관련 단원 목록

단원명	문종	교과서	발행연도	편저자	발행처	비고
육체미 소동	방송극(TV)	국어 1-1	2003	교육인적자원부	대한교과서주식회사	박정화
들판에서	희곡	국어 2-2	2004	교육인적자원부	대한교과서주식회사	이강백
시집가는 날	희곡(뮤지컬 극본)	생활국어 3-1	2004	교육인적자원부	대한교과서주식회사	오영진 작 / 박 만 규 극본
마지막 잎새	희곡	생활국어 3-2	2003	교육인적자원부	대한교과서주식회사	오헨리/신일석 극본

[그림 7] 『국어 1-1』 (교육인적자원부, 2003)

[표 7]의 수록 양상에서, 7차 교육과정기에는 총 4편의 극문학이 수록되었으며, 희곡, 방송극, 뮤지컬 대본 등 형식이 다양한 극본이 실렸음을 볼 수 있다. 희곡은 이강백의 <들판에서>(『국어 2-1』)와 오 헨리의 <마지막 잎새>(『생활국어 3-2』) 등 2편이며 모두 재수록본에 속한다.

새로이 도입된 박정화의 <육체미 소동>(『국어 1-1』)은 텔레비전에서 방영되었던 방송 대본이며, 박만규의 <시집가는 날>은 민담을 소재로 한 오영진의 희곡 <맹진사 댁 경사>를 뮤지컬 대본으로 각색한 경우라는 점이 특징적이다. 4차 이후부터 중학교 국어과에서는 희곡이 지배적인 경향이었으나, 7차에 들어 다양한 종류의 극본들을 선보이며 제재의 다양성을 기하고 있음을 볼 수 있다.

2) 제재별 빈도 및 특징

앞에서 시기별 극본 목록을 살펴보았다. 이는 통시적인 수록상을 검토하기 위함이었다. 여기에서는 본고에서 분석틀로 삼은 희곡/방송극/시나리오 분야로 나누어, 제재별 빈도를 통하여 그 수록 경향을 살피고자 한다. 각 제재별 수록 양상의 구체적인 분석은 아래 수록 양상 및 학습활동 분석에서 다룰 것이다. 여기에서는 주로 도표화를 통하여 특징적인 사항을 개략적으로 제시하고자 한다.

(1) 희곡 제재 수록 현황

희곡은 총 13편으로 교육과정기별수록 현황을 정리하면 [표 8]과 같다.

[표 8] 희곡 제재 교육과정기별 빈도

번호	제목	교육과정기별 빈도								문종 및 작가	수록 교과서 및 기타
		교	1	2	3	4	5	6	7		
1	이준과 안중근	○								희곡	교수요목기(중등국어 1-2) [역사소재극]
2	목란의 종군	○								희곡	교수요목기(중등국어 3) [역사소재극]
3	베니스의 상인	○								희곡(셰익스피어)	교수요목기(중등국어 5) [해외 번역극]
4	원술랑	○			○	○	○	○		희곡 (유치진)	교수요목기(중등국어 3-2, 중학국어 3-2), 3차(중학국어 2-1), 4차(중학국어 2-1), 5차(국어 2-1), 6차(국어 1-1) [역사소재극]
5	사육신		○	○						희곡 (유치진)	2차(중학국어 2-2), 3차(중학국어 2-2) [역사소재극]
6	별			○						희곡 (유치진)	3차(중학국어 1-2) [역사소재극]
7	고구마		○	○	○	○				희곡 (차범석)	2차(중학국어 3-2), 3차(중학국어 3-2), 4차 (중학국어 1-1) [사실주의극]

8	빌헬름 텔					○	○	○		희곡 (실러)	4차(중학국어 3-1), 5차(국어 2-1), 6차(국어 2-1) [해외 번역극]
9	들판에서							○	○	희곡 (이강백)	6차(국어 3-1), 7차(국어 2-2) [사실주의극]
10	시집가는 날								○	희곡(오영진 /박만규 극본)	7차(국어 3-1) [뮤지컬 대본]
11	마지막 잎새								○	희곡 (오헨리)	5차(국어 3-2), 7차(생활국어 3-2) [해외번역극]
12	포로들					○				희곡 (이재현)	4차(중학국어 2-2) [사실주의극]
13	청춘은 조국과 더불어					○				희곡 (유치진)	4차(중학국어 3-2) [사실주의극]

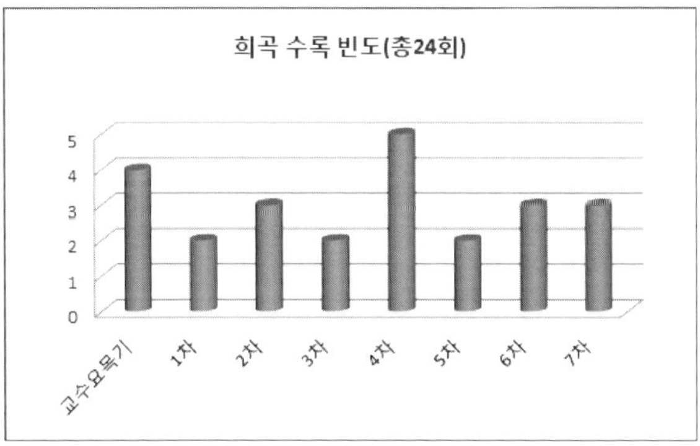

[그림 8] 희곡 수록 빈도수

가. 시기별 수록 빈도

위의 수록 상황을 교육과정기별 빈도수(재수록 포함)로 정리해 보면, 교수요목기(4편), 1차(2편), 2차(3편), 3차(2편), 4차(5편), 5차(2편), 6차(3편), 7차(3편) 등으로 나타나 총 24회의 빈도수를 보인다. 1차, 3차, 5차 교육과정기가 가장 낮은 수치를 보이며, 4차 교육과정기가 최다수로 나타난다.

빈도수의 차이는 교과서 극본 수의 차이뿐만 아니라, 시기별로 유형별 극본 비율의 차이, 교수요목의 변화에서 비롯된다. 일례로 최다수를 보이는 4차는 문학 감상이 중시된 시기로서 이를 반영하여 교과서 극본 수도 증가 추세를 보인 것이라 하겠다. 최소수를 보이는 1, 3차의 경우는 희곡 외에 시나리오와 방송극도 함께 수록된 시기로 유형별 극본의 형평성을 고려한 수록상이라 할 수 있다. 일례로 3차 시기에는 방송극인 <삼층밥>, <누가 우리를 지켜줄 것인가> 등과 시나리오인 <잘 사는 길>, <등대> 등이 실리고 있다.

또한 <원술랑>과 <고구마>는 재수록 빈도가 특히 높게 나타나는 제재로, <원술랑>은 1~2차를 제외한 전 교육과정기에 재수록 되었으며, <고구마>는 1~4차까지 지속적으로 실렸다는 점에서 주목된다. 이러한 제재 편중 현상은 주제면에서 계몽성이 강한 극이라는 점에서 기인한 것으로 보인다.

나. 소재 및 작가별 수록 빈도

소재별 수록 현황을 보면 역사극, 해외 번역극, 사실주의극으로 대별된다. 역사극은 <이준과 안중근>, <목란의 종군>, <원술랑>, <사육신>, <별> 등 5편, 해외 번역극은 <베니스의 상인>, <빌헬름 텔>, <마지막 잎새> 등 3편, 사실주의극은 <고구마>, <시집가는 날>, <들판에서>, <포로들>, <청춘은 조국과 더불어> 등 5편으로 역사극과 사실주의극이 주로 수록된 경향을 보인다. 특히 역사극은 교수요목기 및 4차 시기에 주로 드러나는 제재이다.

중등 국어 교과서에서는 작가를 주로 명시하고 있는데, 무명으로 드러난 경우는 <이준과 안중근>, <목란의 종군> 2편뿐이다. 명시된 작가를 차시별로 정리해 보면 [표 9]와 같다.

[표 9] 작가별 수록 빈도수(희곡)

작가	극본	수록 시기	빈도
유치진	원술랑	교수요목기, 3~6차	5
셰익스피어	베니스의 상인	교수요목기	1
유치진	사육신	2~3차	2
유치진	별	3차	1
차범석	고구마	2~4차	4
이재현	포로들	4차	1
유치진	청춘은 조국과 더불어	4차	1
프리드리히 실러	빌헬름 텔	4~6차	3
오헨리	마지막 잎새	5차	1
이강백	들판에서	6~7차	2
오영진/박만규 극본	시집가는 날	7차	1

작가별 수록 빈도수를 보면, 1편 이상의 극본이 수록된 경우는 유치진으로 총 4편의 작품이 수록되었다. 기타 국내 작가나 해외 작가의 경우는 각각 1편의 작품만이 보여 한 작가에 편향된 수록 경향을 드러낸다.

(2) 방송극 제재 수록 현황

방송극은 총 7편으로 교육과정기별 수록 현황을 정리하면 [표 10]과 같다.

[표 10] 방송극 제재 교육과정기별 빈도

번호	제목	교육과정기별 빈도								문종 및 작가	수록 교과서
		교	1	2	3	4	5	6	7		
1	장님의 지혜	○								방송극 (최요안)	교수요목기 (중학국어 2-1)

2	느티나무 있는 언덕		○							방송극 (최요안)	1차(중학국어 1-2)
3	강가의 소년		○							방송극 (최요안)	1차(중학국어 2-1)
4	장미꽃 피는 날		○							방송극	1차(중학국어 2-1)
5	누가 우리를 지켜줄 것인가			○	○					방송극 (학생작품)	2차(중학국어 2-1), 3차(중학국어 2-2)
6	삼층밥				○					방송극	3차(중학국어 1-2)
7	육체미 소동								○	방송극(TV) (박정화)	7차(국어 1-1)

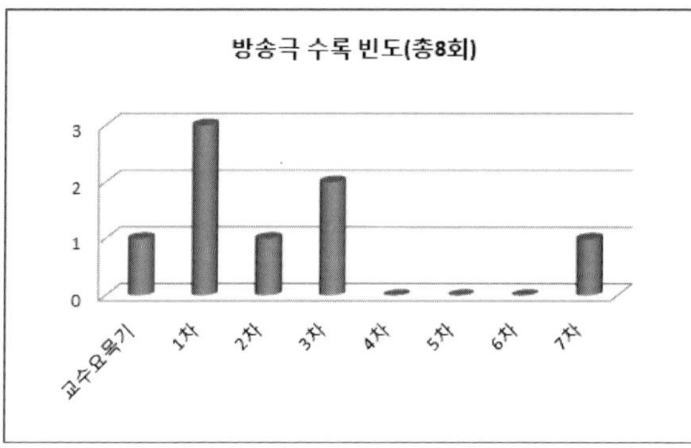

[그림 9] 방송극 수록 빈도수

위의 수록 상황을 교육과정기별 빈도수(재수록 포함)로 정리해 보면, 교수요목기(1편), 1차(3편), 2차(1편), 3차(2편), 4차(0편), 5차(0편), 6차(0편), 7차(1편) 등으로 나타나 총 8회의 빈도수를 보인다. 방송극은 주로 1~3차에 집중되어 있음을 볼 수 있는데, 최다수를 보이는 차시는 1차이며, 4~6차까지 방송극이 수록되지 않다가 7차에 1편 실렸다. 유형면에서 볼 때, TV 방송극인 <육체미 소동>(7차) 외에 모두 라디오 방송극으로서, 4~6차의 방송극 부재는 라디오 드라마가 쇠퇴한 당대 시기적 특성을 반영한 것으로 판단된다. 또한 방송극은 앞선 희곡에 비해 재수록 빈도가 낮다는 점도 주목된다. 즉 <누가 우리를

지켜줄 것인가> 외에 모두 한 차시에서만 다루고 있다.

작가별 빈도수를 보면, 무명을 제외하고 최요안의 작품이 3편(장님의 지혜>, <느티나무 있는 언덕>, <강가의 소년>)으로 최다수이며 그 외 박정화(<육체미 소동>), 학생 작품(<누가 우리를 지켜줄 것인가>)이 각각 1편으로 나타난다. 여기에서도 앞선 희곡 작가의 편중 경향이 그대로 드러난다. 또한 학생 작품을 수록하고 있다는 점도 특징적이라 하겠다.

(3) 시나리오 제재 수록 현황

시나리오는 총 6편으로 교육과정기별 수록 현황을 정리하면 [표 11]과 같다.

[표 11] 시나리오 제재 교육과정기별 빈도

번호	제목	교육과정기별 빈도								문종 및 작가	수록 교과서
		교	1	2	3	4	5	6	7		
1	소년의 노래	○								시나리오 (최태호)	교수요목기 (중등국어 1-2)
2	바다	○								시나리오 (오영진)	1차(중학국어 2-1)
3	무제 <씨나리오 예>		○							시나리오	1차(중학국어 2-1)
4	잘 사는 길			○	○					시나리오 (김승규)	2차(중학국어 1-1), 3차(중학국어 1-1)
5	등대			○	○	○				시나리오 (김승규)	2차(중학국어 2-2), 3차(중학국어 2-2), 4차(중학국어 1-2)
6	마지막 한 잎						○			시나리오 (오 헨리)	5차(국어 3-2)

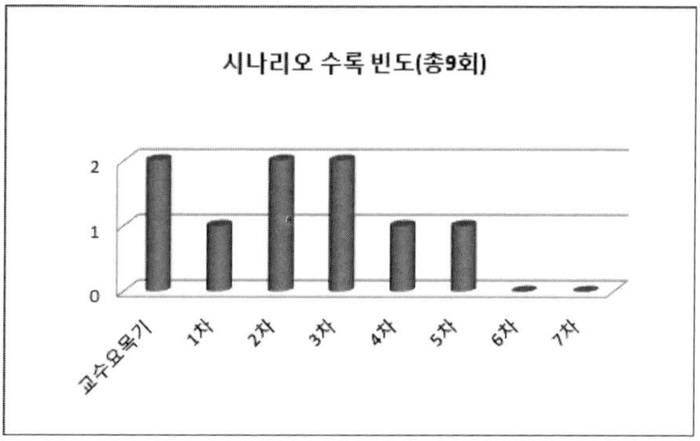

[그림 10] 시나리오 수록 빈도수

위의 수록 상황을 교육과정기별 빈도수(재수록 포함)로 정리해 보면, 교수요목기(2편), 1차(1편), 2차(2편), 3차(2편), 4차(1편), 5차(1편), 6차(0편), 7차(0편) 등으로 나타나 총 9회의 빈도수를 보인다. 6~7차 외에 모두 1~2편의 시나리오가 고루 실려 있으며, 비교적 앞선 시기에서 시나리오를 다룬다는 특징을 보인다. 재수록 빈도면에서 보면, <등대>가 2~4차까지 3회, <잘 사는 길>이 2~3차까지 2회 재수록 빈도를 보이고, 나머지 제재는 모두 1회의 빈도수를 보인다. 재수록 빈도가 높은 작품은 '반공'과 '새마을 운동'을 주제로 한다는 점에서, 해당 시기 사회적 환경을 반영한다고 볼 수 있다. 또한 작가별 빈도수를 보면, 무명을 제외하고 김승규의 작품이 2편(<잘 사는 길>, <등대>)으로 최다수이며 그 외 최태호(<소년의 노래>), 오영진(<바다>), 오 헨리(<마지막 한 잎>) 작품이 각각 1편으로 나타난다. 특히 김승규의 작품은 2~4차에 걸쳐 다루고 있어, 시기적인 측면에서 작가 편향 현상을 보인다. 또한 5차 시나리오 <마지막 한 잎>은 7차에 희곡 <마지막 잎새>로 각색되어 수록되었다는 점에서 특징적이라 할 수 있다.

이상 중등 과정 극본인 ① 희곡 ② 방송극 ③ 시나리오의 시기별 빈도 및 특징 등을 살펴보았다. 아래 제재별 수록 양상에서는 극본의 실제 수록상과 학습활동을 구체적으로 고찰하고자 한다.

2. 제재별 수록 양상 및 학습활동

1) 희곡 수록 양상 및 학습활동

(1) 교수요목기~1차 교육과정기

[1] 희곡 수록 양상 : 역사극의 편중화

교수요목기 및 1차 교육과정기 극문학은 총 5편이며, 교수요목기의 경우는 작가 미상의 <목란의 종군(木蘭의 從軍)>(『중등국어 3』), <이준과 안중근>(『중등국어 1-2』), 유치진의 <원술랑>(『중등국어 3-2』) 등과 해외 번역극인 셰익스피어의 <베니스의 상인>(『중등국어 5』)이 수록되었다. 1차에는 유치진의 <원술랑>(『중학국어 3-2』)과 <사육신>(『중학국어 3-2』) 등 2편이 실려 있으며, <원술랑>은 교수요목기의 재수록본이기도 하다. 이를 보면 중등 국어 교과서에 수록된 희곡은 셰익스피어의 <베니스의 상인> 외에, 대부분 역사극이라는 특징을 보인다.

[표 1] 교수요목기~1차 희곡 단원

학년	작품	작가	내용 및 주제	부문	차시
중등국어 1	이준과 안중근	작가 미상	노일 전쟁에서 일본군이 승리하면서 국권의 위협을 받자. 안중근이 '국민교육회'의 이준을 찾아가서 난국을 타개할 방도를 찾는다.(구국정신)	역사극	교수요목기
중등국어 3	목란의 종군	작가 미상	병약한 아버지를 대신하여 전쟁터에 나간 목란은 공을 세우고 고향에 돌아와 다시 부모를 봉양한다.(충효)	역사극	교수요목기

중학국어 3	원술랑	유치진	임전무퇴의 화랑오계를 저버린 원술은 전쟁에 백의종군하여 대승을 거둔다.(화랑정신과 충효사상)	역사극	교수요목기~1차
중학국어 3	사육신	유치진	세조의 왕위 찬탈에 성삼문 등 사육신이 그를 암살하려고 하나 계획이 발각되어 참살된다.(충의)	역사극	1차
중등국어 5	베니스의 상인	셰익스피어	현명한 판결과 탐욕의 징벌(지혜)	해외 번역극	1차

위에 제시된 희곡의 구체적인 수록 양상을 시기별로 살펴보면 아래와 같다.

가. 교수요목기 극본 수록 양상 : 〈목란의 종군〉, 〈이준과 안중근〉, 〈원술랑〉, 〈베니스의 상인〉

① <목란의 종군> 극본 수록 양상

<목란의 종군(木蘭의 從軍)>은 『중등국어 3』에서 '역사극'이라는 장르명과 함께 수록되었으며, 극본 수록 이전에 다음과 같은 내용이 제시되어 있다.

> (1) 옛날 중국에 한 대장이 있었다. 그는 늙어서, 벼슬을 그만 두고 집에서 한가히 지냈다. 그 때, 마침 외적들이 중국에서 쳐 들어왔다. 왕은 그에게 징병령을 내렸지마는, 그는 늙어서 전쟁에 나갈 수가 없었다. 아들은 아직 어려서, 자기 대신으로 나갈 만한 사내가 없었다.(중략) 그는 집에 돌아와서 전과 다름 없이 여자의 복색을 하였다. 그를 데리고 온 병정들은, 이에 비로소 그가 여자인 줄 알고 깜짝 놀랐다. 이 여자야말로 유명한 화목란(花木蘭)이었다.
>
> <목란의 종군(木蘭의 從軍)>(『중등국어 3』, 1948, pp.61~62)

인용문은 극 내용이 시작되기 전에 제시된 내용이다. 중국 6세기경의 서사시인 '목란사(木蘭辭, 또는 木蘭詩)'를 소개하는 글로, 주인공 화목란(花木蘭)의 기담을 내용으로 하고 있다.[1] <목란의 종군>은 이를 소재로 각색한 역사극이며, 개화기의 『녀ᄌᆞ독본』에 서사의 글로 수록되었던 내용이기도 하다.[2] 각색된 희곡은 다음과 같이 수록되었다.

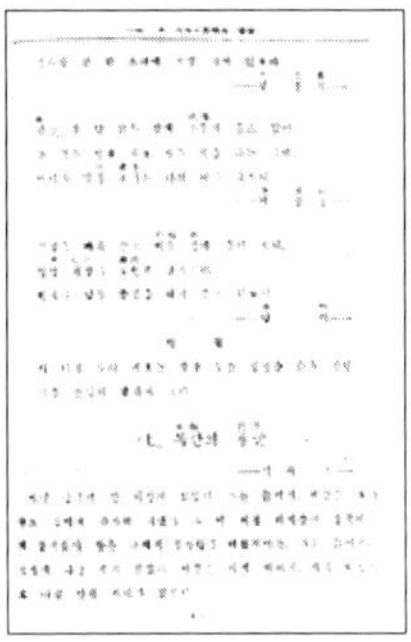

[그림 1] 〈목란의 종군〉 (『중등국어 3』, 1948, p.61)

(2) [제1막] 아버지 대신으로 종군, 사람 : 아버지 40세, 어머니 50세, 목란 20세/ 곳 : 목란의 집 방안(중략)

아버지 ―근심스러운 얼굴로 한 손을 턱에 대고, 먼 하늘을 바라보며, 한숨을 쉰다― 후우.......

어머니 요즘 당신은 한숨만 후우 후 쉬니 그래 무슨 걱정이 생겼소?

아버지 걱정이래도 이만저만한 걱정이래야지 후우.... 요즘 우리 나라 왕은 또 외적들하고 전쟁을 시작했다오. 그래서, 남자가 있는 집은, 적어도 한 사람씩은 병정으로 나가게 됐소. 바루 그저께 징병령이 내렸소.

<목란의 종군(木蘭의 從軍)>(『중등국어 3』, 1948, p.63)

예문 (2)는 1막 서두 부분만을 인용한 것으로서, 이 극본은 총 4막으로 이루어진 희곡이다. 극 전개를 발단, 전개, 절정, 결말 등의 플롯으로 재구성해 보면 아래와 같다.

(3) 발단(제1막 : '아버지 대신으로 종군', 등장인물은 '아버지, 어머니, 목란', 곳 '목란의 방안') 징병 통지를 받고 가족들이 근심한다./ 전개(제2막 : '싸움', 등장인물 '장군, 병정 6, 7인, 목란(병정과 같은 복색), 순라군 두 사람, 적병(敵兵) 7, 8인' 곳 '어느 거친 뜰'. 전쟁터에서 12년 동안의 기간이

---

1) 목란사는 중국 남북조 시대의 북조에서 등장한 것이며, '악부시집(樂府詩集)' 25권에 등장한다. 5언 62구 310자로 이루어져 있다(남숭산인 장지연 편(2012), 『여자독본』, 경진, pp.156~246).

2) 남숭산인 장지연 편(2012), 앞의 책, pp.79~82.

경과하고 적군과 대치 상황에 있다./ 절정(제3막 : '개선(凱旋)', 등장인물은 '왕, 장군, 목란, 호위병(護衛兵) 5, 6인', 곳 '편전(便殿)'. 전쟁이 승리로 끝난 시기로, 왕이 공이 많은 목단에게 벼슬을 주려고 하나 이를 사양하고 귀향하여 부모를 봉양하기를 원한다./ 결말(제4막 : '집에 돌아옴', 등장인물은 '아버지, 어머니, 목란, 목란의 동생, 병정 ㄱ, ㄴ', 곳 목란의 집. 집으로 돌아온 목란은 다시 여장을 하고 부모 섬기기에 힘쓴다.

<목란의 종군>(『중등국어 3』, 1948, pp.63~71)

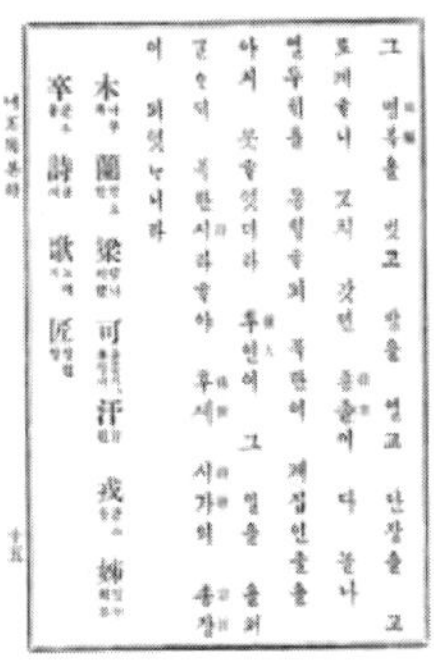

[그림 2] 〈목란〉(『녀ᄌᆞ독본』, 광학서포, 1988, p.15)

위의 4막 전개에서는 '화목란(花木蘭)'이라는 소녀가 병약한 아버지 대신 종군하여 공을 세우고, 귀향하는 과정을 다루고 있다. <목란의 종군>은 목란의 효성에 초점을 둔 것으로, 앞서 살핀 바, 중국 문헌에 전해오는 <목란사>에 토대를 두고 극화되었다는 점이 특징적이다. 또한 '목란'의 이야기는 현대에 들어, 월트 디즈니의 애니메이션 <뮬란>으로 제작 개봉되어 세계인의 주목을 받았던 내용이기도 하다. 그런데 교수요목기에 이미 『중등국어』에서 극본으로 다루었다는 점이 주목된다.

② <이준과 안중근> 극본 수록 양상

『중등국어 1-2』에 수록된 <이준과 안중근> 또한 역사극으로서 다음과 같은 수록 양상을 보인다.

(4) 고종 황제(高宗皇帝) 광무(光武) 십년 병오(丙午), 안중근(安重根) 선생의 나이 28세였다. 이 해, 노일 전쟁의 분수령(分水嶺)이 분명하여 져서, 곧 일본군이 승리하였다.(중략) 이준(李儁) 선생을 찾아 지도를 삼가 받기로 하

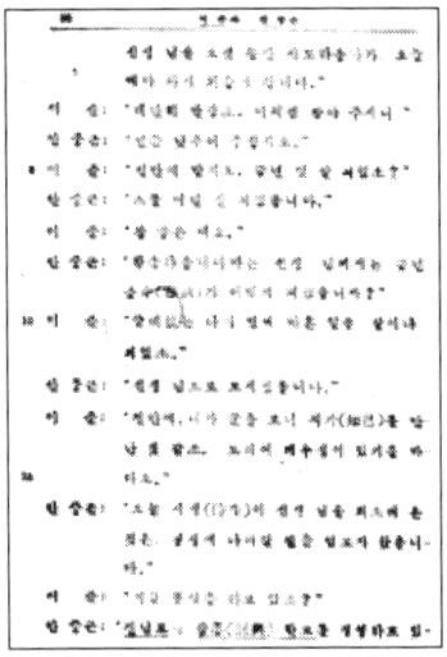

[그림 3] 〈이준과 안중근〉
(『중등국어 1-2』, 1952, p.57)

고, 창덕궁 돈화문 앞 운니동(雲泥洞)에 있는 국민교육회로 찾아갔다.

안중근 : "저는 진남포에서 올라온 안중근입니다.

이준 : "대단히 반갑소. 이처럼 찾아 주시니."(중략)

안중근 : "그렇습니다. 그런데 선생님, 경향에 멀리 떨어져 있어, 자주 가르침을 받고자 합니다. 이렇게 하오면, 이 스러져 가는 국권을 바로잡을 수가 있겠습니까? 이 일에 대한 가르치심을 특히 바랍니다."

<이준과 안중근>(『중등국어 1-2』, 1952, pp.57~59)

앞서 <목란의 종군>의 경우에도 개막 전에 배경 설명이 있었던 것과 마찬가지로, 이 작품 또한 서두에 서사적인 설명이 부가되고 있다. 이는 교수요목기 희곡 수록 양상의 한 특징을 보여주는 부분이라 하겠다.

한편 극의 내용은 주로 대화체로서 전개된다. 노일 전쟁에서 일본군이 승리하면서 국권이 위태로워지자, 안중근이 '국민교육회'의 이준을 찾아가서 난국을 타개할 방도를 찾는다는 내용이다. 이 극본은 장막의 구분이나 플롯 전개의 사건이 보이지 않으며, 대화체로 일관하여 마치 회담 장면을 기록한 회의록처럼 제시되고 있다. 그러나 등장인물과 배경, 대사 제시 등 형태면에서는 희곡적 형식을 취하고 있다. 이 희곡은 초기 초등 국어 교과서 나타났던 '대화극 활용의 유사 극본'의 형태와 흡사하다고 볼 수 있다.

③ <원술랑> 극본 수록 양상

유치진의 <원술랑>은 『중등국어 3-2』의 'Ⅸ. 희곡'에 실려 있는 극본으로 나당교전사를 다루고 있으며, 해방을 맞았음에도 외세에 종속된 정치현상을 순국정신을 통해 반어적으로 풍자하고 있는 작품이 다.[3] 원작은 총 5막에 이르는 장막극이나 교과서에는 5막 '1~2장'만 이 수록되었다. 그 수록상을 제시하면 아래와 같다.

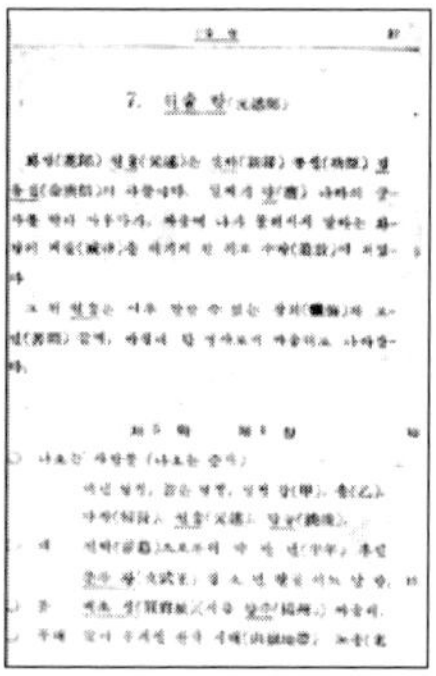

[그림 4] 〈원술랑〉
(『중등국어 3-2』, 1952, p.37)

(5) 화랑(花郎) 원술(元述)은 신라(新羅) 공신(功臣) 김유신(金庾信)의 아들이다. 일찌기 당(唐) 나라의 군사를 막아 싸우다가, 싸움에 나가 물러서지 말라는 화랑의 계율(戒律)을 어기게 된 죄로 추방이 되었다.(중략)

[제5막 제 1장] 나오는 사람들(나오는 순서) : 어린 병정(중략) 당장(幢長), 원술(元述), 담능(淡凌)/ 때 : 전막(前幕)으로부터 약 반 년(半年) 후인 문무왕(文武王) 십 오년(중략)/ 곳 : 매초성(買肖城)(중략)

어린 병정(드러누워) 애그, 목말라. 애그 다리야.

병정 갑(甲) (산 아래를 흘겨보며) 에이 짐승 같은 당나라 놈들!(중략)

원술 내게 제발 싸울 기회를 주오.

어린 병정 제길! 정말 우스운 놈도 다 보겠네!

<원술랑>(『중등국어 3-2』, 1952, pp.31~40)

<원술랑>의 5막 1장은 '매초성 싸움터' 장면으로 당군과의 전투에서 원술이 승전한 내용을 다루고 있다. 5막 2장은 '궁전 앞 뜰'로서 승리에 대한 논공행상을 행하는 내용이다. 이러한 극의 내용을 통해 외세와 자주 독립의 문제, 화랑 이념의 옹호와 그 실천의 문제 등을 다루고 있는 희곡이다.[4] '충(忠)'이라는 교육적 내용으로 인해 차기 교육과정기에도 지속적인 재수록 현상을 보이는 작품이기도 하다. 위 극본은 싸움터의 전투 장면이나, 궁궐의 화려한 무대 장치 등이

3) 「자서전」(『유치진 희곡 전집・9』, pp.224~225).

4) 윤금선(2004), 『유치진 희곡 연구』, 연극과인간, p.203.

치밀하게 제시되어 있다. 여타 장면에서도 배경 정황, 인물의 행동 등을 지시하는 '지시문'이 상당히 묘사적이고 길다는 점이 이 작품의 특징이기도 하다.

한편 교수요목기에는 해외 번역극인 세익스피어의 <베니스의 상인(商人)>(최정우 번역)이 수록되고 있다. <베니스의 상인>은 총 5막으로 구성된 희곡인데, 교과서에는 절정 부분인 4막 1장의 '법정 장면'만을 싣고 있다.

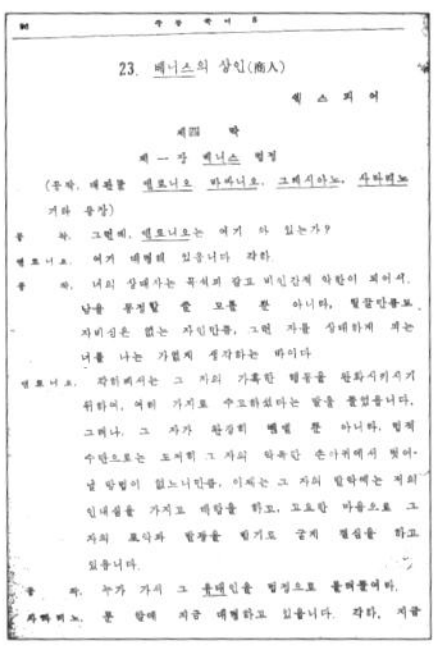
23. 베니스의 상인(商人)
섹스피어

[그림 5] 〈베니스의 상인(商人)〉(『중등국어 5』, 1950, p.96)

(6) 공작. 너의 상대자는 목석과 같고 비인간적인 악한이 되어서, 남을 동정할 줄 모를 뿐 아니라, 털끝만큼도 자비심은 없는 자인만큼(중략)

앤토니오. (중략) 법적 수단으로는 도저히 그 자의 악독한 손아귀에서 벗어날 방법이 없느니만큼, 이제는 그 자의 발악에는 저의 인내심을 가지고 대답을 하고, 고요한 마음으로 포악과 발광을 받기로 굳게 결심을 하고 있읍니다.(중략)

샤이로크. 그 육천 따카트의 따카트 하나 하나가 여섯 조각으로 쪼개져서, 그 쪼개진 하나 하나가 다 각각 따카트가 된대도 나는 받지 않겠다. 나는 그저 차용 증서대로 할테야.

<베니스의 상인>(『중등국어 5』, 1950, pp.96-100)

위 부분은 <베니스의 상인>의 서두 부분을 인용한 것으로서, 대사의 묘미를 살린 화술극의 성격을 잘 드러낸 희곡이다. 이 법정 장면은 앞서 초등학교 극본 수록 양상에서도 살펴본 바, 6차 『말하기 듣기 4-1』, 7차 『읽기 5-2』 등에서도 다루어진 희곡이다. 교수요목기 고등 과정의 최초 수록본이 초등 과정에서 재수록된 것이라 할 수 있다. 또한 2007년에 개정된 조선족의 『조선어문』에서도 이 극본을 도입하여 수록하고 있는데,[5] 국외 극본 제재와 영향 관계를 보인다는 점에

서 특징적이다.6)

지금까지 검토한 바, 교수요목기 희곡은 국내 작품인 <목란의 종군>, <이준과 안중근>, <원술랑> 등과 해외 번역극인 <베니스의 상인> 등 4편으로 특히 국내 작품의 경우, 모두 충효 및 애국 계몽적인 주제의 역사극이 대부분이다. 특히 <이준과 안중근>은 대화극 중심의 유사극본 형태와 흡사하다는 특징을 지닌다. 한편 이 희곡들은 일종의 독본으로서 수록되었으며, 학습문제기 제시되지 않고 있다.

나. 1차 교육과정기 극본 수록 양상 : 〈원술랑〉, 〈사육신〉

1차 희곡은 유치진의 작품인 <원술랑>과 <사육신> 2편만 수록되어 있다. <원술랑>은 『중등국어 3-2』의 'Ⅸ. 희곡(戲曲)'에, <사육신>은 『중학국어 3-2』의 대단원 'Ⅶ. 연극'에 실렸으며, 전자는 재수록본에 속하고 후자는 1차에 새로 도입된 희곡이다.

<사육신>은 총 4막으로서 교과서에는 2막만이 수록되고 있다.

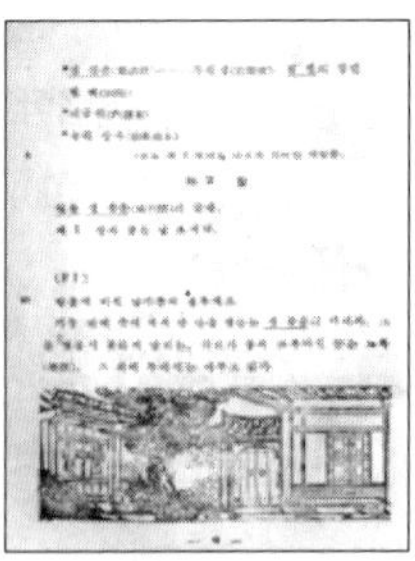

[그림 6] 〈사육신〉
(『중학국어 3-2』, 1956, p.9)

(7) 때 : 세조(世祖) 2년(단기 3789) 병자(丙子) 6월, 나오는 사람들 : 성상문(최부승지), 성승(성상문의 아버지), 아내(성상문의 아내)(중략) (제2장) 원골 성상문(成三問)의 글방, 제1장과 같은 초저녁 (FI) 방문에 비친 남자들의 실루에트. 기둥 위에 숨어 서서 방 안을 엿듣는 성상문의 아내와, 그를 엿듣지 못하게 말리는, 허리가 몹시 꼬부라진 늙은 노복(老僕)(중략)
이개 : 하하하... 아, 통쾌하다. 오늘 저녁을 위해서, 우

5) <베니스의 상인>(『의무교육 조선어문』 9학년 하권, p.112).
6) 윤금선(2014), 「조선어문 제재 수록 양상 연구-극문학 제재 현황을 중심으로」, 『한국극예술연구』 제45집, 한국극예술학회, pp.240~242.

리가 이 세상에 난 게 아닌가? 일이 이쯤 되면, 죽지 않고 여태 살아 온 보람이 톡톡히 있는데....(중략)

성삼문 : 하하하... 이렇게 한 번 휘두르면, 아침 햇살에 안개 사라지듯 하늘의 빛깔이 홱 바뀌고 말테지.

<사육신>(『중학국어 3-2』, 1956, pp.11～14)

<사육신>은 '세조의 왕위 찬탈 사건'을 다루고 있는 희곡으로서, 세조의 왕위 찬탈과 정적들에 대한 참살 등을 통해 당대 국내 정치의 난맥상을 풍자 · 비판한 작품이다.[7] 위의 4막 2장은 그 중 성상문 등이 세조를 암살하려는 계획과 그 좌절 등을 드러내고 있는 내용이다.

1차에 수록된 <사육신>은 <원술랑>과 함께 차기 교육과정기에서도 반복 수록되는 현상을 보인다. 이 또한 작품에 드러난 민족주의, 외세배척 등의 이념성, '충(忠)'과 '효(孝사)' 사상 등 교육적 효용성을 띠고 있다는 점에서 기인한 것으로 보인다.

[2] 극본 학습활동 : 희곡의 이해와 극화학습

교수요목기 중등 교과서에 수록된 <목란의 종군>, <이준과 안중근>, <원술랑> 등 희곡의 경우에는 학습활동이 제시되지 않았다. 1차 <원술랑>과 <사육신>의 경우에도 <사육신>만 학습문제가 보인다. 이에 확인할 수 있는 학습 목표와 학습문제, 희곡 이론 등을 통해 학습활동을 살피고자 한다. 먼저 확인된 자료를 토대로 단원 목표를 정리하면 다음과 같다.

---

7) 윤금선(2004), 앞의 책, p.242.

[표 2] 1차 희곡 단원 목표

학년	작품	단원 목표
3	원술랑	· 연극을 바르게 감상할 수 있다 · 연극의 대본으로서 희곡을 읽을 수 있다.
3	사육신	· 연극과 희곡의 관계를 알 수 있다 · 읽은 내용을 연극으로 꾸밀 수 있다.

위의 단원 목표는 연극 감상, 희곡 장르의 이해, 극화하기 등으로 요약할 수 있다. 아래에서는 작품별로 구체적인 학습활동은 살피고자 한다.

가. 〈원술랑〉의 학습활동

<원술랑>(『중등국어 3-2』)은 ‘Ⅸ. 희곡(戱曲)’이라는 대단원명 아래 실려 다음과 같은 학습 목표를 보인다.

> (8) Ⅸ. 희곡(戱曲) : 이 단원에는 희곡 “원술랑” 중의 제 5막(幕)을 실었습니다. 희곡이란 연극의 대본(臺本)이므로, 연극을 바르게 감상하기 위하여, 희곡을 읽어 두는 것은 대단히 뜻깊은 일이며, 동시에 그러한 특수한 형식의 글을 바르게 읽게 되는 것은 국어 학습에 있어서 중요한 과제의 하나입니다.
> <희곡>(『중등국어 3-2』, 1954, p.170)

위의 내용을 통해 <원술랑>의 학습 목표를 정리해 보면, ‘첫째, 연극을 바르게 감상할 수 있도록, 연극의 대본이 되는 희곡을 읽는다. 둘째, 국어 학습의 신장을 위하여 희곡 문학을 바르게 읽는다‘ 등이라 할 수 있다. 이어지는 글에서는 학습 목표 성취를 위해 다음과 같이 희곡 읽기 방법론을 제시하기도 했다. 즉 막과 장이 바뀔 때마다 “언제 어디서, 누가”(때, 곳, 나오는 사람들)를 밝힌 서두를 주의 깊게 읽어야 하며, “희곡은 회화만으로 씌어지는 것”이므로 대사를 유의하며 읽어야 한다는 것이다.[8] <원술랑>은 바로 이러한 희곡 읽기방법론을 적용하여 읽는 '적용학습' 단원이라 할 수 있다.

나. 〈사육신〉의 학습활동

① <익힘문제>의 학습활동

<사육신>의 학습문제는 다음과 같이 나타나 있다.

[표 3] 1차 〈사육신〉(『중학국어 3-2』) 익힘문제

1. 이 작품의 이야기 줄거리를 말해 보자.
2. 지은이가 이 작품을 통하여 나타내려고 하는 생각은 무엇인가에 대하여, 각자의 의견을 말하여 보자.
3. 이 연극에 나오는 인물들을 정하고, 이 희곡을 읽는 연습을 하여보라.(중략)
5. 이 작품에 나오는 각 인물들의 성격에 대하여 연구하여 보라.
6. 바깥 한길에서 들리는 노랫소리는 이 연극에서 어떤 구실을 하는가?
7. 이 연극을 실제로 상연하려면, 어떠한 점에 주이를 하어야 힐 깃인가에 대하여, 생각한 바를 서로 말해 보자.

<익힘문제>(『중학국어 3-2』, 1956, p.33)

위에 제시된 <익힘문제>는 다음과 같이 요약될 수 있다. 첫째, 극 내용의 파악과 주제의식이 무엇인가를 이해하는 학습활동이다. 둘째, 역할을 정하여 낭독하기 학습활동이다. 1차 교육과정기 '중학교 국어과의 지도 내용'에서 제시한 '지도요소'는 '① 말하는 힘, ② 듣는 힘, ③ 쓰는 힘, ④ 읽는 힘, ⑤ 감상하는 힘' 등으로 기초적인 언어능력을 신장시키는 데 있다.[9] 이 중 '말하기, 듣기를 주로 하는 기술'로 예시

8) <희곡>(『중등국어 3-2』, 1952, p.170).
9) '1차 중학교 국어과 교육과정'(국가교육과정정보센터 http://ncic.re.kr).

된 것이 바로 연극과 영화이다. 그러므로 낭독하기 학습은 이에 근거한 학습활동이라 할 수 있다. 셋째, 인물의 성격을 파악하는 학습활동이다. 넷째, '노래'가 극에서 어떤 역할을 하는가를 탐색하는 학습활동이다. 특히 이 부분은 극의 상징이자 유치진의 희비극적 기법 중의 하나라는 점에서 주목되는 문항이라 할 수 있다. 다섯째, 상연 시 주의점 등을 생각해 보는 학습활동이다. 이상의 학습 과정은 희곡 내용에 대한 이해와 연극 대본으로서의 희곡의 특징을 탐색하는 것이라 할 수 있다.

② 이론편 : <연극이란 무엇인가?>, <연극을 상연하려면>

<사육신>은 『중학국어 3-2』 'Ⅸ. 희곡(戲曲)'의 "1. 연극이란 무엇인가?, 2. 사육신, 3. 연극을 상연하려면?" 등에 속한 소단원이다. 이론편이라 할 수 있는 1과 3의 내용을 간략히 정리하면 다음과 같다.

먼저 '1. 연극이란 무엇인가?'에서는 다음과 같은 논의를 펼치고 있다.

Ⅷ. 연 극

1. 연극이란 무엇인가?

[그림 7] 〈연극이란 무엇인가?〉 (『중학국어 3-2』, 1956, p.1)

(9) 인간이 자기(自己)를 벗어나서, 자기 아닌 그 무엇이 되고 싶어 하는 이 충격을 하나의 본능(本能)이라 아니할 수 없고, 이 본능을 가리켜, 우리는 연극 본능(演劇本能)이라고 부른다.(중략) 연극의 발생이, 이와 같이 인간의 연극 본능에서 뿌리가 뻗쳐, 인간의 정신생활을 좌우하는 종교와 불가분(不可分)의 인연을 맺고 발생되었기 때문에 세계 연극의 긴 역사를 살펴보면, 참된 연극은 모두 인간의 정신생활에 이바지함을 첫째 목적으로 삼아 왔다.

<연극이란 무엇인가?>(『중학국어 3-2』, 1956, pp.1~2)

이 글에서는 '연극이란 무엇인가'에 대한 문제를 크게 두 가지 측면에서 다루고 있는데, 첫째는 연극 본능이란 무엇을 말하는 것인가? 둘째는 한 민족의 종교와 그 연극 발생과의 관계는 어떠한가? 등의 문제이다. 한편 '3. 연극을 상연하려면?'에서는 실연의 문제를 다루고 있는 소단원으로서 그 주요 내용을 제시하면 다음과 같다.

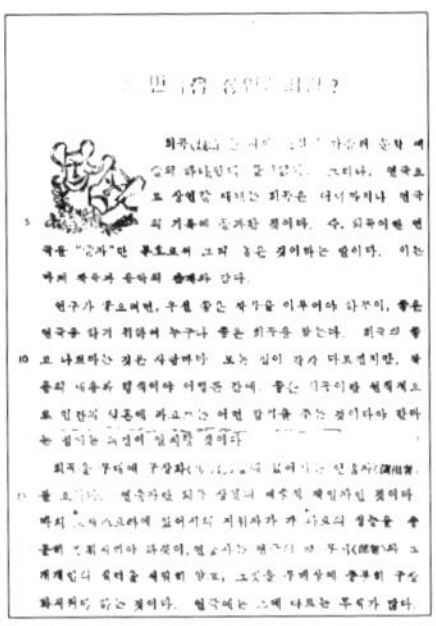

[그림 8] 〈연극을 상연하려면?〉 (『중학국어 3-2』, 1956, p.35)

(10) 희곡이란 연극을 "글자"란 부호로서 그려 놓은 것이라는 말이다. 이는 마치 작곡과 음악의 관계와 같다.(중략) 희곡을 무대에 구상화(具象化)함에 있어서는 연출자(演出者)를 요한다. 연출자란 희곡 상연의 예술적 책임자인 것이다.(중략) 연출자는 연극의 각 부서(部署)와 그 개개인의 실력을 세밀히 알고, 그것을 무대상에 충분히 구상화시켜야 하는 것이다. 연극에는 그에 따르는 부서가 많다. 연기자(演技者)들을 비롯하여 무대 장치(舞臺裝置), 의상(衣裳), 조명(照明), 음악, 효과, 무용 등의 각 부서가 그것이다.

<연극을 상연하려면?>(『중학국어 3-2』, 1956, pp.35~36)

인용문의 내용은 연극 대본으로서의 희곡의 성격과, 연출자의 역할 등이 중점적으로 논의되고 있는데, 이어지는 글에서는 연출 플랜, 연극의 동작, 대사, 발성과 발음, 공연 예절 등에 대해서 보다 구체적인 설명을 가하고 있다.[10]

이상 1차 <익힘문제>와 극 이론편 등을 통하여 <월술랑>과 <사육신>의 학습활동을 살펴보았다. 이를 보면 희곡의 장르적 특징의 이해, 낭독하기 등이 주요 학습에 속한다. 1차 국어과 '지도 내용'에서는 따로이 극 분야의 지도 내용을 제시하지 않았으나 '문학' 부문에

10) <연극을 상연하려면?>(『중학국어 3-2』, 1956, pp.36~39).

서 '문학 작품을 바르게 이해한다. 문학 작품의 여러 가지 종류에 대하여 안다', '문학 작품을 바르게 감상한다. 바른 감상이 그 작품의 이해를 더욱 깊게 할 수 있도록 한다' 등의 목표가 나타나 있다. 1차 이론편과 학습활동은 바로 이를 반영한 것으로, 장르의 이해와 감상이 주요 학습 내용임을 알 수 있다.[11] 한편 <연극이란 무엇인가?>, <연극을 상연하려면> 등의 이론편은 연극론 및 연극 대본으로서의 희곡의 성격을 논한 것이라 하겠다.

(2) 2차 교육과정기

① 희곡 수록 양상 : 현실 비유의 역사극과 계몽적인 사실주의극

2차에 수록된 희곡은 유치신의 <별>(『중학국어 1-2』), 유치진의 <사육신>(『중학국어 2-2』), 차범석의 <고구마>(『중학국어 3-2』) 등 3편이다. 이 극본 중 <사육신>은 1차 극본의 재수록본이기도 하다.

[표 4] 2차 『국어』 희곡 단원

학년	작품	지은이	내용 및 주제	부문
1	별	유치진	조선의 당쟁으로 서로 정적 관계인 구슬아기와 정도령이 사랑을 하게 된다.(당쟁 비판과 정적 간의 사랑)	역사극
2	사육신	유치진	세조의 왕위 찬탈에 성삼문 등 사육신이 그를 암살하려고 하나 계획이 발각되어 참살된다.(충의)	역사극
3	고구마	차범석	은순은 대학생의 봉사활동으로 운영하는 야학에 다닌다. 아버지가 이를 반대하나 대학생 오영택의 설득으로 딸의 공부를 허락하게 된다.(새마을운동의 정신)	사실주의극

11) '1차 중학교 국어과 교육과정'(국가교육과정정보센터 http://ncic.re.kr).

2차 희곡은 역사극과 사실주의극으로 나눌 수 있는데, 아래서는 부문별 수록 양상을 살피고자 한다.

가. 역사극 수록 양상 : 〈별〉, 〈사육신〉

<별>은 'Ⅶ. 책을 벗 삼아'라는 대단원에서 다루어졌으며, 여타 독서 활동 관련의 소단원[12]과 함께 수록되었다. 이는 극 제재가 독서 대상으로 다루어진 것을 뜻하며, '희곡'이라는 대단원명에서 극본을 다루었던 1차와 비교된다. <별> 또한 유치진의 역사극 중 하나로써, 전 5막 중 교과서에는 4막만이 실려 있다.

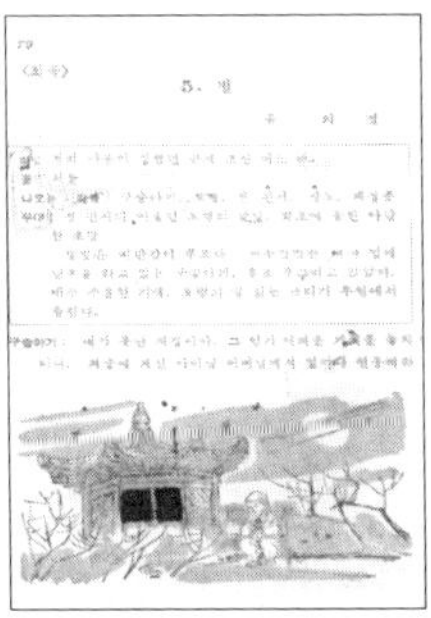

[그림 9] 〈별〉
(『중학국어 1-2』, 1971, p.79)

(11) 때 : 정치 싸움이 심했던 근세 조선 어느 때(중략)
구슬아기 : 내가 못난 계집애야. 그 얻기 어려운 기회를 놓치다니. 저승에 계신 아버님 어머님께서 얼마나 원통해하실까? 아, 정말 쥐구멍이라도 있었으면.....(도령, 글을 외며 나타난다.)
도령 : (구슬아기에게) 떡쇠야, 너, 자는 줄 알았더니 저 달구경을 하고 있었구나.(중략) 거기 혼자 있지 말고 이리 오너라. 내가 좋아하는 저 별이나 바라보자. 오라거든 와!(구슬아기는 도령에게 손을 끌리어 밝은 데로 나온다.)

<별>(『중학국어 1-2』, 1971, p.71)

12) 소단원은 '1. 도서관을 찾아서, 2. 우주 탐험, 3. 바닷 속의 비밀, 4. 무엇을 읽을 것인가, 5. 별' 등이다.

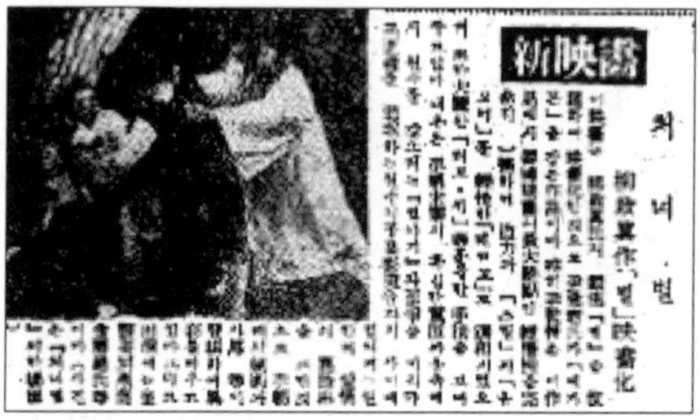
新映譜

처녀·별

柳致眞作「별」映畵化

[그림 10] 유치진의 〈별〉 영화화
(≪朝鮮日報≫ 1956.3.29)

<별>은 유치진이 1948년 해방 직후 창작한 것으로 당쟁 분열과 권력 다툼, 보복과 폭력 등 당쟁의 폐해를 제시한 작품이다. 극단 '극협'에 의해서 초연되었으며 영화로 상영되기도 하였다.[13] 주요 인물은 정판서, 정도령, 구슬아기 등이다. 정판서는 권력을 잡기 위해 무고한 살인, 복수, 음모 등의 폭력적 행위를 서슴지 않는 인물로서 구슬아기의 아버지를 죽게 한 정적이기도 하다. 반면에 도령은 폭력적인 당쟁을 비판하고 평화 사회를 추구하는 인물로 정쟁보다는 화합을, 권력보다는 인간적인 삶을, 보복보다는 용서를 지향하는 인물이다. 교과서에 실린 4막은 이러한 원수의 아들, 즉 도령을 사랑하게 된 구슬아기의 내적 갈등상이 지배적으로 나타난 부분이기도 하다.

<사육신>은 재수록본으로 1차 3학년에서 2차에는 『중학국어 2-2』로 학년이 낮추어져 수록되고 있다. 'Ⅷ. 문학에의 길'에 실렸는데, 이 대단원에는 문학의 대표 장르라 할 수 있는 '시, 소설, 희곡, 수필' 등이 소단원으로 제시되었으며,[14] 여기에서 희곡 부문에 <사육신>이 수록되었다. 이를 보면 희곡 문학의 이해를 목표로 설정된 단원임을 알 수 있다.

13) 윤금선(2004), 앞의 책, p.231.
14) 소단원은 '1. 청추수제(이희승), 2. 가을의 서정(학생작품), 3. 우리나라 현대 소설(조연현), 4. 사육신(유치진)' 등이다.

나. 사실주의극 수록 양상 : 〈고구마〉

앞선 2편의 희곡이 모두 유치진의 역사극인데 반해, 차범석의 <고구마>(『중학국어 3-2』)는 현대를 배경으로 한 사실주의극이다. 이 극본은 'Ⅷ. 현대 문학에의 길'이라는 대단원 하에 실려 있는데, <원술랑>과 마찬가지로 현대문학의 주요 장르인 시, 소설, 희곡, 수필 등[15]이 수록된 가운데 희곡 부문으로 제시된 경우이다.

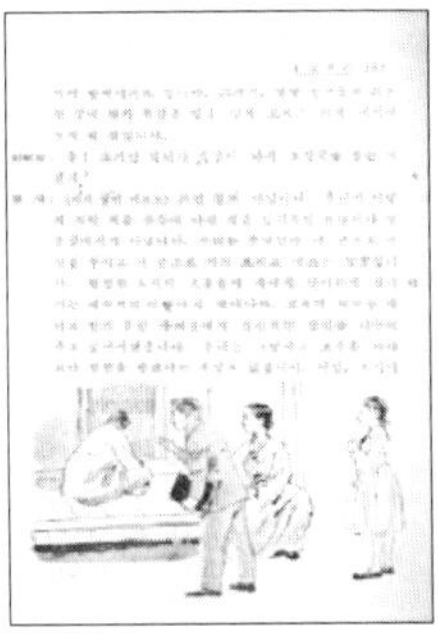

[그림 11] 〈고구마〉
(『중학국어 3-2』, 1971, p.101)

(12) 아버지 : (부엌 쪽을 향해 소리를 버럭 지른다.) 은순아! 그래도 못 나오겠니?(중략)
아버지 : (어머니에게) 알알 들을 나인데, 왜 통발에서 미꾸라지 빠져 나가듯 하는가 말이오!(중략)
어머니 : (쓴 웃음을 지으며) 원, 영감도.... 제가 언제 두둔을 해요. 다만 동네 아이들이 읍내에 야학이 섰다고 가 보자고 하니까 구경삼아 나갔다는데 그게 잘못인가요?

<고구마>(『중학국어 3-2』, 1971, p.93)

<고구마>의 등장인물은 '아버지, 어머니, 은순, 오영택' 등이며 시공간 배경은 '어느 시골'로 나타난다. 주인공 오영택은 대학생으로 농촌에서 야학운동을 펼치는 인물이다. 은순이는 야학교 학생으로서 완고한 아버지의 반대로 학교에 가질 못한다. 그러나 영택의 끈질긴 설득으로 아버지의 생각과 태도가 바뀐다는 내용이다. 이 희곡은 가치 갈등이 지배적이며 대학생들의 '지방계몽운동'이 활성화되었던 1970년대 상황을 반영하고 있다. 또한 "학문과 기술을 배우고 익혀서

15) 소단원은 '1. 현대 문학의 길잡이, 2. 현대시의 모습, 3. 제리의 어머니(로울링즈), 4. 고구마(차범석), 5. 나의 사랑하는 생활(피천득)' 등이다.

자신의 처지를 발전시켜야 한다"16)라는 대의를 지닌 일종의 '새마을 운동극'의 성격을 띠고 있다.

2차 중학교 국어 교과서에는 유치진의 <별>(『중학국어 1-2』) 과 <사육신>(『중학국어 2-2』), 차범석의 <고구마>(『중학국어 3-2』) 등 학년별로 각각 1편씩 희곡이 수록되고 있다. 유치진의 두 작품은 역사극으로서 현실 비유의 기능을 담당하고 있으며, 차범석의 작품은 새마을운동을 소재로 한 사실주의극이다. 2차 희곡은 모두 계몽성이 강하게 드러나는 극본이라 하겠다.

② 극본 학습활동 : 희곡의 이해와 문학 감상

2차 희곡의 각 단원 목표를 정리하면 다음과 같이 요약된다.

[표 5] 2차 희곡 단원 목표

학년	작품	단원 목표
1	별	· 내용을 요약하고 주제를 알 수 있다. · 희곡의 특징을 이해한다. · 희곡과 연극의 관계를 알 수 있다. · 문학 감상 능력을 기른다.
2	사육신	· 극본을 읽고, 인물의 성격을 알 수 있다. · 희곡과 연극의 관계를 알 수 있다.
3	고구마	· 희곡의 특징을 이해한다. · 희곡과 연극의 관계를 알 수 있다.

위의 단원 목표는 내용 파악 및 문학 감상, 희곡의 장르적 특성의 이해 등으로 요약할 수 있다. 전 시기와 다른 점은 '낭독하기' 학습이 보이지 않는다는 점이다. 아래에서는 이러한 단원 목표를 고려하며, <익힘문제>의 학습활동과 이론편 등을 살피고자 한다.

---

16) 문교부(1971), 『중학교 중학국어 교사용지도서 1-1』, 대한교과서주식회사, p.162.

가. 〈익힘문제〉의 학습활동

<별>은 'Ⅶ. 책을 벗 삼아'의 대단원에 수록되었다. 대단원 목표에서 아래와 같은 내용을 볼 수 있다.

> (13) 우리는 독서의 의의, 서적의 선택법, 도서관에 대한 여러 가지 지식 등을 알아야 하며, 세 편의 읽을거리를 통하여 독서의 재미를 아는 동시에, 책을 애용하는 습관을 기르도록 하자.
>
> <책을 벗 삼아>(『중학국어 1-2』, 1971, p.33)

위의 내용 중 '독서의 재미', '책을 애용' 등의 표현에서도 드러나지만, <별>은 하나의 독서 대상으로 수록되고 있음을 알 수 있다. 이러한 단원 목표와 함께 <익힘문제>는 다음과 같이 제시되고 있다.

[표 6] 2차 〈별〉(『중학국어 1-2』) 익힘문제

1. 내용의 줄거리를 간단히 요약해 보라. 2. 희곡과 시나리오와는 어떻게 다른가? 3. 이 작품에서 표현하려는 주제는 무엇인가? 4. 희곡과 연극과의 관계를 말해 보라. <익힘문제>(『중학국어 1-2』, 1971, p.84)

위에 제시된 문항을 보면 희곡과 시나리오의 차이, 희곡과 연극과의 관계 등 장르적 특징을 이해하는 학습 외에, 내용의 줄거리 및 주제를 파악하는 문제 등 문학 일반에 대한 감상 부분이 드러나 있다.17)

<사육신>은 'Ⅷ. 문학에의 길'에 속한 소단원으로 대단원의 학습

17) <익힘문제>(『중학국어 1-2』, 1971, p.84).

목표는 다음과 같이 제시되어 있다.

(14) 문학이란 우리들의 사상과 감정을 글로 표현한 것으로서, 소설, 희곡, 수필 등을 말한다. 이런 문학 작품을 읽는다는 것은 재미있을 뿐만 아니라, 우리에게 인생의 진실을 알리고 교양을 높여 주는 크나큰 구실을 한다. 우리 마음 속에 움트기 시작한 문학에 대한 욕망을 충족시킴과 아울러 문학 감상의 능력을 기르기 위하여 문학 작품을 읽어 보자.

<문학에의 길>(『중학국어 2-2』, 1971, p.84)

위의 학습 목표를 요약하면, 수록된 각 장르별 작품 읽기를 통해 '교양을 높이고', '문학 강상 능력을 기르는' 데 있다고 할 수 있다. 1차의 <사육신>은 'Ⅶ. 연극'이라는 대단원에서 희곡의 장르적 특징, 희곡 읽기의 방법론, 연출의 이해 등을 학습 목표로 삼고 있었다. 그러나 2차의 경우에는 소설, 수필, 희곡 등 문학 일반에 속한 감상 학습의 한 부분으로 다루어지고 있다는 점이 특징적이다.

교과서의 <익힘문제>는 1차보다 문항이 간략하게 제시되고 있다. 즉 1차에서 다룬 인물들과의 관계 파악, 작품의 주제 파악 등은 삭제되고, '대사 읽는 연습', '인물의 성격 연구', '상연시 유의점' 등의 문항만을 보이고 있다.18) 대단원 학습 목표에서 드러난 바, 이 단원은 문학 일반의 감상이 중시되는데, 이러한 학습활동은 희곡 문학의 올바른 감상법에 해당되는 것이라 할 수 있다.

<고구마>(『중학국어 3-2』) 는 대단원 'Ⅷ. 현대문학에의 길'에 속한 희곡으로 대단원의 학습 목표는 다음과 같이 나타나고 있다.

(15) 현대 문학이란 어떤 것일까? 이것을 알기 위해서는 우선 현대 문학의

---

18) <익힘문제>(『중학국어 2-2』, 1971, p.44).

> 특징이 무엇인가를 알아야겠다. 우리들이 현대에 사는 만큼, 현대라는 사회를 알기 위해서는 현대의 모습이 반영된 현대 문학을 이해하지 않으면 안 된다. 그러므로 현대 작가들이 쓴 시, 소설, 희곡 및 수필 등을 읽고, 현대 문학에 대한 예비지식을 공부해야겠다. 따라서, 우리나라의 현대 문학과 외국의 현대 문학과를 비교 비판함으로서 보다 깊은 문학적인 소양을 쌓아야겠다.
>
> <현대문학에의 길>(『중학국어 3-2』, 1971, p.67)

이 대단원은 현대 문학의 이해가 주요 학습 목표로서, 첫째, 교과서에 제시된 국내외 현대 작가들의 시, 소설, 희곡 및 수필 등을 읽고, 둘째, 그에 대한 지식을 배우며, 셋째, 나아가 우리나라의 현대 문학과 외국의 현대 문학과를 비교 비판하는 것이다. 결론적으로 문학적인 소양을 쌓는 것이 이 단원의 학습 목표라 할 수 있다. 이것은 앞선 극본들과 마찬가지로 문학 일반의 이해에 중점을 둔 단원 목표라 할 수 있다. 이에 <고구마>의 학습활동 또한 희곡적 특징의 이해 및 내용 파악이 중심이다. 즉 '희곡과 시나리오의 차이점 이해', '희곡과 연극과의 관계 파악' 등의 문제 등이 제시되고 있으며 '이 작품을 통하여 느낀 점', '농촌 계몽에 대한 각오' 등의 문항[19]으로 감상 학습이 제시되었다.

이상 2차 희곡 <별>, <사육신>, <고구마> 등의 교과서의 학습 목표 및 <익힘문제> 등을 통해 학습활동을 검토하였다. 이를 보면 문학적(장르적) 특징을 이해하고 그에 따라 바르게 감상하는 데 중점을 두고 있음을 알 수 있다. 이것은 '문학감상'을 중시한 2차 국어과 교수요목을 반영한 결과라 하겠다.

---

19) <익힘문제>(『중학국어 2-2』, 1971, p.103).

나. 이론편 : 〈연극과 상연〉, 〈희곡을 쓰려면〉

2차 시기에는 <연극과 상연>, <희곡을 쓰려면> 등 연극론 및 희곡론과 관련된 단원들도 수록되고 있다. 이 단원들은 연극 상연의 문제, 희곡 창작론을 다루고 있어, 당대 극문학 교육의 방향성을 반영하는 내용들이라 검토가 필요하다.

<연극과 상연>은 서항석의 글로서, 『중학국어 3-1』의 ‘Ⅲ. 특별활동’ 대단원에 수록되어 있다. 여기에 속한 소단원들은[20] 모두 ‘과외 수업’(課外授業)으로 분류되고 있는데, 극화학습이 과외 수업으로 분류되고 있다는 점이 주목된다. 이것은 당시 연극하기가 학예회 등 특별활동에서 다루어지는 경우가 많았음을 반영하는 것이기도 하다. 1970년대에 들어서면 연극이 교재 학습을 위한 하나의 효과적인 지도 방안으로 활용되어, 각급 학교가 주관하는 학예발표회 능의 행사로 이어졌다. 이러한 활동은 전국적인 현상으로 퍼져 나갔고 학습 시간에도 이른바 ‘극화학습’이라는 새로운 학습 형태가 등장하게 되었다. 이와 같은 현상들은 본격적인 학교극 활동을 불러온 기초적인 풍토를 조성하는 지대한 영향력을 끼쳤다.[21] <연극과 상연>이라는 극 이론이 ‘과외 수업’이라는 대단원에서 다루어진 것은 이러한 교육 환경을 반영하다고 볼 수 있다.

<연극과 상연>에서는 다음과 같은 논의들이 제시되고 있다.

(16) 연극은 배우가 관객 앞에서 말과 동작과 표정으로 어떤 줄거리의 사건을 흉내 내어 현재의 사실로 보여주는 예술이다.(중략 그러므로, 연극은

20) 소단원은 ‘1. 회의와 좌담, 2. 교지의 편집, 3. 학교 신문의 편집, 4. 연극과 상연’ 등이다.

21) 韓恩淑(2004), 「한국어린이연극의 발달과정에 관한 연구」, 성균관대학교 박사학위논문, p.98.

[그림 12] 〈연극과 상연〉
(『중학국어 3-1』, 1973, p.127)

듣기만 하는 것이 아니라, 들으며 보는 예술이다. 사건이 관객의 눈앞에서 전개되는 것이기 때문에, 그 사건이 일어나는 장소와 시간, 그리고 거기 나오는 사람들의 모습을 그릴 듯하게 나타내기 위하여 장치, 조명, 의상, 효과 등의 도움이 필요하게 된다. 이같이 연극은 문학, 음악, 미술 조각, 건축 등 여러 부문의 단일 예술의 요소를 모두 포함한 종합예술이다.

<연극과 상연>(『중학국어 3-1』, 1973, pp.127~128)

위의 내용은 행동의 모방이라는 연극의 성격과, 관객 앞에서 배우의 몸으로 실연된다는 측면, 그리고 연극의 종합예술적 성격 등에 대해서 논의한 부분이다. 이어지는 글에서는 위의 서두 내용의 구체화로 연극의 본질은 행동의 예술이라는 점, 연극의 모체는 희곡이라는 점 등에 대해서 구체적인 논거를 들어 설명하고 있다. 또한 비극과 희극 등 장르 분류의 문제와 상연의 과정 등에 대해서 상세하게 서술하고 있다.

<희곡을 쓰려면>은 차범석의 글로서, 『중학국어 3-1』의 대단원 "Ⅳ. 창작에의 길"에 수록되었다.[22] 이 대단원은 희곡과 시나리오 작법을 다룬 것으로, 대단원의 학습 목표를 정리하면 다음과 같다. 첫째, 보고 느끼고 경험한 것을 다양한 문학적 형태의 글로 나타내는, 효과적 표현 능력을 갖추기 위한 것이다. 둘째, 이를 위해서 희곡과 시나리오는 어떻게 쓰는 것이며, 서로 다른 점은 무엇인가를 파악하는 것이다. 셋째, 어떻게 효과적인 표현을 할 수 있을까를 생각해 보는 것이다. 넷째, 쓴 글을 어떻게 가필하고 정정하느냐를 학습하는 것

22) 소단원은 '1. 희곡을 쓰려면, 2. 시나리오를 쓰려면, 3. 논문을 쓰려면, 4. 효과적인 표현, 5. 가필과 정정' 등이다.

이다.23)

<희곡을 쓰려면>은 위의 단원 목표 하에 수록된 글로서 다음과 같은 논의를 펼치고 있다.

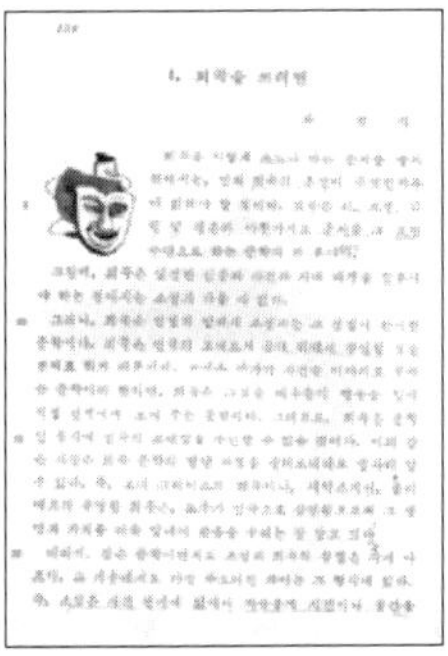

[그림 13] 〈희곡을 쓰려면〉 (『중학국어 3-1』, 1972, p.134)

> (17) 희곡을 어떻게 쓰느냐 하는 문제를 풀기 위해서는, 먼저 희곡의 본질이 무엇인가부터 밝혀야 할 것이다. 희곡은 시, 소설, 수필 및 평론과 마찬가지로 문자를 그 표현 수단으로 하는 문학의 한 분야다.(중략) 그러나, 희곡은 엄밀히 말해서 소설과는 그 성질이 판이한 문학이다. 희곡은 연극의 모태로서 무대 위에서 상연될 것을 전제로 하기 때문이다.(중략) 배우들의 입과 몸짓을 통하여 관객에게 전달하는 희곡은, 소설처럼 서술이나 묘사보다는 대화로서 그 생명을 유지하는 문학이라 하겠다.
>
> <희곡을 쓰려면>(『중학국어 3-1』, 1972, pp.134～135)

위 인용문은 소설과 차별되는 희곡의 특징을 설명한 것으로, 특히 '대사'의 중요성에 대해 언급하고 있다. 이어지는 논의에서는 '희곡의 대화'가 지닌 특성이 무엇인가를 테네시 윌리엄스의 <유리 동물원>의 한 장면을 통하여 구체적으로 지적하기도 했다. 여기에 희곡의 막의 종류 및 구성의 단계 등에 대해서도 설명하기도 했다.

지금까지 2차 학습활동 및 이론편을 살펴보았다. 먼저 <익힘문제>를 보면, 극의 줄거리 및 주제 파악, 갈등과 성격의 이해, 극의 기법 익히기 등의 활동이 보이며, 실연과 관련하여 낭독하기와 상연 시 주의점 등을 생각해 보는 극문학 고유의 학습을 다루기도 했다.24) 한편

23) <창작에의 길>(『중학국어 3-1』, 1972, p.134).

24) <익힘문제>(『중학국어 3-1』, 1973, p.132, p.139).

서항석의 <연극과 상연>, 차범석의 <희곡을 쓰려면> 등은 연극 및 희곡과 관련된 이론으로서 극문학의 이해를 돕는 논의 및 창작론이라 할 수 있다.

(3) 3차 교육과정기

① 희곡 수록 양상 : 역사극과 계몽적인 사실주의극

3차 교육과정기 희곡은 유치진의 <원술랑>(『중학국어 2-1』), 차범석의 <고구마>(『중학국어 3-2』) 등 2편이며 모두 재수록본에 해당된다.

[표 7] 3차 희곡 단원

학년	작품	지은이	내용 및 주제	부문
2	원술랑	유치진	임전무퇴의 화랑오계를 저버린 원술은 전쟁에 백의종군하여 대승을 거둔다.(충의)	역사극
3	고구마	차범석	은순은 대학생의 봉사활동으로 운영하는 야학에 다닌다 아버지가 이를 반대하나 대학생 오영택의 설득으로 딸의 공부를 허락하게 된다.(새마을운동의 정신)	사실주의극

<원술랑>은 교수요목기 및 1차에서 수록된 희곡으로 3차에 다시 실린 경우이다. 그런데 제시된 막이 다르다. 전 시기에 수록된 부분은 5막이었으나, 3차에서는 2막을 다루고 있다. 그러므로 엄밀하게 보면 동일한 극본이라 할 수 없다. 또한 3차 희곡 편수는 전 시기에 비해 줄어든 현상을 보인다. 3차 시기에 들어 희곡 외에 방송극과 시나리오 등의 부문도 실리고 있는데,[25] 이를 보면 전체 극본 수는 오히려

25) 3차에는 방송극인 <삼층밥>(『중학국어 1-2』), <누가 우리를 지켜줄 것인가>(『중학국어 3-2』)와 시나리오인 <잘 사는 길>(『중학국어 1-1』), <등대>(『중학국어 2-2』) 등이 실리고 있다.

증가하였음을 볼 수 있다. 아래에서는 희곡을 중심으로 작품별로 구체적인 수록상을 살피기로 하겠다.

가. 〈원술랑〉의 극본 수록 양상

<원술랑>은 『중학국어 2-1』에서 '스스로 지키려는 마음'이라는 대단원에 수록되어 있다. 이 대단원은 '16. 현충일을 맞으며, 17. 이상재 선생, 18. 원술랑, 19. 원술랑(元述郎)을 읽고' 등의 소단원으로 구성되어 있다. 이를 보면 <원술랑>은 '충(忠)'이라는 교육적 가치를 중시한 극본이라 할 수 있다.

교과서에 수록된 <원술랑> 전 5막 중 제2막 부분으로 다음과 같이 실리고 있다.

[그림 14] 〈원술랑〉
(『중학국어 2-1』, 1976, p.121)

(18) [제 2막] 나오는 사람들 : 김유신(金庾信) 장군, 지소(智炤) 부인, 원술(元述), 진달래, 담릉(淡凌),중략)
곳 : 태대각간 김유신 장군 댁 대문 앞(중략)
동네 아이들 : (소리를 맞추어) 에이, 당(唐)나라놈!/ 제 것 두고 남의 해 너엄실 엿보는/ 에이, 욕심장이!
큰 아이 : 뭣이 어째? (여러 아이들 가운데 뛰어들어, 그 중의 한 아이의 멱살을 잡고 땅바닥에 메어치며) 뭣이 어째?(중략)
동네 사람 갑 : (지나가다가) 아니, 이게 웬일이냐! 이놈들아! (싸움을 말리고) 대관절 이게 무슨 짓이냐? 다른 데도 아닌 태대각간 댁 문전에서.

<원술랑>(『중학국어 2-1』, 1976, pp.116~117)

앞서 교수요목기에 살펴보았듯이, <원술랑>은 나당전쟁을 배경으로 한 작품으로 해방 직후 국내 상황을 반어적으로 비유한 역사극이

다. 2막은 임진무퇴의 계율을 어기고 돌아온 원술의 상황이 중심이 된다. 그래서 이 부분은 화랑의 계율을 어긴 아들을 엄하게 질타하는 김유신과 지경 밖으로 내쫓기게 된 원술과의 부자 갈등이 다루어지고 있으며, 화랑정신에 내포된 충의사상을 주제로 하고 있다.

그런데 하나 주목되는 점은, 앞서 살핀 바 대단원 '스스로 지키려는 마음'에는 희곡 <원술랑>에 이어지는 소단원에서 '19. 원술랑(元述郞)을 읽고'라는 희곡 감상문(독후감)을 수록하고 있다는 것이다. 교사용 지도서에서는 이 소단원의 설정 취지를 다음과 같이 제시하고 있다.

> (19) 소단원 설정의 취지 : 이 단원은 '원술랑'의 주제와 요지를 재확인하여 감상하는 안목을 기르기 위한 단원이다. 화랑 정신을 강조하는 충효 사상을 되살리도록 하며, 명예 존중 사상을 일깨운다. 독후감 쓰는 습관을 길러 국어의 생활화를 도모한다. 학생들의 식견을 자유롭게 발표하도록 함으로써 작품에 대한 안목을 기르도록 한다.
>
> 『중학교 중학국어 교사용 지도서 2』(문교부, 1979, p.100)

위에 나타난 바, <원술랑>은 화랑정신과 원술의 희생 등의 내용을 담고 있는 희곡이다. 이에 대해 소단원 '19. 원술랑(元述郞)을 읽고'는 작품을 읽고 난 후 감상문을 작성하는 일종의 '쓰기 학습'이라고 할 수 있는데, 독후감 내용은 주로 충효사상을 드러내는 부분에 대한 감상을 기술하고 있다. 이 또한 주제의식의 '가치관 교육'을 중시하는 3차 국어과 교육적 상황을 반영한 것이라 할 수 있다.

나. 〈고구마〉의 극본 수록 양상

차범석의 <고구마>는 『중학국어 3-2』에 실려 있으며, 2차 극본의 재수록본에 해당된다. 이 제재는 2차에서 'Ⅷ. 현대 문학에의 길'이라는 대단원에서 문학의 한 장르로서 다루어졌는데, 3차의 경우는 '아름다운 우리말(3)'이라는 대단원[26] 하에 언어교육과 관련된 수록상을 보인다.

한편 교사용 지도서에서는 <고구마>의 단원 설정 취지를 다음과 같이 밝히고 있다.

> (20) 1. 소단원 설정의 취지 : 이 소단원은 한 편의 희곡으로 구성되었다. 희곡은 주로 대화로 구성되므로, 국어 교육에서의 말하기 학습 지도 자료로서 알맞다. 그리고, 희곡은 소설과 마찬가지로 갈등과 이의 해결을 다루는 줄거리 중심의 문학 작품이면서, 관점은 항상 객관적이다. 이러한 요소들이 이 소단원의 학습에서 다루어져야 할 것이다. 또, 이 작품은 요즈음 전국적으로 시행되고 있는 새마을 운동과 정신에 일치되는 주제를 담고 있으므로, 학생들에게 새마을 정신을 심어 주는 계기가 될 것이다.
>
> 『중학교 중학국어 교사용 지도서 2』(문교부, 1979, p.163)

위에서는 <고구마>는 주로 대화로 구성된 희곡이라는 측면에서, 국어교육의 '말하기' 학습 자료로 적절하다고 지적하고 있다. 특히 위의 내용에서 주목되는 바는, 희곡이 소설과 다르게 객관적인 관점을 취하고 있으며 이러한 희곡의 특징을 감안하여 지도할 것을 요구한다는 점이다. 또한 이 작품은 주제적인 측면에서 당시 시행되고 있었던 '새마을 운동'의 정신과 부합된다고 밝히고 있는데, <고구마>의 '교육적 가치'가 바로 새마을 정신임을 보여준다.

지금까지 3차 희곡으로 유치진의 <원술랑>, 차범석의 <고구마> 등의 수록 양상을 살펴보았다. 두 작품 모두 재수록본이나 <원술랑>의 경우, 전 시기(5막)와 달리 2막이 실렸다는 점이 차별된다. 또한 제재

26) 소단원은 '9. 국어의 역사, 10. 만월, 11. 고구마, 12. 늦가을' 등으로 구성되었다.

선정 취지를 보면, 이 두 작품은 극 제재의 주제를 통해 학습자들의 애국심, 반공의식, 새마을정신 등을 높이려는 의도가 반영된 것이라 할 수 있다.[27] 이것은 주제 중심 단원 구성에서도 드러나는 바이기도 하다.

② 극본 학습활동 : 주제 중심의 극본 학습

3차 교과서 학습활동의 특징을 들면, <공부할 문제>의 양을 늘리고 체계화함으로써 국어 교과서가 단순히 언어 자료집에 그치지 않고 학습 방법의 안내 역할을 할 수 있도록 한 점이다. 특히 주제 중심의 교과서를 채택하여 가치관을 강조한 점이 특징적이다.[28] 이러한 교육적 환경을 배경으로 3차 희곡 단원 목표는 다음과 같이 정리할 수 있다.

[표 8] 3차 희곡 단원 목표

학년	작품	단원 목표
2	원술랑	· 무대를 상상하며 희곡을 읽을 수 있다. · 주어진 희곡을 바르게 낭독할 수 있다. · 주어진 희곡을 읽고 인물의 성격을 파악할 수 있다. · 우리 조상들이 국토를 지키기 위하여 어떻게 싸웠는가 생각하면서 국토수호의 결의를 다진다.
3	고구마	· 주어진 희곡의 대사를 정확한 발음, 알맞은 어조, 간단한 동작을 붙이며 낭독할 수 있다. · 주어진 희곡의 줄거리를 갈등과 이의 해결을 중심으로 파악할 수 있다. · 주어진 희곡 속에서 현재 이전의 사건을 표현한 대사를 지적할 수 있다. · 지식과 기술을 향상시키기 위하여 노력하며, 자신의 생활을 발전시키려는 의지를 갖는다.

27) 황은주(2007), 「국어 교과서의 극 제재 활용 연구」, 숙명여자대학교 교육대학원 석사학위논문, p.24.

28) 여승현(2002), 「중학교 국어 교과서 분석 연구」, 동아대학교 교육대학원 석사학위논문, p.8.

위에 제시된 단원 목표는 극 내용 및 주제 이해하기, 인물의 성격 및 갈등 파악하기, 낭독하기 등으로 정리된다. 이의 구체적인 학습활동은 <공부할 문제>와 이론편을 통해 살펴보기로 하겠다.

가. 〈공부할 문제〉의 학습활동

<원술랑>의 <공부할 문제>는 2차 <익힘문제>와 비교했을 때, 보다 세분화된 문항으로 구성되어 있다.

[표 9] 3차 〈원술랑〉(『중학국어 2-1』) 공부할 문제

1-1. 이 희곡이 주제를 말해 보자, 그리고 어디서 소재를 구했나 알아보자.
1-2. 이 글은 희곡이니, 무대를 상상해 보면서 읽어 보자.
1-3. 배역을 정해서 입체낭독을 해 보자, 그럴 때에는 읽는다는 생각을 버리고 말한다고 생각하면서(중략)
2-1. 이 희곡을 읽고 다음과 같은 것을 알아보자.(중략)
2-2. 다음에 대하여 조사해 보자./ (가) 지문 (나) 대사
3-1. 우리 조상들은 이 국토를 우리에게 전하기 위하여 어떻게 싸웠는가 생각하면서 국토 수호의 결의를 굳히자.

<공부할 문제>(『중학국어 2-1』, 1976, p.142)

위의 문항을 정리하면, 첫째, (1-1)~(1-3)에서는 희곡의 주제 및 소재 이해하기, 무대를 상정한 희곡의 특징을 파악하기, '입체낭독'하기 등의 학습활동이다. 전 시기까지 '낭독하기'라 표현했던 것을, 극의 대화 상황을 고려하여 '입체낭독'이라 표현한 점이 주목된다. 인용문에서는 각각의 소항목을 생략했는데, (1-3)의 소항목에서는 "(가) 발음은 정확하고 어조는 알맞게, (나) 경우와 분위기에 맞도록 성량과 속도와 어감을 조절해 보도록 하자."라는 보다 구체적인 지시를 하고 있다. 둘째, (2-1)~(2-2)는 희곡의 인물과 성격, 형식 등을 묻고 있는

문제로서, 여기에서도 소항목으로 "(가) 신라는 어떤 처지에 놓여 있었는가? (나) 인물의 성격은 어떠한가?" 등 인물의 상황과 성격을 묻는 문항과(2-1), 지문과 대사라는 희곡의 기술적인 측면을 묻는 문제(2-2)를 보인다.[29] 셋째, (3-1)은 국어교육의 '가치'에 해당되는 문제로서, 주제 중심의 교과서를 채택하여 가치관을 강조한 3차 교육과정기의 교수요목을 반영한 것이라 할 수 있다.

위의 교과서 문제와 관련하여 교사용 지도서에서는 <원술랑>의 학습 목표를 다음과 같이 제시하고 있어 참고할 만하다.

> (21) 3. 학습 목표 : ① 주어진 희곡의 대사를 정확한 발음, 알맞은 어조, 간단한 동작을 붙이며 낭독할 수 있다. ② 주어진 희곡의 줄거리를 갈등과 이의 해결을 중심으로 파악할 수 있다. ③ 주어진 희곡 속에서 현재 이전의 사건을 표현한 대사를 지적할 수 있다. ④ 희곡 속의 각 사건 사이의 관계를 읽어 낼 수 있다. ⑤ 지식과 기술을 향상시키기 위하여 노력하며, 자신의 생활을 발전시키려는 의지를 가진다.
>
> 『중학교 중학국어 교사용 지도서 3』(문교부, 1979, p.163)

위의 내용에서 ①은 낭독하기 학습으로 극본 학습에서 빠지지 않는 학습활동이라 할 수 있다. ②는 희곡 요소 중 '갈등'과 관련된 문항으로 갈등의 얽힘과 풀림이라는 극적 요소를 이해하는 학습에 속하기도 한다. 특히 여기에서는 '갈등'을 중심으로 '발단－전개－위기－절정－결말' 등 플롯 단계를 정리하도록 지시하고 있는데,[30] '갈등'이 동인이 되는 극문학의 특징을 적용한 지도 내용이라 하겠다.

학습 목표 ③과 ④는 대사에 대한 이해와 이를 통해 내용을 파악하는 문제로서, 희곡의 내용 파악에서 대사가 중요한 기능을 지니고 있

29) <원술랑>(『중학국어 2-1』, 1976, p.142).

30) 문교부(1979), 『중학교 중학국어 교사용 지도서 3』, 대한교과서주식회사, p.163.

음을 학습하는 문항들이라 할 수 있다. 즉 소설이나 시의 내용 및 주제는 작가가 개입된 화자를 통해 진술된다. 그러나 희곡은 이와 달리 화자가 아닌 등장인물의 대화 속에서 극 내용 및 주제를 파악할 수 있다. 그러므로 이를 주시하는 활동은 극문학의 특징적인 학습이라 할 수 있다. 마지막 ⑤는 교육적인 '가치' 문제에 해당되는 내용이라 하겠다. <고구마> 또한 2차와 비교하여 문항 수도 증가하였고 보다 구체적인 학습활동을 유도하고 있다. 실제 제시된 문항들은 동시기 교수요목을 반영하여 <원술랑>과 같은 체제로 구성되었다. 이를 요약하면, 첫째, 입체낭독(말하기)과 독후감 작성(쓰기), 둘째, 갈등과 성격의 파악, 셋째, 새마을 운동의 정신 환기 등이다.31)

나. 연극론 및 희곡론 : 〈문학 이야기〉, 〈연극과 상연〉

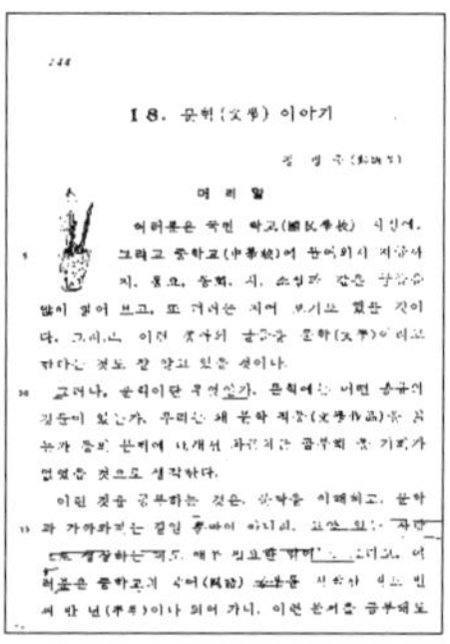
144

18. 문학(文學) 이야기

머리말

[그림 15] 〈문학 이야기〉
(『중학국어 1-1』, 1981, p.144)

앞선 2차와 마찬가지로 3차 국어 교과서에도 극문학 이론들이 수록되었다. 여기에 해당되는 단원은 『중학국어 1-1』에 수록된 정병욱의 <문학 이야기>와 『중학국어 3-1』에 수록된 서항석의 <연극과 상연>이다.

<문학 이야기>에서는 문학이란 무엇인가, 문학에는 어떤 종류의 것들이 있는가, 왜 문학작품 등을 읽는가 등의 문제를 다루고 있는데, 특히 희곡에 대해서 다음과 같이 설명하고 있다.

(22) ③ 희곡에 대하여/ 희곡도 소설처럼 작가(作家)가 그의 사상에 따라 상상해 낸 이야기다. 그러나, 희곡은 남에게 들려주듯이 쓴 글이 아니고, 때

31) <고구마>(『중학국어 3-2』, 1975, p.103).

와 곳은 언제 어디이며, 나오는 사람은 누구 누구(이름, 나이, 서로의 관계, 그 밖의 간단한 설명)이고, 무대는 어떻고, 누가 언제 등장하고 어떤 표정을 짓고, 어떤 말(대사)를 하고, 어떤 동작을 하고, 언제 퇴장하는가 등을, 막에 따라 지시하는 글이다. 희곡은 연극을 이룩하는 바탕이 되는 글이니까 자연 이렇게 될 수밖에 없다.

<문학 이야기>(『중학국어 1-1』, 1981, p.151)

위 내용은 연극 대본으로서의 희곡의 특징을 다루고 있는 부분이다. 즉 희곡은 작가가 관객에게 연극으로 상연하기 위해 창작한 이야기이며, 무대 배경이나 인물 행동 등을 지시하는 식으로 쓴 문학이라고 설명하고 있다. 기타 이 글에서는 막에 따른 구분(장막극, 단막극), 내용에 따른 구분(비극. 희극), 시나리오와 라디오 극본과의 차이 등 희곡의 장르적 특성을 다각적으로 살피고 있다.

한편 <연극과 상연>은 2차 재수록본으로 3차에서는 부록으로 옮겨져 있다. 이미 살폈듯이, 이 단원은 연극의 개념, 본질, 특징, 연극 상연의 과정 등을 다루고 있다. 특히 3차에서는 단원 설정 취지를 다음과 같이 제시하고 있다.

(23) 연극 감상은 여가 선용, 예술적 경험, 인간의 탐구, 일상생활에 대한 반성 등의 기회를 준다. 영화와 텔레비전극도 연극과 공통되는 요소들을 많이 포함하고 있으므로, 이들의 감상도 연극 감상과 같은 기능을 가진다. 연극, 영화, 텔레비전 극을 깊이 감상하려면, 그 본질, 특징, 기원, 상연하기까지의 과정을 잘 알 필요가 있다. 이 세 가지 예술 형식 가운데 가장 역사가 긴 연극에 대한 기초 지식은 나머지 두 예술 형식의 감상에도 도움을 줄 것이다.

『중학교 중학국어 교사용 지도서 3』(문교부, 1979, p.207)

위의 설정 취지에서는 연극, 영화, 텔레비전극을 극문학의 범주로 보며, 특히 연극 예술에 대한 이해가 여타 극문학 이해의 기초가 됨을 강조하고 있다. 특히 이어지는 내용에서는 연극 상연의 문제를 다루면서 극화학습은 '말하기와 듣기'라는 국어교육적 측면에서도 효과가 지대하다고 지적하기도 했다.

지금까지 3차 학습활동을 살펴보았다. 교과서의 <공부할 문제>를 보면, 국어교육의 '말하기 듣기', '읽기', '쓰기' 등 다양한 활동상이 보이며, 희곡 장르에 대한 학습도 보다 구체적으로 이루어졌다. 3차 중학교 국어과 기본방향은 학문 중심 교육원리의 도입과 가치관 교육의 강화로 요약된다. 국어과를 말하기, 듣기, 읽기, 쓰기로 4분하는 방법을 유지하되, '쓰기'를 다시 '글짓기'와 '글씨 쓰기'로 나누어 서사교육을 강화시켰다. 그 결과 이 시기 교과서 학습문제는 이전 교육과정기에 비해 문항 수도 증가했을 뿐만 아니라 체계화된 학습활동을 보인다. 결과적으로 교과서가 단순히 언어 자료집에 그치지 않고 학습 방법의 안내 역할도 할 수 있도록 한 것이다. 그러나 3차에 들어서서 극의 문학성이 강조되면서 극화 활동의 활용은 최소화되고 극과 관련한 문학 이론 학습에 치중한 경향을 보인다. 또한 주제 중심의 교과서를 채택하여 가치관을 강조하던 시기라는 점이 특징적이라 하겠다.[32] 한편 <문학 이야기>, <연극과 상연> 등의 이론편은 희곡 장르의 이해와 연극론에 해당된다.

(4) 4차 교육과정기

1 희곡 수록 양상 : 역사극과 번역극, 극본의 증가

4차 교육과정기 희곡은 차범석의 <고구마>(『중학국어 1-1』), 유치

32) 한재경(1991), 「해방이후 중등 국어교재의 희곡작품 고찰」, 단국대 교육대학원 석사학위논문, p.78.

진의 <원술랑>(『중학국어 2-1』)과 <청춘은 조국과 더불어>(『중학국어 3-2』), 이재현의 <포로들>(『중학국어 2-2』), 실러의 <빌헬름 텔>(『중학국어 3-1』) 등 5편으로 전 시기에 비해 극본 수가 증가된 현상을 보인다.

[표 10] 4차 희곡 단원

학년	작품	내용 및 주제	부문
1	고구마	은순은 대학생의 봉사활동으로 운영하는 야학에 다닌다. 아버지가 이를 반대하나 대학생 오영택의 설득으로 딸의 공부를 허락하게 된다.(새마을 운동의 정신)	사실주의극
2	원술랑	임전무퇴의 화랑오계를 저버린 원술은 전쟁에 백의종군하여 대승을 거둔다.(충의)	역사극
2	포로들	포로로 거제도 포로수용소에 수용되어 있던 주인공 영철은 송환심사 때에 부모가 계신 이북으로 가려한다. 그러나 자유의 소중함을 뼈저리게 느끼고, 결국은 공산포로들이 대열에서 벗어나 탈출을 시도하다 죽음을 맞게 된다.(반공)	사실주의극
3	청춘은 조국과 더불어	6·25가 발발하자 주인공 연길은 조국의 위기를 구하고자 목숨을 버릴 각오를 한다. 그는 학도의 용군으로 지원하여 전쟁터에 나간다. (반공애국 정신)	사실주의극
3	빌헬름 텔	주인공 벨이 장대에 꽂은 모자에 경의를 표하지 않았다 하여, 마을의 태수 게슬러가 벨로 하여금 아들 머리 위의 사과를 쏘게 한다. 다행이 무사히 화살을 쏘았지만 이 일로 말미암아 마을 사람들이 태수의 학정에 대항하게 된다.(불의에 저항하는 정신)	역사극 (해외 번역극)

[표 10]을 보면, <고구마>와 <월술랑>은 3차에 이어 재수록된 경우로 전자는 학년이 낮춰져 실렸으며, 신 단원으로 도입된 희곡은 3편이나 된다. 특히 교수요목기 이후 실리지 않았던 해외 번역극이 다시 제시되고 있다는 점이 특징적이다. 2, 3학년의 경우는 1~2학기에 모두 희곡을 다루고 있으며, 유치진의 작품은 전 시기와 마찬가지로 2편이나 수록되고 있다.

한편 4차는 문학・작문의 교육이 강화되던 시기로 대단원명도 문학의 장르로 제시되고 있다는 점이 특징적이다. 각 교과서 단원 체제는 시, 일기와 편지, 수필, 설명문, 논설문, 기행문, 소설, 전기, 국어이야기와 문학 이야기, 희곡(또는 시나리오) 등 10개의 대단원으로 구성되어 있다.[33] 1차부터 3차의 경우, 대단원은 여러 개의 소단원으로 이루어졌으며, 대단원의 지향하는 학습 목표에 따라 장르도 다양하게 수록되었다. 그러나 4차의 경우는 모두 '희곡'이라는 대단원명에 극본 1편씩만 실리고 있는데, 단원 목표를 통해 원리학습을 한 후, 그에 대한 적용학습으로 희곡을 수록하는 형태이다. 아래에서는 이러한 구성을 고려하여, 단원 목표를 주시하면서 학년별로 수록 양상을 살피고자 한다.

가. 1학년 극본 수록 양상 : 〈고구마〉

<고구마>는 2차, 3차에 이어 4차에도 동일 극본으로 재수록되었다. 이에 구체적인 수록 양상의 분석은 생략하고 아래에서는 단원 목표를 중심으로 살펴보고자 한다. 이 작품은 『중학국어 1-1』의 대단원 '7. 희곡'에 수록되었으며, "희곡은 어떤 글인가 알아보자. 대사와 지문의 구실을 알아보자." 라는 단원 목표를 지니고 있다. 그 내용을 살펴보면 다음과 같다.

> (24) 희곡이란, 연극을 위하여 쓴 극본이다. 이 극본을 무대 위에서 상연하면 연극이 된다. 시나 소설이 읽는 문학인 데 비하여, 희곡은 보고 듣는 문학이라 할 수 있다. 희곡을 문자로 읽을 때에도 독자는 머릿속에 스스로

---

33) 최현숙(1996), 「중학교 국어과 교육과정과 교과서 짜임 연구-제4, 5, 6차 교육과정을 중심으로」, 경북대학교 교육대학원, 석사학위논문, p.56.

> 무대의 장면을 그려가며 읽게 된다.(중략) 희곡은 한정된 시간, 한정된 장면에서 등장인물의 대사와 행동을 통해서만 표현된다. 희곡에서 등장인물의 말을 나타내는 부분을 대사라 하고, 등장인물의 행동, 표정, 몸짓이나 무대의 장치, 분위기를 지시하는 지문이라 한다.
>
> <희곡>(『중학국어 1-1』, 1984, p.130)

위의 글에서는 희곡을 시와 소설과 비교하며 그 장르적 특징을 설명하고 있다. 내용을 요약하면, 희곡은 연극의 대본이며, 무대 위에서 상연하면 연극이 된다는 것이다. 여기에서 희곡은 '보고 듣는 문학'이며, '읽는 문학'인 시나 소설과 변별된다. 그러므로 희곡을 읽을 때는 무대의 장면을 상상하며 읽어야 된다는 논지이다. 위의 글에 이어지는 내용에서는 한정된 시간, 한정된 장면에서 등장인물의 대사와 행동을 통해서만 표현된다는 점을 강조한다. 이와 더불어 희곡의 기술적인 특징인 '대사'와 '지문'에 대한 기능을 설명하기도 했다.34)

위의 원리학습 후에 <고구마>가 수록되어 있으며, 전 시기와 동일한 극본 형대를 보인다. 그러나 3차 극본이 주제 중심의 학습과 관련되어 실렸다면, 4차 극본은 문학의 한 장르로서 희곡의 특징을 파악하는 것과 연관되어 수록되었다는 점에서 차별성을 보인다.

나. 2학년 극본 수록 양상 : 〈원술랑〉, 〈포로들〉

유치진의 <원술랑>도 3차와 동일한 극본이므로 단원 목표를 중심으로 살펴보고자 한다. 이 작품은 『중학국어 2-1』의 대단원 '7. 희곡'에 수록되고 있으며, "희곡과 연극과의 관계를 알아보자. 연극은 어떻게 만들어지는가 알아보자."라는 단원 목표 하에 수록되었다.

---

34) <희곡>(『중학국어 1-1』, 1984, p.130).

(25) 희곡은 문학의 한 갈래이면서 동시에 연극을 이루는 하나의 기본 요소가 된다. (중략) 이와 같이 희곡은 원래 행동을 전제로 씌어졌기 때문에, 무대 위에 올려질 때 비로소 생명을 얻게 된다. (중략) 배우는 연출가의 지시를 바탕으로 무대 위에서 연기를 한다. (중략) 연극이 되기까지에는 작가, 연출가, 배우, 미술가, 음악가, 그리고 관객 등 많은 사람들이 참여하게 된다. 그래서, 연극을 종합 예술이라 한다.

<희곡>(『중학국어 2-1』, 1984, p.126)

위의 글에서는 앞선 논의와 마찬가지로 희곡은 연극을 전제로 한 극본으로서 행동의 예술임을 강조한다. 특히 여기에서는 연출가의 역할이 중요함을 강조하고 있다. 또한 연극이 올려지기까지 극작가, 연출가, 배우, 미술가, 음악가, 그리고 관객 등이 참여하는 종합 예술적 측면을 부각시키고 있다. 앞서 <고구마>의 단원 목표가 희곡의 개념과 기술 방식을 통해 희곡적 특징을 살피는 데 있었다면, 위 글은 희곡의 연극적 측면에서의 특징을 살피는 논의라 할 수 있다. 이러한 원리학습 후에 <원술랑>이 수록되어 있는데, 이 역시 주제 중심의 학습과 관련된 3차와 달리, 문학의 한 장르로서 희곡의 특징을 파악하는 학습과 관련되어 수록된 것이라 할 수 있다.

이재현의 <포로들>(『중학국어 2-2』)은 4차에 새로 도입된 작품으로 '6. 희곡'이라는 대단원에 수록되었다. "희극에 대하여 알아보자. 비극에 대하여 알아보자."라는 단원 목표 하에, 아래와 같은 원리학습을 보인다.

(26) 희극의 가장 중요한 특징은 '행복한 결말'이다. 불행이나 혼란이 점차 제거되고, 그 결말에서는 좋은 사람이 행복해지는 모습을 보여 준다. (중략) 비극의 주인공은 대개 선량한 성품을 지니고 있지만 어떤 성격적 결함으로 고통을 겪고 결국은 파멸하게 된다. 비극에는, 주인공이 운명과의 대결에서 빚어지는 불행을 보여 주는 것도 있고, 사회적인 인습이나 상황에 부딪혀

파멸하는 과정을 보여 주는 것도 있다. 비극은 관객의 마음에 연민과 공포를 일으킴으로써 마음을 정화시키는 힘을 가지고 있다.

<희곡>(『중학국어 2-2』, 1985 p.94)

위의 인용문은 희곡을 희극과 비극의 범주로 나누고, 각각의 특징을 설명하고 있는 글이다. 이러한 분류는 결말 구조에 초점을 둔 것으로서 희극은 '행복한 결말'을, 비극은 '불행한 결말'을 보이는 극이라 지적하고 있다. 특별히 여기에서는 아리스토텔레스의 비극의 개념을 들어 논하고 있는 점이 주목되는데, 적용학습 희곡인 <포로들>이 바로 비극이라는 점에서 일종의 원리학습이라 할 수 있다. 위의 글에서는 비극의 주인공은 대부분 선량한 성품을 지니고 있지만 어떤 성격적 결함으로 고통을 겪고 결국은 파멸하게 된다는 것이다. 비극의 내용을 보면 주인공이 운명과 대결하면서, 혹은 사회적인 문제로 인해 파멸하는 경우로 분류하고 있다. 여기에 아리스토텔레스 비극론의 핵심이라 할 수 있는 '연민과 공포', '정화(catharsis)' 등 연극의 기능에 대해서도 설명하고 있다.

위의 이론에 이어 이재현의 <포로들>이 다음과 같이 수록되고 있다.

[그림 16] 포로들〉
(『중학국어 2-2』, 1985, p.100)

(27) [1. 군종실] 멀리서 포로들의 군가 소리와 함성이 들려 온다. 브라운, 짐을 정리하고 있다. 노크 소리.(중략)

브라운 : 예, 좋습니다. 역시 남쪽이라 추위를 면할 수가 있어서 무엇보다 다행이군요,

박대위 : 64 야전 병원에 근무하시던 와트 군의관이십니다.(중략)

와트 : 그러실 겁니다. 아주 어려울 때 오셨어요. 지난 봄만 해도 포로들은 아주 양순했답니다. 하지만,

지금은 그렇지가 않아요. 거의 매일처럼 공산 수용소에서 시체가 나오죠. 타살(打殺)된 시체, 병사한 시체 등 보기에도 끔찍스러워요 병사한 시체는 제게도 책임이 있습니다만.

<포로들>(『중학국어 2-2』, 1985, pp.95~96)

이 작품의 원작은 총 11장면으로 구성된 장막극으로 교과서에는 7장면까지만 실려 있다. 영화와 같이 속도 빠른 장면 전환, 긴박한 극의 전개상을 보이고 있다는 점이 특징적이며, 분단과 이데올로기의 갈등, 그리고 고향에 대한 향수 등을 주제로 하고 있다.

이 작품의 무대는 6·25전쟁의 상징적 장소라 할 수 있는 '거제도 포로수용소'이다. 중심 사건은 포로수용소에 있는 주인공 '김영철'을 둘러싸고 전개된다. 그는 송환 심사 때 남한에 있기로 결심하고 공산 포로들의 대열에서 탈출을 시도한다. 그러나 좌우익 포로들의 충돌 속에서 무참하게 죽음을 당하고 만다. 이 작품은 전쟁 직후의 첨예화된 사상 갈등을 드러내고 있으며, 송환심사에 처한 포로의 고뇌를 통해 자유란 개인의 안위가 보장되지 않고 윤리적 요구와 배치되더라도 선택해야만 하는 절대적 위상을 지닌 것임을 강조하고 있다.[35)]

다. 3학년 극본 수록 양상 : 〈빌헬름 텔〉, 〈청춘은 조국과 더불어〉

『중학국어 3-1』에는 국내 희곡이 아닌 해외 번역극인 실러의 <빌헬름 텔>이 실리고 있다. 이 극본 또한 대단원 '6. 희곡'에 "희곡의 짜임을 알아보자. 희곡의 갈등에 대하여 알아보자."라는 단원 목표 하에 다음과 같은 원리학습이 제시되었다.

35) 조보라미(2011), 「이재현의 포로 3부작 연구」, 『한국현대문학연구』 제35집, 한국현대문학회, p.379.

(28) 희곡은 무대라는 한정된 장소와 한정된 시간 안에 상연되기 때문에 그 짜임이 독특하다. 희곡을 자세히 보면, 사건의 발단, 사건의 상승, 사건의 위기와 전환, 사건의 내리막길, 사건의 종결이나 마무리의 5단계로 짜여져 있음을 알 수 있다. 이 5단계를 발단, 전개, 절정(클라이맥스), 하강, 대단원이라고도 한다. (중략) 갈등의 원인이 다른 상대편 인물의 경우처럼 외부에서 올 경우에 외적 갈등이라 하고, 자신의 마음 속에서 일어날 경우에 내적 갈등이라 한다. 희곡은 이러한 갈등을 중심으로 사건이 전개된다.

<희곡>(『중학국어 3-1』, 1986, p.124)

위의 글에서는 희곡의 플롯에 대해 설명하고 있다. 먼저 희곡은 연극의 대본이기 때문에, 무대라는 한정된 장소와 한정된 시간 안에 상연된다는 점을 고려해야 한다고 지적하고 있다. 이에 사건의 발단, 전개, 절정(클라이맥스), 하강, 대단원이라는 5단계의 구성을 짜임새 있게 제시해야 한다는 것이다. 또한 이 글에서는 희곡에서 중시되는 '갈등'을 외부의 사건이나 상황으로부터 오는 '외적 갈등', 자신의 마음속에서 일어나는 '내적 갈등'으로 나누어 그 특징을 밝히고 있다

<빌헬름 텔>은 위의 원리학습 후에 이어지는 적용학습 단원으로 다음과 같이 수록되고 있다.

[그림 17] 〈빌헬름 텔〉(『중학국어 3-1』, 1986, p.132)

(29) 프리이스하르트 : 우리는 도대체 뭣 때문에 파수를 보고 있는 거지? 여기까지 일부러 찾아와서 모자를 보고 절을 할 놈은 한 놈도 없을걸. 여기는 그전 같으면 장이 선 것처럼 흥청거렸건만, 이제 허수아비가 장대 위에 매달려 있게 된 후로는 황무지같이 되었어.

로이트홀트 : 그리고, 오는 놈이 있어도 그건 건달패들뿐이지. 너덜너덜한 모자를 흔들어 대면서 우리 속이나 썩이지. 제대로 된 인간이라면, 이런 모자한테 머리를 숙이느니 멀리 빙 돌아서 가거든.

<빌헬름 텔>(『중학국어 3-1』, 1986, p.126)

<빌헬름 텔>은 오스트리아 지배 하의 스위스를 배경으로 한 역사 소재극으로 총 5막으로 이루어졌으며 오페라로 공연되기도 한 장막극이다. 교과서에는 3막 3장만이 실렸다.

이 희곡은 주인물 빌헬름 텔과 태수 게슬러 사이의 갈등을 다루고 있는 작품이다. 마을의 태수 게슬러는 마을 길목에 장대를 세우고, 그 위에 모자를 씌운 뒤, 누구든지 거기에 인사하고 지나가도록 강요하였다. 그러나 이를 모르는 텔과 아들 발터는 모자에 경의를 표하지 않게 된다. 이로 인하여 텔은 체포되고 게슬러가 텔로 하여금 아들의 머리 위에 사과를 얹어 놓고 그것을 쏘도록 하는데 여기에서 텔은 심각한 내적 갈등을 겪는다. 결국 텔은 명령대로 화살을 쏘지만 과녁을 정확히 맞혀 아들과 자신을 구해낸다. 이러한 극의 내용은 대단원에서 설명한 '발단-전개-절정-하강-대단원' 등의 플롯과 긴밀하게 연결되고 있으며, 텔의 내적 갈등뿐만 아니라 불의(외세)로 상징되는 게슬러와 외적 갈등도 첨예하게 드러나는 극이라고 할 수 있다.

유치진의 <청춘은 조국과 더불어>는 『중학국어 3-2』에 수록되어 있다. 대단원 '3. 희곡'에서는 "희곡의 갈래에 대하여 알아보자. 희곡의 인물에 대하여 알아보자."라는 소제목으로 다음과 같은 원리학습을 제시하고 있다.

> (30) 무대의 장면을 여러 번 바꾸면서 이야기를 이끌어 나가는 작품도 있고. 어떤 단일한 사건을 하나의 장면으로 집약하여 보여주는 작품도 있다. 과거의 역사적 인물이나 사건을 소재로 한 것도 있고, 현실적인 문제를 바탕으로 하여 쓴 것도 있다. 이야기의 내용에 따라 희극과 비극으로 나누기도 한다. '희곡은 생명은 인물의 행위'라는 말이 있는데, 이 말은 희곡의 내용이나 그 극적인 요건을 살려내기 위해서 개성적인 인물의 행동이 필요하다는 뜻이다. (중략) 대립되는 인물의 성격과 성격이 맞섰을 때에 이야기가 전개

되고 극이 이루어진다.

<희곡>(『중학국어 3-2』, 1985, p.34)

위의 글에서는 먼저 희곡의 유형을 제시하고 있는데, 막의 구분상 장막극과 단막극으로, 소재적인 측면에서 역사소재극과 현실 소재극으로, 이야기의 내용에 따라 희극과 비극으로 나누고 있다. 또한 '희곡의 생명은 인물의 행위'라는 점을 지적하면서 개성적인 인물이 필요하며 대립되는 인물의 성격을 드러내야 함을 강조하고 있다.

위의 내용은 다양한 기준에 따른 희곡의 유형과, 희곡의 주요소인 '인물과 성격'에 관한 이론이라 할 수 있다. 이와 같은 논의에 이어 <청춘은 조국과 더불어>가 다음과 같이 제시되었다.

[그림 18] 〈청춘은 조국과 더불어〉
(『중학국어 3-2』, 1985, p.38)

(31) 옥란 : (손을 흔들다가 초조한 듯이 들어서며) 아, 어머님 왜 여태 안 돌아오지? 한길로 뛰어나가 마음껏 만세를 불러 줘야겠는데...(이 때 막이 열리며, 박씨, 커다란 보따리를 짊어지고 등장.)(중략)

옥란 : 어머니, 한길에 좀 나가 보고 오겠어요.

박씨 : 그만둬라. 밟혀 죽을라. 학생이고 지게꾼이고 장사치고 할 것 없이 이렇게 쏟아져 나왔는지. 온 장안이 그야말로 쑤셔 놓은 벌집이다.

<청춘은 조국과 더불어>(『중학국어 3-2』, 1985, pp.35~36)

이 작품은 2장으로 구성된 짤막한 단막극이다. 6·25 돌발 당시, 서울의 혼란하고 무질서한 상황을 배경으로 하여, 조국을 지키기 위해 목숨을 바치는 젊은이들의 정열과 결의를 그리고 있다. 주요 인물은 연길, 옥란, 김주사로서 옥란을 둘러싼 연길과 김주사의 갈등이, 국군과 공산당의 대립 관계로 확대된다. 결국 악=공산주의/선=민주

주의라는 전언을 가진 극으로 공산주의자는 죽음을 맞고 민주주의자는 구사일생으로 살아나는 결말로 처리되어 있다. 이 작품은 연길과 김주사라는 인물의 성격이 대조적으로 잘 드러나 있어, 단원 목표의 하나인 '인물의 성격' 파악에 용이한 극본이라 할 수 있다.

지금까지 4차 교육과정기 국어 교과서에 수록된 희곡의 수록 양상을 살펴보았다. 해당 단원은 차범석의 <고구마> 유치진의 <원술랑>과 <청춘은 조국과 더불어>, 이재현의 <포로들>, 실러의 <빌헬름 텔> 등 5편으로 전 시기에 비해 극본 수가 증가된 현상을 보인다. 또한 두 작품 모두 6·25 전쟁을 소재화하여 3차와 마찬가지로 애국·계몽적인 주제를 지니고 있다.

② 극본 학습활동 : 문학 이론 위주의 학습

4차 교육과정기는 극의 문학성이 강조되면서 극화 활동의 활용은 최소화되고 극과 관련한 문학 이론 학습에 치중하게 된다. 이러한 경향은 4차 중학교 국어과 교육과정의 문학 교육 '내용'에 잘 드러나 있다. 여기에서 극과 관련된 내용을 학년별로 정리하면 다음과 같다.

(32) ○ 1학년 : ·희곡은 본질적으로 작자의 개입 없이 인물들이 말과 행위만으로 표현한다는 것을 안다. ·희곡의 대사는 인물들의 속성에 각각 어울리는 억양이나 말투로 이루어져 있음을 안다./ ○ 2학년 : ·희곡에서 대사를 통하여 작자의 생각을 대변하는 인물이 누구인지를 안다. ·희극에서 해학적 분위기와 행복한 결말을 즐긴다./ ○ 3학년 : ·희곡에서는 대화, 독백, 방백을 구별하며, 이들의 기능을 안다. ·비극에서 가치 있는 것을 위해 희생되는 중심인물을 통하여 삶의 엄숙한 진실을 깨닫는다.

『중학교 중학국어 교사용지도서 1-1』(문교부, 1984, p.12)

위의 교수요목의 설정은 학문 중심 교육과정이 중시된 결과에서 비롯된 것이라 할 수 있다. 이에 4차 국어과 학습에서는 교육 내용의 선정에서는 국어과의 기본 개념이 중시되었고, 교육 방법에서는 발견과 탐구 학습이 강조되었다.36) 이러한 배경 하에 4차 희곡 단원 목표는 다음과 같이 정리된다.

[표 11] 4차 희곡 단원 목표

학년	작품	단원 목표
1	고구마	· 희곡의 특성을 알게 한다. · 희곡의 대사를 인물에 어울리는 음성으로 상황에 맞게 낭독하게 한다. · 희곡을 바르게 이해하고 감상하게 한다. · 학문과 기술을 배우고 익혀, 자신의 처지를 발전시키려는 태도를 가지게 한다. · 희곡을 연극으로 표현하게 한다.
2	원술랑	· 희곡을 등장인물의 나이, 성별, 신분과 상황에 어울리는 목소리로 낭독하게 한다. · 희곡을 바르게 이해하고 감상하게 한다. · 희곡과 연극의 관계를 안다. · 희곡을 연극으로 표현하게 한다.
2	포로들	· 희곡을 인물의 성격과 상황에 맞게 낭독하게 한다. · 희곡을 바르게 이해하고 감상하게 한다. · 희곡과 비극의 성격을 알게 한다. · 희곡을 연극으로 실연하게 한다. · 우월한 반공의식을 갖게 한다.
3	청춘은 조국과 더불어	· 희곡을 등장인물의 나이, 성격, 직업에 어울리는 목소리로 낭독하게 한다. · 희곡의 갈래와 인물에 대하여 알게 한다. · 희곡을 바르게 이해하고 감상하게 한다. · 조국을 지키기 위하여 목숨을 바친 분에게 감사하는 마음을 가지게 한다. · 희곡을 연극으로 실연하게 한다.
3	빌헬름 텔	· 희곡의 대사를 인물에 어울리는 음성으로 상황에 맞게 낭독하게 한다. · 희곡을 바르게 이해하고 감상하게 한다. · 희곡의 특성을 알게 한다. · 불의에 대처하는 정신을 본받도록 한다.

36) 황은주(2007), 앞의 글, p.23.

위의 단원 목표는 희곡 문학에 대한 이해와, 낭독하기, 극화학습으로 대별된다. 아래에서는 <공부할 문제>를 중심으로 학습활동을 구체적으로 살피고자 한다.

가. 재수록본 및 2학년 극본 학습활동 : 〈고구마〉, 〈원술랑〉, 〈포로들〉

① 재수록본 학습활동 : <고구마>, <원술랑>

극본 <고구마>의 학습문제는 다음과 같이 제시되고 있다.

[표 12] 4차 〈고구마〉(『중학국어 1-1』) 공부할 문제

1. 이 글(고구마)을 인물과 상황에 맞게 낭독하고, 다음 물음에 대답해 보자. (1) 이 글의 지문을 인물의 행동을 표시하는 지문, 무대 장면을 묘사라는 지문으로 구별해 보자./ (2) '고구마'의 대사와 '요람기'의 대화와의 차이는 무엇인가? 2. (1) 은순이의 의지가 잘 나타나는 부분은 어디인가?/ (3) 아버지의 완고함이 가장 강하게 나타나는 부분은 어디인가? 3. 이 희곡의 끝 장면에 힘차게 들려오는 기적 소리를 지문으로 넣은 것은 무슨 말을 암시하고 있는 것인지 이야기해 보자. 4. 배역을 정하여 '고구마'를 연습한 다음, 필요한 소도구를 준비하여 연극으로 상연해 보자. <공부할 문제>(『중학국어 1-1』, 1984, p.142)

위의 문제들을 보면, 3차의 주제 및 가치 파악 중심의 문항과 다르게, 문학적인 측면에서 희곡의 특징을 파악하는 문제가 지배적이다. 즉 지시문과 대사라는 기술 방식, 극적 장치, 플롯 등을 탐색하는 문항이 중심을 이루고 있다. 또한 "필요한 소도구를 준비하여" 상연까지 나아가는 극화수업이 제시되고 있어 주목된다.

한편 4차부터는 <공부할 문제>에 이어 '작문'란을 두고 있는데, 이

것은 문학 교육과 더불어 작문 교육을 강화시킨 데서 비롯된다. 작문은 다음과 같이 제시되고 있다

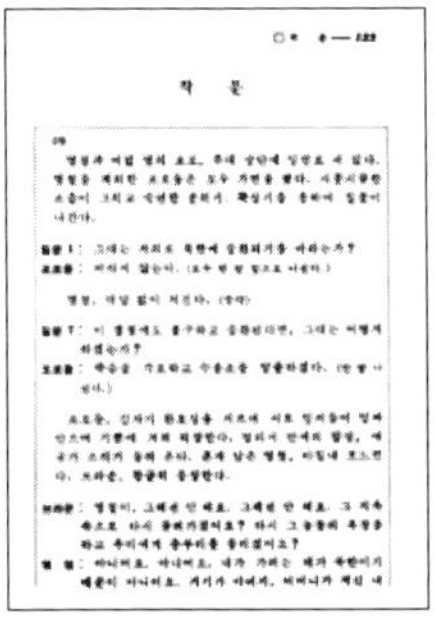

[그림 19] 〈작문〉
(『중학국어 2-2』, 1985, p.123)

(33) 1 위 글에서 (가)에서 '....'로 처리된 부분은 어떤 말이 생략된 것일까 써 넣어 보자. 2 위의 글 (가)를 내용이 변하지 않게 하면서 글 (나)와 같은 소설로 써 보자. 3 위의 글 (나)의 내용을 글 (가)와 같은 대사와 지문으로 고쳐 보자.

<작문>(『중학국어 1-1』, 1984, p.146)

작문에서는 [그림 19]와 같이 희곡(가)과 소설(나)을 함께 수록하면서, 희곡은 소설로, 소설은 희곡으로 고쳐보는 문제들을 수록하고 있다. 이는 일종의 각색의 문제라고 할 수 있는데, 장르를 바꾸면서 희곡뿐만 아니라 서사 장르의 이해까지 함께 돕고 있는 문제라 할 수 있다.

<원술랑> 또한 4차 학습문제의 체재에 따라, 다음과 같은 문제들을 수록하고 있다.

[표 13] 4차 〈원술랑〉(『중학국어 2-1』) 공부할 문제

1. 이 글(원술랑)을 등장인물의 나이, 성별, 신분과 상황에 어울리는 목소리로 낭독해 보자.
2. 다음 물음에 대한 답을 써 보자.
   (1) 이 글에 나오는 원술, 진달래, 김유신, 지소 부인, 담릉의 성격은 어떠한가?/ (2) 이 글의 절정(클라이맥스)은 어디인가?
3. 이 글에서 무대 위의 사건으로 미루어 보아, 무대 밖에서는 지금 어떤 사건이 벌어지고 있는지 생각해 보자.
4. 이 희곡을 배역을 정하여 연습하고, 연극으로 실연해 보자.

<공부할 문제>(『중학국어 2-1』, 1984, p.152)

위의 <공부할 문제>를 보면, 1은 낭독하기, 2는 인물의 성격, 구성 등을 파악하는 학습문제라 할 수 있다. 3의 경우는 일종의 '무대리 기법'으로 연극 기법을 이해하는 문제라는 점에서 주목된다. 4번의 경우는 실연하기로서 앞선 희곡과 마찬가지로 "배역을 정하여 연습하고" 극화학습을 유도하고 있다. 이것은 이전 교육과정기의 학습과 차별성을 보이는 측면이다.

이 단원의 말미에도 희곡과 소설을 제시하고 작문 문제를 실었는데, 특히 희곡의 경우 대사의 빈 칸을 채우는 문항과 희곡을 소설로 바꾸어 보는 문항을 수록했다.37) 이러한 문제는 <고구마>의 작문에서도 다룬 바, 각색의 과정을 통해 극문학은 물론 서사 문학에 대한 이해를 돕는 학습활동이라 할 수 있다.

② 2학년 신단원 학습활동 : <포로들>

<포로들>에서는 다음과 같은 학습문제가 제시되고 있다.

[표 14] 4차 〈포로들〉(『중학국어 2-2』) 공부할 문제

1. 이 글(포로들)을 등장인물의 나이, 성격, 상황에 맞게 낭독해 보자.
2. 다음 물음에 답을 써 보자.
(1) 이 글의 배경은 어떠한가?/ (2) 이 글에서 주인공이 느끼는 갈등의 양상은 어떠한가?/ (4) 이 글의 결말로 보아, 이 희곡은 희극인가? 비극인가?/ (5) 이 글에 등장하는 인물들의 성격은 어떠한가?)
3. 이 희곡을 배역을 정하여 연습하고, 연극으로 실연해 보자.
<공부할 문제>(『중학국어 2-2』, 1985, p.120)

<포로들>의 학습문제 또한 여타 극본과 마찬가지로 '낭독하기' 수업이 다루어졌으며, 대단원의 논의를 반영한 장르별(비극/희극) 이해,

37) <작문>(『중학국어 2-1』, 1984, pp.155～156).

희곡의 주요소인 '갈등'과 '성격' 파악 등의 문제를 보인다. 또한 여기에서도 "배역을 정하여 연습하고" 실연하기가 마지막 문항으로 포함되어 있는데, 교사용 지도서에서 극화학습과 관련되어 다음과 같은 활동상을 보이고 있어 주목된다.

> (34) [1] 연극으로 실연하기 : 학교의 사정이 허락하는 범위 내에서 실제 연극으로 상연해 봄이 좋다. 이 경우, 전체 교사와 협의하여 학급별 경연 대회를 열면 더욱 교육적 효과가 클 것이다. 한 편의 연극이 상연되기 위해서는 무엇보다 조직적 활동이 필요하다. 그러므로, 다음과 같은 부서를 구성하여 조직적이고 유기적인 활동을 할 수 있도록 지도한다.
>
> 『중학교 중학국어 교사용지도서 2-2』(문교부, 1984, p.71)

위의 지도 내용을 보면, 효과적인 극화학습으로 '학급별 경연대회'를 제시하고 있다는 점이다. 이어지는 지도 내용을 보면, 연출반, 연기반, 기타 의상 및 무대 장치반 등[38]을 조직하여 각각의 부문에서 무엇을 담당할 것인가를 구체적으로 제시하고 있기도 하다.[39] 이러한 구체적인 극화학습 활동은 4차에 들어서 보이는 특징적인 현상이기도 하다.

<포로들>의 작문 문제에서는 등장인물의 내적인 갈등이 드러나도록 대사와 지문을 이어서 써 보는 문항과, 소설을 인물의 성격이 드러나도록 희곡으로 각색하는 학습활동 보인다.[40] 앞선 극본들에 이어 다양한 방법들을 적용한 각색학습이라 하겠다.

---

38) 실제 지도안에서는 연출반, 연기반, 무대장치반, 소품반, 의상반, 조명반, 효과반, 음악반, 무용반 등으로 세분하여 분담 역할을 지시하고 있다.

39) 문교부(1984), 앞의 책, pp.71~72.

40) <공부할 문제>(『중학국어 2-2』, 1985, p.124).

나. 3학년 극본 학습활동 : 〈빌헬름 텔〉, 〈청춘은 조국과 더불어〉

<빌헬름 텔>은 희곡의 플롯과 갈등을 파악하는 하는 것이 주요 학습에 속한다. 극본 말미에 제시된 <공부할 문제>에서는 이와 관련하여 다음과 같은 학습문제를 제시하고 있다.

[표 15] 4차 〈빌헬름 텔〉(『중학국어 3-1』) 공부할 문제

1. 이 글(빌헬름 텔)을 인물의 성격과 상황에 맞게 읽고(중략). (1) 이 희곡의 갈등은 외부로부터 왔는가, 내부에서 일어났는가?/ (2) 이 희곡의 중심되는 사건은 무엇인가? 2. 다음 물음에 대한 답을 써 보자. (1) 등장인물들의 대사를 통해, 그들의 신분과 성격은 어떠한가?/ (2) 이 희곡의 갈등이 절정을 이루는 부분은 어느 대목인가? 3. 빌헬름 텔의 비극적인 상황을 통해 비극이 우리에게 주는 감동과 희극이 주는 감동이 어떻게 다른가 알아보자. 4. 이 희곡을 배역을 정하여 각 인물의 성격, 신분, 연령에 맞게 분장하고, 연극으로 상연해 보자. <공부할 문제>(『중학국어 3-1』, 1986, p.146)

문제 1의 경우는 외적 갈등인가 내적 갈등인가, 그 갈등을 형성시킨 중심 사건이 무엇인가를 파악하는 것이 주요소이다. 2에서는 인물의 성격과 갈등의 절정(구성상의 문제) 등을 이해하는 문제이며, 3의 경우는 비극과 희극의 관극 체험을 묻는 내용이다. 이상에서 대단원의 학습 목표인 '플롯'과 '갈등' 파악이 주요 활동임을 볼 수 있다. 4는 극화학습으로 "각 인물의 성격, 신분, 연령에 맞게 분장하고"라는 지시 사항이 특징적이다. 또한 <빌헬름 텔>에서도 희곡을 소설로 바꾸는 작문 문제가 제시되었다. 여기에서는 '인물의 성격과 외모, 장면의 분위기가 잘 드러나게'라는 조건으로 각색을 지시하고 있어 주목

된다.

한편 <청춘은 조국과 더불어>의 학습문제를 살펴보면 다음과 같다.

[표 16] 4차 〈청춘은 조국과 더불어〉(『중학국어 3-2』) 공부할 문제

1. 이 글을(중략) 어울리는 목소리로 낭독해 보자.
2. 다음 물음에 대한 답을 써 보자.(중략) (1) 이 희곡의 배경은 언제, 어디인가?/ (2) 이 희곡에서 무대의 장면은 몇 번 바뀌었는가?/ (3) 이 희곡에서 대립되는 두 인물은 누구누구인가?/ (4) 이 희곡에서 갈등이 해결되는 곳은 어디인가?/ (5) 이 희곡에 등장하는 인물들의 성격은 어떠한가?
3. 오영진의 '희곡 '허생전'을 읽고, 전쟁을 배경으로 한 극과 다른 점을 세 가지 이상 찾아 보라.
4. 이 희곡의 배역을 정하여 실제로 연극을 해 보자.

<공부할 문제>(『중학국어 3-2』, 1985, p.56)

위 <공부할 문제>에서는 1의 '낭독하기'에 이어 2에서는 희곡의 배경, 장면의 변화, 인물의 대립상, 갈등의 해결 지점, 인물들의 성격 등 희곡 장르의 특징에 토대를 둔 다양한 문제들이 제시되고 있다. 3의 문항은 현대 배경의 사실주의극과 <허생전>이라는 고전 각색극을 비교하는 문제라 주목된다. <청춘은 조국과 더불어>는 6·25를 배경으로 한 희곡이다. 오영진의 <허생전>을 전쟁을 배경으로 한 이 작품과 비교하면 소재, 주제, 시대적 상황, 인물의 성격 등이 모두 다르다. 특히 <허생전>은 창(唱)으로 부를 수 있도록 구성한 대사와 풍자성이 농후한 점이 특징적이다.[41] 이렇듯 현대극과 고전극을 비교하는 문제는 새롭게 제시된 문항이라는 점에서 주목된다.

한편 작문에서는 <청춘은 조국과 더불어>의 지시문을 묘사문으로, 이효석의 소설 <메밀꽃 필 무렵>의 배경 묘사 장면을 지시문으로 각

41) 문교부(1984), 『중학교 중학국어 교사용지도서 3-2』, 대한교과서주식회사, p.29.

색하는 활동을 보인다. 이것은 시공간 배경이나 인물의 행동 등을 제시하는 극문학의 기술적 측면을 학습하는 활동이라 볼 수 있다.

지금까지 4차 희곡인 <고구마>, <원술랑>, <포로들>, <빌헬름 텔>, <청춘은 조국과 더불어> 등의 학습활동을 살펴보았다. 4차 교육과정기는 '문학과 작문' 교육이 강화된 시기로, 대단원명도 문학 장르인 '희곡'으로 설정되었으며, 학습문제와 작문 등의 문항을 보면, 희곡적 특징의 이해와 극화학습 등이 제시되고 있다. 그런데 앞서 살펴본 바, 국어과 교육 방침은 문학이론 학습을 지향하고 극화학습은 축소하는 것으로 되어 있다. 그럼에도 4차는 전 시기보다 극화학습이 구체적으로 실행되고 있다. 이것은 '교육 방법'에서 비롯된 것이라 할 수 있다. 즉 4차 국어과 교육 방법에서는 '발견과 탐구 학습'을 강조하였다. 그 결과 문학 이론 중심의 학습이 지배적이면서도, 학생들의 자발적인 발견과 탐구를 위한 극화학습을 실행한 것으로 보인다.

(5) 5차 교육과정기

① 희곡 수록 양상 : 극본 수의 감소와 국내외 역사극

5차 교육과정기 희곡은 유치진의 <원술랑>(『중학국어 1-2』)과 실러의 <빌헬름 텔>(『중학국어 2-1』) 등 2편이며, 모두 4차에 이어 재수록된 경우로 학년만 낮춰져 있다. 또한 전 시기에 비하여 희곡 극본의 수가 대폭 줄어들었음을 볼 수 있다. 5차 극본은 이 외 시나리오로 오 헨리의 <마지막 잎새>(『중학국어 3-2』)가 수록되고 있다. 결과적으로 한 학년에 1편의 극본이 실리고 있어 극문학 수가 저조한 현상을 보인다.

[표 17] 5차 희곡 단원

학년	작품	내용 및 주제	부문
1	원술랑	임전무퇴의 화랑오계를 저버린 원술은 전쟁에 백의종군하여 대승을 거둔다.(충의)	역사극
2	빌헬름 텔	주인공 벨이 장대에 꽂은 모자에 경의를 표하지 않았다 하여, 마을의 태수 게슬러가 벨로 하여금 아들 머리 위의 사과를 쏘게 한다. 다행이 무사히 화살을 쏘았지만 이 일로 말미암아 마을 사람들이 태수의 학정에 대항하게 된다.(불의에 저항하는 정신)	역사극 (해외 번역극)

학년별로 극본 수록 상황을 보면, 먼저 <원술랑>은 교수요목기부터 지속적으로 실려[42] 재수록 빈도수가 높은 단원이다. 『중학국어 1-2』의 '14. 희곡과 연극'이라는 대단원에 실려 있다. 극본 수록상은 전 시기와 동일하여 단원 목표만을 살피기로 하겠다.

대단원에서는 다음과 같이 '단원의 길잡이'를 통해 단원 목표를 밝히고 있다.

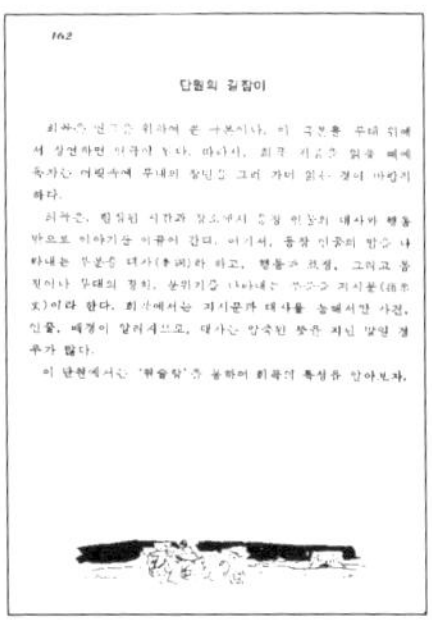
162

단원의 길잡이

[그림 20] 〈희곡과 연극〉
(『중학국어 1-2』, 1990, p.162)

(35) 희곡은 연극을 위하여 쓴 극본이다.(중략) 이 희곡 작품을 읽을 때에 독자는 머릿속에 무대의 장면을 그려 가며 읽는 것이 바람직하다. 희곡은, 한정된 시간과 장소에서 등장인물의 대사와 행동만으로 이야기를 이끌어 간다.(중략). 희곡에서는 지시문과 대사를 통해서만 사건, 인물, 배경이 알려지므로, 대사는 압축된 뜻을 지닌 말일 경우가 많다. 이 단원에서는 '원술랑' 등을 통하여 희곡의 특성을 알아보자.

<희곡과 연극>(『중학국어 1-2』, 1990, p.162)

위 글에서는 희곡은 연극을 상정한 극본이며, 그러므로 희곡을 읽

42) <원술랑>은 1차만 수록되지 않고, 교수요목기 『중등국어 3-2』, 3차 『중학국어 2-1』, 4차 『중학국어 2-1』 등에 계속 수록된 제재이다.

을 때는 무대 장면을 상상하며 읽어야 한다고 밝혔다. 또한 희곡은 시공간적 한계 속에서 인물의 대사와 행동만으로 이야기가 전개된다는 장르적 특성을 지적했다. 여기에서 희곡의 표현 형식인 '대사'와 '지시문'을 설명하기도 했다. 특히 대사의 문제에 대해서는 "압축된 뜻을 지닌 말"이어야 함을 강조하고 있다. <원술랑>은 위 '단원의 길잡이'를 토대로 하여 희곡적 특성을 이해하며 읽는 극본에 해당된다.

『중학국어 2-1』에 수록된 <빌헬름 텔>은 '17. 희곡의 구성'이라는 대단원에 속한 희곡이다. 전 시기와 동일한 수록상을 보여 여기에서도 '단원의 길잡이' 내용만을 살피기로 하겠다.

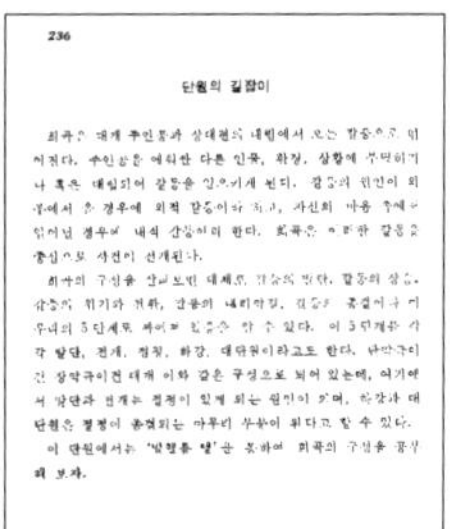
236

단원의 길잡이

[그림 21] 〈단원의 길잡이〉
(『중학국어 2-1』, 1992, p.236)

(36) 희곡은 대개 주인공과 상대편의 대립에서 오는 갈등으로 엮어진다.(중략) 갈등의 원인이 외부에서 올 경우에 외적 갈등이라 하고, 자신의 마음속에서 일어날 경우에 내적 갈등이라 한다. 희곡은 이러한 갈등을 중심으로 사건이 전개된다. 희곡의 구성을 살펴보면(중략) 이 5단계를 각각 발단, 전개, 절정, 하강, 대단원이라고도 한다. 여기에서 발단과 전개는 절정이 있게 되는 원인이 되며, 하강과 대단원은 절정이 종결되는 마무리 부분이 된다고 할 수 있다. 이 단원에서는 '빌헬름 텔'을 통하여 희곡의 구성을 공부해 보자.

<단원의 길잡이>(『중학국어 2-1』, 1992, p.236)

위 '단원의 길잡이'에서는 희곡이 주인공의 갈등을 중심으로 전개된다는 점을 들면서 외적 갈등과 내적 갈등으로 분류하고 있으며, 희곡의 사건은 이러한 갈등을 중심으로 전개된다고 지적하고 있다. 여기에서는 희곡의 구성을 '갈등의 발단(발단), 갈등의 상승(전개), 갈등

의 위기와 전환(절정), 갈등의 내리막길(하강), 갈등의 종결(대단원)' 등으로 나누고 있는데, 극의 구성을 다름 아닌 '갈등'에 중심을 두고 분류한 점이 특징적이다. 이것은 희곡의 전개상을 갈등의 해결 과정으로 해석하고 있는 측면이기도 하다.

위의 내용은 4차 <빌헬름 텔>의 대단원 설명에서도 드러난 바이기도 하다. 이 희곡은 '발단－전개－절정－하강－대단원' 등의 플롯이 긴밀하게 연결되고 있으며, 게슬러와 텔의 갈등이 첨예하게 드러나고 있는 극이라고 할 수 있는데, 이러한 특성으로 인해 <빌헬름 텔>은 단원 목표에서 제시한 '희곡의 구성'을 탐색하는, 적용학습 단원이라 할 수 있다.

5차 희곡 <원술랑>과 <빌헬름 텔>은 이전 교육과정기의 동일 극본이라 극본 수록 양상은 생략하고 '단원의 길잡이'만을 살폈다. 이를 통해 전자는 '지시문과 대사'라는 희곡의 기술 방식을, 후자는 플롯의 단계를 익히는 적용학습 단원으로 수록되었음을 볼 수 있다.

2 극본 학습활동 : 문학 지식으로서 희곡의 이해

5차 교육과정기에는 국어과 교과 목표가 포괄적으로 제시된 시기로 말하기, 듣기, 쓰기 등의 국어생활을 바르게 하고, 언어 및 문학에 대한 이해를 높이는 것에 중점으로 두었다. 이러한 경향은 5차 중학교 국어과 문학 '교육 내용'에서 잘 드러나 있다.

(37) ○ 1학년 : 문학에 관한 기초적인 지식을 갖추고, 문학 작품을 즐겨 읽으며, 상상력을 기르게 한다./ ○ 2학년 : 문학에 관한 기초적인 지식을 익힌 후 작품 감상력과 미적 감수성을 기르게 한다./ ○ 3학년 : 문학에 관한 기초적인 지식을 바탕으로 하여 작품의 다양한 의미와 가치를 이해하고, 우

리 문학에 대한 관심을 가지게 한다.

<5차 중학교 국어과 교육과정>(국가교육과정정보센터 http://ncic.re.kr)

이 배경에는 학문 중심 교육 과정의 영향이 있었다. 그것은 교육 내용의 선정에서 국어과의 기본 개념이 중시되었다는 점, 교육 방법에서 발견과 탐구 학습을 강조했다는 점에서 찾아볼 수 있다.43) 이러한 교수요목 하에 4차 희곡 단원 목표는 다음과 같이 정리할 수 있다.

[표 18] 5차 희곡 단원 목표

학년	작품	단원 목표
1	원술랑	· 인물의 성격, 나이, 상황에 맞게 낭독할 수 있다. · 희곡의 특성을 안다. · 줄거리와 주제를 말할 수 있다.. · 무대 위의 사건과 무대 밖의 사건을 구별할 수 있다.
2	빌헬름 텔	· 희곡을 효과 있게 낭독할 수 있다. · 희곡을 이해하고 감상하게 한다. · 불의에 대처하는 정신을 본받는다. · 희곡을 연극으로 실연한다.

위의 단원 목표도 여타 교육과정기와 마찬가지로 낭독하기, 희곡의 이해, 극화하기 등으로 대별된다. 아래에서는 구체적인 학습활동을 작품별로 살피기로 하겠다.

가. 〈원술랑〉의 학습활동

<원술랑>의 교과서 학습문제는 다음과 같이 제시되고 있다.

[표 19] 5차 〈원술랑〉(『중학국어 1-2』) 학습활동

1. (1) 화랑의 다섯 가지 신조 중, 김유신이 아들 원술랑에게 가장 강조하고 있는 것은 어느 것인가?/ (2) 다음 대사 중에서 말줄임표에 적절한 말을 써

43) 황은주(2007), 앞의 글, p.23.

넣어 보자. (3) 인물의 행동을 묘사하는 지시문과 무대 장면을 묘사하는 지시문을 각각 3개를 골라 보자.
2. 배역을 정하여 '원술랑'을 연습한 다음, 필요한 소도구를 준비하여 연극으로 상연해 보자.

<학습활동>(『중학국어 1-2』, 1990, p.188)

위의 예시에서는 교과서 문항을 간략화시켜 제시했는데, 1은 주로 극의 내용적 이해와 형식적인 특징을 묻는 문제라 할 수 있다. <원술랑>의 희곡 전체 내용을 읽어보고 그 줄거리를 파악하는 문항과 시대적 배경, 화랑 오계 등을 이해하는 문제 등이 보이며, 여기에 인물의 성격과 희곡의 기술적인 측면 등 희곡 문학의 특성을 묻고 있다. 특히 (2)는 본문에 제시된 다음의 내용에 대한 질문이기도 하다.

(38) ① 진달래 : (노랫소리에 귀를 기울이며) 그런데 간밤에 내 꿈이 하도 뒤숭숭해서.... / ② 원술 : (망설이다가 나타나서 반가이) 아버지, 어머니! 너무나 걱정을 끼쳐 드려 죄송하기 이를 데 없습니다. 하지만, 소자는 앞으로 그 당나라 군사를 칠....

<공부할 문제>(『중학국어 1-2』, 1990, p.188)

말줄임표에 내용을 넣어보는 문제는 대사의 측면을 주시하는 학습 문제라고 볼 수 있으며, 이것은 앞 뒤 내용의 올바른 파악을 필요로 하는 문항이기도 하다. (3)의 경우는 지시문에 대한 이해를 묻는 질문으로 희곡의 특징적인 기술 방식을 파악하는 학습 문항이라 할 수 있다. 여기에서는 '인물의 행동'과 '무대 장면'으로 나누어 찾도록 유도하고 있기도 하다.[44]

---

44) <공부할 문제>(『중학국어 1-2』, 1990, p.188).

2는 연극으로 실연하는 극화학습에 해당되는데, 특히 교사용 지도서에서는 연극이 상연되기까지의 과정을 도표로 제시하고 있어 주목된다.

(39) 한 편의 희곡이 연극으로 상연되기까지에는 여러 사람의 도움이 필요하다. 작가는 희곡을 쓰고, 연출자는 연출 노트를 작성하며, 배우는 연출자의 지시에 따라 연기를 하고, 미술, 음악, 무용 등을 맡은 사람들은 각각 자기가 맡은 일을 한다. 연극을 무대에서 상연하기까지의 과정은 대략 다음과 같다.

『중학교 중학국어 교사용지도서 1-2』, 1989, p.109)

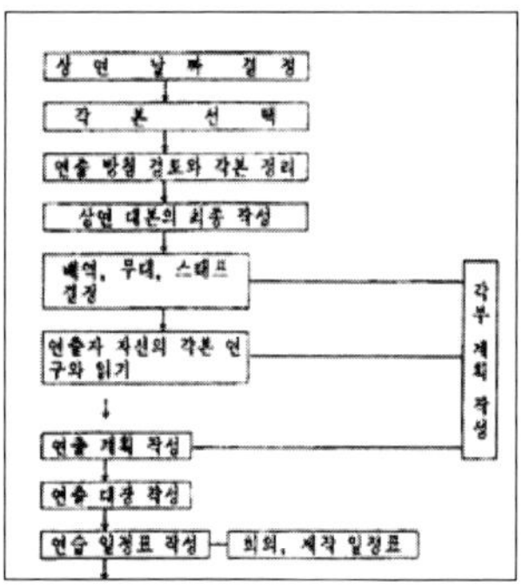

[그림 22]『중학교 교사용 지도서 1-2』, (1989, p.109)

위의 인용문은 희곡이 한 편의 연극으로 상연되기까지 어떠한 과정을 거치는지를 밝히는 내용이다. [그림 22]는 이를 도표화하여 제시한 것으로서, 상연 날짜 결정부터 반성회까지 일련의 연극 과정을 보여주고 있다.[45] 이러한 실연의 구체적인 제시는 지도 내용에서 희곡이 지닌 연극적인 측면을 중시하고 있음을 보여준다.

나. 〈빌헬름 텔〉의 학습활동

<빌헬름 텔>의 <학습활동>에서는 다음과 같은 학습문제가 제시되

45) 지도안에서는 '상연 날짜 결정→각본 선택→연출 방침 검토와 각본 정리→상연 대본의 최종 작정→배역, 무대, 스태프 결정→연출 계획 작성→연출 대본 작성→연출 대상 작성→연습 일정표 작성 · 회의, 제작 일정표→대사 연습→전연습→총연습→무대 공연→반성회'까지 상세히 제시하고 있다.

고 있다.

[표 20] 5차 〈빌헬름 텔〉(『중학국어 2-1』) 학습활동

1. (1) 이 희곡의 구성의 5단계에 해당하는 부분을 지적해 보자./ (2) 이 희곡의 중심 사건은 무엇인가?/ (3) 이 희곡에 나타난 주요한 갈등을 지적해 보자./ (4) 다음 인물의 성격을 말해 보자. 2. (1) 만약 빌헬름 텔이 아들의 머리 위에 놓인 사과를 맞히지 못했다면, 그 뒤의 이야기는 어떻게 전개되어야 할지 생각해 보자./ (2) 배역을 정하여 '빌헬름 텔'을 연습한 다음, 인물들의 성격이 잘 드러나도록 낭독해 보자. 그리고 소도구를 준비하여 연극으로 실연해 보자. <학습활동>(『중학국어 2-1』, 1990, p.258)

위 <학습활동>의 1은 '단원의 길잡이'에서 설명한 내용들을 <빌헬름 텔>에 적용한 경우라 할 수 있는데, 극의 구성 및 갈등과 관련하여 주시해야 할 내용들을 묻는 질문들이라 할 수 있다. 2는 일종의 심화 학습으로 극의 결말에 대한 문제와 낭독 및 연극하기 등의 문제이다. 교사용 지도서의 계획을 살펴보면, 이 단원은 총 5차시 수업으로 진행되는데, 특히 '연극하기' 극화학습은 4~5차시로 2차시나 할애되고 있어서 주목된다.46)

지금까지 5차 교육과정기 희곡 <원술랑>과 <빌헬름 텔>의 학습활동을 살펴보았다. <원술랑>에서는 시공간적 한계 속에서 인물의 대사와 행동만으로 이야기가 전개된다는, 희곡의 장르적 특성의 이해와 '대사'와 '지시대사문'이라는 형식적인 특성을 익히는 학습이 주가 되고 있다. <빌헬름 텔>에서는 희곡이 주인공의 갈등을 중심으로 전개된다는 점에 주목하며, 외적 갈등과 내적 갈등의 양상을 살피는 학습과, 갈등의 해결 과정을 '발단, 전개, 절정, 하강, 대단원'이라는

46) 교육부(1989), 『중학교 중학국어 교사용지도서 1-2』, 대한교과서주식회사, p.102.

플롯과 연결하여 이해하는 학습 등이 보인다. 두 단원 모두 극화학습까지 제시되어 있어, 희곡의 이해와 실연하기 등을 모두 실행하는 학습활동을 보인다.

(6) 6차 교육과정기

① 희곡 수록 양상 : 계몽적인 역사극과 이념극

6차 교육과정기에는 5차에 이어 유치진의 <원술랑>(『중학국어 1-1』), 실러의 <빌헬름 텔>(『중학국어 2-1』) 등이 재수록 되었고, 새로이 이강백의 <들판에서>(『중학국어 3-1』)가 실렸다. 이를 보면 6차도 5차와 마찬가지로 각 학년에 1편씩의 희곡을 다루고 있음을 볼 수 있다.

[표 21] 6차 희곡 단원

학년	작품	내용 및 주제	부문
1	원술랑	임전무퇴의 화랑오계를 저버린 원술은 전쟁에 백의종군하여 대승을 거둔다.(충의)	역사극
2	빌헬름 텔	주인공 벨이 장대에 꽂은 모자에 경의를 표하지 않았다 하여, 마을의 태수 게슬러가 벨로 하여금 아들 머리 위의 사과를 쏘게 한다. 다행이 무사히 화살을 쏘았지만 이 일로 말미암아 마을 사람들이 태수의 학정에 대항하게 된다.(불의에 저항하는 정신)	역사극(해외 번역극)
3	들판에서	들판을 탐내던 측량기사에 의해 우애가 좋은 형제간에 믿음이 무너지고 서로를 향하여 총까지 쏘게 된다. 하지만 이를 후회하고 마음의 벽을 허물고 우애를 회복한다.(인간의 갈등과 화해)	사실주의극

6차의 경우에도 국어과 교수요목에서는 '듣기, 말하기, 읽기, 쓰기' 영역과 함께 '언어'와 '문학' 영역을 설정하여 6개 영역을 설정하였다. 또한 '언어'와 '문학' 영역도 구체적인 언어활동을 지원하는 기반

으로서의 역할을 하게 되었다. 그 결과 극은 문학 교재로서만 국한되는 현상을 낳게 되었다.47) 또한 교과서 단원 설정은 '단원의 길잡이－소단원 1－소단원 2－학습활동 2－단원의 마무리' 등의 구성을 보인다. '단원의 길잡이'는 5차와 마찬가지로 단원에서 중점적으로 다루어야 할 학습 요소를 제시하고 있으며, 대단원 제목과 관련된 내용으로 되어 있다. 그러므로 소단원으로 수록된 희곡의 내용과 긴밀한 연관을 가지고 있다. 이러한 체제를 고려하여 5차에서도 '단원의 길잡이'와 함께 수록 양상을 다루기로 하겠다.

가. 재수록본 수록 양상 : 〈원술랑〉, 〈빌헬름 텔〉

<원술랑>과 <빌헬름 텔>은 전 시기의 작품과 동일함으로 작품 수록 양상은 생략하고, 일종의 원리학습이라 할 수 있는 '단원의 길잡이'를 중심으로 살피고자 한다.

먼저 <원술랑>은 2차 시기를 제외하고 교수요목기부터 꾸준이 재수록된 단원이다. 6차에서는 『중학국어 1-2』의 문학 부문 '14. 희곡과 연극'에 수록되어 있는데, '단원의 길잡이' 내용은 희곡의 3요소로 '희곡, 배우, 관객'을 제시한 것 외에 5차와 거의 같다. 즉 희곡은 연극을 상정한 극본이며, 그러므로 희곡을 읽을 때는 무대 장면을 상상하며 읽어야 한다는 것이다. 또한 희곡은 시공간적 한계 속에서 인물의 대사와 행동만으로 이야기가 전개된다는 장르적 특성을 지적하면서, 희곡의 표현 형식인 '대사'와 '지시문'을 설명하기도 했다.48) <원술랑>은 이와 같이 희곡의 특징을 구체적으로 파악하는 적용학습에

47) 최현숙(1996), 「중학교 국어과 교육과정과 교과서 짜임 연구」, 경북대학교 교육대학원 석사학위논문, p.35.

48) <희곡과 연극>(『중학국어 1-1』, 1997, p.200).

속한다.

<빌헬름텔>은 『중학국어 2-1』의 문학 부문 '14. 희곡의 구성'에 수록되어 있다. '단원의 길잡이' 내용은, 5차 교육과정기 『중학국어 2-1』의 '17. 희곡의 구성'에서 제시한 내용과 동일하다. 즉 희곡은 대개 주인공과 상대편의 대립에서 오는 갈등으로 엮어지며, 갈등이 어디로부터 생기느냐에 따라, '내적 갈등과 외적 갈등'으로 나뉜다는 것과, '발단－전개－절정－하강－대단원' 등의 5단 구성으로 플롯을 전개된다는 내용이다. 이러한 '단원의 길잡이' 학습 후, 적용학습으로 <빌헬름 텔>을 제시하고 있다.

나. 6차 신 단원 수록 양상 : 〈들판에서〉

6차 신 단원인 이강백의 <들판에서>는 『중학국어 3-1』의 문학 부문 '11. 희곡의 인물'에 실린 작품이다. 이에 대한 '단원의 길잡이'는 다음과 같이 제시되고 있다.

[그림 23] 〈희곡의 인물〉(『중학국어 3-1』, 1995, p.185)

> (40) 희곡에서는 인물의 성격, 사건의 진전, 심리의 변화 등을 모두 대사와 지시문으로 표현한다. 희곡의 인물은 전형적(典型的)이면서도 개성(個性)이 있어야 한다. 인물의 성격이 전형적이어야 하는 것은 어떤 사회 계층이나 직업, 특정 세대를 대표하는 특성을 드러내야 하기 때문이다.(중략) 희곡에서는 꼭 필요한 인물만 등장하며, 의미없는 대사나 지시문은 생략한다.
>
> <희곡의 인물>(『중학국어 3-1』, 1995, p.186)

위 글에서는 특히 '희곡의 인물'에 초점을 두고 장르적 특징을 설명한 경우이다. 즉 희곡적 인물의 요건으로 "전형적이면서도 개성"이 필요하다고 지적했다. 여기서 '전형적'이라 함은, 그 인물의 사회 계층이나 직업, 특정 세대를 대표하는 특성을 드러내야 한다는 것이다. 또한 '개성적'이라는 것은 그 인물만의 특성을 지니고, 사건의 전개에 따른 성격의 변화를 독특하게 보여 주는 것을 의미한다고 밝혔다.

<들판에서>는 위와 같은 원리학습에 이어 제시된 적용학습 단원에 속한다. 이 작품은 단막극으로서 극본 전체가 수록된 경우이다.

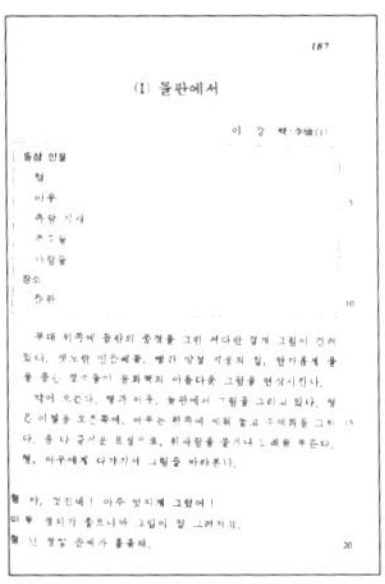

[그림 24] 〈들판에서〉 (『중학국어 3-1』, 1995, p.187)

(41) 형 : 야, 멋진데! 아주 멋지게 그렸어!
아우 : 경치가 좋으니까 그림이 잘 그려져요.
형 : 넌 정말 솜씨가 훌륭해.
아우 : 아냐, 난 너만큼 잘 그리지 못하는걸.
아우 : (형의 그림이 있는 곳으로 다가가서 감탄한다.) 형님 그림이 훨씬 멋있어요.(중략)
형 : 돌아가신 부모님께서 우리의 이런 모습을 보신다면....
아우 : 분명히 저 하늘 위에서 바라보고 계실 거예요.
<들판에서>(『중학국어 3-1』, 1997, p.188)

<들판에서>는 광복 당시 우리나라의 분단 상황을 상징화한 우화극으로, 우애가 남달리 좋았던 형과 아우가 측량기사의 개입으로 분열했다가 다시 화합한다는 이야기이다. 이 희곡은 형과 아우, 측량기사라는 단순하고 뚜렷한 인물 구성과 대립을 보여주는 극본이다. 또한 인물의 갈등이 심화됨에 따라 작품의 공간, 시간(날씨), 오브제 등 다양한 요소들이 함께 변화하며 이러한 갈등 상황을 극적으로 표현한 작품이다. 즉 "열리고 조화로운 공간인 '들판'→분열 소외되기 시작하는 공간인 '밧줄'→완전히 닫힌 공간인 '벽'" 등, 공간 변화와 함께 인물의 갈등도 변화된다.49) 따라서 <들판에서>에서는 인물, 공간,

시간(날씨), 오브제(소도구)들이 사건 및 갈등의 발전에 따라 모든 것이 하나의 총체가 되어 변화한다는 사실을 알 수 있다. 이는 <들판에서>가 "시간과 공간 위에서 여러 요소들—등장인물 · 말 · 오브제 · 음악 · 조명 · 동작—사이에 맺어질 수 있는 관계"[50]들을 극적으로 잘 형상화한 작품임을 의미한다.

또한 작품의 모든 요소가 인물의 갈등과 대립관계를 표현하기 위해 형상화 되어있는 만큼 작품을 이끌어 가는 중심축은 바로 인물의 갈등과 대립이다. 즉 땅을 빼앗기 위해 형제를 이간질하는 측량기사에 의해 갈등이 발생하고 또 그 갈등이 심화된다. 그러나 결말 부분에서는 형제가 서로 화해함으로써 형제간의 우애를 되찾게 된다. 여기에서 이 작품의 갈등은 크게 두 축으로 형/아우의 대립축과 형 · 아우/측량기사의 대립축이다. 그리고 여기에서 주동인물과 반동인물이라는 뚜렷한 인물 구도가 드러나게 된다. 이 작품은 이러한 갈등상 및 인물 구도를 통해 분단된 국토(들판), 남북으로 분단된 우리 민족(형과 아우), 분단을 조장한 외세(측량기사)라는 환유적 의미를 보여주는[51] 알레고리적인 희곡이라 할 수 있다.

지금까지 살펴본 바, 6차 교과서에서는 각 학년별로 희곡 1편씩만 다루고 있으며, 여타 유형의 극문학은 실리지 않았다. 유치진의 <원술랑>, 실러의 <빌헬름 텔> 등은 앞선 교육과정기의 재수록본이고, 이강백의 <들판에서>만이 새로운 단원에 속한다. 주제적인 측면에서는 여전히 충이나, 애국애족 등 전 시기와 동일한 양상을 보인다. 한편 <들판에서>의 경우 작품 전체가 실렸다는 점이 특징적이다. 대부

---

49) 민병연(2001), 「이강백의 <들판에서> 연구-교육용 텍스트로서의 적합성 판단을 중심으로」, 청주대학교 교육대학원 석사학위논문, pp.24~26.

50) 신현숙(1990), 『희곡의 구조』, 문학과 지성사, p.13.

51) 閔丙娟(2001), 「이강백의 '들판에서' 연구」, 청주대학교 교육대학원 석사학위논문, p.43.

분의 교과서 극본은 원작이 장막극이라는 점에서 부분 게재된 경우가 많다. 그에 반해 이 작품은 단막극이면서 길이가 짧은 편에 속하기 때문에 전재가 가능했던 것으로 보인다. 부분이 아닌 완결된 작품의 전모를 통해 희곡문학의 특성을 이해할 수 있는 극본52)이라는 점에서 주목된다.

② 극본 학습활동 : 언어활동으로서의 희곡 학습

6차 국어 교과서는 5차와 동일하게 '말하기 · 듣기', '읽기', '쓰기', '언어', '문학' 등의 영역별로 단원을 조직하여, 언어수행에 대한 본질적인 학습을 꾀하였다. 이러한 교육 상황에서 희곡 단원 목표는 다음과 같이 정리된다.

[표 22] 6차 희곡 단원 목표

학년	작품	단원 목표
1	원술랑	· 희곡과 연극의 관계를 바르게 이해한다. · 희곡에서 대사와 지시문의 구실을 안다. · 희곡을 인물의 성격, 장면과 분위기 등에 어울리게 낭독할 수 있다. · 희곡을 연극으로 실연할 수 있다. · 희곡을 소설이나 수필 등과 비교해 보고, 그 특징을 이해한다.
2	빌헬름 텔	· 희곡의 대사를 인물의 성격, 장면과 분위기 등에 맞게 낭독할 수 있다. · 희곡을 바르게 이해하고 감상하게 한다. · 희곡의 짜임새를 알아보고, 사건의 진행 과정과 주된 갈등 양상을 살필 수 있다. · 희곡을 연극으로 실연할 수 있다.
3	들판에서	· 희곡에서 대사와 지시문의 구실을 안다. · 희곡의 등장인물의 성격을 알 수 있다. · 희곡의 짜임새를 알아보고, 사건의 진행 과정과 주된 갈등 양상을 살필 수 있다.

52) 閔丙娟(2001), 앞의 글, p.44.

위의 단원 목표는 5차와 유사한 체제를 지니고 있으나, 타 장르와 비교해 보는 학습은 새롭게 대두된 경우라 할 수 있다. 아래에서는 학년별로 구체적인 학습활동을 살펴보기로 하겠다.

가. 1학년 극본 학습활동 : 〈원술랑〉

1학년 교과서에 수록된 <원술랑>의 학습활동은 다음과 같이 제시되고 있다.

[표 23] 6차 〈원술랑〉(『중학국어 1-1』) 학습활동

> 1. (1) 대사와 지시문을 3개씩 골라 보고, 각각 어떤 구실을 하는지 말해 보자./ (2) 대사를 인물의 성격, 장면과 분위기 등에 맞게 낭독해 보자. (3) 이 작품을 소설이나 수필 작품과 비교해 보고, 다른 점이 무엇인지 말해 보자.
> 2. (1) 이 작품의 줄거리를 말해 보자./ (2) 김유신, 원술, 진달래의 성격은 각각 어떠한가?/ (3) 이 작품의 주제를 말해 보자.
> 3. (1) '원술랑' 전편을 읽고, 교과서에 실리지 않은 부분의 줄거리를 말해 보자./ (2) 신라와 당나라의 관계를 말해 보자. 그리고 역사적인 사실을 조사하여 비교해 보자.
>
> <학습활동>(『중학국어 1-1』, 1995, p.255)

위의 학습문제 1은 희곡의 형식적 특징을 파악하는 문항이며, 2는 이를 기반으로 극본 내용에 대한 구체적인 이해를 돕는 학습이라 할 수 있다. 특히 3의 문항은 교과서에 수록되지 않은 <원술랑>의 나머지 막을 읽는 것과, 역사적 사실과 극 내용을 비교하는 학습으로서 6차에서 새롭게 제시된 문제 형식이라 할 수 있다.

또한 6차 교과서에는 '단원의 마무리'라는 항목을 두어 다음과 같이 학습 내용을 제시하기도 했다.

(42) 단원의 마무리 : 1. '원술랑'을 연극으로 실연해 보자.(중략) 2. 희곡에서 장면 구분의 용어로 쓰이는 '막(幕)'과 '장(場)'의 의미를 알아보자. 3. 희곡을 텔레비전 드라마 대본이나 시나리오와 비교해 보고, 다른 점은 무엇인지 말해 보자.

<단원의 마무리>(『중학국어 1-1』, 1995, p.226)

위의 1은 "(1) 등장인물에 알맞은 배역을 정해 보자. (2) 대사를 인물의 성격, 장면과 분위기 등에 맞게 낭독하여 보자. (3) 필요한 소도구를 준비하여 연극으로 실연해 보자. (4) 연극으로 실연하고 난 뒤, 소감을 발표해 보자." 등의 세부 항목으로 나뉘어져 있는데, 극화학습의 과정을 보여주는 내용이다. 2와 3은 희곡의 형식적인 측면의 이해와, 타 극문학 장르와의 비교 학습으로 교사용 지도서에는 텔레비전 드라마와 비교해 보는 지도 내용이 보인다.53) 이는 텔레비전 드라마가 일반화된 당대 상황이 반영한 새로운 학습 형태이며, 나아가 희곡만이 아닌 다양한 극문학 형식을 이해하는 학습이라 볼 수 있다.

나. 2학년 극본 학습활동 : 〈빌헬름 텔〉

2학년 극본인 <빌헬름 텔>의 학습문제는 다음과 같이 제시되고 있다.

[표 24] 6차 〈빌헬름 텔〉(『중학국어 2-1』) 학습활동

1. (1) 이 작품에 나오는 인물은 누구누구이며, 누가 어떤 갈등을 겪고 있는지 말해 보자./ (2) 이 작품의 구성을 5단계로 나누어 보자. 2. (1) 등장인물의 성격을 말해 보자./ (2) 이 작품의 주제를 말해 보자. 3. (1) '빌헬름 텔' 전편을 읽고, 교과서에 실리지 않은 부분의 줄거리를 이야기해 보자./ (2) 만약, 빌헬름 텔이 아들의 머리 위에 놓인 사과를 맞히지

53) 교육부(1995), 『중학교 중학국어 교사용지도서 1-1』, 대한교과서주식회사, p.122.

못했다면, 그 뒤의 이야기는 어떻게 전개될까? 이어질 이야기를 상상하여 말해 보자.

<학습활동>(『중학국어 2-1』, 1995, p.245)

위의 <학습활동> 1은 '단원의 길잡이'를 적용하여 <빌헬름 텔>의 구성 및 갈등에서 주시할 내용들을 파악하는 문항이라 할 수 있다. 2와 3은 내용 파악에 관한 내용이다. 그런데 5차 학습활동과 비교해 보면, 유사한 문항 설정이지만 간략화 되었음을 볼 수 있다. 대신 극화학습은 <원술랑>과 마찬가지로 '단원의 마무리'에서 다루고 있다.

(43) 단원의 마무리 : 1. '빌헬름 텔'을 연극으로 실연해 보자. [1] 등장인물에 알맞은 배역을 정해 보자. [2] 대사를 인물의 성격, 장면과 분위기 등에 맞게 낭독하여 보자. [3] 필요한 소도구를 준비하여 연극으로 실연해 보자. [4] 연극으로 실연하고 난 뒤, 소감을 발표해 보자./ 2. 다른 희곡 작품을 찾아 읽고, 그 줄거리를 말해 보자. 그리고 작품의 구성을 몇 단계로 나누어 보자.

<빌헬름 텔>(『중학국어 2-1』, 1995, p.246)

위의 내용에서는 배역 설정, 낭독하기, 소도구 등의 준비와 연극하기, 연극 평가하기 등의 극화학습을 보인다. 앞서 살핀 학습활동에서는 극본 파악에 중점을 둔 반면, 단원의 마무리에서는 희곡 학습의 마무리 단계로 실제 실연해 보는 극화학습에 중점을 둔 것이라 할 수 있다.

다. 3학년 극본 학습활동 : 〈들판에서〉

3학년 <들판에서>의 학습활동을 살피면 다음과 같다.

[표 25] 6차 〈들판에서〉(『중학국어 3-1』) 학습활동

1. (1) 이 작품에 나오는 인물은 누구누구이며, 누가 어떤 갈등을 겪고 있는지 말해 보자. (2) 이 작품에 나오는 인물의 성격에 대하여 말해 보자. 2. (1) 이 작품의 줄거리를 말해 보자./ (2) 이 작품의 구성 단계를 사건 전개 과정에 따라 나누어 보자./ (3) 이 작품의 주제를 말해 보자. 3. (1) 만약, 형과 아우가 화해하지 않았다면, 이야기는 어떻게 전개되었을지 상상하여 말해 보자. <학습활동>(『중학국어 3-1』, 1995, p.209)

위의 학습활동을 보면, 1은 '단원의 길잡이'에서 보인 학습 목표를 적용한 문항으로 주로 인물 파악과 관련된 문제이다. 등장인물은 누구이며, 그들의 갈등은 무엇이며, 그들의 심리상태와 성격 등에 대해서 다루고 있다. 2에서는 작품의 줄거리 및 구성 단계, 주제 등을 파악하는 것이며, 3은 극본 내용 의 또 다른 결말을 생각해 보는 심화학습에 속한다.

'단원의 마무리'에서는 앞선 희곡 학습과 마찬가지로 극화학습을 지시하고 있다.

> (44) 단원의 마무리 : 1. '들판에서'를 연극으로 실연해 보자. [1] 등장인물에 알맞은 배역을 정해 보자. [2] 대사를 인물의 성격, 장면과 분위기 등에 맞게 낭독하여 보자. [3] 필요한 소도구를 준비하여 연극으로 실연해 보자. [4] 연극으로 실연하고 난 뒤, 소감을 발표해 보자./ 2. 다른 희곡 작품을 읽고, 다음 사항을 정리하여 발표해 보자.
>
> <단원의 마무리>(『중학국어 3-1』, 1995, pp.209～210)

위의 1은 낭독하기, 연극하기, 연극 평가하기 등의 연극 공연의 과정을 보여주고 있다. 2는 본문의 희곡 외에 다른 희곡을 읽고 분석하는 학습활동으로, <원술랑>의 극 분석을 토대로 여타 극본을 분석해

보는 일종의 자기적용 학습이라 할 수 있다.

지금까지 살펴본 바, 6차 학습활동은 5차와 마찬가지로 극문학이 제시되기 전에 '단원의 길잡이'를 통해 원리학습을 보이고 있다. 수록된 희곡은 적용학습 극본으로, 대단원의 수업 목표 적용에 적절한 희곡들이 수록되고 있다. 학습문제는 극본을 통해 단원의 길잡이에서 제시한 원리학습을 적용한 문항으로서, 희곡의 특징 및 형식, 갈등, 플롯, 인물 등을 이해하는 활동으로 이루어져 있다. 또한 6차에서는 '단원의 마무리'를 통해 실제 극화학습을 제시하고 있다는 점이 특징적이라 하겠다.

(7) 7차 교육과정기

① 희곡 수록 양상 : 주제의 확산과 다양한 매체의 극본

7차 교육과정기 교과서에 수록된 희곡은 이강백의 <들판에서>(『국어 2-1』), 오영진 작, 박만규 극본 <시집가는 날>(『국어 3-1』), 오 헨리의 <마지막 잎새>(『생활국어 3-2』) 등 2~3학년 교과서에만 희곡이 수록되었다. <들판에서>는 6차 재수록본이며, <시집가는 날>은 오영진의 희곡 <맹진사댁 경사>를 각색한 뮤지컬 극본으로[54] 7차에서 새로 도입된 단원이다. <마지막 잎새>는 5차 시나리오 <마지막 잎새>을 희곡으로 개작했다는 점에서 특징적이다.

---

54) 본 연구에서는 희곡/방송극/시나리오라는 삼분 체제 하에 작품을 분석하는 것을 목표로 한다. <시집가는 날>은 뮤지컬이라는 점에 엄밀히 말하면 순수 희곡이라고는 볼 수 없다. 그러나 이 연구의 극 분류상 희곡을 원작으로 한다는 점에서 희곡 분석에서 다루었다.

[표 26] 7차 희곡 단원

학년	작품	내용 및 주제	부문
2	들판에서	들판을 탐내던 측량기사에 의해 우애가 좋은 형제간에 믿음이 무너지고 서로를 향하여 총까지 쏘게 된다. 하지만 이를 후회하고 마음의 벽을 허물고 우애를 회복한다.(인간의 갈등과 화해)	사실주의극
3	시집가는 날	탐욕적인 맹진사가 가문의 영달과 신분 상승을 위해 딸 갑분이 대신 이쁜이를 시집 보내나, 사위 미언의 정체를 알고 이를 돌이키고자 한다.(인간의 탐욕과 위선)	사실주의극
3	마지막 잎새	사랑에 실패하고 삶의 의욕을 잃은 존시가, 베어먼이 자신의 생명을 바쳐서 그린 담쟁이 잎을 보고 생의 의욕을 찾는다.(인간의 희생정신)	사실주의극

위의 수록 양상을 보면, 전 시기와 달리 모두 사실주의극이며, 사회 계몽적인 주제만이 아닌, 인간 내면의 본질적인 문제를 다룬다는 점에서 변화상을 보인다.

또한 7차 국어 교과서는 『국어』와 『생활국어』 두 권으로 나뉘어져 있다는 점이 특징적이다. 『국어』는 '읽기'와 '문학' 영역을 중심으로, 『생활국어』는 '듣기', '말하기', '쓰기', '국어 지식' 영역을 중심으로 구성되었다. 『국어』는 모두 7개 단원으로, 각 단원에서는 학습 목표를 구체적으로 제시하였다. 그리고 이 학습 목표를 성취하기 위한 자료로 여러 종류의 문예문과 비문예문을 실었고, 이에 따라 학습활동도 다양하게 제시되었다. 7차 국어 교과서 대단원의 기본 체제를 제시하면 다음과 같다.[55]

55) 교육부(2001), 『중학교 중학국어 교사용지도서 1-1』, 대한교과서주식회사, pp.41~45.

[표 27] 7차 국어 교과서 대단원 체제
(교육부(2001),『중학교 국어과 교사용 지도서 1-1』, pp.41~45)

과목	대단원 기본 체제
국어	단원의 길잡이-소단원 활동-보충·심화 활동-이 단원을 마치며(읽기 전 활동, 읽기 중 활동(날개를 활용), 읽기 후 활동
생활국어	단원의 길잡이—소단원 활동—보충·심화 활동—이 단원을 마치며

특히 위에서 주목되는 바는,『국어』의 경우 '읽기 전 활동, 읽기 중 활동(날개를 활용), 읽기 후 활동' 등으로 크게 삼분하여 단원을 설정하고 있다는 점이다. 아래에서는 위의 체제 하에 수록된 극본의 실제를 살펴보기로 하겠다.

가. 〈들판에서〉 극본 수록 양상

<들판에서>는 6차 희곡이 재수록된 경우로,『중학교 국어 2-2』의 문학 부문인 '3. 문학의 표현'에 김현승 시 <지각(知覺)>과 함께 수록된 희곡이다. 이 단원은 문학을 통해 '표현'의 문제를 학습하려는 데 교육 목표가 있다. '단원의 길잡이'에서는 "글쓴이가 자기의 생각과 느낌을 효과적으로 전달하기 위해 다양한 방법으로 표현함을 안다. 표현의 특징에 유의하며 문학 작품을 감상할 수 있다."라는 단원 목표를 보이며, 아래와 같은 학습 내용을 제시하고 있다.

> (45) 글쓴이는 자기의 생각과 느낌을 그대로 표현하는 것이 아니라 읽는 이에게 좀 더 효과적으로 전달하기 위해서 여러 가지 표현 방법을 사용한다. 그렇다면 다른 대상에 빗대어 표현하는 방법 외에 말하고자 하는 바를 효과적으로 드러내기 위한 방법에는 또 어떤 것이 있을까?
>
> <단원의 길잡이>(『국어 2-2』, 2004, p.103)

위와 같이 이 대단원에서는 자신의 생각과 느낌을 효과적으로 전달하기 위한 여러 가지 표현 방법에 대해 탐구하는 것을 목표로 한다. 위의 글에 이어지는 내용에서는, 특히 문학 작품을 읽을 때에는 작품에 쓰인 다양한 표현의 특징을 알고, 그것을 통해 글쓴이가 말하고자 하는 바를 바르게 파악해야 한다고 강조하고 있다.56)

위의 '단원의 길잡이'는 일종의 원리학습이며, 희곡 <들판에서>는 일종의 적용학습에 속한다. 이와 관련하여 '읽기 전' 활동에서는 다음과 같은 내용이 실려 있다.

> (46) ○ 다음은 어떤 노래말의 일부이다. 노래말 중에서 '벽'이라는 낱말이 어떤 의미로 사용되었는지 생각해 보자(88 서울 올림픽 공식 가요 '손에 손 잡고 벽을 넘어서')(중략) ○ 사소한 오해가 점점 커져 형제나 친구와 싸웠지만, 결국 화해와 경험이 있으면 이야기해 보자. ○ '들판에서'는 형제간의 갈등과 화해의 과정을 다룬 희곡 작품이다. 글쓴이가 어떤 방식으로 말하고자 하는 바를 전달하는지 생각하면서 이 작품을 감상해 보자.
>
> <들판에서>(『국어 2-2』, 2004, p.111)

[그림 25] 〈들판에서〉 (『중학교 국어 2-2』, 2004, p.112)

위에 나타난 바와 같이 <들판에서>는 글쓴이가 자기의 생각과 느낌을 전달하기 위하여 어떤 표현을 사용하고 있는지 살펴보는 것이 학습 목표이다.

한편 7차 극본의 특징적인 수록 양상은 '읽기 중 활동'을 보인다는 점이다. [그림 25]에 나타난 것처럼, 극본 중간마다 주목해야 할 사항들을 '날개를 활용'하여 제시하고 있다. 그 내

56) <단원의 길잡이>(『중학교 국어 2-2』, 2004, p.103).

용을 정리해 보면 다음과 같다.

[표 28] 7차 〈들판에서〉의 '읽기 중 활동'(『국어 2-2』(2004), pp.112~131)

교과서 부분	읽기 중 활동
1 등장인물 및 장소 해설 지문 (p.112)	· 무대를 상상하며 읽는다.(p.112)
2 발단 부분 (pp.113~114)	· 함께 의좋게 그림을 그리는 장면(pp.113~114) · 형과 아우의 대화로 보아 형제 사이가 어떠한지 생각해 보자.(p.113)/ · 형이 아우에게 민들레꽃을 내민 이유를 생각해 보자.(p.114)
3 전개 부분 (pp.114~126)	위 인물들에 의해 형과 아우 사이에 밧줄 생김(pp.114~122) · 측량 기사와 조수들이 등장함에 따라 사건이 어떻게 진행되는지 살펴 보며 읽는다.(p.114)/ · 형과 동생은 가위 바위 보를 하다가 다투게 된다. 글쓴이가 왜 이런 사건을 여기에 넣었을지 생각해 보자.(p.117)/ · '우리' 집과 '내' 집의 차이에 대해 생각해 보자.(p.118) / · 측량 기사와 조수들의 대화를 통해서 이들은 어떤 의도를 가지고 있는지 생각해 보자.(p.119)/ · 형이 말뚝과 밧줄을 그만 두라고 한 이유를 생각해 보자.(p.120)/ · 높은 벽을 쌓는 행동은 무엇을 의미하는지 생각해 보자.(p.121)/ · 왜 형과 아우는 서로 사과하려다가 그만 두는가?(p.122)
4 위기 부분 (pp.122~127)	· 하늘이 흐려지고 비바람이 세게 불어오는 날씨의 변화가 앞으로 사건 전개와 어떤 관련이 있을지 생각해 보자.(p.122)/ 측 · 량 기사의 말과 행동에 담긴 의도를 파악하면서 읽어 보자.(p.123)/ · 측량 기사가 형에게 '당굴' 이야기를 꺼내면서 '전망대'를 사지 않으면 동생에게 팔겠다고 한 말의 의도는 무엇일지 생각해 보자.(p.125)/ · 측량 기사와 조수들의 웃음에 담긴 의미를 생각해 보자.(p.127)
5 절정 부분 (pp.129~130)	· 형제가 서로를 향해 위협 사격을 할 때 하늘에서는 번개가 치고 천둥 소리가 울린다. 날씨와 사건의 관계를 생각하면서 읽어 보자.(p.129)/ · 비를 맞으면서 총을 들고 벽을 지키고 있는 형제에게 무슨 말을 해 주면 좋을지 생각해 보자.(p.130)
6 결말 부분 (p.131)	· 이 부분에서 '민들레꽃'은 어떤 역할을 하는지 생각해 보자. (p.131)

[표 28]은 희곡 내용의 전개 과정 중, 본문 날개에 제시된 학습문제를 재정리해 본 것이다. 이 문제들을 보면, 인물의 성격과 관계, 갈등의 발생 및 해결 지점 파악하기, 무대 효과와 상징 이해하기, 형제 간의 대화를 통하여 그 말의 의미와, 그것이 서로에게 어떠한 영향을 끼치는지 등을 파악하는 학습 내용들이다. 전 시기까지 학습문제는

본문과 분리되어 <익힘문제>, <공부할 문제>, <학습활동>, '단원의 마무리' 등을 통해서만 제시되었다. 이와 달리 7차에서는 극본 전개 중간마다, 무대 배경 및 장치, 구체적인 대사와 행동 등과 연결하여 학습문제를 내고 있어 특징적이다.

7차 <들판에서>는 위와 같이 학습문제와 함께 제시된다는 특징을 지니며 6차와 동일한 극본이 제시된 경우이다. 6차에서 이미 살핀 바와 같이, 이 작품은 갈등의 구조가 뚜렷해서 주동 인물과 반동 인물로 나누어 대립 관계를 학습하기에 적합한 극본이다. 또한 무대 구성이나 인물의 행위, 감정에 대해 작가가 비교적 자세한 지시문을 제시하고 있어, 실연이 용이한 희곡이다. 특히 단막극으로서 교과서에 작품 전체를 수록하고 있어 학습자가 희곡의 전체적인 구조를 살필 수 있다는 장점도 있다.[57] 그런데 7차에서는 이러한 극적 특성보다는 인물들의 대사를 통해 표현의 문제를 탐색하는 목표 아래 수록되었다. 이것은 앞서 6차와 변별되는 단원 설정 의도라 하겠다.

나. 〈시집가는 날〉 극본 수록 양상

<시집가는 날>은 『생활국어 3-1』의 읽기 · 문학 부문인 '5. 읽기와 매체 활용'에 실린 극본이다. 원작은 오영진의 <맹진사댁 경사>로 이를 토대로 박만규가 <시집가는 날>이라는 뮤지컬의 '연출극본'으로 각색한 것이다.

대단원에 제시된 '단원의 길잡이'에서는 "글의 내용을 이해하기 위하여 다양한 매체를 활용할 수 있다. 동일한 내용을 글로 읽을 때와 다른 매체를 통해서 이해할 때의 차이점을 말할 수 있다."라는 단원

57) 유미경(2011), 「중학교 국어 교과서 수록 희곡의 선정 기준에 관한 연구」, 경북대학교 교육대학원 석사학위논문, pp.24~26.

목표와 함께 다음과 같은 내용을 보인다.

(47) 각각의 매체는 고유한 특성을 가지고 있다. 동일한 이야기를 책을 통해 읽기도 하고, 영화라는 영상 매체를 통해 접하기도 한다. 동일한 내용을 글로 읽을 때와 영상 매체를 통해 볼 때가 얼마나 다른지 비교하면서 문자 매체와 영상 매체의 차이점을 친구와 이야기해 본 경험이 있을 것이다. 이러한 체험은 문학의 이해를 넓히고 다양한 방식으로 이해하는 데 유용하다.
<읽기와 매체의 활용>(『생활국어 3-1』, 2004, p.159)

위의 학습 목표를 성취하기 위해, 소단원으로 유달영의 산문 <무궁화>와 박만규 극본 <시집가는 날>을 제시하면서, 동일한 내용을 글을 통해 이해할 때와 다른 매체를 통해서 이해할 때의 차이점을 알아보는 적용학습을 보이고 있다.

한편 '읽기 전에'에서는 다음과 같은 내용이 제시되고 있다.

(48) ○ 자신이 생각하는 이상적인 결혼 상대자의 조건을 써 보자. ○ '시집가는 날'은 결혼의 진정한 조건에 대해 생각해 보게 하는 뮤지컬의 극본이다. 이야기의 상황을 상상하며 읽어 보고, 실제 공연 상황을 감상해 보자.
<읽기와 매체의 활용>(『생활국어 3-1』, 2004, p.170)

위에서 학습자 스스로가 결혼의 조건을 써 보는 활동은, 이 극본 내용을 실제 생활에 적용하는 학습이라는 점에서 특징적이다. 또한 극본을 읽어보고 실제 공연을 감상하도록 유도하고 있다. 학습 목표에서 의도한 바, 다양한 매체를 통해 동일 내용의 차이를 탐색하는 학습이라 할 수 있다.

이 희곡 또한 극의 내용이 전개되는 과정에서 '읽기 중 활동'이 제시되었다. 이를 정리해 보면 아래와 같다.

[표 29] 7차 〈시집가는 날〉의 '읽기 중 활동'(『국어 3-1』(2004), pp.173~192)

교과서 부분	읽기 중 활동
① 2장 (pp.173~180)	· 맹 진사와 한씨가 딸의 혼사에 춤을 추며 좋아하는 이유를 생각해 보자.(p.173)/ · 집안 사람들이 모여들고 있는 이유는 무엇인가?(p.175) / · "경주 돌이면 다 옥돌이라더냐?"라는 속담의 의미는 무엇일까?(p.176)/ · 작은 아버지 맹효원이 맹 진사에게 결혼 예물을 선채라고 말한 까닭을 생각해 보자.(p.177)/ · 이 부분을 운율을 살려 읽어 보자.(p.179)/ · 정효원이 혼례를 무르라고 한 까닭은 무엇인가?(p.180)/ · 맹 진사가 맹효원의 말을 듣지 않아서 앞으로 일어나게 될 일을 추측하여 보자.(p.180)
② 3장 (pp.180~192)	· 맹진사가 박 참봉을 시켜서 족보를 고치는 이유가 무엇인지 생각해 보자.(p.183)/ 맹진사는 과객을 왜 쫓아 버리라고 했을까?(184)/ · 맹 진사의 태도가 갑자기 바뀐 이유는 무엇인가?(p.185)/ · 여기서 배경 음악이 주는 효과를 생각해 보자.(p.186)/ · "여기서부터 빠른 장단이 시작된다."(p.186)/ · 치윤과 미연이 손님과 하인을 가장해서 나타난 이유를 생각해 보자.(p.187)/ · 미언과 이쁜이가 왜 놀랐는지 이유를 추측해 보자.(p.188)/ · 치윤이 삼돌이에게 귓속말로 무슨 말을 했을까 생각해 보자.(p.190)/ · 맹진사가 삼돌이로부터 미언의 소식을 전해 듣고 어떤 마음이 들었을지 추측해 보자.(p.191)/ · 어디선가 들려오는 다듬잇방망이 소리는 이 사건에 어떤 효과를 가져오는지 생각해 보자.(p.192)

위의 내용은 교과서에 수록된 2장과 3장에 제시된 학습문제를 정리한 것이다. 그 문항의 성격을 보면, 극 내용의 이해, 장단의 제시와 효과음의 기능 파악, 낭독하기 등의 문제라 할 수 있다. 특히 낭독하기는 아래의 대사 부분에 적용된 활동으로, 고전극의 형식을 차용한 것이라 주목된다.

(49) 이 부분을 운율을 살려 읽어 보자.

맹 진사 : 뭣이 그리 대단하오?/ 초시, 초시, 기껏 초시

지지측 : 자네 말 일리 있네./ 따지고 보면 대대로 초시

맹효원 : 세도와 재물 탐내지 마라./ 화무십일홍(花無十日紅)이라/ 백년 세도(百年勢道) 없더라.

지지측 : 권세와 재물은 때 묻은 것,/ 양반 체통 지키며 살자.

맹 진사 : 기죽어 살지 말고 으쓱대며 살자는데/ 시비는 웬 시비요?

지지측 : 지체 높게 살자는데 말릴 필요 뭐 있는가?

<시집가는 날>(『국어 3-1』, 2004, p.179)

위의 대사는 판소리의 사설과 같이 운율과 대구를 내포하고 있다. 이를 주시하여 '운율을 살려 읽어 보자'(p.179)는 학습문제를 제시하고 있는 것이라 할 수 있다.

한편 교과서에 제시된 박만규의 <시집가는 날>의 서두 수록 형태는 다음과 같다.

[그림 26] 〈시집가는 날〉 (『생활국어 3-1』, 2004, p.170)

(50) 으리으리한 기와집 우측에 내실로 통하는 '일각문'이 있고 둘레엔 매화가 만발했다. 좌측으로는 사랑과 행랑으로 통한다.(중략)

맹 진사 : 가구 집기는 그러하고,/ 비단 피륙은 그러하고, 금은보화는 그러하고,/ 대감의 사돈댁 사돈의 팔촌까지 초대하라는 술안주를 치더라도,/ 노루고기, 호랑이 고기(중략)

한씨 : 아이구, 영감 어지럽수! 그만 해 두시우!

맹 진사 : 원, 사람두 담이 약하긴....

유모 : 우리 아가씨 시집갈 땐 이것이 꼭 후행가게 해 주세요, 마님!

<시집가는 날>(『생활국어 3-1』, 2004, p.173)

오영진의 <맹진사 댁 경사>는 시나리오 형식으로 1943년에 발표되었다가 후에 2막 5장의 희곡으로 개작된 것이기도 하다. 원작의 내용을 보면, 맹진사댁 규수와 정혼하게 된 김판서댁 아들 미언이가 계교를 꾸며 자신을 못생긴 불구자라고 헛소문을 퍼뜨린다. 이에 맹진사는 그의 딸을 피신시키고 여종 이쁜이를 신부로 가장시켜 결혼을 성례시키게 한다는 이야기이다. 이 작품의 전체적 기조는 한국적 해학과 웃음에 두고 있으며, 한국의 양반사회를 배경으로 가문의식의 허실, 구습 결혼제도의 모순, 전통적 계층사회의 비인간성 등을 풍자하는 내용을 담고 있다. 이 작품은 1957년 <시집가는 날>이라는 제목

으로 영화화되기도 했는데, 교과서에는 작품 전체에서 '전개' 부분에 해당하는 2장과 3장의 내용이 수록된 것이다. 맹진사와 맹효원이 혼취 재물로 대립하는 장면으로 희곡에 비해 화소가 확대되고 극적인 요소가 강화된 부분이기도 하다. 또한 뮤지컬 대본이라는 특성을 잘 드러내고 있는데, 극적인 대립을 무용으로 표현하여 스펙터클하고 화려한 무대를 보여주고 있다.58)

지금까지 살펴본 <시집가는 날>은 '5. 읽기와 매체 활용'이라는 대단원에 실려, 다양한 매체를 활용하여 글을 이해하는 적용학습 단원으로 수록되고 있다. 이 극본은 다양한 매체 변이와, 그 각색 양상이 텍스트로 남아 있는 작품이라 매체에 대한 교육, 매체를 활용한 교육에 적합한 제재라 할 수 있다.59)

다. 〈마지막 잎새〉 극본 수록 양상

<마지막 잎새>는 5차 『국어 3-2』의 '11. 희곡과 시나리오'에서 시나리오(이진섭 각색)로 수록되었던 극본이다. 그러나 7차에서는 『생활국어 3-2』의 '4. 적극적으로 말하고 듣기'에서 연극의 연출 대본(신일석 각색)으로 실려 있다. 또한 5차의 경우 '문학 부문'에서 다루었다면, 7차에서는 '말하기 듣기' 부문에 실렸다는 점이 주목된다.

> (51) 이 단원에서는 음성 언어의 의사소통에서 언어와 함께 전달되는 반언어와 비언어적 소통 방법의 효과를 공부하고, 이를 적극적으로 활용하는 연습을 해 보자. 소단원 (1)에서는 대화에서 반언어와 비언어적 소통 방법을

---

58) 전수정(2010), 「뮤지컬 극본 <시집가는 날>을 통해 본 매체 활용 교육 방법에 관한 연구」, 단국대학교 교육대학원 석사학위논문, p.24.

59) 문혜정(2008), 「뮤지컬 극본 '시집가는 날'의 교육적 의의」, 숙명여자대학교 교육대학원 석사학위논문, p.82.

얼마나 적극적으로 활용하는지 조사해 보자. 소단원 (2)에서는 연극하기와 대화하기를 통해 반언어와 비언어적 소통 방법을 적극적으로 활용하는 연습을 해 보자.

<적극적으로 말하고 듣기>(『생활국어 3-2』, 2003, p.91)

위의 소단원 설명 중 <마지막 잎새>는 (2) '적극적으로 말하고 듣기'에서 "반언어와 비언어적 소통 방법을 적극적으로 활용하면서 연기해 보자"라는 단원 목표를 보이고 있다. 이와 함께 극본의 날개에 '읽기 중 활동'을 제시하여, 대본을 읽을 때 유의해야 할 점 등을 밝히고 있다.

[표 30] 7차 〈마지막 잎새〉의 '읽기 중 활동'(『국어 3-2』(2003), pp.107~115)

교과서 부분	읽기 중 활동
3장 p.107	(1) 둘 다 매우 밝은 표정이다. (2) 그리고 조금 떨어져서 바라본다. (3) 가까이 오며 (4), (5) 매우 기뻐하며
p.108	(6) 기쁨에 들떠서 (7) 이모저모 살펴보며 (8) 제닛은 마사와 스웨터에 정신을 빼앗기고 있어서 대신 어머니가 찰스에게
p.109	(9) 그리고 재닛을 앉힌다. (10) 의아한 듯 (11) 이 동작을 관객이 알아채도록 강조할 것 (12) 고개를 왼쪽으로 갸웃하고 (13) 이번엔 오른쪽으로 갸웃하고 (14) 신기한 일을 발견한 듯
p.110	(15) 일제히 웃으며 시시덕거린다. (16) 큰 소리로 (17) 서로 마주 본다. (18) 자기 스스로 말하듯이 (19) 재닛은 전혀 마음이 흔들리지 않는다.
p.111	(20) 그런 재닛을 보고 안심한 듯 비로소 (21) 그리고 입 안의 소리로 혼자 짤막한 기도를 한다. (22) 지금까지의 경위를 새삼 되새겨 보듯 (23) 허탈한 기분이 드러나게 (24) 이젠 마음의 안정을 완전히 찾은 듯한 표정으로 (25) 모두 따라서 생각한다. (26) 모두 생각이 안 나는 모양으로 (27) 엉뚱하게

7차 희곡에서는 서두에 '앞부분 줄거리'로 1장과 2장의 내용을 설명하고, 3장 부분만을 제시하고 있다. 위의 내용은 3장에 제시된 총 48개의 지시 사항 중 일부를 밝힌 것으로, 일종의 연출지시 사항이라는 점에서 특징적이다.

5차 시나리오와 7차 희곡은 모두 오 헨리의 단편소설 <마지막 잎새>를 각색한 극본으로 원작의 내용을 요약하면, 주요 등장인물은 여류화가 존시와 화가 베어먼이다. 존시가 심한 폐렴에 걸려서 사경을 헤매는데, 삶에 대한 희망을 잃은 그녀는 창문 너머 담쟁이덩굴 잎이 다 떨어지면 자신의 생명도 끝난다고 생각한다. 이에 베어먼이 나뭇잎을 그리다가 실족사로 죽음을 맞는다. 반면에 존시는 이 그림으로 인하여 병을 회복하게 된다는 이야기이다. 5차 시나리오는 총 29개의 장면으로 이루어졌는데, 원작의 내용을 비교적 충실하게 각색한 극본이다. 이와 비교하여 7차의 수록 양상을 보면 아래와 같다.

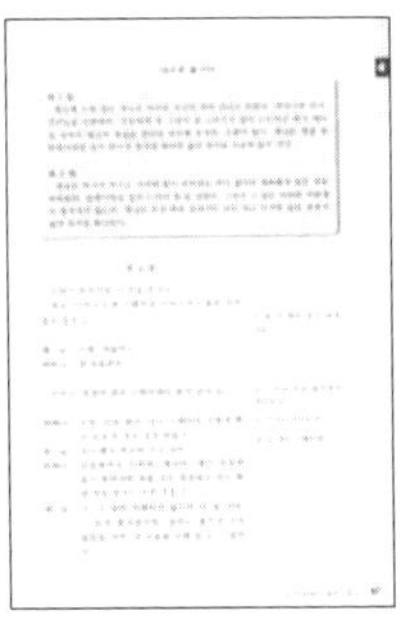

[그림 27] 〈마지막 잎새〉 (『생활국어 3-2』, 2003, p.107)

(52) 재닛, 어머니가 짠 스웨터를 어머니의 도움을 받아 입고 있다.(중략)

어머니, 꽃병의 꽃을 스웨터에다 꽂아 준다. ②

어머니 : ③ 자, 인제 됐다. ④ 이 스웨터를 이렇게 빨리 입게 될 줄은 정말 몰랐구나.

재닛 : ⑤ 나 빨리 학교에 가고 싶어

어머니 : 건강해져서 기쁘다. 재닛아. 네가 마지막 잎이 떨어지면 죽을 걸로 작정하고 있는 통에 정말 엄마는 어쩔 줄을 몰랐단다.

재닛 : 나, 그 일에 사례하지 않으면 안 될거야. 그 잎이 떨어졌다면, 살려는 용기가 나지 않았을 거야. 네 목숨을 구해 준 건 그 일이지.

<마지막 잎새>(『생활국어 3-2』, 2003, p.107)

5차 시나리오와 7차 희곡을 비교해 보면, 인물 및 시공간 배경 등에서 다음과 같은 차이점을 보인다.

[표 31] 〈마지막 잎새〉 5차 시나리오/7차 희곡 무대 배경 및 등장인물

5차 시나리오 무대배경 및 등장인물	7차 희곡 무대배경 및 등장인물
때 : 1900년 겨울 곳 : 뉴욕 그레니치 빌리지/ 나오는 사람들 : 해설자(40), 수전(26) 여류화가, 존시(21) 그의 동생-여류화가, 베어먼(50)	때 : 가을이 깊어질 무렵, 곳 : 뉴욕의 변두리에 있는 초라한 아파트의 어느, 나오는 사람들 : '딸 재닛(중학교 3학년), 어머니(30대 중반), 화가 베어먼(20대 후반), 마사, 로즈, 찰스(재닛의 학급 친구들)

먼저 인물 설정에서 차이를 보인다. 시나리오의 '20대 여류화가 존시'는 '중학교 3학년 재닛'으로 재설정되고 있다. 이것은 중학교 학습자의 눈높이를 맞춘 각색이라 할 수 있다. 극의 내용면에서도 7차는 '베어먼' 사후의 사건을 중심으로 다루었으며, 5차와 달리 마지막 잎새를 그린 인물이 베어먼이라는 사실이 밝혀지기도 한다. 배경 설정에서도 5차의 비극적 분위기와 다르게 7차는 밝은 이미지로 각색되었다. 보다시피 7차 희곡은 극 전개의 골격은 같되, 다른 극본이라 여겨질 정도로 5차 시나리오와는 차별적인 요소가 많다.

지금까지 7차 희곡인 이강백의 <들판에서>, 오영진 작, 박만규 극본 <시집가는 날>, 오 헨리의 <마지막 잎새> 등의 수록 양상을 살펴보았다. <들판에서>는 6차 재수록본으로 극본 내용은 동일하나 '읽기 중 활동'을 통해 문학의 표현과 관련된 학습문제를 함께 제시한 형태이다. <시집가는 날>은 7차에 새로 도입된 단원으로 매체 활용과 관련되어 실린 극본이다. 오영진의 <맹진사 댁 경사>를 토대로 박만규가 각색한 뮤지컬 '연출극본'이라는 점에서 특징적이다. <마지막 잎새>는 오 헨리의 단편소설이 원작으로, 5차에서 시나리오로 각색되었던 작품이기도 하다. 7차에서는 다시 '말하기 듣기'와 관련된 연극 대본으로 실렸다. 또한 7차 극본들에는 날개를 활용한 '읽기 중 활동'을 보인다는 점이 특징적이다. 이를 통해 극본에서 주시할 사항 등을 제시하고 있는데, 특히 <마지막 잎새>의 경우는 일종의 연출지시 사항을 드러낸 경우라 주목된다.

3 극본 학습활동 : 매체 및 타 장르와의 연계학습

7차 교과서 단원은 국어지식, 말하기, 듣기, 쓰기, 읽기, 문학 등 여섯 영역으로 이루어져 있으며 각 영역에 속하는 단원들끼리 단원간의 체계가 긴밀하게 연결되어 있다. 특히 국어지식 영역은 단원들 간의 짜임이 의미를 중심으로 구성되어 있다. 이것은 형태론 중심으로 짜여졌던 종래의 국어지식 영역을 발전시킨 것이라고 볼 수 있다.60) 이를 토대로 희곡의 단원 목표는 다음과 같이 설정되었다.

[표 32] 7차 희곡 단원 목표

학년	작품	대단원 목표
2	들판에서	· 글쓴이가 자기의 생각과 느낌을 효과적으로 전달하기 위해 다양한 방법으로 표현함을 안다. · 표현의 특징에 유의하며 문학 작품을 감상할 수 있다.
2	시집가는 날	· 글의 내용을 이해하기 위하여 다양한 매체를 활용할 수 있다. · 동일한 내용을 글로 읽을 때와 다른 매체를 통해서 이해할 때의 차이점을 말할 수 있다.
3	마지막 잎새	· 반언어와 비언어적 소통 방법을 적극적으로 활용하면서 연기할 수 있다. · 대화 내용과 상황에 어울리게 반언어와 비언어적 소통 방법을 활용하면서 실제로 대화할 수 있다.

앞서 제시한 바, <들판에서>와 <시집가는 날>은 『국어』 교과서에, <마지막 잎새>는 『생활국어』에 수록되고 있는데, 교과별로 학습 내용에서 차이점을 보인다. 이에 교과서별로 학습활동을 살피기로 하겠다.

60) 여승현(2002), 「중학교 국어 교과서 분석 연구」, 동아대학교 교육대학원 석사학위논문, p.37.

가. 『국어』 극본 학습활동 : 〈들판에서〉, 〈시집가는 날〉

7차 『국어』의 학습활동 체재는 '내용 학습'과 '목표 학습' 등으로 구성되어 있는데, <들판에서>는 다음과 같은 문제들을 보인다.

[표 33] 7차 〈들판에서〉(『국어 2-2』) 학습활동

<내용 학습> 1. 이 작품에서는 사건의 진행 (갈등의 과정)에 따라 날씨가 변화한다. 날씨가 변할 때, 어떤 사건들이 있었는지 다음 표에 정리해 보자./ 2. 이 작품의 줄거리를 옆 친구에게 이야기해 보자.

<목표 학습> '들판에서'에 사용된 표현상의 특징을 알아보자. 1. 이 작품은 형제간의 갈등과 화해에 대해 이야기하고 있다. 작품에서 '갈등'과 '화해'에 관련된 소재를 찾고, 그렇게 생각한 이유를 적어 보자.)/ 2. 이 작품의 상황과 비슷한 상황을 우리 생활 속에서 찾아보자.

<학습활동>(『국어 2-2』, 2004, pp.133~134)

위에 제시된 '내용 학습'에서는 갈등의 과정과 무대 효과, 그에 따른 사건 정리, 극의 줄거리 파악 등의 학습활동을 보인다. '목표학습'에서는 첫째, '갈등'의 소재와 그 갈등이 해결되는 '화해'의 소재를 찾는 문제이다. 갈등이 화해로 변화되는 것은 다름 아닌 인물들 간의 대화 상황에서 나온 것이기 때문에, 이것은 바로 '단원의 길잡이'에서 의도한 '표현'에 대한 학습 내용이라 할 수 있다. 둘째, 극본 상황과 유사한 상황을 생활 속에서 찾아보는 문제로, 학습 내용을 실제 생활에 직접 적용하는 학습활동이라는 점에서 특징적이다.

<시집가는 날> 역시 7차 학습문제 구성 체제 하에, 다음과 같은 <학습활동>이 제시되었다.

[표 34] 7차 〈시집가는 날〉(『국어 3-1』) 학습활동

<내용 학습> '시집가는 날'의 내용을 생각하며 다음과 같이 정리해 보자. (줄거리, 배경, 인물의 성격, 주제) <목표 학습> 1. 이 글의 내용 중에서 일부분을 택하여 다음과 같이 계획을 세우고, 모둠별로 뮤지컬 공연을 준비해 보자.(중략)/ (1) 장면 설정/ (2) 역할 정하기 (연출, 음악, 의상 및 분장)/ (3) 배역 2. '시집가는 날'을 실제 공연되는 뮤지컬이나 영화로 감상해 보자. 그리고 글로 읽을 때와 다른 점을 말해 보자. <학습활동>(『국어 3-1』, 2004, p.195)

위에서 '내용 학습'은 극의 내용을 파악하는 문제로 줄거리, 배경, 인물의 성격, 주제 등을 정리하는 학습활동을 유도하고 있다. '목표학습'의 1은 극화학습으로 실제 뮤지컬 공연을 준비하는 내용이다. 즉 모둠별로 공연 계획을 세우고, (1) 장면 설정, (2) 역할 정하기(연출/음악/의상 및 분장), (3) 배역 설정 등의 과정을 통해 공연을 실행하는 학습활동이다. 2의 경우는 '단원의 길잡이'에서 제시한 교육 목표와 부합되는 학습활동이라 할 수 있다. 즉 다양한 매체를 통해 <시집가는 날>을 감상함으로써, 동일한 내용의 문자 매체와 영상 매체의 차이점을 파악하고, 이를 통해 다양한 표현 방식을 이해하는 문제이다.

한편 <시집가는 날>의 '단원을 마치며'에서는, 극본의 매체 활용과 감상의 문제를 다음과 같이 제시하고 있어 주목된다.

(53) ○ 단원을 마치며 : 이 단원에서는 글을 읽을 때에 매체 활용을 어떻게 할 것인가에 대하여 학습하였다. 그리고 하나의 작품도 매체를 활용하여 다양하게 감상하고 이해할 수 있음을 확인하였다. (중략) 문학 작품을 감상할 때에는 스스로 영상 매체로 전환시켜 상상하면서 읽으면 효과적이다. 그런 후에 실제 무대나 영화 등으로 전환된 작품을 감상해 보면서 자신이 생각했던 것과 어떤 차이가 있는지 비교해 보는 적극적인 태도를 가져야

한다.

<단원을 마치며>(『생활국어 3-1』, 2004, p.208)

위의 내용은 매체 비교를 통한 문학 및 영상의 다양한 감상, 그리고 그 효과를 설명한 내용이다. 다양한 매체가 등장한 당대 사회 환경을 반영한 학습 내용이라 하겠다.

나. 『생활국어』 극본 학습활동 : 〈마지막 잎새〉

『생활국어 3-2』에 수록된 <마지막 잎새>는 연출 극본으로서 다음과 같이 '활동 1～활동 4'까지 항목화하여 학습활동을 제시하고 있다.

[표 35] 7차 〈마지막 잎새〉(『생활국어 3-2』) 학습활동

활동 1. 반언어와 비언어적 소통 방법을 적극적으로 활용하면서 연기해 보자. 활동 2. (1) 각 인물에 맞는 배역을 정해 보자./ (2) 반언어와 비언어적 소통 방법을 어떻게 활용하면 자기가 맡은 배역의 특성과 대화 상황을 잘 표현할 수 있을지 생각해 보자./ (3) 대본의 오른쪽 칸에 제시된 연출 지시를 참고하면서 연기해 보자. 활동 3. 친구들의 목소리의 크기나 억양과 같은 반언어와 표정, 손짓, 몸짓과 같은 비언어적 소통 방법을 적절하게 활용하면서 연기했는지 평가해 보자. <학습활동>(『생활국어 3-2』, 2003, pp.115～116)

위의 <학습활동>은 연극 실연을 통해 '반언어와 비언어적' 의사소통 방법을 탐구한다는 점이 특징적이다. 여기에서 극화학습은 문학교육적 측면보다 일종의 언어교육이라 할 수 있다. 그러나 연출대본을 참고로 반언어(목소리의 크기나 억양)와 비언어(표정, 손짓, 몸짓) 등을 활용하는 말하기 학습은 7차에서 처음 등장한 학습 형태이다.

결과적으로 이 단원은 연극 수업이 가장 구체적으로 실행된 경우라고 할 수 있다. 위의 극화학습과 더불어 마지막 '보충 · 심화'에서는 일종의 연기 연습 지침서를 제시하기도 했다.

> (54) 1 대본읽기 : ① 소리내어 읽기와 조용히 읽기를 개인적으로 몇 번 반복하면서 대사 이해하기 ② 다른 사람이 읽는 것을 듣고, 자기와 다른 점 비교하기/ 2 맞춰 읽기 : ① 대사 한 마디 한 마디의 내용 분석하기 ② 음절의 명확한 구분 연습하기 ③ 강약, 고저, 억양, 장단, 속도 연구하기 ④ 음색, 음량 연구하기 ⑤ 배역에 맞게 말투 조정하기 ⑥ 상대역과 호흡 맞추기/ 3 1차 연습 ① 장치, 조명, 효과의 이미지 파악하기 ② 무대(장면)의 이미지 파악하기 ③ 무대 구조 인식하기 ④ 대도구, 소품 배치 파악하기 ⑤ 몸짓 창조하기 ⑥ 무대 구도 인식하기 ⑦ 분장과 소품 연구하기 ⑧ 마음 속으로 몸짓, 표정, 대사 일치시키기 ⑨ 상대역과 교감하기 ⑩ 연출자의 해석 차이 해결하기
>
> <보충 · 심화>(『생활국어 3-2』, 2003, p.121)

위의 내용은 연극 준비 단계를 구체적으로 제시한 경우로서, 그 어느 차시보다 극화학습이 체계적으로 제시된 경우라 할 수 있다.

지금까지 7차 희곡으로 <들판에서>, <시집가는 날>, <마지막 잎새> 등의 학습활동을 살펴보았다. <들판에서>와 <시집가는 날>은『국어』교과서에 수록된 희곡으로 이 두 극본 모두 '문학 부문'에 속한 단원이다. 학습활동은 '내용 학습'과 '목표 학습'으로 제시되었는데, <들판에서>는 극본을 통해 다양한 표현을 이해하는 학습활동이 중심이며, <시집가는 날>은 동일한 내용을 글로 읽을 때와 다른 매체를 통해서 이해할 때의 차이점을 파악하는 것이 주요 학습이다. <마지막 잎새>는『생활국어』에 수록된 단원으로 '말하기 듣기' 부문에 속한다. 이 단원은 반언어와 비언어적 소통 방법을 탐색하는 것이 주요 학습활동이다. 그런데 연기 학습을 통해 실행한다는 점이 주목된다. 특히 대본의 날개에 제시된 '연출 지시'에 따라 연기하는 극화학습은,

7차에서 보인 새로운 학습 형태라 할 수 있다.

2) 방송극 수록 양상 및 학습활동

중등 국어 교과서에서 방송극은 교수요목기~3차, 7차에 수록되었으며, 4~6차에서는 다루지 않았다. 교수요목기에는 최요안의 <장님의 지혜>(『중학국어 2-1』), 1차에는 최요안의 <느티나무 있는 언덕>(『중학국어 1-2』)과 <강가의 소년>(『중학국어 2-1』), 작자 미상의 <장미꽃 피는 날>(『중학국어 2-1』), 2~3차에는 학생 작품인 <누가 우리를 지켜줄 것인가>(『중학국어 2-1』), 작가 미상의 <삼층밥>(『중학국어 2-1』), 7차에는 박정화의 <육체미 소동>(『중학국어 2-1』) 등 총 6편이며 1차에 3편이 실려 최다수를 보인다.

[표 1] 교수요목기~1차 방송극 단원

학년	작품	지은이	내용	주제	
1	삼층밥	작가 미상	아버지는 출장을 가고, 할머니는 고모의 산후 조리로 가고, 엄마는 직원회의로 인해 늦게 된다. 중학생인 인선이가 처음으로 밥을 하는데, 삼층밥이었다. 그렇지만 아버지는 부모를 도우려는 마음씨를 칭찬한다.	부모 공경	3차
1	육체미 소동	박정화	중학생인 동민이가 육체미를 갖고 싶어 친구들을 속였다가 곤란을 겪고 결국 중요한 건 가슴둘레나 주먹이 아니라 인격이라는 평범한 진리를 깨닫는다는 내용이다.	내면의 아름다움	7차
1	느티나무 있는 언덕	최요안	근식이의 하모니카를 빼앗아간 용문이가 학교에 나오지 않자, 담임선생님이 가정방문을 한다. 불우한 처지에 있는 근우의 사정과 그의 시적 재능을 이해하고 따뜻하게 감싸준다.	인간의 이해와 사랑	1차
2	장님의 지혜	최요안	길은 점장이로서 비록 장님이지만 지혜로운 노인이다. 친구 변영감이 현금을 도둑맞자 꾀를 내어 이를 찾아주게 된다.	지혜	교수요목기

2	강가의 소년	마크 트웨인	강가에 살던 샘은 호기심 많고 꿈 많은 소년이었다. 샘은 기선의 파일럿이 되는 게 소원이었다. 그러나 성장하여서는 뜻을 이루지 못하고 견습 인쇄 직공으로 일하게 되나, 자신의 꿈을 잃지 않고 아마존 강을 항해하게 된다.	꿈에 대한 열정과 성취	1차
2	장미꽃 피는 날	작가 미상	돌다리에서 재영이를 물에 빠찌게 한 현주는, 재영이가 결석을 하자 집을 찾아가 화해하고 사이좋게 지내게 된다.	친구 간의 우정	1차
2	누가 우리를 지켜줄 것인가	학생 작품	아버지와 철수는 일찍 물가에 나와 낚시를 한다. 그런데 간첩선을 발견하고 예비군 소대와 동네 사람들과 힘을 합쳐 간첩선을 격침하게 된다.	총력안보	2~3차

위 수록상에서 특징적인 경향을 보면, 방송극은 1~2학년 교과서에서만 다루었으며 3학년 교과서에서는 수록되지 않았다. 주제나 소재 면에서는 희곡과 달리 다양성을 보이며, 작가 면에서는 최요안의 작품이 3편에 이르러 작가 편중 현상을 드러낸다. 한편 학생 작품이 수록되었다는 점도 주목된다. 유형 면에서는 라디오 드라마가 대부분이며, 7차에 들어 <육제미 소농>이 실리면서 처음으로 TV 방송극이 등장하고 있다. 이러한 특징들을 고려하며 차시별로 그 구체적인 수록 양상을 살피기로 하겠다.

(1) 교수요목기~1차 교육과정기

1 방송극 수록 양상 : 소극과 소년 생활극

가. 교수요목기 극본 수록 양상 : 〈장님의 지혜〉

교수요목기 『중학국어 2-1』에 수록된 <장님의 지혜(知慧)>는 라디오 드라마로서 최요안의 작품이다.[61] 대단원 'Ⅲ. 시나리오와 드라마'

에서 오영진의 시나리오 <바다>와 함께 실려 있다.

(1) 영화나 연극은 현대인의 생활에서 떼낼 수 없는 것으로, 현대인으로서의 교양을 갖추기 위하여 반드시 감상의 기회를 가져야 할 것입니다. 동시에 그것은 특히 언어와 관계가 깊은 것으로, 국어 학습에 있어서도 무시할 수 없는 교재가 되는 것입니다. 이 단원에는 영화의 대본(臺本)이 되는 시나리오와, 사건의 전개(展開)를 순전히 회화(會話)만으로 알리는 라디오 드라마를 모았읍니다.(중략) 시나리오의 표현 형식의 특징을 더욱 분명이 이해하기 위하여, 다음에 나오는 라디오 드라마를 읽고, 그것과 시나리오와는 어떻게 다른가를 생각하여 봅시다.

<시나리오와 뜨라마>(『중학국어 2-1』, 1953, p.40)

위의 내용은 대단원의 학습 목표로서 극문학의 감상은 현대인으로서 교양을 갖추는 측면에서 뿐만 아니라, 국어교육적 측면에서도 필요하다는 점을 강조하고 있다. 그러므로 <장님의 지혜>는 라디오 드라마의 이해, 그리고 '회화'(대사)가 주를 이루는 방송극의 성격상 언어 교육을 위한 학습 자료로 제시된 극본임을 알 수 있다.

위의 학습 목표 하에 <장님의 지혜>는 다음과 같은 수록 양상을 보인다.

(2) 점치러 온 할머니 ―문간에서 들리는 소리― "계십니까?"

할머니 "다른 게 아니라, 이런 원통한 일이 있읍니까?" 선대(先代)로부터 물려오던 좋은 은수저 열 벌을 오늘 낮에 잠깐 집을 빈 사이에 그만 도둑을 맞았읍네다.(중략)

---

61) 최요안은 아동문학가, 소설가, 방송작가로서, 서울 중앙방송국 전속작가로 활동하고, 1957년 제1회 방송극 작가협회상, 1958년에는 제1회 방송문화상을 수상했다. 작품으로 방송극 <느티나무 있는 언덕>, <바람부는 언덕>, <지는 꽃 피는 꽃> 등이 있고, 소년소설에 <은하의 곡>, 명상집으로 편저(編著), 『마음의 샘터』 등이 있다.

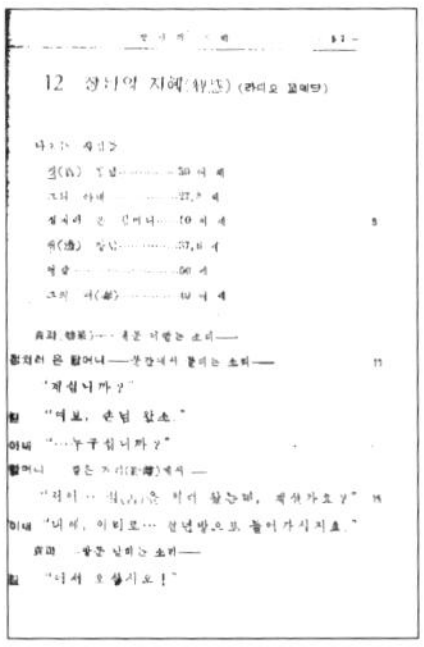

[그림 28] 〈장님의 지혜(知慧)〉(『중학국어-1』, 1995, p.187)

효과 –젓가락 통 흔드는 소리– (중략)
수저 수저 은 수저/ 선대(先代)로부터 물려받은,
아까와라, 은 수저/ 메뇨메뇨 어디메뇨.
<장님의 지혜(知慧)>(『중학국어 2-1』, 1953, pp.57~59)

<장님의 지혜>는 "라디오 꼬메듸"라는 장르명이 제시되고 있다는 점이 특징적이다. 라디오 코메디는 일제 강점기 라디오 프로그램에서도 자주 드러나는 명칭으로 일종의 재담과 만담으로 된 방송극이다.[62] 이러한 장르적 성격과 마찬가지로 극 내용은 희화화된 내용이 주를 이룬다. 등장인물은 '장님 길(吉), 그의 아내, 점치러 온 할머니, 변(邊) 장님, 영감, 그의 처' 등으로서, '길'은 엉터리 점궤를 내는 점쟁이나 지혜를 지닌 인물로 등장한다. 극의 주요 사건은 친구 '변 장님'이 현금을 도난당하자 꾀를 내어 범인을 찾고 현금을 찾아준다는 것으로, 가벼운 소극(笑劇)에 속한다.

[그림 29] 교과서에 수록된 방송 편성표(『중학국어 2-1』, 1956, p.81)

나. 1차 극본 수록 양상 : 〈강가의 소년〉, 〈장미꽃 피는 날〉, 〈느티나무 있는 언덕〉

1차 교과서는 2종류로 분류된다. 즉 1955년 1차 교육과정이 제정 · 공포되고, 이에 따라 편찬된 1950년대 전반기 교과서와 1950년대 말 개정된 후반기 교과서로 나눌 수 있다.[63] <강가의 소년>은 전반기에, <느티나무 있는 언덕>은 전 · 후반기에, <장미꽃 피는

62) 윤금선(2010), 『라디오 풍경 소리로 듣는 드라마』, 연극과인간, pp.12~89.
63) 朴鵬培(1987), 『韓國國語教育全史(中)』, 대한교과서주식회사, p.89.

날>은 후반기에 실린 방송극에 속한다. 이 세 작품은 모두 '소년'이 주인공으로서, 중학생 대상의 교과서와 부합되는 연령대를 다룬다는 공통점을 지녔다. 각각의 수록 양상을 살펴보면 아래와 같다.

① <강가의 소년> 극본 수록 양상

<강가의 소년>(『중학국어 2-1』)은 'Ⅲ. 전화와 방송'이라는 대단원 하에 수록되고 있다. 전파를 통하여 소리를 전달한다는 공통점에 토대를 두고 '1. 전화, 2. 모든 것을 소리로만 전하는 방송, 3. 강가의 소년, 4. 효과(效果)에 대하여'라는 소단원을 두고 있다.

특히 위의 소단원 중 <2. 모든 것을 소리로만 전하는 방송>은 극본이 수록되기 전에 다루는 단원으로서, 방송의 3요소인 음성, 음악, 음향에 대해 설명하는 내용이다. 이것은 방송극에 대한 일종의 원리학습으로 제시된 것이라 할 수 있으며, <강가의 소년>은 일종의 적용학습 단원으로 다음과 같이 수록되어 있다.

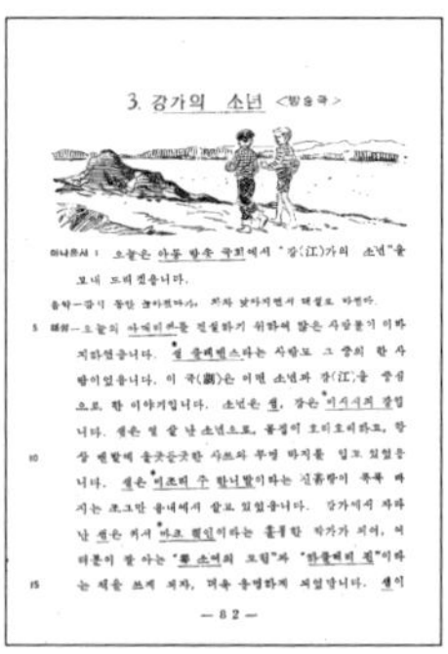
3. 강가의 소년 <방송극>

— 82 —

[그림 30] 〈강가의 소년〉
(『중학국어 2-1』, 1956, p.82)

(3) 아나운서 : 오늘은 아동 방송 극회에서 "강(江)가의 소년"을 보내드리겠습니다. 음악—잠시 높아졌다가, 차차 낮아지면서 해설로 바뀐다.

해설 이 극(劇)은 어떤 소년(少年)과 강(江)에 대한 이야기입니다.(중략)

소리—물결치는 소리 한창 나다가 사라진다.

샘 : (부른다) 얘, 하클베리야! 이리 와!

하크 : (점점 크게) 얘! 샘아, 너 나 불렀지, 왜?

샘 : 섬의 일이 어떻게 됐는지, 궁금증이 나서(중략)

샘 : (탐나듯이) 자라의 알! 그러면, 메기 떼도 있을거야. 우리 그리 가 보는 게 어떻겠니?

<강가의 소년>(『중학국어 2-1』, 1956, pp.82～83)

<강가의 소년>은 해설자(아나운서)의 나레이션과 음악 및 음향 효과가 요소 요소에 삽입되어, 라디오 드라마라는 형식적 특성을 잘 보여주고 있는 극본이다. 이 작품은 최요안 작으로 <톰소여의 모험>의 작가 마크 트웨인(Mark Twain)의 소년 시절을 극화한 방송극이다.64) 어린 시절부터 호기심 많고 꿈 많던 마크 트웨인이 자신의 꿈을 이루기 위해 어떻게 노력하는지 그 성장 과정을 그린 극본이다.

'Ⅸ 즐거운 회화'에서는 위와 같이 방송극을 제시한 후, 심화학습의 단원인 <4. 효과(效果)에 대하여>를 통해 효과음에 대해 설명하기도 했다.

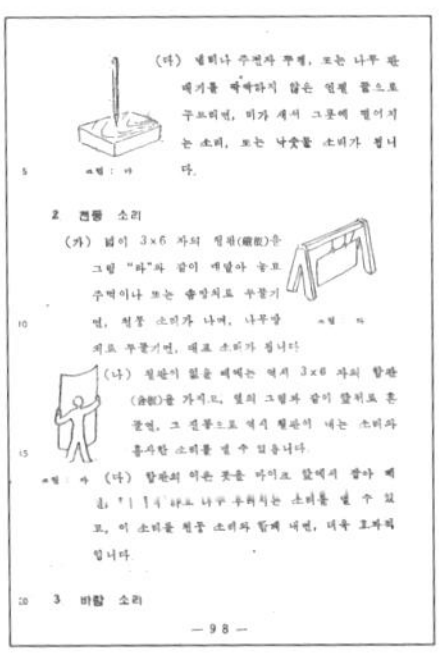

[그림 31] 〈효과에 대하여〉(『중학국어 2-1』, 1956, p.98)

(4) 음악 효과는 주로 극 전체의 흐름과 장면의 분위기를 조성(造成)한 것으로, 1. 주제악(主題樂), 2. 간주악(間奏樂), 3. 배경 음익(背景音樂), 4. 암시 음악(暗示音樂). 음향 효과는 장면의 정경(情景)을 정확하게 드러낼 수 있도록 하는 것인데, 대개 다음의 네 가지루 분류됩니다. 1. 음성 효과(音聲效果), 2. 레코드 효과(音聲效果), 3. 기구 효과(機具效果), 4. 전기효과(電氣效果)

<효과에 대하여>(『중학국어 2-1』, 1956, p.96)

위에서는 음악 효과는 극 전체의 흐름과 장면의 분위기를 조성하는 기능을 담당하고 있다고 밝히고 있는데, [그림 31]와 같이 자연 현상의 효과음을 내는 기구를 소개하며, 소리를 내는 방법에 대해서 설명하고 있다는 점이 주목된다.

64) <강가의 소년> 해설(『중학국어 2-1』(1956), p.82).

② <느티나무 있는 언덕>의 극본 수록 양상

<느티나무 있는 언덕>(『중학국어 1-2』)은 'Ⅸ 즐거운 회화'에 실린 라디오 드라마로서 대단원의 학습 목표는 다음과 같이 제시되고 있다.

> (5) 좋은 말을 써서, 듣는 이의 마음을 즐겁게 하고, 자기의 뜻을 정확하게 전하는 회화는 우리들의 생활에 가장 필요하고 또 귀중한 것이다. 남과 접촉하는 기회가 늘어 가는 현대인의 생활을 가장 바르게 하기 위하여, 좋은 회화법을 배우는 것은 우리들의 생활을 밝게 하고 또 기쁨에 차게 하는 것이다. 소설에 나타난 회화나 방송극을 통하여 듣는 회화들을 주의하여 살핌으로서 우리들의 회화를 아름답고 정확한 것이 되게 하자.
>
> <즐거운 회화>(『중학국어 1-2』, 1960, p.95)

위에서 특히 주목되는 부분은 "소설에 나타난 회화나 방송극을 통하여 듣는 회화들을 주의하여 살핌으로서 우리들의 회화를 아름답고 정확한 것이 되게 하자"라는 내용이다. 이를 보면 <느티나무 있는 언덕>은 '말하기 듣기'라는 국어교육적 측면에서 설정된 방송극임을 알 수 있다. 교과서에서 <느티나무 있는 언덕>은 다음과 같은 수록상을 보이고 있다.

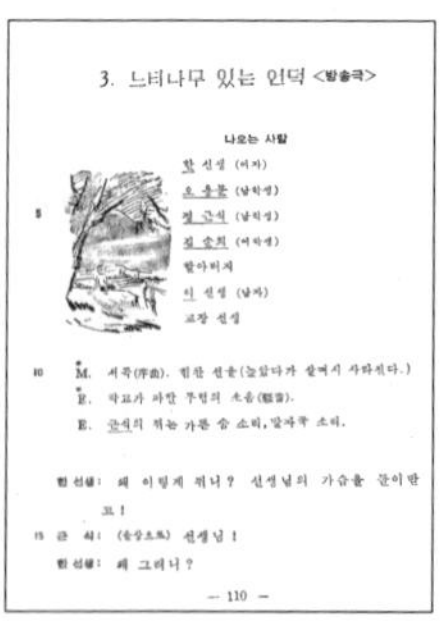
3. 느티나무 있는 언덕 <방송극>

나오는 사람

— 110 —

[그림 32] 〈느티나무 있는 언덕〉(『중학국어 1–2』, 1959, p.110)

> (6) M. 서곡(序曲). 힘찬 선율(높았다가 살며시 사라진다.)/ E. 학교가 파할 무렵의 소음(騷音)/ F. 근식의 뛰는 가쁜 숨소리, 발자국 소리.
>
> 한선생 : 왜 이렇게 뛰니? 선생님의 가슴을 들이받고!
>
> 근식 : 오용문이가 제 하아모니커를 뺏어 가지고 달아났어요.
>
> 한선생 : 그랬다고 울고 있니?
>
> 근식 : 우리 아버지가 새로 사 주신 서른 두 구멍짜리 하아모니커예요.
>
> <느티나무 있는 언덕>(『중학국어 1-2』, 1959, pp.110~112)

<느티나무 있는 언덕>의 주요 등장인물은 '한선생'과 '오용문'으로서 '학교－집－느티나무 밑' 등 공간의 변화와 함께 사건이 전개되고 있다. 즉 말썽장이로 알려진 용문이가 근식이의 하모니카를 뺏는 사건이 생기고, 이후 용문이는 학교에 오질 않는다.(학교) 담임인 한선생은 용문의 집을 찾아가나 만나지 못하고, 불우한 가정환경을 알게 된다.(집) 한선생은 아버지를 기다리며 느티나무 아래에서 시를 읊고 있는 용문이를 보며, 그에게 시적 재능이 있음을 알고 격려한다.(느티나무 밑) 위의 내용을 보면, 경제적으로 궁핍했던 당대 사회적인 상황을 잘 드러내고 있는 작품이라 할 수 있다.

라디오를 듣고..

崇高한 人間愛의 提示

健實한 主題의 <느티나무있는언덕>

[그림 33] 〈崇高한 人間愛의 提示 健實한 主題의 〈느티나무 있는 언덕〉〉(≪경향신문≫, 1958.12.22)

최요안의 <느티나무 있는 언덕>은 당시 실제 라디오에서 방송되었던 방송극으로 이를 교과서에 수록한 경우이다. 우리나라 라디오 드라마사에서 1950년대 말은 주간연속극 <청실홍실>의 인기에 힘이어 연속극 붐이 일던 시기이다. 1958년 6월부터 방송된 <느티나무 있는 언덕>은 이러한 분위기 속에서 방송되었던 주간연속극에 해당된다.[65] 소년 문제를 다룬 이 방송극은 청취자들의 호응을 입어 인기리

65) 윤금선(2010), 앞의 책, pp.198～200.

에 방송되었고, 같은 해 12월에 영화화되기도 했다.66) 수록 시기를 보면 종방 후 바로 교과서에 실린 것임을 알 수 있다.

③ <장미꽃 피는 날>의 극본 수록 양상

<장미꽃 피는 날>(『중학국어 2-1』)은 'Ⅱ. 전화와 방송'에 속한 방송극이다. 대단원 목표는 다음과 같이 제시되고 있다.

> (7) 우리의 언어 생활 가운데서도, 듣는 생활은 말하기와 쓰기를 익숙하게 하는 데 중요한 기초가 되는 것이다. 특히 현대 문명의 이기(利器)를 이용한 전화와 방송은, 우리들의 일상생활과 밀접한 관계를 가지게 되었다. 이들을 이용하는 요령을 알고, 소리만으로써 전달되는 모든 것을 바로 듣고 옳게 이해하는 훈련을 쌓으며, 방송 예술의 감상과 그 기능을 연구하여, 언어의 정화를 기해야 하겠다.
>
> <전화와 방송>(『중학국어 2-1』, 1959, p.75)

위에서는 '듣기'가 '말하기와 쓰기'를 익숙하게 하는 데 중요한 기초가 된다는 점을 강조한다. 특히 전화와 방송은, 우리들의 일상생활과 밀접한 관계를 가졌다고 지적하였다. 그러므로 이를 제대로 듣고 이해하는 훈련을 쌓아야 한다는 것이다. 또한 방송 예술의 감상과 그 기능을 이해하고, 언어의 정화를 기해야 한다고 강조하고 있다. 이러한 대단원의 학습 목표 하에 방송극 <장미꽃 피는 날>이 다루어지고 있어, 이 역시 언어교육과 상관된 단원 설정이라 할 수 있다.

한편 <장미꽃 피는 날>이 수록된 대단원 'Ⅱ. 전화와 방송' 에는 극본 외에 '3. 라디오의 구실'이라는 소단원이 함께 다루어지고 있는데,

---

66) "崔要安 씨의 連續放送劇으로 라디오聽取者들에게 好評을 받아온 "느티나무있는언덕"이 映畵化되리라한다."(<放送劇 느티나무 있는 언덕 撮影中>, ≪경향신문≫, 1958.10.15).

라디오의 기능 중 방송극과 관련된 다음과 같은 내용을 수록하고 있어 주목된다.

(8) 방송의 또 하나의 구실은 청취자를 즐겁게 하는 것이다. 이것을 위안(慰安) 또는 오락 방송이라고 부른다. 오락 방송은 연예(演藝)와 음악, 그리고 퀴즈 방송 등 크게 세 가지로 나눌 수 있다. 연예방송에는 라디오 드라마를 비롯하여 방송 소설, 야담, 만담 같은 것이 있다. 그 중 라디오 드라마는 마음 속에 극장을 만들어 놓고 상상(想像)의 세계를 그리며 듣는 창작예술(創作藝術)이다.

<라디오의 구실>(『중학국어 2-1』, 1959, p.86)

인용문에서는 방송의 기능 중 하나가 바로 "청취자를 즐겁게 하는" 오락적 기능이라고 지적하고 있다. 위 글에서는 오락 방송을 연예, 음악, 퀴즈 프로그램 등으로 나누면서. 연예방송의 예로 라디오 드라마를 비롯하여 방송 소설, 야담, 만담 등을 들었다. 여기에 '라디오 드라마'를 "마음 속에 극장을 만들어 놓고 상상(想像)의 세계를 그리며 듣는 창자예술(創作藝術)이나."라고 표현한 점이 주목된다.

위의 논의와 함께, 방송극의 실제로서 <장미꽃 피는 날>이 실리고 있는데, 그 수록 양상은 아래와 같다.

[그림 34] 〈장미꽃 피는 날〉
(『중학국어 2-1』, 1959, p.94)

(9) M. (현옥이 건넌방에서 서투르게 하아모니커를 불고 있다.)(중략)

현옥 : (가까이 오며) 오빠는 하아모니커 만지지도 못하게 하지만, 두고 봐, 오빠 정말 큰일났어!(중략)

현옥 : 그 애 말야. 다리병신이 됐나보던데...

현주 : 누구 얘기냐?

현옥 : 오빠는 괜히 알면서 모른 척하지. 접때 오빠가 돌다리에서 밀어 떨어뜨린 여학생 말야.(하략)

<장미꽃 피는 날>(『중학국어 2-1』, 1959, pp.93~94)

이 작품은 작가 미상으로 앞서 살핀 <느티나무 있는 언덕>과 마찬가지로 일종의 소년문제를 다루고 있다. 등장인물은 현주와 재영이 등 중학생들로서 사소한 오해와 화해를 다룬 생활극적 요소가 강한 방송극이다.

지금까지 교수요목기 및 1차 방송극을 살펴보았다. 해당 작품은 총 4편으로 <장님의 지혜>, <강가의 소년>, <느티나무 있는 언덕>, <장미꽃 피는 날> 등이다. 방송극의 내용은 소소한 일상과 생활을 소재로 한 '소년 생활극'임을 볼 수 있다. 또한 각 단원 간의 구성은 원리학습, 실제 작품 적용하기, 심화학습 단계로 형성되어 방송극의 이해를 점차적으로 심화시키는 형태를 띤다.

② 극본 학습활동 : 극본의 대사를 활용한 언어교육

교수요목기 및 1차 중학교 국어과 교육 목표는 "국어를 잘 알고 잘 쓰게 하며, 우리의 문화를 이어 확충 창조케 하고, 겸하여 지덕을 열어 건전한 국민정신을 기르기"로 제시되었다. 중학교의 국어과 목표는 국어 사용 능력의 신장, 문화 창조, 국민 정신 함양이라는 세 가지 내용으로 요약된다.67) 이러한 교수요목에 토대를 둔 대단원 목표를 제시하면 아래와 같다.

[표 2] 교수요목기~1차 방송극 대단원 목표

학년	작품	대단원 목표
1	느티나무 있는 언덕	· 소설에 나타난 회화나 방송극을 통하여 듣는 회화들을 주의하여 살핀다. · 우리들의 회화를 아름답고 정확하게 쓴다.
2	장님의 지혜	· 현대인으로서 교양을 갖추기 위해 영화, 연극을 감상한다. · 영화와 연극이 언어 학습과 긴밀함을 안다. · 라디오 드라마와 시나리오의 차이점을 안다.

67) 교육부(1991), 『중학교 중학국어 교사용 지도서 3-1』, 대한교과서주식회사, pp.12 ~21.

2	강가의 소년	· 전화 방송이 우리 언어생활과 밀접한 관계를 가짐을 안다. · 방송 예술의 감상과 그 기능을 연구하여 언어의 정화를 기해야 한다.
2	장미꽃 피는 날	· 전화와 방송이 우리의 언어생활과 밀접한 관계를 가짐을 안다. · 라디오 방송의 구실을 안다. · 방송 예술의 감상과 그 기능을 연구하여 언어의 정화를 기해야 한다.

위의 표는 앞서 수록 양상에서 살펴본 대단원의 학습 목표를 정리한 것으로, 아래에서는 실제 학습활동을 극본별로 살피고자 한다. 그런데 교수요목기의 <장님의 지혜>는 대단원의 학습 목표 외에 따로이 학습문제는 실리지 않았다. 그러나 앞서 살핀 바와 같이, 1차의 경우는 대단원 구성이 원리학습, 적용학습, 심화학습의 형태로 형성되고 <익힘문제>가 제시되고 있어 학습 내용을 구체적으로 살필 수 있다. 대단원 학습 목표와 단원 간의 학습 체제는 극본 수록 양상에서 살폈기에, 여기에서는 1차 <익힘문제>만을 중심으로 살피고자 한다.

먼저 <강가의 소년>의 학습문제는 다음과 같다.

[표 3] 1차 〈강가의 소년〉(『중학국어 2-1』) 익힘문제

1. 이 글이 여늬 글과 다른 점은 어떠한 점이며, 이 글은 어째서 그렇게 쓴 것인가를 생각하여 보라.
2. 이 방송극에서는 음향과 음악으로 무엇을 나타내려고 하였는가를 생각하며 읽어 보라.
3. 이 방송극을 상연하려면, 몇 사람이 동원되어야 하며, 어떻게 연출하여야 할 것인가를 연구한 후, 실제로 상연하여 보라.

<익힘문제>(『중학국어 2-1』, 1956, p.94)

위의 문항들에서는 방송극의 기술 방식을 파악하고, 음향과 음악

의 효과가 무엇인지를 이해하며, 실연을 전제로 배역 문제와 연출 문제를 생각하도록 유도하고 있다. 그리고 이러한 과정 후 실제로 상연하도록 지시하고 있다. 일련의 학습활동은 방송극의 매체적 특성 파악과 극화하기로 요약할 수 있다.

한편 <느티나무 있는 언덕>의 <익힘문제>에서는 다음과 같은 학습문제를 제시하고 있다.

[표 4] 〈느티나무 있는 언덕〉(『중학국어 1-2』) 익힘문제

1. 이 방송극에 나오는 인물들은 각각 어떠한 사람인가를 말해 보라.
2. 그 사람의 성격이나 마음씨가 그 사람이 하는 말에 그대로 나타나는 예를 이 방송극에서 찾아보라.
3. 이 방송극의 줄거리를 소개하는 글을 200자 원고지에 서너 장 써 보자.
4. 이 방송극을 상연할 때, 등장하는 사람의 인품을 여실히 나타내려면 어떻게 말을 하여야 할 것인가를 연구한 후, 각각 배역을 정해서 실연하여 보자.

<익힘문제>(『중학국어 1-2』, 1960, p.122)

위의 학습 문항을 정리하면, 1은 인물들의 성격을 파악하며, 그 성격이나 마음씨가 '말'에서 드러남을 인식하고, 인물의 성격과 마음씨를 알 수 있는 대사를 찾아내는 것이다. 2는 이를 토대로 방송극을 실연할 때, 그 성격이 잘 드러나도록 하려면 어떻게 대사를 발하여야 하는가를 탐구하는 학습이다. 3은 이러한 과정 후에 배역을 정하여 방송극을 실연해 보는 활동이다. 보다시피 <느티나무 있는 언덕>의 학습활동은 대사를 통한 인물의 성격과 줄거리 파악, 극화학습으로 정리할 수 있다.

<장미꽃 피는 날>의 경우는 다음과 같이 학습활동이 제시되었다.

[표 5] 〈장미꽃 피는 날〉(『중학국어 2-1』) 익힘문제

1. 이 글이 여느 글과 다른 점은 어떠한 점이며, 이 글은 어째서 그렇게 쓴 것인가를 생각하여 보라. 2. 이 방송극에서는 음향과 음악으로 무엇을 나타내려고 하였는가를 생각하며 읽어 보라. 3. 이 방송극을 상연하려면, 몇 사람이 동원되어야 하며, 어떻게 연출하여야 할 것인가를 연구한 후, 실제로 상연하여 보라. <익힘문제>(『중학국어 2-1』, 1959, pp.103～104)

위 문항은 앞서 살핀 <강가의 소년>과 동일한 유형으로, 여기에서는 <장미꽃 피는 날>에 적용하여 해결하는 문제이다. 즉 방송극 기술 방식의 파악, 음향과 음악의 효과 이해, 배역과 연출에 대한 이해, 극화하기 등의 학습 문항을 보인다.

이상 교수요목기 및 1차 방송극의 학습활동을 살핀 결과, <익힘문제>에서는 방송극의 장르적 특성과 효과(음악, 음향) 이해하기, 실연하기 등의 학습활동을 보인다. 특히 세 작품 모두 극화학습을 보인다는 점이 주목된다. 청각적 요소에 의존하는 방송극의 성격상 따로이 무대 설정이 필요하지 않아, 쉽게 실연할 수 있다는 측면에서 비롯된 것이라 할 수 있다.

(2) 2～3차 교육과정기

① 방송극 수록 양상 : 사회 계몽적인 반공극과 생활극

2～3차 교육과정기 방송극은 학생 작품인 <누가 우리를 지켜줄 것인가>(2차 『중학국어 2-1』, 3차 『중학국어 3-2』)와 작가 미상의 <삼층밥>(3차 『중학국어 1-2』) 등 2편이다. 전자는 2～3차에 모두 수록되었

으며, 후자는 3차에 새로이 도입된 방송극이다. 그런데 학생 작품이 수록된 것은 2차 교과서 편제 방침에 따른 것이다. 즉 이 시기에는 단원 편제 시 최소한 한 단원씩 학생 작품을 수록하는 것이 지침으로 마련되어 있었다.[68] 아래에서는 작품별로 구체적인 수록 양상을 살피고자 한다.

가. 2~3차 〈누가 우리를 지켜줄 것인가〉 극본 수록 양상

2차에는 <누가 우리를 지켜줄 것인가>가 유일한 방송극으로, 대단원 'Ⅲ 보람있는 생활'에 수록되었다. 대단원 구성은 '1. 신문 배달, 2. 누가 우리를 지켜줄 것인가, 3. 전화, 라디오, 텔레비전, 4. 교내 방송을 통하여, 5. 우리들의 모임' 등의 소단원으로 되어 있는데, 보다 시피 다양한 매체를 다루고 있다. 전 시기 방송극이 매체 및 학습 기능 등을 다루는 대단원에 속했던 것과 달리, 주제의식을 드러내는 대단원에 수록되었다는 점이 주목된다. 이 대단원의 학습 목표는 다음과 같이 제시되어 있다.

> (10) 여가를 이용하여 일함으로써 근면성과 자주성을 기르고, 말하고 듣는 평소의 언어 생활을 통하여 쓰기까지도 익숙하게 할 수가 있다. 신문 배달을 통하여 대중 전달의 중요성과 근로의 정신을 배우고, 전화, 라디오, 텔레비전, 마이크 등을 이용하는 요령을 알며, 바르게 듣고 바르게 말하며 옳게 이해하는 훈련을 쌓자. 그리고 방송 예술을 감상하고 그 기능을 연구하여 우리말을 곱게 쓰도록 해야겠다.
>
> <보람있는 생활>(『중학국어 2-1』, 1973, p.99)

인용문에 제시된 바와 같이, 이 대단원의 학습 목표는 '신문, 전화,

68) 박붕배(1987), 앞의 책, p.460.

라디오, 텔레비전 등의 매체에 대해 이해하고, 나아가 이를 바르게 듣고 바르게 말하며 옳게 이해하는 훈련을 쌓는 것'이다. 특히 "방송 예술의 감상 능력을 신장하고 이를 통해 우리말을 바르게 쓰도록" 한다는 목표 하에 <누가 우리를 지켜줄 것인가>라는 방송극이 제시된 것이 할 수 있는데, 2차 최초 수록본의 수록상을 보면 다음과 같다.

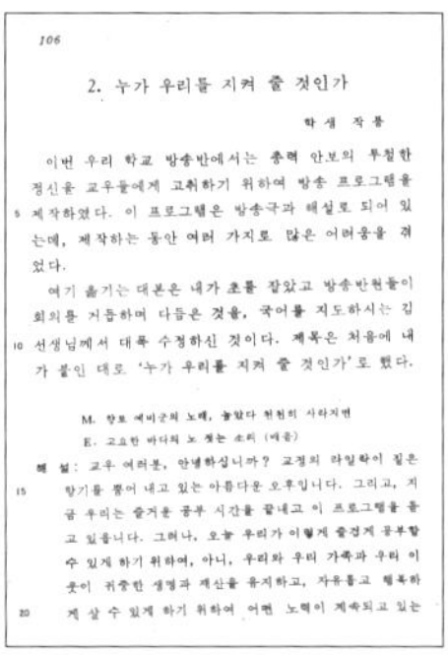
106

2. 누가 우리를 지켜 줄 것인가

학생 작품

이번 우리 학교 방송반에서는 총력 안보의 투철한 정신을 교우들에게 고취하기 위하여 방송 프로그램을 제작하였다. 이 프로그램은 방송극과 해설로 되어 있는데, 제작하는 동안 여러 가지로 많은 어려움을 겪었다.

여기 옮기는 대본은 내가 초를 잡았고 방송반원들이 회의를 거듭하며 다듬은 것을, 국어를 지도하시는 김 선생님께서 대폭 수정하신 것이다. 제목은 처음에 내가 붙인 대로 '누가 우리를 지켜 줄 것인가'로 했다.

M. 향토 예비군의 노래, 높았다 천천히 사라지면
E. 고요한 바다의 노 젓는 소리 (배음)

해설: 교우 여러분, 안녕하십니까? 교정의 라일락이 짙은 향기를 뿜어 내고 있는 아름다운 오후입니다. 그리고, 지금 우리는 즐거운 공부 시간을 끝내고 이 프로그램을 듣고 있습니다. 그러나, 오늘 우리가 이렇게 즐겁게 공부할 수 있게 하기 위하여, 아니, 우리와 우리 가족과 우리 이웃이 귀중한 생명과 재산을 유지하고, 자유롭고 행복하게 살 수 있게 하기 위하여 어떤 노력이 계속되고 있는

[그림 35]
〈누가 우리를 지켜줄 것인가〉
(『중학국어 2-1』, 1973, p.106)

(11) 우리 학교 방송반에서는 총력안보의 투철한 정신을 교우들에게 고취하기 위하여 방송 프로그램을 제작했다.(중략) M. 향토예비군의 노래, 높았다 천천히 사라지면. E. 고요한 바다의 노 젓는 소리(배음)
해설 : 우리 가족과 우리 이웃이 귀중한 생명과 재산을 유지하고, 자유롭게 행복하게 살 수 있게 하기 위하여 어떤 노력이 계속되고 있는지, 교우 여러분은 생각해 보셨는지요?(중략)
철수 : 오늘 아침엔 우리가 제일 먼저 나왔나 보죠?
아버지 : 일요일이니까 좀 더 자는 게지. 자 그럼 어디 슬슬 거두어 볼까?

<누가 우리를 지켜줄 것인가>(『중학국어 2-1』, 1973, pp.106~107)

서두에서 밝히고 있다시피, 이 방송극은 학교 방송반에서 총력안보 정신을 교우들에게 고취시키기 위하여 제작한 극본이다. 극 내용을 보면, 주요 인물은 아버지와 철수로서 낚시를 하다 간첩선을 발견하자 이를 예비군 소대에 알린다. 이에 군은 물론 노인, 여인들까지도 간첩 소탕에 협조하는 활동상을 보인다. 마지막 에필로그에서 해설자가 안보에 한시도 소홀치 않기를 당부하는 등, 이 방송극은 말 그대로 '총력안보'를 고취시키기 위한 계몽적인 내용이라 할 수 있다.

3차 <누가 우리를 지켜줄 것인가>는 『중학국어 3-2』의 '빛나는 강산'이라는 대단원 하에 수록되어 있으며. 전 시기와 비교하여 학년이

상향되어 수록된 차이점 외에 2차와 동일한 수록상을 보인다.

나. 3차 〈삼층밥〉 극본 수록 양상

<삼층밥>은 3차에 새로 도입된 제재로 '공경'이라는 대단원에 속한 소단원이다. 이 대단원은 '1. 선인들의 교훈, 2. 추석의 민속놀이, 3. 공경에 대하여, 4. 삼층밥' 등의 소단원 구성을 보인다. 대단원명은 '가치'를 드러내는 주제 중심의 단원 설정에서 비롯된 것임을 알 수 있다. <삼층밥>의 구체적인 수록상은 다음과 같다.

[그림 36] 〈삼층밥〉
(『중학국어 1-2』, 1976, p.27)

(12) 여중생(女中生)이 된 지도 1년이나 되어 가는데, 나는 아직 밥 지을 줄을 모른다.(중략) 그래서 나는, 우리 외삼촌이 쓰신 '삼층밥'을 친구들에게 소개하기로 했다. M. 잔잔한 음악 나왔다가 조용히 사라지면(중략)
인선 : : 음, 오늘 오신댔어.(중략)
인규 : 아이, 할머닌 왜 안 오셔?(중략)
인선 : 아니, 엄마한테 그러면 어떡하니? 선생님들 직원회가 있어서 좀 늦게 퇴근하신다는데.
<삼층밥>(『중학국어 1-2』, 1976, pp.28~29)

<삼층밥>의 주인공은 중학생인 인선으로서, 처음으로 밥을 지었는데 삼층밥이 되었다. 그러나 아버지는 부모를 도우려는 마음씨를 칭찬한다는 내용이다. 보다시피 이 방송극은 소소한 일상을 소재로 한 생활극에 속한다.

지금까지 2~3차 방송극의 수록 양상을 살펴보았다. 해당 단원은 <삼층밥>, <누가 우리를 지켜줄 것인가> 등 2편이다. 2차에는 <누가 우리를 지켜줄 것인가> 1편만이 수록되고 있어, 전 시기 교과서에 보

였던 방송극 선호도와 차이점을 보인다. 더군다나 전문 작가가 아닌 학생 작품을 수록하고 있다는 점도 특징적이라 할 수 있다. 3차에서는 <누가 우리를 지켜줄 것인가> 외 <삼층밥>이 새로이 도입되었다. 이 두 작품은 모두 중학생이 주인공이라는 점에서 주목되며, 주제면에서 전자는 일상의 사건을 다룬 생활극, 후자는 안보 문제를 다룬 계몽극적 성격을 띤다.

② 극본 학습활동 : 매체 기능과 언어활동으로서의 방송극 이해

2차 교육 과정에서는 국어과의 영역을 말하기, 듣기, 읽기, 쓰기의 네 가지 언어 기능 영역으로 나누고 언어 사용 기능 교육을 강조하였다. 한편 3차 교과서는 문교부의 교육 과정 '국어과 목표, 내용, 지도상의 유의점'에 기초를 두고 다음과 같이 편찬되었다. 첫째, 말하기, 듣기, 읽기, 쓰기 등의 언어 기능 신장, 둘째, 넓은 범위의 지식 경험, 셋째, 바른 사고력과 자주적 판단력 함양, 넷째, 국어와 국어로 표현된 문화에 대한 올바른 태도 향상 등을 지향했다. 국어 교과서에 포함된 단원, 소단원, 제재 속의 요소들은 앞에서 말한 상위의 기능, 지식, 태도를 발달시키는 데 필요한 자료로서 주어진 것이다.[69]

또한 2차에서는 대단원별로 나누어 말미에 '일러두기'를 추가하였다는 점이 특징적이다.[70] 3차의 경우는 각 소단원의 학습 목표와 학습 내용 속에 작문을 포함시켰다. 그리고 각 학년 대단원 끝에 문법 단원을 두고 있다. 이러한 2~3차 국어과의 교과 체계 하에서 <누가 우리를 지켜줄 것인가>와 <삼층밥>의 단원 학습 목표는 다음과 같이

69) 교육부(1991), 『중학교 중학국어 교사용 지도서 3-1』, 대한교과서주식회사, pp.12~21.
70) 박붕배(1987), 앞의 책, p.460.

정리할 수 있다.

[표 6] 2차 방송극 대단원 목표

학년	작품	대단원 목표
1	삼층밥	· 방송극을 읽고 배역을 정하여 낭독한다. · 방송극본의 특징을 안다. · 감사하고 봉사하며 공경하는 마음을 기른다.
2, 3	누가 우리를 지켜줄 것인가	· 방송 예술을 감상하고 그 기능을 연구하여 우리말을 곱게 쓰도록 한다.(2차) · 방송극을 읽고 배역을 정하여 입체 낭독한다. · 국토 수호의 정신을 기른다.(3차)

아래에서는 단원 목표를 고려하며 작품별로 구체적인 학습활동을 살피기로 하겠다.

가. 〈누가 우리를 지켜줄 것인가〉 학습활동

2차 <익힘문제>에서는 다음과 같은 학습문제를 제시하고 있다.

[표 7] 2차 〈누가 우리를 지켜줄 것인가〉(『중학국어 2-1』) 익힘문제

1. 이 극본을 가지고 입체낭독을 해 보라.
2. 효과음은 어떻게 내나 알아보자.
3. 라디오 방송극과 영화의 장단점을 알아보자.
4. 총력안보와 자주 국방의 뜻을 생각해 보고, 우리의 각오와 알 일은 말해 보자.

<익힘문제>(『중학국어 2-1』, 1973, p.113)

위의 문항을 정리하면 첫째, 방송극의 성격을 이해하는 학습으로 극본의 입체낭독, 효과음의 이해 등의 학습활동을 보인다. 둘째, 라디오 방송과 영화 매체를 비교하며 장단점을 찾아보는 학습이다. 셋째, 이 작품의 주제의식을 생각해 보는 것으로 작품의 '가치'를 학습하는

활동이다.

이와 비교하여 3차 <공부할 문제>는 다음과 같이 제시되고 있다.

[표 8] 3차 〈누가 우리를 지켜줄 것인가〉(『중학국어 2-2』) 공부할 문제

1-1. 이 극본을 가지고, 배역을 정해서 입체낭독을 해 보자. 낭독을 할 때에는 읽는 것이 아니라 말하는 것이라 생각하고,
(가) 발음을 정확하게 하고 어조를 알맞게 하며,
(나) 경우나 분위기에 맞도록 성량과 속도와 어감을 조절하도록 하자.
1-2. 이 글의 주제를 알아보자.
<공부할 문제>(『중학국어 2-2』, 1976, p.62)

위의 <공부할 문제>는 극문학 학습활동과 관련된 일부 문항만을 예시로 든 경우이다. 생략된 문제 2와 문제 3은 '총력 안보'를 인식시키는 문제로 내용 파악 및 이 단원의 '가치'를 파악하는 활동으로 2차와 동일하다. 제시된 문항 1의 입체낭독은 방송극의 대화 상황을 통해 효과적인 '말하기'를 연습해 보는 활동이다. 2차의 경우 방송극의 성격을 이해하는 학습활동이 주였다면, 3차는 극문학의 이해보다 화법교육이 지배적이다. 이는 언어기능을 중시하는 3차의 국어과 교수요목을 반영한 것이라 할 수 있다.

나. 〈삼층밥〉 학습활동

3차 신단원인 <삼층밥>의 학습문제는 다음과 같이 나타나고 있다.

[표 9] 3차 〈삼층밥〉(『중학국어 1-2』) 공부할 문제

1-1. 이 극본을 배역을 정하여 낭독(말하는 것처럼)해 보자.
1-2. 이 글의 소재와 주제를 알아보자.

> 2-1. 다음을 다시 한 번 익혀 두자.(M. E. 필터, 에코우, 배음)
> 2-2. 아버지는 인선의 어떤 점을 고마워한다고 했나 알아보자.
> 3-1. 우리 중에서 부모가 안 계신 사람도 있을 것이다. 그러나, 누군가의 보호 속에서 자라고 있다. 우리는 부모나 또는 그런 분들께 감사하고 봉사하는 마음을 가지도록 하자.
>
> <공부할 문제>(『중학국어 1-2』, 1981, p.36)

위의 <공부할 문제> 1은 '낭독하기'와 줄거리 파악이 중심이다. 예시는 교과서 문제를 간략히 제시한 것으로, 특히 1-1의 경우는 "(가) 경우와 분위기에 맞도록 성량과 속도와 어감을 조절하고, (나) '인선'의 역을 맡은 사람은 특히 정감 있게 말해 보자."라는 소항목을 두고 있다. 이는 방송극의 대화 상황을 활용한 '말하기' 학습이라 할 수 있다. 문제 2의 경우 2-1은 방송극 용어 등을 익히는 학습이며, 그 외 나머지 문제들은 주로 내용 파악 및 단원의 가치를 파악하는 활동이다. 이상의 학습은 극문학 고유의 학습보다는 '말하기 듣기', '읽기' 등 언어기능을 중시하는 학습활동이라 할 수 있다.

(7) 7차 교육과정기

① 방송극 수록 양상 : TV 방송극으로의 매체 확장

4차와 5차 교과서에는 방송극이 수록되지 않았으며, 7차에 들어서서 박정화의 <육체미 소동> 1편만이 실리고 있다. 그런데 3차까지 수록되었던 방송극이 모두 라디오 방송극이었다면, 이 작품은 TV 방송극이라는 점에서 차별성을 띤다. 앞서 살핀 7차 희곡 부문에서도 <시집가는 날>이라는 뮤지컬 극본이 수록되었는데, 7차에는 다양한 매체의 극본이 수록되었다는 점에서 특징적이다.

[표 10] 7차 방송극 단원

학년	작품	지은이	내용	주제
1	육체미 소동	박정화	<육체미 소동>은 중학생인 동민이가 육체미를 갖고 싶어 친구들을 속였다가 곤란을 겪고 결국 중요한 건 가슴둘레나 주먹이 아니라 인격이라는 평범한 진리를 깨닫는다는 내용이다.	내면의 아름다움

<육체미 소동>은 『국어 1-1』의 문학 부문 '5. 삶과 갈등'이라는 대단원에 수록되어 있다. 이 대단원은 '(1) 소설 동의보감(이은성), (2) 육체미 소동(박정화)' 등의 소단원으로 이루어져 있다.

'단원의 길잡이'에서는 다음과 같은 학습 목표를 제시하고 있다.

(13) 이 단원에서는 문학 작품 속에서 다양한 형태의 갈등을 살펴보고, 갈등의 해결 과정에 따라 등장인물들의 심리 상태가 어떻게 변해 가는지도 공부해 보자. (중략) (2) '육체미 소동'에 등장하는 주인공은 여러분과 비슷한 또래의 남학생이다. 우람한 몸매를 갖고 싶어하는 이 사춘기 소년이 고민을 어떻게 해결해 나가는지 주목하며 글을 읽어 보자.

<단원의 길잡이>(『국어 1-1』, 2003, pp.148~149)

대단원의 학습 목표는 문학 작품 속에서 다양한 형태의 갈등을 살펴보고, 갈등의 해결 과정과 등장인물들의 심리 변화를 주목하는 것이다. <육체미 소동>은 일종의 적용학습 단원으로 우람한 몸매를 갖고 싶어 하는 사춘기 소년이 어떻게 고민을 해결해 나가는지를 살피는 것이 학습 목표라 할 수 있다.

<육체미 소동>은 1993년 4월 15일부터 1996년 8월 14일까지 MBC에서 방영되었던 <사춘기>에서 다루어졌던 방송극 중 하나이다. <사춘기>는 청소년 드라마 프로그램으로서 당시 청소년들에게는 공감력을

형성하고, 성인들에게는 향수를 불러일으킨다는 평을 받으며 1994년 'MBC 방송 대상'에서 청소년 부문 우수작품상을 수상하기도 했다.[71] 교과서 극본은 바로 이 대본이 실린 것으로 그 수록상은 다음과 같다.

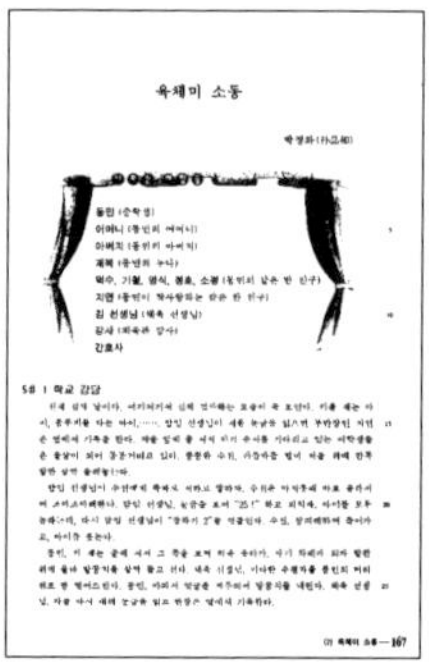
육체미 소동

[그림 37] 〈육체미 소동〉
(『국어 1-1』, 2003, p.167)

(14) S # 1 학교 강당 : (중략) 동민, 키 재는 줄에 서서 그 쪽을 보며 히죽 웃다가, 자기 차례가 되자 발판 위에 올라 발꿈치를 살짝 들고 선다.(중략)

내레이션 : 하느님은 아주 중대한 실수를 하셨다. 인간의 정신적인 성숙과 육체적인 성숙이 정비례하지 않는다는 것은 정말 심각한 문제다.(중략)

내레이션 : 나는 이미 인생의 씁쓸함을 이해하는 어른이다. 정신적으로는 이미 완전히 성숙했는데, 미숙한 소년의 체격을 유지하면서 어린애 취급이나 받아야 하다니, 세상에 이렇게 억울한 일은 없다.

<육체미 소동>(『국어 1-1』, 2003, pp.167~168)

<육체미 소동>은 남성다운 육체를 갖고 싶어하는 '동민'이가 겪는 에피소드를 중심으로, 그 고민과 갈등상을 다루고 있다. 위의 장면에 이어 '[S #2] 운동장~[(S #29) 운동장'(169~188)까지 29개 장면으로 구성되어 있다. 동민이는 (학교)에서 근육질인 기철이를 보고, →(거리)에서는 근육질의 영화배우 포스터를 보고 그들의 남성적인 육체를 부러워한다. 그래서 (학교 강당, 공터) 등에서 부지런히 운동을 하며→(학교)에서 신체검사를 하는 날, 속옷을 근육인 양 위장한다. 이러한 과정 중에서 여러 가지 갈등과 위기를 만나나 결국 해결이 된다

71) 황은주(2007), 「국어 교과서의 극 제재 활용 연구」, 숙명여자대학교 교육대학원 석사학위논문, p.34.

는 내용이다. 보다시피 <육체미 소동>은 인물의 갈등상이 뚜렷하게 제시된 극본으로, '갈등의 해결 과정을 파악'하는 단원 목표와 부합되는 측면을 보인다.

② 극본 학습활동 : TV 방송극의 이해와 극화학습

7차 방송극의 학습활동은 크게 '내용 학습'과 '목표 학습', '적용 학습' 등으로 제시되고 있다. 이러한 구성 체재 하에 <육체미 소동>의 학습활동은 다음과 같은 문항들을 보인다.

[표 11] 7차 〈육체미 소동〉(『생활국어 1-1』) 학습활동

<내용 학습> 1. 이 글에서 가장 재미있었던 부분은 어디인가? 그 이유는 무엇인가?/ 2. 이 글을 읽고 난 소감을 간략히 적어 보자. <목표 학습> 1. '동민'의 갈등은 무엇 때문에 생겼나?/ 2. '동민'은 갈등을 해결하기 위해 어떤 행동들을 하였나?/ 3. 이 작품 속에서 '동민'은 여러 번의 위기를 맞이하지만, 모두 무사히 그 위기를 넘긴다. 두 가지만 찾아 위기의 순간과 위기를 넘기는 과정을 정리해 보자./ 4. 만약, '덕수'가 반 친구들에게 "동민이가 여자 속옷을 입고 다닌다."라고 말했다면, 위의 이야기가 어떻게 전개되었을지 상상해 보자. <학습활동>(『국어 1-1』, 2003, pp.189~190)

'내용 학습'은 <육체미 소동>의 내용 파악 및 감상 부분에 속한다. '목표 학습'은 갈등의 해결 과정을 살펴보는 활동으로서, 갈등의 원인과, 갈등의 심화, 갈등의 해결이라는 측면에서 질문을 하고 있다. 이것은 대단원의 학습 목표에서 밝힌 바, 문학 작품 속에서 다양한 형태의 갈등을 살펴보고, 갈등의 해결 과정에 따라 등장인물들의 심리 상태가 어떻게 변해 가는지를 살피는 학습활동이라 할 수 있다.

또한 위 학습활동에 이어 '적용학습'에서는 실제 극화학습을 유도하고 있다.

(15) ○ 적용 학습 : '육체미 소동'을 가지고 대본 읽기나 실제 공연을 해 보자./ 1. 내가 연출자가 되어 '육체미 소동'을 드라마로 만든다면 누구누구를 등장인물로 선택하겠는가? 우리 반 친구와 우리 학교 선생님 중에서 다음 각 역할에 적합하다고 생각하는 사람을 추천해 보자.(· 등장인물 : 동민, 덕수, 기철, 지연, 김 선생님 [적합한 사람 : 그렇게 생각하는 까닭])/ 2. 배역을 정해 '육체미 소동'의 대본을 실감나게 읽거나 실제로 공연을 해 보자.
<'육체미 소동' 적용학습>(『국어 1-1』, 2003, p.190)

위의 학습활동은 연출자 입장이 되어 배역을 정하고 실제 공연을 해 보는 극화학습을 보인다는 점에서 주목된다.

지금까지 <육체미 소동>을 살펴보았다. 문학 부문 '5. 삶과 갈등'이라는 대단원에 수록된 이 작품은 '단원의 길잡이'에 제시된 바, 작품 속에서 다양한 형태의 갈등을 살펴보고, 갈등의 해결 과정에 따라 등장인물들의 심리 상태가 어떻게 변해 가는지를 살피는 것이 주요 학습 목표이다. 이에 따라 학습활동 또한 갈등 상황에 초점을 둔 항목들로 이루어져 있음을 볼 수 있다.

3) 시나리오 수록 양상 및 학습활동

중등 국어 교과서 시나리오는 총 6편으로, 교수요목기부터 5차까지만 수록되고 있다. 각각 해당 시기의 작품을 들면, 교수요목기에는 최태호의 <소년의 노래>(『중등국어 1-2』), 오영진의 <바다>(『중학국어 2-1』) 등 2편, 1차에는 작가 미상의 <씨나리오 예>(『중학국어 2-1』)'

1편, 2차~4차에는 김승규의 <잘 사는 길>>(2, 3차 『중학국어 1-1』), <등대>(『중학국어 2-2』)[72] 등 2편, 5차에는 오 헨리 작, 이진섭 각색의 <마지막 한 잎>(『중학국어 3-2』) 1편 등이 실려 있다.

[표 1] 교수요목기~5차 시나리오 단원

학년	작품	지은이	내용	주제	차시
1	소년의 노래	최태호	목장의 일꾼인 수득이는 낮에는 일하고 저녁에는 야학을 하며 열심히 살아간다. 그러나 같이 일하는 효남이가 집안의 전셋돈을 마련하고자 주인집 부인의 금반지를 훔치게 된다. 어려운 사정을 안 수득이가 그 누명을 스스로 쓰나 결국 진실이 밝혀진다.	친구 간의 우정	교수요목기
1	잘 사는 길	김승규	할아버지의 지나친 검약함에 불만이었던 가족들은 아버지가 사어에 파산하고 경제적인 어려움을 겪자 절약정신의 소중함을 알게 된다.	절약과 저축	2-4차
2	등대	김승규	강노인은 간첩에 의해 아들을 잃은 노인이다. 손자 효섭이가 성장하사, 공산수의에 의연히 맞서다 순국한 아들의 죽음을 전해 준다.	반공방첩	2-3차
3	바다	오영진	창결 친구 송치호의 계략으로 중공군인 납치당하나 탈출을 위해 격하면서 무사히 탈출하게 된다.	반공	교수요목기
3	무제 (씨나리오의 예)	작가 미상	좌익인물들이 모스크바 삼상회의에 반대하는 이태승을 저격하기 위해 모의를 하고, 이에 연설을 하던 이태승에게 총격을 가하면서 좌우익 총격전이 벌어진다.	반공	1차
3	마지막 한 잎	오 헨리/ 이진섭 각색	사랑에 실패하고 삶의 의욕을 잃은 존시가, 베어먼이 자신의 생명을 바쳐서 그린 담쟁이 잎을 보고 생의 의욕을 찾는다.	희생정신	5차

72) <등대>는 2차 『중학국어 2-2』, 3차 『중학국어 3-2』, 4차 『중학국어 1-2』 등에 수록되어 있다.

위의 수록상에서 특징적인 면을 들면, 김승규의 <잘 사는 길>과 <등대>는 2차부터 4차까지 실려 재수록 빈도가 높게 나타나며, <마지막 한 한 잎>은 7차 『생활국어 3-2』에서 연극의 연출 대본인 <마지막 잎새>로 각색되기도 한 제재이다. 아래에서는 시기별로 그 수록 양상 및 학습활동을 구체적으로 살피기로 하겠다.

한편 극본이 실린 대단원에서는 시나리오 이론편도 수록하고 있는데, 오영진의 <영화 이야기>(교수요목기 『중학국어 2-1』), <시나리오 읽는 법>(1차 『중학국어 2-1』) 등이 이에 해당된다. 이론편들은 일종의 원리학습으로, 극본은 적용학습의 기능을 하고 있어 수록상에서 함께 분석하고자 한다.

(1) 교수요목기~1차 교육과정기

[1] 시나리오 수록 양상 : 현실 소재의 사실주의극

교수요목기 및 1차 중등 국어 교과서 극본 제재를 보면, 희곡은 주로 역사소재극에, 방송극은 소년 생활극에 편중된 경향을 보인다. 이와 비교하여 시나리오는 일상과 현실의 문제를 다루고 있어 현실소재극이라 할 수 있다. 해당 극본은 최태호의 <소년의 노래>, 오영진의 <바다>, 작가 미상의 <씨나리오 예> 등이다.

가. 〈소년의 노래〉 극본 수록 양상

<소년(少年)의 노래>는 최태호 작품으로서 다음과 같은 수록상을 보인다.

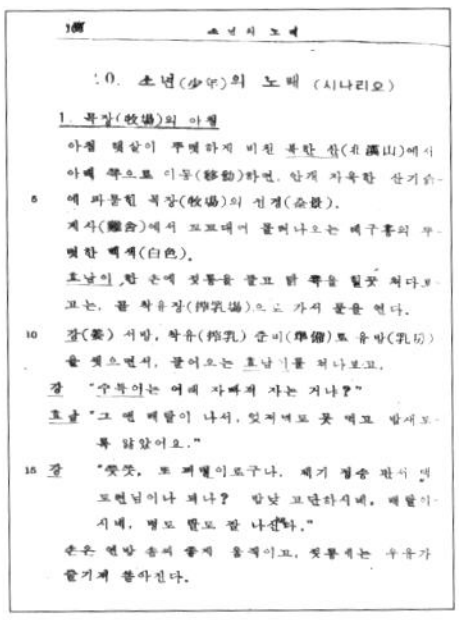
106 소년의 노래

10. 소년(少年)의 노래 (시나리오)

1. 목장(牧場)의 아침

아침 햇살이 주뼛하게 비친 북한 산(北漢山)에서 아래 쪽으로 이동(移動)하면, 안개 자욱한 산기슭에 파묻힌 목장(牧場)의 전경(全景).

계사(鷄舍)에서 꼬꼬대며 몰려나오는 애구들의 무명한 백색(白色).

효남이, 한 손에 젖통을 들고 한 쪽을 힐끗 쳐다보고는, 곧 착유장(搾乳場)으로 가서 문을 연다.

강(姜) 서방, 착유(搾乳) 준비(準備)로 유방(乳房)을 씻으면서, 들어오는 효남이를 쳐다보고,

강 "수득이는 여태 자빠져 자는 거냐?"

효남 "그 앤 배탈이 나서, 엊저녁도 못 먹고 밤새도록 앓았어요."

강 "쯧쯧, 또 꾀병이로구나. 제기 정승 판서댁 도련님이나 되나? 밤낮 고단하시네, 배탈이시네, 병도 많도 잘 나신다."

손은 연방 솜씨 좋게 움직이고, 젖통에는 우유가 줄기져 쏟아진다.

[그림 38] 〈소년(少年)의 노래〉
(『중등국어 1-2』, 1952, p.106)

(1) 1. 목장(牧場)의 아침(중략)

강 "수득이는 여태 자빠져 자는 거냐?

효남 "그 앤 배탈이 나서, 엊저녁도 못 먹고 밤새도록 앓았어요."

강 "쯧쯧, 또 꾀병이로구나. 제기 정승 판서댁 도련님이라도 되나? 밤낮 고단하시네. 배탈이시네.

손은 연방 솜씨 좋게 움직이고, 젖통에는 우유가 줄기져 쏟아진다.

<소년(少年)의 노래>(『중등국어 1-2』, 1952, pp.106)

<소년의 노래>는 위의 장면 '1. 목장의 아침'에 이어 '2. 효남이와 수득이 방 안(107)→5. 목장(109)→7. 효남이 방 안(110)→9. 야간 중학 교실(111)→10. 직원실(112)→13. 밤거리(113)→14. 방 안 (114)→15. 집문 밖(115)→16. 아침의 집 문 밖(116)→17. 목장 주인의 방 안(118)→18. 목장 책문 부근(120)→19. 목장 주인의 방 안(121)→20. 목장 잔디밭(123)' 등 총 20개의 씬(scene)으로 구성된 시나리오이다.

이 작품은 목장의 일꾼인 효남이와 수득이라는 소년들의 가난한 삶을 소재로 한 작품이다. 특히 수득이는 목장에서 일하면서 저녁에는 야학에서 공부를 하는 등 향학열이 높은 인물로 나타난다. 그런데 친구 효남이가 가족의 전셋집 마련을 위해 주인집 금반지를 훔치게 된다. 이를 알면서도 친구를 위해 수득이가 그 누명을 쓴다. 이러한 내용에서 <소년의 노래>는 '친구 간의 우정'을 주제로 한 작품임을 알 수 있다.

나. 〈바다〉의 극본 수록 양상

앞서 살핀 <소년의 노래>는 극본만 제시된 경우이다. 이에 반하여

오영진의 <바다>(『중학국어 2-1』)는 'Ⅲ. 시나리오와 뜨라마'라는 대단원 하에 최요안의 라디오 드라마 <장님의 지혜(知慧)>와 함께 실렸으며, 대단원 학습 목표가 드러나 있다. 여기에서는 영화와 연극은 현대인의 생활과 밀접함으로 감상의 기회를 가질 필요가 있음을 강조하면서, 또한 그것은 특히 언어와 관계가 깊은 것으로, 국어 학습에 있어서도 중요한 교재가 된다고 강조하고 있다. 이를 위해 "영화의 대본(臺本)이 되는 시나리오와, 사건의 전개를 순전히 회화(會話)만으로 알리는 라디오 드라마"를 제시한다고 밝히고 있다.[73] 뿐만 아니라 대단원 목표에서는 다음과 같이 시나리오 읽기 방법론을 제시하고 있어 주목된다.

> (2) 1. 시나리오의 줄거리(story)와 주제(主題)에 따르는 인물과 사건과의 배치/ 2. 인물의 성격의 어떠한 회화와 동작으로 나타나 있나?/ 3. 각 장면의 배경이 되는 풍경의 묘사는 무엇으로 나타내었나? 등에 대하여 생각하여 볼 것입니다. 시나리오의 표현 형식의 특징을 더욱 분명히 이해하기 위하여, 다음에 나오는 라디오 뜨라마를 읽고, 그것과 시나리오와는 어떻게 다른가를 생각하여 봅시다.
>
> <시나리오와 뜨라마>(『중학국어 2-1』, 1953, p.40)

위의 글은 시나리오를 어떻게 읽을 것인가를 제시한 것으로, 표현 형식을 이해하고, 화면(畵面)을 상상하며 읽어야 한다는 읽기 방법론을 보인다. <바다>는 이에 대한 적용학습 단원이라 할 수 있다.

> (3) No.79 제삼 부두(第三埠頭)(중략)
>
> 선원(船員) "누구냐?"
>
> 창걸(昌杰) "이창걸... 새로 온 항해사이다."

73) <시나리오와 뜨라마>(『중학국어 2-1』, 1953, p.40).

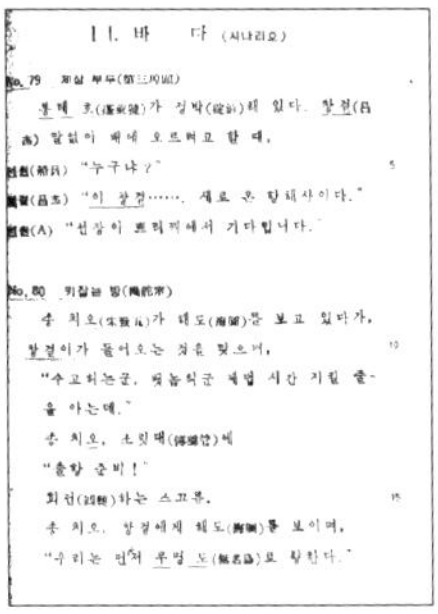
11. 바 다 (시나리오)

No.79 제삼 부두(第三埠頭)

봉래 호(蓬萊號)가 정박(碇泊)해 있다. 창걸(昌[illegible]) 말없이 배에 오르려고 할 때,

선원(船員) "누구냐?"

창걸(昌杰) "이 창걸……. 새로 온 항해사이다."

선원(A) "선장이 쁘리찌에서 기다립니다."

No.80 키잡는 방(機船室)

송 치오(宋致五)가 해도(海圖)를 보고 있다가, 창걸이가 들어오는 것을 맞으며,

"수고허는군. 뱃놈허군 제법 시간 지킬 줄을 아는데."

송 치오, 소릿대(傳聲管)에

"출항 준비!"

회전(回轉)하는 스크류.

송 치오, 창걸에게 해도(海圖)를 보이며,

"우리는 먼저 무명 도(無名島)로 향한다."

[그림 39] 〈바다〉
(『중학국어 2-1』, 1953, p.41)

선원(A) "선장이 쁘리찌에서 기다리십니다."

No.80 키 잡는 방(機船室)

송치오(宋致五)가 해도(海圖)를 보고 있다가, 창걸이가 들어오는 것을 맞으며, "수고허는군. 뱃놈허군 제법 시간 지킬 줄을 아는데."

송치오, 소릿대(傳聲管)에 "출항 준비!"(중략)

<바다>(『중학국어 2-1』, 1953, p.41)

<바다>는 위에 수록된 'No.79'부터 'No.120'까지 총 41개의 장면으로 구성되어 있는데, 장면 이동이 잦으면서 사건이 긴박하게 전개되는 극본이다. 주인공 '창걸'이 친구 '송치호'의 계략으로 중공군인 '춘성영'에게 납치당하게 되는 장면부터 극이 시작된다. 극의 전개는 봉래호→선상→갑판→키잡는 방→해상→선상→후갑판→인천의 해변→수상서 주임실→제x정대→제A함정 무전실→함정 정장실→무명도→바다' 등의 공간의 빠른 변화와, 이를 배경으로 창걸의 격투와 탈출의 장면이 긴박하게 펼치진나.

<바다>의 원작은 오영진의 <사나이의 길>이다.[74] 교과서에는 일부 내용만 수록하고 제목을 바꾼 경우이다. 반공과 안보 등을 주제로 하고 있어 전쟁기 직전 좌우익 대립의 시대적 정황을 드러낸 극본이라 할 수 있다.

다. 〈씨나리오 예〉의 극본 수록 양상

『중학국어 2-1』의 대단원 'Ⅳ. 영화와 씨나리오'는 '1. 영화 이야기, 2. 씨나리오 <예>, 3. 씨나리오를 읽는 법' 등 3개의 소단원으로 구성

74) <바다>(『중학국어 2-1』, 1953, p.56).

되어 있다. 1단원 <영화와 씨나리오>는 오영진이 필자로서 영화의 기원 및 역사, 영화의 성격, 영화의 종합예술적인 측면 등에 대해 논의한 글이다.[75] 이러한 이론편에 이어, 시나리오의 예로서 다음과 같은 씬(scene)들을 수록하고 있다.

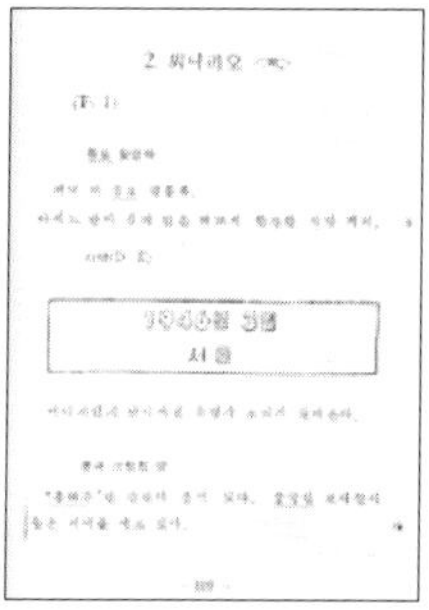

[그림 40] 〈씨나리오 예〉
(『중학국어 2-1』, 1959, p.109)

(4) (F・I) [종로 뒷골목] 저녁 때 종로 뒷골목. 아직도 밤이 깊지 않은 비교적 한산한 식당 거리. 자막(D・E) 1946년 3월. 어디서인지 낡아빠진 유행가 소리 [중국 요릿집 앞] "홍해루"란 간판이 붙어 있다. 중국인 뽀이들이 늦은 저녁을 먹고 있다.(중략)

동지 : "대성공입니다. 이 선생 청중들을 좀 보십쇼."

태승 : "아시겠죠? 국민이 요구하는 것은 선전이 아니고 사실 자체입니다."

동지 : (들어와) "대전서 떠 전화 연락입니다. 기다리고들 있어요."

태승 : "지금 대전으로 떠나는 길입니다."

<씨나리오 예>(『중학국어 2-1』, 1959, p.117)

이 시나리오는 위의 '종로 뒷골목' 장면에 이어 '중국 요릿집 앞(109)→구석진 방(110)→종로 뒷골목(111)→전찻길(111)→다른 길(1)(112)→주차장(112)→골목(115)→다른 길(2)(113)→자동차 안(113)→골목(113)→문화극장 안(113)→골목(114)→극장 안(115)→극장 무대 뒤(116)→극장 뒷문(117)→골목(118)→C지점(119)→응급치료실(119)→큰 길(120)→로타리(120)→차안(121)→길(122)' 등 총 23개의 씬(scene)으로 구성된 시나리오이다. 중국집 '홍해루'에서 익명의 두 사람이 등장하고, 그 중 한 사람이 다른 사람에게 약도를

75) <영화 이야기>(『중학국어 2-1』, 1959, p.116).

주며, 무언가를 지시하면서 시작된다. 내용 전개상 이 지령은 모스크바 삼상회의 결사 반대를 강연하는 주인공 '이태승'을 암살하라는 내용이다. 위의 장면 번호에 제시된 내용에서는, 익명의 사나이가 암살 장소인 '문화극장'을 찾아 가는 과정과 이태승이 연설하는 장면이 교차하며, 총격 장면이 더해지는 등 긴박감 있는 전개상을 보인다.

그런데 위 시나리오에 이어서 수록된 '3. 씨나리오를 읽는 법'에서는 <씨나리오 예>를 '어떻게 읽을 것인가'의 문제를 다루고 있어 주목된다.

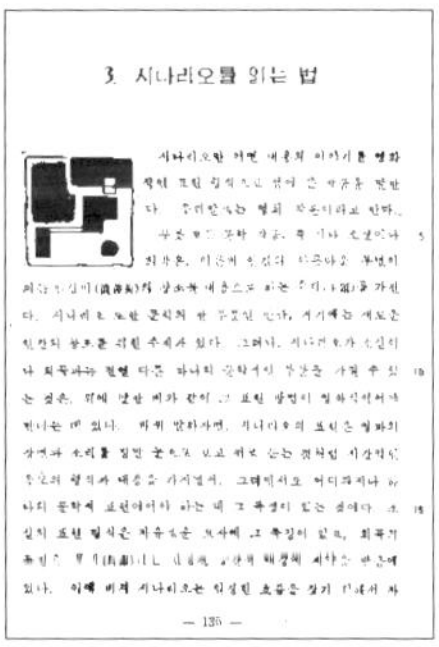
3. 시나리오를 읽는 법

[그림 41] 〈씨나리오를 읽는 법〉 (『중학국어 2-1』, 1959, p.135)

(5) 위에 든 씨나리오의 첫머리에는 공산분자가 어떤 중국 요릿집에서 상부의 지령을 받고, 애국적 민주 인사를 살해하기 위하여, 주차장까지 가는 경로를, ① 종로 뒷골목 ② 중국 요릿집 ③ 구석진 방 ④ 종로 뒷골목 ⑤ 전찻길 ⑥ 다른 길 (1) ⑦ 다른 길 (2) ⑧ 주차장들로 장면을 설정하고 있는데, 무시무시한 주인공의 움직임과 주위의 분위기가 장면이 바뀔 때마다, 숨이 가쁠 정도의 긴박감을 가지고, 연결되어 있음을 알 수 있다.

<씨나리오를 읽는 법>(『중학국어 2-1』, 1959, p.135)

인용문은 서두의 내용으로써, 시나리오의 기술 방식이 장면 번호를 중심으로 펼쳐지고 있다는 것을 보여준 예시에 속한다. 이어지는 글에서는 시나리오는 장면만이 아닌 '대사'도 주요한 기능을 담당한다는 지적과 함께 "영화적인 리듬"을 고려하면서 효과적으로 표현해야 한다고 강조하고 있다.76)

지금까지 교수요목기 및 1차 중학교 국어 교과서에 실린 시나리오

76) <씨나리오를 읽는 법>(『중학국어 2-1』, 1959, p.125).

를 살펴보았다. 시나리오는 총 3편으로서 교수요목기 최태호의 <소년의 노래>, 오영진의 <바다>, 작가 미상의 <씨나리오 예> 등이다. 이 극본들은 가난과 우정, 좌우익 이데올로기 등과 같은 현실의 문제를 다루고 있는 '현실소재극'이라 할 수 있다. 또한 소단원들은 각각 이론편, 실제편, 해설편 등으로 점차 심화된 단원 구성을 보이고 있어 교수 학습의 측면에서 효과적인 체재를 보인다.

2 극본 학습활동 : 시나리오의 이해

교수요목기의 <소년의 노래>는 단원 목표나 학습문제 없이 극본만 제시된 경우라 학습활동을 살필 수 없다. 그러나 1차의 경우에는 <바다>는 단원 목표가, <씨나리오 예>는 단원 목표 및 학습문제 등이 제시되어 학습 내용을 확인할 수 있다. 이에 근거하여 단원 목표를 제시하면 [표 2]와 같다.

[표 2] 1차 시나리오 단원 목표

학년	작품	대단원 목표
2	바다	· 시나리오를 읽는 데 흥미를 느낀다. · 시나리오를 읽고 이해한다.
2	씨나리오 예	· 영화와 시나리오의 관계를 안다. · 시나리오를 바르게 읽을 수 있다.

위의 단원 목표는 시나리오라는 장르의 이해에 중점을 둔 경우라 할 수 있다. 또한 희곡이나 방송 대본의 경우는 학교 현장에서 극화가 가능한 장르이나, 시나리오는 영화 대본이라는 특성상 극화학습이 제시되지 않았다.

한편 학습문제가 제시된 <씨나리오 예>의 학습활동을 살펴보면 다음과 같다.

[표 3] 1차 〈씨나리오 예〉(『중학국어 2-1』) 익힘문제

1. 시나리오가 보통 문장과 다른 점은 어떠한 점이며, 어째서 씨나리오를 통해서, 나타내려고 하는 생각에 대하여, 서로 이야기해 보자. 2. 이 시나리오의 주제(主題), 즉 지은이가 이 씨나리오를 통해서, 나타내려고 하는 생각에 대하여, 서로 이야기하여 보자. 3. 이태승이라는 사람은 어떤 사람인가? 이 시나리오에 나타난 단편적인 묘사를 종합하여 말해 보라. 4. 이 씨나리오를 이야기로 고쳐서, 1,000자 정도로 써 보라. <익힘문제>(『중학국어 2-1』, 1959, p.123)

위의 <익힘문제>에서는 시나리오의 기술의 이해, 주제 파악, 인물의 성격 파악 등의 문제를 다루고 있으며, 여기에 이 시나리오를 '이야기글'로 고치는 각색의 문제 등을 학습활동으로 제시하고 있다.

(2) 2~4차 교육과정기

[1] 시나리오 수록 양상 : 현실 소재의 계몽극과 반공극

앞서 살펴본 바, 김승규의 <잘 사는 길>은 2~3차에, <등대>는 2~4차에 걸쳐 재수록된 극본이다. 여기에서는 두 작품의 수록 양상과 함께 동일 극본이 차시별로 어떤 대단원에 속하며, 그 결과 학습 목표가 어떻게 달라지는지를 주시하며 분석하고자 한다.

가. 〈잘 사는 길〉의 극본 수록 양상

김승규의 시나리오 <잘 사는 길>은 2차의 경우, 『중학국어 1-1』의 'V. 즐거운 회화'라는 대단원 하에 실려 있다. 이 대단원은 '1. 여름

방학을 어떻게 지낼 것인가?, 2. 아저씨를 모시고, 3. 작품에 나타난 회화, 4. 회화를 잘 하려면, 5. 잘 사는 길' 등의 소단원으로 구성되어 있으며, 학습 목표는 다음과 같이 제시되고 있다.

> (6) 나의 생각을 남에게 올바로 전할 수 있고, 남의 이야기를 바르게 이해함은 물론, 때와 장소에 알맞은 대화를 함으로써 효과적인 말하기를 통하여 즐거운 사회 생활을 할 수 있도록 힘써야겠다. 학급 토론회는 어떻게 할 것이며, 좌담회는 어떻게 할 것인가? 그리고, 작품에서의 대화는 어떤 것이며, 어떻게 하면 여러 가지 회화를 잘 할 수 있는가를 알아보고, 회화에 대한 예의와 효과적인 방법을 알아보자.
>
> <즐거운 회화>(『중학국어 1-1』, 1973, p.135)

위의 내용에서는 즐거운 사회생활을 영위하기 위해서는 자신의 생각을 남에게 올바로 전할 수 있고, 타인의 이야기를 바르게 이해하며, 때와 장소에 알맞은 대화가 필요하다고 지적하고 있다. 그러므로 학급 토론회와 조담회의 내용, 작품에서의 대화 내용을 살펴봄으로써 효과적인 회화법을 탐색하는 것이 중요함을 강조하였다.

<잘 사는 길>은 위의 단원 목표 하에 수록된 단원으로 인물들의 대사를 통해 회화법을 살펴보는 적용학습 극본이라 할 수 있는데, 다음과 같이 수록되어 있다.

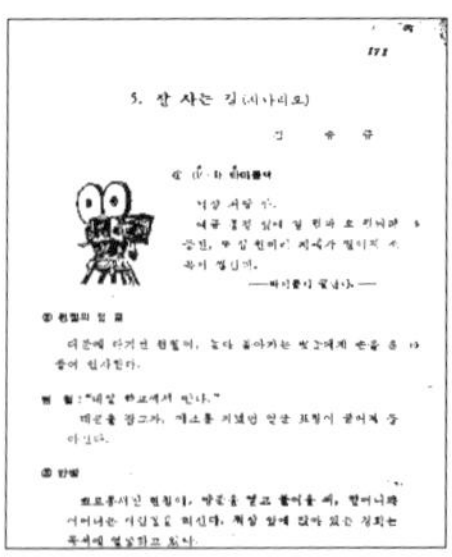
171

5. 잘 사는 길(시나리오)

[그림 42] 〈잘 사는 길〉(『중학국어 1-1)』, 1973, p.171)

> (7) 1 (F・I) 타이틀백. 책상 서럽 안, 예금 통장 옆에 일 원과 오 원짜리 동전, 또 십 원짜리 지폐가 떨어져 소복히 쌓인다. —타이틀이 끝난다.— / 2 현철의 집 뜰 : 대문에 다가선 현철이, 둘 다 들어가는 벗들에게 손을 흔들어 인사한다.(중략) / 3 안방 : 뾰로통해진 현철이, 방문을 열고 들어올 때, 할머니와 어머니는 다림질을 하신다. 책상 앞에 앉아 있는 경

희는 독서에 열중하고 있다.

어머니 : "다들 갔느냐?"

현철 : "창피해서 혼났어!"

어머니 : (느닷없는 말에 놀라서) "아니 왜?"

<잘 사는 길>(『중학국어 1-1』, 1973, pp.171～172)

<잘 사는 길>은 위의 '현철의 집 뜰'에 이어 '사랑방(173) → 안방(175) → 택시안(176) → 집 뜰(176) → 사랑방(176) → 집 뜰(177) → 안방(177) → 은행(178) → 집뜰(178) → 놀이터(179) → 공원(179) → 시장(179) → 벽돌담 밑(180) → 안방(180)' 등의 15개의 장면 전환으로 다음과 같은 사건들을 다루었다.

집안 식구들은 할아버지가 용돈을 타면서도 꽁초를 주워 피우는 것을 싫어한다. 그러나 할아버지는 용돈을 아끼면서 저축을 한다. 그러던 중 아버지가 사업에 실패하여 행방을 감추고, 손녀는 대학에 합격하나 학비를 내지 못하는 상황에 처한다. 이러한 위기에서 할아버지가 저축한 돈으로 입학금을 마련한다는 내용이다. 이와 같이 <잘 사는 길>은 '절약정신'과 '건전한 경제활동' 등을 주제로 하는 계몽성이 강한 극이다. 새마을 운동이 활성화되던 당대 사회적 상황과 부합된 제재 선정이라 할 수 있다.

<잘 사는 길>은 3차에도 수록되었는데, 『중학국어 1-1』의 '감사'라는 대단원에 속한 극본으로 '9. 오월 단오, 10. 우리가 할 일, 11. 싱그러운 첫여름', '12. 돌, 13. 잘 사는 길' 소단원 중 하나에 속한다. 이 소단원들은 내용면에서 '감사'라는 키워드가 공통적으로 적용되기도 한다. 3차 <잘 사는 길>도 2차와 동일한 수록상을 보여, 단원 목표만 살펴보면 다음과 같다.

(8) 1. 소단원 설정의 취지 : (중략) 성실하게 부지런히 일해서 가정을 이

> 끌고, 절약하고 저축해서 어려운 일에 대비하는 생활 태도는 옛날이나 지금이나 미래에나 모든 인간에게 요구되는 정신적 가치이다. 이 글은 이와 같은 주제와 가치를 담고 있다.(중략) 이 글은 시나리오 또는 텔레비전 극본이므로, 희곡과 마찬가지로 대화체의 글로 이루어져 있다. 이 제재의 이러한 특성에 중점을 두어 말하기와 듣기 기능 학습 활동의 기회를 많이 주도록 한다.
>
> 『중학교 중학국어 교사용지도서 1』(문교부, 1979, p.72)

위의 글은 교사용 지도서에 제시된 단원 설정 취지로서, 먼저 '절약과 저축'을 중요한 정신적 가치로 들면서, 이 극본의 주제의식을 강조하고 있다. 또한 이 글의 문종을 영상 매체를 통해 전달되는 글, 즉 시나리오나 텔레비전 극본으로 제시하고 있다. 시나리오로 분류되었던 2차와 달리, TV 방송극 대본으로까지 문종 범위가 넓어진 것이다. 이는 당시 텔레비전의 보급도가 높아진 사회 환경을 반영한 것이라 할 수 있다. 또한 시나리오나 TV 극본이나 모두 '대화체' 중심으로 쓰여졌다는 점에서 '말하기 듣기'의 학습 자료로 활용하기에 용이하다고 지적하고 있다. 이것은 2차와 유사한 내용으로 3차에서도 <잘 사는 길>은 화법교육이 주요 학습 목표임을 보여준다.

나. 〈등대〉의 극본 수록 양상

<등대> 또한 김승규의 작품으로서, 2차 『중학 국어 2-2』의 'Ⅷ. 영화와 시나리오' 대단원에 최초 수록되었다. 이 대단원은 '1. 영화 이야기, 2. 등대(시나리오), 3. 시나리오 감상법, 4. 영화의 매력' 등의 소단원으로 구성되어 있는데, 학습 목표는 다음과 같이 제시되었다.

> (9) 오늘의 영화는 어떻게 발전해 왔으며, 영화가 가진 문화적 요소는 무엇인지를 알아보자. 영화의 대본이 되는 시나리오의 형식을 살펴보고, 소설

이나 희곡과 다른, 문학으로서의 시나리오를 감상하는 법을 배우자. 또, 시나리오가 영화로 되어 나오는 경로를 알아보고, 영화가 소설이나 희곡에 비하여 어떠한 점에 매력이 있는지를 알아보도록 하자.

<영화와 시나리오>(『중학국어 1-1』, 1971, p.79)

위의 글에 제시된 바, 이 대단원의 학습 목표는 첫째, 영화의 발전 과정과 영화의 문화적 요소의 이해, 둘째, 시나리오의 형식 파악, 셋째, 소설이나 희곡과 다른 감상법 학습, 넷째, 시나리오가 영화화되는 경로 및 여타 극 장르와의 차이점 파악 등으로 정리할 수 있다.

이 대단원의 '1. 영화 이야기'는 시나리오 작가인 오영진이 쓴 것으로 1차 『중학국어 2-1』의 'Ⅳ. 영화와 씨나리오'에 실린 단원이 재수록된 경우이다. 앞서 살폈듯이, 이 단원은 영화의 역사 및 성격을 설명한 글이다.[77] 이러한 이론편에 이어 시나리오의 예시로서 수록된 것이 바로 <등대>이다.

90
〈시나리오〉
14. 등 대
김 승 규([illegible])
① 바다 위(F·1)
멀리 바라다보이는 외딴섬 위에 솟아 있는 등대로 발동선(發動船) 한 척이 다가간다. 뱃머리에 서서 등대를 바라다보며 미소를 짓는 효섭의 얼굴이 보인다.
그 위로 자막이 흐른다.
② 등대가 서 있는 섬
파도가 몰려드는 바위 위에 서서, 한 손에 트렁크를 든

[그림 43] 〈등대〉
(『중학국어 1-1)』, 1973, p.88)

(10) [1] 디이틀 벡 F·1(88) : 바다 위. 멀리 바라다보이는 외딴섬 위에 솟아 있는 등대로 발동선(중략)/ [2] 등대가 서 있는 섬 : 파도가 몰려드는 바위 위에 서서 한 손에 트렁크를 든 채, 떠나가는 발동선을 향해 손을 흔들고 돌아서는 효섭/ [3] 등대의 뜰 : 열심히 닭에게 모이를 주던 김 노인이, 달려 들어온 효섭을 보고 놀라 일어선다.

효섭 : 할아버지!

김노인 : 너, 효섭이 아니냐!

효섭 : 그간 안녕하셨어요?

김노인 : 이 녀석아, 온단 말도 없이 이게 웬일이냐?

<등대>(『중학국어 1-1』, 1973, pp.88~89)

---

77) <영화 이야기>(『중학국어 2-2』, 1971, pp.80~87).

이 시나리오는 총 20장면으로 구성되어 있는데, 위에 제시한 '등대가 서 있는 섬' 장면에 이어 '방 안(89)→무덤(90)→방 안(밤)(90)→섬(밤)(92)→방 안(밤)(93)→대청(밤)(93)→등대 바깥(밤)(94)→방 안(밤)(94)→건넌방(밤)(95)→방 안(밤)(95)→바닷가 벼랑(밤)(97) →바다(밤)(99)→등대의 뜰(밤)(100)→바위(밤)(101)→방 안(밤)(101)→방 안(밤)(102)' 등 공간 이동과 함께 다음과 같은 내용이 전개되고 있다.

도시에서 며느리와 함께 살고 있던 손자 효섭이가 섬으로 찾아 온다. 그는 할아버지와 함께 아버지 '김영식'의 성묘를 가는데, 할아버지로부터 아버지에 죽음에 대한 사연을 듣게 된다. 여기서부터 극은 지나간 과거의 회상 장면으로 전개된다. 아버지의 친구인 강민호가 간첩과 함께 등장한 사건, 그로 인해 궁지에 몰린 가족들, 김영식과 강민호의 갈등상, 무장한 경관과 경비정의 등장 등 긴박하게 사건이 전개되는데, 결국 간첩과의 격투 중 김영식이 죽음을 맞게 된다는 내용이다.

<등대>는 '반공방첩'을 주제화한 것으로, 앞서 살핀 <잘 사는 길>과 같이 계몽성이 강한 작품이다. 이 시나리오는 '현재 : 할아버지가 이야기를 시작→ 과거 : 사건이 벌어지던 10여 년 전→ 현재 : 회상이 끝나고 이야기의 마무리' 등 액자식 구성을 취하고 있다. 그런데 이 시나리오에 이어 이진섭의 '3. 시나리오 감상법'이라는 글이 실렸는데, 시나리오를 어떻게 읽을 것인가의 문제를 <등대>를 통해 설명하고 있어 주목된다.

> (11) 한 편의 시나리오를 읽을 때, 우리는 우선 다음과 같은 것을 머리에 넣어 두어야 한다. ① 무엇을 주제로 삼고 있는가? ② 어떠한 구성으로 되어 있는가? ③ 어떻게 표현하고 있으며, 또 어떠한 효과를 나타내고 했는가?
>
> <시나리오 감상법>(『중학국어 2-2』, 1971, p.103)

위에서는 시나리오 감상법에서 주시해야 할 요소로 '1. 주제, 2. 구성, 3. 표현 및 효과' 등 3가지를 들고 있다. 또한 각각의 요소를 <등대>에 적용하여 설명하고 있는데, 그 내용을 요약하면 다음과 같다.

첫째, 주제는 노인이 손자에게 과거 사건을 이야기하는 가운데 드러나는 데, 바로 '반공 방첩'이다. 이 글에서는 장면 (1)에서 (6)까지 나타난 장면 표시와 지문, 대사에서 주제와 연관된 요소들이 무엇인가를 지적하고 있다. 둘째, 극의 구성은 회상 형식으로 꾸며졌다. 이에 대해서는 인물 간의 갈등을 중심으로 '발단(1~14) → 위기(15~18) → 절정(19) → 대단원(20)' 등의 플롯을 적용하면서 설명하고 있다. 셋째, 표현과 효과에 대해서는 사건의 주요 대사 및 사건을 통해 살피고 있다.[78] 이와 같이 <시나리오 감상법>에서는 '시나리오를 어떻게 읽을 것인가'의 문제를 <등대>라는 작품에 적용하고 있어, 구체적인 극본 학습을 기할 수 있는 단원이라 할 수 있다.

한편 3차에 들어 <등대>는 학년이 상향되어 『중학국어 3-2』의 '슬기로운 길'이라는 대단원 안에 포함되어 있다. 이 대단원은 '1. 지게, 2. 새마을 이야기, 3. 마흔 살의 사관 후보생, 3. 등대' 등 3개의 소단원으로 구성되어 있다. 앞서 2차 <잘 사는 길>이 '영화와 시나리오'라는 문학 중심의 단원 설정이었다면, 3차는 주제 중심의 단원 설정이라 하겠다.

> (12) 1. 소단원 설정의 취지 : 1학년에서는 시나리오 '잘 사는 길'을 배웠다. 여기에서는 다시 한 번 같은 작가의 시나리오를 감상하면서, 간첩을 둘러 싼 인물들의 상황에 대해서 학습하게 한다. 부모님께 감사한 마음, 조국을 지키는 역군들에 대한 고마움을 기르고, 국토방위의 사명감을 느끼도록 한다. 조국의 현실 상황에 대한 기록 영화, 홍보 활동에 관한 영화 등을 많이

78) <시나리오 감상법>(『중학국어 2-2』(1971), pp.104~105).

보도록 하여 영화나 시나리오의 감상력을 기를 수 있도록 한다.

『중학교 중학국어 교사용지도서 3』(문교부, 1979, p.72)

위의 단원 설정 취지에서 드러난 바, 1학년 <잘 사는 길>은 '부모님께 감사한 마음'을, 3학년 <등대>는 국토방위의 사명감을 갖추게 하려는 취지에서 선정된 제재라 하겠다.

<등대>는 4차에도 실렸는데, 학년이 낮춰져 『중학국어 1-2』에 수록되었다. 이 시기에는 '2. 시나리오'라는 대단원에 속해 있는데, 2차와 마찬가지로 문학 중심 단원 설정을 보인다. 극본 수록 이전에 "시나리오란 어떤 글인가? 시나리오의 갈래를 알아보자."라는 소제목으로 다음과 같은 단원 목표가 제시되고 있다.

(13) 영화의 줄거리, 배경, 배우의 대사, 행동 등을 미리 정해 놓은, 바탕이 되는 글을 시나리오라 한다.(중략) 영화를 감상할 때에는 배우의 행동과 장면을 보면서 대사를 듣게 된다, 작자의 사상은 (중략) 화면을 통하여 간접적으로 전달된다. 시나리오는 영화를 만들기 위한 글이기 때문에, 여러 가지 특수한 용어를 사용한다. 시나리오에는, 처음부터 영화 촬영을 목적으로 쓴 시나리오가 있고, 소설을 시나리오로 바꾼 각색 시나리오가 있으며, (중략) 독자에게 읽기기 위하여 쓴 시나리오도 있다.

<시나리오>(『중학국어 1-2』, 1984, p.26)

위의 글은 영화의 사상 전달 방법과 시나리오의 유형을 설명한 일종의 이론학습이며, <등대>는 적용학습 단원으로 제시된 것이다.

지금까지 2~4차 시나리오로 김승규의 <잘 사는 길>과 <등대>의 수록상을 살펴보았다. 동일 작가의 작품이 3차시에 걸쳐 재수록되고 있다는 점이 주목된다. 각각의 작품들은 차시별 교수요목에 의해 접근 방식이 다르게 요구되고 있다. 즉 2차, 4차에서는 시나리오라는 장르적 특성을, 3차에서는 주제적인 측면의 가치를 중시하고 있다. 이

두 작품은 '절약정신', '건전한 경제생활', '방공방첩' 등 계몽적인 성격이 강한 현실소재극으로서, 재수록 빈도가 높은 것은 이러한 교육적 가치에서 비롯된 것이라 하겠다.

[2] 극본 학습활동 : 문종의 이해와 언어교육

2~4차에 수록된 <잘 사는 길>과 <등대>는 아래와 같은 단원 목표를 보인다.

[표 4] 2~4차 시나리오 단원 목표

학년	작품	대단원 목표
1	잘 사는 길	[2차] · 시나리오의 대사를 이해할 수 있다./ · 회화에 대한 효과적인 방법을 안다. [3차] · 시나리오를 바르게 낭독할 수 있다. / · 시나리오의 구성을 파악할 수 있다./ · 시나리오의 대의를 파악할 수 있다. / · 시나리오의 주제를 파악할 수 있다./ · 시나리오의 뜻과 특징을 안다./ · 시나리오의 용어를 안다./ · 절약하여 저축하고, 성실하게 일해서 사는 태도를 지닌다.
2	등대	[2차] · 영화가 가진 문화적 요소에 대해서 안다./ · 시나리오의 특징을 이해한다. [3차] · 시나리오의 특성을 알게 한다./ · 시나리오를 이해하고 감상하게 한다./ · 시나리오의 대의를 파악할 수 있다./ · 시나리오의 주제를 파악할 수 있다./ · 시나리오의 뜻과 특징을 안다. / · 시나리오의 용어를 안다./ · 절약하여 저축하고, 성실하게 일해서 사는 태도를 지닌다. [4차] · 시나리오와 영화의 관계를 알 수 있다./ · 시나리오에 나오는 대사의 특징을 안다./ · 시나리오에 나오는 여러 용어들을 안다./ · 등장인물의 나이, 성별, 신분과 상황에 어울리는 목소리로 낭독할 수 있다.

단원 목표를 보면, 2차에서는 시나리오의 장르적 특성의 파악과 화법교육이 중심이 되고 있다. 그러나 3~4차에서는 시나리오의 내용 및 주제 파악(읽기)과 시나리오의 낭독(말하기), 시나리오의 장르적 특성의 이해(문학) 등 언어 기능의 다양한 측면을 학습 목표로 삼고

있다. 아래에서는 각 작품의 학습문제를 시기별로 살피고자 한다.

가. 〈잘 사는 길〉 학습활동

먼저 2차 <잘 사는 길>의 <익힘문제>를 살펴보면 다음과 같다.

[표 5] 2차 〈잘 사는 길〉(『중학국어 1–1』) 익힘문제

1. 이 시나리오에서 감정을 나타내어 이야기해야 할 말을 골라 보라.
2. 할아버지의 말 가운데에서 가장 흐뭇하고 만족할 만한 말은 어떤 것인가?
3. 이 시나리오 속에서 말하고자 하는 핵심은 무엇인가를 발표해 보자.

<익힘문제>(『중학국어 1-1』, 1973, p.182)

2차 학습활동은 대단원의 학습 목표인 '회화'와 관련하여 효과적인 대사 찾기, 주제 파악 등으로 요약된다. 이러한 일련의 활동에서 시나리오라는 문학교육보다 화법교육이 주가 되고 있음을 볼 수 있다. 이와 비교하여 3차 <공부할 문제>는 보다 다양한 학습활동이 제시되고 있다.

[표 6] 3차 〈잘 사는 길〉(『중학국어 3–2』) 공부할 문제

1-1. 시나리오란 어떤 글인가 알아보자./ 1-2. 이 글을 형식에 맞도록 읽어 보고, 배역을 정하여 정확한 발음과 알맞은 어조로, 자기가 맡은 곳을 말해 (그냥 읽지 말고) 보자./ 1-3. 이 시나리오의 주제를 말해 보자.

2-1. 다음은 무슨 뜻인가./ (가) F · I (나) F · O (다) O · L

2-2. 이 시나리오의 구성을 살펴보자. /2-3. 할아버지의 생각이나 행동의 좋은 점을 말해 보자.

3-1. 나는 허황한 욕심을 가질 때가 없는가, 검약하는 생활을 하고 있는가?

<공부할 문제>(『중학국어 1-1』, 1981, p.110)

위의 문제에서는 시나리오 장르의 이해(문학), 내용 및 주제 파악(읽기), 낭독하기(말하기), 시나리오 용어를 조사(지식)등과 자기적용 학습 등 다양한 문항을 다루고 있다. 앞선 2차 학습활동이 회화 중심의 '말하기'였다면, 3차는 여기에 시나리오의 이해 및 자기적용 학습이 더해진 것이라 하겠다.

나. 〈등대〉의 학습활동

2차 <등대> 의 <익힘문제>를 보면 다음과 같은 문항을 보인다.

[표 7] 2차 〈등대〉(『중학국어 2-2』) 익힘문제

1. 시나리오가 보통 문장과 다른 점은 어떠한 점이며, 어째서 시나리오가 그렇게 씌어야 하나를 생각해 보라. 2. 이 시나리오의 주제, 즉 지은이가 이 시나리오를 통해서 나타내려고 하는 생각에 대하여 서로 이야기해 보라. 3. 김영식이란 사람은 어떤 사람인가? 이 시나리오에 나타난 단편적인 묘사를 종합하여 말해 보라. 4. 이 시나리오를 이야기로 고쳐서 1000자 정도로 써 보라. <익힘문제>(『중학국어 2-2』, 1971, p.102)

위의 학습문제는 시나리오 기술 방식의 이해, 주제 파악, 인물의 성격 파악 등이 주를 이루며, 여기에 극본을 서사의 형태로 바꾸는 각색의 문제를 다루고 있다. 이와 비교하여 3차 <등대>의 <공부할 문제>는 다음과 같이 제시되고 있다.

[표 8] 3차 〈등대〉(『중학국어 2-2』) 공부할 문제

1-1. 이 글을 가지고, 배역을 정하여 입체낭독을 해 보자. (가) 정확한 발음과 알맞은 어조로 말하고,/ (나) 경우와 분위기에 맞도록 성량과 속도와 어감을 조절/ 1-2. 글의 짜임을 알아보고, 줄거리를 정리해 보자. 2-1. 다음 인물의 성격을 알아보자.(중략)/ 2-2. 다음은 무슨 뜻인가(중략) 3-1. 총력안보 태세 <공부할 문제>(『중학국어 2-2』, 1981, p.106)

위의 문제 1은 (가)와 (나)의 지시 아래 낭독하기, 글의 구성과 줄거리 파악하기 등의 문항으로, 특히 2차와 달리 '낭독하기' 활동이 구체적으로 제시되고 있어 주목된다. 2는 인물의 성격을 알아보는 문제로서, 생략한 부분에서는 '사람의 성격 형성'과 관계된 극본의 대사를 찾는 소항목을 두기도 했다. 마지막 3은 총력안보 태세의 중요성과 각오 등을 제시하는 문제로서 작품의 '가치'와 관련된 문항이라 할 수 있다. 이와 비교하여 4차 <등대>의 학습문제를 보면 다음과 같다.

[표 9] 4차 〈등대〉(『중학국어 1-2』) 공부할 문제

1. 이 글(등대)를 등장인물의 나이, 성별, 신분과 상황에 어울리는 목소리로 낭독해 보자. 2. (1) 이 글의 배경을 알아보자./ (2) 이 글에서 과거의 이야기를 나타낸 부분은 어디인가?/ (3) 39쪽 11째 줄의 "현재는 그렇지."는 무엇을 암시하고 있는가?(중략)/ (4) 이 글에서 갈등이 해결된 곳은 어디인가? 3. 이 글에 나오지 않는 시나리오 용어를 조사하고, 그 뜻을 적어 보자. <등대>(『중학국어 1-2』, 1984, p.42)

위 <공부할 문제>는 1의 '낭독하기'에 이어 2에서는 극의 배경과 극적 장치, 갈등, 플롯 등을 파악하는 학습이며, 4에서는 시나리오 용어를 조사하는 학습이다. 3차와 비교하면 4차는 주제 파악 및 교육적

가치(총력안보)를 살피는 부분이 생략되고, 극적 요소에 대한 학습활동이 주가 되고 있어 극문학 고유의 학습이 보다 강화되었음을 볼 수 있다.

한편 4차에는 작문란을 통해 각색의 문제를 다룬다는 점이 주목된다.

(14) ① 위의 글 (가)를 200자 원고지 2장 정도의 이야기로 고쳐 써 보자. ② 위의 글 (가)에 나오는 할아버지께 드리는 문안 편지를 효섭의 입장에서 써 보자. ③ 위의 글 (나)를 (가)와 같은 글로 고쳐 써 보자.

<작문>(『중학국어 1-2』, 1984, p.46)

문제 ①은 본문의 시나리오 일부(가)를 제시하면서 '이야기글'로 바꾸는 문제이다. ②는 극 내용의 일부를 들어 서간문을 쓰게 하고, 소설(나)을 시나리오 형식으로 바꾸어 보는 문제이다. 이것은 실제 각색을 통해 시나리오의 형식적인 측면을 경험적으로 학습하는 활동이라 하겠다.

지금까지 2~4차 교육과정기 시나리오인 김승규의 <잘 사는 길>과 <등대>를 살펴보았다. 전자는 2~3차에, 후자는 2~4차에 걸쳐 재수록된 극본이다. 차시별로 단원 목표가 무엇인가에 따라, 극문학 장르에 대한 학습이 강화되기도, 혹은 약화되기도 한다. 즉 2차에서는 '말하기 듣기', '읽기', '쓰기' 등 국어교육 하위 분과 체제와 부합되는 학습활동이 지배적인 현상을 보이고 있다. 그러나 3~4차 시기에는 극문학 고유의 특성을 이해하는 학습이 점차 증가하고 있음을 볼 수 있다. 그런데 앞선 희곡이나 시나리오 학습과 달리 '낭독하기' 이외에 극화학습은 보이지 않는다. 시나리오는 '영화제작'과 관련된 장르로서, 현실적으로 실연이 용이치 않다는 점에서 비롯된 것이라 할 수 있다.

(3) 5차 교육과정기

1 시나리오 수록 양상 : 해외 번역극

5차 교육과정기 교과서에 수록된 시나리오는 1편으로, 오 헨리 작, 이진섭 각색의 <마지막 한 잎>(『중학국어 3-2』)이다. 이 극본은 '11. 희곡과 시나리오'라는 대단원에 수록되고 있으며, 서두에 실린 '단원의 길잡이'에는 다음과 같은 내용이 제시되고 있다.

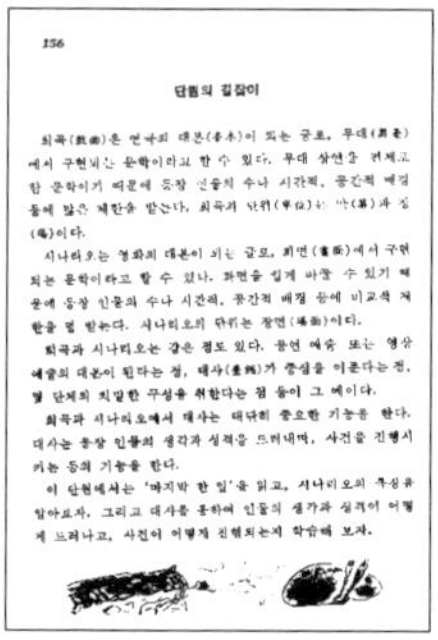
156

단원의 길잡이

희곡(戱曲)은 연극의 대본(臺本)이 되는 글로, 무대(舞臺)에서 구현되는 문학이라고 할 수 있다. 무대 상연을 전제로 한 문학이기 때문에 등장 인물의 수나 시간적, 공간적 배경 등에 많은 제한을 받는다. 희곡의 단위(單位)는 막(幕)과 장(場)이다.

시나리오는 영화의 대본이 되는 글로, 화면(畵面)에서 구현되는 문학이라고 할 수 있다. 화면을 쉽게 바꿀 수 있기 때문에 등장 인물의 수나 시간적, 공간적 배경 등에 비교적 제한을 덜 받는다. 시나리오의 단위는 장면(場面)이다.

희곡과 시나리오는 같은 점도 있다. 공연 예술 또는 영상 예술의 대본이 된다는 점, 대사(臺詞)가 중심을 이룬다는 점, 몇 단계의 치밀한 구성을 취한다는 점 등이 그 예이다.

희곡과 시나리오에서 대사는 대단히 중요한 기능을 한다. 대사는 등장 인물의 생각과 성격을 드러내며, 사건을 진행시키는 등의 기능을 한다.

이 단원에서는 '마지막 한 잎'을 읽고, 시나리오의 특성을 알아보자. 그리고 대사를 통하여 인물의 생각과 성격이 어떻게 드러나고, 사건이 어떻게 진행되는지 학습해 보자.

[그림 44] 〈희곡과 시나리오〉
(『중학국어 3-2』, 1992, p.156)

> (15) 희곡(戱曲)은 연극의 대본(臺本)이 되는 글로, 무대(舞臺)에서 구현되는 문학이라고 할 수 있다. 무대 상연을 전제로 한 문학이기 때문에 등장인물의 수나 시간적, 공간적 배경 등에 많은 제한을 받는다.(중략) 시나리오는 영화의 대본이 되는 글로, 화면(畵面)에서 구현되는 문학이기 때문에 등장인물의 수나 시간적, 공간적 배경 등에 많은 제한을 덜 받는다.(중략) 희곡과 시나리오는 같은 점도 있다. 공연 예술 또는 영상 예술의 대본이 된다는 점, 대사(臺詞)가 중심을 이룬다는 점, 몇 단계의 치밀한 구성을 취한다는 점 (중략) 대사는(중략) 등장인물의 생각과 성격을 드러내며, 사건을 진행시키는 등의 기능을 한다.
>
> <희곡과 시나리오>(『중학국어 3-2』, 1992, p.156)

위의 글은 희곡과 시나리오를 비교 설명한 내용으로서, 먼저 그 차이점을 밝히고 있다. 즉 희곡은 연극의 대본으로 무대에서 구현되는 문학이며, 시나리오는 영화의 대본으로 화면에서 구현되는 문학이라는 것이다. 이에 희곡은 등장인물의 수나 시・공간 배경 등에서 많은 제한을 받고, 시나리오는 제약을 덜 받는다고 설명하고 있다. 한편 희곡과 시나리오의 유사점으로는 공연 예술 또는 영상 예술의 대본이라는 점, 대사가 중심을 이루며 주요한 기능을 담당한다는 점, 그리고 치밀한 구성을 요하는 문학이라는 점 등을 들었다.

이 글에서는 <마지막 한 잎>의 학습 목표를 "시나리오의 특징을 알아보고, 대사를 통해 인물의 생각과 성격이 어떻게 드러나고, 사건이 어떻게 진행되는지 살펴보자"라고 밝히기도 했다. 이러한 내용과 함께 다음과 같이 극본이 실려 있다.

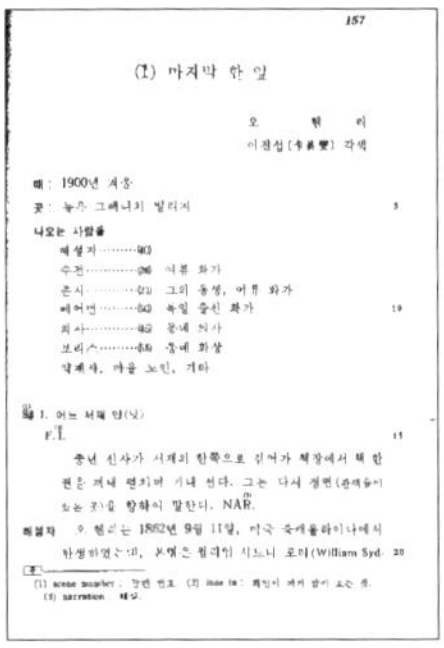
157

(1) 마지막 한 잎

오 헨리
이진섭 각색

때 : 1900년 겨울
곳 : 뉴욕 그레니치 빌리지
나오는 사람들
해설자……(40)
수전……(26) 여류 화가
존시……(21) 그의 동생, 여류 화가
베어먼……(50) 독일 출신 화가

S#1. 어느 서재 안(낮)
F.I.
중년 신사가 서재의 한쪽으로 걸어가 책장에서 책 한 권을 꺼내 펼치며 기대 선다. …… NAR.

[그림 45] 〈마지막 한 잎〉
(『중학국어 3-2』, 1992, p.157)

(16) 때 : 1900년 겨울　곳 : 뉴욕 그레니치 빌리지

나오는 사람들 : 해설자(40), 수전(26) 여류화가, 존시(21) 그의 동생-여류 화가, 베어먼(50) (중략) S#1. 어느 서재 안(낮)

[F·I] 중년 신사 서재의 한쪽으로 걸어가 책장에서 책 한 권을 꺼내 펼치며 기대 선다.(중략) S#2. 눈 내리는 거리(저녁)/ 눈 내리는 거리(A)를 카메라가 이동(PAN)하며 더듬는다. 눈 내리는 거리(B)에 사람과 마차가 지나가고, 눈을 쓰는 사람도 있다. 카메라가 계속 이동하면, 어느 집 이층 창문 앞으로 접근해 방 안으로 들어간다.

<마지막 한 잎>(『중학국어 3-2』, 1992, pp.157~158)

<마지막 한 잎>은 오 헨리의 단편소설을 각색한 것이다. 시나리오로 각색되는 과정에서 원작과는 다르게 변경된 부분도 있으나, 작품의 골격과 주제 등 전체적인 면에서는 크게 변함이 없다. 이 시나리오는 인용문으로 제시된 'S#1~S#2'을 포함하여 총 29개의 장면으로 구성되어 있다. 앞서 희곡 부문에서 살펴보았듯이, 이 작품은 7차 『생활국어 3-2』에서 <마지막 잎새>(신일석 각색)라는 제목의 연극 대본으로 실리기도 했다. 5차 시나리오와 비교했을 때, 등장인물이나

배경, 사건 등이 다소 달라지고 있음도 살핀 바 있다.[79] 또한 5차 극본이 '시나리오'라는 문학 부문에 수록되었다면, 7차에서는 '말하기 듣기' 부문에 실렸다는 점에서도 차별성을 보인다.

5차 교사용 지도서에서는 이 단원의 개관을 다음과 같이 제시하고 있다.

> (17) · 단원의 개관 : 학생들은 1학년에서 '희곡과 연극', 2학년에서 '희곡의 구성'을 통하여 희곡에 대하여 공부한 바 있다. 3학년 과정에서는 '마지막 한 잎'을 통하여, 시나리오란 무엇이고, 희곡과 시나리오의 유사점과 차이점을 공부하여 문학에 대한 이해의 폭을 넓혀 가게 된다. 현대는 대중 문화의 시대이고, 대중 예술로서의 영화는 중요한 위치를 정하고 있다. 영화를 이해하는 것은 세련된 문화인으로서 갖추어야 할 기본 교양이라고 할 수 있다. 이런 의미에서 영화의 대본이 되는 시나리오를 공부하는 것은 의의 있는 일이다.
>
> 『중학교 중학국어 교사용 지도서 3-2』(교육부, 1991, p.113)

위의 단원 개관은 학습 목표를 드러낸 것이라 할 수 있는데, 5차 극문학 단원은 1학년의 <원술랑>, 2학년의 <빌헬름 텔>, 3학년의 <마지막 잎새> 등 3편이다. 1, 2학년에서는 <원술랑>과 <빌헬름 텔>을 통해 '희곡의 특징' 및 '희곡의 구성'을 익히게 된다. 이를 토대로 3학년 과정에서는 <마지막 한 잎>을 통해 시나리오의 장르적 특징을 이해하고, 이미 배운 희곡과 비교하는 것이 학습 목표이다. 위의 글에서는 현대는 대중문화의 시대이며 영화가 중요한 위치를 차지하고 있다는 점을 들어, 시나리오의 의의를 들고 있기도 하다. 한편 2007년에 개정된 조선족 『조선어문』에서도 국내 교과서의 <마지막 잎새>를 도

---

79) 7차 희곡 수록 양상 및 학습활동 '[표 31] <마지막 잎새> 5차 시나리오/7차 희곡 무대 배경 및 등장인물' 참조.

입하여 수록하였다.[80] 국내외 극본 제재와의 상호 연관성을 보이는 단원이라는 점에서 특징적이다.[81]

2 극본 학습활동 : 시나리오 장르의 이해

5차 시나리오인 <마지막 한 잎>의 단원 목표는 다음과 같이 요약된다.

[표 10] 5차 시나리오 단원 목표

학년	작품	대단원 목표
3	마지막 한 잎	· 희곡과 시나리오의 유사점과 차이점을 안다. · 시나리오에 등장하는 인물의 성격을 파악할 수 있다. · 시나리오에 나오는 대사의 특징을 안다. · 시나리오에 나오는 여러 용어들을 안다.

위의 단원 목표를 보면, 시나리오의 특징을 파악하는 것이 주가 됨을 알 수 있다. 단원 말미에 수록된 <학습활동>에는 다음과 같은 문제가 제시되고 있다.

[표 11] 5차 〈마지막 한 잎〉(『중학국어 1-2』) 학습활동

1. '마지막 한 잎'을 읽고, 물음에 답해 보자. (1) 이 작품의 구성 단계를 나누어 보고, 그 각각의 내용을 말해 보자./ (2) 이 작품의 줄거리를 요약해 보자./ (3) 이 작품의 주제는 무엇인가?/ (4) 다음 인물의 성격을 엿볼 수 있는 대사를 찾아보자. 그리고 그 인물의 성격을 말해 보자. (수전, 존시, 베어먼)
2. 희곡과 시나리오를 다음과 같은 점에서 비교해 보자. (1) 목적/ (2) 배경의 전환/ (3) 장면 구분의 단위
3. 희곡 한 편을 더 읽고, 등장인물들의 성격을 말해 보자.

<학습활동>(『중학국어 3-2』, 1992, p.174)

80) <베니스의 상인>(『의무교육 조선어문』 9학년 하권, p.33).
81) 윤금선(2014), 「조선어문 제재 수록 양상 연구-극문학 제재 현황을 중심으로」, 『한국극예술연구』 제45집, 한국극예술학회, pp.240～242.

위의 문제 1은 시나리오의 특징에 입각하여 극의 구성 단계 파악, 줄거리 요약 및 주제 파악, 주요 인물의 성격 정리 등의 학습활동이다. 2는 희곡과 시나리오의 특징을 서로 비교해 보는 학습이며, 마지막 3은 본문의 희곡이 아닌 여타 희곡을 읽고 인물의 성격을 파악하는 문제라 주목된다.

참고로 교사용 지도서를 보면 이 단원은 총 5차시 수업으로 계획되었으며, 차시별로 다음과 같은 지도 내용을 제시하고 있다.

[표 12] 단원 지도 계획

차시	소단원	주요 학습 내용 및 활용
1	· 단원의 길잡이 (1) 마지막 한 잎	· 희곡과 시나리오의 유사점과 차이점 알기 · 연극과 영화의 차이점 알기 · 전체 읽고 줄거리 파악하기
2	(1) 마지막 한 잎	· 구성 단계 나누어 보기 · 등장인물의 갈등을 파악하고 갈등이 나타난 대사 찾아보기
3	(1) 마지막 한 잎	· 등장인물의 성격 알기 · 작품의 주제 파악하기 · 작품에 쓰인 시나리오 용어들과 그 역할 파악하기
4	(1) 마지막 한 잎	· 학습 활동 풀이 · 감상 발표해 보기 · 확인. 정리

위의 지도 계획을 보면 1차시에는 희곡과 시나리오의 장르적 특징 비교, 연극과 영화의 차이점을 이해하는 학습이며, 2차시에는 극문학의 주요소라 할 수 있는 플롯과 갈등을 파악하는 학습이다. 3차시에는 인물의 성격과 역할, 작품의 주제, 시나리오 용어 익히기 등의 학습으로 작품의 내용을 살피는 학습이라 할 수 있다. 마지막 4차시는 단원 정리 학습으로 감상 발표를 하게끔 지시하고 있다.[82)]

지금까지 5차 시나리오인 <마지막 한 잎>의 학습활동을 살펴보았

---

82) 교육부(1991), 『중학교 중학국어 교사용지도서 3-2』, 대한교과서주식회사, pp.113~114.

다. 이 단원에서는 1, 2학년에서 익힌 희곡 학습(<원술랑>, <빌헬름 텔>)을 토대로 시나리오의 특징을 이해하고, 타 장르(희곡)와 비교하는 학습활동을 보인다. 이것은 시나리오 장르에 대한 문학 교육이 중심임을 의미한다.

3. 맺음말 : 중등 국어 교과서 극문학 수록 경향

지금까지 중등 국어 교과서의 극문학 수록 양상 및 학습활동을 검토하였다. 마지막 결어로서 각 교육과정기별로 그 경향을 정리하며 마치고자 한다.

먼저 교수요목기 및 1차 교육과정기에 발간된 중등 국어 교과서인 『중등국어』, 『중학국어』 등을 대상으로, 이들 교과서에 수록된 극문학 수록 양상 및 학습활동을 살폈다. 극문학 유형은 희곡, 방송극, 시나리오 등이 모두 수록되어 있다. 각 부문별로 분석 결과를 정리하면 다음과 같다.

첫째, 희곡은 총 5편이 수록되었으며, 해당 단원은 작가 미상의 <목란의 종군(木蘭의 從軍)>(『중등국어 3』)과 <이준과 안중근>(『중등국어 1-2』), 유치진의 <원술랑>(『중등국어 3-2』), <사육신>(『중학국어 3-2』) 등 국내 작품과 셰익스피어의 <베니스의 상인> 등 해외 번역극이다. 국내 작품의 경우 주로 역사극을 다루었다는 점에서 특징적이다. 학습활동은 첫째, 내용 학습으로 줄거리 및 주제의식 파악, 갈등과 성격 이해, 상징 찾기 활동과, 둘째, 낭독하기와 희곡의 이해 등의 학습을 보인다.

둘째, 방송극은 총 4편으로 해당 단원은 『중학국어』의 <장미꽃 피는 날>(2-1), 최요안의 <느티나무 있는 언덕>(1-2), <장님의 지혜>(2-1),

<강가의 소년>(2-1) 등이다. 시나리오와 비교해 볼 때, 방송극의 내용은 소소한 일상과 생활을 소재로 한 소극(笑劇)과 '소년 생활극'이 중심을 이룬다. 단원 구성은 원리학습과 적용학습 등의 구성으로 심화학습 형태를 띠며, '익힘문제'에서는 방송극의 장르적 특성 파악과 방송 효과(음악, 음향) 익히기, 실연하기 등의 학습활동을 보인다.

셋째, 시나리오는 총 3편으로서, 최태호의 <소년의 노래>(『중등국어 1-2』), 오영진의 <바다>(『중학국어 2-1』), 작가 미상의 <씨나리오 예> (『중학국어 2-1』) 등이다. 소재면에서는 가난과 좌우익 이데올로기 등과 같은 주로 당대 현실의 문제를 다루고 있다. 학습활동은 시나리오의 특징을 이해하는 것이 지배적이다.

2차 교육과정기 극문학 수록 양상 및 학습활동을 요약하면, 첫째, 희곡은 총 4편으로, 해당 단원은 『중학국어』의[1] 김승규의 <잘 사는 길>(1-1), 유치진의 <별>(1-2), 유치진의 <사육신>(2-2), 차범석의 <고구마>(3-2) 등이다. 유치진의 작품은 역사극으로서 현실 비유의 기능을 담당하고 있으며, 차범석의 작품은 '새마을운동극'으로서 계몽성이 강하게 드러나고 있다. 2차 희곡 학습활동을 살펴보면, 원리학습의 이론편을 통해 극문학의 이해를 돕고, 적용학습으로 희곡을 제시하는 학습 형태를 보인다. '학습활동' 문제는 줄거리 및 주제 찾기, 갈등과 성격의 이해, 극의 기법 파악(극본 학습)과 낭독하기, 연극의 이해(연극 관련) 등의 학습으로 요약된다.

둘째, 방송극은 학생 작품 <누가 우리를 지켜줄 것인가>(2-1) 1편만이 수록되었다. 이것은 전 시기 교과서에 보였던 방송극 선호도와 차이점을 보인다. 또한 전문 작가가 아닌 학생 작품을 수록하고 있다는 점도 특징적이다. '익힘문제'에서는 극본의 입체낭독, 효과음에 대

1) 이하 교육과정기부터는 모두 『중학국어』 수록본으로 교과명을 생략하고 단원명과 학년만을 표시하겠다.

한 이해, 라디오 방송과 영화 매체의 비교 등 방송극의 성격을 이해하는 학습활동을 보이며, 무대를 따로이 설치하지 않아도 실연이 가능하다는 매체의 성격상, 대개의 극본은 극화학습이 제시되고 있다.

셋째, 시나리오는 김승규의 <잘 사는 길>>(1-1)과 <등대>(2-2) 등 동일 작가의 작품이 2편이나 수록되고 있으며, 극 내용은 계몽적인 성격이 강하다. 학습활동에서는 시나리오 장르의 이해와 기법 등을 파악하는 학습이 주를 이룬다. 또한 영화 대본이라는 시나리오의 성격상, 극화학습이 제시되지 않았다는 특징을 지닌다.

3차 교육과정기 극문학 수록 양상을 정리하면, 첫째, 희곡은 총 2편으로 유치진의 <원술랑>(2-1), 차범석의 <고구마>(3-2) 등이며 모두 재수록본에 해당된다. 학습문제를 보면, 문학 중심의 2차 학습과 달리 '말하기 듣기', '읽기', '쓰기' 등 언어 기능 학습활동이 지배적이다. 둘째, 방송극은 총 2편으로 작가 미상의 <삼층밥>(1-2), 학생 작품인 <누가 우리를 지켜줄 것인가>(3-2) 등이다. 전자는 2차 재수록본으로 일상의 소소한 사건을 다룬 생활극, 후자는 안보 문제를 다룬 계몽극적 성격을 띤다. 한편 '공부할 문제'에서는 극문학 학습보다는 '말하기 듣기', '읽기', '쓰기' 등 역시 언어 기능 중심의 활동이 주가 되고 있다. 셋째, 시나리오는 총 2편으로 김승규의 <잘 사는 길>(1-1), <등대>(2-2) 등 모두 재수본이다. 학습활동은 '말하기 듣기', '읽기', '쓰기' 등 국어교육 하위 분과 체제와 부합되는 활동이다.

4차 교육과정기에는 희곡과 시나리오는 수록되었으나, 방송극(라디오 드라마)은 보이지 않는다. 이것은 텔레비전 매체가 일반화되고, 라디오 드라마 청취에 대한 일반의 경험이 적다는 당대 상황을 반영한 것이라 추정된다. 유형별 특징을 들면, 첫째, 희곡은 총 4편으로 해당 단원은 유치진의 <원술랑>(2-1)과 <청춘은 조국과 더불어>(3-2), 이재현의 <포로들>(2-2), 실러의 <빌헬름 텔>(3-1) 등이다. 이를 보면 새로운 희곡은 <포로들>과 <빌헬름 텔> 등 2편이고, 나머지 3편은 재수록본에 속한다. 이 작품들은 역사극과 사실주의극으로 대별되며 모두 계몽성이 강한 극이다. 학습활동은 '문학과 작문' 교육이 강화되었으며, 희곡적 특징의 이해와 극화학습 등이 중심이 되고 있다. 둘째, 시나리오는 3차에 이어 김승규의 <등대>(1-2) 1편만이 수록되었다. 학습활동을 보면, 글의 구성과 줄거리 파악, 극의 주제의식과 '가치' 탐구 등이다. 3차와 비교하면 극문학 장르의 이해가 주요 학습에 속한다. 이것은 문학교육이 강화된 4차 국어과 교수요목을 반영한다.

5차 교육과정기 극문학은 총 3편으로 이 중 2편이 희곡, 1편이 시나리오이다. 4차에 이어 방송극은 수록되지 않았다. 또한 전 시기에 극본 수가 감소했는데, 이 시기에는 국정 교과서 외에 다양한 출판사의 교과서가 출판되고, 학교에서 이를 선택적으로 사용하게 된 데서 기인한 것으로 보인다. 또한 3편의 극문학 중 2편은 재수록본이며, 시나리오 1편만이 새로 도입된 단원에 속한다. 해당 단원을 제시하면, 희곡은 유치진의 <원술랑>(1-2), 실러의 <빌헬름 텔>(2-1), 시나리오는 오헨리의 <마지막 잎새>(3-2) 등이다. 학습활동은 보면 희곡에서는 장르적 특성과 갈등상을 파악하는 학습이, 시나리오에서는 극의 특징 및 플롯의 이해가 중심이다.

6차 교육과정기에는 희곡 3편만이 수록되었다는 점이 특징적이다. 유치진의 <원술랑>(1-1), 실러의 <빌헬름 텔>(2-1), 이강백의 <들판에서>(3-2) 등으로서, 유치진의 두 작품은 재수록본에 속하며 이강백 작품만이 새로이 도입된 단원이다. 6차 학습활동은 주로 희곡 문학의 이해를 다루는 문제로 희곡의 특징 및 형식, 갈등과 플롯, 인물 등을 다루는 활동을 보인다. 단원의 말미에서는 '단원의 마무리'를 통해 실제 극화학습을 실행하도록 제시하고 있다.

7차 교육과정기에는 희곡 3편과 방송극 1편으로 시나리오는 실리지 않았다. 첫째, 희곡은 이강백의 <들판에서>(2-1), 오영진 작, 박만규 극본 <시집가는 날>(2-2), <마지막 잎새>(3-2) 등으로 <시집가는 날>만이 7차에서 새로이 도입된 작품이다. 특히 이 작품은 오영진의 <맹진사 댁 경사>를 뮤지컬 극본으로 각색한 것이라는 점에서 주목된다. 둘째, 방송극은 박정화의 <육체미 소동>(3-2)으로. TV 드라마 방송극에 속한다. 보다시피 7차는 텔레비전 극본과 뮤지컬 극본 등 극본 하위 장르가 다양화된 경향을 보인다. 학습활동은 극문학의 장르별 이해와 '표현'의 탐구, 다양한 매체를 활용한 극본 학습, 극화하기 등으로 요약되는데, 특히 <마지막 잎새>의 경우 '연출 지시' 사항을 통해 보다 구체적인 극화학습을 유도한다는 점에서 주목된다. 이상 일련의 활동은 텍스트의 분석적 이해뿐만 아니라 연극화를 중시한 학습활동이라 볼 수 있다

Ⅳ. 고등 국어 교과서 극문학 제재 수록 양상

1. 교육과정기별 극문학 수록 양상

1) 고등 교수요목 개관 및 시기별 극문학

(1) 교수요목기~1차 교육과정기(1945.9~1963.2) 고등 국어과 교수요목 및 극문학

① 교수요목기~1차 교육과정기 교수요목

교수요목기 고등학교 국어과 교육의 목적은, 중학교의 국어과 교육 목표에 근거하면서 고등 보통 전문 교육을 목적으로 하였다. 그러므로 중학교의 교육 목표와 상당 부분 반복되기도 한다. 박붕배(1987)를 참고하여 이 시기 고등학교 교육 과정의 내용을 정리하면 다음과 같다. 첫째, 고등학교의 교육 과정 체제와 구조는 초등・중등과 그 모습을 달리하고 있으며, 체재의 순서도 서로 다르다. 둘째, 전체 목표나 구체적 목표가 생략되고, 구체적 지도 목표만 설정되었다. 셋째, 고등학교의 교육을 고등 전문 교육으로 간주해서 일종의 완성 교육으로 보았다. 넷째, '국어(1)'이라는 표시를 해서 '국어(2)'의 존재를 암시하고 있는데, 실제에 있어 '국어(2)'는 설정하지 않았으며, 사범학교의 교육 과정도 고등학교 교육 과정을 활용하도록 하였다. 다섯째, 부설로 한자 · 한문에 관한 사항에 '지도의 의의', '지도요령', '고등학교 한문 과정'을 설정하고, 각 학년의 교재 내용과 지도 요령을 설명하고 있다.1)

1차 고등학교 교육 과정은 진보주의 교육 사조의 영향 속에서 마련된 것으로, 학생들의 생활과 경험이 교육 과정의 핵심이 된 생활중심 교육이 강조되었다. 구체적인 교육 내용을 요약하면, 첫째, '고등학교 학생의 언어생활'은 말하기, 듣기, 쓰기, 읽기로 나누어 각각의 활동에 해당하는 언어생활을 중시했다. 둘째, 고등학교 국어 지도 '내용'에서는 말하기, 듣기, 쓰기, 읽기에 대해 각 영역의 언어활동 지도내용을 학습자의 입장에서 진술하고 있다. 특히 '읽기'는 독서 기술의 체험뿐만 아니라, '문학 학습, 고전 학습, 국어 문제'에 관한 학습 내용을 제시하고, 그것을 지도하도록 했다. 읽기의 언어활동 아래 문학 및 국어 지식을 다룬 것은 이 교육 과정이 각 영역의 언어활동을 보다 중시했음을 보여준다.2)

[2] 교수요목기~1차 교육과정기 극문학

교수요목기부터 1차 교육과정기까지 사용되었던 고등학교 국어 교과서는 『고등국어』, 『국어』 등이며, 이들 교과서에 수록된 극문학

1) 朴鵬培(1987), 『韓國國語敎育全史(中)』, 대한교과서주식회사, pp.39～40.
2) 정준섭(1996), 『국어과 교육과정의 변천』, 대한교과서주식회사, pp.63～65.

단원은 [표 1]과 같다.

[표 1] 교수요목기 및 1차 『고등국어』 극문학 단원

단원명	문종	교과서	발행 년도	편저자	발행처	비고
서울의 지붕 밑	시나리오	고등국어 1	1954	문교부	대한교과서 주식회사	안석영
베니스의 상인	희곡	고등국어 2	1954	문교부	대한교과서 주식회사	셰익스피어
최후의 한 잎	시나리오	국어 1	1959	문교부	대한교과서 주식회사	오헨리

[그림 1] 『고등국어Ⅰ』 (문교부, 1954)

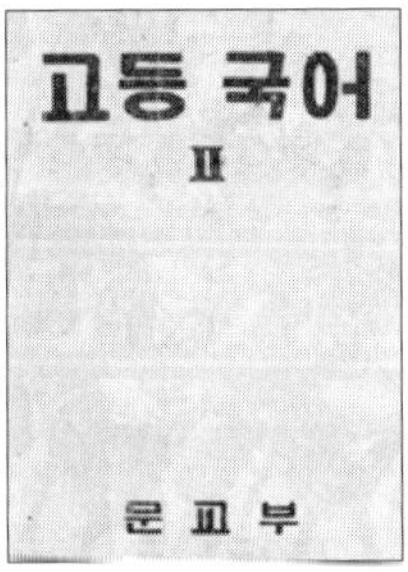

[그림 2] 『고등국어Ⅱ』 (문교부, 1954)

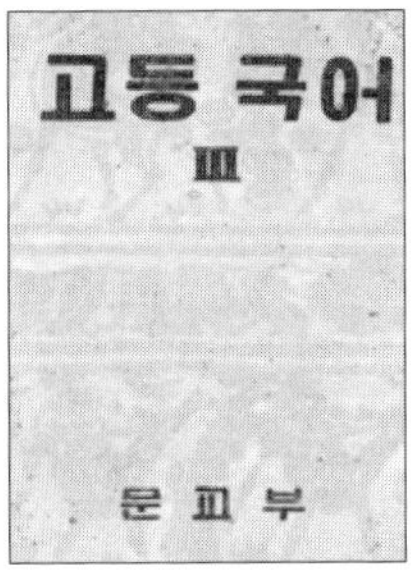

[그림 3] 『고등국어Ⅲ』 (문교부, 1954)

이 시기 초·중등 과정과 비교해 보면, 고등 국어 교과서 극본 수는 소수임을 볼 수 있다. 즉 희곡 1편과 시나리오 2편 등 극문학은 총 3편이다. 희곡은 셰익스피어의 <베니스의 상인(商人)>(『고등국어 2』), 시나리오는 안석영의 <서울의 지붕 밑>(『고등국어 1』)과 오 헨리의 <최후의 한 잎>(『국어 1』) 등이 수록되었다.

한편 고등학교 국어 교과서의 극문학 편수는 적으나, 『고등국어 2』의 'Ⅳ. 영화와 연극'에서 <영화 예술의 근대적 성격>(오영진), <희곡론(戱曲論)>(유치진) 등 극문학 이론을 심도 있게 다룬 단원들이 수록되어 있어 주목된다.

(2) 2차 교육과정기(1963.2~1973.2) 고등 국어과 교수요목 및 극문학

1 2차 교육과정기 교수요목[3)]

2차 고등학교 국어과 교육 과정은 1차 시기에 표방했던 경험주의 학습활동과는 다르게 "널리 사회생활에 응하는" 교육 과정을 마련하고자 하였다.[4)] 교육 목표는 중학교에서 받은 교육의 기초 위에 고등 보통 교육과 전문 교육을 하는 것으로 되어 있다. 즉 (1) 사회적인 요구에 적합한 것이어야 하며, (2) 개인적인 언어생활이 기능을 쌓는 것이어야 하며, (3) 중견 국민으로서의 교양을 갖추는 것이다. 이에 고등학교 국어과 학습에서는 '국어를 정화하고, 품위 있게 사용하며 문학을 바르게 이해하고, 감상하는' 것에 중점을 두었다. 또한 2차 고등학교 국어과 교육 과정은 '국어 Ⅰ'과 '국어 Ⅱ'로 과목이 구분되면서 각 과목의 '목표, 내용, 지도상의 유의점'이 제시되었다는 점이 특징적이다.

위의 교육 목표 하에 설정된 2차 국어과의 교수요목을 정리하면 다음과 같다. 첫째, 세련된 국어의 교양을 쌓아 건전한 사상의 소유자로서 민주 생활을 개선할 수 있도록 한다. 둘째, 정확하고 품위 있는 말하기, 듣기, 읽기, 쓰기의 기능을 높여, 유능한 사회생활을 할 수 있도록 한다. 셋째, 이해력과 표현력을 길러, 식견과 취미를 풍부히 하는 기능과 태도를 기른다. 넷째, 정확하게 말하고 듣는 습관과, 문학을 감상하는 태도를 길러 국어의 이상을 높이도록 한다. 다섯째, 일상생활에 널리 쓰이는 한자, 한문 및 고전에 대한 소양을 높인다 등으

---

3) 아래 2차 교육과정기는 교수요목은 국가교육과정정보센터(http://ncic.re.kr)의 '2차 고등학교 국어과 교육과정'과 정준섭(1996)을 참조하여 정리하였다.

4) 정준섭(1996), 앞의 책, p.68.

로 요약된다.

위와 같은 종합적인 목표를 토대로 5차 국어과의 구체적인 학습 목표를 정리하면 다음과 같다.

[표 2] 3차 고등학교 국어과 학습 목표
[국가교육과정정보센터(http://ncic.re.kr)의 '2차 고등학교 국어과 교육과정' 참조]

(1) 남의 생활을 빠르게 받아들이고 그것을 정확하게 판단하도록 한다.
(2) 자기의 생각을 남이 쉽게 이해할 수 있도록 분명히 그리고 능란하게 발표하도록 한다.
(3) 언어에 대한 개념을 명확히 하여, 매일 매일의 생활에 당면하는 여러 가지 문제를 효과적으로 성의껏 해결할 수 있도록 한다.
(4) 주의 깊게 관찰하고, 정확하게 해석하여, 자기의 의견을 결정하는 버릇을 가지게 한다.
(5) 방송, 영화, 연극, 소설 등을 바르게 평가하고, 그릇된 것을 알아낼 수 있는 식견을 가지도록 한다.
(6) 여러 가지 독서 기술을 체득하고, 독서의 즐거움을 알도록 한다.
(7) 의사 표시의 사회적인 방면으로서의 기술을 체득하고, 아울러 인생의 반영으로서의 문학작품을 감상하고 창작하는 힘을 기르도록 한다.
(8) 학생들이 장래에 사회에 나아가 언어 생활 면에서, 직업인으로서의 기능을 충분히 발휘할 수 있도록 한다.
(9) 지식이나 정보를 얻기 위하여 책을 읽고, 취미를 기르기 위하여 독서하는 습관을 가지도록 한다.
(10) 국민적인 사상 감정을 도야하도록 한다.
(11) 우리의 언어 문화에 대한 바른 이해를 가지도록 한다.
(12) 국어에 대한 이상을 높이고, 국어 국자 문제에 대한 관심을 가지도록 한다.

② 2차 교육과정기 극문학

2차 『국어』의 극문학 단원을 제시하면 [표 3]과 같다.

[표 3] 2차 『국어』 극문학 단원

단원명	문종	교과서	발행년도	편저자	발행처	비고
마지막 한 잎	시나리오	인문계 국어 2	1968	문교부	대한교과서 주식회사	김승규
조국	희곡	실업계 국어 2	1968	문교부	대한교과서 주식회사	시대극 유치진

[그림 4] 인문계 『국어 2』 (문교부, 1968)

[그림 5] 실업계 『국어 2』 (문교부, 1968)

2차 극문학은 2편으로 해당 단원은 시나리오인 오 헨리의 <마지막 한 잎>(인문계 『국어 2』)과, 희곡인 유치진의 <조국>(실업계 『국어 2』) 등 시나리오와 희곡이 각각 1편씩 수록되었다.

2차의 경우도 이론편으로는 이진섭의 <映畵 감상>과 차범석의 <小說과 희곡의 朗讀法>(『인문계 국어 2』), 유치진의 <희곡을 쓰려면>(실업계 『국어 3』), 이진섭의 <시나리오 작법>(인문계 『국어 3』), 오영진의 <연극과 영화>(실업계 『국어 3』) 등이 수록되었다. 2차는 극본이 줄어든 반면 이론편은 보다 증가했다고 볼 수 있다.

(3) 3차 교육과정기(1973.2~1981.12) 고등 국어과 교수요목 및 극문학

1 3차 교육과정기 교수요목[5)]

3차 교육과정은 민족 주체성의 확립이라는 국민교육헌장의 이념

5) 아래 3차 교육과정기는 교수요목은 국가교육과정정보센터(http://ncic.re.kr)의 '3차 고등학교 국어과 교육과정'과 정준섭(1996)을 참조하여 정리하였다.

구현을 기본 방향으로 국민적 자질의 함양, 인간 교육의 강화, 지식·기술 교육의 쇄신을 기본 방침으로 삼았다. 이러한 기본 방침 하에 설정된 3차 고등학교 국어과 교육 과정의 일반 목표는 다음과 같다.[6)]

첫째, 교양 있는 생활에 필요한 국어사용의 기능과 성실한 태도를 길러서 효과적이고 품위 있는 언어생활을 영위하게 한다. 둘째, 국어를 통하여 사고력, 판단력 및 창의력을 함양하고, 풍부한 정서와 아름다운 꿈을 길러서, 원만하고 유능한 개인이며, 건실한 중견 국민으로 자라게 한다. 셋째, 국어를 통하여 지식과 경험을 더욱 넓히고, 문제를 발견, 해결하는 힘을 길러서 스스로 자기의 앞길을 개척하고, 사회 발전에 적응하며, 나아가 이를 선도하는데 참여하게 한다. 넷째, 국어와 국어로 표현된 문화를 깊이 사랑하고 이에 대한 이해를 넓게 하여, 민족 문화 발전에 기여하게 한다 등으로 요약된다.[7)]

위의 내용은 언어생활, 개인생활, 건실한 국민 육성, 문화 창조 등 네 가지 점에서 진술한 국어과 교육 목표로, 3차 교육 과정은 언어 사용을 사고 차원으로 강조하고 있으며, 또 국어교육을 통한 가치관 교육도 함께 강조하고 있다. 이에 3차 고등학교 국어과 교육 과정은 첫째, 국어 기능(언어 사용 기능)의 강화, 둘째, 가치관 교육의 강화 등을 기본 방향으로 삼았다. 그러므로 말하기, 듣기, 읽기, 쓰기의 언어 사용 기능 신장을 위한 기본적인 지도 사항의 정선 및 계열화를 꾀하였고, 가치관 교육의 강화를 위해서 제재 선정의 기준을 신설하였다.

6) 정준섭(1996), 앞의 책, p.71.
7) 국가교육과정정보센터(http://ncic.re.kr)의 '3차 국민학교 국어과 교육과정' 참조.

[표 4] 3차 고등학교 국어과 교육과정 내용[정준섭(1996), pp.72～73 참조]

Ⅰ. 일반 목표
Ⅱ. 국어(Ⅰ)
  1. 목표
  2. 내용
    가. 지도사항과 주요 형식 : <고전>, <작문>.
    나. 제재 선정의 기준 : <고전>, <작문>.
  3. 지도상의 유의점
Ⅲ. 국어(Ⅱ)
  1. 목표
  2. 내용
    가. 지도사항과 주요 형식 : <말하기>, <듣기>, <읽기>, <쓰기>
    나. 제재 선정의 기준
  3. 지도상의 유의점

특히 제재 선정에서는, '가치관 교육 내용'에 국어과 특유의 지식 체계로서 '어학에 관한 내용'도 반드시 선정하여 지도할 것을 규정하고 있다. 기존의 교육과정이 언어 사용 기능을 주된 영역으로 설정하여 강조한데 반해, 3차 교육 과정에서는 언어 교육, 문학 교육 등 국어 교육의 내용 요소도 주목하기 시작했음을 의미한다.[8)]

2 3차 교육과정기 극문학

3차 『국어』의 극문학 단원을 제시하면 [표 5]와 같다.

[표 5] 3차 『국어』 극문학 단원

단원명	문종	교과서	발행 년도	편저자	발행처	비고
청춘은 조국과 더불어	희곡	인문계 국어 1	1975	문교부	대한교과서 주식회사	유치진

8) 정준섭(1996), 앞의 책, p.76.

조국	희곡	실업계 국어 2	1975	문교부	대한교과서 주식회사	유치진

[그림 6] 인문계 『국어 3』 (문교부, 1975)

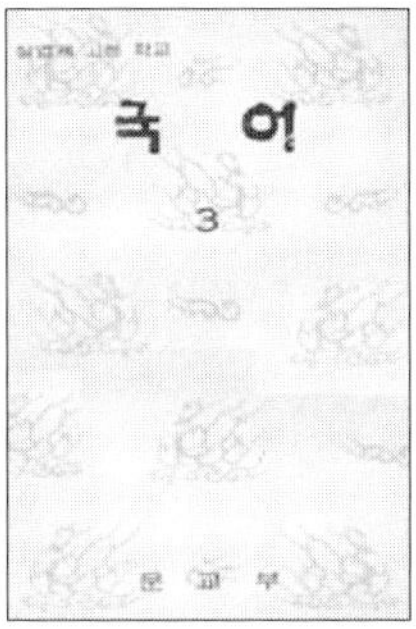

[그림 7] 실업계 『국어 2』 (문교부, 1975)

위의 수록 양상을 보면, 극문학은 2편이 수록되어 있으며, 해당 단원은 유치진의 <청춘은 조국과 더불어>(인문계 『국어 1』)와 <조국>(실업계 『국어 2』) 등으로 희곡만이 수록되었다는 특징을 보인다. 이론편은 오영진의 <연극과 영화>(인문계 『국어 3』, 실업계 『국어 3』) 1편으로, 극문학 관련 단원이 소수임을 알 수 있다.

(4) 4차 교육과정기(1981.12~1987.6) 고등 국어과 교수요목 및 극문학

[1] 4차 교육과정기 교수요목

4차 고등학교 국어과 교과 목표는 중학교의 교육성과를 발전시키고, 국어의 발전과 민족 문화의 창조에 이바지하려는 뜻을 세우게 하는 데 있다. 교과 목표를 구체적으로 제시하면 다음과 같다. 첫째, 말과 글을 통하여 사상과 감정을 창의적으로 표현하고, 비판적으로 이해하며, 합리적인 사고력과 판단력을 기른다. 둘째, 언어와 국어에 관한 체계적인 지식을 가지게 한다. 셋째, 문학에 관한 체계적인 지식을 습득시키고, 문학 감상력과 상상력을 기르며, 인간의 내면세계를 이해하게 한다 등이다.[9]

이 시기 고등학교 국어과 교육 과정의 가장 큰 특징은 국어과의 배경 학문으로서의 수사학, 언어학, 문학 등을 제시한 점과 '국어 Ⅰ'의 내용 영역을 현대문학, 작문, 고전문학, 문법의 영역으로 구성한 점이다. 고등학교 국어 교과의 체재는 '국어 Ⅰ'의 이수 단위가 축소 조정되고 '국어 Ⅱ'가 고전, 현대문학. 작문, 고전문학, 문법' 등 4개의 교과서 체재로 바뀌었다. 이는 문학 교육, 작문 교육의 강화와 언어 교육을 체계화하는 것을 의미한다.[10]

위와 같은 교육 목표 및 구성 체계 하에서, 지도 내용은 다음과 같은 점에 중점을 두도록 하였다. 첫째, 음성 언어를 통한 언어 기능은 중학교와 마찬가지로 집단적인 말하기 활동과 관련되는 것을 중점적으로 다루고, 언어활동의 형식보다 내용을 더 중시하도록 하였다. 둘째, 읽기 분야에서는 독서량과 독서 범위를 넓히고 읽을거리를 통하여 필요한 정보를 수집, 정리하고 활용하는 능력을 기르도록 하였다. 셋째, 쓰기 분야에서는 글짓기 이론의 원리를 적용하여 독창적인 사고 내용을 논리적으로 구성하고 여러 문종의 글로 자유롭게 표현할 수 있는 능력의 신장이 강조되었다. 넷째, 문학 영역에 있어서는 고전문학과 현대 문학 작품들을 감상하는 기회를 갖게 하고 작품 내의 다양한 인생관과 세계관을 간접 체험하며 자신의 삶에 적용하여 가치관을 갖도록 하였다. 다섯째, 언어 지식 영역에서는 정확하고 효과적인 언어 사용 기능, 정확한 사고 능력, 국어에 대한 바람직한 태도의 형성 및 문법, 의미, 국어사 등을 다루며, 언어 현상을 언어학적 관점에서 탐구하는 능력도 기르도록 하였다.[11]

---

9) 국가교육과정정보센터(http://ncic.re.kr)의 '4차 고등학교 국어과 교육과정' 참조.

10) 權寧順(1997),「고등학교 국어 교과서 내용 분석 및 교육현장에서의 효율성 제고 연구」, 이화여자대학교 교육대학원 석사학위논문, p.10.

11) 정준섭(1996), 앞의 책, p.119. 국가교육과정정보센터(http://ncic.re.kr)의 '4차 국민학교 국어과 교육과정' 참조.

[2] 4차 교육과정기 극문학

4차 고등학교 『국어』의 극문학 관련 단원을 제시하면 [표 6]과 같다.

[표 6] 4차 『국어』 극문학 단원

단원명	문종	교과서	발행년도	편저자	발행처	비고
청춘은 조국과 더불어	희곡	인문계 국어 1	1984	문교부	대한교과서 주식회사	유치진
조국	희곡	인문계 국어 2	1984	문교부	대한교과서 주식회사	유치진

[그림 8] 『국어 2』 (문교부, 1984)

[표 5]에 제시된 극문학은, 유치진의 <청춘은 조국과 더불어>(『국어 1』), <조국>(『국어 2』) 등으로 4차 재수록본이다. 4차는 새로운 극본이 도입되지 않고 기존의 작품을 그대로 수록하고 있다는 점, 희곡 부문만 다루고 있어 분야가 한성된 점, 그리고 유치진 한 작가 작품만을 다루고 있다는 점 등에서, 3차에 이어 극문학 학습이 축소된 경향을 보인다.12)

(5) 5차 교육과정기(1987.6~1992.6) 고등 국어과 교수요목 및 극문학

[1] 5차 교육과정기 교수요목

5차 교육 과정은 기초 교육의 강화, 정보화 사회에 대응하는 교육

12) 본고는 국정 교과서가 주요 텍스트로 수집 및 발굴을 병행한 연구이다. 그런데 4차 교육과정기의 극문학은 인문계 교과서 외에 여타 학년 및 실업계 교과서 자료를 발굴할 수 없었다. 이는 차후 교과서 검토를 통하여 보완될 여지가 있다.

의 강화, 교육과정의 효율성 제고를 지향하였다. 이에 국어과 교육의 총론은 ① 성숙한 자아의식, ② 자율적인 의사 결정, ③ 기본적인 학습 능력, ④ 합리적인 문제 해결력, ⑤ 독창적인 표현, ⑥ 풍부한 정서를 갖춘 인간 등으로 구성되었다.13)

위와 같은 기본 지표 아래 5차 국어과 교육 과정의 기본 방향은 다음과 같이 요약된다. 첫째, 국어교육의 목표를 일원화하고, 일원화된 국어교육 목표로부터 국어 수업의 목표 및 방법에 대한 일관된 지침을 추출할 수 있는 교육 과정의 체계화에 노력하였다. 둘째, 국어과 교수·학습 상황에서의 주체를 교사가 아닌 학생으로 삼았다. 셋째, 국어과 교육과정은 언어 사용의 결과(product)보다 과정(process)을 중시하였다. 넷째, 교수·학습이 타 교과 학습과 실제 생활에 효과적으로 활용될 수 있도록 그 실제성을 강조하였다.14)

또한 5차 시기에는 공통 필수 교과목 수 및 배당 단위의 축소, 선택 교과의 확대 개편이 이루어지면서 국어, 문학, 작문, 문법 과목이 신설되고, '국어 Ⅰ'과 '국어 Ⅱ'가 폐지되는 등의 교과 변화가 있던 시기이다.15) 참고로 5차 국어과 교과 목표에 따른 영역 설정은 다음과 같이 정리할 수 있다.

[표 7] 5차 국어과 교과 목표 및 영역 체계

교과	교과목표	영역 체계
국어 생활	국어 사용 기능	말하기
		듣기
		읽기
		쓰기
국어 문화	국어와 문학에 대한 이해와 관심	언어
		문학

13) 權寧順(1997), 앞의 글, p.11.
14) 정준섭(1996), 앞의 책, pp.120~121.
15) 權寧順(1997), 앞의 글, p.12.

위와 같은 국어과 교육 목표 및 영역 체계 하에 교과 목표는 국어 생활을 바르게 하고, 국어와 민족의 언어 문화를 계승 발전시키는 데 중점을 두었다. 그 세부 지침을 보면, ① 목적, 대상, 상황에 맞게 내용을 선정·조직하여 정확하고 효과적으로 말하게 한다. ② 말의 내용을 바르게 이해하고, 그 내용이 정확하고 효과적으로 표현되었는지 판단하게 한다. ③ 글의 내용과 짜임을 분석, 종합하고, 이해, 비판하며 읽게 한다. ④ 목적, 대상, 상황에 맞게 생각과 느낌을 선정·조직하여 창의적으로 쓰게 한다. ⑤ 언어와 국어에 관한 일반적인 지식을 바탕으로 국어를 바르게 이해하게 한다. ⑥ 문학에 관한 일반적인 지식을 바탕으로 작품을 바르게 이해하고 감상하며, 인간의 삶을 총체적으로 이해하게 한다[16] 등으로 정리된다.

2 5차 교육과정기 극문학

5차 교육과정기 『국어』의 극문학 단원을 제시하면 [표 8]과 같다.[17]

[표 8] 5차 『국어』 극문학 단원

단원명	문종	교과서	발행년도	편저자	발행처	비고
조국	희곡	국어 1	1989	문교부	대한교과서 주식회사	유치진
봉산탈춤	희곡	국어 하	1992	문교부	대한교과서 주식회사	작가 미상
마지막 한 잎	시나리오	국어 1	1992	문교부	대한교과서 주식회사	오 헨리

5차 극문학은 희곡, 고전극, 시나리오 등이 각각 1편씩 실려 있다.

---

16) 국가교육과정센터(http://ncic.re.kr)의 '5차 고등학교 국어과 교육과정' 참조.

17) 5차에서는 1990년 8월 이전 교과서와 이후 개정판 교과서 극문학을 동시에 다루었다.

[그림 9] 『국어 1』
(문교부, 1984)

『국어 1』에는 유치진의 <조국>(희곡)과 오 헨리의 <마지막 한 잎>(시나리오)이 수록되었으며, 개정본인 『국어 하』에는 고전극 <봉산탈춤>이 실려 있다. <마지막 한 잎>은 1~2차 시기에, <조국>은 2차부터 지속적으로 실리고 있는 극본이며, <봉산탈춤>만이 새로이 도입된 극본이다. 이 시기에는 고전극과 시나리오 등의 수록으로 극문학 하위 범주가 다양화된 시기라고 할 수 있다. 5차 극이론으로는 오영진의 <연극(演劇)과 영화(映畵)>(『국어 2』), 유민영의 <희곡의 이해>(『국어 1』) 등이 수록되었다.

(6) 6차 교육과정기(1992.6~1997.7) 고등 국어과 교수요목 및 극문학

1 6차 교육과정기 교수요목[18)]

6차 교육과정의 기본 방향은 21세기 개인의 삶과 부합되는 교육과정을 추구하며 구성 방향은 민주주의 공동체 의식의 함양, 변화에 대한 창조적 대응, 보편성과 특수성의 조화, 학습자의 경험 세계가 중시되는 교육을 지향했다.[19)] 이러한 기본 방향 아래 고등학교 '국어과의 성격'은 다음과 같이 요약된다. 첫째, 국어과는 언어사용 기능을 신장시키고, 국어에 관한 기본이 되는 지식을 가지게 하며, 문학의 이해와 감상 능력을 길러 주는 교과이다. 둘째, 국어과는 국어의 발전과 민족의 언어 문화 창조에 이바지하려는 뜻을 세우고, 올바른 민족의식과 건전한 국민 정서를 함양하는 교과이다. 셋째, 고등학교 국어과는 중

---

18) 6차 교육과정의 특징은 주로 국가교육과정센터(http://ncic.re.kr)의 '6차 고등학교 국어과 교육과정'을 참조하였다.
19) 權寧順(1997), 앞의 글, p.12.

학교 국어과 교육의 성과를 바탕으로 하여, 국어 생활을 정확하고 효과적으로 하는 데 필요한 표현 기능과 이해 기능, 언어와 국어에 관한 지식, 문학에 관한 이해와 문학 작품 감상 능력을 보다 체계적으로 신장시키기 위한 교과이다. 이를 실현함에 있어, 국어과의 도구 교과적 성격을 강조하고 교육에 있어서의 다양성 추구라는 시대적 요구를 고려하여, 공통 필수과목으로 국어를, 과정별 필수 선택과목 또는 과정별 선택과목으로 화법, 독서, 작문, 문법, 문학을 설정하였다.

한편 고등학교 '국어과 목표'는 다음과 같이 정리된다. 즉 국어 생활을 정확하고 효과적으로 하며, 언어와 국어에 대한 체계적인 지식을 갖추고, 문학의 이해와 문학작품 감상 능력을 기르며, 국어의 발전과 민족의 언어문화 창조에 이바지하는데 두었다. 이에 대한 세부 항목을 제시하면 첫째, 말과 글을 통하여 생각과 느낌을 효과적으로 표현하고 이해하며, 언어사용에 대하여 바르게 판단하는 태도를 가지게 한다. 둘째, 언어와 국어에 관한 체계적인 지식을 익히고, 국어를 정확하게 사용케 한다. 셋째, 문학 작품을 통하여 문학에 관한 체계적인 지식을 갖추고 창조적인 체험을 함으로써 미적 감수성을 기르며, 인간의 삶을 총체적으로 이해하게 한다[20] 등으로 요약할 수 있다.

한편 이 시기에는 '자율학습이 가능한 교과서'도 선보였는데, 이 모형은 광복 후 최초로 이룩된 성과로 기록된다. 모형 교과서 개발은 교육부가 대한교과서주식회사에 의뢰(1991.5)하여 1992년 11월에 완성된 고등학교『국어 상』으로 이룩되었다. 이후 이 모형은 1996 학년도부터 국어과를 중심으로 일부 교과목에 적용되었는데, 참고서 없이 수업이 가능한 자율 학습 기능을 갖추고 있다는 점이 특징이다.[21]

특히 6차 교과서 체제는 교육 과정의 영역 구분 방법을 바탕으로

20) 국가교육과정센터(http://ncic.re.kr)의 '6차 국민학교 국어과 교육과정' 참조.
21) 李鐘國(2001),『한국의 교과서 출판 변천 연구』, 일진사, pp.128～129.

구성하였다. 전체를 10개의 대단원으로 구성하였으며, 읽기 영역 4개 대단원, 문학 영역 4개 대단원, 언어 영역 2개 대단원으로 이루어졌다. 말하기 · 듣기 영역과 쓰기 영역은 그 영역 자체의 체계를 고려하면서, 대단원의 성격과 연계되도록 구성함으로써 구체적인 교수–학습이 이루어지도록 하였다. 이상의 내용을 표로 정리하면 아래와 같다.22)

첫째, 대단원의 짜임은 학습의 위계를 고려하여 구성되었다.

[표 9] 대단원의 짜임

1 단원의 길잡이
2 학습 목표
3 준비 학습
4 학습할 원리
5 단원의 마무리

둘째, 소단원의 짜임은 학습의 구조와 원리에 따라 구성되었다.

[표 10] 소단원 짜임

1 학습할 내용 및 제재
2 학습 활동과 도움말
3 평가 중점
4 참고 자료

셋째, 말하기 · 듣기와 쓰기 부문은 단원의 전체 내용과 유기성을 유지하면서 교수–학습이 이루어지도록 구성되었다.

---

22) 이하 정리 내용은『국어 상』(1997), pp.1~2에 실린 <알아두기>의 내용을 정리한 것이다.

[표 11] 국어교육 하위 영역

1 말하기 · 듣기 영역 2 쓰기 영역(3)

위의 교과서 체계는 다음과 같은 편찬 의도를 보인다. 첫째, 6차 교육 과정에 바탕을 두고 편찬하였다. 6차 고등학교 국어과 교육과정에서는 학습자가 자주적이고 창의적으로 학습에 참여할 것을 강조하고 있다. 이는 자율적인 학습을 통해 적극적이고 능동적인 학습 태도를 형성하고, 창의적으로 사고하며, 나아가 주체적이고 긍정적인 태도를 길러 바람직한 인간을 형성하기 위한 것이다.

둘째, 자율학습이 이루어지도록 편찬하였다. 자율학습이란, 학생 스스로 공부해야 할 목표를 찾고, 그 목표에 도달하기 위한 과정을 스스로 해결해 나가며, 자신이 공부한 결과를 주체적으로 판단해 보는 학습 방법을 말한다. 교사는 학생이 자율 학습을 할 수 있도록 여건을 조성해 주고, 학생은 교사의 도움을 받아 자신에게 주어진 과제를 해결해 나가도록 했다. 이 책에 따라 이루어지는 교수－학습 방법은 자율적이고 자발적인 방식으로 이루어지도록 했다.

셋째, 개념과 방법을 익혀 능력을 향상시키도록 편찬하였다. 교실에서 이루어지는 학습은 지식 그 자체의 암기보다 활용과 발전을 위한 기본 능력을 함양하는 과정이다. 이 교과서는 학습할 원리를 두어 기본적인 개념과 방법을 익히도록 하였고, 이를 다시 실제의 국어 활동에 활용하는 과정으로 소단원을 편성하였다. 따라서 소단원은 모범 예문이라기보다 학습할 원리를 실습하는 대상으로 삼아 공부하고, 이 능력을 바탕으로 국어 생활의 능력 향상이 이루어지도록 했다.

② 6차 교육과정기 극문학

6차 교육과정기 『국어』의 극문학 관련 단원을 제시하면 [표 12]와 같다.

[표 12] 6차 『국어』 극문학 단원

단원명	문종	교과서	발행년도	편저자	발행처	비고
봉산탈춤	희곡	국어 상	1997	교육부	대한교과서 주식회사	김진옥, 민천식 구술/이두현 채록
살아있는 이중생 각하	희곡	국어 하	1996	교육부	대한교과서 주식회사	오영진

[그림 10] 『국어 하』 (교육부, 1996)

6차 극문학은 2편으로 모두 희곡이다. 해당 단원은 <봉산탈춤>(『국어 상』)과 오영진의 <살아있는 이중생 각하>(『국어 하』) 등으로 각각 고전극과 현대극이라는 특징을 지닌다. 또한 이 시기 특기 사항은 전 시기까지 거의 전 교육과정기에 다루어졌던 유치진 작품이 삭제되고 오영진의 작품이 새로 수록되었다는 점이다.

(7) 7차 교육과정기(1997.12～) 고등 국어과 교수요목 및 극문학

① 7차 교육과정기 교수요목[23)]

7차 교육과정기 고등학교 국어과 교수요목은 중학교와 같은 내용

23) 7차 교육과정의 특징은 주로 국가교육과정센터(http://ncic.re.kr)의 '6차 고등학교 국어과 교육과정'을 참조하였다.

으로 구성되어 있다. 즉 국어과의 성격은 한국인의 삶이 배어 있는 국어를 창조적으로 사용하는 능력과 태도를 길러, 정보화 사회에서 정확하고 효과적으로 국어 생활을 영위하고, 미래 지향적인 민족의식과 건전한 국민 정서를 함양하며, 국어 발전과 국어 문화 창달에 이바지하려는 뜻을 세우기 위한 교과이다.

위의 국어과 성격을 토대로 '국어과 교육 목표는' 다음과 같이 정리된다. 첫째, 국어가 사용되는 맥락과 목적 및 대상을 종합적으로 고려하면서 열린 마음으로 국어 사용 양상과 내용을 정확하고도 비판적으로 이해할 수 있는 능력과, 사상과 정서를 효과적이고도 창의적으로 표현할 수 있는 능력을 기른다. 둘째, 언어와 국어에 대한 기본적인 지식을 바탕으로 언어 현상을 탐구하고 국어 생활에 활용하는 능력을 기른다. 셋째, 문학에 대한 기본적인 3지식을 바탕으로 문학 작품을 수용하면서 인간의 다양한 삶을 총체적으로 이해하는 능력과 심미적 정서를 기른다. 넷째, 이상의 능력을 통해 국어 문화를 바르게 이해하고 존중하며 사랑하는 태도를 길러 성숙한 문화 시민으로서의 역할을 다하는 데 있다.

또한 '국어과 교육 내용'은 듣기, 말하기, 읽기, 쓰기, 국어 지식, 문학의 여섯 영역으로 설정되었으며, 이에 따라 국어 교과서는 다음과 같은 체제로 구성되었다.24) 첫째, 교과서는 10학년 국어과 교육 과정의 여섯 영역에 포함된 교육 내용을 통합적으로 재구성하여 총 15개(상권 8개, 하권 7개)의 대단원으로 구성되었다. 둘째, 대단원의 구성은 학습의 과정을 고려하여 '단원의 길잡이－준비 학습－소단원 학습－단원의 마무리－보충 · 심화 학습' 순으로 구성되었다. 이러한 구성 하에 7차 교과서의 특징을 정리하면, 첫째, 교육 과정의 정신을

24) 이하 정리 내용은 『국어 상』(2002), pp.1～4에 실린 <알아두기>의 내용을 정리한 것이다.

반영한 교과서, 둘째, 활동 중심의 교과서, 셋째, 통합적 교수・학습을 지향하는 교과서라고 요약할 수 있다.

2 7차 교육과정기 극문학

7차『국어』의 극문학 단원을 제시하면 [표 13]과 같다.

[표 13] 7차『국어』 극문학 단원

단원명	문종	교과서	발행년도	편저자	발행처	비고
봉산탈춤	고전극	국어 상	2002	교육인적자원부	대한교과서주식회사	김진옥, 민천식 구술/이두현 채록
맹진사 댁 경사	희곡	국어 상	2002	교육인적자원부	대한교과서주식회사	오영진
어느 날 심장이 말했다	방송극(TV)	국어 하	2003	교육인적자원부	대한교과서주식회사	진수완

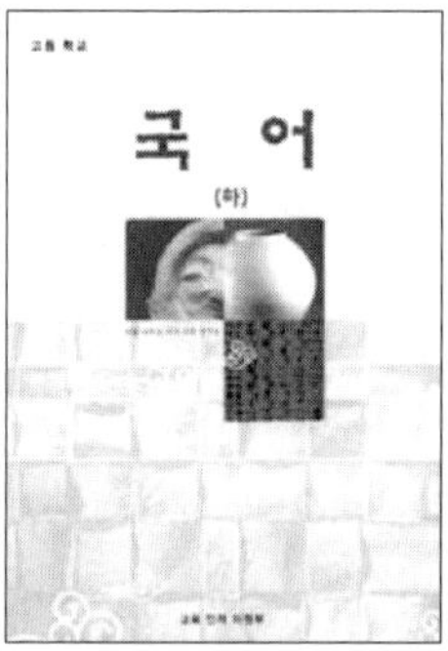

[그림 11]『국어 상』(교육인적자원부, 2003)

7차 극문학은 3편으로 고전극 <봉산탈춤>(『국어 상』)과 오영진의 <맹진사 댁 경사>(『국어 상』)는 희곡이며, 진수완의 <어느 날 심장이 말했다>는 TV 방송극에 속한다.

방송극의 경우, 이전 교육과정기까지 고등학교 국어 교과서에서 다루지 않았던 부문이다. 그러나 7차에 들어 최초로 수록되었으며, 특히 TV 드라마라는 점에서 주목된다. 중등과정에서도 7차에 TV 방송극으로 <육체미 소동>(『국어 1-1』)이 처음 등장했는데, 동시기 고등 과정에서도 TV 방송극이 수록된 것이다. 한편 희곡 <맹진사 댁 경사>도 동시기 중학교『국어 3-1』에서 뮤지컬 연출 대본(<시집가는 날>)으로 각색되어 실렸다는 점에서 주목된다. 7차 교육과정기는 매체 교육이 중시된 시기로서, 이에 따라 방송극 및 연출 대본 등으로 극문학 하위 장르가 다양해졌음을 볼 수 있다.

2) 제재별 빈도 및 특징

앞에서 시기별 극본 목록을 통해, 고등학교 국어 교과서 극문학 수록상을 통시적으로 검토하였다. 여기에서는 본고에서 분석틀로 삼은 희곡/방송극/시나리오 등 각 부문별로 시기별 빈도 경향을 살피고자 한다. 각 제재별 수록 양상의 구체적인 분석은 아래 수록 양상 및 학습활동 분석에서 다룰 것이다. 고등학교 극본은 그 수가 많지 않아 개별 항목으로 나누지 않고 빈도를 함께 제시하고, 주로 도표화를 통하여 특징적인 사항을 개략적으로 제시하고자 한다.

(1) 부문별/시기별 수록 빈도

고등학교 국어 교과서 극문학은 총 9편으로 교육과정기별 수록 현황을 정리하면 [표 1]과 같다.

[표 1] 극문학 제재 교육과정기별 빈도

번호	제목	교육과정기별 빈도								문종 및 작가	수록 교과서 및 기타
		교	1	2	3	4	5	6	7		
1	서울의 지붕 밑	○								시나리오 (안석영)	교수요목기 고등국어 1 [사실주의극]
2	베니스의 상인	○								희곡 (셰익스피어)	교수요목기 고등 국어 2 [해외 작품 번안극]
3	최후의 한 잎 (마지막 한 잎)		○	○			○			시나리오 (오 헨리)	1차 국어 2, 2차 국어 2[사실주의극]
4	조국			○	○	○	○			희곡 (유치진)	2차 실업계 국어 2, 인문계 국어 1, 3차 실업계 국어 2, 4차 인문계 국어 1 [사실주의극]

5	청춘은 조국과 더불어				○	○				희곡 (유치진)	3차 인문계 국어 1, 4차 인문계 국어 2 [사실주의극]
6	봉산탈춤						○	○	○	희곡 (작가미상)	5차 국어 상, 6차 국어 상, 7차 국어 상 [고전극]
7	살아있는 이중생 각하							○		희곡 (오영진)	6차 국어 하 [사실주의극]
8	맹진사 댁 경사								○	희곡 (오영진 작/박만규 극본)	7차 국어 상 [사실주의극]
9	어느 날 심장이 말했다								○	방송극 (진수완)	7차 국어 하 [TV 방송극]

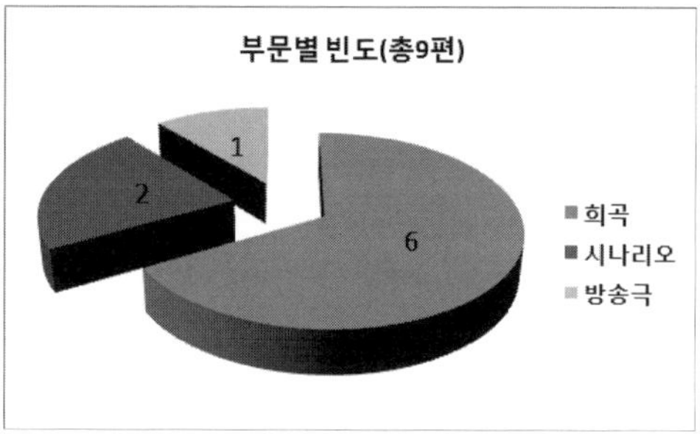

[그림 12] 부문별 수록 빈도수

위의 수록 상황은 부문별 빈도수를 정리한 것으로 희곡(6편), 시나리오(2편), 방송극(1편) 등으로 희곡 수가 지배적인 경향을 보인다. 각 부문별 빈도수(재수록 포함)를 차시별로 제시하면 희곡의 경우 교수요목기(2편), 1차(1편), 2차(2편), 3차(2편), 4차(2편), 5차(3편), 6차(2편), 7차(3편) 등으로 나타나 총 16회의 빈도수를 보인다. 1차 교육과정기가 가장 낮은 수치를 보이며, 7차 교육과정기가 최다수로 나타난다.

시나리오는 교수요목기(1편), 1차(1편), 2차(1편), 편), 5차(1편) 등으로 총 4회, 방송극은 7차(1편) 1회의 빈도수를 보이고 있다. 시나리오는 초기 교육과정기에서 주로 다루어졌으며 방송극은 7차에서만 다루어지고 있다고 정리할 수 있다. 참고로 학교별로 방송극과 시나리오 극본 수록 현황을 비교하면, 초등학교 국어 교과서의 경우 시나리오는 다루어지지 않았으나 방송극이 8편 수록되었으며, 중학교에서는 방송극이 7편, 시나리오가 6편 다루어졌다. 이와 비교하여 고등학교에서는 희곡 외에 여타 부문은 상대적으로 소수만이 실렸음을 알 수 있다. 작품별 빈도수를 보면, 희곡에서는 <조국>이 2차부터 4차까지 3회, 시나리오는 <마지막 한 잎>이 1~2차, 5차 등 3회 실려 두 작품이 가장 많은 빈도수로 나타나고 있다.

한편, <베니스의 상인>은 초등학교 6차 『말하기 듣기 4-1』, 7차 『읽기 5-2』와 중학교 교수요목기 『중등국어 5』 등에도 수록된 제재로 초·중·고 전 과정에서 다루어졌다는 특징을 보인다. 또한 <마지막 한 잎> 은 5차 『중학국어 3-2』, 7차 『생활국어 3-2』(<마지막 한 잎>)에도 수록되었으며, <청춘은 조국과 더불어>는 4차 중등 과정 『중학국어 3-2』에도 수록되었다. 두 작품 모두 중·고등 과정에서 다루어진 제재라는 점에서 특징적이다.

(2) 소재 및 작가별 수록 빈도

소재별 수록 현황을 보면 <봉산탈춤>은 고전 소재이며 그 외 희곡(<베니스의 상인>, <조국>, <청춘은 조국과 더불어>, <살아있는 이중생 각하>, <맹진사 댁 경사>)과 시나리오(<서울의 지붕 밑>, <최후의 한 잎(마지막 한 잎)>), 방송극(<어느 날 심장이 말했다>)은 모두 사실주의극이다. 초·중등 과정에서는 역사소재극도 다루어졌는데, 고등 과정에서는 이 부문이 수록되지 않았다는 점이 특징적이다.

한편 작가별 수록 빈도를 시기별로 살펴보면 [표 2]와 같다.

[표 2] 작가별 수록 빈도수(희곡)

작가	극본	수록 시기	빈도
안석영	서울의 지붕 밑	교수요목기	1
오 헨리	최후의 한 잎(마지막 한 잎)	교수요목기, 1, 5차	3
유치진	조국	교수요목기, 3~5차	4
셰익스피어	베니스의 상인	1차	1
유치진	청춘은 조국과 더불어	3~4차	2
민천식/이두현	봉산탈춤	6차	1
오영진	살아있는 이중생 각하	6차	1
유치진	청춘은 조국과 더불어	4차	1
오영진	맹진사 댁 경사	7차	1
진수완	어느 날 심장이 말했다	5차	1

작가별 수록 빈도수를 보면, 1편 이상의 극본이 수록된 경우는 유치진으로서 총 3편의 작품이 수록되었다. 기타 국내 작가나 해외 작가의 경우는 각각 1편의 작품만이 보인다. 중등 과정에서도 유치진의 작품이 우세한 현상을 보이는데, 고등 과정에서도 동일한 수록 경향을 드러낸다.

이상 고등 과정 극본인 ① 희곡 ② 방송극 ③ 시나리오의 시기별 빈도 및 특징 등을 살펴보았다. 아래 제재별 수록 양상에서는 극본의 실제 수록상과 학습활동을 구체적으로 고찰하고자 한다.

2. 제재별 수록 양상 및 학습활동

1) 희곡 수록 양상 및 학습활동

희곡의 수록상을 보면, 교수요목기~1차에는 셰익스피어의 <베니스의 상인>, 2~4차에는 유치진의 <조국>과 <청춘은 조국과 더불

어>, 5~6차에는 고전극 <봉산탈춤>과 오영진의 <살아있는 이중생각하>, 7차에는 <봉산탈춤>과 오영진의 <맹진사 댁 경사> 등의 극본이 실려 있다. 아래에서는 시기별 극본 수록 양상 및 학습활동을 부문별로 살피고자 한다. 특히 학습활동에서는 교과서 학습문제와 함께 이론편에 대해서도 분석하고자 한다.[1)]

(1) 교수요목기~1차 교육과정기

1 희곡 수록 양상 : 해외 번역극

교수요목기~1차 교육과정기의 희곡은 해외 번역극인 셰익스피어의 <베니스의 상인(商人)>(『고등국어 2』)으로, 이 시기의 유일한 희곡에 속한다.

[표 1] 교수요목기~1차 희곡 단원

학년	작품	지은이	내용 및 주제	부문
고등국어 5	베니스의 상인	셰익스피어	현명한 판결과 탐욕의 징벌(지혜)	해외 번역극

이 작품은 동시기 중학교 『중등국어 5』에 최정우(崔庭宇)의 번역으로 실리고 있으며, 초등학교 6차 『말하기 듣기 4-1』, 7차 『읽기 5-2』에도 수록되어 있다. 초・중・고 각급 교과서에 모두 수록된 극본이라는 점에서 특징적이다. 교수요목기 <베니스의 상인>은 국어 교과서에 수록된 최초 극본이라 할 수 있다.

1) 한편 고등 과정 희곡 분석에서는 초・중 과정 분석 방법과 다른 방식을 취하고자 한다. 고등 과정은 희곡 수가 적고, 재수록 빈도가 높은 극본이 다수이다. 그러므로 재수록본의 경우 수록 시기를 묶어 함께 분석하고자 한다. 이러한 분석 방법은 동일 극본의 학습활동의 변화상을 살피는 데도 유효할 것이라 판단된다.

교과서에서 <베니스의 상인>은 아래와 같이 제시되고 있다.

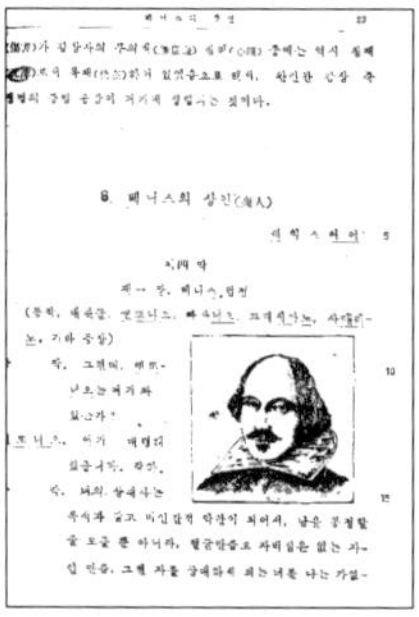

[그림 1] 〈베니스의 상인〉
(『고등국어 2』, 1954, p.29)

(1) [제 四 막 제 一장] 베니스 법정/ (공작, 대관뜰, 앤또니오, 빠사니오, 끄레시아노, 사라리노)(중략)

공작. 너의 상대자는 목석과 같고 비인간적인 악한이 되어서, 남을 동정할 줄 모를 뿐 아니라, 털끝만큼도 자비심은 없는 자인 만큼(중략)

앤또니오. (중략) 그 자가 완강히 뻗댈뿐 아니라, 법적 수단으로는 도저히 그 자의 악독한 손아귀에서 벗어날 방법이 없느니 만큼, 이제는 그 자의 발악에는 저의 인내심을 가지고 대항하고, 고요한 마음으로 그 자의 포악과 발광을 받기로 결심을 하고 있읍니다.

<베니스의 상인>(『고등국어 2』, 1954, pp.29～30)

위의 내용은 <베니스의 상인> 중 4막 1장의 '법정 장면'으로서 앞서 초등과 중등 과정에서 살핀 내용과 동일하다.

교수요목기 고등 과정에서는 <베니스의 상인>이 유일한 희곡 제재이며, 학습문제 없이 작품만 제시되고 있다. 아래 학습활동에서는 고등 국어에 실린 희곡 이론을 통해 당시 희곡교육의 일면을 간접적으로나마 살피고자 한다.

② 극본 학습활동 : 고전극과 희곡 장르의 이해

희곡론과 관련된 이론으로는 민속학자인 송석하(宋錫夏)의 <우리나라의 연극(演劇)>(『고등국어 3』)과 극작가 유치진의 <희곡론>(『고등국어 2』) 등이 수록되어 있다.

[표 2] 교수요목기 및 1차 희곡론

과정	단원	필자	부문	차시
교수요목기 고등국어 3	10. 우리나라의 연극	송석하	고려 시대부터 근대까지의 연극사	교수요 목기
1차 고등국어 2	Ⅳ. 영화와 연극 (3. 희곡론)	유치진	소설과 차별된 희곡 장르의 특징	1차

먼저 송석하의 <우리나라의 연극>에서는 다음과 같은 논의들을제시하고 있다.

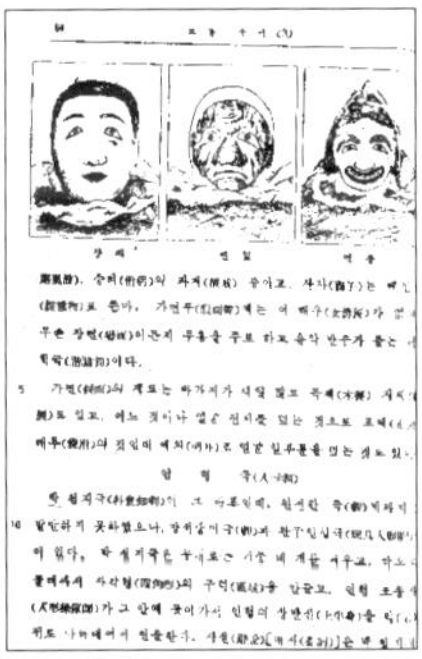

[그림 2] 〈우리나라의 연극〉
(『고등국어 3』(1954), p.64)

(2) 우리나라의 연극(演劇)이 이미 신라 시대에 상당히 발달하였던 것은 삼국사기(三國史記), 삼국유사(三國遺事) 등에 보이는데, 이것이 문헌(文獻)으로서는 최고(最古)이지마는 형태(形態)로 본다면, 그 이전(以前)에 상당한 역사를 가지고 있었다.(중략) 어느 나라에서든지 그 고대극(古代劇)에 가장 많은 형식(形式)인 가면극(假面劇)인데, 금환(金丸), 월전(月顚), 대면(大面), 속독(束毒), 산예(狻猊) 등이 그것이다. 기타(其他) 처용무(處容舞), 무검희(舞劒戱), 舞㝵(무애) 등도 극(劇)의 요소(要素)를 많이 가지고 있는데. 처용무(處容舞), 이조말(李朝末)까지 계속된 가면[탈]을 쓰는 무용이지만, 전술(前述)함과 같이 극(劇)의 영역(領域)에 깊이 침입(侵入)하고 있다.

<우리나라의 연극>(『고등국어 3』, 1954, p.58)

위의 글은 <우리나라의 연극>에 서술된 내용의 일부로서, 이 단원에서는 고대로부터 근대까지의 연극사를 정리하고 있다. 고려의 연극으로는 팔관회, 영산회 등 불교적 집회의 공연물들을 꼽고 있으며, 조선의 경우에는 산대도감놀이 등을 제시하면서 광대라는 배우의 존재에 대해 설명하였다. 근대의 연극은 춘향전, 심청전, 흥부전 등 창가극(唱歌劇)과 정극(正劇)으로 대별시키고 있으며, 이인직의 원각사

와 신파 극단(예성좌, 혁신단)의 활동, 극예술협회의 신극운동 등 근대 시기 연극의 흐름을 살피고 있다.

한편 유치진의 <희곡론>에서는 다음과 같은 논의를 펼치고 있다.

> (3) 희곡은 문자로 기록된 것이요, 연극은 무대 위에서 동작으로 구상화(具象化)함으로서, 그 존재성(存在性)을 발휘한다.(중략) 희곡은 연극의 한 설계도이자 연극의 문헌이다. 연극은 무대 위에서 상연될 때에, 그 전개되는 연기와 더불어 순간적으로 인멸(湮滅)되고 말지 않던가? (중략) 그러므로, 연극을 떠나서 희곡을 생각할 수 없음은, 마치 음악을 떠나서 작곡(作曲)을 생각할 수 없고, 건축(建築)을 떠나서 건축 설계를 생각할 수 없음과 같다. 작곡과 건축 설계가 음악이나 건축을 전제(前提)로 제작됨과 같이, 희곡 역시 연극을 전제로 하여 제작됨으로 존재하는 것이다.
>
> <희곡론>(『고등국어 3』, 1959, p.124)

위의 내용은 연극을 상정한 희곡의 본질을 논한 것으로 아리스토텔레스의 "행동의 모방"이라는 측면을 강조하고 있다는 점이 주목된다. 또한 "서사시(소설)의 특성과 극(희곡)의 특성"을 비교하면서 연극의 본질, 즉 희곡의 장르적 특성을 설명하고 있다. 이 단원의 말미에서는 아래와 같은 학습문제를 제시하기도 했다.

[표 3] 〈희곡론〉(『고등국어 2』) 익힘문제

1. 어째서 희곡과 연극을 분리하여 생각할 수 없는가? 2. 서사시(소설)의 특성과 극시의 특성을 들어 보라. 3. 알랑은 왜 희곡의 인물들을 "존재라기보다 오히려 유형이요. 모사라기보다 오히려 원형이다."라고 하였나? 4. 희곡에 있어서 "행동의 집중화"를 요하는 까닭을 소설과 비교하여라. <익힘문제>(『고등국어 2』, 1959, p.133)

위의 문항에서는 희곡은 무대를 상정한 대본의 성격을 띤다는 점, 여기에서 소설과 다른 장르적 특성을 지닌다는 점, 그리고 희곡의 인물이 지닌 생동감과 이에 따른 '행동의 집중화'를 요한다는 점 등 희곡의 장르적 특징을 학습하는 내용이라 할 수 있다.

이상 교수요목기 및 1차 극이론 단원들을 보면, 실제 교과서에 수록된 극본은 해외 번역극이지만, 이론편들은 우리 연극사와 희곡 일반의 특징을 다루는 논의들임을 알 수 있다.

(2) 2차~4차 교육과정기

1 희곡 수록 양상 : 이념 고취의 시대극

2~4차에는 희곡은 <조국>과 <청춘은 조국과 더불어> 등 유치진의 작품이 지속적으로 수록되고 있다.

[표 4] 2~4차 희곡 단원

과정	작품	내용 및 주제	부문
2차 국어 2(실업계), 3, 4차 국어 2(인문계)	조국	일제 대한 항거와 만세운동(항일)	사실주의극
3차 국어 1(인문계), 4차 국어 1	청춘은 조국과 더불어	민주주의의 위기극복과 공산주의자의 파멸(반공주의)	사실주의극

<조국>은 항일을 주제로 한 시대극에 속한다. 2차 『국어 2』(실업계)의 대단원 'Ⅸ. 소설과 희곡'에 최초로 수록되었고, 3차 『국어 2』대단원 '나의 소원', 4차에서는 『국어 1』의 대단원 '6. 희곡과 시나리오' 등에 재수록된 제재이다. <청춘은 조국과 더불어> 또한 유치진의 작품으로 반공을 주제로 하여 3차에는 『국어 1』(인문계)의 '유월의 이야기'에, 4차에는 『국어 1』의 '희곡과 시나리오'에 각각 실려 있다. 다

음은 작품별로 구체적인 수록 양상을 살펴보기로 하겠다.

가. 〈조국〉 극본 수록 양상

<조국>은 주인공 정도가 애국 운동과 어머니 공경의 문제 사이에서 겪는 갈등상을 다룬 작품으로 교과서에는 1막 2장 중 제2장만이 수록되어 있다.

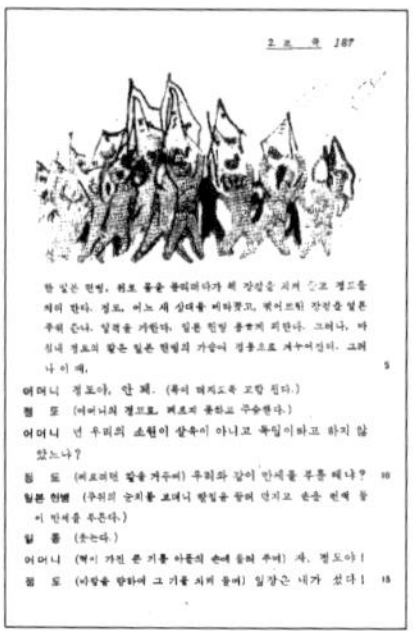

[그림 3] 〈조국〉(인문계 『국어 2』, 1968, p.187)

(4) 나오는 사람들 박정도(고학하는 어느 전문 학교 학생), 그의 어머니(과부), 장서방(40영세의 황아장수, 구한국 시대 군인), 일본 헌병(중략)/ 무대 : 서울(중략)/ 때 : 1919년(기미년) 3월 1일 아침(중략)

어머니　정도야, 정말 학교에서 어딜 가니?(중략)

정도　이건 저금 통장인데, 어머니께서 혹 병환 나시면 쓸까 하고 한 푼 두 푼 모아 둔 거여요. 얼마 안 되지만, 장 서방더러 우편국에 가서 찾아오게 해서, 아침 저녁으로 찌개에 고기라도 넣어 잡수셔요(중략)

어머니 한 달 안으로 졸업이라며 별안간 웬 제주도냐?

<조국>(실업계 『국어 2』, 1968, pp.175～176)

이 작품은 3 · 1 운동을 배경으로 한 것으로, 주인공은 홀어머니를 모신 박정도이다. 애국과 효도 사이에서 내적 갈등을 겪으나 결국 만세 대열에 앞장서게 된다는 내용이다. 이 극본은 3, 4차에도 재수록되었는데, 교사용 지도서에서는 이 작품의 설정 취지를 다음과 같이 밝히고 있다.

(5) 국가 사회의 입장에서 건전한 사상과 정서적으로 안정된 훌륭한 인재를 요구하는 것은 당연한 일이거니와 이러한 견지에서 훌륭한 가치가 있는

> 문학은 큰 공헌을 하는 것이다.(중략) 이 제재에서는 이와 같은 기초 학력의 토대 위에서 학생들이 조국을 위해 애쓴 선배들의 행동을 통하여 많은 가치를 습득할 수 있을 것이다.
>
> 『고등학교 교사용 지도서 국어 2』(문교부, 1986, p.33)

교사용 지도서에는 위의 내용에 이어 이 작품의 주제를 '선인들의 애국심, 조국 수호의 정신을 본받는다'라고 밝혔는데, 이러한 주제의식에서 <조국>이 설정된 것이라 할 수 있다. 이는 4차 역시 3차와 마찬가지로 가치관 교육이 중시되고 있음을 의미한다.

4차 <조국>은 '희곡과 시나리오'라는 대단원에 수록되어 있다. 4차부터는 대단원의 학습 목표가 작품 수록 전에 제시되고 있는데, "첫째, 희곡과 시나리오의 다른 점과 같은 점을 알아보자. 둘째, 등장인물의 대사를 살펴보자. 셋째, 희곡과 시나리오의 줄거리를 파악해 보자."[2] 등으로 대별된다. 여기에서 희곡의 학습 내용만을 인용해 보면 다음과 같다.

> (6) 희곡(戱曲)은 연극의 대본(臺本)이 되는 글이다. 그러니까, 무대(舞臺)에서 구현되는 문학이라고 할 수 있다. 무대 상연을 전제로 한 문학이기 때문에 등장인물의 수나 시간적, 공간적 배경 등 많은 제한을 받는다. 희곡의 단위(單位)는 막(幕)과 장(場)이다.
>
> <희곡과 시나리오>(『국어 1』, 1989, p.92)

위 내용에서는 연극 대본으로서의 희곡의 특징, 그에 따른 인물의 수, 시공간적 배경의 제약성 등을 설명하고 있으며, 막과 장 등 단위들을 제시함으로써 희곡 구성의 특징을 보여주고 있다. 이러한 원리 학습에 대해 4차 <조국>은 일종의 적용학습 단원으로 제시되고 있다.

---

2) <희곡과 시나리오>(『국어 1』, 1989, p.92).

② <청춘은 조국과 더불어> 극본 수록 양상

[그림 4] 〈청춘은 조국과 더불어〉
(인문계 『국어 1』, 1981, p.103)

<청춘은 조국과 더불어>는 3차 『국어 1』(인문계)의 대단원 '유월의 이야기'라는 대단원 하에 수록되어 있으며, 6·25 전쟁기를 소재로 한 작품이다. 이 극본은 4차에서 『중학국어 3-2』 교과서에 하향되어 실렸는데, 앞서 중등 희곡 부문에서도 살핀 바 있다.

이 작품은 6·25 돌발 당시, 서울의 혼란하고 무질서한 상황을 배경으로 조국을 지키기 위해 목숨을 바치는 젊은이들의 정열과 결의를 그린 희곡이다. 주요 등장인물은 '박씨, 옥란, 이연길, 김주사' 등으로, 전쟁이 발발하자 주인공 연길은 어머니와 연인 옥란을 떠나 결사대에 참가한다. 그러나 공산당이 서울까지 침입하여 모두들 피난하게 되는데, 연길이 총상을 입고 돌아온다. 평소 옥란을 연모하던 강주사는 공산당원들에게 밀고를 하여 연길은 위기에 처한다. 결국 김주사와 공산당원들과 결투하다 그들을 사살하게 되며, 옥란 일가족과 남쪽으로 떠나게 된다.

<청춘은 조국과 더불어>은 옥란을 둘러싼 연길과 김주사의 갈등이, 국군과 공산당의 대립 관계로 확대되어 악=공산주의/선=민주주의라는 전언을 가진 단막극이다. 즉 악인은 애욕을 채우기 위한 도구로서 폭력적인 공산주의 이념을 선택하고, 선한 민주주의자는 그에게 고난을 받게 된다. 그러나 결국 선한 민주주의자의 승리로 권선징악적인 결말 구조를 보인다.3)

지금까지 살핀 바, 2~4차 희곡은 유치진의 <조국>과 <청춘은 조국과 더불어> 등 2편이다. 두 작품 모두 사실주의극에 해당되며, 주

---

3) 윤금선(2004), 『유치진 희곡 연구』, 연극과인간, p.288.

제는 반일과 반공임을 알 수 있다.

2 극본 학습활동 : 문학으로서 희곡 장르의 이해

4차 극본 학습활동도 교과서 학습문제와 이론편을 통해 그 실제를 살펴보고자 한다.

가. 극본 학습활동 : 〈조국〉, 〈청춘은 조국과 더불어〉

<조국>과 <청춘은 조국과 더불어> 등의 차시별 단원 목표를 제시하면 아래와 같이 정리된다.

[표 5] 2~4차 희곡 단원 목표

과정	작품	단원 목표
2차 국어 2(실업계), 3차 국어 2(인문계), 4차 국어 1	조국	[2차] · 희곡의 특색, 분류, 구성, 용어 등에 대하여 이해한다. · 소설과 희곡의 관계를 이해한다. · 희곡을 감상하고 이해할 수 있는 힘을 기른다. · 희곡의 발달 과정을 이해한다. · 희곡의 주제를 파악할 수 있는 힘을 기른다. [3차] · 희곡 '조국'의 구성을 파악한다. · 희곡의 분류, 용어 등의 특색을 안다. · 희곡을 읽고, 감상, 비평할 수 있게 한다. · 스스로 희곡을 쓰거나 각색한다. · 선인들의 애국심, 조국 수호의 정신을 본받는다. [4차] · 희곡은 어떠한 제약을 가지며, 그 제약이 어떠한 흐름을 가지는가를 안다. · 희곡의 언어는 어떠해야 하는지를 안다. · 희곡의 구성 단계를 구분지을 줄 안다. · 희곡 작품의 갈등 구조를 파악할 줄 안다.
3차 국어 1(인문계)	청춘은 조국과 더불어	[3차] · 희곡을 바르게 입체 낭독할 수 있다. · 극의 주제를 파악할 수 있다. · 희곡의 구성 요소를 파악한다.

		· 희곡의 남북통일의 전제 조건과 생존권 수호에 대해서 생각해 본다.

위의 단원 목표는 차시별로 다소의 차이를 보이나, 크게 희곡의 장르적 특성의 파악, 내용 이해 및 주제 파악, 낭독하기 등으로 요약할 수 있다. 아래에서는 각 작품의 학습활동의 작품별로 살피고자 한다.

① <조국>의 학습활동

2차 <조국>은 『국어 2』(실업계)의 'Ⅸ. 소설과 희곡' 대단원에서 헤르만 헤세의 소설 <나비>와 함께 수록되어 있다. '희곡의 특징 및 유형, 구성 감상과 비평'4) 등의 학습 목표를 보이며 학습문제는 다음과 같이 제시되고 있다.

[표 6] 2차 〈조국〉(실업계 『국어 2』) 익힘문제

1. 이 작품의 이야기 줄거리를 이야기하여 보자. 2. 지은이가 이 작품에서 나타내려고 한 정신은 무엇인가? 3. 이 희곡에 나오는 인물을 정하고 읽는 연습을 하여 보자. 4. 이 연극을 실제로 상연하려면 어떤 점에 주의를 하여야 할 것인가? 5. 이 희곡의 배경이 되는 시대에 대하여 알아보자. <익힘문제>(실업계 『국어 2』, 1968, p.188)

위 문항에서 1, 2, 5는 줄거리 및 주제의식, 시대적 배경 등 내용 파악과 관련된다. 3과 4의 문항은 낭독하기와 실연하기 등 희곡의 장르적 특성과 관련된 문항이라 할 수 있다. 이와 비교하여 3차의 학습문제는 다음과 같이 제시되고 있다.

4) <소설과 희곡>(실업계, 『국어 2』, 1968, p.165).

[표 7] 3차 〈조국〉(인문계 『국어 2』) 공부할 문제

1-1. 이 희곡으로 입체낭독을 해 보자. 혹 말하기에 필요한 기기(器機)를 사용할 경우엔 그 효과적인 사용법을 익혀 두도록 하자. 1-2. 입체낭독을 할 때에는, 연출자는 극의 내용(주제, 상황의 분위기, 인물의 성격 등)에 대한 확고한 해석을 가지도록 하고, 배역을 맡은 사람은 자기가 해석한 것을 잘 조화시키고, 그의 지시에 따르도록 하자. 2-1. 이 희곡의 주제, 시대적 배경, 박 정도의 성격 등을 알아보자. 2-2. 다음에 관하여 알아보자. (가) 비극(悲劇) (나) 희극(喜劇) (다) 희비극(喜悲劇, 또는 비희극) (라) 정화 작용(淨化作用, catharsis) 3-1. 다음에 관하여 생각해 보자. (가) 조국의 수호 (나) 어머니의 마음 <공부할 문제>(인문계 『국어 2』, 1984, p.28)

위의 문항 1은 2차와 마찬가지로 말하기와 관련된 낭독하기 학습이다. 그런데 3차에서는 기기를 사용한 효과적인 낭독법, 연출자 및 배역의 작품 해석에 따른 낭독법 등으로 보다 구체적인 학습활동을 보인다는 점이 특징적이다. 또한 희곡의 유형에 대해서 다루고 있다는 점과 작품의 '가치'를 덧붙이고 있다는 점이 2차와는 차별된다. 특히 희곡의 유형과 이론적인 부분을 살피는 문항(2-2)이 추가된 것은 3차 시기 학문 중심의 국어교육관을 반영한 것이라 할 수 있다.

한편 4차 학습활동에서는 희곡 <조국>과 시나리오 <마지막 한 잎>을 함께 다루면서, 두 장르의 유사점과 차별성을 파악하는 문제가 제시되고 있다.

[표 8] 4차 〈조국〉(『국어 1』) 학습문제

1-1. 희곡과 시나리오를 다음과 같은 조건에서 비교해 보자.(목적, 배경의 제한, 장면 구분의 단위)/ 1-2. 지문과 대사의 구실은 무엇인가?/ 1-3. 두 작품의 갈등을 설명해 보자.

2-1. '조국'과 '마지막 한 잎'을 다시 읽고, 다음을 알아보자.(주제, 구성 단계, 갈등을 나타내는 대사, 줄거리)(중략)/ 2-3. 지문을 현재형으로 쓰는 까닭은 무엇인가?/ 2-4. 두 편의 작품 중 하나를 골라 입체낭독을 해 보자.(중략) 3.2. 다음 소설의 일부를 희곡이나 시나리오로 각색해 보자.(하략) <학습문제>(『국어 1』, 1989, p.125)

위의 문제에서 희곡과 관련된 사항만을 정리해 보면, 첫째, 지문과 대사의 기능 이해, 둘째, 구성 단계와 갈등 파악, 셋째. 소설을 희곡으로 각색하기 등이라 할 수 있다. 3차와 비교하면 극문학의 특성을 이해하는 학습이 강화되었다고 할 수 있으며, 특히 새로이 문종 바꾸기 학습이 도입되었다는 점이 주목된다.

② <청춘은 조국과 더불어> 학습활동

3차 <청춘은 조국과 더불어> 또한 3차 교육과정기의 학문중심 교육관이 반영되어 다음과 같은 학습문제를 보이고 있다.

[표 9] 3차 〈청춘은 조국과 더불어〉(인문계 『국어 1』) 공부할 문제

1-1. 이 희곡을 가지고, 입체낭독을 해 보자. (가) 낭독하는 사람은 효과적인 표현 방법을 생각하고, (나) 듣는 사람은 장면을 머리에 그리며 감상해 보자. (다) 입체낭독을 연출하는 사람은 극이 단절되지 않도록 유의하자. 2-1. 이 극의 주제를 알아보자. 2-2. 다음에 관하여 알아보자. (중략) (가) 연극에 대한 희곡의 위치 (나) 인물, 배경, 플롯 (다) 막, 장 (라) 삼일치 (마) 갈등 2-3. 다음의 역할을 알아보자. (가) 해설(무대 설명, 인물, 기타 해설) (나) 지문 3-1. 다음에 대하여 생각해 보자. (가) 남북통일의 전제 조건 (나) 생존권의 수호 <공부할 문제>(인문계 『국어 1』, 1984, p.28)

위의 문항 1은 연극 상연을 고려한 입체낭독의 문제를 다룬 것이

며, 문항 2는 희곡의 구성 요소를 살펴보는 것으로서 2차에 비해 이론 학습을 구체적으로 다룬다는 점이 주목된다.

지금까지 2~4차 희곡인 <조국>과 <청춘은 조국과 더불어>의 학습활동을 살펴보았다. 2차에서는 희곡 장르의 기초적인 이해와 함께 주로 내용 파악이 중심을 이루고 있으나, 3~4차에서는 희곡의 극적 요소 파악과 낭독하기, 각색하기 등 장르적 특성을 고려한 문항들이 다양하게 제시되고 있음을 볼 수 있다.

나. 이론편 : 〈小說과 희곡의 朗讀法〉, 〈연극과 영화〉

2~3차 희곡(연극)론은 3편으로 다음과 같이 정리된다.

[표 10] 2~3차 희곡(연극)론

과정	단원	필자	부문	차시
2차 국어 2(인문계)	Ⅳ. 영화와 연극(Ⅶ. 音聲言語의 表現(2. 小說과 희곡의 朗讀法)	차범석	희곡 낭독법	2차
2,차 국어 3(인문계)	Ⅷ. 희곡과 시나리오(1. 희곡을 쓰려면)	유치진	희곡 창작법	2차
2차 국어 3(실업계), 3차 국어 3(인문계, 실업계)	2차 Ⅳ, 예술과 인생(1. 연극과 영화), 3차 문학과 극(17. 연극과 영화) Ⅳ, 예술과 인생(1. 연극과 영화)	오영진	희곡의 발생과 기원, 창작 과정, 표현 형식과 기교	2~3차

차범석의 <小說과 희곡의 朗讀法>은 2차 인문계 『국어 2』의 'Ⅶ. 音聲言語의 表現' 수록되었으며,[5] 유치진의 <희곡을 쓰려면>은 2차 인문계 『국어 3』의 'Ⅷ. 희곡과 시나리오'에 실렸다. 오영진의 <연극과 영화>는 실업계 2, 3차 『국어 3』의 'Ⅵ. 예술과 인생', 3차 인문계 『국어 3』 의 '문학과 극' 등에서 여러 번 다루어진 이론편이다. 이 단

5) 오영진의 <연극과 영화>는 5차 『국어 2』의 '6. 설명문'에서 다루어지기도 했다.

원들은 2~3차에 속한 것으로 4차에서는 이론편이 수록되지 않았다. 2~3차 이론편은 동일 내용으로, 여기에서는 최초 수록된 2차 단원을 통해 주요 이론을 살피고자 한다.

① 차범석의 <小說과 희곡의 朗讀法>

차범석의 <小說과 희곡의 朗讀法>은 희곡 낭독법에 관한 내용으로서 다음과 같이 제시되고 있다.

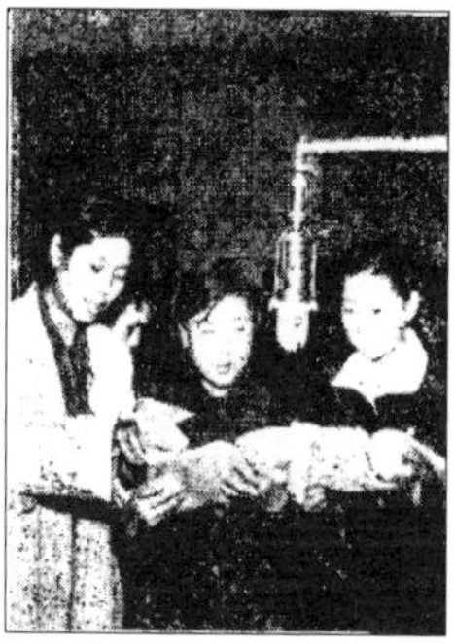

[그림 5] 입체낭독을 하는 장면
(인문계 『국어 3』, 1968, p.155)

(7) 연극은, 희곡이 선정되면 演出者는 配役을 決定하고, 俳優들은 자기가 맡은 인물의 창조를 위해 먼저 희곡을 읽는 연습에서부터 시작한다.(중략) 그러므로 희곡이 舞臺 위에서 행동화되기 전까지의 段階는 희곡 낭독이라 볼 수 있다. 그러나 여기서 말하는 낭독은 연극 창조에 있어서의 한 과정이 아니라 희곡 감상으로서의 낭독을 전제한다.(중략) 희곡이 대사 위주라는 특성, 그러므로 복수인물이 낭독하는 것이 더욱 효과적이다.

<小說과 희곡의 朗讀法>(인문계 『국어 3』, 1968, p.155)

위에서 주목되는 논의는 희곡 낭독은 배우에게 있어서는 '인물의 창조'라고 지적한 부분이다. 이어지는 글에서는 다음과 같이 낭독법에 대해서 설명하고 있다. 첫째, 작품 길이는 30분 안팎의 단막극이 적절하다고 보았다. 이것은 청중의 집중력이나 긴장감을 고려한 길이라는 것이다. 둘째, 우리말을 바로 이해하고 표현하는 말하기 학습의 실천이라고 지적했다. 즉 희곡 낭독은 국어교육의 측면에서 언어교육의 일면을 담당하고 있다는 것이다.[6]

6) <小說과 희곡의 朗讀法>(인문계 『국어 3』, 1968, p.155).

그런데 앞서 살핀 <조국>과 <청춘은 조국과 더불어>는 『국어 1』에 수록되어 있고, 희곡 낭독법에 대한 실제적인 이론은 『국어 2』에 수록되고 있다. 이론편은 일종의 원리학습이라 할 수 있고, 극본은 이를 적용하여 파악하는 적용학습이라 할 때, 수록상의 순차성이 다소 어긋나는 측면을 보인다고 하겠다.

② 유치진의 <희곡을 쓰려면>

유치진의 <희곡을 쓰려면>은 희곡 창작론에 속한다. 이 단원에서는 주제의 설정, 성격의 창조, 구성(플롯), 연극의 리듬 등의 문제를 다루고 있다.

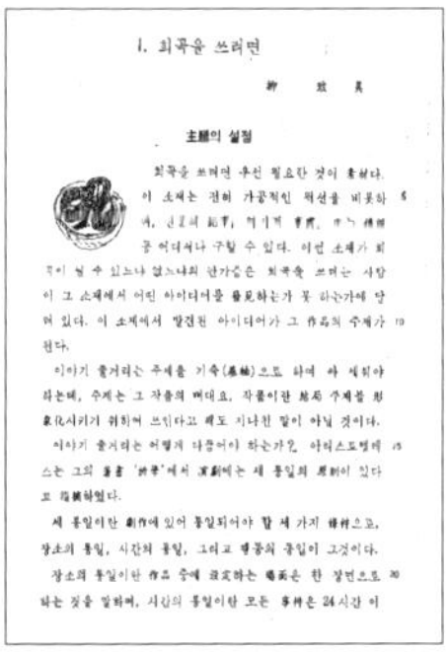
1. 희곡을 쓰려면

主題의 설정

[그림 6] 〈희곡을 쓰려면〉
(『국어 3』(인문계), 1968, p.223)

(8) 主題의 설정 희곡을 쓰려면 우선 필요한 것이 素材다. (중략) 이 소재에서 발견된 아이디어가 그 作品의 주제가 된다. 이야기 줄거리는 주제를 기축(基軸)으로 하여 짜 세워야 하는데, 주제는 그 작품의 뼈대요, 작품이란 結局 주제를 形象化시키기 위하여 쓰인다.(중략) 이야기 줄거리는 어떻게 다듬어야 하는가? 아리스토텔레스는 그의 著書 '詩學'에서(중략) 劇作에 있어 통일되어야 할 세 가지 條件으로, 장소의 통일, 시간의 통일, 그리고 행동의 통일이다.

<희곡을 쓰려면>(인문계 『국어 3』, 1968, p.225)

위의 인용 내용은 희곡의 주제 설정에 관한 것으로, 특히 장소의 통일, 시간의 통일, 행동의 통일이라는 아리스토텔레스의 3일치 법칙을 통해 설명하고 있다는 점이 주목된다. 이어지는 글에서는 인간 묘사에 역점을 두게 된 근대극에서는, 이야기 줄거리보다 '성격'을 중시한다고 강조하고 있으며, 희곡 설계인 구성 단계를 발단(1막)－발

전(2막) – 반전(3막) – 대단원(4막)으로 제시하면서 각 단계에 대한 설명을 하고 있다. 또한 '연극의 리듬'을 연극과 관중이 함께 호흡하는 심리적인 현상이라 정의하면서, 4막극의 구성을 이에 근거하여 다음과 같이 제시하고 있다.

> (9) 제1막의 이야기 줄거리의 발단은 심리적 준비[起]요,
> 제2막의 이야기 줄거리의 발전은 심리적인 층승(層承)[承]이며,
> 제3막의 이야기 줄거리의 반전은 심리적인 급변(急變)[轉]이요,
> 제4막의 이야기 줄거리의 파국은 심리적인 대파열[結]이다.
> <희곡을 쓰려면>(인문계 『국어 3』, 1968, p.230)

앞서 1차 『고등국어 3』에 수록된 유치진의 <희곡론>이 소설과 비교하여 희곡의 장르적 특징을 논한 것이라면, 2차 『국어 3』의 <희곡을 쓰려면>은 아리스토텔레스의 삼일치 법칙, 성격, 플롯, 연극의 리듬 등과 연결하여 희곡 창작론을 다룬 것이라고 하겠다.

③ 오영진의 <연극과 영화>

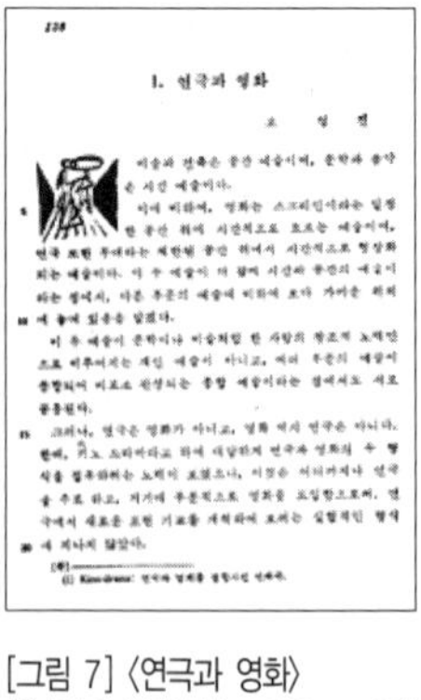
1. 연극과 영화

[그림 7] 〈연극과 영화〉
(『국어 3』(실업계), 1968, p.138)

오영진의 <연극과 영화>에서는 영화와 비교하면서 연극의 특징을 다룬 경우이다. 특징적인 면만 제시하면 다음과 같다. 즉 연극(희곡)과 영화(시나리오)는 극문학이라는 점에서 공통점을 지니기도 하나 발생과 기원, 창작 과정, 표현 형식 등에서 차이점을 보인다고 지적했다. 특히 영화는 스크린이라는 일정한 공간 위에서, 연극은 무대라는 제한된 공간 위에서 시간적으로 흐르는 예술이며, 모두 시공간의 예술이라고 규정하고 있다.[7]

이상 살펴본 바와 같이, 2차와 3차의 이론편은 희곡의 특징을 살피는 논의들이라 할 수 있다. 즉 희곡이 서사적 요소를 지녔다는 점에서 소설과 비교, 극문학이라는 점에서 시나리오와의 비교, 낭독법과 창작론, 공연적인 측면 등을 살피고 있다. 이 시기에 수록된 희곡 수는 많지 않으나 이론편에서는 심도깊은 희곡론들을 다루었다고 볼 수 있다.

(3) 5~6차 교육과정기

1 희곡 수록 양상 : 고전극과 현대극의 도입

5~6차 교육과정기의 희곡 단원은 고전극 <봉산탈춤>(<'봉산탈춤'에서>)과 오영진의 <살아있는 이중생 각하> 등 2편이 수록되어 있다. 특히 <봉산탈춤>은 5차 『국어 하』의 '10. 희곡과 무대'에서 <'봉산탈춤'에서>라는 단원명으로, 6차 『국어 하』의 '5. 문학의 유형'에서 <봉산탈춤>이라는 단원명으로 반복 수록된 제재이다. <살아있는 이중생 각하(李重生閣下)>는 6차 『국어 하』의 대단원 '3. 언어와 문학'에 처음으로 실린 극본이다.

[표 11] 5~6차 희곡 단원

학년	작품	내용 및 주제	부문
5차 국어 하 6차 국어 상	'봉산탈춤'에서 (봉산탈춤)	익살과 웃음을 통하여 현실의 모순을 폭로(현실풍자)	고전극
6차 국어 하	살아있는 이중생 각하	민주주의의 위기극복과 공산주의자의 파멸(반공주의)	사실주의극

7) <연극과 영화>(실업계 『국어 3』, 1968, pp.138~146).

5~6차 희곡 단원의 특징을 들면, 이 시기에 들어서 고등 국어 교과서에 처음으로 고전 제재가 도입되었다는 점, 전 시기까지 유치진의 근대극 일변도에서 오영진의 현대극으로 교체되었다는 점 등을 꼽을 수 있다. 아래에서는 작품별로 그 수록 양상을 구체적으로 살피고자 한다.

가. 〈‘봉산탈춤’에서〉 극본 수록 양상

5차 <‘봉산탈춤’에서>는 ‘희곡과 무대’라는 대단원 하에 유민영의 <희곡의 이해>라는 이론편과 함께 실려 있다. ‘단원의 길잡이’에 나타난 단원 목표를 보면, 이 단원은 희곡의 본질과 역사를 이해하고, 우리 전통극에 나타난 갈등의 양상과, 우리말의 다양한 맛을 살린 대사의 묘미 등을 살펴보려는 데 목적을 두었다.[8] 6차 『국어 하』에도 동일한 제재가 수록되었는데, ‘문학의 유형’이라는 대단원 하에서 여타 문종[9]과 함께 희곡의 유형으로 제시되고 있다.

[그림 8] 〈‘봉산 탈춤’에서〉 (『국어 하』, 1992, pp.188~189)

(10) 말뚝이 : (벙거지를 쓰고 채찍을 들었다. 굿거리 장단에 맞추어 양반 3형제를 인도하여 등장)

양반 3형제 : (말뚝이 뒤를 따라 굿거리 장단에 맞추어 점잔을 피우나, 어색하게 춤을 추며 등장, 양반 3형제 맏이는 샌님(生員), 둘째는 서방님(書房), 끝은 도련님.(중략)

말뚝이 : (가운데쯤에 나와서) 쉬이. (음악과 춤 멈춘다.) 양반 나오신다아! 양반이라고 하니까 노론(老

---

8) <단원의 길잡이)>(『국어 하』, 1992, p.180).

9) 이 대단원에는 <‘봉산탈춤’에서> 외에 <창노래와 벽노래>(시조), <진달래꽃>(시), <동백꽃>(소설), <은전 한 닢>(꽁트) 등이 함께 수록되고 있다.

> 論), 소론(少論), 호조(戶曹), 병조(兵曹), 옥당(玉堂)을 다 지내고 정승(三政丞), 육 판서(六判書)를 다 지낸 퇴로 재상(退老宰相)으로 계신 양반인 줄 아지 마시오. 개잘량이라는 '양'자에 개다리소반이라는 '반'자 쓰는 양반이 나오신단 말이오.
>
> <'봉산탈춤'에서>(『국어 하』, 1992, p.188)

봉산탈춤은 황해도 지방에서 전승되던 탈춤의 하나로서, 여타 가면극과 마찬가지로 춤을 중심으로 몸짓, 동작, 재담과 노래가 따르는 형식이다. 제1과장 사상좌춤, 제2과장 팔목중춤, 제3과장 사당춤, 제4과장 노장춤, 제5과장 사자춤, 제6과장 양반춤, 제7과장 미얄춤 등 모두 7과장으로 옴니버스식 구성을 취하고 있다. 파계승, 몰락한 양반, 하인, 무당, 사당패 등을 등장시켜 익살과 웃음을 통하여 현실의 모순을 폭로하고 있는 고전극이다. 교과서에 수록된 부분은 그 중 '6과장 양반춤'에 해당된다. 6과장은 거짓된 위엄의 양반, 이에 대해 야유하는 말뚝이 등의 대립상이 나타나 있으며, 이를 통해 양반의 허위와 지배 체제의 모순을 풍자하고 있다.

한편 교사용 지도서에서는 <봉산탈춤>의 제재의 특성을 다음과 같이 밝히고 있다.

> (11) 가면극은 노골적이고 외설적인 표현을 주로 한 재담과 양반에 대한 풍자정산을 바탕으로 하고 있다. (중략) 이런 한국적 특성을 지닌 가면극은 희곡이 가지는 갈등 구조를 충실히 반영하고 있다. 예를 들어, '소무'를 사이에 두고 '노장'과 '취발이'가 벌이는 대결, '영감'을 사이에 두고 '덜머리집'과 '미얄'이 벌이는 대결이 그것이다.
>
> 『고등학교 교사용 지도서 국어 하』(문교부, 1992, p.153)

위의 글에서는 <봉산탈춤>의 특징을 언어적 특성과 풍자성, 첨예한 갈등 구조 등에 두고 있다. 앞서 '단원의 길잡이'에서는 전통극에 나타난 갈등의 양상, 대사의 묘미 등을 살펴보는 것을 학습 목표로 설정하고 있다. 이 작품은 뚜렷한 갈등 구조와 재담을 통한 언어의 묘미가 돋보이는 고전극이라 할 수 있는데, 이런 측면에서 설정된 제재라 할 수 있다.

나. 〈살아있는 이중생 각하〉 극본 수록 양상

6차에 수록된 <살아있는 이중생 각하>는 '언어와 문학'이라는 대단원에서 시(고전시가), 소설, 판소리 등과 함께 희곡 유형으로 실렸다. '단원 길잡이'를 보면, 이 대단원은 각 문학 장르의 언어의 특징을 탐색하는 것을 학습 목표로 삼고 있다.[10)]

[그림 9]
〈살아있는 이중생 각하〉
(『국어 하』, 1996, pp.110~112)

(12) 때 : 현대/ 곳 : 서울 등장인물 : 이중생(李重生) 53세. 사업가, 우씨(禹氏) 54세. 그의 처, 하주(夏珠) 35세. 맏딸, 송달지(宋達之) 40세. 사위, 하연(夏硏)(중략)

박씨 그럼 형님, 집엣것들 저녁상이나 차려 주구 곧 오리다. 집에서들은 명일날이나 온 줄 알겠군. 호호... (다다미방을 들여다보고) 그저, 세상 떠난 분 하나 불쌍하지. 조금만 참으셨던들 아드님두 만나실걸. 그래두 천도(天道)가 무심치 않지. 돌아가신 아버님이라두 한 번 보라구 장례 전으로 들어서게 되니 이게 하느님 인도가 아니구 뭐유?

<살아있는 이중생 각하>(『국어 하』, 1996, pp.110~112)

오영진의 <살아있는 이중생 각하>는 1949년에 발표된 작품으로

10) <살아있는 이중생 각하>(『국어 하』, 1996, pp.110~112).

[그림 10] 1975년 〈살아있는 이중생 각하〉 공연 장면
(『국어 하』, 1996, p.127)

총 3막으로 구성된 작품이다. 이 중 교과서에 제시된 장면은 마지막 3막의 4장에 해당된다. 주인공은 '이중생'으로 일제강점기에 외아들을 솔선해서 징용군에 보내면서까지 치부를 한 전형적인 친일파이며, 광복이 되자 국유림을 사유화하기 위해 유령 회사를 차리는가 하면, 달러를 융자받기 위해 딸을 미국인의 정부로 이용하는 등 온갖 비리와 사기를 저지르는 인물이다. 그의 만행과 교활성은 막대한 재산을 건지기 위해 스스로 거짓 죽음의 연극을 꾸미는 부분에서 절정에 달한다.[11)]

이 작품은 매판 자본가들이 해방 직후 겪게 되는 파탄의 과정을 다룬 것으로, 해방이 되어도 자신의 친일적 행가을 반성하기보다 반민족적인 행위를 서슴없이 저지르는 이중생을 통해 해방 이후의 현실에 대한 풍자와 비판의 정신을 보여주고 있다.[12)] 또한 <살아있는 이중생 각하>는 비극적 결말임에도 불구하고 희화적인 언어로써 웃음을 유발하고, 의미심장한 상징적인 언어 등에서, 앞선 <봉산탈춤>과 같이 희곡적 언어의 묘미가 잘 드러난 작품이라고 할 수 있다.

5~6차 희곡으로 <봉산탈춤>(<'봉산 탈춤'에서>)과 <살아있는 이중생 각하>의 수록 양상을 살펴보았다. <봉산탈춤>은 5차 『국어 하』의 '희곡과 무대', 6차에서는 '문학의 유형'에서 희곡 장르를 이해하

11) <참고 자료>(『국어 하』, 1996, pp.318~319).
12) 이승희(1993), 「해방이후의 해바라기성 인간 풍자 : <살아있는 李重生 각하>」, 『새가정』, 새가정사, p.134 참조.

는 학습 자료로 제시된 극본이다. <살아있는 이중생 각하>는 6차『국어 하』의 '언어와 문학'에서 다루어졌으며, 이 역시 대단원명에서 나타나듯이 극적 언어의 특징, 즉 희곡의 특징을 이해하는 것을 목표로 수록된 제재이다. 두 작품 모두 풍자성이 강하다는 점, 상징성과 희화화된 언어가 특징적이라는 점에서 유사점을 보이기도 한다.

② 극본 학습활동 : 문학 장으로서의 희곡의 이해

5~6차 희곡 단원의 목표를 정리하면 아래와 같다.

[표 12] 5~6차 희곡 단원 목표

학년	작품	단원 목표
5차, 국어 하, 6차 국어 상	'봉산탈춤' 에서 (봉산탈춤)	[5차] · 가면극의 특징과 내용을 이해한다. · 이야기의 줄거리 요약을 할 수 있다. · 극중 인물들의 관계를 요약할 수 있다. · 극중 현실과 당시 시대상이 어떻게 연관되는지 설명할 수 있다. · 가면극의 유래와 그 형식과의 관계를 파악할 수 있다. [6차] · 보여주기 유형의 문학이 지닌 특성을 이해할 수 있다. · 보여주기 유형의 작품을 그 특징에 맞게 감상할 수 있다. · 보여주기 유형의 작품이 지닌 상징적, 함축적 의미를 이해할 수 있다. · 보여주기 유형의 작품을 읽고, 그 의미를 자신과 연결지어 파악할 수 있다. · 보여주기 유형의 작품이 지닌 문학적 가치를 판단할 수 있다.
6차 국어 하	살아있는 이중생 각하	[6차] · 희곡 작품은 삶의 모습을 형상화한 것임을 알고 감상할 수 있다. · 희곡은 말과 행위로 형상화한다는 특징을 알고 작품을 감상할 수 있다. · 형상화, 상징, 의미의 다양성 등의 관계와 기능을 알고 작품을 감상할 수 있다. · 상징을 현실과 자신의 삶에 투영하여 그 의미를 파악할 수 있다. · 문학 언어의 심리적 효과를 이해하며 작품을 읽을 수 있다.

앞서 언급한 바와 같이, 고전극 <봉산탈춤>은 5차에서는 '희곡과 무대'라는 대단원에, 6차에서는 '문학의 유형'이라는 대단원에 속한 작품이다. 위의 내용은 대단원의 학습 목표를 반영한 것으로, 고전극과 희곡 장르의 일반적 특징, 극적 언어의 특징을 파악하는 것이 주요 학습이라 할 수 있다. 두 작품의 학습활동을 구체적으로 살펴보면 아래와 같다.

가. 〈봉산탈춤〉 학습활동

5차 대단원 '희곡과 무대'에서는 먼저 유민영의 <희곡의 이해>라는 소단원을 다룬 후, 그 이론에 대한 적용학습으로 극본을 수록하고 있는데, 먼저 희곡 이론에서는 다음과 같은 내용을 제시하고 있다.

> (13) 희곡은 시, 소설과 함께 문학의 한 장르인 동시에, 연극의 주요 요소이기도 하다. 따라서, 희곡은 시나 소설과 차이점을 지닐 수밖에 없는데, 그 차이점이란, 시나 소설이 읽히도록 씌어져 있는 반면에, 희곡은 공연되도록 만들어진 점이다. 그것은 문자화되어 있는 것을 행동화, 시청각화 시키는 것을 의미하는 것이고, 이는 곧 관중 앞에서의 공연을 의미한다.
>
> <희곡의 이해>(『국어 하』, 1992, p.181)

이 글에서는 인용문에 이어 희곡은 두 개의 힘, 즉 극작가가 제공하는 창조적인 힘과 연출가, 배우 등이 만들어 내는 해석적인 힘을 합친 하나의 살아 있는 경험이라 지적하고 있으며, 우리 근대 희곡사 및 극작가에 대한 소개를 약술하기도 했다. 특히 이 단원의 학습활동에서는 우리나라 전통극의 대본을 찾아 읽은 후 그 특징을 알아보고, 서구의 희곡과 우리나라 희곡의 동질성과 이질성에 대해서 이야기하는 내용을 보이고 있어 주목된다.[13] 이론편에 이어 <'봉산탈춤'에서>

가 제시되고 있으며, 이 작품에 대한 학습활동은 위의 이론을 적용한 문항으로 구성되어 있다.

[표 13] 5차 〈'봉산탈춤'에서〉(『국어 하』) 학습활동

1. 탈춤은 어떤 사람에 의해서, 언제, 누구를 대상으로 공연되었는가? 2. 이 글에 나타난 대사를 중심으로 다음 지시에 따라 공부해 보자. (1) 대사의 묘미를 느끼게 하는 부분을 찾아보고, 그 이유가 어디에 있는지 생각해 보자./ (2) 이 대사들을 현실에 대한 풍자성과 관련하여 설명해 보자. 3. 이 글에 등장하는 인물들을 중심으로 다음 사항을 알아보자. (1) 각 인물의 성격적 특징은 무엇인가?/ (2) 이 인물들은 어떤 관계에 있는가?/ (3) 이 인물들이 상징성을 가진다면 어떤 점에서 그러한가? 4. 이 글에 나타난 극적 갈등과 당대의 사회적 삶과의 관련을 알아보자. 5. 탈춤과 서양 연극이 공연의 성격상 다른 점은 무엇인지 알아보자. <학습활동>(『고등국어 하』, 1992, p.105)

위의 학습문제는 희곡의 일반론과 더불어 <봉산탈춤>이라는 전통극의 특징을 파악하는 내용이라고 할 수 있다. 즉 1은 탈춤 공연의 배경이 되는 시기적 특성과 연출가 및 배우, 관객 등의 문제를 다루는 것이며, 2는 풍자성과 긴밀한 대사의 특징 등을 묻는 문항이다. 3과 4는 인물 간의 갈등 관계를 파악하는 문제라 할 수 있다. 5는 이러한 일련의 학습활동을 통해 우리의 전통극과 서양 연극과의 차이점을 이해하는 문항이라 할 수 있다.

한편 6차에서는 교과서 서두에서 '일러주기'를 통하여, 다음과 같은 지시 사항을 제시하고 있다.

(14) (3) 개념과 방법을 익혀 능력을 향상시키도록 편찬하였다. 교실에서

---

13) <학습활동>(『고등국어 하』, 1992, p.187).

이루어지는 학습은 지식 그 자체의 암기보다는 활용과 발전을 위한 기본 능력을 함양하는 과정이다. 이 교과서는 학습할 원리를 두어 기본적인 개념과 방법을 익히도록 하였고, 이를 다시 실제의 국어 활동에 활용하는 과정으로 소단원을 편성하였다. 따라서, 소단원은 모법 예문이라기보다 학습할 원리를 실습하는 대상으로 삼아 공부하고, 이 능력을 바탕으로 국어 생활의 능력 향상이 이루어지도록 해야 한다.

<일러두기>(『국어 상』, 1997, p.1)

위의 편찬 방침에 의해 6차에서는 '학습할 원리'란을 두어 '문학의 유형'이라는 대단원의 학습 목표를 밝히고 있는데, 시, 소설 등의 장르에 대한 특징과 함께 희곡에 대해서는 다음과 같이 설명하고 있다.

(15) 3. 보여주기의 문학 (1) 보여주기 : 느낌을 말하는 대신, 인물들의 말, 행동 등을 제시한다. 순서에 따라 사건이 제시되지만, 인물들의 행위만 제시하여 상상하게 한다는 점에서 이야기하기와 다르다. (2) 갈래 : 보여주기 유형의 대표적 양식은 희곡이다. 오늘날의 희곡은 순전히 읽기만을 위하여 창작한 것도 있다.

<봉산탈춤>(『국어 하』, 1992, p.15)

위의 내용에서는 희곡의 특징을 '보여주기' 문학이라는 측면에서 접근하고 있는데, '노래하기'(시, 시조), '이야기하기'(소설)와 대비된 개념으로 설명하고 있다는 점이 특징적이다. 이는 <봉산탈춤>을 극문학 일반의 측면에서 다루고 있음을 의미한다. 또한 6차에서는 단원 말미에 학습 목표의 재확인이라 할 수 있는 '평가중점'을 두고 있는데, <봉산탈춤>에 대해서는 1. 보여주기 유형의 문학이 지닌 특성을 이해하였는가? 2. 보여주기 유형의 작품을 그 특성에 맞게 감상하는가? 3. 보여주기 유형이 지닌 상징적, 함축적 의미를 자신과 연결지어 파악하는가? 5. 보여주기 유형의 작품이 지닌 문학적 가치를 판단하

는가?[14] 등의 학습활동을 제시하기도 했다. 이러한 학습활동과 함께 6차 <봉산탈춤>의 학습문제는 다음과 같이 제시되고 있다.

[표 14] 6차 〈봉산탈춤〉(『국어 상』) 학습활동

1. '말뚝이'를 중심으로 다음을 공부해 보자.
2. 교과서에 실린 부분의 사건 전개를 중심으로 다음을 공부해 보자.
3. 근대 사실주의 희곡은 어떤 장소에서 벌어지는 일을 열려 있는 한쪽 벽을 통해 들여다본다는 원리를 지니고 있다. 이를 '제4의 벽'의 원리라 한다. 이 점을 중심으로 다음을 공부해 보자.
4. 오늘날의 연극과 '봉산(鳳山) 탈춤'을 대비하여 다음을 공부해 보자.
5. 이 글에 나오는 단어들 중에서 우리나라의 고유한 풍물과 관련된 것들을 찾아보자.

<학습활동>(『국어 상』, 1997, p.177)

위 학습문제에서는 각 문항의 소항목을 생략했는데, 이를 살펴보면 다음과 같다. 먼저 1의 소항목에서는 먼저 일상적인 언어와 말뚝이가 하는 말의 특징을 살피고, 말뚝이의 말투를 근거로 양반에 대한 말뚝이의 태도를 설명해 보며, '춘향전'의 '방자'와 '말뚝이'의 공통점이 무엇인지 파악하는 활동을 보인다. 이를 통해 보여주기 유형의 문학에서 인물의 성격을 이해하도록 유도하고 있는데, 이는 극문학의 '성격 창조'와 관련된다고 할 수 있다.[15]

문제 2의 소항목에서는 줄거리를 요약하고, 말뚝이와 양반의 성격, 태도, 가치관을 살피고 이에서 빚어지는 갈등상을 파악하는 문제가 제시되고 있다. 문제 3의 소항목에서는 먼저 교과서에 실린 부분에서 관객과 악공들이 하는 역할과 그 효과를 파악하고, 이 점을 중심으로

14) <봉산 탈춤>(『국어 하』, 1992, p.178).
15) <학습활동 도움말>(『국어 상』, 1997, p.178).

탈춤의 특징이 무엇인지 정리하는 문제를 보인다. 특히 이 문항은 관객의 측면에서 그 효과를 살핀다는 점에서 특징적이다. 한편 4에서는 현대극과 <봉산탈춤>의 등장인물의 대사, 행위, 사건 구성 등을 비교해 봄으로써 고전극과 현대극의 차이점을 파악하는 문항들이 제시되고 있어 주목된다. 문제 5의 경우는 전통극의 풍물 등을 좀 더 알아보는 심화학습이라 할 수 있다.

위에서 살펴본 6차 학습활동은 동시기 교육과정이 추구하는 바, 학습 개념과 방법을 익혀 학생들이 스스로 문제를 해결해 가는 과정이라 할 수 있다. 또한 5차 학습활동이 주로 고전극의 특징을 이해하는 학습에 머물렀다면, 6차에서는 서양 연극(현대극)과 비교하는 가운데 다양한 학습활동을 보이고 있다는 점이 특징적이다.

나. 〈살아있는 이중생 각하〉 학습활동

<살아있는 이중생 가하>는 6차 『국어 하』의 대단원 '3. 언어와 문학'에 실려 여타 문학 장르와 함께 적용학습 단원으로 제시된 경우이다. '단원의 길잡이'에서는 이 단원의 학습 목표를 '극의 언어가 지닌 상징성과 일상 언어의 관계를 파악하는 것'이라고 밝히고 있다.[16] 이러한 학습 목표 아래 <살아있는 이중생 각하>의 학습활동이 다음과 같이 제시되고 있다.

[표 15] 6차 〈살아있는 이중생 각하〉(『국어 하』) 학습활동

1. 이 작품의 주인공 '이중생(李重生)'을 중심으로 다음을 공부해 보자. 2. 이 작품에 나오는 인물들이 우리 주변에도 있겠는지 생각해 가면서, 다음에 따라 공부해 보자.

16) <단원의 길잡이>(『국어 하』, 1996, p.68).

3. 작품 속에 형상화된 삶의 모습은 하나의 상징이라는 점을 중심으로 다음을 공부해 보자.
4. 작품에 나오는 인물들의 말과 행위에서 생각하게 되는 바가 곧 이 작품의 주제라고 할 수 있다. 이를 중심으로 다음을 공부해 보자.

<학습활동>(『국어 하』, 1996, p.129)

이 학습문제에서도 각각의 문항에 소항목이 제시되고 있는데, 이를 들어보면 다음과 같다. 먼저 1의 소항목에서는 '주인공의 특징을 대사를 들어 설명하기, 갈등 관계를 통해 인물의 특징 설명하기, 이름에서 암시적인 뜻을 알아보고, 인물에 대한 작자의 태도 생각해 보기' 등의 문제를 제시하고 있다. 위의 문항에서 특히 주목되는 것은 명명법에서 작가의 의도를 파악하는 문제이다. '이중생(李重生)'은 '이중생(二重生)'과 음이 같다는 면에서, 이중적인 인물이라는 상징성을 보인다. 그러므로 이 문제는 희곡 언어가 지닌 상징성에 대해 탐구한다는 점에서 특징적이라 하겠다.17)

문제 2의 소항목에서는 3막에서 등장하는 이중생, 송달지, 최 변호사와 같은 인물을 주변에서 찾아보는 문제로서, 희곡의 '개연성'과 '사실성'의 문제를 파악하는 학습이라 할 수 있다.18) 문제 3의 소항목에서는 '문학 작품과 신문 기사와의 차이 설명하기, 문학 작품에 형상화된 삶의 의미 설명하기' 등의 내용이 제시되고 있다. 이것은 문학 작품은 사실의 전달이 아니라 하나의 형상으로 제시된다는 점을 이해하는 학습이라 할 수 있다.19) 문제 4에서는 이 작품을 읽고 자신의 삶에 대해 어떤 생각을 가지게 되었는지, 나아가 문학 언어의 심리적 효과에 대해 설명하는 등의 문제가 제시되고 있는데, 이것은 학

17) <학습활동 도움말>(『국어 하』, 1996, p.130).
18) <학습활동 도움말>(『국어 하』, 1996, p.130).
19) <학습활동 도움말>(『국어 하』, 1996, p.130).

습자 중심의 '자기적용 학습'에 속한다고 하겠다.

지금까지 6차 희곡 <봉산탈춤>과 <살아있는 이중생 각하>의 학습활동을 살펴보았다. <봉산탈춤>은 5차의 재수록본으로서, 5차의 학습활동이 주로 고전극의 특징을 이해하는 학습에 머물렀다면, 6차에서는 일반 극문학에 근거한 이해로 확산시키며 다양한 학습활동을 보이고 있다. <살아있는 이중생 각하>에서는 극의 언어가 지닌 상징성과 일상 언어의 관계를 파악하는 것이 주요 학습활동으로 제시되고 있으며 자기적용으로 주도적인 학습활동을 보인다는 점이 특징적이다. 이상 6차 학습활동은 동시기 교육과정이 추구하는 바, 학습 개념과 방법을 익혀 학생들이 스스로 문제를 해결해 가는 학습자 중심의 활동을 보인다는 점이 특징적이다.

(7) 7차 교육과정기

1 희곡 수록 양상 : 희곡 제재의 매체 확산

7차 희곡 제재는 5, 6차에 이어 <봉산탈춤>이 재수록 되었고, 새로이 <맹진사 댁 경사>가 실렸다. 특히 후자는 7차에 들어 국어 교과서의 매체 확산이 이루어지면서 중학교 7차 『생활국어 3-1』에서 <시집가는 날>이라는 뮤지컬 대본으로 각색되어 동시에 실렸다는 점이 주목된다.

[표 16] 7차 희곡 단원

학년	작품	내용 및 주제	부문
국어 상	봉산탈춤	익살과 웃음을 통하여 현실의 모순을 폭로(현실풍자)	고전극
국어 상	맹진사 댁 경사	개인의 영달과 사회적 신분 상승을 위한 계략과 파국(현실풍자)	사실주의극

[그림 11] 〈봉산탈춤〉
(『국어 상』, 2002, p.128)

<봉산탈춤>과 <맹진사 댁 경사>는 『국어 상』의 대단원 '3. 다양한 표현과 이해'에 제시된 작품으로 특히 <맹진사 댁 경사>는 이 대단원의 '심화학습'에서 다루어지고 있다. <봉산탈춤>은 장르적 특징을 파악하는 학습 목표 하에 수록되었던 전 시기와 달리, 표현의 다양성을 이해하는 학습 목표 하에 실렸다. 교과서 수록본은 5, 6차와 마찬가지로 봉산탈춤의 6과장으로 동일 극본이 재수록된 경우이다. 그러나 본문 옆 날개의 주석을 통해 탈춤에서 사용하는 용어를 설명하고 있다는 점이 특징적이다.

중학교 과정에서 <시집가는 날>에서 이미 다룬 바, <맹진사댁 경사>는 양반사회의 체제가 무너지기 시작한 조선 후기를 배경으로 삼은 작품이다. 탐욕적인 맹진사가 가문의 영달과 사회적 신분 상승을 위해 딸 갑분이를 도라지골 김판서 댁 아들 미언에게 시집보내려는 과정에서 일어나는 여러 가지 일들을 해학과 풍자로 표현한 오영진의 대표적 희곡이다.[20] 고등학교 과정에서는 다음과 같은 수록 형태를 보이고 있다.

[그림 12] 〈맹진사 댁 경사〉
(『국어 상』, 2002, p.148)

(16) 맹노인 : 내가 올해 몇 살이든고? 구십이든가, 구십하고도 몇을 더 먹었드나?
맹진사 : 에그, 아버님두....
맹노인 : 이 나이에 내가 오늘같이 기꺼운 적이 없었다. 첫째, 내 손녀사위가 의외로 인물이 특출한 것, 둘째는 그런 사위를 골라 둘 만한 수완을 가진 네

20) 전수정(2010), 「뮤지컬 극본 <시집가는 날>을 통해 본 매체 활용 교육 방법에 관한 연구」, 단국대학교 교육대학원 석사학위논문, p.24.

위인이 인제 제법인 것. 이제 기꺼롭지 않고 무엇이 기꺼우랴! 응? 후후후.

맹진사 : 에헴. (금시 천연스럽게 웃는다.)

맹노인 : 그런데 웬일루 여태 초례를 올리지 않느냐?

<맹진사 댁 경사>(『국어 상』, 2002, p.147)

[그림 13] 교과서에 수록된 '봉산탈춤' 공연 장면 (『국어 상』, 2002, p.131)

오영진의 <맹진사 댁 경사>의 전체적 기조는 한국적 해학과 웃음에 두고 있으며, 한국의 양반사회를 배경으로 가문의식의 허실, 구습결혼제도의 모순, 전통적 계층사회의 비인간성 등을 풍자하는 내용을 담고 있는 작품이다. 앞서 중학교 7차 『생활국어 3-1』에서 박만규 극본인 <시집가는 날> 원작 내용 중 2막 2장과 3장에 해당된다. 그러나 고등학교 극본은 2막 1장이 수록된 경우라는 점에서 차별된다.

지금까지 7차 고등학교 희곡 <봉산탈춤>과 <맹진사댁 경사>를 살펴보았다. 각각 고전극과 현대극에 속하나, 두 작품 모두 풍자성이 강하며 희곡 언어의 상징성과 묘미를 잘 드러낸 극본이라 할 수 있다.

한편 <봉산탈춤>은 조선족 고급중학교 『조선어문』(선택 희곡감상)에서도 다루고 있어 주목된다. 앞서 초·중등 과정에서 살핀 바 있지만, 조선족 교육계에서는 2007년 교육개정과 함께 『조선어문』 개정판을 출간했다. 이 교과서에는 국내 국어 교과서 단원인 <볍씨 한 톨>, <별주부전>(초등학교)[21], <봉산탈춤>(고등학교) 등의 고전극과 <베니스의 상인>, <마지막 한 잎>(중·고등학교) 등의 해외 번역극을 도입하여 수록하고 있으며 학습활동도 유사하게 제시되고 있다.

---

21) <별주부전>은 <토끼전>이라는 단원명으로 수록하고 있다(의무교육 『조선어문』 6학년 상권).

그런데 <봉산탈춤>의 경우는 국내 국어 교과서와 『조선어문』 극본은 수록 정도에서 차이를 보인다. 즉 국내의 경우는 전 작품을 싣지 않고 '6과장 양반춤'만을 수록하고 있는데, 이와 비교하여 『조선어문』에서는 1과장부터 7과장까지 전체를 제시하고 있다. 국내의 경우 다양한 장르의 단원과 함께 수록되기 때문에 길이에 제한을 둔 반면, 『조선어문』의 경우 희곡만을 실은 '선택 희곡감상'편에서 다루는 것이라 전작을 수록한 것으로 보인다.22)

② 극본 학습활동 : 화법 교육으로서의 희곡 단원

7차 희곡 단원의 목표를 정리하면 아래와 같다.

[표 17] 7차 희곡 단원 목표

학년	작품	단원 목표
국어 상	봉산탈춤	· 장면에 따라 다양한 표현 방식이 사용됨을 안다. · 언어 외적 표현과 언어에 부수되는 표현이 듣기에서 중요한 역할을 함을 안다. · 언어 외적 표현과 언어에 부수되는 표현이 말하기에서 중요한 역할을 함을 안다.
	맹진사 댁 경사	

7차 교육과정은 6차 교육과정의 정신을 발전적으로 계승하되 "학습자의 창의적 국어사용 능력 향상"을 국어과 교육의 최상위 목표로 설정하였다. 그러므로 국어과 교육에서는 문학의 본질에 관한 교육보다 언어 사용 능력, 의사소통 능력을 중시하는 방향으로 나아가게 되었다. 즉 7차에서는 학습자들의 실질적인 언어 능력 함양에 중점을 두고, 지식과 원리를 활용하고 표현하는 능력을 기를 수 있도록 교육

22) 윤금선(2014), 「조선어문 제재 수록 양상 연구-극문학 제재 현황을 중심으로」, 『한국극예술연구』 제45집, 한국극예술학회, p.158.

하는 것이 목표였다.23)

위와 같은 7차 교육과정의 교수요목과 관련하여 <봉산탈춤>의 학습활동은 다음과 같이 제시되고 있다.

[표 18] 7차 〈봉산탈춤〉(『국어 상』) 학습활동

○ '말뚝이'와 양반들의 담화 장면을 중심으로 다음 활동을 해 보자. <혼자하기 1> 1. 이 장면에 등장하는 인물들의 관계를 말해 보자. (1) 말뚝이와 양반들의 신분 관계 (2) 말뚝이와 양반들의 심리적 태도 <함께하기> 2. 다음 상황에 따라 '말뚝아'라고 적절하게 소리내어 불러 보자. (1) 무언가 아쉬워서 말뚝이를 은근히 달랠 때 (2) 오랜만에 만나서 반가울 때 (3) 말뚝이에게 화가 났을 때 <학습활동 1>(『국어 상』, 2002, p.133) <혼자하기 2> '말뚝이'와 양반들의 대화를 중심으로 장면에 따라 표현 방식이 어떻게 달라지는지 알아보자. (1) '샌님 비뚝한 놈도 없습니다'에서 '없습니다'를 '없었습니다'와 비교해 보고, 이 표현에 나타난 말뚝이의 심리적 태도를 말해 보자./ (2) 지시 표현을 찾고, 이 장면의 등장인물과 사물의 위치를 말해 보자./ (3) 양반들의 대화에서 나이에 다라 달라지는 높임 표현을 찾아보고, 오늘날의 시ㆍ공간에서 이 장면이 벌어졌다고 할 때 높임 표현이 어떻게 달라질지 말해 보자. <학습활동 2>(『국어 상』, 2002, p.149)

<학습활동 1>(p.133)은 담화의 장면을 주시한 학습활동으로, 문제 제시 이전에 '알아두기'를 통해 "장면이란 화자와 청자 둘 사이에 주고받는 정보 등과 함께 담화를 구성하는 요소로서, 언어 행위를 둘러싼 세계를 말한다"고 설명하고 있다. 여기에서 '언어를 둘러싼 세계'란 언어 행위가 이루어지는 모든 시간적ㆍ공간적 위치 및 거기에 존재하는 사물과 사건, 이것들의 진행과 상태, 분위기를 의미한다.24) 이

23) 문혜정(2008), 「뮤지컬 극본 '시집가는 날'의 교육적 의의」, 숙명여자대학교 교육대학원 석사학위논문, p.16.

24) <알아두기>(『국어 상』, 2002), p.133).

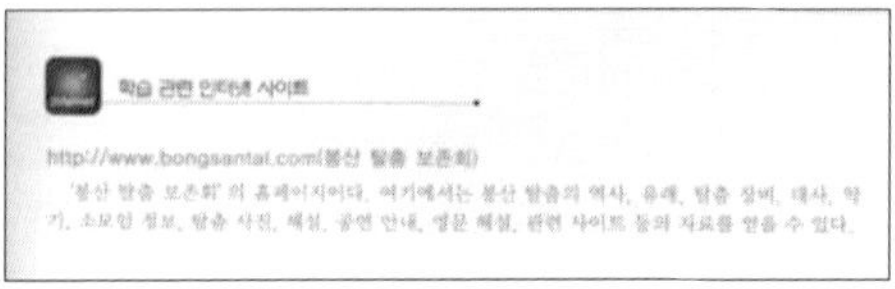

[그림 14] 학습 관련 인터넷 사이트(『국어 상』, 2002, p.151)

렇듯 선지식으로 담화의 장면은 이야기의 흐름이나 의미 해석에 중요한 영향을 미치고 있다는 점을 제시하면서, <학습활동 1>의 문제들을 해결하도록 유도하고 있다.

<학습활동 2>(p.149) 또한 장면에 따라 담화의 의미가 달라지고 표현 방식도 달라진다는 점을 주시하면서 지시 표현, 심리적 태도 표현, 높임 표현 등 장면에 따른 다양한 표현 방식을 탐구하는 학습활동이라 할 수 있다.[25] 한편 교과서 말미에서는 <봉산탈춤>의 실제 공연을 볼 수 있는 사이트를 제시하며 이와 비교하여 학습하도록 유도하고 있다. 이것은 매체 활용을 통한 학습에 속한다고 할 수 있다.

한편 <맹진사 댁 경사>는 <봉산탈춤>이 수록된 '다양한 표현과 이해' 대단원에서 심화학습 극본으로 실려, 다음과 같은 학습활동을 보인다.

[표 19] 7차 〈시집가는 날〉(『국어 상』) 학습활동

<혼자하기 1> 인물들의 행동이나 대사 중 이해하기 힘든 부분을 찾아보고, 그 까닭이 어디에 있는지 생각해 보자. <혼자하기 2> 아래의 상황을 참고하여, 다음 활동을 해 보자.(중략) / (1) 이해하기 힘들었던 부분이 이해되는가?/ (2) 다음 인물들이 현재 가지고 있는 심리적 태도를 추리해 보자.(맹진사 맹노인 김명정)/ (3) 세 인물의 말이 서로 엇나가는 까닭을 '담화의 장면에 따른 표현 방식'이라는 관점에서 설명해 보자. <함께하기 3> 배역을 나누어 맡아, 언어 외적 표현과 언어에 부수되는 표현을 충분히 살려 희곡을 낭독해 보자. <심화학습>(『국어 상』, 2002, p.149)

25) <알아두기>(『국어 상』, 2002, p.140).

위의 문제 또한 언어의 외적 표현과 심리적 태도, 담화의 장면에 따른 표현 방식을 탐구하는 학습문제에 속한다. 그런데 앞서 <봉산탈춤>이 화법교육에만 치중한 것과 비교하여, <시집가는 날>에서는 '희곡 낭독'이라는 문항을 추가하여 극문학 고유의 학습과 연계시키고 있다는 점에서 특징적이라 하겠다.

지금까지 살펴본 바, 7차 희곡 <봉산탈춤>과 <맹진사댁 경사>는 주로 언어 표현의 다양성을 탐구하는 학습이 주가 되고 있다. 즉 단원 목표에서 제시한 바, 첫째, 장면에 따라 다양한 표현 방식이 사용되며, 둘째, 언어 외적 표현과 언어에 부수되는 표현이 듣기와 말하기에서 중요한 역할을 한다는 점 등을 파악하는 학습활동을 다루고 있다.

2) 방송극 수록 양상 및 학습 활동

(1) 방송극 수록 양상 : 7차 TV 방송극과 매체의 확산

고등학교 『국어』에서 방송극은 7차에 수록된 <어느 날 심장은 말했다> 1편에 불과하다. 초등 과정에서 7편, 중등 과정에서 7편의 방송극이 수록된 것과 비교해 보면 그 수가 극히 적다. 또한 중등 과정에서 7차에 TV 방송극 대본 <육체미 소동>이 실린 것과 마찬가지로 <어느 날 심장은 말했다> 역시 TV 방송극에 속한다는 점이 특징적이다.

[표 1] 7차 방송극 단원

학년	작품	내용 및 주제	부문
국어 하	어느 날 심장이 말했다	아버지와 아들의 갈등과 화해의 과정을 통하여 가족의 소중함을 알게됨(가족애)	사실주의극

<어느 날 심장이 말했다>는 진수완 작으로 『국어 하』에 수록된 작품이다. 대단원 '3. 함께 하는 언어생활'에서 다룬 방송극으로 다음과 같은 수록 양상을 보인다.

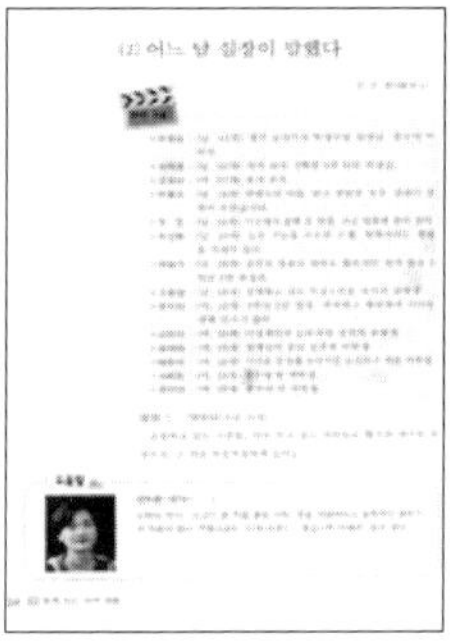

[그림 15]
〈어느 날 심장이 말했다〉
(『국어 하』, 2003, p.124)

(1) · 박광도 : (남. 42세) 영어 교사이자 학생부장 선생님. 흥수의 아버지/ · 조재현 : (남. 30세) 국어 교사. 2학년 5반 담임 · 박흥수 : (남. 18세) 박광도의 아들. 밝고 명랑한 성격(중략)/ 장면 1 약수터(이른 아침)
흥수 : (E.) 세상에 이런 법이 어딨어요?
사람들이 하던 일들 멈추고 돌아서면, 언덕 끝에서 어제 막 도착하고 있는 흥수와 광도의 모습(중략)
흥수 : 이건 말도 안 돼요, 진짜. 저번 주에도, 저-번 주에도 제가 대신 했었잖아요?(중략)
광도 : (옆의 학생에게) 학생, 거 물컵 좀 빌립시다.
<어느 날 심장이 말했다>(『국어 하』, 2003, pp.124~125)

이 작품은 '학교 II'라는 제목으로 실제 방송되었던 작품이다. 광도, 흥수 부자 간의 갈등과 화해의 과정을 다룬 극본으로, 아들의 생각을 이해하고 화해를 청하는 아버지, 그에 보답하는 아들의 행위를 통해 훈훈한 가족애를 그리고 있다. 또한 고등학교에서 일어나는 청소년들의 고민과 갈등에 대해 다루고 있어 당시 학생들에게 호응을 얻었던 드라마이다.[26] 교재에 수록된 내용은 '장면 2(낮)'부터 '장면 21 에필로그(이른 아침)'까지 총 20개의 장면으로 구성되었다. 2부터 20까지는 회고 장면이며, 마지막 21은 처음 장면 1로 되돌아가는 액자식 구성을 취하고 있다.

26) 장자경(2009), 「교과서에 수록된 희곡 작품 연구-고등학교 국정교과서를 중심으로-」, 부경대학교 교육대학원, pp.45~46.

7차 교육과정에서는 고등학교 국어과 교육의 성격을 밝힘에 있어 언어 환경의 변화에 주목하였다.

> (2) 현대인의 언어 생활에 포괄적인 영향을 주는 매체는 날로 증가 및 변화되어 가고 있다. 전통적으로는 신문, 잡지 등의 인쇄 매체에서 현대적으로는 텔레비전, 영화 등의 영상 매체가 학생들의 생활에 밀착되어 있다.(중략) 매체의 매재(媒材)가 무엇인지에 따라 구분하던 매체 개념은 이른바 디지털 매체가 등장함으로서 이른바 하이퍼텍스트를 등장시켰고, 이는 텍스트의 작용 방식에 획기적인 변화를 가져올 것이다. (중략) 이러한 변화 양상 가운데 국어 생활에 중요한 영향을 끼치는 것들, 이미 학생들의 디지털 환경으로 자리 잡은 것들을 '국어 생활' 교육 과정 내용으로 선정하는 것이 중요하다.
>
> <7차 국어과 고등학교 교육 과정>(국가교육과정정보센터 http://ncic.re.kr)

7차 국어교육에서는 위와 같이 매체 언어에 대한 이해가 중시된 시기이다. 이러한 매체에 대한 관심으로 국어교육 내에서 매체를 수용하여 활용하려는 경향이 강화되었다. 교과서에 TV 드라마 <어느 날 심장이 말했다>가 수록된 것은 바로 이러한 교육적 환경이 반영된 것이라 할 수 있다. 동시기 중학교 국어 교과서의 TV 드라마 대본인 <육체미 소동>도 동일한 의미에서 선정된 제재라 할 수 있다.

(2) 극본 학습활동 : 화법 교육으로서의 방송극

1 방송극 단원 목표

7차 방송극 단원의 목표를 제시하면 다음과 같다.

[표 2] 7차 방송극 단원 목표

학년	작품	단원 목표
국어 하	어느 날 심장이 말했다	· 자신의 듣기 활동을 조절하면서 듣는 태도를 지닌다. · 자신의 말하기 활동을 조절하며 말하는 태도를 지닌다. · 문법 요소들의 기능을 안다.

보다시피 이 단원에서는 말하기 듣기 학습이 중심이다. 즉 화법에서의 올바른 태도, 적절한 문법 사용 등이 단원 목표라 할 수 있다. 이에 대한 구체적인 학습활동은 아래와 같이 제시되고 있다.

[표 3] 〈어느 날 심장이 말했다〉(『국어 하』) 학습활동

함께하기 1. 장면 2와 장면 3의 친구들 간의 대화를 중심으로 다음 활동을 해 보자. (1) 대화의 흐름상 감정을 조절하여 말해야 할 부분을 찾아보자./ (2) 상대방을 배려하지 않고 말하는 인물을 찾고, '나'라면 그 상황에서 어떻게 말했을지 친구들과 함께 이야기해 보자.

함께하기 2. 장면 1, 5, 6의 부자(父子) 간의 대화를 중심으로 다음 활동을 해 보자. (1) 부자 간에 상처를 준 말을 찾고, '나'라면 (중략) 표현을 고쳐 보자./ (2) 실제로 가정에서 부모와 자식, 형제 자매 간의 대화(중략) 마음 상했던 일을 생각하고 그 해결 방안 친구들과 이야기해 보자(p.131)

함께하기 3. 모둠별로 이 드라마 대본에서 한 장면을 선택하여 대본대로 또는 대본에 변화를 주어 실제 연기를 해 보자.(p,137)

함께하기 4. 1. 장면 19, 21에서 등장인물 간의 높임법 사용이 어떻게 나타나는지 분석해 보자. 2. 이 글 전체에 나타난 외래어, 비속어, 통신 언어 표현을 모두 순화하여 바르게 고쳐보자.(p.145)

<학습활동>(『국어 하』, 2003, pp.131~145)

위의 학습문제는 주요 문제만 제시한 것으로, '함께하기 1', '함께하기 2', '함께하기 3'와 같은 활동은 주요 대사를 통해, 실제 생활에서 어떻게 말하고 들어야 하는지, 바람직한 대화와 올바른 문법 사용

이 무엇인지 탐색하는 학습활동이라 할 수 있다. 한편 '함께하기 3'의 경우는 연기와 관련된 일종의 극화활동이라는 점에서 극문학 고유의 학습활동에 속한다. 그러나 단원 목표와 관련해 보면, 극의 상연이라는 측면보다 말하기 연습에 속하는 화법교육이라고 하겠다.

한편 화법교육과 관련하여 '단원의 길잡이'를 살펴보면, <어느 날 심장이 말했다>의 단원 목표는 다음과 같이 제시되고 있다.

> (3) '어느 날 심장이 말했다'에서는 인물들의 대화를 통하여 우리의 말하기 생활의 문제점을 반성하고 스스로 상황을 판단하여 조절하여 효율적으로 말하는 태도와 방법에 대하여 알아본다.
>
> <어느 날 심장이 말했다>(『국어 상』, 2003, p.104)

보다시피 <어느 날 심장은 말했다>는 화법교육을 위해 설정된 단원이다. 말하기 교육에서 대화체를 중심으로 한 극본을 예시로 사용하는 것은 여타 장르보다 효과적이라 할 수 있는데, 특히 청소년기 인물을 주인공으로 하여 단원 목표에 적합한 제재라 할 수 있다.

2 이론편 : <放送劇에 대하여>

방송극 이론에 관한 단원은 최일수의 <放送劇에 대하여> 1편으로서[27] 2차 『국어 2』(인문계)의 'Ⅶ. 音聲言語의 表現' 대단원에 수록되었다.

---

27) 참고로 1차 『고등국어 1』의 'Ⅰ. 국어 생활의 이모저모' 대단원에서 이희승의 <방송 용어의 특이성>이라는 단원도 방송과 관련된 이론이다. 그러나 이 또한 방송극과 관련되기보다 라디오 프로그램 전반을 대상으로 표준어 사용의 문제를 다루고 있는 화법 관련의 단원이다.

[표 4] 2차 방송극 이론

학년	단원	필자	부문	차시
『고등국어 2』 (인문계) 1차	‘Ⅶ. 音聲言語의 表現’ (3. 放送劇에 대하여)	최일수	방송극의 특징 및 주요소	2차

위의 글은 방송극에 대한 정의와 방송극의 특징 및 요소 등을 다루고 있는 것으로서, 라디오가 주요 매체였던 2차 시기에 수록된 이론편이다. 그런데 2차에는 이론을 적용하여 읽을 수 있는 방송극은 수록되지 않았다. 역으로 7차에는 TV 방송극 실렸음에도 이에 대한 이론편이 없다. 이는 앞서 단원 학습활동에서 보인 바, 극문학이라는 장르에 대한 이해학습이 아니라, 화법교육의 제재로서 방송극을 다루었다는 점에서 기인한 것이라 할 수 있다.

<放送劇에 대하여>는 라디오 드라마의 특징을 다룬 내용으로 아래와 같이 설명하고 있다.

> (4) 방송극에 대한 正確한 이해와 認識을 위해서는 두 가지 면에서 살펴보는 게 원칙이다. 즉, 그 하나는 音樂, 報道, 教養, 그리고 오락과 함께 방송 프로그램 편성상에서와, 다른 하나는 演劇과 마찬가지로 藝術의 한 分野로서의 방송극을 생각해야 하기 때문이다. 그러나, 방송극이 어느 모로 보나 극임에는 틀림이 없으니,(중략) 흔히 말하기를 방송극을 가리켜 소리의 예술이라고 일컫는다. 소리의 예술이라 함은 방송극이 사람의 聽覺을 통해서 전달되기 때문이고, 그것은 또한 소리에 의해서 表現되는 데서 붙여진 말이다.
>
> <放送劇에 대하여>(인문계 『국어 2』, 1968, p.158)

위의 내용에서 주목되는 바는 방송극을 ‘소리의 예술’이라고 지적한 부분이다. 이어지는 글에서는 연극은 ‘보여주는 것’이나, 방송극은 ‘들려 주는 것’이라는 데 차이점이 있다고 논의했다. 이와 함께 방송극을 구성하고 있는 소리를 음성, 음향, 음악으로 분류하고 있다. 또한 방송극은 소리를 통해 전달되는 사실성은 있지만, 눈으로 볼 수 없다는 점에서 상상력을 더욱 필요로 하는 극이라고 설명하면서, '시간적인 간격'의 중요성을 강조하였다. 즉 소리와 소리 사이의 시간적 공백, 인물과 인물 사이의 대사, 음향 효과 등에 주의를 기울여야 한다는 것이다.28) 이러한 논의는 바로 라디오 방송극의 이해를 돕는 이론이라 할 수 있다.

이 글에서는 방송극의 실제 예시를 들기도 했는데, 짤막한 방송 대본을 수록하고 있다.

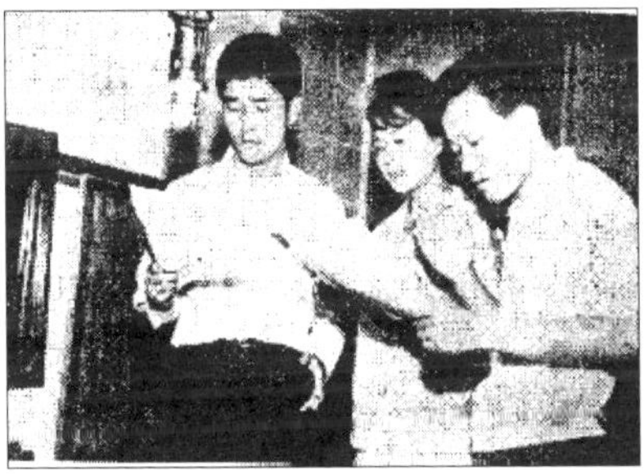

[그림 16] 방송극에 출연 중인 배우들(〈放送劇에 대하여〉(인문계 『고등국어 2』, 1968, p.159)

(5) 아버지 : 충남아.
아들 : (말이 없다)
아버지 : (약간 노기 띤 말투로) 안 들리니?(중략)
아버지 : (소리를 높이어) 내 얘기를 듣고 있는 거냐? 아니면....
[E] 의자에서 불쑥 일어나는 소리 / 아버지 : 어디 가느냐?/ [E] 미닫이를 거칠게 닫고 나가는 소리
아버지 : 충남아! 아니, 저 녀석이...

<放送劇에 대하여>(인문계 『고등국어 2』, 1968, p.160)

위의 방송극은 무제(無題)로 제시되는데, 아들이 아버지의 꾸지람에 대해서 처음부터 끝까지 침묵을 지키다가, 마침내 나가 버리는 행위를 들면서, 바로 침묵으로 대하는 이 시간적인 간격이 아들의 심리 상태를 보다 두드러지게 묘사하고 있다고 지적하였다. 이것은 방송극이 소리의 예술이라는 점에서, 시간적 거리가 어떤 효과를 가져오

28) <放送劇에 대하여>(인문계 『고등국어 2』(1968), pp.159~160).

는지 설명하는 부분이라 할 수 있다.29)

이 이론편에서는 <익힘문제>를 통해서 다음과 같은 학습활동을 보이기도 한다.

[표 5] 〈방송극에 대하여〉(『인문계 고등국어 2』) 익힘문제

1. 방송극을 가리켜 '소리의 예술'이라 함은 무슨 뜻인가?
2. 방송극을 구성하는 세 가지 요소란 무엇인가?
3. 언어의 정화 문제와 매우 가까운 위치에 놓여 있는 방송극의 책임과 사명은 무엇인가?
4. 방송극이 단순한 오락으로 타락하는 위기는 어떻게 해야 막을 수 있는지 알아보라.

<익힘문제>(인문계 『고등국어 3』, 1968, p.196)

위의 문제는 이론편에서 익힌 방송극의 요소 및 특징 등에 대해, 일종의 다지기 학습이라고 할 수 있다. 그러면서도 한편, 말하기 학습과 관계된 '언어의 정화' 문제, 방송극의 위상 등을 다루고 있다. 특히 이 언어에 대한 문항은, 이론에서 제시한 다음과 같은 내용과도 상관된 것이라고 할 수 있다.

> (5) 방송극은 다른 예술에 비해서 동시성과 광파성(廣播性)을 지니고 있는 데 그 특성이 있다.(중략) 시간과 공간을 동시에 축소시킬 수 있는 전파의 특성과 방송극이 지니는 사회성을 재인식한다면, 우리는 그것이 단순한 오락으로 타락하는 위기를 다 함께 막아야 할 것이다.
>
> <放送劇에 대하여>(인문계 『고등국어 2』, 1968, p.192)

위의 내용은 당시 라디오 방송극의 매체적 영향력과 오락성의 문

29) <放送劇에 대하여>(인문계 『고등국어 2』, 1968, p.160).

제를 다룬 것으로서, 오늘날 TV 드라마에서 야기되는 문제의식과 유사하게 제기되고 있다. <放送劇에 대하여>는 대단원 '音聲言語의 表現'에 속하여 이렇듯 매체에 대한 언어교육의 측면도 드러내고 있다.

위에서 살핀 바, 고등학교 방송극은 7차 <어느 날 심장이 말했다>(『국어 하』) 1편으로 그 학습활동은 주로 화법교육이 중심을 이룬다. 방송극 이론은 최일수의 <放送劇에 대하여>(인문계 『국어 2』) 1편으로 초·중등 과정의 방송극본 수에 비해 고등학교 방송극 수가 소수인 것과 마찬가지로, 이론편 또한 1편에 불과해 각급 학교 중 가장 적음을 볼 수 있다.

3) 시나리오 수록 양상 및 학습활동

(1) 시나리오 수록 양상 : 국내 극본과 해외문학 각색극

고등학교 국어 교과서의 시나리오 단원을 제시하면 아래와 같다.

[표 1] 교수요목기~1차 시나리오 단원

학년	작품	지은이	내용	부문
『고등국어 1』	서울의 지붕 밑	안석영	전재민 처지의 김성호 가족은 월남 전재민이라는 이유로 직장에서 해고되고 집가지 내놓아야 할 형편에 이른다. 이를 본 이웃집 이명 가족이 그들을 자신의 집에 거하도록 도와준다.(분단회복)	사실주의극
1차 『고등국어 1』, 2차 『국어 2』, 4차 『국어 1』	최후의 한 잎 (<마지막 한 잎>)	오 헨리	사랑에 실패하고 삶의 의욕을 잃은 존시가, 베어먼이 자신의 생명을 바쳐서 그린 담쟁이 잎을 보고 생의 의욕을 찾는다.(희생정신)	사실주의극

고등 국어 교과서의 시나리오는 안석영의 <서울의 지붕 밑>(교수

요목기 『고등국어 1』), 오 헨리 작, 이진섭 각색의 <최후의 한 잎>[30] (교수요목기 『고등국어 2』, 2차 『국어 2』, 4차 『국어 1』) 등 2편에 불과하다. 특히 후자의 작품은 중등 5차 『국어 3-2』에서 <마지막 잎새>라는 단원명의 시나리오로, 7차 중등 『생활국어 3-2』에서 <마지막 잎새>라는 동일한 제목의 희곡으로 수록되었다. 보다시피 이 제재는 중·고등 국어 교과서에서 반복 수록되었다는 점에서 특징적이다. 한편 시나리오 이론편으로 오영진의 <영화 예술의 근대적 성격>, <연극과 영화>, 이진섭의 <映畵 감상>, <시나리오 작법> 등이 실렸다. 아래에서는 먼저 작품별로 수록 양상을 살펴보고, 이론편은 학습 활동에서 분석하고자 한다.

① <서울의 지붕 밑> 수록 양상

안석영의 <서울의 지붕 밑>은 다음과 같은 수록 양상을 보인다.

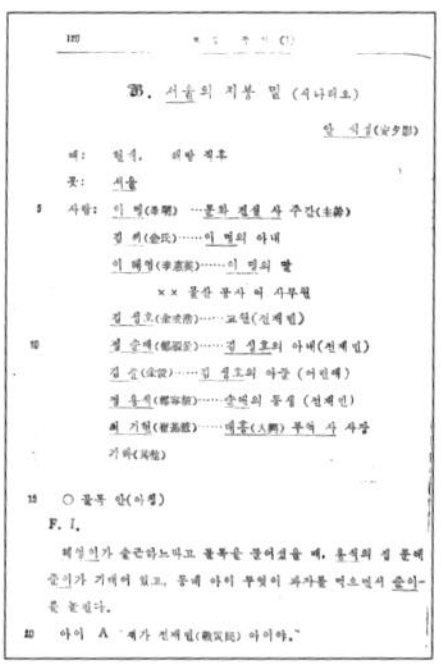

[그림 17] 〈서울의 지붕 밑〉 (『고등국어 1』, 1954, p.120)

(1) 때 : 현대, 해방 직후/ 곳 : 서울, 사람 : 이명(李明) 문화건설사 주간(主幹), 김씨(金氏) 이명의 아내, 이혜영(李惠英) 이명의 딸, (중략) 김성호(金成浩) 교원(전재민)(중략)/ ○ 골목 안(아침)

F.1. 혜영이가 출근하느라고 골목을 들어섰을 때, 용식의 집 문에 준이가 기대어 있고, 동네 아이 두엇이 과자를 먹으면서 준이를 놀린다.

아이A "재가 전재민(戰災民) 아이야."

아이B "재가? 그럼 집도 없게."(중략)

분이는 비죽비죽 울려고 한다. 혜영이가 아이들을 꾸짖는다.

30) 4차에는 <마지막 한 잎>이라는 제목으로 제시되고 있다.

혜영 "너 그런 말을 누구한테서 들었니? 나쁜 아이들. 그런 말이 어디 있어? 다시는 그런 말 말아야 해."

<서울의 지붕 밑>(『고등국어 1』, 1954, pp.120~121)

<서울의 지붕 밑>은 위의 장면에 이어 '2. 큰 길(122)→2. 골목 안(123)→3. 물산공사(物産公司) 중역실(重役室)(123)→4. 용식의 집 외부(124)→5. 용식의 집 방(124)→6. 용식의 집 현관(125)' 등으로 총 6개의 씬으로 짜여져 있다. 보다시피 공간 이동의 폭이 좁은 소품에 속한다.

극의 내용은 해방 이후 월남 전재민에 대한 사회의 편견과 소외 현상 등을 다룬 것이다. 전재민 처지의 가족은 김성호, 아내인 순애, 처남 정용식, 아들 준이다. 그런데 전재민이라는 이유로 정용식이 해고되면서 사택에서 쫓겨나는 지경에 이르나, 이웃집 혜영이의 도움으로 이명의 집에 거하게 된다는 내용이다. 전후 사회 현상과 휴머니즘, 남북통일을 주제로 한 작품이라고 할 수 있는데, 아래 부분은 바로 이러한 주제의식을 잘 보여주는 부분이기도 하다.

(2) 이명 "사람을 도울 줄 알아야 해. 여보, 이번 일요일에는 수남네 집에 가서 술 외상이나 얻어 오슈, 민족 통일 축하식이나 베풉시다."

김씨 "당신은 툭하면 술이어요? 단 두 집이 지붕 밑에서 살게 되는 게 민족 통일이예요?"

이명 "이제 민족 통일이 시작이야. 그럼 외상 술은 내가 받아 오지."

<서울의 지붕 밑>(『고등국어 1』, 1954, pp.132~133)

위의 장면은 마지막 종막 부분으로 이사 온 김성호와 이명이 술자리에서 대화하는 내용이다. 이는 극의 주제를 드러내는 장면이라 할 수 있다.

[그림 18] 안석영의 각본·감독 〈深靑傳〉
〈말구에 촬영 완료될 심청전〉(≪조선일보≫ 1937.8.10)

특히 이 작품은 시나리오 작가에 의해 쓰여진 극본이라는 점에서 특징적이다. 작가 안석영의 본명은 안석주(安碩柱)로 안종화 감독의 <노래하는 시절>(1930)이라는 각본을 쓰면서 영화계에 데뷔하였다. 이후 이규환 감독의 <바다여 말하라>(1935), 박기채 감독의 <춘풍>(1935) 등의 시나리오를 써서 널리 알려진 작가이다. 1937년에는 자신의 각본으로 <심청전>을 감독하였고, 단성사에서 개봉하여 큰 성과를 거두었다. 해방 이후에는 한국영화협의회를 만들고 그 의장으로 활동했던 작가이기도 하다. 위의 작품은 해방 이후, 당대 사회에서 야기되는 문제점 중 전재민의 문제를 다룬 것으로 분단된 조국 현실과 그 타개책을 제시한 작품이라 하겠다.

2 <최후의 한 잎> 수록 양상

오 헨리의 <마지막 잎새>를 각색한 <최후의 한 잎>은 1차 『고등국어 2』의 ‘Ⅳ. 영화와 연극’에 최초 수록되었고, 2차 『국어 2』의 ‘Ⅷ. 讀書의 즐거움’, 4차 『국어 1』의 ‘6. 희곡과 시나리오’ 등의 대단원에서도 다루어진 극본이다.[31]

앞서 중등 과정에서도 살핀 바 있지만, 1차 <최후의 한 잎>은 오 헨리의 단편소설을 각색한 시나리오로 총 29개 장면으로 구성되어

31) 1차에는 <최후의 한 잎>이라는 제목으로, 2, 4차에는 <마지막 한 잎>이라는 제목으로 제시되었다.

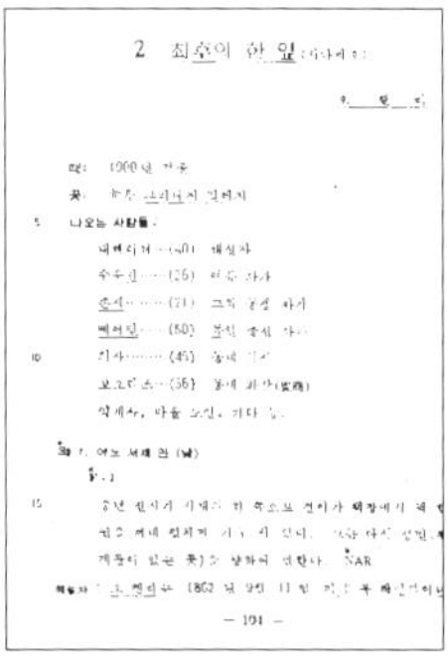
2 최후의 한 잎

나오는 사람들

— 104 —

[그림 19] 〈최후의 한 잎〉
(『국어 2』, 1959, p.104)

있다. 화가 베어먼과 그를 사랑한 여류화가 존시의 비극적인 사랑 이야기를 다룬 작품이다. 베어먼에게 실연당한 존시는 폐렴에 걸려 병이 악화되나, 창밖의 마지막 한 잎으로 인해 죽음을 극복하게 된다. 그런데 이 잎은 베어먼이 그린 그림으로서, 담쟁이 잎을 그리다 사고사로 죽음을 맞게 된다는 내용이다.

보다시피 희극적인 내용과 비극적인 내용이 교차하는 극으로서, 작품의 주제나 내용 등 전체적인 골격은 원작 소설과 같으나, 시나리오로 각색되는 과정에서 시공간 배경 및 인물 관계, 사건 설정 등에서 원작과 다소 차이를 보이기도 한다.

[표 2] 원작 〈마지막 잎새〉와 각색극 〈최후의 한 잎〉의 차이
(『고등학교 국어 1 교사용 지도서』, 1986, pp.78~79 참조)

변화 요소	원작 소설	각색 시나리오
시간 배경 (개막장면)	① 가을(11월). 비 내리는 장면	겨울. 눈 내리는 장면
공간 배경	② 베어먼. 아랫층에 거주	베어먼, 윗층에 거주
관계 설정	③ 수우전과 존시. 친구	수우전과 존시. 자매
사건	④ 존시에게 연인이 없음. ⑤ 베어먼이 자기 그림을 팔아 약값을 치르는 장면이 없음. ⑥ 수우전은 '마지막 한 잎' 그림이 베어먼이 그린 것이라는 것을 존시에게 알려줌.	· 존시가 연인의 배반으로 실의에 빠짐 · 베어먼이 자기 그림을 팔아 약값을 치르는 장면을 추가 · 수우전은 '마지막 한 잎'이 베어먼이 그린 그림임을 알면서도 존시에게 일부러 알려주지 않음.

『고등학교 국어 1 교사용 지도서』(1986)에서는 위의 각색 과정에 대해 밝히고 있는데 이를 요약하면 다음과 같다. ①의 시간 배경은 우중충한 가을비의 심상 대신, 혹독함, 순결함을 동시에 지닌 눈의 심상을 취했다. 작품 전체적 인상을 깨끗하게 하기 위함이다. 그러나 눈

내리는 겨울에 담쟁이 잎이 붙어 있다는 모순이 보인다. ②의 공간 배경은 청각적 효과(그릇 깨는 소리, 술주정 소리 등)를 높이기 위한 수법이며, ③의 관계 설정은 존시와 수우전을 더욱 밀착시키려는 의도이다. ④의 사건 설정은 수우전에게 인간적 향기를 더해 주고 작품 전체에 여운을 주기 위한 각색에 속한다.[32] 이 외 원작과 차이를 보이는 사소한 부분들도 있는데 이는 서양적(미국적) 의식과 동양적(한국적) 의식의 차이 등을 고려한 것이기도 하나, 본질적으로 소설과 시나리오의 차이를 염두에 둔 각색이라 할 수 있다.[33]

이 작품은 차기 2차와 4차 과정에서도 동일한 형태 및 내용으로 수록되었으며, 5차에 이르러 중등 과정으로 하향되어 수록되었다. 그런데 앞서 중등 과정에서 살펴본 바, 중학교 극본은 시공간 배경, 인물 설정 등에서 보다 현대적인 각색을 가하고 있다.

(2) 극본 학습활동 : 시나리오 장르의 이해

[1] 시나리오 단원 목표

교수요목기 제재인 <서울의 지붕 밑>은 따로이 학습활동이 제시되지 않고, 일종의 독본류로 수록된 경우이며, <최후의 한 잎>(<마지막 한 잎>)의 경우에만 학습활동이 제시되고 있다. 이에 근거하여 단원 목표를 정리하면 다음과 같다.

32) 교육부(1986), 『고등학교 국어 1 교사용 지도서』, 국정교과서주식회사, pp.78~79.
33) 교육부(1986), 앞의 책, p.79.

[표 3] 2~5차 시나리오 단원 목표

학년	작품	단원 목표
1, 2차 고등국어 2, 4차 국어 1	최후의 한 잎(<마지막 한 잎>)	[1, 2차] · 시나리오의 형식적 요소를 안다. · 영화 예술의 성격을 파악하고 시나리오를 바르게 읽을 줄 안다. · 시나리오의 용어에 대해서 파악한다. [4차] · 시나리오의 문학성과 비문학성이 무엇인가를 안다. · 희곡과 시나리오가 어떻게 다른가를 안다. · 시나리오를 문학의 요소별로 분석할 줄 안다.

먼저 1차와 2차의 경우는 <익힘문제>에서 동일한 학습활동을 보이는데, 아래와 같은 문항이 제시되고 있다.

[표 4] 1~2차 〈최후의 한 잎〉(『고등국어 2』) 익힘문제

1. 이 시나리오를 꾸미는 형식적 요소는 무엇인가?
2. 오 헨리가 이 작품에서 말하고 싶은 주제(主題)는 무엇인가?
3. 앞에 나온 "영화 예술의 근대적 성격"이, 이 시나리오에 어떻게 반영되어 있는지 찾아보라.
4. 영화에 있어서 배우의 임무는 무엇이며, 장면의 설정은 주제와 어떠한 관계를 갖는지 살펴보라.

<익힘문제>(『고등국어 2』, 1959, p.121)

위의 문항에서 주제를 묻는 문제 2를 제외하고 나머지는 시나리오의 장르적 특성을 파악하는 학습문제라 할 수 있다. 즉 '시나리오의 형식적 요소, 근대적 성격으로서의 영화예술의 특징, 영화배우와 장면 설정의 성격' 등은 시나리오의 장르적 특성을 파악하는 문항이라 할 수 있다. 특히 시나리오의 형식적 요소의 질문(1)의 경우에는 극본 말미에 각주를 두어 시나리오 용어를 설명하고,[34] 이러한 선지식에

34) <최후의 한 잎>(『국어 2』, 1959, p.121).

토대를 두고 해결하는 문제에 속한다. 또한 영화예술의 특징과 배우 및 장면 설정의 문제(3)는 이론편과 상관된다. 앞서 지적한 바 1차 단원 구성은 먼저 이론을 제시하고, 적용학습으로 작품을 수록하고 있는 형태이다. 그러므로 이 문항은 이론을 적용하여 작품을 분석하는 학습이라 할 수 있다.

한편 4차 <마지막 한 잎>의 경우는 '희곡과 시나리오'라는 대단원에 희곡 <조국>과 함께 수록된 시나리오이다. 대단원 학습 목표는 '희곡과 시나리오의 유사점과 차이점, 각 장르의 대사 및 갈등 파악' 등으로 제시되었다.[35] 여기에서 시나리오만의 학습 목표만을 인용해 보면 다음과 같다.

> (3) 시나리오는 영화의 대본이 되는 글이다. 그러니까 화면(畵面)에서 구현되는 문학이라고 할 수 있다. 쉽게 바꿀 수 있는 화면에서 구현되기 때문에 등장인물의 수나 시간적, 공간적 배경이 비교적 제한을 덜 받는다. 시나리오의 단위는 장면(場面)이다.
>
> <희곡과 시나리오>(인문계 『국어 2』, 1968, p.165)

위의 글에서는 희곡의 장르적 특성을 연극성과 그에 따른 인물의 수, 시공간적 배경의 제약성, 막과 장의 구성 등으로 꼽고 있다. 이와 비교하여 시나리오는 화면이라는 구현 매체의 성격상 인물의 수, 시공간적 배경 설정이 비교적 자유롭다는 것이다. 여기에서 장면 자체가 하나의 단위를 이룬다는 시나리오의 특징을 부각시키고 있다.

<학습문제> 또한 희곡 <조국>과 시나리오 <마지막 한 잎>을 동시에 다루는 문항을 제시하고 있다. 이것은 앞서 희곡 부문 학습활동(4차 [표 8])에서 살핀 바 있다. 즉 '1. 희곡과 시나리오(목적, 배경의 제

---

35) <희곡과 시나리오>(인문계 『국어 2』, 1968, p.165).

한, 장면 구성의 단위)의 차이점 파악, 2. 지문과 대사의 기능 이해, 3. 구성 단계와 갈등을 나타내는 대사 찾기, 4. 소설을 시나리오로 각색하기' 등으로 나타난다.[36] 이와 같이 1, 2차의 경우에는 시나리오 장르의 특성을 파악하는 학습활동이 중심이었다. 이에 비해 4차는 극 일반에 대한 학습활동이 더 지배적인 양상을 띠고 있다.

② 이론편 : <영화예술의 근대적 성격>, <映畵 감상>, <시나리오 작법>, <연극과 영화>

1~4까지의 시나리오 이론편을 정리하면 다음과 같다.

[표 5] 1~4차 시나리오(영화) 이론

학년	단원	필자	부문	차시
1차 고등국어 2	'Ⅳ. 영화와 연극'(1. 영화 예술의 근대적 성격)	오영진	영화의 집단적 제작과정과 대중성을 통해 근대적인 성격	1차
2차 국어 1 (인문계),	Ⅴ. 文學과 批評(3. 映畵 감상)	이진섭	영화의 매력, 특색, 종류, 감상의 태도	2차
2차 국어 3 (인문계)	Ⅷ. 희곡과 시나리오 (2. 시나리오 작법)	이진섭	시나리오의 본질, 기본 조건, 구조, 표현방법	2차
2, 3차 국어 3 (실업계), 5차 국어 2	2, 3차 Ⅵ. 예술과 인생(1. 연극과 영화) 4차 6. 설명문(1. 연극과 영화)	오영진	시나리오의 발생과 기원, 창작 과정, 표현 형식과 기교	2~4차

시나리오 이론은 총 4편으로, 1차 『고등국어 2』 'Ⅳ. 영화와 연극'에 오영진의 <영화예술의 근대적 성격>, 2차 『국어 1』(인문계) 'Ⅴ. 文學과 批評'에 이진섭의 <映畵 감상>, 2차 『국어 3』(인문계) 'Ⅷ. 희곡과 시나리오'에서 이진섭의 <시나리오 작법>, 2~3차 『국어 3』(실업계)의 'Ⅵ. 예술과 인생', 5차 『국어 2』 '6. 설명문' 등에 <연극과

36) <학습문제>(인문계 『국어 2』, 1968, p.165).

영화>(오영진) 등이 수록되어 있다. 그런데 <연극과 영화>의 경우, 5차에서 '설명문'이라는 대단원에서 다루어졌다는 점에서 특징적이다. 아래에서는 각 이론들의 내용에 대해서 살피고자 한다.

가. 오영진의 〈영화 예술의 근대적 성격〉

오영진의 <영화 예술의 근대적 성격>은 시나리오 형식보다 영화의 근대적 성격을 주로 다룬 글이다.

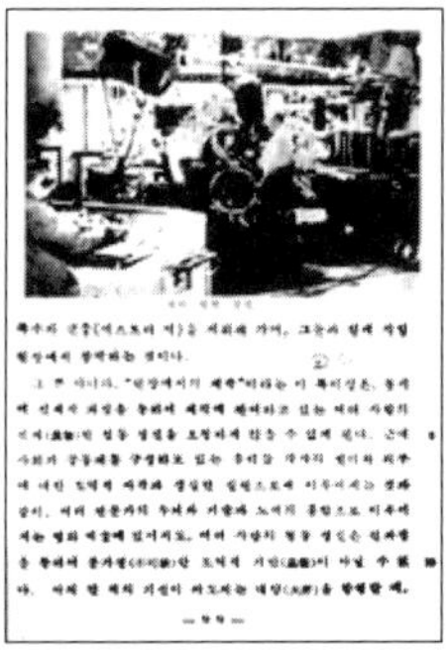

[그림 20]
〈영화 예술의 근대적 성격〉
(『고등국어 2』, 1959, p.99)

(4) 20세기에 등장한 새로운 형식인 영화(映畵)(중략) 예술은 시대의 산물(産物)이라고 하지만, 영화야말로 근대 사회의 발전과 병렬(竝列)하여(중략) 제작 방식에 있어서 집단적(集團的)이고, 또 그 제작 과정에 있어서 활동적인 도덕성을 강조하는 영화 예술의 궁극의 목표는 무엇이며, 누구를 위한 것인가? 영화의 목표는 두말할 것도 없이 대중을 대상으로 하고, 도 대중을 위하여 있는 것이다. 그러므로, 영화 예술의 근대성(近代性)이란, 대중성(大衆性) 또는 상식성(常識性)이라는 말과 동의어(同義語)로 해석해도 무방하다.

<영화 예술의 근대적 성격>(『고등국어 2』, 1959, pp.100~101)

인용문에서는 영화의 근대성, 집단적 제작 방식, 대중성 등을 논하고 있는데, 이어지는 글에서는 다음과 같이 구체적으로 설명하고 있다. 첫째, 제작 방식에 있어서 문학, 연출, 연기, 음악 등의 예술가와 촬영, 녹음, 조명, 현상 등 사진 화학, 전자학 등의 기술자, 제작자(프로듀서)라는 기업가, 배급이라는 상업인까지 참가하게 된다. 둘째, '현장에서의 제작'이라는 특이성을 지니며 전 제작 과정을 통하여 제작에 관여하고 있는 여러 사람의 협동 정신을 요구한다. 셋째 영화예

술은 작가 자신의 개인적 취미나 특수한 계층에 편중되지 않은 대중을 의식하며 창조된다. 이와 같은 요소들로 인하여 영화는 근대사회의 산물이자 대중성을 지닌 것이라는 결론이다.

나. 이진섭의 〈映畵 감상〉

이진섭의 <映畵 감상>은 시나리오의 특징 및 읽기 방법론을 논한 것으로 다음과 같은 내용들을 제시하고 있다.

[그림 21] 〈映畵 감상〉
(인문계 『국어 2』, 1968, p.127)

(5) 영화는 映寫幕에 投影된 움직이는 그림자다. (중략) 이 그림자는 렌즈를 통한 光線과 필름의 現想을 바탕으로 이루어진 것으로, 광선과 그림자가 서로 流動하는 사이에 나타난 것이 영화의 형태다.(중략) 영화는 문학이나 미술이나 음악과는 달리, 한 개인에 의해서 이루어지는 것이 아니고, 여러 사람의 손으로 이루어지는 集團的인 작입의 所産이며, 영화미는 회화, 조각, 建築, 문학, 음악, 演劇 등이 각기 지닌 美的 要素를 종합한 새로운 또 하나의 藝術美를 지니고 있어, 第 七藝術이라고도 한다.

<映畵 감상>(인문계 『국어 2』, 1968, p.127)

이 단원의 본문에서는 '영화의 매력, 영화의 특색, 영화의 종류, 영화 감상의 태도' 등의 목차로 영화에 대한 논의들을 펼치고 있는데, 위의 내용은 영화 제작의 특징들을 보여주고 있는 부분이라 할 수 있다. 이어지는 글에서는 근대 기술에 의해 제작되고 대중성을 지향한다는 영화의 특징을 강조하고 있으며, 영화의 유형에 대해서 설명하고 있다. 그런데 이 글에서는 영화에 대한 다각적인 설명과 함께, '영화 감상의 태도'를 제시하고 있어 주목된다.

(6) 감상의 태도 영화미를 이루는 근본을 정리해 보면 ① 화면의 구도 ② 화면과 화면과의 접속 방법 ③ 템포의 느리고 빠름 ④ 리듬의 강약 (부분과 전체와의 비례 ⑤ 시간적인 상황 처리의 변화 ⑥ 전체적으로 유동 속에 나타나는 모든 악센트 ⑦ 조화 ⑧ 볼륨(量感) 등을 종합해서 검토하고 나면, 영화미에 대한 감상은 만족할 만한 것을 얻게 될 것이다.

<映畵 감상>(인문계 『국어 2』, 1968, p.129)

위의 내용은 영화를 어떻게 볼 것인가를 제시한, 일종의 읽기 방법론이라 할 수 있다.

다. 이진섭의 〈시나리오 작법〉

이진섭의 <시나리오 작법>은 시나리오의 본질, 기본 조건, 구조, 표현 방법 등을 다룬 글이다.

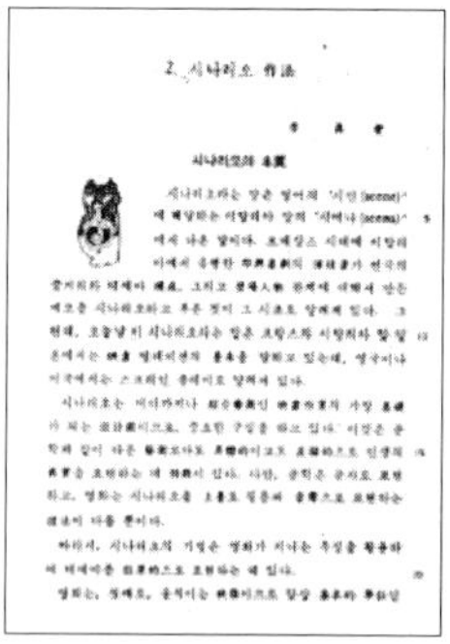

[그림 22] 〈시나리오 작법〉
(인문계 『국어 3』, 1968, p.231)

(7) 시나리오는 어디까지나 綜合藝術인 映畵作家의 가장 基礎가 되는 設計圖이므로, 중요한 구실을 하고 있다. 이것은 문학과 같이 다른 藝術보다도 具體的이고도 直接的으로 인생의 事實을 표현하는 데 特徵이 있다. 다만 문학은 문자로 표현하고, 영화는 시나리오를 土臺로 필름과 音聲으로 표현하는 技法이 다를 뿐이다.

<시나리오 작법>(인문계 『국어 3』(1968), p.231)

위의 내용은 시나리오의 본질을 다룬 부분으로, 어떤 예술보다도 구체적이고도 직접적으로 인생을 표현한다는 데 특징이 있다는 것이다. 이어지는 글에서는 다음과 같이 시나리오 기법에 대해 구체적으로 제시하고 있다.

첫째, 움직이는 영상이므로 항상 기초적 단위인 하나하나의 커트가 구체적인 영상이어야 하며, 항상 움직이고 생생한 운동을 하고 있어야 한다. 둘째, 영화는 종합 예술의 특성을 가지고 있으므로, 시나리오를 구성하는 하나의 단위인 한 장면은 항상 회화적, 문학적, 조각적, 건축적, 연극적인 요소가 서로 조화된 것이라야 한다는 것이다. 이 글에서는 기타 시나리오의 기본 조건(테마, 소재, 스토리), 플롯, 표현 방법 등에 대한 설명을 가하고 있다.[37] 이러한 논의들은 단원명에서 드러나듯, 시나리오의 이해와 함께 창작론을 펼친 것이라 할 수 있다.

라. 오영진의 〈연극과 영화〉

오영진의 <연극과 영화>는 연극과 영화를 비교하면서 시나리오의 특징을 다룬 단원이다.

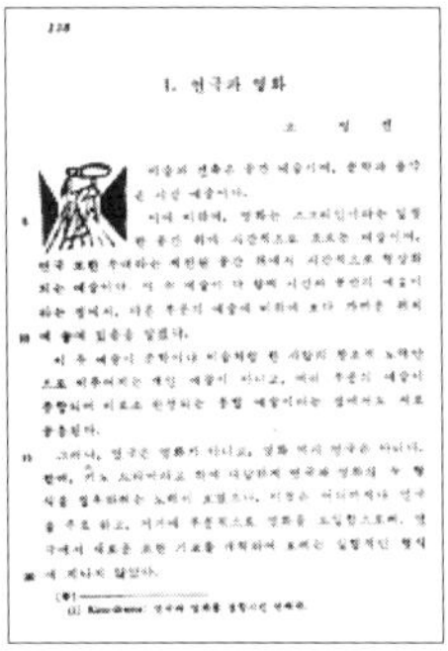
1. 연극과 영화

오 영 진

[그림 23] 〈연극과 영화〉
『국어 3』(실업계), 1968, p.138)

(8) 영화 제작의 모든 과정에 있어서 처음부터 끝까지 수반되는 과학적인 조작과 공정에 기인한 것이라 할 수 있다. 카메라는 어떤 곳에서나 모든 피사체를 여러 조각으로 분석하여 보여주기도 하고, 육안으로는 붙들 수 없는 움직임까지 확대하여 보여주기도 한다. 그러므로 영화는 무대로서의 공간과 소재로서의 물상에 대해 거의 제한이 없는, 선택의 자유를 가지고 있다.

<연극과 영화>(실업계 『국어 3』, 1968, pp.141~142)

본문의 글에서는 먼저 영화의 제작 과정에 대해 설명하고 있다. 즉

37) <시나리오 작법>(인문계 『국어 3』, 1968, pp.232~237).

영화 감독이 시나리오를 토대로 하여, 촬영의 설계도라고 할 수 있는 콘티를 작성하고, 배우의 캐스트를 결정하며, 시나리오가 지정한 장소에서 배우의 연기와 그 밖의 필요한 물상을 촬영하는 등의 과정을 거친다는 것이다. 여기까지는 촬영이라는 조작이 하나 더 첨가되었을 뿐 연극과 본질적인 차이는 없다고 지적하고 있다. 그러나 위 인용문 (8)에서 제시한 제작 과정에서 차이를 보인다는 논지이다. 이어지는 글에서는 특히 영화의 클로즈업 기법, 대사의 더빙 및 필름의 편집 과정, 반복성 등을 들어 연극과의 차이점을 덧붙여 설명하기도 했다.[38)]

지금까지 고등 국어 교과서에 제시된 시나리오 이론을 살펴보았다. 이론편은 총 4편으로 1차에는 오영진의 <영화예술의 근대적 성격>이, 2차에는 이진섭의 <映畵 감상>과 <시나리오 작법>이, 2~3차, 5차에는 오영진의 <연극과 영화> 등이 수록되어 있다. 이를 보면 영화의 특징, 감상법, 창작법 등에서 고루 논의를 펼치고 있음을 볼 수 있다. 특히 오영진의 <연극과 영화>는 수록 빈도가 높은 시나리오(영화)론이다. 연극과 비교하여 영화의 성격을 특징적으로 잘 드러내고 있다는 점에서 재수록 빈도가 높아진 것으로 판단된다.

3. 맺음말 : 고등 국어 교과서 극문학 수록 경향

지금까지 고등 국어 교과서의 극문학 수록 양상 및 학습활동을 검토해 보았다. 마지막 결어로서 각 부문별 수록 경향을 정리하며 마치고자 한다.

---

38) <연극과 영화>(실업계 『국어 3』, 1968, pp.138~146).

첫째, 희곡은 총 5편으로 시기별로 극본 수록 양상 및 학습활동을 요약하면 다음과 같다. 먼저 교수요목기~1차 교육과정기 희곡은 해외 번역극인 셰익스피어의 <베니스의 상인>(『고등국어 2』)으로 이 시기의 유일한 희곡에 속한다. 교과서에는 4막 1장의 '법정 장면'이 수록되었으며, 이 극본은 초·중등 과정에서 재수록 되기도 했다. 동시기 극본은 학습문제 없이 작품만 제시되었다. 이론편은 송석하의 <우리나라의 연극>과 유치진의 <희곡론>로서 각각 우리 연극사와 희곡 일반의 특징을 살피는 논의들이다.

2~4차 희곡은 <조국>과 <청춘은 조국과 더불어>[1] 등으로, 유치진의 작품이 지속적으로 재수록되었다. 이 두 작품은 모두 사실주의극에 해당되며, 주제는 계몽성을 띤 반일과 반공이다. 또한 학습활동을 살핀 결과, 2차에서는 극본 장르의 기초적인 이해와 함께 주로 내용 파악이 중심을 이루고 있으나, 3~4차에서는 극문학 고유의 극적 요소와 낭독하기, 각색하기 등 장르적 특성을 고려한 문항들이 보다 다양하게 제시되고 있음을 볼 수 있다. 이 시기에도 극이론 단원들을 볼 수 있는데, 차범석의 <小說과 희곡의 朗讀法>, 유치진의 <희곡을 쓰려면>, 오영진의 <연극과 영화> 등 3편이 수록되었다. 이 단원들은 극문학과 소설의 비교, 극문학과 시나리오의 비교를 통해 희곡의 특징을 설명하고 있으며, 또한 낭독법, 창작론, 공연적인 측면에서 희곡의 장르적 특징을 살피기도 했다.

5~6차 희곡 단원은 고전극 <봉산탈춤>과 오영진의 <살아있는 이중생 각하> 등 2편이다. 특히 전자는 5차 『국어 하』에서는 <'봉산탈춤'에서>라는 단원명으로, 6차 『국어 하』에서는 <봉산탈춤>이라는 단원명으로 반복 수록된 제재이다. <살아있는 이중생 각하>는 6차

1) <조국>(2차 실업계 국어 2, 3, 4차 인문계 국어 2), <청춘은 조국과 더불어>(3차 인문계 국어 1, 4차 국어 1)

『국어 하』에 실려 있다. 두 작품 모두 풍자성이 강하다는 점, 상징성과 희화화된 언어가 특징적이라는 점에서 유사점을 보이기도 한다. 학습활동을 보면, <봉산탈춤>은 5차에서는 고전극의 특징을 이해하는 학습을 보이며, 6차에서는 일반 극문학의 이해로 확산시키며 다양한 학습활동을 보인다. 6차 <살아있는 이중생 각하>에서는 극의 언어가 지닌 상징성과 일상 언어의 관계를 파악하는 것이 주요 학습활동으로 제시되고 있다. 특히 두 단원 모두 학습활동에서 학습 개념과 방법을 익혀 학생들이 스스로 문제를 해결해 가는 학습자 중심의 '자기적용 학습'을 보인다는 점이 특징적이다. 이것은 6차 국어과 교육목표와 부합되는 측면이기도 하다.

7차 희곡 제재는 <봉산탈춤>과 오영진의 <맹진사 댁 경사>로서 두 작품 모두 『국어 상』의 대단원 '3. 다양한 표현과 이해'에서 다루어졌다. <봉산탈춤>은 5차에서는 '희곡과 무대', 6차에서는 '문학의 유형' 등의 대단원에서 장르적 특징을 파악하는 학습 목표 하에 수록되었던 희곡이다. 이에 반해 7차에서는 표현의 다양성을 이해하는 학습 목표 하에 실렸다는 점이 차별된다. 이 두 작품은 각각 고전극과 현대극에 속하나 모두 풍자성이 강하며 희곡 언어의 상징성과 묘미를 잘 드러낸 극본이라 할 수 있다. 학습활동을 보면, 주로 표현의 다양성을 탐구하는 화법교육이 주가 되고 있다.

둘째, 방속극의 수록 양상 및 학습활동을 요약하면, 고등학교 방송극은 7차 진수완의 <어느 날 심장이 말했다>(『국어 하』) 1편이다. 초·중등 과정의 방송극본 수에 비해 극소수를 보인다. 방송극 이론도 2차 최일수의 <放送劇에 대하여> 1편으로 라디오 드라마의 특징을 다루고 있다. 학습활동은 '매체 언어에 대한 이해, 매체 담화와 글의 수용과 생산, 그것이 전달되는 경로인 매체 특성에 대한 이해' 등의 학습이 주로 이루어졌다. 이것은 7차 국어 교육에서 매체의 수용이 활성화되었음을 반영한다.

셋째, 시나리오의 수록 양상 및 학습활동을 정리하면, 고등 국어 교과서의 시나리오는 안석영의 <서울의 지붕 밑>(『고등국어 1』)과 오 헨리의 단편소설을 각색한 <최후의 한 잎>(<마지막 한 잎>)[2] 등 2편에 불과하다. 특히 <최후의 한 잎>은 중등 5차 『국어 3-2』에서 <마지막 잎새>라는 시나리오로, 7차 중등 『생활국어 3-2』에서 <마지막 잎새>라는 희곡으로 수록되기도 했다. 보다시피 이 제재는 중·고등 국어 교과서에서 반복 수록된 특징을 보인다. 학습활동에서는 여타 극본 유형과 시나리오 극본의 차이점 파악, 영화와의 관련성 이해 등에 중점을 두었다. 기타 이론편으로 오영진의 <영화 예술의 근대적 성격>, <연극과 영화>, 이진섭의 <映畵 감상>, <시나리오 작법> 등이 실려 있기도 하다. 이 단원들에서는 영화의 특징, 감상법, 창작법 등에 대한 논의를 펼치고 있다.

2) <최후의 한 잎>(교수요목기 『고등국어 2』), <마지막 한 잎>(2차 『국어 2』, 4차 『국어 1』)

V. 글을 맺으며

지금까지 해방 이후부터 제7차 교육과정기까지 초등학교, 중학교, 고등학교 '국어 교과서 수록 극문학 제재 변천 양상'을 고찰하였다. 초등 과정 극본은 ① 그림연극 및 유사극본 ② 희곡 ③ 방송극으로, 중 · 고등 과정 극본은 ① 희곡 ② 방송극 ③ 시나리오 등으로 분류하여, 부문별/시기별 수록 양상 및 학습활동을 살펴보았다. 여기에서는 각 학교별로 제시했던 시기별 빈도 및 특징 등을 총괄적으로 정리하며 글을 맺고자 한다.

1. 각급 학교별 제재 빈도 및 특징

초등 · 중등 · 고등 과정 등 각급 극문학 수록 양상을 1) 그림연극 및 유사극본, 2) 희곡, 3) 방송극, 3) 시나리오로 대별하여 그 빈도 및 특징을 정리하면 다음과 같다.

1) 그림연극 및 유사극본 제재

(1) 그림연극/유사극본의 수록 빈도 및 경향

그림연극과 유사극본은 초등 국어 교과서에서만 드러나는 제재로 그림연극은 총 9편, 유사극본은 총 12편으로 나타난다. [표 1]은 교육과정기별 수록 현황을 제시한 것이다.

[표 1] 그림연극 제재 교육과정기별 빈도

번호	제목	교육과정기별 빈도								문종	수록 교과서
		교	1	2	3	4	5	6	7		
그림연극	윤회	○	○							그림연극	교수요목(초등국어 3-1, 3-2), 1차(3-1, 3-2)
	백조왕자		○							그림연극	1차(3-2)
	나뭇군과 선녀	○	○							그림연극	교수요목(3-2), 1차(3-2)
	달님이야기	○	○							그림연극	교수요목(4-1, 4-2), 2차(1차 4-1, 4-2)
	제비와 흥부	○	○		○					그림연극	교수요목(4-1, 4-2), 1차(4-1, 4-2), 3차(4-1)
	흥부와 놀부			○						그림연극	2차(4-1)
	종소리	○								그림연극	교수요목(5-1)
	심청	○								그림연극	교수요목(5-1, 6-2)
	심청이야기		○	○						그림연극	1차(6-2)
유사극본	산술공부	○								유사극본	교수요목기(초등국어교본 상)
	친절한 가게	○								유사극본	교수요목기(초등국어교본 상)
	개미와 매미	○				○				유사극본 (이솝)	교수요목기(초등국어 2-1), 4차(바른생활 1-1)
	참새와 파리	○								유사극본	교수요목기(초등국어 3-2)
	동무	○								유사극본	교수요목기(국어 3-2)
	돼지의 재판	○								유사극본	교수요목기(초등국어 4-2)
	토끼와 거북 (거북이와 토끼)	○	○	○	○	○				유사극본	교수요목기(국어 1-2), 1차(국어 1-2), 2차(국어 1-2), 3차(국어 1-2), 4차(바른생활 1-1 「거북이와 토끼」)
	여우와 까마귀	○	○							유사극본	교수요목기(국어 2-1, 국어 2-2), 1차(국어 2-1, 국어 2-2)
	말짓기놀이	○	○	○						유사극본	교수요목기(국어 3-1), 1차(국어 3-1), 2차(국어 3-2)

	어깨동무		○	○						유사극본	1차(국어 3-1), 2차(국어 3-1)
	팔려가는 당나귀	○	○	○						유사극본 (이솝)	교수요목기(국어 3-2), 1차(국어 3-2), 2차(국어 3-2)
	라디오놀이		○	○						유사극본	2차(국어 2-2), 3차(국어 2-2)

그림연극 수록 상황(재수록 포함)을 보면, 교수요목기(6편), 1차(6편), 2차(2편), 3차(1편)으로 총 15회 빈도수를 보인다. 그림연극은 교수요목기와 1차 등 초기 국어 교과서에 집중 수록된 경향을 보이며, 3차까지만 다루어졌다.[1] 소재면에서는 전기 소재(<윤회>)나 고전 소재(<제비와 흥부>, <흥부와 놀부>, <종소리>, <심청>, <심청이야기>) 등의 단원이 지배적이다. 특히 <제비와 흥부>(<흥부와 놀부>) 는 고전 각색극에서도 다양한 제재명으로 실렸는데. 그림연극에서도 2차례나 다루고 있어 재수록 빈도가 높은 고전 제재임을 알 수 있다.

유사극본의 시기별 빈도수(재수록 포함)를 보면, 교수요목기(10편), 1차(6편), 2차(5편), 3차(1편), 4차(2편) 등으로 총 24회로 나타난다. 이를 보면 3차와 4차에도 소수 실리고 있으나, 교수요목기에 최다 빈도수를 보이며 2차까지 지배적인 수록 현상을 드러내고 있다. 특히 <토끼와 거북>은 교수요목기부터 4차까지 지속적으로 실리고 있어 재수록 빈도가 가장 높은 단원에 속한다. 한편 <토끼와 거북>, <팔려가는 당나귀>는 기존 연구사에서 극본으로 다루는 경우가 종종 있다. 그러나 형태상 대사와 지시문을 완전히 갖추지 않은 극본이다. 본고에서 이에서 유사극본으로 분류하였다. 작가별로 보면 이솝(<개미와 매미>, <여우와 까마귀>, <팔려가는 당나귀>) 우화가 여러 편 보여 국어 교과서의 작가 선호도 현상을 보인다.

---

1) 참고로 6차 교육과정기 <금도끼>(『쓰기 1-2』)를 보면, 그림연극은 아니되, 그림을 순서대로 제시하고 장면에 맞게 이야기를 꾸미는 학습이 보여, '그림연극' 활동과 유사한 점이 흥미롭다.

2) 희곡 제재

희곡의 경우는 소재별로 ① 국내 창작극, ② 고전 각색극, ③ 해외 번역극 등으로 분류할 수 있다. 아래에서는 각급별 수록상의 특징을 총괄적으로 정리하고자 한다.

(1) 국내 창작극

국내 창작극은 초등 과정 23편, 중등 과정 10편, 고등 과정 4편으로, 각급 학교 국어 교과서에 수록된 희곡 수는 총 37편이다.

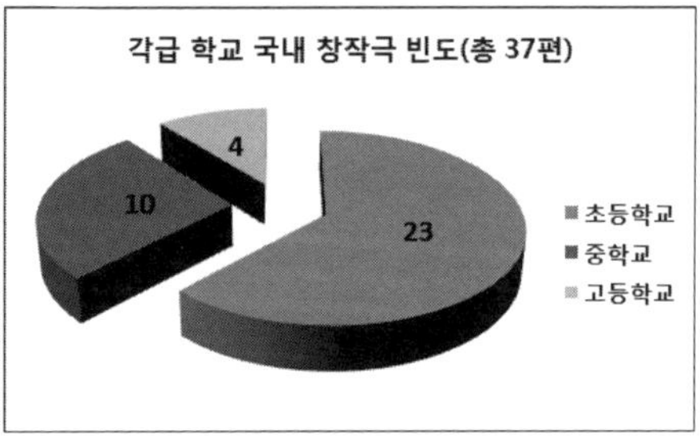

[그림 1] 각급 학교 국내 창작극 빈도수

각급별로 교육과정기별 수록 현황을 정리하면 [표 2]와 같다.

[표 2] 국내 창작극(희곡) 교육과정기별 빈도

학교	제목	교육과정기별 빈도								문종 및 작가	수록 교과서
		교	1	2	3	4	5	6	7		
초등	걸레	○	○	○						희곡	교수요목기(국어 4-1, 4-2), 1차(국어 4-1), 2차(국어 4-1)
	꽃과 나비	○	○							희곡	교수요목기(국어 5-1), 1차(국어 5-1)

	봄이 올 때까지	○								희곡	교수요목기(국어 6-1)
	새로 나온 달님			○	○	○				희곡	2차(국어 5-2), 3차(국어 5-2), 4차(국어 5-1)
	장난감들의 합창				○					희곡	3차(국어 2-2)
	숲 속의 대장간				○	○	○	○		희곡	3차(국어 5-1), 4차(국어4-2), 5차(읽기 4-2), 6차(읽기 4-2)
	석수장이				○	○	○			희곡	3차(국어 4-1), 4차(국어 4-1), 5차(읽기 4-1)
	외다리 거위				○		○			희곡	3차(국어 3-2), 5차(읽기 3-2)
	섬마을의 전설					○	○			희곡	4차(국어 6-1), 5차(국어 6-1)
	날지 못하는 백조					○				희곡	4차(국어 5-2)
	월광곡						○			희곡	5차(읽기 5-2)
	닫혀진 문						○			희곡	5차(읽기 6-1)
	아름다운 싸움							○	○	희곡	6차(읽기 4-1), 7차(읽기 4-1)
	현수의 하루							○		희곡	6차(읽기 4-2)
	시험							○		희곡	6차(읽기 4-2)
	난파선의 사람들							○		희곡	6차(읽기 5-1)
	닫혀진 문							○		희곡	6차(읽기 6-1)
	도도와 미미								○	희곡	7차(읽기 1-1)
	준이와 창이								○	희곡	7차(읽기 1-2)
	탈놀이								○	희곡	7차(읽기 4-1)
	즐거운 우리집								○	희곡	7차(말하기 듣기 쓰기 4-2)
	선인장 이야기								○	희곡	7차(말하기 듣기 쓰기 4-2)
	어떤 크리스마스								○	희곡	7차(읽기 6-2)
	나비를 잡은 아버지								○	희곡	7차(말하기 듣기 쓰기 6-2)
중등	이준과 안중근	○								희곡	교수요목기(중등국어 1-2)
	목란의 종군	○								희곡	교수요목기(중등국어 3)
	원술랑	○			○	○	○	○		희곡	교수요목기(중등국어 3-2, 중학국어 3-2), 3차(중학국어 2-1), 4차

											(중학국어 2-1), 5차(국어 2-1), 6차(국어 1-1)
	사육신		○	○						희곡	2차(중학국어 2-2), 3차(중학국어 2-2)
	별			○						희곡	3차(중학국어 1-2)
	고구마		○	○	○	○				희곡	2차(중학국어 3-2), 3차(중학국어 3-2), 4차(중학국어 1-1)
	들판에서							○	○	희곡	6차(국어 3-1), 7차(국어 2-2)
	시집가는 날								○	희곡	7차(국어 3-1)
	포로들					○				희곡	4차(중학국어 2-2)
	청춘은 조국과 더불어					○				희곡	4차(중학국어 3-2)
고등	조국			○	○	○	○			희곡	2차 실업계 국어 2, 인문계 국어 1, 3차 실업계 국어 2, 4차 인문계 국어 1
	청춘은 조국과 더불어				○	○				희곡	3차 인문계 국어 1, 4차 인문계 국어 2
	살아있는 이중생 각하							○		희곡	6차 국어 하
	맹진사 댁 경사								○	희곡	7차 국어 상

가. 시기별 수록 빈도

초등학교 국내 창작극의 수록 상황을 교육과정기별 빈도수(재수록 포함)로 정리해 보면, 교수요목기(3편), 1차(3편), 2차(2편), 3차(5편), 4차(5편), 5차(6편), 6차(6편), 7차(7편) 등으로 나타나 총 36회의 빈도수를 보인다. 2차 교육과정기가 가장 낮은 수치를 보이며, 7차 교육과정기가 최다수로 나타난다.

빈도수의 차이는 시기별로 유형별 극본 비율이 다소 차이지거나, 교육과정기별 지향하는 교수요목과 연관성을 갖는다. 일례로 교수요목기부터 2차까지를 보면, 아직 극본 형태가 확립되지 않은 유사극본이나 그림연극 등이 지배적인 수치를 보여, 본격적인 극문학 형태의 희곡은 상대적으로 낮은 수치를 보인다. 한편 앞서 살펴본 바, 5차 교육과정기부터 1교과 다교과서제 도입으로『말하기 듣기』,『읽기』,『쓰기』등 3책으로 분과 교육이 이루어졌다. 이로 인하여 각 분과 책의 극본 자료가 더해지면서 극문학의 게재 비율이 더욱 증가된 현상을 보인다. 더구나 적용학습에서 완결된 극본 형태를 수록하고, 원리학습이나 학습문제에서 읽기자료로 여러 종의 극본을 일부씩 싣기도 하여, 결과적으로 분과 이전보다 더 많은 극본 수가 실렸다. 특히 7차 시기는 5차부터 시행된 영역별 교육이 정착화된 시기로,[2] 전 시기보다 극본 수가 보다 증가된 현상을 보인다.

중학교 국내 창작극 수록 상황을 교육과정기별 빈도수(재수록 포함)로 정리해 보면, 교수요목기(3편), 1차(2편), 2차(3편), 3차(2편), 4차(5편), 5차(2편), 6차(2편), 7차(2편) 등으로 나타나 총 21회의 빈도수를 보인다. 4차 교육과정기가 5편으로 최다수로 나타나며 대부분 차시에는 2편에서 3편의 희곡이 다루어지고 있다. 중등 과정 또한 빈도수의 차이는 교과서 극본 수의 차이뿐만 아니라, 시기별 유형별 극본 비율의 차이, 교수요목의 변화 등에서 비롯된다. 일례로 최다수를 보이는 4차는 문학 감상이 중시된 시기로서 이를 반영하여 교과서 극본 수도 증가 추세를 보인 것이라 하겠다. 최소수를 보이는 2, 3차의 경우는 희곡 외에 시나리오와 방송극도 함께 수록된 시기로 유형별 극본의 형평성을 고려한 수록상이라 할 수 있다. 일례로 3차 시기에는 방송극인 <삼층밥>, <누가 우리를 지켜줄 것인가> 등과 시나리오인 <잘 사는 길>, <등대> 등이 실리고 있다. 또한 <월술랑>과 <고구마>는 재수록 빈도가 특히 높게 나타나는데, <원술랑>은 1~2차를 제외한 전 교육과정기에 재수록되었으며, <고구마>는 1~4차까지 지

2) 4~6학년의 경우『읽기』와『말하기 듣기 쓰기』라는 교재로 이루 재통합 교과서 형태를 띠고 있다는 점도 특징적이다.

속적으로 실린 제재라는 점에서 주목된다. 이러한 작가 편향성은 두 작품 모두 계몽성이 강한 주제의식을 보인다는 점에서 비롯된 것으로 보인다.

고등학교 국내 창작극은 각급 학교 중 가장 적은 수치로 총 4편이다. 빈도수(재수록 포함)를 차시별로 제시하면 교수요목기(1편), 1차(0편), 2차(1편), 3차(2편), 4차(2편), 5차(1편), 6차(1편), 7차(1편) 등으로 나타나 총 9회의 빈도수를 보인다. 1차에는 수록되지 않았으며, 3차와 4차에는 유치진의 <조국>과 <청춘은 조국과 더불어> 등 2편으로 최다수를 보인다. 여타 교육과정기에는 고전 각색극, 방송극, 시나리오 등의 극본과 함께 수록된 경우로, 국내 창작극은 1편씩만 실려 있다.

나. 작가별 수록 빈도

위에서 살핀 각급별 국내 창작극의 작가별 수록 현황을 정리하면 [표 3]과 같다.

[표 3] 작가별 수록 빈도수(국내 창작극)

구분	작가	극본	수록 시기	빈도
초등	이촌일	봄이 올 때까지	교수요목기	1
	강소천	꽃과 나비	교수요목기~1차	2
	최태호	걸레	교수요목기~2차	3
	주평	장남감들의 합창	3차	1
	주평	석수장이	3~5차	3
	주평	숲속의 대장간	3~6차	5
	주평	섬마을의 전설	4~5차	2
	주평	월광곡	5차	1
	김병규	닫혀진 문	5차	1
	고성욱	즐거운 우리집	7차	1
	고성욱	어떤 크리스마스	7차	1
	김진우	한지붕 두 가족	7차	1
	이경	도도와 미미	7차	1

	정호승	선인장 이야기	7차	1
	현덕	나비를 잡은 아버지	7차	1
중등	유치진	원술랑	교수요목기, 3~6차	5
	유치진	사육신	2~3차	2
	유치진	별	3차	1
	차범석	고구마	2~4차	4
	이재현	포로들	4차	1
	유치진	청춘은 조국과 더불어	4차	1
	이강백	들판에서	6~7차	2
	오영진/박만규	시집가는 날	7차	1
고등	유치진	조국	교수요목기, 3~5차	4
	유치진	청춘은 조국과 더불어	3~4차	2
	오영진	살아있는 이중생 각하	6차	1
	오영진	맹진사 댁 경사	7차	1

초등학교의 작가별 수록 빈도수를 보면, 1편 이상의 극본이 수록된 경우는 주평(5편)과 고성욱(2편)이며, 주평의 작품은 <장난감들의 합창>, <석수장이>, <숲 속의 대장간>, <섬 마을의 전설>, <월광곡> 등 총 5편이나 수록되고 있다. 또한 <석수장이>(3~5차)와 <숲 속의 대장간>(3~6차)의 경우에는 교육과정기별 재수록 빈도수에서도 높은 수치를 보이고 있다. 주평은 학교극 발전을 위해 다양한 활동상을 펼친 작가로서, 이와 같이 여러 편의 작품을 수록하여 국어교육적 측면에서 주목받는 작가라 할 수 있다.

교육과정기별로 보면, 7차에서 고성욱, 김진우, 이경, 정호승, 현덕 등 새로운 작가들이 드러나고 있다. 전 시기까지 주평의 극본이 지배적이며, 반복 수록되는 양상을 보였으나, 7차에서는 오히려 주평의 극본은 삭제되고 여타 작가군들의 작품으로 확산된 경향을 보인다. 결과적으로 이 시기에 다양한 작품들이 교과서에 새로이 도입되었음을 의미하기도 한다. 그런데 이러한 현상은 7차 교과서부터 작가명이 제시되면서 파악된 측면이기도 하다. 전 시기의 경우 대부분 작가를 밝히지 않아 실제 작가별 수록 현황은 몇몇을 제외하고 대부분 파악하기 힘들다. 이에 대해서는 따로 재구할 필요가 있다고 보여진다.

중학교 작가별 수록 빈도수를 보면, 1편 이상의 극본이 수록된 경우는 유치진으로 총 4편의 작품이 수록되었다. 기타 국내 작가의 경우는 각각 1편의 작품만이 보인다. 고등학교의 경우 4편의 희곡 중 유치진과 오영진의 작품이 각각 2편씩 수록되었다. 특히 유치진 작품은 중·고등 과정 모두에서 다루어지고 있어 한 작가에 편향된 수록 경향을 보여준다.

(2) 고전 각색극

고전 각색극은 초등학교 18편, 고등학교 1편으로 총 19편이다. 중학교에서는 고전극을 다루지 않았는다는 점이 특징적이다. 희곡 유형의 전체 빈도수에서 보면, 국내 창작극 다음으로 높은 빈도수를 보이는 제재에 속한다.

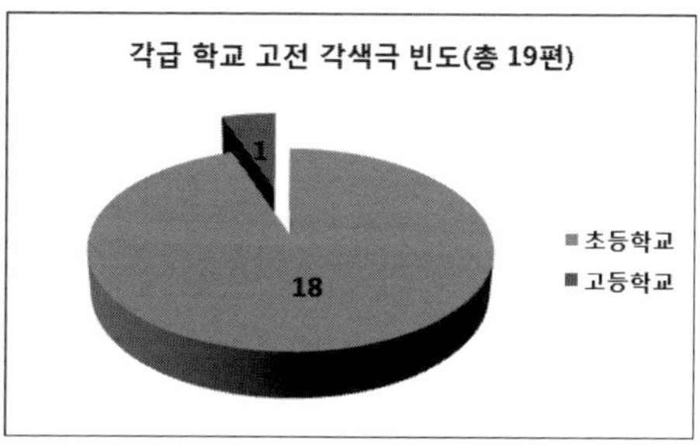

[그림 2] 각급 학교 고전 각색극 빈도수

구체적인 수록 현황을 교육과정기별로 정리해 보면 [표 4]와 같다.

[표 4] 고전 각색극(희곡) 제재 교육과정기별 빈도

구분	제목	교육과정기별 빈도								문종 및 부문	수록 교과서
		교	1	2	3	4	5	6	7		
초등	금도끼					○		○		희곡(구비설화 각색극)	4차(바른생활 2-1), 6차(말하기 듣기 4-1)

	어차피 죽을 몸이니							○	○	희곡(구비설화 각색극)	6차(읽기 5-2), 7차(읽기 5-1)
	쓴 약 단 약							○		희곡(구비설화 각색극)	6차(읽기 3-2)
	방안에 가득 차는 것							○	○	희곡(구비설화 각색극)	6차(읽기 3-2), 7차(읽기 3-1)
	소와 나귀							○		희곡(구비설화 각색극)	6차 (읽기 4-1)
	흥부와 놀부							○		희곡(고전소설 각색극)	7차 (읽기 1-2)
	구멍난 그릇							○		희곡(구비설화 각색극)	7차 (읽기 1-2)
	도깨비와 개암								○	희곡(구비설화 각색극)	7차 (말하기 듣기 2-1)
	나무꾼과 사슴								○	희곡(구비설화 각색극)	7차(읽기 2-2)
	요술부채								○	희곡(구비설화 각색극)	7차(말하기 듣기 쓰기 4-2)
	심청가								○	희곡(고전소설 각색극)	7차(말하기 듣기 쓰기 4-2)
	별주부전							○	○	희곡(고전소설 각색극)	6차 「읽기 5-2」, 7차(말하기 듣기 쓰기 5-1)
	놀부전 (놀부가)								○	희곡(고전소설 각색극)	7차(읽기 5-1)
	한석봉과 어머니								○	희곡(구비설화 각색극)	7차(읽기 5-2)
	심청전								○	희곡(고전소설 각색극)	7차(말하기 듣기 쓰기 6-1)
	볍씨 한톨								○	희곡(구비설화 각색극)	7차(말하기 듣기 쓰기 6-1)
	흥부가								○	희곡(고전소설 각색극)	7차(말하기 듣기 쓰기 6-2)
	저승에 있는 곳간								○	희곡(구비설화 각색극)	7차(말하기 듣기 쓰기 6-2)
고등	봉산탈춤						○	○	○	희곡 (고전극 각색극)	5차 국어 상, 6차 국어 상, 7차 국어 상

초등학교의 고전 각색극은 고전소설과 구비설화를 각색한 경우로, [표 4]의 시기별 빈도(재수록 포함)를 보면 교수요목기부터 3차까지는 드러나지 않고 있다. 그런데 고전 제재는 여타 문종에서는 교수요목기부터 꾸준히 수록되어 왔다. 그러나 3차까지 대부분 '이야기글'

로 실려 있고 희곡으로 실린 경우는 드물다. 희곡 형태로 실리기 시작한 것은 4차 <금도끼>부터이다. 동시기에 수록된 <토끼의 재판>, <청개구리>도 고전 각색극이라 할 수 있으나 방송극이라는 점에서 차별된다. 5차에서는 고전 소재 희곡은 보이지 않으며, 대신 방송극의 <소년과 어머니>가 고전 제재에 속한다. 기타 고전 각색극은 6차에는 8편, 7차에는 13편 등이 드러나 6차와 7차 시기에 높은 빈도수를 보인다.

실제로 고전에의 관심은 5차 교육과정기부터 대두된 현상이기도 하다. 그러나 5차 시기에는 방송극 등 여타 유형의 극본으로 게재되거나 혹은 서사문으로 수록된 경우로 희곡은 다루지 않았다. 6차 시기에 들어서서야 고전 제재의 희곡이 다수 실리기 시작했으며, 7차에는 그 수가 더욱 증가세를 나타낸다. 6~7차에는 전 학년에 걸쳐 극본 외에 여타 문종에서도 고전 제재가 다수 보여, 해방 이후 어느 시기보다 많은 고전 소재 제재가 수록되었던 시기이기도 하다.[3] 이것은 당시 세계화의 물결 속에서 우리의 것을 지키고 발전시켜야 한다는 시대적 요구에 부응한 결과이다. 또한 1990년대 이후 점차 활성화된 창작극 붐으로 인하여 작품의 소재를 전통적인 것으로 확산시킨 데서 기인한 현상이기도 하다.[4]

고전 각색극의 유형을 보면, 대부분이 구비설화(전래동화)를 각색한 경우이며, 고전소설 각색극은 <흥부와 놀부>(<놀부와 흥부>, <놀부전>, <놀부가>, <흥부가>), <심청전>(<심청가>), <별주부전> 만이 해당된다. 특히 <흥부전>은 다양한 단원명으로 수록되고 있어 빈도가 높은 고전 제재임을 알 수 있다. 특히 7차에서는 <흥부가>, <놀부

3) 이윤남(1999), 「전래동화의 교재화 양상 연구-초등학교 국어교과서를 중심으로」, 인천교육대학교 교육대학원 석사학위논문, pp.44~61 참조.
4) 이윤남(1999), 앞의 글, p.61; 韓恩淑(2004), 앞의 글, p.156.

가>, <심청가> 등 판소리 극본을 다룬다는 점에서 특징적이다. 고등학교의 경우는 <봉산탈춤> 1편으로 고전극 소재라는 점에서 특징적이며, 시기별 빈도(재수록 포함)를 보면 5~7차 각각 1편으로 3회 수록되었다.

(3) 해외 번역극

해외 번역극은 초등학교 7편, 중학교 3편, 고등학교 1편으로 총 11편이 다루어지고 있다.

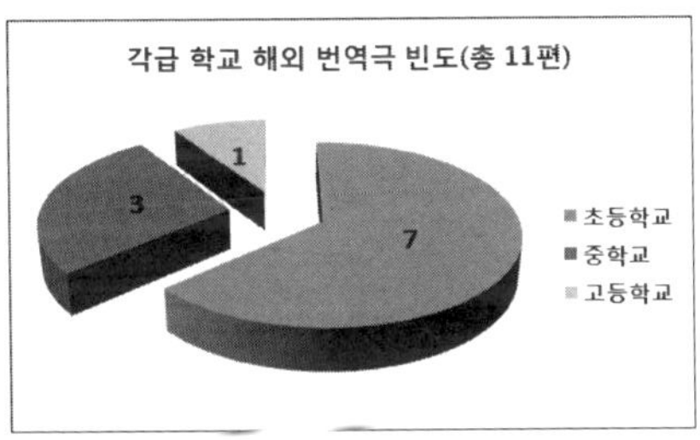

[그림 3] 각급 학교 해외 번역극 빈도수

교육과정기별로 각급별 수록 빈도를 정리하면 [표 5]와 같다.

[표 5] 해외 번역극 교육과정기별 빈도

구분	제목	교육과정기별 빈도								문종 및 작가	수록 교과서
		교	1	2	3	4	5	6	7		
초등	개미와 베짱이						○	○		희곡	5차(말하기 듣기 3-1), 6차(말하기 듣기 3-1)
	황소와 개구리						○			희곡	5차(말하기 듣기3-2)
	의리 없는 친구						○			희곡	5차(읽기 5-2), 7차(읽기 5-1)
	베니스의 상인							○	○	희곡	6차(말하기 듣기 4-1), 7차(읽기 5-2)
	크리스마스 송가		○	○	○	○				희곡	1차 (국어 6-2), 2차(국어 6-2), 3차(국어6-2), 4차(국어 6-2)
	장발장							○	○	희곡	7차(읽기 6-1)
	벌거숭이 임금님			○						희곡	2차(바른생활 2-2)

중등	베니스의 상인	○								희곡	교수요목기(중등국어 5)
	빌헬름 텔					○	○	○		희곡	4차(중학국어 3-1), 5차(국어 2-1), 6차(국어 2-1)
	마지막 잎새								○	희곡	5차(중학국어 3-2), 7차(생활국어 3-2)
고등	베니스의 상인	○								희곡	교수요목기 고등 국어 2

가. 시기별 수록 빈도

해외 번역극은 각급 학교 과정에서 모두 다루어진 제재로, 초등학교의 극본을 교육과정기별 빈도수(재수록 포함)로 정리해 보면, 1차(1편), 2차(2편), 3차(1편), 4차(1편), 5차(3편), 6차(3편), 7차(2편) 등으로 총 13회의 빈도수를 보인다. 전반적으로 높은 수치는 아니나 5, 6차 시기가 최다 빈도를 보인다. 5차 시기부터는 분과 체제로 인해 다양한 유형의 극이 증가되는 현상을 보이는데, 이에서 비롯된 것이라 할 수 있다. 특히 <크리스마스 송가>는 1차부터 5차까지 꾸준히 재수록된다는 점에서 주목된다. 이 단원은 교수요목기에 이미 <크리쓰마스 송가>(<그리스마스 송가>)라는 번안소설로 수록되어 있기도 하다. 그런데 1차부터 4차까지는 희곡으로 수록되었으나, 5차에서는 방송극으로 각색되어 제시되고 있다. 또한 모두 6학년 2학기 교과서에 수록되어 있다는 점도 특기 사항이다. 6차에 이르러 이 제재는 삭제되고 국내 창작극인 <어떤 크리스마스>가 대체 극본으로 수록되고 있다. 제목에서도 드러나는 바, 이 극본은 <크리스마스 송가>와 마찬가지로 크리스마스 즈음인 기말에 다루어진다는 시의적인 측면에서 선정된 제재로 보여진다.

중학교의 경우 교육과정기별 빈도수(재수록 포함)로 정리해 보면, 교수요목기(1편), 4차(1편), 5차(1편), 6차(1편), 7차(1편) 등으로 2~3차에는 수록되지 않았으며, 총 5회의 빈도수를 보인다. 재수록 빈도수면에서 보면 <빌헬름 텔>이 4~6차까지 3회 수록되어 가장 높은 수치로 나타난다. 고등학교는 교수요목기의 <베니스의 상인> 1편으로 총 1회의 빈도수로 드러나며 여타 차시에는 해외 번역극이 수록되지 않았다. 특히, 이 작품은 초등·중등·고등 과정에서도 다루어진 희곡으로, 각급 교과서에 모두 수록된 극본이라는 점이 특징적이다.

나. 작가별 수록 빈도

해외 번역극의 작가별 빈도수를 각급 학교별로 정리하면 [표 6]과 같이 정리된다.

[표 6] 작가별 수록 빈도수

	작가	국가	극본	수록 시기	빈도
초등	찰스 디킨즈	영국	크리스마스 송가	1~4차	4
	안데르센	덴마크	벌거숭이 임금님	2차	1
	이솝	그리스	황소와 개구리	5차	1
	이솝	그리스	개미와 베짱이	5차, 6차	2
	이솝	그리스	의리없는 친구	5차, 7차	2
	그림형제	독일	브레멘의 악사	6차	1
	셰익스피어	영국	베니스의 상인	6차, 7차	2
	빅톨 위고	프랑스	장발장	7차	1
중등	셰익스피어	영국	베니스의 상인	교수요목기	1
	프리드리히 실러	독일	빌헬름 텔	4~6차	3
	오 헨리	미국	마지막 잎새	5차	1
고등	오 헨리	미국	최후의 한 잎 (마지막 한 잎)	교수요목기, 1, 5차	3
	셰익스피어	영국	베니스의 상인	1차	1

초등학교 해외 번역극의 작가는 국내 창작극과 달리 대개 명시되는 경우가 많은데, 작가별 빈도를 보면, 1차부터 4차에 찰스 디킨즈의 <크리스마스 송가>, 2차에 안데르센의 <벌거숭이 임금님>, 5차에 이솝의 <황소와 개구리>, 5~6차에 이솝의 <개미와 베짱이>, 6차에 그림형제의 <브레멘의 악사>, 6~7차에 셰익스피어의 <베니스의 상

인>, 7차에 빅톨 위고의 <장발장> 등이 수록되고 있어, 서구 작가 편중 현상을 보인다.

한편 위의 작가별 빈도를 보면, 초등 과정의 경우, 이솝과 찰스 디킨즈의 작품 빈도수가 높은데, 이솝의 극본은 여러 개의 작품이 제시되고 있는 반면, 찰스 디킨즈의 극본은 <크리스마스 송가> 단 한편으로 재수록 빈도만 높다는 점에서 차별성을 띤다. 특히 이솝의 작품은 교수요목기부터 전 교육과정기에 걸쳐 극본 외에도 서사 형태 단원으로 수록되는 경우가 많다. 작품 내용상 교훈적인 요소가 지배적이라 교육적 효과가 높은 데서 비롯된 현상이라 할 수 있다. 중・고등학교의 경우는 실러의 작품만이 중학교 과정에서 다루어졌고, 셰익스피어와 오 헨리 등은 중등 과정과 고등 과정에서 모두 다루었다는 특징을 보인다.

3) 방송극 제재

방송극은 초등학교 9편, 중학교 7편, 고등학교 1편으로 총 17편이다.

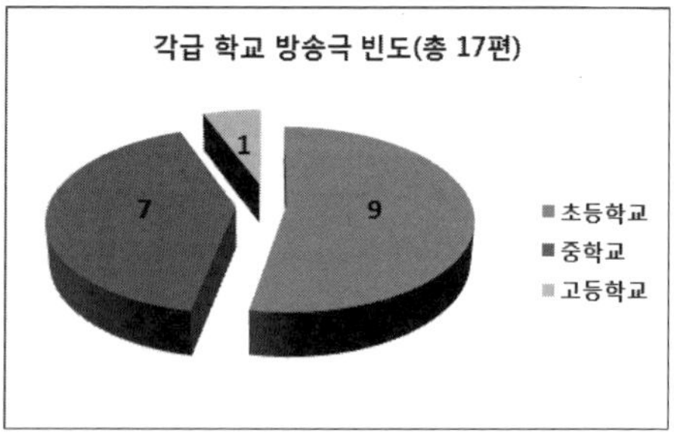

[그림 4] 각급 학교 방송극 빈도수

각급별 수록 빈도수를 교육과정기별로 제시하면 [표 7]과 같다.

[표 7] 방송극 제재 교육과정기별 빈도

번호	제목	교육과정기별 빈도								문종 및 작가	수록 교과서
		교	1	2	3	4	5	6	7		
초등	그리운 노래들			○	○					방송극	2차(국어 6-1), 3차(국어 6-1)
	토끼의 재판					○	○		○ (3)	방송극 (방정환)	4차(국어 3-1), 5차(읽기 3-1), 7차(말하기 듣기 3-1), 7차(읽기 3-1), 7차(쓰기 3-1)
	청개구리					○	○			방송극	4차(말하기 듣기 3-2)
	우리 선생님						○	○	○	방송극 (이원수)	6차(말하기 듣기 4-1), 7차 「읽기 5-2)
	소년과 어머니						○		○	방송극	5차(읽기 5-2), 7차(읽기 3-1)
	숲 속의 노래						○	○		방송극	5차(읽기 6-1), 6차(읽기 6-1)
	크리스마스 송가						○			방송극	5차(말하기 듣기 6-2)
	막둥이							○		방송극	6차(읽기 4-2)
중등	장님의 지혜	○								방송극 (최요안)	교수요목기 (중학국어 2-1)
	느티나무 있는 언덕		○							방송극 (최요안)	1차(중학국어 1-2)
	강가의 소년		○							방송극 (최요안)	1차(중학국어 2-1)
	장미꽃 피는 날		○							방송극	1차(중학국어 2-1)
	누가 우리를 지켜줄 것인가			○	○					방송극 (학생작품)	2차(중학국어 2-1), 3차(중학국어 2-2)
	삼층밥				○					방송극	3차(중학국어 1-2)
	육체미 소동								○	방송극 (TV) (박정화)	7차(국어 1-1)
고등	어느 날 심장이 말했다								○	방송극 (진수완)	7차 국어 하 [TV 방송극]

(1) 시기별 수록 빈도

초등학교 방송극은 교수요목기와 1차에는 수록되지 않았고 2차부터 드러난다. 교육과정기별 빈도(재수록 포함)를 보면 2차(1편), 3차(1편), 4차(2편), 5차(6편), 6차(3편), 7차(5편) 등 총 18회 수록되었으며

5차 시기가 최다수를 보인다. 5차는 4차에 이어 방송극의 증가 현상을 보이는 시기라고 할 수 있다. 또한 위 극본은 모두 라디오 방송극이라는 특징을 지니고 있다. TV 방송극은 초등 과정에서는 다루어지지 않았으며, 중·고등 과정에서 각각 1편씩 실리고 있다.

개별 작품 중 특징적인 사항은, 먼저 <토끼의 재판>은 4차부터 7차까지 5회 수록되어 재수록 빈도가 가장 높다. 4차부터 5차까지 3학년 교과서에 수록되었다가 6차에는 삭제되나, 7차에 다시 실린 방송극이다. 그런데 7차의 경우에는 『읽기 3-1』, 『말하기 듣기 3-1』, 『쓰기 3-1』[5] 등 각 영역별 교과서에서 모두 다루어졌으며, 단원 학습 제재나 목표 등 학습 기능을 고려한 횡적 연계성, 반복 심화의 원리 등을 적용한 배열을 보인다. <토끼의 재판>을 통해 분과별로 말하고 듣고 읽고 쓰는, 언어 활동을 유기적으로 연계시키고 있음을 의미한다.

한편 5차 <크리스마스 송가>는 1~4차까지 희곡이었던 제재를 방송극으로 개작한 것이며,[6] <토끼의 재판>, <청개구리>, <소년과 어머니> 등은 고전 소재의 방송극이라는 점에서 특징적이라 할 수 있다. 방송극의 작가는 방정환(<토끼의 재판>, 이원수(<우리 선생님>) 등 두 작가만 명시되어 있으며, 나머지 극본의 작가는 제시되지 않고 있다. 특히 이원수는 아동문학가로 주로 동시·동요, 동화 등을 창작한 작가이나 교과서에 <우리 선생님>이 방송극 형태로 실리고 있다는 점이 주목된다.

중학교 방송극 수록 상황을 교육과정기별 빈도수(재수록 포함)로 정리해 보면, 교수요목기(1편), 1차(3편), 2차(1편), 3차(2편), 7차(1편)

---

5) 특히 『읽기 3-1』, 『쓰기 3-1』의 경우에는 교과서 말미 실린 '국어 교실 함께 꾸미기'에서 특화 활동 자료로 제시되고 있다는 점이 특징적이다.

6) 5차에서는 『말하기 듣기 6-2』의 '13. 음성 동작 표정' 대단원 하에 수록되어, 주로 말하기 듣기 교육을 유도하고 있다. 전 시기에 주로 희곡 장르의 특성을 학습하는 '읽기'에 주안점을 둔 것과 다른 양상을 띤다.

등으로 나타나 총 8회의 빈도수를 보인다. 최다수를 보이는 차시는 3차이며, 4~6차까지 모두 방송극이 없다는 점이 특징적이다. 또한 방송극은 앞선 희곡에 비해 재수록 빈도가 낮다는 점도 주목된다. 즉 <누가 우리를 지켜줄 것인가> 외에 모두 한 차시에서만 다루고 있다. 위의 방송극은 TV 방송극인 <육체미 소동> 외에 모두 라디오 방송극으로서, 4~6차 방송극 부재는 라디오 드라마가 쇠퇴한 당대 시기적 특성을 반영한 것이라 판단된다.

고등학교 방송극은 7차 <어느 날 심장이 말했다> 1편으로 각급 학교 과정 중 가장 낮은 수치를 보이며, TV 방송극이라는 점에서 특징적이다. 특히 TV 방송극은 중·고등 과정에서 총 2편만이 수록되고 있어 국어 교과서에 TV 방송극은 소수에 불과하다. 그럼에도 국어 교과에 TV 드라마를 도입하고 있어, 방송극의 매체 확산을 보인다는 점에서 의의가 있다.

(2) 작가별 수록 빈도

작가별 빈도수를 보면, 초등학교에서는 찰스 디킨즈(<크리스마스의 송가>), 방정환(<토끼의 재판>, 이원수(<우리 선생님>) 등의 작품이 각각 1편으로 나타난다. 찰스 디킨즈와 방정환의 작품은 소설과 희곡을 각색한 것이며, 이원수의 작품만이 방송극으로 창작된 것이라는 점에서 차별성을 띤다. 중학교의 경우는 최요안의 작품이 3편(<장님의 지혜>, <느티나무 있는 언덕>, <강가의 소년>)으로 최다수로 나타난다. 그 외 박정화(<육체미 소동>), 학생 작품(<누가 우리를 지켜줄 것인가>)이 각각 1편으로 나타난다. 여기에서 학생 작품을 수록하고 있다는 점이 특징적이라 하겠다. 고등학교는 진수완의 작품(<어느 날 심장이 말했다>) 1편만이 보인다.

4) 시나리오 수록 현황

시나리오는 중 · 고등 과정에서만 다루어진 극본으로, 중학교 6편, 고등학교 2편 등 총 8편으로 나타난다.

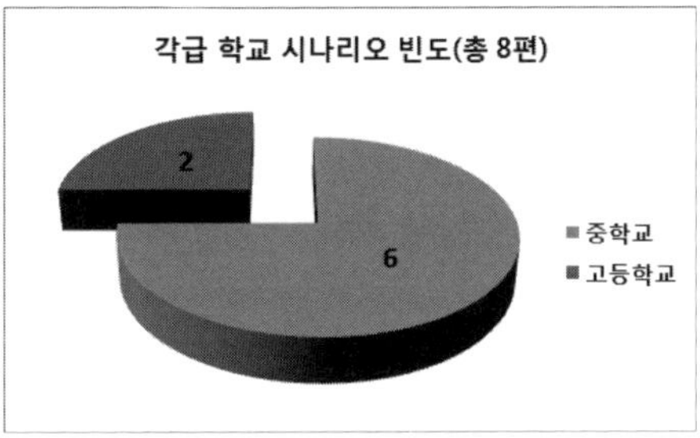

[그림 5] 각급 학교 시나리오 빈도수

각 학교별로 교육과정기별 수록 현황을 정리하면 [표 8]과 같다.

[표 8] 시나리오 제재 교육과정기별 빈도

번호	제목	교육과정기별 빈도								문종 및 작가	수록 교과서
		교	1	2	3	4	5	6	7		
중등	소년의 노래	○								시나리오	교수요목기 (중등국어 1-2)
	바다	○								시나리오	1차(중학국어 2-1)
	무제 (씨나리오 예)		○							시나리오	1차(중학국어 2-1)
	잘 사는 길			○	○					시나리오	2차(중학국어 1-1), 3차(중학국어 1-1)
	등대			○	○	○				시나리오	2차(중학국어 2-2), 3차(중학국어 2-2), 4차(중학국어 1-2)
	마지막 한 잎						○			시나리오	5차(국어 3-2)
고등	서울의 지붕 밑	○								시나리오	교수요목기 (고등국어 1)
	최후의 한 잎 (마지막 한 잎)		○	○			○			시나리오	1차(국어 2) 2차(국어 2)

가. 시기별 수록 빈도

중학교의 시나리오 수록 상황을 교육과정기별 빈도수(재수록 포함)로 정리해 보면, 교수요목기(2편), 1차(1편), 2차(2편), 3차(2편), 4차(1편), 5차(1편) 등으로 나타나 총 9회의 빈도수를 보인다. 6~7차 외에 모두 1~2편의 시나리오가 고루 실려 있으며, 비교적 앞선 시기에 편중되었다는 특징을 보인다. 재수록 빈도면에서 보면, <등대>가 2~4차까지 3회, <잘 사는 길>이 2~3차까지 2회 재수록 빈도를 보이고, 나머지 제재는 모두 1회의 빈도수를 보인다. 재수록 빈도가 높은 작품은 '반공'과 '새마을 운동'을 주제로 한다는 점에서, 해당 시기 사회적 환경을 반영한다고 볼 수 있다. 고등학교 시나리오 극본은 교수요목기(1편), 1차(1편), 2차(1편), 편), 5차(1편) 등으로 총 4회 수록되었으며, 특히 <마지막 한 잎>이 1~2차, 5차 등 3회 수록되어 가장 높은 빈도수로 나타나고 있다.

나. 작가별 수록 빈도

시나리오 극본의 작가별 빈도수를 보면 작가 무명을 제외하고, 중학교에서는 김승규의 작품이 2편(<잘 사는 길>, <등대>)으로 최다수이며 그 외 최태호(<소년의 노래>), 오영진(<바다>), 오헨리(마지막 한 잎>) 작품이 각각 1편으로 나타난다. 특히 김승규의 작품은 2~4차에서 모두 다루고 있다는 점이 주목된다. 또한 오 헨리의 <마지막 잎새>는 5차에서 시나리오로 실리고, 7차에서 희곡으로 각색되어 수록되었다는 점도 특징적이라 할 수 있다. 고등학교 시나리오 작가는 안석영(<서울의 지붕 밑>), 오 헨리(<최후의 한 잎(마지막 한 잎)> 등으로 나타난다.

2. 각급 학교별 국어 교과서 수록 현황과 방향성

본 저술에서는 연구 대상 시기를 교수요목기부터 7차 교육과정기까지, 연구 대상을 초등학교, 중학교, 고등학교 국어 교과서에 수록된 극문학으로 설정하고, 유사극본 및 그림연극/희곡/방송극/시나리오 등으로 유형화하여 그 수록 양상 및 학습활동을 고찰하였다.

해방 이후, 우리나라의 교육과정은 '교수요목'으로부터 일곱 차례의 제·개정을 거쳐 오늘에 이르고 있다. 1차 교육과정은 '교과 과정'이란 명칭으로 1955년에, 2차 교육과정은 1963년에, 3차 교육과정은 1973년(국민학교, 중학교)과 1974년(고등학교)에, 4차 교육과정은 1981년에, 5차 교육과정은 1987년(초등학교, 중학교), 1988년(고등학교)에, 6차 교육과정은 1992년에, 7차 교육과정은 1997년에 각각 고시되었다. 본고에서 살핀 각 부문별 극문학 수록 양상 및 학습활동의 변화상은 해당 시기의 국어과 교수요목에 의해 그 내용이 결정된 것이라 할 수 있다. 여기에서는 이러한 교수요목 및 본론의 분석 결과를 토대로, 이에서 드러난 문제점과 향후 방향성을 제시하며 마무리 짓고자 한다.

먼저 유형별 수록상을 보면 첫째, 초등 과정의 유사극본 및 그림연극의 형식적·내용적 측면의 재검토가 필요하다. 본고에서 다룬 이 두 유형은 기존 연구에서 극본으로 취급하거나, 혹은 정반대로 극본으로 다루지 않은 제재이기도 하다. 이에 교과서 극본에 대한 개념 규정과 유형별 분류를 명확히 정리할 필요성이 있다고 판단된다.

둘째, 희곡의 경우, 특히 초등 과정에서 고전의 각색화가 활성화되었다는 점이 긍정적이라 할 수 있다. 고전의 각색은 극본 소재의 다양성을 가져왔을 뿐만 아니라 전통성을 진작시키는 교육적 효과면에서도 바람직한 현상이라 하겠다. 그런데 상대적으로 중·고등 과정에서는 고전 각색극 제재가 많히 다루어지지 않았다. 이에 학교별 확산이 요구된다 하겠다.

셋째, 매체의 확산이 필요하다고 본다. 일례로 방송극의 경우 라디오 드라마가 대부분이다. TV 방송극은 현재 중・고등 과정에서 1편씩 다루어지고 있으나, 초등 국어 교과서에는 부재한 상황이다. 다양한 멀티미디어가 발달한 현 시점에서, 어린이 대상의 TV 드라마도 교과서 제재로 도입할 만하다. 더구나 학생들이 라디오 드라마를 거의 대하지 않는 현 실정에서 오히려 텔레비전 극본이 교육적 효과를 더 기할 수 있다고 본다. 여기에 하나 더 덧붙이자면, 방송극 외에 시나리오 수록도 재고해 볼 필요가 있다. 현대는 영화의 시대라고 해도 과언이 아니다. 학생들의 영화 접근성도 높아지고 있다. 그러므로 초등 과정에서 전혀 다루지 않고 있는 시나리오 극본도 수록 여부를 고려할 만하다.

넷째, 작가면에서도 재고가 필요하다. 희곡의 경우, 최근 들어 새로운 작가군들이 등장하지만, 전반적으로 일정 작가들의 작품만이 반복 수록되는 경우가 지배적이다. 이것은 국내외 작품 모두에 해당되는데, 다양한 작가의 작품을 실어 작가 편향성을 탈피해야겠다. 나아가 단지 주제적인 측면만을 중시할 것이 아니라 작가들의 다양한 기법들을 선보일 수 있는 작품 수록도 재고해볼 만하다.

한편 각급 학교별로 보면 중・고등 과정 교과서에서는 극본의 작가들을 밝히고 있는데, 초등 과정의 경우는 7차 교육과정기에 들어서면부터 명시되기 시작했다. 작가 정보는 극본 이해를 위한 정보가 될 뿐 아니라, 동일 작가의 여타 작품에 대한 정보를 전하는 측면이 있다. 그러므로 작가 명시는 바람직한 현상이라 할 수 있다. 또한 현재 초등학교 국어 교과서에는 작가 이름 및 출처만을 제시하는 형태이다. 중・고등학교 교과서처럼 해당 단원의 말미에 간단하게나마 작가 소개란도 마련하여 좀 더 자세히 제시하는 것도 교육적인 효과면에서 필요하다고 본다.

다음 학습활동에 대해서는 다음과 같은 문제점들을 생각해 볼 수 있다. 첫째, 국어과 교육에서 극문학 교육은 '감상을 위주로 한 문학' 영역으로 독해나, 화법 교육이 지배적인 양상을 보인다. 즉 실연을 전제로 한 극본임에도 불구하고 극본 학습의 공연적 측면보다는 '읽기'와 '말하기－듣기' 교육이 중심임을 보여준다. 앞서 본론에서 다룬 학습활동 분석은 그 실제를 보여준 경우라고 하겠다. 그런데 극본은 보통 글과 다르게 실연을 전제로 쓰여진 글이다. 이러한 극본의 성격을 반영하여 적극적인 극화학습을 보인 경우는 4차 극본에서만 나타났다. 대부분의 교육과정기에서는 배역을 정하여 실감나게 낭독하는 정도로 그치고 있다. 결과적으로 실연을 통한 극문학의 이해와 실천이 제대로 이행되지 못하고 있음을 의미한다. 이것은 국어과 희곡 교육의 목표가 거의 문학적 측면에 국한되어 있다는 점에서도 드러나는 바이기도 하다.

국어교육에서 극화학습은 교육적 측면에서 효용성 있는 학습활동이라 할 수 있다. 즉 연출 과정이나 공연을 통해 올바른 발성과 발음을 하게 되고, 그 말이 가지는 뜻과 문장 전체가 가지는 뜻을 깨우치게 된다. 이와 같은 점은 곧 우리가 국어교육에서 중요하게 내세우고 있는 말하기, 듣기, 읽기를 실연을 통하여 배우게 됨을 의미한다. 또한 공연 제작에 대한 이해와 연극 교육을 통해 협동심과 사회성을 배울 수 있다는 점에서 전인교육이 가능해질 수 있다. 이렇듯 극화학습은 교육적 측면에서 여러 가지 실효성을 지닌 학습이라 하겠다.[7)]

그렇다면 현행 국어과 극본 학습에 대한 재고가 필요하며, 무엇보

---

7) 송창언(2004), 「초등학교 극본 교재에 대한 통사적 연구」, 춘천교육대학교 교육대학원 석사학위논문, p.46.

다 극화학습이 활성화되어야 할 것이다. 이에 오판진(2008)[8]의 제언이 주목된다. 즉 극화 관련 체험이 교육과정에 명시되어, 학예회를 비롯하여 특별활동은 물론 교과 수업 시간에도 활발하게 이루어질 수 있도록 해야 한다는 것이다. 여기에는 공연 관람이나 연기를 체험하는 것 뿐만 아니라 극과 관련된 각종 문화 체험도 포함되어야 한다고 보았다. 그리고 이를 체계적으로 실현시키기 위한 방안을 탐구하는 광범위한 연구자 집단의 조성과 이들을 위한 연수 기회의 확대 등도 필요하다고 제언하고 있다. 또한 김영균(2004)[9]은 학예회용 공연을 위한 10분이나 15분 내외의 비교적 짧은 희곡도 많이 만들어져야 한다고 지적했다. 더불어 역할놀이에 활용하기 위해서는 인물의 성격과 역할 및 간단한 대사 정도를 안내하는 지도 방침도 개발되고 보급되어야 한다는 견해를 내세웠다. 이렇듯 연극 교육의 필요성이 대두되면서 2000년도부터 '한국교육연극학회'가 만들어져 연극 교육을 학술적으로 진행할 연구 기반이 마련되었으며, 2008년부터 서울교육대학에 교육연극학과가 석사과정으로 개설됨으로써 관련 연구자들이 학위 과정을 이수할 수 있는 제도가 마련되는 등의 변화가 일기도 했다.[10]

또한 교과서 극본은 실제적인 연극 교육을 위해서 역할의 비중, 등장인물의 수, 무대 장치나 소품 등이 적절히 제시된 작품이어야 한다. 주인공 위주의 줄거리를 전개하다 보면 주변 인물들의 비중이 약화되고, 등장인물 수가 너무 적으면 학생들이 함께 참여하면서 얻을 수 있는 교육적 효과를 도모할 수 없다. 또한 소품이나 장치 없이도 극

8) 오판진(2008), 「한국아동극의 사적 전개」, 『한국아동문학연구』 제33집, 한국아동문화학회, pp.71～94.
9) 김영균, 「한국 교육극의 교육과정론적 고찰」, 경희대학교 박사학위논문, 2004, pp. 123～127.
10) 오판진, 앞의 글, p.88.

화 활동이 활발하게 이루어질 수 있는 극본이 수록되는 것이 바람직하다. 무대 배경이나 등장인물의 분장 등이 복잡하면, 그 준비 과정으로 인해 오히려 연극 활동을 실행시킬 수 없기 때문이다. 작품 자체에서 불편한 과정들을 해소할 수 있는 극본이라면 여러 가지 교육적 효과를 누릴 수 있을 것이다.[11)]

한편 김재석(1998)의 '실시간대 희곡 읽기' 방법론도 주목된다. 이것은 희곡을 문자로만 읽지 않고 공연 효과를 의식하면서 읽어내는 방식을 말한다. 즉 공연 시간에 근접하게, 무대 상황을 염두에 두고 읽는 방식이다. 이러한 독서법은 독자의 상상 속에 '연극으로서의 공연'을 재구하게끔 유도할 수 있다. 기존 학습 활동에서도 '낭독하기'라는 읽기 학습이 있어왔다. 그러나 '낭독하기'가 문자 위주의 희곡 읽기였다면, '실시간대 희곡 읽기'는 공연되는 시간만큼 읽어야 하는, 일종의 연기하는 방식으로 읽는다는 점에서 차이가 있다. 그러므로 '실시간대 희곡 읽기'는 희곡을 공연물로 읽게 하는 가장 간단한 '연극 교육 방법론'이라는 점에서 주목된다.[12)]

최근에 들어서면서 교육연극이 활성화되고 있다. 교육연극은 실용적인 학문이기 때문에 이론적인 측면보다 실제적인 측면에서 그 관심과 활용이 두드러지고 있다. 행동과 대화라는 동적인 특성으로 인해 말하기·듣기교육를 통한 언어교육, 시각과 청각을 이용한 입체적인 문학교육, 효과적인 수업을 위한 연극적 교수학습법 등 국어교육 분야에서도 교육연극 연구가 활발하게 이루어지고 있다.[13)] 이러한 교육 상황에서 우선적으로는 극본 학습의 입체적인 교육, 즉 연극

---

11) 송창언, 앞의 글, pp.112～113.

12) 김재석(1998), 「'실시간대 희곡 읽기'의 방법론을 위한 시론」, 『비평문학』 제12호, 한국비평문학회, p.180.

13) 윤금선(2006), 「희곡교육, 교육연극의 연구 동향」, 『국어교육』 119호, 한국어교육학회(구-한국국어교육연구학회), p.487.

을 통한 적극적인 극화 학습 방법론이 요구된다. 기존의 학습 방법에서 벗어나 모든 학생들이 흥미를 가지고 함께 참여할 수 있는 다양한 방법을 모색해야 할 것이다. 열린 교육을 지향하는 현 교육계의 정황을 반영하여 통합학습 내지는 소집단 등을 구성하여 극문학 수업을 진행할 수도 있을 것이다. 궁극적으로 국어과 극문학 교육은 연극 상연이라는 극화 학습을 지향하여, 극문학의 본질을 체험케 하는 학습 방법이 절실히 요구된다 하겠다.14)

지금까지 이 저술에서는 해방 이후부터 현재까지 각급 학교별로 국어 교과서에 어떠한 극본이 실렸으며, 교육과정기별로 부문별 및 재수록 빈도, 작가별 빈도 등은 어떻게 드러나고 있는지, 또한 각 차시별 교수요목에 의해 학습활동은 어떻게 변화되는지 등을 일목요연하게 살필 수 있었다. 그런데 교수요목기부터 7차 교육과정기에 걸친, 전 학년 국어 교과서 극문학을 다룬다는 점에서, 연구 대상 시기나 극본 수 등이 상당히 방대하다. 이러한 점으로 인해 저술 과정 중 많은 어려움이 있었으며, 더불어 치밀한 분석을 가하지 못한 한계점을 지니고 있다. 또한 일부는 자료사적인 정리에 치중하여, 극본의 문학적・교육적인 측면의 고찰이 미흡하다는 점에서도 많은 문제점을 내포하고 있다. 그러면서도 한편, 본고는 전 교육과정기, 전 학년 교과서를 대상으로 극본 수록상을 유형별로 체계화하고, 차시별 경향성, 국어과 교수요목과의 상관성 등 국어 교과서 극문학 수록 양상에 대한 전반적인 지형도를 그려냈다는 점에서 의의가 크다고 하겠다.

14) 김용구(2000), 「초등국어 교과서의 희곡제재 수록 양상과 변천 연구」, 한국교원대 석사학위논문, p.90.

참 고 문 헌

◆기본 자료

교육부(1991~1994), 『국민학교 국어과 교사용 지도서』, 1~6학년.

교육부(1996~1999), 『고등학교 교사용 지도서 국어』, 1~3학년.

교육부(1996~1999), 『중학교 교사용 지도서 국어』, 1~3학년.

교육부(1996~1999), 『초등학교 국어과 교사용 지도서』, 1~6학년.

교육부(2006), 『국어과 교육과정 해설』, 초등학교~고등학교.

교육인적자원부(2002~2004), 『고등학교 교사용 지도서 국어』, 1~3학년.

교육인적자원부(2002~2004), 『고등학교 교사용 지도서 국어』, 1~3학년.

교육인적자원부(2002~2004), 『초등학교 국어과 교사용 지도서』, 1~6학년.

국가교육과정 정보센터(http://ncic.re.kr) 초등학교, 중학교, 고등학교 교육과정.

문교부(1964~1984), 『고등학교 교사용 지도서 국어』, 1~3학년.

문교부(1964~1984), 『중학교 교사용 지도서국어』, 1~3학년.

문교부(1971~1974), 『국민학교 국어과 교사용 지도서』, 1~6학년.

문교부(교육부) 제1차~7차 초등(국민)학교, 중학교, 고등학교 국어 교과서.

사이버교과서박물관(http://www.textlib.net) 초등학교, 중학교, 고등학교 국어 교과서.

한국교육개발원(2002~2004), 『초등학교 국어과 교사용 도서』, 1~6학년.

◆논문 및 저서

강진우(2008), 「희곡교육 정전 요소의 재개념화-탈권위주의 시대의 극 읽기를 위하여-」, 『문학교육학』 제26집, 한국문학교육학회.

교육과정 · 교과서 연구회 編(1990), 『韓國 教科教育課程의 變遷』, 大韓教科書株式會社.

교육부(2000), 『초중고등학교 국어과 · 한문과 교육과정 기준』(1946~1997), 교육부.

국어교육학회 편(2003), 『국어교육 연구의 반성과 전망』, 도서출판 역락.
권보드래(2000), 『한국근대소설의 기원』, 소명출판.
權寧順(1997), 「고등학교 국어 교과서 내용 분석 및 교육현장에서의 효율성 제고 연구」, 이화여자대학교 교육대학원 석사학위논문.
김대행(2000), 『국어교과학의 지평』, 서울대학교 출판부.
김만수(2010), 「국어 교육과정에서 극텍스트의 활용 양상-중고등학교 교과서를 중심으로」, 『한국극예술연구』 제31집, 한국극예술학회.
김명숙(1990), 「國語科 教材의 兒童劇本에 관한 研究 國語科 教材의 兒童劇本에 관한 研究」, 단국대학교 석사학위논문.
김수현(2004), 「중학교 국어 교과서와 고등학교 국어 교과서 단원 체제의 비교 연구 : 7차 교육과정에 따른 교과서를 중심으로」, 고려대학교 교육대학원 석사학위논문.
김숙정(1999), 「초등학교 희곡 교재의 극적 구조 연구」, 부산교육대학교 교육대학원 석사학위논문.
김순래(1999), 「중학교 국어과 6차 교육 과정과 국어 교과서 분석 연구 : 중학교 3학년 국어 교과서를 중심으로」, 경기대학교 교육대학원 석사학위논문.
김영균(1990), 「劇作家 朱萍 研究」, 경희대학교 교육대학원 석사학위논문.
김영순(2002), 「고등학교 국어교과서에 나타난 7차 교육과정 반영 양상 연구 : 단원 및 내용 구성을 중심으로」, 이화여자대학교 교육대학원 석사학위논문.
김용구(2000), 「초등국어 교과서의 희곡제재 수록 양상과 변천 연구」, 한국교원대 석사학위논문.
김재석(1998), 「실시간대 희곡 읽기의 방법론을 위한 시론」. 『비평문학』 제12호, 한국비평문학회.
김재석(1999), 「중학교 국어교과서 소재 희곡의 현황과 희곡 읽기의 한 방법」, 『문학과 언어』 제21집, 문학과 언어학회.
김종범(2000), 「初等學校 國語教科書의 戲曲指導 研究」, 제주대학교 교육대학원 석사학위논문.
김중신(2002), 「국어교육 연구에서의 '이해' 영역에 관한 연구」, 『國語教育學研究』 제14집. 국어교육연구학회.
김태영(1998), 「국어과 교재의 아동극본에 관한 연구」 진주교육대학교 교육대학원 석사학위논문.
김혜정(2005), 「국어 교재의 문종 및 지은이의 변천에 대한 통사적 검토-현대 교육과정기 전후 변화를 중심으로」, 『국어교육』 116호, 한국어교육학회(구-한국국어교육연구학회).
金興雨(1982), 『戱曲文學論』, 유림사.
남승산인 장지연 편(2012), 『여자독본』, 경진.
류보라(2006), 「중학교 국어 교과서 읽기 제재의 교육적 적합성 연구」, 고려대학교 교육대학원 석사학위논문.
문혜정(2008), 「뮤지컬 극본 '시집가는 날'의 교육적 의의」, 숙명여자대학교 교육대학원 석사학위논문.
閔丙娟(2001), 「이강백의 '들판에서' 연구」, 청주대학교 교육대학원 석사학위논문.
민현식 외(2007), 『미래를 여는 국어교육사 I 』, 서울대학교출판부.
박나미(2008), 「텔레비전 극 <육체미 소동>의 연극화 교육 방안」, 전남대학교 교육대학원 석사학위논문.
박미리(2003), 「초・중등학교 연극 교과서 개발 방안에 관한 고찰」, 『연극교육연구』 제9집, 한국연극교육학회.
朴鵬培(1987), 『韓國國語教育全史 (上)』, 대한교과서주식회사.
______(1987), 『韓國國語教育全史 (中)』, 대한교과서주식회사.
______(1987), 『韓國國語教育全史 (下)』, 대한교과서주식회사.
______(1988), 『국어과 교육 각론』, 한샘.
______(1997), 『國語科教育叢論(硏學稿)』, 韓國國語科教育開發硏究會.
박숙자(2009), 「1920년대 '아동극'의 발흥과 역사적 의미」, 『아동청소년문학연구』 제4호.
朴英琦(2008), 「韓國 近代 兒童劇의 形成 展開」, 『兒童文學評論』 제33권 제3호.
______(2008), 「解放 以後 韓國 兒童劇의 展開와 展望」, 『兒童文學評論』 제33권 제4호.
박영순 편(2002), 『21세기 국어교육학의 현황과 과제』, 한국문화사.
박영순(1997), 「국어교육과 한국어교육」, 『한국어학』 6집, 한국어학회.
박인기(2002), 「문학교육의 변천 과정과 전망」, 『21세기 국어교육학의 현황과 과제』, 한국문화사.

박재용(1996), 「戱曲敎育에 대한 硏究 : 초등 국어과 교과서에 수록된 희곡작품을 중심으로」, 경희대학교 석사학위논문.

석현정(2007), 「중학교 국어과 교과서의 단원 구성 체제 설계」, 경남대학교 교육대학원 석사학위논문.

손영애(2002), 「국어과 교육과정의 통시적 고찰」, 『21세기 국어교육학의 현황과 과제』, 한국문화사.

송창언(2004), 「초등학교 극본 교재에 대한 통사적 연구」, 춘천교육대학교 교육대학원 석사학위논문.

신현숙(1990), 『희곡의 구조』, 문학과 지성사.

양근영(2007), 「중등학교 극본형식 교재의 교수 · 학습 방안 연구」, 동국대 교육대학원 석사학위논문.

여승현(2002), 「중학교 국어 교과서 분석 연구」, 동아대학교 교육대학원 석사학위논문.

여승현(2002), 「중학교 국어 교과서 분석 연구 : 1학년 교과서를 중심으로」, 동아대학교 교육대학원 석사학위논문.

오병진(1989), 「갈등구조를 중심으로 본 극본 교재의 특성 : 국민학교 국어교과서에 수록된 극본교재 분석」, 이화여대 교육대학원 석사학위논문.

오오타케키요미(2004), 「일제 전시통제하(1937~45)의 황국신민화 아동문화의 실태-그림연극, 동화집, 아동도서, 작문집의 고찰-」, 『동화와 번역』 제7집, 건국대학교 동화와번역연구소.

오판진(2008), 「한국아동극의 사적 전개」, 『한국아동문학연구』 제33집, 한국아동문화학회.

유미경(2011), 「중학교 국어 교과서 수록 희곡의 선정 기준에 관한 연구」, 경북대학교 교육대학원 석사학위논문.

윤금선(2004), 『유치진 희곡 연구』, 연극과인간.

______(2006), 「희곡교육, 교육연극의 연구 동향」, 『국어교육』 119호, 한국어교육학회(구-한국국어교육연구학회).

______(2010), 『라디오 풍경 소리로 듣는 드라마』, 연극과인간.

______(2012), 『상실과 회복 디아스포라의 무대』, 연극과인간.

______(2012), 「初等 國語 敎科書의 劇文學 關聯 題材 硏究-敎授要目期敎科書를 中心으로-」, 『語文論文』제41권 제2호, 韓國語文敎育

研究會.

______(2013), 「주평의 국어 교과서 수록 극본 연구-<석수장이>와 <숲 속의 대장간>을 중심으로-」, 『한국언어문화』 제52집, 한국언어문화학회.

———(2014), 「조선어문 제재 수록 양상 연구-극문학 제재 현황을 중심으로」, 『한국극예술연구』 제45집, 한국극예술학회.

______(2014), 「初等 國語 敎科書의 劇本-의 類型別 題材 分析-量的 分析을 中心으로」, 『語文論文』 제42권 제4호, 韓國語文敎育硏究會.

윤여탁 외(2006), 『국어교육 100년사 I』, 서울대학교출판부.

이광국(1985), 「국어 교과서에 실린 희곡작품에 대하여」, 『배달말교육』 제3집, 배달말교육학회.

이대규(1981), 「국어교육 내용의 특성과 체계」, 『새국어교육』 33, 한국국어교육학회.

이대규(1985), 『국어과 교육의 과정』, 한글과 컴퓨터.

이도영(1996), 「국어과 교육의 이념, 목표, 내용 설정 방안」, 『국어교육학연구』 6집, 국어교육학회

이도영(1996), 「문화 교육으로서의 국어교육」, 『先淸語文』 제24집, 서울대학교 국어교육과.

이삼형 외(2000), 『국어교육학』, 소명출판.

이선근(1999), 「해외 동포 한국어교육의 현황과 과제」, 『새 천년맞이 제10차 국제학술회의』, 국제한국어교육학회.

이승희(1993), 「해방이후의 해바라기성 인간 풍자 - 살아있는 李重生 각하」, 『새가정』, 새가정사.

이영택(2001), 『국어교육학의 맥』, 형설출판사.

이윤남(1999), 「전래동화의 교재화 양상 연구 : 초등학교 국어교과서를 중심으로」, 인천교육대학교 교육대학원 석사학위논문.

이응백(1975), 『(續) 國語敎育史硏究』, 신구문화사.

李鐘國(2001), 『한국의 교과서 출판 변천 연구』, 일진사.

이종변(2001), 「초등학교 희곡 교재의 연구」, 부산교육대학교 석사학위논문.

이주호(1998), 『국어과 교육론』, 박이정.

임지연(2009), 「한국 근대 아동극 장르의 용어와 개념 고찰」, 『아동청소

년문학연구』제5호, 한국아동청소년문학학회.
장순정(2000),「고등학교 국어교과서에 실린 희곡에 관한 연구 : 희곡이 갖는 교육적 가치관과 의식조사를 중심으로」, 단국대 교육대학원 석사학위논문.
장자경(2009),「교과서에 수록된 희곡 작품 연구-고등학교 국정교과서를 중심으로-」, 부경대학교 교육대학원.
장한기(1986),『한국연극사』, 동국대학교출판부.
전수정(2010),「뮤지컬 극본 <시집가는 날>을 통해 본 매체 활용 교육 방법에 관한 연구」, 단국대학교 교육대학원 석사학위논문.
정준섭(1997),『국어과 교육과정의 변천』, 대한교과서 주식회사.
조미애(2010),「국어과 교육과정 '매체 특성'의 구현 양상에 대한 고찰 : 개정 7학년 국어 교과서를 중심으로」, 인천대학교 교육대학원 석사학위논문.
조보라미(2011),「이재현의 포로 3부작 연구」,『한국현대문학연구』제35집, 한국현대문학회.
조은숙(2008),「유성기 음반에 담긴 옛이야기-1930년대 김복진의 구연동화 음반을 중심으로-」,『민족문화연구』제49집, 고려대학교 민족문화연구원.
주 평(1961),『학교극사전』, 교학사.
최미숙(2002),「표현교육 연구의 반성과 제언」,『國語教育學研究』제14집, 국어교육학회.
최영환(1994),「국어교육의 목표와 내용 체계」,『국어교육학연구』4, 국어교육학회.
崔在學(1909),『國文研究會祝辭 上卷』, 한성도서.
최현섭(1988)「국어과 교육과정의 분석」,『새국어교육』43, 한국국어교육학회.
최현숙(1996),「중학교 국어과 교육과정과 교과서 짜임 연구 : 제4, 5, 6차 교육과정을 중심으로」, 경북대학교 교육대학원, 석사학위논문.
하근희(2009),「초등학교 국어 교과서 서사문학 제재의 수록 양상 연구」, 대구교육대학교 교육대학원 석사학위논문.
한귀은(2008),「희곡의 다시 읽기/쓰기 교육 방안-오영진의 <맹진사댁 경사>를 중심으로-」,『배달말교육』제29집, 배달말교육학회.

한귀은(2009), 「국어과에서의 희곡과 연극 교육의 방안」, 『국어교육』 130호, 한국어교육학회(구-한국국어교육연구학회).

한귀은(2009), 「희곡과 연극의 시청각적 약호 교육-최인훈 <옛날 옛적에 훠어이 훠이>를 중심으로-」, 『배달말』 제45집, 배달말학회.

韓恩淑(2004), 「한국어린이연극의 발달과정에 관한 연구」, 성균관대학교 박사학위논문.

한재경(1991), 「해방이후 중등 국어교재의 희곡작품 고찰」, 단국대 교육대학원 석사학위논문.

황 금(1995), 「문학교과서에 실린 희곡지도 연구」, 『배달말교육』, 배달말교육학회.

황은주(2007), 「국어 교과서의 극 제재 활용 연구」, 숙명여자대학교 교육대학원 석사학위논문.

황정현(2006), 「심화선택과목 "문학"의 교육과정 개정 방향 : 희곡문학 장르의 교육과정 개정 방안」, 『문학교육학』 제20집, 한국문학교육학회.

그림연극에서 뮤지컬 대본까지
– **국어 교과서 극문학**

초판 1쇄 인쇄 2015년 8월 13일 초판 1쇄 발행 2015년 8월 20일
지은이 윤금선 펴낸이 박성복 펴낸곳 도서출판 월인
등록번호 제6-0364호 등록일 1998. 5. 4.
주소 142-879 서울특별시 강북구 노해로25길 61(수유2동 252-9)
대표전화 (02) 912-5000 팩스 (02) 900-5036
http://www.worin.net

ISBN 978-89-8477-601-2 93810

값 32,000원